NEXUS

YUVAL NOAH HARARI

Nexus

Uma breve história das redes de informação, da Idade da Pedra à inteligência artificial

Tradução
Berilo Vargas
Denise Bottmann

2ª reimpressão

Companhia Das Letras

Grafia atualizada segundo o Acordo Ortográfico da Língua Portuguesa de 1990, que entrou em vigor no Brasil em 2009.

Título original
Nexus: A Brief History of Information Networks from the Stone Age to AI

Capa
Adaptada da original

Imagem de capa
© *Hector the carrier pigeon of Emperor Napoleon III*, reproduzida por cortesia de Tallandier/ Bridgeman Images

Preparação
Fábio Fujita

Índice remissivo
Gabriella Russano

Revisão
Luís Eduardo Gonçalves
Ana Alvares

Dados Internacionais de Catalogação na Publicação (CIP)
(Câmara Brasileira do Livro, SP, Brasil)

Harari, Yuval Noah
Nexus : Uma breve história das redes de informação, da Idade da Pedra à inteligência artificial / Yuval Noah Harari ; tradução Berilo Vargas e Denise Bottmann. — 1ª ed. — São Paulo : Companhia das Letras, 2024.

Título original: Nexus: A Brief History of Information Networks from the Stone Age to AI
ISBN 978-85-359-3781-7

1. História I. Título.

24-207731 CDD-900

Índice para catálogo sistemático:
1. História 900

Cibele Maria Dias – Bibliotecária – CRB-8/9427

EDITORA SCHWARCZ S.A.
Rua Bandeira Paulista, 702, cj. 32
04532-002 — São Paulo — SP
Telefone: (11) 3707-3500
www.companhiadasletras.com.br
www.blogdacompanhia.com.br
facebook.com/companhiadasletras
instagram.com/companhiadasletras
x.com/cialetras

A Itzik com amor, e a todos os que amam a sabedoria.
Num caminho de mil sonhos, procuramos a realidade.

Sumário

PARTE III: A POLÍTICA COMPUTACIONAL

Prólogo

Chamamos nossa espécie de *Homo sapiens* — o humano sábio. Mas é discutível até que ponto temos feito jus ao nome.

Nos últimos 100 mil anos, nós, sapiens, certamente acumulamos um poder enorme. A mera listagem de todas as nossas descobertas, invenções e conquistas ocuparia muitos volumes. Mas poder não é sabedoria e, depois de 100 mil anos de descobertas, invenções e conquistas, a humanidade se arrastou para uma crise existencial. Estamos à beira da catástrofe ambiental, causada pelo mau uso do nosso próprio poder. Também andamos nos dedicando à criação de novas tecnologias, como a inteligência artificial (IA), que podem escapar de nosso controle e nos escravizar ou nos aniquilar. Mas em vez de a nossa espécie se unir para lidar com esses grandes problemas existenciais, as tensões internacionais estão aumentando, a cooperação global vem se tornando mais difícil, os países estão ampliando seus arsenais de aniquilação total, e não parece impossível que uma nova guerra mundial aconteça.

Se nós, sapiens, somos tão sábios, por que somos tão autodestrutivos?

Num nível mais profundo, embora tenhamos acumulado muita informação a respeito de tudo, de moléculas de DNA a galáxias distantes, toda essa informação não parece nos ter dado uma resposta para as grandes perguntas da vida: quem somos? A que devemos aspirar? O que é uma vida boa e como devemos vivê-la? Apesar da espantosa quantidade de informação à nossa disposição, somos tão suscetíveis à fantasia e à ilusão quanto nossos ancestrais antigos. O nazismo e o stalinismo são apenas dois exemplos recentes da insanidade de massa que, vez ou outra, engolfa mesmo sociedades modernas. Ninguém contesta que, hoje, os seres humanos têm muito mais informação e poder do que na Idade da Pedra, mas é de duvidar que tenhamos uma compreensão muito melhor de nós mesmos e do nosso papel no universo.

Por que somos tão bons em acumular mais informação e poder, mas muito menos hábeis em adquirir sabedoria? Muitas tradições ao longo da história acreditaram que temos alguma imperfeição fatal em nossa natureza, que desperta a tentação de buscarmos poderes com que não sabemos lidar. O mito grego de Faetonte fala de um jovem que descobre ser filho de Hélio, o deus do sol. Querendo provar sua origem divina, Faetonte pede o privilégio de dirigir a carruagem do sol. Hélio avisa Faetonte que nenhum ser humano é capaz de controlar os cavalos celestes que puxam a carruagem solar. Mas Faetonte insiste, e o deus do sol acaba por ceder. Depois de se alçar orgulhosamente ao céu, Faetonte realmente perde o controle da carruagem. O sol se desvia do curso, queimando toda a vegetação, matando inúmeros seres e ameaçando queimar a própria terra. Zeus intervém e atinge Faetonte com um raio. O humano presunçoso despenca do céu como uma estrela cadente, ele mesmo ardendo em fogo. Os deuses retomam o controle do céu e salvam o mundo.

Dois mil anos depois, quando a Revolução Industrial dava seus primeiros passos e máquinas começavam a substituir os seres humanos em numerosas tarefas, Johann Wolfgang von Goethe publicou um conto moral semelhante, chamado "O aprendiz de feiticeiro". No poema de Goethe (mais tarde popularizado num desenho animado de Walt Disney, com a figura de Mickey Mouse), um velho feiticeiro deixa sua oficina a cargo de um jovem aprendiz e lhe dá algumas tarefas para cumprir em sua ausência, como ir buscar água no rio. O aprendiz resolve facilitar as coisas para si e, usando um dos sortilégios do feiticeiro, encanta uma vassoura para ir buscar a água em seu lugar. Mas a vassoura fica trazendo água sem parar, ameaçando inundar a oficina, e o aprendiz não sabe como detê-la. Em pânico, ele corta a vassoura encantada ao meio, mas cada metade se transforma em outra vassoura. Agora *duas* vassouras encantadas estão inundando a oficina com água. Quando o velho feiticeiro volta, o aprendiz pede ajuda: "Os espíritos que conjurei, agora não consigo afastá-los". Prontamente o feiticeiro rompe o sortilégio e interrompe a inundação. A lição para o aprendiz — e para a humanidade — é clara: nunca conjure poderes que não consegue controlar.

O que nos dizem as fábulas morais do aprendiz e de Faetonte no século XXI? É evidente que nós, humanos, não ouvimos suas advertências. Já rompemos o equilíbrio climático da Terra e conjuramos bilhões de vassouras encantadas, drones, chatbots e outros espíritos algorítmicos que podem escapar a nosso controle e desencadear uma inundação de consequências indesejadas. A tendência de criar coisas poderosas com consequências indesejadas começou não com a invenção da máquina a vapor ou com a IA, e sim com a invenção da religião. Profetas e teólogos conjuravam espíritos poderosos que deveriam trazer amor e alegria, mas acabaram inundando o mundo com sangue.

O conselho dado pelo mito de Faetonte e pelo poema de Goethe não tem utilidade porque a forma pela qual os humanos adquirem poder é interpretada de maneira errada. Nas duas fábulas morais, um só ser humano adquire um poder enorme, mas então ele é corrompido pela arrogância e pela ganância. A conclusão é de que nossa psicologia individual imperfeita nos faz abusar do poder. O que essa análise rudimentar não percebe é que o poder humano nunca é resultado de uma iniciativa individual. O poder sempre brota da cooperação entre muitas pessoas.

Do mesmo modo, não é nossa psicologia individual que nos faz abusar do poder. Afinal, ao lado de ganância, arrogância e crueldade, os seres humanos também são capazes de demonstrar amor, compaixão, humildade e alegria. Sim, é verdade que, entre os piores integrantes de nossa espécie, ganância e crueldade reinam supremas e levam os vilões a abusarem do poder. Mas por que as sociedades humanas escolheram confiar o poder a seus piores membros? Por exemplo, os alemães em 1933 não eram, em sua maioria, psicopatas. Por que então votaram em Hitler?

Nossa tendência de invocar poderes que não sabemos controlar provém não da psicologia individual, e sim dos vários tipos de cooperação de nossa espécie. O principal argumento deste livro é que a humanidade obtém enorme poder construindo grandes redes de cooperação, mas essas redes são construídas de uma forma que predispõe os humanos a usarem o poder de modo pouco sábio. Nosso problema, então, é um problema de rede.

Em termos ainda mais específicos, é um problema de informação. A informação é a cola que une as partes de uma rede. Mas, por dezenas de milhares de anos, os sapiens construíram e mantiveram amplas redes com a invenção e a difusão de ficções, fantasias e ilusões de massa — sobre deuses, sobre vassouras encantadas, sobre a IA e uma infinidade de outras coisas. Embora cada pessoa esteja normalmente interessada em conhecer a verdade sobre si e sobre o mundo, as redes amplas unem os membros e criam ordem baseando-se em ficções e fantasias. Foi assim que chegamos, por exemplo, ao nazismo e ao stalinismo. Eram redes excepcionalmente poderosas, unidas por ideias excepcionalmente ilusórias. Como diz a famosa frase de Orwell, ignorância é força.

O fato de o regime nazista e o regime stalinista se basearem em fantasias cruéis e mentiras deslavadas *não* os tornava historicamente excepcionais, tampouco predeterminava a queda deles. O nazismo e o stalinismo foram duas das redes humanas mais fortes que já existiram. No final de 1941 e começo de 1942, a vitória na Segunda Guerra Mundial parecia estar ao alcance das potências do Eixo. Stálin acabou surgindo como o vencedor daquela guerra,[1] e nos anos 1950 e 1960 ele e seus herdeiros também tinham uma chance razoável de vencer a Guerra Fria. Chegados os anos 1990, as democracias liberais haviam tomado a dianteira, mas agora isso parece uma vitória temporária. No século XXI, algum novo regime totalitário pode ter êxito onde Hitler e Stálin falharam, criando uma rede onipotente capaz de impedir que as gerações futuras tentem desmascarar suas mentiras e ficções. Não devemos supor que as redes ilusórias estão fadadas ao fracasso. Se quisermos impedir que vençam, nós mesmos teremos de arregaçar as mangas.

A NOÇÃO INGÊNUA DE INFORMAÇÃO

É difícil avaliar a força das redes ilusórias devido a um entendimento equivocado mais amplo sobre o modo de operação das grandes redes — ilusórias ou não — de informação. Esse entendimento equivocado está presente em algo que designo como "a noção ingênua de informação". Enquanto fábulas como o mito de Faetonte e o poema "O aprendiz de feiticeiro" apresentam uma visão claramente pessimista da psicologia humana individual, a noção ingênua de informação dissemina uma visão claramente otimista das redes humanas em larga escala.

A noção ingênua sustenta que, ao reunirem e processarem uma quantidade muito maior de informação do que os indivíduos conseguiriam, as grandes redes alcançam um melhor entendimento da medicina, da física, da economia e de vários outros campos, e com isso elas se tornam não só poderosas, como também sábias. Por exemplo, com informação sobre os agentes patógenos, as empresas farmacêuticas e os serviços de assistência à saúde podem determinar as causas reais de muitas doenças, o que lhes permite desenvolver medicamentos mais eficazes e tomar decisões mais sábias sobre o uso deles. Essa noção pressupõe que, em quantidades suficientes, a informação leva à verdade, e a verdade, por sua vez, leva ao poder e à sabedoria. A ignorância, por outro lado, parece não levar a lugar algum. Embora possam, às vezes, surgir em momentos de crise histórica, as redes ilusórias ou enganosas estão fadadas, no longo prazo, a ser derrotadas por rivais mais lúcidos e honestos. Um serviço de atendimento à saúde que ignora a informação sobre agentes patógenos ou um gigante da indústria farmacêutica que difunde deliberadamente a desinformação será por fim superado por concorrentes que fazem um uso mais sábio da informação. Assim, a noção ingênua tem implícito que as redes ilusórias devem ser aberrações e que normalmente é possível confiar que as grandes redes lidarão com o poder de maneira sábia.

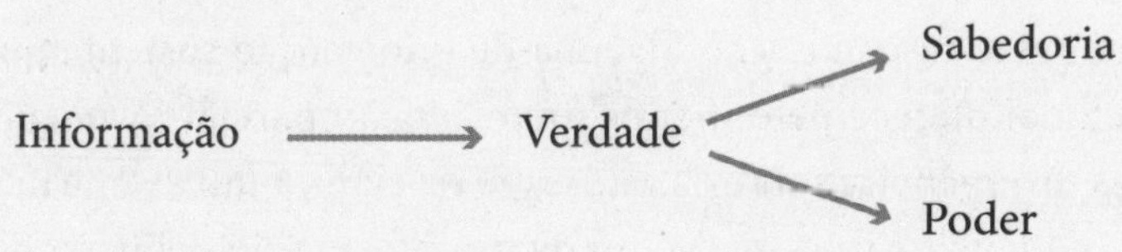

Visão ingênua da informação

Claro que a noção ingênua reconhece que muitas coisas podem dar errado no caminho entre a informação e a verdade. Podemos cometer erros honestos ao reunir e processar a informação. Os vilões, motivados pela ganância ou pelo ódio, podem ocultar fatos importantes ou tentar nos enganar. Assim, a informação às vezes leva ao erro, e não à verdade. Por exemplo, uma informação parcial, uma análise falha ou uma campanha de desinformação podem levar até mesmo os especialistas a identificarem erroneamente a causa real de determinada doença.

No entanto, a noção ingênua supõe que o antídoto para a maioria dos problemas que enfrentamos na coleta e no processamento da informação é coletar e processar quantidades ainda maiores de informação. Embora nunca estejamos totalmente a salvo do erro, mais informação significa, na maioria dos casos, maior precisão. Um único médico querendo identificar a causa de uma epidemia examinando um único paciente tem menor probabilidade de êxito do que milhares de médicos reunindo dados sobre milhões de pacientes. E se os próprios médicos conspirarem para ocultar a verdade, a disponibilização mais ampla da informação médica para o público e para o jornalismo investigativo acabará revelando a fraude. Segundo essa noção, quanto maior a rede de informação, mais próxima da verdade ela deve estar.

Naturalmente, mesmo que analisemos a informação de maneira precisa e descubramos verdades importantes, isso não garante que usaremos com sabedoria as novas capacidades resultantes. A sabedoria costuma ser entendida como "tomar decisões corretas", mas o significado de "corretas" depende de juízos de valor que variam entre diferentes pessoas, culturas ou ideologias. Os cientistas que descobrem um novo patógeno podem desenvolver uma vacina para proteger as pessoas. Mas se os cientistas — ou seus senhores políticos — acreditam numa ideologia racista que defende que algumas raças são inferiores e devem ser exterminadas, o novo conhecimento médico pode ser usado para desenvolver uma arma biológica que mata milhões.

Mesmo nesse caso, a noção ingênua de informação sustenta que a informação adicional oferece pelo menos uma solução parcial. A noção ingênua pensa que as divergências sobre os valores se revelam, a um exame mais detido, decorrentes da falta de informação ou da desinformação deliberada. De acordo com essa noção, os racistas são pessoas mal informadas que simplesmente não conhecem os fatos biológicos e históricos. Pensam que "raça" é uma categoria biológica válida e sofreram uma lavagem cerebral por obra de falsas teorias conspiratórias. A solução para o racismo, portanto, é fornecer às pessoas mais fatos biológicos e históricos. Pode levar tempo, mas, num livre mercado de informação, mais cedo ou mais tarde a verdade prevalecerá.

É evidente que a noção ingênua é mais nuançada e elaborada do que é possível explicar em poucos parágrafos, mas seu postulado central é de que a informação é algo essencialmente bom e que, quanto mais informação tivermos, melhor será. Com informação e tempo suficiente, iremos inevitavelmente descobrir a verdade sobre coisas que vão de infecções virais a preconceitos racistas, assim desenvolvendo não só nosso poder, mas também a sabedoria necessária para fazer um bom uso desse poder.

Essa noção ingênua justifica a busca de tecnologias da informação sempre mais poderosas e tem sido a ideologia semioficial da era do computador e da internet. Em junho de 1989, poucos meses antes da queda do Muro de Berlim e da Cortina de Ferro, Ronald Reagan declarou que "o Golias do controle totalitário seria rapidamente derrubado pelo Davi do microchip" e que "o maior dos Grandes Irmãos está cada vez mais impotente contra a tecnologia das comunicações [...]. A informação é o oxigênio da era moderna [...]. Ela se infiltra pelos muros encimados por arame farpado. Flutua por sobre as fronteiras eletrificadas e com bombas armadilhadas. Brisas de feixes eletrônicos sopram pela Cortina de Ferro como se ela fosse de renda".[2] Em novembro de 2009, Barack Obama se expressou num espírito similar numa visita a Shanghai, dizendo aos anfitriões chineses: "Tenho convicção na tecnologia e acredito na abertura do fluxo de informação. Penso que, quanto mais livre corre a informação, mais forte a sociedade se torna".[3]

É frequente que empresários e corporações expressem noções tao edulcoradas como essas sobre a tecnologia da informação. Já em 1858, um editorial do *New Englander* sobre a invenção do telégrafo declarava: "É impossível que continuem a existir velhos preconceitos e hostilidades, tendo sido criado um tal instrumento para uma troca de ideias entre todas as nações da Terra".[4] Depois de quase dois séculos e duas guerras mundiais, Mark Zuckerberg disse que o objetivo do Facebook "é ajudar as pessoas a compartilharem mais, de modo a tornar o mundo mais aberto e contribuir para promover o entendimento entre as pessoas".[5]

Em seu livro de 2024, *A singularidade está próxima*, o eminente futurologista e empresário Ray Kurzweil examina a história da tecnologia da informação e conclui que "a realidade é que praticamente todos os aspectos da vida estão se tornando cada vez melhores em decorrência do aperfeiçoamento exponencial da tecnologia". Revendo o grandioso âmbito da história humana, ele cita exemplos como a invenção do prelo para sustentar que a tecnologia da informação tende, por sua própria natureza, a gerar "um círculo virtuoso, promovendo praticamente todos os aspectos do bem-estar humano, incluindo a alfabetização, a educação, a riqueza, o saneamento, a saúde, a democratização e a redução da violência".[6]

Talvez a formulação mais sucinta da noção ingênua da informação se encontre na declaração do Google, afirmando que sua missão é "organizar a informação do mundo e torná-la universalmente acessível e útil". A resposta do Google aos alertas de Goethe é que um único aprendiz surrupiando o livro secreto de sortilégios de seu mestre provavelmente causará um desastre, ao passo que, se vários aprendizes tiverem livre acesso à informação do mundo inteiro, eles não só criarão vassouras mágicas de muita utilidade, como também aprenderão a manobrá-las sabiamente.

GOOGLE VERSUS GOETHE

Existem inúmeros casos em que a posse de mais informação de fato permite que os humanos entendam melhor o mundo e usem seu poder com mais sabedoria. Consideremos, por exemplo, a drástica redução na mortalidade infantil. Johann Wolfgang von Goethe era o primogênito de sete filhos, mas somente ele e a irmã Cornelia sobreviveram para além do sétimo aniversário. A doença levou o irmão Hermann Jacob aos seis anos, a irmã Catharina Elisabeth aos quatro, a irmã Johanna Maria aos dois, o irmão Georg Adolf aos oito meses, e um quinto irmão, sem nome, veio ao mundo natimorto. Cornelia então morreu de uma enfermidade aos 26 anos, deixando Johann Wolfgang como o único sobrevivente da família.[7]

Johann Wolfgang von Goethe teve cinco filhos, os quais, à exceção do primogênito — August —, morreram com menos de quinze dias de vida. Muito provavelmente, a causa foi a incompatibilidade entre os grupos sanguíneos de Goethe e da esposa, Christiane, incompatibilidade esta que, depois da primeira gravidez bem-sucedida, levou a mãe a desenvolver anticorpos ao sangue fetal. Essa condição, conhecida como doença de Rhesus, hoje em dia é tratada com tanta eficácia que o índice de mortalidade é inferior a 2%; mas, nos anos 1790, ela tinha um índice médio de mortalidade de 50% e foi uma sentença de morte para os quatro filhos menores de Goethe.[8]

Na família Goethe de modo geral — uma família alemã abastada no final do século XVIII —, o índice de sobrevivência infantil foi de assustadores 25%. Somente três em doze crianças chegaram à idade adulta. Essa tenebrosa estatística não escapava aos padrões. Na época em que Goethe escreveu "O aprendiz de feiticeiro", em 1797, calcula-se que apenas cerca de 50% das crianças alemãs chegavam aos quinze anos de idade,[9] e o mesmo provavelmente se aplicava à maioria dos outros lugares do mundo.[10] Em 2020, 95,6% das crianças em todo o mundo foram além do 15º aniversário,[11] e na Alemanha essa cifra foi de 99,5%.[12] Esse feito grandioso não teria sido possível sem a coleta, a análise e o compartilhamento de enormes quantidades de dados médicos sobre coisas como os grupos sanguíneos. Nesse caso, portanto, a noção ingênua da informação se provou correta.

Mas a noção ingênua da informação enxerga apenas uma parte do todo, e a história da modernidade não se resumiu apenas à redução da mortalidade infantil. Em gerações recentes, a humanidade tem visto o maior aumento de todos os tempos tanto na quantidade quanto na velocidade de nossa produção de informação. Cada smartphone contém mais informação do que a antiga Biblioteca de Alexandria[13] e permite que seu usuário se conecte instantaneamente a bilhões de outras pessoas no mundo inteiro. Todavia, apesar de toda essa informação circulando a velocidades estonteantes, a humanidade está mais próxima do que nunca da autoaniquilação.

Apesar — ou talvez por causa — de nosso tesouro de dados, continuamos a despejar gases de efeito estufa na atmosfera, a poluir rios e oceanos, a desmatar florestas, a destruir hábitats inteiros, a levar à extinção uma quantidade incontável de espécies e a pôr em risco as bases ecológicas de nossa própria espécie. Também estamos produzindo armas sempre mais poderosas de destruição em massa, de bombas termonucleares a vírus fatais. Não falta informação a nossos governantes sobre tais perigos, mas, em vez de colaborarem para encontrar soluções, eles avançam para uma guerra global.

Uma quantidade ainda maior de informação melhoraria ou pioraria as coisas? Logo saberemos. Inúmeras corporações e governos estão numa corrida para desenvolver a tecnologia de informação mais poderosa da história — a IA. Alguns empresários de ponta, como o investidor americano Marc Andreessen, creem que a IA finalmente resolverá todos os problemas da humanidade. Em 6 de junho de 2023, Andreessen publicou um ensaio chamado "Why AI Will Save the World" [Por que a IA salvará o mundo], repleto de afirmações audaciosas como "estou aqui para trazer a boa nova: a IA não destruirá o mundo e, na verdade, pode salvá-lo" e "a IA pode melhorar tudo o que nos importa". E concluiu: "O desenvolvimento e a proliferação da IA — longe de ser um risco a temer — é uma obrigação moral que temos para com nós mesmos, com nossos filhos e com nosso futuro".[14]

Ray Kurzweil concorda, argumentando em *A singularidade está próxima* que "a IA é a tecnologia principal que nos permitirá enfrentarmos os desafios prementes diante de nós, incluindo vencer doenças, pobreza, degradação ambiental e todas as nossas fraquezas humanas. Temos um imperativo moral de concretizar essa promessa de novas tecnologias". Kurzweil sabe dos perigos potenciais da tecnologia e os analisa extensamente, mas acredita que é possível mitigá-los com êxito.[15]

Outros são mais céticos. Não só filósofos e cientistas sociais, mas também muitos especialistas de ponta em IA e grandes empresários, como Yoshua Bengio, Geoffrey Hinton, Sam Altman, Elon Musk e Mustafa Suleyman, têm alertado o público de que a IA pode destruir nossa civilização.[16] Um artigo de 2024 de coautoria de Bengio, Hinton e vários outros especialistas observou que "o avanço irrefreado da IA pode culminar numa perda da vida e da biosfera em grande escala, e na marginalização ou até extinção da humanidade".[17] Num levantamento de 2778 pesquisadores da IA, de 2023, mais de um terço apresentou uma chance de pelo menos 10% de que a IA avançada leve a consequências tão terríveis como a extinção humana.[18] Em 2023, quase trinta governos — incluindo os da China, dos Estados Unidos e do Reino Unido — assinaram a Declaração de Bletchley sobre a IA, reconhecendo que "há potenciais danos sérios e até catastróficos, deliberados ou involuntários, decorrentes das capacidades mais significativas desses modelos de IA".[19] Ao empregarem esses termos apocalípticos, especialistas e governos não têm a intenção de invocar uma imagem hollywoodiana de robôs insurgentes correndo pelas ruas e atirando nas pessoas. Tal cenário é improvável e só desvia a atenção das pessoas dos perigos reais. O alerta dos especialistas se refere a dois outros cenários.

Primeiro, o poder da IA poderia superalimentar conflitos humanos existentes, dividindo a humanidade contra si mesma. Assim como, no século XX, a Cortina de Ferro dividiu as potências rivais na Guerra Fria, no século XXI a Cortina de Silício — feita de chips de silício e códigos de computador, em vez de arame farpado — poderia vir a dividir potências rivais num novo conflito global.

Como a corrida armamentista da IA produzirá armas sempre mais destrutivas, uma mera faísca poderia desencadear uma conflagração cataclísmica.

Segundo, a Cortina de Silício poderia criar uma divisão não entre grupos humanos, mas entre todos os seres humanos e nossos novos senhores da IA. Onde quer que vivêssemos, poderíamos nos ver enclausurados numa rede de algoritmos insondáveis regendo nossa vida, remodelando nossa política e nossa cultura, e até reprogramando nosso corpo e nossa mente — não mais capazes de compreender as forças que nos controlam e muito menos de detê-las. Se uma rede totalitária do século XXI conseguir conquistar o mundo, ela poderá ser comandada por uma inteligência não humana em lugar de um ditador humano. As pessoas que apontam a China, a Rússia ou os Estados Unidos pós-democráticos como principal fonte dos pesadelos totalitários não entendem bem o perigo. Na verdade, chineses, russos, americanos e todos os outros seres humanos estão conjuntamente ameaçados pelo potencial totalitário da inteligência não humana.

Em vista da magnitude do perigo, a IA deveria ser de interesse para todos os seres humanos. Embora nem todos possamos nos tornar especialistas em IA, devemos ter em mente que ela é a primeira tecnologia na história capaz de tomar decisões e criar novas ideias por si mesma. Todas as invenções humanas anteriores deram poder aos seres humanos porque, por mais poderosa que fosse a nova ferramenta, as decisões sobre seu uso permaneceram em nossas mãos. Facas e bombas não decidem quem vão matar. São ferramentas obtusas, sem a inteligência necessária para processar informação e tomar decisões independentes. A IA, por sua vez, pode processar sozinha a informação e, portanto, substituir os seres humanos em tomadas de decisão. A IA não é uma ferramenta — é um agente.

Seu domínio da informação também lhe permite gerar novas ideias de forma independente, em campos que vão da música à medicina. Os gramofones tocavam nossa música e os microscópios revelavam os segredos de nossas células, mas os gramofones não eram capazes de compor novas sinfonias, e os microscópios não eram capazes de sintetizar novas drogas. A IA já é capaz de produzir arte e fazer descobertas científicas por conta própria. Nas próximas décadas, provavelmente terá até a capacidade de criar novas formas de vida, seja escrevendo códigos genéticos, seja inventando um código inorgânico que alimenta entidades inorgânicas.

Mesmo agora, no estágio embrionário da revolução da IA, os computadores já tomam decisões a nosso respeito — se nos farão um empréstimo, se nos contratarão para um emprego, se nos mandarão para a prisão. Essa tendência vai apenas aumentar e se acelerar, tornando mais difícil entendermos nossa própria vida. Podemos confiar que algoritmos tomem decisões sábias e criem um mundo melhor? É uma aposta muito maior do que confiar que uma vassoura encantada vá buscar água. E é mais do que apenas a vida humana que estamos apostando. A IA poderia alterar o curso não só da história de nossa espécie, como também da evolução de todas as formas de vida.

O ARMAMENTISMO DA INFORMAÇÃO

Em 2016, publiquei *Homo Deus*, livro que ressaltava alguns dos perigos que as novas tecnologias da informação apresentam à humanidade. O livro argumentava que o verdadeiro protagonista da história sempre foi a informação, e não o *Homo sapiens*, e que os cientistas cada vez mais entendem não só a história, mas também a biologia, a política e a economia em termos de fluxos de informação. Animais, Estados e mercados são, todos eles, redes de informação, absorvendo dados do ambiente, tomando decisões e liberando dados de volta. O livro alertava que, apesar de esperarmos que uma melhor tecnologia da informação nos conceda saúde, felicidade e poder, na verdade ela pode nos retirar o poder e destruir nossa saúde física e mental. *Homo Deus* aventava que, se não tomarmos cuidado, podemos nos dissolver na torrente de informação como um torrão de terra num rio caudaloso, e que, no grande esquema das coisas, a humanidade não passará de uma pequena ondulação no fluxo cósmico de dados.

Desde a publicação de *Homo Deus*, a velocidade da mudança apenas aumentou e, de fato, o poder tem se transferido dos seres humanos para os algoritmos. Muitos cenários que pareciam de ficção científica em 2016 — algoritmos capazes de criar arte, de se passar por seres humanos, de tomar decisões de vida cruciais a nosso respeito e de saber mais sobre nós do que nós mesmos sabemos — são realidades corriqueiras em 2024.

Muitas outras coisas mudaram desde 2016. A crise ambiental se intensificou, as tensões internacionais se agravaram, uma onda populista abalou até mesmo as mais robustas democracias. O populismo também lançou um desafio radical à noção ingênua da informação. Líderes populistas como Donald Trump e Jair Bolsonaro, movimentos populistas e teorias da conspiração como QAnon e os antivacina sustentam que todas as instituições tradicionais que ganham autoridade dizendo reunir informação e descobrir a verdade estão simplesmente mentindo. Ocupantes de cargos políticos, juízes, médicos, jornalistas da grande imprensa e especialistas acadêmicos são conluios de elite sem qualquer interesse na verdade e deliberadamente difundem desinformação para obter poder e privilégios para si mesmos em detrimento do "povo". A ascensão de políticos como Trump e de movimentos como o QAnon tem um contexto político específico, próprio das condições dos Estados Unidos no final dos anos 2010. Mas o populismo como uma visão de mundo contra o sistema é muito anterior a Trump e faz parte de diversos outros contextos históricos, atuais e futuros. Em síntese, o populismo vê a informação como uma arma.[20]

Informação ⟶ Poder

Visão populista da informação

Em suas versões mais radicais, o populismo postula que não existem verdades objetivas e que cada um tem "sua própria verdade", que brande para derrotar os rivais. Segundo essa visão de mundo, o poder é a única realidade. Todas as interações sociais são lutas pelo poder, porque a única coisa que interessa aos seres humanos é o poder. A alegação de se interessar por alguma outra coisa — como a verdade ou a justiça — não passa de uma artimanha para ganhar poder. Sempre que o populismo consegue disseminar a noção da informação como uma arma, a própria linguagem se enfraquece. Substantivos como "fatos" e adjetivos como "precisos" e "verdadeiros" se tornam inapreensíveis. Não se considera que tais palavras se refiram a uma realidade objetiva em comum. Em vez disso, qualquer menção a "fatos" ou à "verdade" fatalmente fará com que pelo menos alguns perguntem: "A fatos de quem e à verdade de quem você está se referindo?".

Essa noção da informação profundamente cética e concentrada no poder não é um fenômeno novo nem foi inventada por pessoas antivacina, terraplanistas, bolsonaristas ou trumpistas. Tais noções foram propagadas bem antes de 2016, inclusive por alguns dos cérebros mais brilhantes da humanidade.[21] Na segunda metade do século XX, por exemplo, intelectuais da esquerda radical, como Michel Foucault e Edward Said, afirmavam que instituições científicas como as clínicas e as universidades não buscam verdades objetivas e atemporais, mas pelo contrário usam o poder para determinar o que vale como verdade, a serviço das elites capitalistas e colonialistas. Essas críticas radicais às vezes chegavam a defender que os "fatos científicos" não passam de um "discurso" capitalista ou colonialista, e que os indivíduos no poder nunca podem estar realmente interessados na verdade, e nunca se pode confiar que reconhecerão e corrigirão seus próprios erros.[22]

Essa linha específica de pensamento da esquerda radical remonta a Karl Marx, que afirmava, em meados do século XIX, que o poder é a única realidade, que a informação é uma arma e que as elites que dizem estar servindo à verdade e à justiça estão, de fato, defendendo estreitos privilégios de classe. Nas palavras do *Manifesto comunista* de 1848:

> A história de todas as sociedades existentes até hoje é a história das lutas de classe. O homem livre e o escravo, o patrício e o plebeu, o senhor e o servo, o mestre e o oficial de guilda, em suma, o opressor e o oprimido estiveram em constante oposição entre si, travando uma luta ininterrupta, ora oculta, ora aberta.

Essa interpretação binária da história tem implícito que toda interação humana é uma luta de poder entre opressores e oprimidos. Assim, sempre que alguém diz alguma coisa, a pergunta a fazer não é "O que está sendo dito? É verdade?", mas, sim, "Quem está dizendo isso? Aos privilégios de quem isso serve?".

Claro que é improvável que populistas de direita como Trump e Bolsonaro tenham lido Marx ou Foucault; aliás, eles se apresentam como ferrenhos antimarxistas. Também se diferenciam muito dos marxistas nas políticas que sugerem para campos como a tributação e a previdência social. Mas sua noção básica da sociedade e da informação é surpreendentemente marxista, vendo todas as interações humanas como uma luta de poder entre opressores e oprimidos. Trump, por exemplo, em seu discurso de posse em 2017, declarou que "um pequeno grupo na capital de nossa nação colhe as recompensas do governo enquanto o povo arca com os custos".[23] Tal retórica é um elemento central do populismo, que o cientista político Cas Mudde descreve como uma "ideologia que considera a sociedade separada, em última análise, em dois grupos homogêneos e antagônicos, 'o povo puro' versus 'a elite corrupta'".[24] Assim como os marxistas sustentavam que os meios de comunicação operam como porta-vozes da classe capitalista e que instituições científicas como as universidades difundem a desinformação a fim de perpetuar o controle capitalista, da mesma forma os populistas acusam essas mesmas instituições de trabalharem para promover os interesses das "elites corruptas" às custas do "povo".

Os atuais populistas também sofrem da mesma incoerência que, em gerações anteriores, afetava os movimentos radicais contra o sistema. Se a única realidade é o poder e se a informação é apenas uma arma, o que isso significa em relação aos próprios populistas? Estão eles também interessados apenas no poder, e estão eles também mentindo para nós a fim de ganhar poder?

Os populistas tentam se livrar desse problema de duas formas diferentes. Alguns movimentos populistas alegam seguir os ideais da ciência moderna e as tradições do empirismo cético. Dizem que, de fato, você nunca deve confiar em qualquer instituição ou figura de autoridade — inclusive os políticos e partidos autointitulados populistas. Em vez disso, você deve "fazer sua própria pesquisa" e confiar apenas no que é capaz de observar por si só.[25] Essa posição empirista radical traz implícito que, embora nunca se possa confiar em instituições de larga escala como partidos políticos, tribunais, jornais e universidades, os indivíduos que se esforçarem ainda podem encontrar por si mesmos a verdade.

Essa abordagem pode parecer científica e exercer apelo aos indivíduos de espírito independente, mas não explica como as comunidades humanas podem colaborar para montar sistemas de assistência à saúde ou aprovar regulamentações ambientais, que requerem uma organização institucional de grande escala. Um único indivíduo será capaz de fazer todas as pesquisas necessárias para decidir se está havendo um aquecimento global e o que fazer a esse respeito? Como uma única pessoa iria coletar dados climáticos do mundo inteiro, sem falar em como iria obter registros confiáveis dos séculos passados? Confiar apenas em "minha própria pesquisa" pode parecer algo muito científico, mas, na prática, consiste em crer que não existe uma verdade objetiva. Como veremos no capítulo 4, a ciência é um empreendimento institucional colaborativo, e não uma busca individual.

Uma outra solução populista é abandonar o ideal científico moderno de encontrar a verdade por meio da "pesquisa" e voltar a se basear na revelação divina ou no misticismo. Religiões tradicionais como o cristianismo, o islamismo e o hinduísmo costumam caracterizar os seres humanos como criaturas inconfiáveis e sedentas de poder que só podem ter acesso à verdade graças à intervenção de uma inteligência divina. Nos anos 2010 e começo dos 2020, partidos populistas do Brasil à Turquia, dos Estados Unidos à Índia, têm se alinhado a essas religiões tradicionais. Expressam uma dúvida radical em relação às instituições modernas enquanto declaram plena fé nas antigas escrituras. Os populistas dizem que os artigos que lemos no *New York Times* ou na *Science* não passam de estratagemas elitistas para ganhar poder, mas o que lemos na Bíblia, no Alcorão ou nos Vedas é verdade absoluta.[26]

Uma variação desse tema conclama as pessoas a deporem fé em líderes carismáticos como Trump e Bolsonaro, que são representados por seus apoiadores como mensageiros de Deus[27] ou dotados de um elo místico com "o povo". Enquanto os políticos comuns mentem ao povo para ganhar poder, o líder carismático é o porta-voz infalível do povo, que desmascara todas as mentiras.[28] Um dos paradoxos recorrentes do populismo é que ele começa nos alertando de que todas as elites humanas são movidas por uma perigosa sede de poder, mas muitas vezes acaba confiando todo o poder a um único indivíduo ambicioso.

Examinaremos o populismo em maior profundidade no capítulo 5, mas aqui é importante notar que os populistas estão minando a confiança em instituições de grande escala e na cooperação internacional no mesmo momento em que a humanidade se vê perante os desafios existenciais da catástrofe ambiental, da guerra global e da tecnologia fora de controle. Em vez de confiarem em instituições humanas complexas, os populistas nos dão o mesmo conselho do mito de Faetonte e de "O aprendiz de feiticeiro": "Confie em Deus ou no grande feiticeiro que intervirá e corrigirá tudo". Se seguirmos esse conselho, é possível que nos encontraremos, no curto prazo, sob o domínio da pior espécie dos indivíduos humanos ávidos pelo poder e, no longo prazo, sob o domínio dos novos senhores da IA. Ou talvez não nos encontremos em lugar algum, a Terra tornando-se inóspita para a vida humana.

Se não quisermos entregar o poder a um líder carismático ou a uma inescrutável IA, primeiro precisamos obter um entendimento melhor do que é a informação, como ela ajuda a construir redes humanas e como se relaciona com a verdade e o poder. Os populistas têm razão em desconfiar da noção ingênua da informação, mas estão errados em pensar que o poder é a única realidade e que a informação é sempre uma arma. A informação não é a matéria-prima da verdade, tampouco uma mera arma. Há entre esses dois extremos espaço suficiente para uma visão mais nuançada e esperançosa das redes humanas de informação e de nossa capacidade de utilizar o poder com sabedoria. Este livro se dedica a explorar esse terreno intermediário.

O CAMINHO À FRENTE

A primeira parte deste livro discorre sobre o desenvolvimento histórico das redes humanas de informação. A intenção não é detalhar século a século as tecnologias da informação como a escrita, o prelo e o rádio. Em vez disso, estudando alguns exemplos, abordam-se dilemas centrais enfrentados por pessoas de todas as épocas ao tentarem construir redes de informação, e se examina como as diversas respostas a esses dilemas moldaram sociedades humanas contrastantes. O que geralmente pensamos serem conflitos ideológicos e políticos muitas vezes são choques entre tipos opostos de redes de informação.

A parte I começa examinando dois princípios essenciais para as redes humanas de informação em larga escala: a mitologia e a burocracia. Os capítulos 2 e 3 apresentam como as redes informacionais de larga escala — desde os reinos antigos aos Estados atuais — dependem tanto dos criadores de mitos quanto dos burocratas. As estórias da Bíblia, por exemplo, foram essenciais para a Igreja cristã, mas não existiria Bíblia alguma se burocratas da Igreja não tivessem se encarregado da curadoria, da edição e da disseminação dessas estórias. Um dilema difícil para qualquer rede humana é de que criadores de mitos e burocratas tendem a tomar direções distintas. As instituições e as sociedades são muitas vezes definidas pelo equilíbrio que conseguem encontrar entre as necessidades conflitantes de seus criadores de mitos e seus burocratas. A própria Igreja cristã se dividiu em Igrejas rivais, como a católica e a protestante, que chegaram a equilíbrios diferentes entre mitologia e burocracia.

Já o capítulo 4 se concentra no problema da informação errônea e nas vantagens e desvantagens de manter mecanismos de autocorreção, como os tribunais independentes ou os periódicos acadêmicos com revisão por pares. O capítulo compara instituições que se baseavam em mecanismos débeis de autocorreção, como a Igreja católica, e instituições que desenvolveram fortes mecanismos de autocorreção, como as disciplinas científicas. Os mecanismos débeis de autocorreção eventualmente resultam em calamidades históricas, como a caça às bruxas no início da era moderna na Europa, enquanto os mecanismos fortes de autocorreção às vezes desestabilizam internamente a rede. Julgando em termos de longevidade, difusão e poder, é possível que a Igreja católica seja a instituição mais bem-sucedida na história humana, apesar — ou talvez por causa — da relativa fraqueza de seus mecanismos de autocorreção.

Depois de a parte I examinar os papéis da mitologia e da burocracia, e o contraste entre mecanismos fracos e fortes de autocorreção, o capítulo 5 conclui a discussão histórica concentrando-se em outro contraste — entre as redes informacionais distribuídas e as centralizadas. Os sistemas democráticos permitem que a informação corra livremente por muitos canais independentes, ao passo que os sistemas totalitários se empenham em concentrar a informação num único eixo. Cada escolha tem suas vantagens e desvantagens. A análise de sistemas políticos como os Estados Unidos e a União Soviética em termos de fluxos de informação pode explicar diversos aspectos de suas diferentes trajetórias.

Essa parte histórica do livro é fundamental para entender os desenvolvimentos atuais e os cenários futuros. Pode-se afirmar que o surgimento da IA é a maior revolução da informação na história. Mas só é possível entendê-la se a compararmos a suas antecessoras. A história não é o estudo do passado; é o estudo da mudança. A história nos ensina o que permanece igual, o que muda e como as coisas mudam. E isso se aplica às revoluções da informação e a todos os outros tipos de transformação histórica. Assim, entender o processo pelo qual a Bíblia alegadamente infalível foi canonizada oferece uma percepção valiosa quanto às atuais alegações de infalibilidade da IA. De maneira análoga, o estudo da caça às bruxas no começo da era moderna e da coletivização de Stálin fornece enfáticos alertas sobre os possíveis descalabros se dermos às IAs um maior controle sobre as sociedades do século XXI. Um profundo conhecimento histórico também é essencial para entender o que *é* novo na IA, como ela é fundamentalmente distinta dos prelos e dos aparelhos de rádio, e de que maneiras específicas a futura ditadura da IA poderá ser muito *diferente* de tudo o que já vimos.

O livro não afirma que o estudo do passado nos capacita a prever o futuro. Conforme frisarei reiteradamente nas páginas seguintes, a história não é determinista, e o futuro será moldado pelas escolhas que todos nós fizermos em anos vindouros. O ponto central para escrever este livro é que, ao fazermos escolhas conscientes, podemos evitar os desfechos mais desastrosos. Se não pudermos mudar o futuro, por que perder tempo discutindo sobre ele?

Baseando-se no panorama histórico geral na parte I, a segunda parte — "A rede inorgânica" — examina a nova rede de informação que hoje estamos criando e se concentra nas implicações políticas da ascensão da IA. Os capítulos 6 a 8 discutem exemplos recentes de todo o mundo — como o papel dos algoritmos da mídia social na instigação da violência étnica em Mianmar em 2016-7 — para explicar as várias maneiras pelas quais a IA se diferencia de todas as tecnologias da informação anteriores. Os exemplos foram extraídos basicamente da década de 2010, e não da de 2020, porque já temos um pouco de perspectiva histórica em relação aos acontecimentos da década passada.

A parte II sustenta que estamos criando um tipo totalmente novo de rede de informação, sem pararmos para pensar em suas implicações. Enfatiza-se a mudança das redes de informação orgânicas para as inorgânicas. O Império Romano, a Igreja católica e a União Soviética se baseavam em cérebros à base de carbono para processar informação e tomar decisões. Os computadores à base de silício que dominam a nova rede de informação funcionam de formas radicalmente distintas. Bem ou mal, os chips de silício são isentos de muitas das limitações que a bioquímica orgânica impõe a neurônios de carbono. Os chips de silício podem criar espiões que nunca dormem, financistas que nunca esquecem e déspotas que nunca morrem. Como isso mudará a sociedade, a economia e a política?

A terceira e última parte do livro — "Política computacional" — examina como tipos diversos de sociedade podem lidar com as ameaças e as promessas da rede de informação inorgânica. As formas de vida à base de carbono, como nós, terão chance de entender e controlar a nova rede de informação? Como dito anteriormente, a história não é determinista, e pelo menos por mais alguns anos nós, sapiens, ainda teremos o poder de moldar nosso futuro.

Assim, o capítulo 9 explora como as democracias poderiam lidar com a rede inorgânica. Por exemplo, como políticos de carne e osso podem tomar decisões financeiras se o sistema financeiro é cada vez mais controlado pela IA e o próprio significado do dinheiro vem a depender de algoritmos inescrutáveis? Como as democracias podem manter um debate público sobre qualquer coisa — seja finanças, seja gênero —, se já não temos mais como saber se estamos falando com outro ser humano ou com um chatbot disfarçado de humano?

O capítulo 10 aborda o impacto potencial da rede inorgânica sobre o totalitarismo. Os ditadores, embora fiquem muito satisfeitos em se livrar de qualquer debate público, têm seus próprios receios perante a IA. As autocracias se baseiam em aterrorizar e censurar seus próprios agentes. Mas como um ditador humano há de aterrorizar uma IA, censurar seus processos insondáveis ou impedir que ela tome o poder para si mesma?

Por fim, o capítulo 11 explora como a nova rede de informação pode influir no equilíbrio de poder entre sociedades democráticas e sociedades totalitárias no plano mundial. A IA fará a balança pender decisivamente para um dos lados? O mundo se dividirá em blocos hostis, cuja rivalidade nos transforma em presa fácil para uma IA fora de controle? Ou podemos nos unir em defesa de nossos interesses comuns?

Mas, antes de explorarmos o passado, o presente e os possíveis futuros das redes de informação, precisamos começar por uma pergunta enganosamente simples. O que, exatamente, é informação?

PARTE I

REDES HUMANAS

1. O que é informação?

É sempre um pouco complicado definir conceitos fundamentais. Como são a base de tudo o que se segue, eles mesmos parecem não ter base própria. Os físicos têm dificuldade em definir a matéria e a energia, os biólogos, em definir a vida, os filósofos, em definir a realidade.

A informação vem sendo cada vez mais entendida por muitos filósofos e biólogos, e mesmo por alguns físicos, como o componente mais básico da realidade, mais elementar do que a matéria e a energia.[1] Não admira que haja tanta discordância sobre a definição de informação e sua relação com a evolução da vida ou com ideias básicas da física como a entropia, as leis da termodinâmica e o princípio quântico da incerteza.[2] Este livro não tentará resolver — nem mesmo explicar — tais discordâncias, tampouco apresentará uma definição universal da informação, aplicável à física, à biologia e a todas as outras áreas de conhecimento. Como é um trabalho de história, que estuda o desenvolvimento passado e futuro das sociedades humanas, ele se concentrará na definição e no papel da informação na história.

No uso cotidiano, associa-se a informação a símbolos criados pelos seres humanos, como as palavras orais ou escritas. Consideremos, por exemplo, o caso de Cher Ami e do Batalhão Perdido. Em outubro de 1918, quando as Forças Expedicionárias Americanas lutavam para libertar o norte da França da invasão alemã, um batalhão com mais de quinhentos soldados americanos ficou preso atrás das linhas inimigas. A artilharia americana, que tentava lhes dar cobertura, identificou erroneamente sua localização e despejou o fogo de barragem diretamente sobre eles. O comandante do batalhão, major Charles Whittlesey, precisava informar com urgência a verdadeira localização deles ao quartel-general, mas nenhum mensageiro conseguiria atravessar a linha alemã. Segundo vários relatos, Whittlesey optou como último recurso por Cher Ami, um pombo-correio militar. Num pedacinho de papel, Whittlesey escreveu: "Estamos na estrada paralela à 276,4. Nossa artilharia está despejando um fogo de barragem diretamente sobre nós. Parem, pelo amor de Deus". O bilhete foi inserido num tubinho metálico na perna direita de Cher Ami, que então foi lançado ao ar. Um dos integrantes do batalhão, o soldado John Nell, relembrou anos depois: "Não tínhamos a menor dúvida de que era nossa última chance. Se aquele pombo sozinho e assustado não encontrasse seu pombal, nosso destino era certo".

Mais tarde, testemunhas descreveram como Cher Ami voou e furou o pesado fogo alemão. Uma granada explodiu logo abaixo dele, matando cinco homens e ferindo gravemente o pombo. Um fragmento rasgou o peito de Cher Ami, e sua perna direita ficou suspensa apenas por um tendão. Mas ele atravessou o fogo. Ferido, voou os quarenta quilômetros até o quartel-general da divisão em cerca de 45 minutos, com o tubinho contendo a mensagem crucial preso ao que lhe restava da perna direita. Há algumas controvérsias sobre os detalhes exatos, mas o certo é que a artilharia americana corrigiu a direção de seu fogo de barragem e o Batalhão Perdido foi resgatado num contra-ataque americano. Cher Ami foi atendido por médicos militares, enviado para os Estados Unidos como herói e se tornou tema de numerosos artigos, contos, livros infantis, poemas e até filmes. O pombo não fazia ideia da informação que estava levando, mas os símbolos traçados a tinta no pedaço de papel transportado por ele ajudaram a salvar centenas de homens da morte e do cativeiro.[3]

A informação, porém, não precisa consistir em símbolos criados pelos seres humanos. Segundo o mito bíblico do Dilúvio, Noé soube que a água finalmente baixara porque a pomba que ele enviara da arca voltou com um ramo de oliveira no bico. Então Deus pôs um arco-íris nas nuvens como registro celestial de sua promessa de nunca mais inundar a terra. A partir daí, pombas, ramos de oliveira e arco-íris se tornaram símbolos icônicos de paz e tolerância. Objetos até mais distantes do que um arco-íris também podem ser informação. Para os astrônomos, o formato e o movimento das galáxias constituem informação fundamental sobre a história do universo. Para os navegadores, a estrela Polar indica o norte. Para os astrólogos, os astros são uma escrita cósmica, transmitindo informação sobre o futuro de indivíduos e sociedades inteiras.

Definir algo como "informação" é, evidentemente, uma questão de ponto de vista. Um astrônomo ou um astrólogo podem ver a constelação de Libra como "informação", mas esses astros distantes são muito mais do que um quadro de avisos para observadores humanos. Pode existir lá em cima uma civilização alienígena alheia à informação que colhemos em seu lar e às estórias que contamos a respeito dela. Da mesma forma, um pedaço de papel marcado com sinais de tinta pode ser uma informação crucial para uma unidade militar ou servir de jantar para uma família de térmitas. Qualquer objeto pode ser informação — ou não. Isso dificulta definir o que é informação.

A ambivalência da informação desempenhou um papel importante nos anais da espionagem militar, quando os espiões precisavam transmitir informação de forma sub-reptícia. Durante a Primeira Guerra Mundial, o norte da França não foi o único grande campo de batalha. De 1915 a 1918, o Império Britânico e o Império Otomano disputaram o controle do Oriente Médio. Depois de repelirem um ataque otomano na península do Sinai e no canal de Suez, os britânicos então invadiram o Império Otomano, mas ficaram detidos até outubro de 1917 por uma linha otomana fortificada que se estendia de Beersheba a Gaza. As tentativas britânicas de rompê-la foram repelidas na Primeira Batalha de Gaza (26 de março de 1917) e na Segunda Batalha de Gaza (17-9 de abril de 1917). Enquanto isso, judeus pró-britânicos que moravam na Palestina montaram uma rede de espionagem com o codinome de Nili, para informar os movimentos das tropas otomanas aos britânicos. Um método que desenvolveram para se comunicar com seus operadores britânicos incluía o uso de venezianas. Sarah Aaronsohn, uma comandante do Nili, tinha uma casa que dava para o Mediterrâneo. Ela transmitia sinais aos navios britânicos abrindo ou fechando uma determinada veneziana, conforme um código predeterminado. Claro que muita gente podia ver a veneziana, inclusive os soldados otomanos, mas somente agentes do Nili e seus operadores britânicos sabiam que era informação militar vital.[4] Quando uma veneziana é apenas uma veneziana, e quando é informação?

Os otomanos acabaram descobrindo o grupo de espionagem Nili devido, em parte, a um estranho contratempo. Além das venezianas, o Nili usava pombos-correio para transportar mensagens codificadas. Em 3 de setembro de 1917, um dos pombos se desviou do curso e pousou, entre todos os lugares, na casa de um oficial otomano. O oficial encontrou a mensagem codificada, mas não conseguiu decifrá-la. Mesmo assim, o pombo em si era informação fundamental. Sua existência indicava aos otomanos que havia um grupo de espionagem operando debaixo do nariz deles. Como Marshall McLuhan teria dito, o pombo era a mensagem. Os agentes do Nili ficaram sabendo da captura do pombo e imediatamente mataram e enterraram todos os pombos restantes que tinham, pois a mera posse de pombos-correio agora constituía informação incriminadora. Mas o massacre dos pombos não salvou o Nili. No decorrer de um mês, a rede de espiões foi descoberta, vários membros foram executados, e Sarah Aaronsohn se suicidou para evitar o risco de revelar segredos do Nili sob tortura.[5] Quando um pombo é apenas um pombo, e quando é informação?

Assim, evidentemente a informação não pode ser definida como tipos específicos de objetos materiais. Qualquer objeto — uma estrela, uma veneziana, um pombo — pode ser informação no contexto correto. Então, qual é exatamente o contexto que define tais objetos como "informação"? A noção ingênua de informação afirma que os objetos são definidos como informação no contexto da busca da verdade. Algo é informação se for usado pelas pessoas na tentativa de descobrir a verdade. Essa noção liga o conceito de informação ao conceito de verdade e supõe que o papel principal da informação é de representar a realidade. Existe uma realidade "lá fora", e a informação é algo que representa essa realidade e que, portanto, podemos usar para conhecer essa realidade. Por exemplo, a informação que o Nili fornecia aos britânicos pretendia representar a realidade dos movimentos dos soldados otomanos. Se os otomanos concentravam 10 mil soldados em Gaza — o centro de suas defesas —, um pedaço de papel com símbolos representando "10 mil" e "Gaza" era informação importante que poderia ajudar os britânicos a vencerem a batalha. Mas se o número de soldados otomanos em Gaza fosse, na verdade, 20 mil, aquele pedaço de papel não representava a realidade de maneira precisa e poderia levar os britânicos a cometerem um erro militar catastrófico.

Em outros termos, a noção ingênua sustenta que a informação é uma tentativa de representar a realidade, e quando essa tentativa dá certo a chamamos de verdade. Embora este livro levante muitas objeções à noção ingênua, ele concorda que a verdade é uma representação acurada da realidade. Mas este livro também sustenta que a maior parte da informação *não* é uma tentativa de representar a realidade e que o que define a informação é algo totalmente diferente. A maior parte da informação na sociedade humana e, de fato, em outros sistemas físicos e biológicos *não representa coisa alguma.*

Quero me estender um pouco mais sobre esse argumento complexo e fundamental, porque constitui a base teórica do livro.

O QUE É VERDADE?

Ao longo deste livro, entende-se como "verdade" algo que representa com precisão certos aspectos da realidade. Sob a noção de verdade está a premissa de que existe uma única realidade universal. Qualquer coisa que tenha existido ou virá a existir no universo — da estrela Polar ao pombo do Nili e aos sites sobre astrologia — faz parte dessa realidade única. É por isso que a busca da verdade é um projeto universal. Pessoas, nações ou culturas podem ter crenças e sentimentos divergentes, mas não podem ter verdades contraditórias, porque todas elas compartilham uma realidade universal. Qualquer pessoa que rejeite o universalismo rejeita a verdade.

A verdade e a realidade, apesar disso, são coisas diferentes, porque, por mais verdadeira que seja uma explicação, ela nunca consegue representar a realidade em todos os seus aspectos. Se um agente do Nili escreveu que havia 10 mil soldados otomanos em Gaza, e de fato lá havia 10 mil soldados, isso indicava com precisão um certo aspecto da realidade, mas desconsiderava muitos outros. O próprio ato de contar entidades — sejam maçãs, laranjas ou soldados — necessariamente concentra a atenção sobre as similaridades entre essas entidades, deixando de lado as diferenças.[6] Por exemplo, ao dizer apenas que havia 10 mil soldados otomanos em Gaza, não se especificava se alguns eram veteranos calejados e outros, recrutas inexperientes. No caso de serem mil recrutas e 9 mil veteranos, a realidade militar era bem diferente do que seria caso fossem 9 mil novatos e mil experientes.

Havia muitas outras diferenças entre os soldados. Alguns eram sadios, outros, enfermiços. Alguns soldados otomanos eram etnicamente turcos, enquanto outros eram árabes, curdos ou judeus. Alguns eram valentes, outros, covardes. Cada soldado era um ser humano único, com pais e amigos diferentes, com medos e esperanças individuais diferentes. Poetas da Primeira Guerra Mundial, como Wilfred Owen, sabidamente procuraram representar esses outros aspectos da realidade militar, que as meras estatísticas nunca transmitiram de forma precisa. Isso então significaria que escrever "10 mil soldados" é sempre uma representação errônea da realidade e que, para descrever a situação militar em Gaza em 1917, precisamos especificar a história única e a personalidade própria de cada soldado?

Outro problema com qualquer tentativa de representar a realidade é que a realidade contém muitos pontos de vista. Por exemplo, os atuais israelenses, palestinos, turcos e britânicos têm perspectivas distintas sobre a invasão britânica do Império Otomano, a rede clandestina do Nili e as atividades de Sarah Aaronsohn. Isso não significa, claro, que existam várias realidades inteiramente separadas ou que não existam fatos históricos. Existe apenas uma realidade, mas ela é complexa.

A realidade inclui um nível objetivo com fatos objetivos que não dependem das crenças das pessoas; por exemplo, é fato objetivo que Sarah Aaronsohn morreu em 9 de outubro de 1917, de disparos autoinfligidos. Dizer que "Sarah Aaronsohn morreu num acidente de avião em 15 de maio de 1919" é um erro.

A realidade também inclui um nível subjetivo com fatos subjetivos como as crenças e os sentimentos de várias pessoas, mas, também nesse caso, é possível separar fatos e erros. Por exemplo, é fato que os israelenses tendem a considerar Aaronsohn uma heroína da pátria. Três semanas depois de seu suicídio, a informação fornecida pelo Nili ajudou os britânicos a romperem finalmente a linha otomana na Batalha de Beersheba (31 de outubro de 1917) e na Terceira Batalha de Gaza (1-2 de novembro de 1917). Em 2 de novembro de 1917, o ministro britânico das Relações Exteriores, Arthur Balfour, emitiu a Declaração Balfour, anunciando que o governo britânico "vê favoravelmente o estabelecimento de um lar nacional na Palestina para o povo judaico". Os israelenses creditam isso, em parte, ao Nili e a Sarah Aaronsohn, a quem admiram pelo sacrifício. Outro fato é que os palestinos avaliam as coisas de modo bem diferente. Em vez de admirarem Aaronsohn, consideram-na — isso quando chegam a saber de sua existência — uma agente imperialista. Embora estejamos aqui lidando com visões e sentimentos subjetivos, ainda podemos distinguir entre verdade e falsidade. Pois visões e sentimentos — assim como astros e pombos — fazem parte da realidade universal. Dizer que "Sarah Aaronsohn é admirada por todos por seu papel na derrota do Império Otomano" é um erro, que não condiz com a realidade.

A nacionalidade não é a única coisa que afeta o ponto de vista das pessoas. Homens e mulheres israelenses podem ver Aaronsohn de maneiras distintas, bem como pessoas de esquerda e direita ou judeus ortodoxos e seculares. Como o suicídio é proibido pela lei religiosa judaica, os judeus ortodoxos têm dificuldade em ver o suicídio de Aaronsohn como um gesto heroico (com efeito, foi-lhe negada sepultura no solo consagrado de um cemitério judaico). Em última análise, cada indivíduo tem uma perspectiva diferente sobre o mundo, moldada pelo cruzamento de diversas personalidades e histórias de vida. Isso significa que, quando queremos descrever a realidade, devemos sempre arrolar todos os diferentes pontos de vista presentes nela e que uma biografia verídica de Sarah Aaronsohn, por exemplo, deverá especificar os sentimentos de cada israelense e de cada palestino em relação a ela?

Levada aos extremos, essa busca da precisão pode nos conduzir a tentar representar o mundo numa escala 1:1, como no famoso conto de Jorge Luis Borges "Sobre o rigor na ciência" (1946). No conto, Borges fala de um antigo império ficcional que ficou obcecado em produzir mapas cada vez mais precisos de seu território, até que, por fim, produziu um mapa em escala 1:1. O império foi coberto por um mapa do império. Gastaram-se tantos recursos nesse ambicioso projeto de representação que o império ruiu. Então o mapa também começou a se desintegrar, e Borges nos diz que somente "[n]os Desertos do Oeste perduram despedaçadas Ruínas do Mapa habitadas por Animais e por Mendigos".[7] Um mapa 1:1 pode parecer a representação suprema da realidade, mas, significativamente, ele não é mais uma representação, de forma alguma; ele é a realidade.

A questão é que mesmo as apresentações mais verídicas da realidade nunca conseguem representá-la por completo. Em todas as representações, sempre há alguns aspectos da realidade que são desconsiderados ou distorcidos. A verdade, então, não é uma representação 1:1 da realidade. A verdade é algo que traz nossa atenção para certos aspectos da realidade, inevitavelmente ignorando outros. Nenhuma apresentação da realidade é 100% precisa, mas, mesmo assim, algumas são mais verídicas do que outras.

O QUE A INFORMAÇÃO FAZ

Conforme observado anteriormente, a noção ingênua vê a informação como uma tentativa de representar a realidade. Ela está ciente de que certa informação não representa bem a realidade, mas minimiza isso como um caso infeliz de "informação errônea" ou "desinformação". A informação errônea é um erro honesto, que ocorre quando algo tenta representar a realidade, mas a compreende errado. A desinformação é uma mentira deliberada, que se dá quando alguém tem a intenção consciente de distorcer nossa visão da realidade.

Além disso, a noção ingênua crê que a solução para os problemas causados pela informação errônea e pela desinformação é mais informação. Essa ideia, às vezes chamada de "doutrina do contradiscurso", está associada ao juiz Louis D. Brandeis, ministro do Supremo Tribunal de Justiça dos Estados Unidos, que em Whitney v. California (1927) escreveu que a solução para o falso discurso é mais discurso e que, no longo prazo, o livre debate virá inevitavelmente a expor as falácias e falsidades. Se toda informação é uma tentativa de representar a realidade, então, com o aumento da quantidade de informação no mundo, podemos esperar que a torrente de informação exponha as ocasionais mentiras e erros, e venha, por fim, nos oferecer um entendimento mais verídico do mundo.

No que tange a essa questão essencial, este livro discorda frontalmente da noção ingênua. Sem dúvida, existem casos de informações que tentam e conseguem representar a realidade, mas essa *não* é a característica definidora da informação. Algumas páginas atrás, referi-me aos astros como informação e, de passagem, mencionei os astrólogos ao lado dos astrônomos. Os adeptos da noção ingênua da informação provavelmente se remexeram inquietos na cadeira ao ler aquela passagem. Segundo a noção ingênua, os astrônomos extraem "informação real" dos astros, enquanto a informação que os astrólogos imaginam ler nas constelações é "errônea" ou "desinformação". Se as pessoas tivessem mais informação sobre o universo, certamente abandonariam por completo a astrologia. Mas o fato é que a astrologia teve durante milhares de anos uma influência enorme na história, e ainda hoje milhões de pessoas consultam os astros antes de tomar decisões importantes; por exemplo, o que vão estudar e com quem vão se casar. Em 2021, o mercado astrológico global foi avaliado em 12,8 bilhões de dólares.[8]

Qualquer que seja nossa posição quanto à acurácia da informação astrológica, temos de reconhecer a importância de seu papel na história. Ela unia casais e mesmo impérios inteiros. Os imperadores romanos consultavam astrólogos o tempo todo antes de tomar decisões. Na verdade, a astrologia era tida em tão alto apreço que fazer o horóscopo de um imperador reinante constituía crime capital. Presumia-se que quem fizesse tal horóscopo poderia predizer quando e como o imperador morreria.[9] Os governantes de alguns países ainda hoje levam a astrologia muito a sério. Em 2005, a junta de Mianmar transferiu a capital do país de Yangon para Naypyidaw em razão de um conselho astrológico.[10] Uma teoria da informação que não consiga explicar a importância histórica da astrologia é inadequada.

O que o exemplo da astrologia mostra é que erros, mentiras, fantasias e ficções também são informação. Ao contrário do que diz a noção ingênua, a informação não tem nenhum vínculo essencial com a verdade, e seu papel na história não é representar uma realidade preexistente. Em vez disso, o que a informação faz é criar *novas* realidades ao unir coisas avulsas — sejam casais ou impérios. Seu traço definidor é mais a conexão do que a representação, e informação é tudo o que conecta pontos diferentes dentro de uma rede. A informação não necessariamente nos informa sobre as coisas. Em vez disso, ela põe as coisas *em formação*. Os horóscopos põem os amantes em formações astrológicas, os programas de propaganda põem os eleitores em formações políticas, hinos de marcha põem os soldados em formações militares.

Como caso paradigmático, consideremos a música. A maioria das sinfonias, melodias e músicas não representa nada, e é por isso que não faz sentido perguntar se são verdadeiras ou falsas. Ao longo dos anos, as pessoas criaram músicas ruins, mas não músicas falsas. Sem representar coisa alguma, mesmo assim a música faz um trabalho admirável em conectar um grande número de pessoas e sincronizar suas emoções e movimentos. Ela pode fazer soldados marcharem em formação, baladeiros dançarem juntos, congregações das igrejas baterem palmas ritmicamente, os fãs de esportes entoarem em uníssono.[11]

O papel da informação na conexão das coisas, evidentemente, não é exclusivo da história humana. Pode-se dizer que esse é o papel principal da informação também na biologia.[12] Vejamos o DNA, a informação molecular que torna possível a vida orgânica. Como a música, o DNA não representa a realidade. Gerações e gerações de zebras fogem dos leões, mas você não vai encontrar no DNA da zebra uma cadeia de neurobases representando "leão", nem uma outra cadeia representando "fuga". Da mesma forma, o DNA da zebra não contém nenhuma representação do sol, do vento, da chuva ou de qualquer outro fenômeno externo que as zebras encontram durante a vida. E o DNA tampouco representa fenômenos internos, como emoções ou órgãos do corpo. Não há nenhuma combinação de nucleobases que represente o medo ou um coração.

Em vez de tentar representar coisas preexistentes, o DNA ajuda a produzir coisas inteiramente novas. Por exemplo, várias cadeias de nucleobases de DNA iniciam processos químicos celulares que resultam na produção de adrenalina. A adrenalina também não representa a realidade, de forma alguma. O que ela faz é circular pelo corpo, dando início a processos químicos adicionais que aumentam as batidas cardíacas e enviam mais sangue para os músculos.[13] Com isso, o DNA e a adrenalina ajudam a conectar trilhões de células no coração, nos músculos e por todo o corpo, formando uma rede ativa capaz de fazer coisas notáveis, como fugir de um leão.

Se o DNA representasse a realidade, poderíamos perguntar coisas como "o DNA da zebra representa a realidade com mais precisão do que o DNA do leão?", ou "o DNA de certa zebra diz a verdade, e outra zebra é enganada por seu DNA falso?". São perguntas absurdas, claro. Poderíamos avaliar o DNA pela boa forma física do organismo gerado por ele, mas não pela veracidade. Embora seja usual falar em "erros" do DNA, isso se refere apenas a mutações no processo de cópia do DNA — e não a uma falha em representar a realidade com precisão. Uma mutação genética que inibe a produção de adrenalina reduz a boa forma de determinada zebra, por fim levando a rede de células à desintegração, como quando a zebra é morta por um leão e seus trilhões de células perdem a conexão entre elas e se decompõem. Mas esse tipo de falha da rede significa desintegração, e não desinformação. Isso vale para países, partidos políticos e redes de notícias, tanto quanto para zebras. Sua existência também é ameaçada pela perda de contato entre as partes constituintes mais do que por representações imprecisas da realidade.

O fundamental é que os erros na replicação do DNA nem sempre diminuem a boa forma física. De vez em quando a aumentam. Sem essas mutações, não haveria processo de evolução. Todas as formas de vida existem graças a "erros" genéticos. As maravilhas da evolução são possíveis porque o DNA não representa nenhuma realidade preexistente; ele cria novas realidades.

Detenhamo-nos para digerir as implicações disso. A informação é algo que cria novas realidades conectando diferentes pontos de uma rede. Isso ainda inclui a noção de informação como representação. Às vezes, uma representação verídica da realidade consegue conectar seres humanos, como quando 600 milhões de pessoas ficaram com os olhos grudados na tela da TV em julho de 1969, olhando Neil Armstrong e Buzz Aldrin andarem na Lua.[14] As imagens na tela representavam com precisão o que se passava a 384 mil quilômetros de distância, e a visualização delas despertava sentimentos de assombro, orgulho e irmandade humana que ajudavam a conectar as pessoas.

Mas também é possível gerar esses sentimentos fraternos de outras maneiras. A ênfase na conexão deixa um amplo espaço para outros tipos de informação que não representam bem a realidade. Às vezes, representações errôneas da realidade também podem servir como nexo social, como quando milhões de seguidores de uma teoria conspiratória assistem a um vídeo do YouTube alegando que a chegada à Lua simplesmente nunca aconteceu. Essas imagens transmitem uma representação errônea da realidade, mas, mesmo assim, podem despertar sentimentos de raiva contra o sistema ou de orgulho da pessoa por sua própria sabedoria, que ajudam a criar um novo grupo coeso.

Às vezes, as redes podem ser conectadas sem *nenhuma* tentativa de representação, correta ou errônea, da realidade, como quando a informação genética conecta trilhões de células ou quando uma peça musical envolvente conecta milhares de seres humanos.

Como exemplo final, consideremos a concepção do Metaverso, de Mark Zuckerberg. O Metaverso é um universo virtual feito inteiramente de informação. Ao contrário do mapa 1:1 construído pelo império imaginário de Jorge Luis Borges, o Metaverso não é uma tentativa de representar nosso mundo, mas, sim, de aumentar ou mesmo substituir nosso mundo. Não oferece uma réplica digital de Buenos Aires ou de Salt Lake City; ele convida as pessoas a construírem novas comunidades virtuais com novas paisagens e novas regras. Em 2024, o Metaverso parece um enorme sonho impossível, mas, daqui a algumas décadas, bilhões de pessoas talvez possam migrar para uma realidade virtual ampliada — e viver grande parte da vida nela —, desenvolvendo ali a maioria de suas atividades sociais e profissionais. As pessoas poderiam vir a construir relações, ingressar em movimentos, ocupar empregos e passar por altos e baixos emocionais em ambientes formados não por átomos, e sim por bits. Talvez apenas em alguns desertos remotos ainda fosse possível encontrar fragmentos despedaçados da velha realidade, abrigando algum inesperado animal ou mendigo.

A INFORMAÇÃO NA HISTÓRIA HUMANA

Ver a informação como um nexo social nos ajuda a entender muitos aspectos da história humana que desconcertam a noção ingênua da informação como representação. Explica o sucesso histórico não só da astrologia, mas de coisas muito mais importantes, como a Bíblia. Alguns podem descartar a astrologia como um episódio secundário bizarro na história humana, mas ninguém pode negar o papel central desempenhado pela Bíblia. Se a tarefa principal da informação fosse a de representar a realidade com precisão, seria difícil explicar por que a Bíblia se tornou um dos textos de maior influência na história.

A Bíblia comete muitos erros graves em sua descrição tanto dos assuntos humanos quanto dos processos naturais. O livro do Gênesis afirma que todos os grupos humanos — inclusive, por exemplo, o povo san do deserto do Kalahari e os aborígenes da Austrália — descendem de uma única família que vivia no Oriente Médio cerca de 4 mil anos atrás.[15] Segundo o Gênesis, depois do Dilúvio todos os descendentes de Noé viviam juntos na Mesopotâmia, mas, depois da destruição da Torre de Babel, eles se espalharam pelos quatro cantos da Terra e se tornaram os ancestrais de todos os seres humanos vivos. Na verdade, os ancestrais do povo san viveram na África por centenas de milhares de anos sem nunca sair do continente, e os ancestrais dos aborígenes ocuparam a Austrália mais de 50 mil anos atrás.[16] As evidências genéticas e arqueológicas excluem a ideia de que todas as populações antigas do sul da África e da Austrália foram aniquiladas cerca de 4 mil anos atrás por um dilúvio e que essas áreas foram posteriormente repovoadas por imigrantes do Oriente Médio.

Uma distorção ainda mais grave se refere a nosso entendimento das doenças infecciosas. A Bíblia apresenta com frequência as epidemias como castigo divino pelos pecados humanos[17] e sustenta que é possível detê-las ou impedi-las com preces e rituais religiosos.[18] Mas as epidemias, evidentemente, são causadas por patógenos e podem ser detidas ou impedidas seguindo regras de higiene e utilizando remédios e vacinas. Hoje isso é aceito mesmo por líderes religiosos como o papa, que, durante a pandemia da covid-19, recomendou que as pessoas se isolassem, em vez de se congregarem para rezar juntas.[19]

No entanto, embora a Bíblia tenha representado a realidade das origens, migrações e epidemias humanas de modo muito atamancado, ela foi de grande eficiência em conectar bilhões de pessoas e criar a religião judaica e a cristã. Tal como o DNA dando início a processos químicos que unem bilhões de células em redes orgânicas, a Bíblia foi o ponto de partida para processos sociais que uniram bilhões de pessoas em redes religiosas. E assim como uma rede de células consegue fazer coisas que as células isoladas não conseguem, uma rede religiosa consegue fazer coisas que os seres humanos individuais não conseguem, como construir templos, manter sistemas de leis, celebrar dias sagrados e travar guerras santas.

Para concluir, a informação às vezes representa e às vezes não representa a realidade. Mas sempre conecta. Essa é sua característica fundamental. Portanto, quando se examina o papel da informação na história, e embora às vezes faça sentido perguntar "Quão bem ela representa a realidade? Ela é verdadeira ou falsa?", frequentemente as perguntas mais importantes são: "Quão bem ela conecta as pessoas? Que rede nova ela cria?".

Rejeitar a noção ingênua da informação como representação não nos obriga a rejeitar a noção de verdade, nem nos obriga a adotar a visão populista da informação como arma. Embora a informação sempre conecte, alguns tipos de informação — de livros científicos a discursos políticos — podem se esforçar em conectar as pessoas representando de forma acurada certos aspectos da realidade. Mas isso requer um esforço especial, que a maioria da informação não faz. É por isso que a noção ingênua está errada em crer que a criação de uma tecnologia da informação mais poderosa resultará necessariamente num entendimento mais verdadeiro do mundo. Se mais passos não forem dados para inclinar a balança em favor da verdade, o aumento na quantidade e na velocidade da informação provavelmente afogará as versões relativamente raras e caras com tipos muito mais comuns e baratos de informação.

Assim, quando olhamos a história da informação desde a Idade da Pedra até a Idade do Silício, vemos, portanto, um aumento constante na conectividade, sem um aumento concomitante na veracidade ou na sabedoria. Ao contrário do que acredita a noção ingênua, o *Homo sapiens* conquistou o mundo não porque somos hábeis em converter a informação num mapa preciso da realidade. O segredo de nosso sucesso é que somos hábeis em usar a informação para conectar muitos indivíduos. Infelizmente, essa habilidade com frequência caminha ao lado da crença em mentiras, erros e fantasias. É por isso que mesmo sociedades avançadas do ponto de vista tecnológico como a Alemanha nazista e a União Soviética foram capazes de abrigar ideias ilusórias sem que fossem necessariamente enfraquecidas pelo caráter ilusório delas. Na verdade, as ilusões de massa da ideologia nazista e stalinista sobre coisas como raça e classe ajudaram a que tais ideologias fizessem dezenas de milhões de pessoas marcharem juntas.

Nos capítulos 2 a 5, examinaremos mais de perto a história das redes de informação. Veremos como, ao longo de dezenas de milhares de anos, os seres humanos inventaram várias tecnologias da informação que melhoraram bastante a conectividade e a cooperação, sem resultar necessariamente numa representação mais verídica do mundo. Essas tecnologias da informação — inventadas séculos e milênios atrás — ainda moldam nosso mundo, mesmo na era da internet e da IA. A primeira tecnologia da informação que examinaremos, e que é também a primeira tecnologia da informação desenvolvida pelos seres humanos, é a estória.

2. Estórias: Conexões ilimitadas

Nós, sapiens, governamos o mundo não porque somos sábios, mas porque somos os únicos animais capazes de cooperar com flexibilidade em grandes números. Explorei essa ideia em meus livros anteriores *Sapiens* e *Homo Deus*, mas é indispensável uma breve recapitulação.

A habilidade dos sapiens em cooperar flexivelmente em grandes números tem precursores entre outros animais. Alguns mamíferos sociais como os chimpanzés mostram uma flexibilidade significativa em sua forma de cooperar, e alguns insetos sociais como as formigas cooperam em números muito grandes. Mas nem chimpanzés nem formigas criam impérios, religiões ou redes comerciais. Nós, sapiens, temos essa capacidade porque somos muito mais flexíveis do que os chimpanzés e, ao mesmo tempo, conseguimos cooperar em números ainda maiores do que os das formigas. De fato, não há um limite máximo para o número de sapiens capazes de cooperar entre si. A Igreja católica tem cerca de 1,4 bilhão de membros. A China tem uma população de cerca de 1,4 bilhão de pessoas. A rede comercial global conecta cerca de 8 bilhões de sapiens.

Isso é surpreendente, visto que os seres humanos só conseguem formar vínculos próximos de longo prazo com, no máximo, umas poucas centenas de indivíduos.[1] São necessários muitos anos para conhecer o caráter e a história pessoal de alguém, e para cultivar laços de afeição e confiança mútuos. Em decorrência disso, se as redes dos sapiens estivessem conectadas apenas por vínculos pessoais diretos, nossas redes teriam permanecido ínfimas. Essa é a situação entre nossos primos chimpanzés, por exemplo. Sua comunidade típica tem de vinte a sessenta membros, e em raras ocasiões esse número pode chegar a 150 ou duzentos.[2] Parece ter sido essa a situação também entre espécies humanas antigas como os neandertais e o *Homo sapiens* arcaico. Seus bandos tinham apenas algumas dezenas de indivíduos, e bandos diferentes quase não cooperavam.[3]

Cerca de 70 mil anos atrás, os bandos de *Homo sapiens* começaram a mostrar uma capacidade inédita de cooperação mútua, como fica evidenciado no surgimento de trocas e tradições artísticas interbandos e na rápida difusão de nossa espécie por todo o globo a partir da terra natal africana. O que permitiu a cooperação entre bandos diferentes foi que mudanças evolucionárias na estrutura do cérebro e nas capacidades linguísticas parecem ter dado aos sapiens a habilidade de contar e acreditar em estórias ficcionais, e de ser profundamente tocados por elas. Em vez de construírem uma rede a partir de cadeias apenas de humanos entre humanos — como faziam os neandertais, por exemplo —, as estórias forneciam ao *Homo sapiens* um novo tipo de cadeia: de humanos entre estórias. Para cooperarem, os sapiens não precisavam mais se conhecer pessoalmente; bastava conhecer a mesma estória. E a mesma estória pode ser familiar a bilhões de indivíduos. Assim, uma estória pode servir como um conector central, com um número ilimitado de saídas às quais um número ilimitado de pessoas pode se ligar. Por exemplo, os 1,4 bilhão de membros da Igreja católica estão conectados pela Bíblia e outras estórias cristãs centrais; os 1,4 bilhão de cidadãos da China estão conectados pelas estórias da ideologia comunista e do nacionalismo chinês; os 8 bilhões de membros da rede comercial global estão conectados por estórias sobre moedas correntes, corporações e marcas.

Mesmo líderes carismáticos com milhões de seguidores são mais um exemplo do que uma exceção à regra. Pode parecer que, no caso dos antigos imperadores chineses, dos papas católicos medievais ou dos gigantes empresariais modernos, é um ser humano de carne e osso — e não uma estória — que serve de nexo de ligação entre milhões de seguidores. Mas claro que, em todos esses casos, quase nenhum dos seguidores tem um vínculo pessoal com o líder.

Em vez disso, a conexão deles é com uma *estória* muito bem elaborada sobre o líder, e é nessa estória que eles acreditam.

Ióssif Stálin, que ocupava o nexo central de um dos maiores cultos à personalidade na história, entendia muito bem isso. Quando seu filho encrenqueiro, Vassíli, explorou seu sobrenome famoso para suscitar medo e reverência entre as pessoas, Stálin o repreendeu. "Mas também sou Stálin!", protestou Vassíli. "Não é, não", respondeu Stálin. "Você não é Stálin e eu não sou Stálin. Stálin é o poder soviético. Stálin é o que ele é nos jornais e nos retratos, não você, nem eu!"[4]

Os influenciadores e celebridades atuais concordariam. Alguns têm centenas de milhões de seguidores online, com quem se comunicam diariamente pelas redes sociais. Mas nelas há pouquíssima conexão pessoal autêntica. As contas das redes sociais geralmente ficam a cargo de uma equipe de especialistas, e cada imagem e palavra é profissionalmente talhada e elaborada para criar o que hoje chamamos de *brand*, marca.[5]

Uma "marca" é um tipo específico de estória. Dar marca a um produto significa contar uma estória sobre esse produto, que pode ter pouco a ver com suas qualidades efetivas, mas que mesmo assim os consumidores aprendem a associar àquele produto. Por exemplo, a Coca-Cola investiu ao longo de décadas dezenas de bilhões de dólares em anúncios que contam e recontam a estória do refrigerante Coca-Cola.[6] As pessoas viram e ouviram a estória com tanta frequência que muitos vieram a associar um certo preparado de água saborizada com diversão, felicidade e juventude (em oposição ao desgaste dentário, à obesidade e ao resíduo plástico). Isso é criar marca.[7]

Como Stálin sabia, é possível tornar marca não só produtos, como também indivíduos. Um bilionário corrupto pode ganhar a marca de defensor dos pobres; um imbecil atrapalhado pode ganhar a marca de gênio infalível; um guru que abusa sexualmente de seus seguidores pode ganhar a marca de santo casto. As pessoas pensam que se conectam com aquele indivíduo, mas de fato se conectam com a estória contada *sobre* ele, e muitas vezes há uma enorme distância entre ambos.

Mesmo a estória de Cher Ami, o pombo heroico, não deixou de ser parcialmente uma campanha destinada a realçar a imagem pública do Serviço de Pombos do Exército americano. Um estudo revisionista de 2021, realizado pelo historiador Frank Blazich, descobriu que, embora não haja dúvida de que

Cher Ami sofreu graves ferimentos quando transportava uma mensagem em algum lugar no norte da França, vários elementos centrais da estória são duvidosos ou imprecisos. Em primeiro lugar, baseando-se nos registros militares da época, Blazich demonstrou que o quartel-general soube da localização exata do Batalhão Perdido cerca de vinte minutos *antes* da chegada do pombo. Não foi o pombo que pôs fim ao fogo de barragem amigo que estava dizimando o Batalhão Perdido. Em segundo, e ainda mais significativo, não existe nenhuma prova de que o pombo que transportava a mensagem do major Whittlesey fosse Cher Ami. Pode muito bem ter sido outro pombo, e Cher Ami pode ter sofrido os ferimentos uns quinze dias depois, durante outra batalha.

Segundo Blazich, as dúvidas e incoerências na estória de Cher Ami ficaram obscurecidas por seu valor como peça de propaganda para o Exército e seu apelo entre o público. A estória foi recontada tantas vezes ao longo dos anos que os fatos se enredaram na ficção. Jornalistas, poetas e cineastas acrescentaram detalhes fantasiosos, por exemplo, de que o pombo perdeu não só uma perna, mas também um olho, e que foi condecorado com a Medalha de Distinção por Serviços. Nos anos 1920 e 1930, Cher Ami se tornou o pássaro mais famoso do mundo. Quando morreu, seu corpo foi cuidadosamente preservado e ficou exposto no Smithsonian Museum, tornando-se um local de peregrinação para patriotas americanos e veteranos da Primeira Guerra Mundial. Como quem conta um conto aumenta um ponto, a estória se apoderou até mesmo das lembranças de sobreviventes do Batalhão Perdido, que passaram a aceitar a narrativa popular em seus termos literais. Blazich conta o caso de um oficial do Batalhão Perdido, Sherman Eager, que décadas depois da guerra levou os filhos para ver Cher Ami no Smithsonian e lhes disse: "Vocês todos devem a vida a esse pombo". Como quer que tenham sido os fatos, a estória do generoso salvador alado se demonstrou irresistível.[8]

Como exemplo muito mais extremo, vejamos Jesus. Dois milênios de narração encapsularam Jesus num casulo tão denso de estórias que é impossível recuperar a pessoa histórica. Aventar a mera possibilidade de que a pessoa real era diferente da pessoa apresentada na estória constitui, para milhões de cristãos devotos, uma blasfêmia. Até onde sabemos, o Jesus real era um típico pregador judeu que, proferindo sermões e curando doentes, reuniu um pequeno número de seguidores. Depois de sua morte, porém, Jesus se tornou o tema de uma das mais notáveis campanhas de criação de marca na história. Esse guru interiorano pouco conhecido, que durante sua breve carreira reuniu apenas um punhado de discípulos e foi executado como criminoso comum, ganhou nova marca depois da morte como a encarnação da divindade cósmica que criou o universo.[9] Embora não tenha restado nenhum retrato contemporâneo de Jesus, e embora a Bíblia nunca descreva sua aparência, as versões imaginárias dele se tornaram alguns dos ícones mais conhecidos do mundo.

Cabe ressaltar que a criação da estória de Jesus não foi uma mentira deliberada. Pessoas como são Paulo, Tertuliano, Santo Agostinho e Martinho Lutero não planejaram enganar ninguém. Projetaram seus profundos sentimentos e esperanças sobre a figura de Jesus, da mesma forma como todos nós habitualmente projetamos nossos sentimentos sobre nossos pais, entes amados e líderes. Ainda que as campanhas de marca, de vez em quando, constituam uma prática cínica de desinformação, as estórias realmente grandes da história são, em sua maioria, resultado de projeções emocionais e pensamentos otimistas fantasiosos. Os crentes convictos desempenham um papel fundamental no surgimento de todas as principais religiões e ideologias, e a estória de Jesus mudou a história porque ganhou uma quantidade imensa de crentes convictos.

Ao ganhar todos esses crentes, a estória de Jesus conseguiu ter sobre a história um impacto muito maior do que a pessoa de Jesus. A pessoa de Jesus ia a pé de aldeia em aldeia, falando com as pessoas, comendo e bebendo com elas, tocando o corpo dos doentes. Afetou a vida de talvez vários milhares de indivíduos, todos morando numa província romana de menor importância. A estória de Jesus, em contraste, percorreu o mundo inteiro, primeiro nas asas de fofocas, anedotas e boatos; depois, por meio de pergaminhos, pinturas e estátuas; por fim, como filmes de sucesso e memes da internet. Bilhões de pessoas não só ouviram a estória de Jesus, como também vieram a acreditar nela, o que criou uma das redes mais extensas e influentes do mundo.

Estórias como a de Jesus podem ser vistas como uma forma de ampliar vínculos biológicos preexistentes. A família é o vínculo mais forte que os seres humanos conhecem. Um meio pelo qual as estórias criam confiança entre estranhos é o de fazer com que esses estranhos se reimaginem e vejam uns aos outros como família. A estória de Jesus o apresentava como um parente de todos os seres humanos, incentivava centenas de milhões de cristãos a se verem como irmãos e irmãs, e criava um fundo comum de memórias de família.

Os cristãos, em sua maioria, não estiveram fisicamente presentes à Última Ceia, mas ouviram tantas vezes a estória e viram tantas imagens do evento que se "lembram" dela com mais vividez do que da maioria dos jantares de família de que participaram de fato.

Interessante notar que a última ceia de Jesus era a refeição do Pessach judaico, que, segundo os relatos do Evangelho, Jesus partilhou com seus discípulos pouco antes da crucificação. Na tradição judaica, todo o objetivo da refeição do Pessach é criar e reencenar memórias artificiais. Todos os anos, as famílias judaicas se sentam juntas na véspera do Pessach para relembrar o êxodo "delas" do Egito. Espera-se que contem a estória de como os descendentes de Jacó escaparam da escravidão no Egito e ainda relembrem como sofreram *pessoalmente* nas mãos dos egípcios, como viram *pessoalmente* o mar se abrir e como receberam *pessoalmente* os Dez Mandamentos de Jeová no monte Sinai.

A tradição judaica aqui não poupa palavras. O texto do ritual do Pessach (o Haggadah) insiste que "em todas as gerações a pessoa tem a obrigação de se considerar como se tivesse saído pessoalmente do Egito". Se alguém objetar que isso é ficção e que ele mesmo não saiu do Egito, os eruditos judeus têm a resposta pronta: as almas de todos os judeus ao longo de toda a história foram criadas por Jeová muito antes de cada um nascer, e todas essas almas estavam presentes no monte Sinai.[10] Como Salvador Litvak, um influenciador judeu das redes sociais, explicou a seus seguidores em 2018: "Vocês e eu estávamos lá juntos... Quando cumprimos a obrigação de nos vermos como se tivéssemos deixado o Egito, não é uma metáfora. Não imaginamos o Êxodo, nos lembramos dele".[11]

Assim, todos os anos, na celebração mais importante do calendário judaico, milhões de judeus fazem uma encenação de lembrar coisas que não presenciaram, as quais, com toda probabilidade, nunca aconteceram. Como mostram numerosos estudos modernos, recontar repetidamente uma lembrança falsa acaba por levar a pessoa a adotá-la como recordação genuína.[12] Quando dois judeus se encontram pela primeira vez, podem sentir imediatamente que ambos pertencem à mesma família, que juntos foram escravos no Egito e juntos estavam no monte Sinai. É um vínculo poderoso que sustenta a rede judaica por muitos séculos e continentes.

A estória do Pessach judaico monta uma grande rede ao pegar laços de parentesco biológico existentes e estendê-los. Isso cria uma família imaginária de milhões de membros. Mas há uma maneira ainda mais revolucionária de as estórias montarem redes. Como o DNA, as estórias podem criar entidades novas. De fato, elas podem até criar um nível todo novo de realidade. Até onde sabemos, antes que as estórias surgissem, o universo continha apenas dois níveis de realidade. As estórias acrescentaram um terceiro.

Os dois níveis de realidade que antecederam a narração de estórias são a realidade objetiva e a realidade subjetiva. A *realidade objetiva* consiste em coisas como pedras, montanhas e asteroides — coisas que existem, quer tenhamos consciência delas ou não. Um asteroide se dirigindo a toda a velocidade na direção do planeta Terra, por exemplo, existe mesmo que ninguém saiba que ele está lá. E há a *realidade subjetiva*: coisas como dor, prazer e amor que não estão "lá fora", e sim "aqui dentro". As coisas subjetivas existem em nossa percepção delas. Uma dor que não se sente é um oximoro.

Mas algumas estórias são capazes de criar um terceiro nível de realidade: a *realidade intersubjetiva*. Enquanto coisas subjetivas como a dor existem numa única mente, coisas intersubjetivas como leis, deuses, nações, empresas e moedas existem no nexo entre grande número de mentes. Sendo mais exato, elas existem nas estórias que as pessoas contam umas às outras. A informação que os seres humanos trocam sobre coisas intersubjetivas não representa nada que já existisse antes da troca de informação; pelo contrário, é a troca de informação que cria essas coisas.

Quando digo a você que estou com dor, dizer-lhe isso não cria a dor. E se paro de falar da dor, isso não faz com que ela suma. Da mesma forma, quando lhe digo que vi um asteroide, isso não cria o asteroide. O asteroide existe, quer as pessoas falem dele ou não. Mas quando um monte de gente troca estórias sobre leis, divindades ou moedas, é isso o que cria essas leis, divindades ou moedas. Se as pessoas pararem de falar sobre elas, elas somem. As coisas intersubjetivas existem na troca de informação.

Examinemos melhor. O valor calórico da pizza não depende de nossas crenças. Uma pizza comum contém entre 1500 e 2500 calorias.[13] Já o valor financeiro do dinheiro — e das pizzas — depende das nossas crenças. Quantas pizzas dá para comprar com um dólar ou com um bitcoin? Em 2010, Laszlo Hanyecz comprou duas pizzas por 10 mil bitcoins. Foi a primeira transação comercial conhecida envolvendo bitcoins — e, em retrospecto, foi também a pizza mais cara de todos os tempos. Em novembro de 2021, um bitcoin valia mais do que 69 mil dólares, de forma que os bitcoins que Hanyecz pagou por suas duas pizzas valiam 690 milhões de dólares, que dariam para comprar milhões de pizzas.[14] Enquanto o valor calórico da pizza é uma realidade objetiva que se manteve constante entre 2010 e 2021, o valor financeiro do bitcoin é uma realidade intersubjetiva que passou por uma mudança drástica durante o mesmo período, dependendo das estórias sobre os bitcoins que as pessoas contavam e nas quais acreditavam.

Outro exemplo. Suponhamos que eu pergunte: "O monstro do lago Ness existe?". É uma pergunta sobre o nível objetivo da realidade. Alguns acreditam que há animais parecidos com dinossauros vivendo no lago Ness. Outros descartam a ideia como fantasia ou embuste. Ao longo dos anos, muitas tentativas foram feitas para resolver as discordâncias de uma vez por todas, usando métodos científicos como sonares de varredura e pesquisas de DNA. Se houvesse animais enormes vivendo no lago, deveriam aparecer no sonar e deixariam traços de DNA. Com base nas evidências disponíveis, o consenso científico é de que o monstro do lago Ness não existe. (Um levantamento de DNA realizado em 2019 encontrou material genético de 3 mil espécies, mas nenhum monstro. No máximo, o lago Ness pode conter algumas enguias que pesam cinco quilos.)[15] Mesmo assim, muita gente continua a acreditar que o monstro do lago Ness existe, mas acreditar nisso não muda a realidade objetiva.

Em contraste com os animais, cuja existência pode ser comprovada ou negada por testes objetivos, os Estados são entidades intersubjetivas. Não costumamos perceber, pois todos tomam a existência dos Estados Unidos, da China, da Rússia ou do Brasil como dados de fato. Mas há casos em que as pessoas divergem sobre a existência de certos Estados, e então a condição intersubjetiva deles se patenteia. O conflito israelo-palestino, por exemplo, gira em torno dessa questão, porque alguns indivíduos e governos se recusam a reconhecer a existência de Israel e outros se negam a reconhecer a Palestina. Em 2024, por exemplo, os governos do Brasil e da China reconhecem que ambos, Israel e Palestina, existem, e os governos dos Estados Unidos e de Camarões só reconhecem a existência de Israel, enquanto os governos da Argélia e do Irã reconhecem apenas a Palestina. Outros casos vão do Kosovo, que em 2024 é reconhecido como Estado por cerca de metade dos 193 países-membros da ONU,[16] a Abkhazia, que quase todos os governos consideram um território soberano da Geórgia, mas é reconhecida como Estado por Rússia, Venezuela, Nicarágua, Nauru e Síria.[17]

Com efeito, quase todos os Estados, quando lutam pela independência, passam pelo menos por uma fase temporária em que sua existência é contestada. Os Estados Unidos ganharam existência em 4 de julho de 1776 ou quando foram reconhecidos por França e Reino Unido? Entre a declaração de independência dos Estados Unidos em 4 de julho de 1776 e a assinatura do Tratado de Paris em 3 de setembro de 1783, algumas pessoas, como George Washington, acreditavam na existência dos Estados Unidos, enquanto outras, como o rei Jorge III, repudiavam a ideia.

As discordâncias em relação à existência dos Estados não podem ser resolvidas por um teste objetivo, como uma análise do DNA ou uma varredura por sonar. À diferença dos animais, os Estados não são uma realidade objetiva. Quando perguntamos se determinado Estado existe, estamos levantando uma questão sobre uma realidade intersubjetiva. Se uma quantidade suficiente de gente concorda que determinado Estado existe, então ele existe. E aí pode fazer coisas como assinar acordos com validade legal com ONGs, empresas privadas e outros Estados.

Entre todos os gêneros de estórias, os que criam realidades intersubjetivas são os mais importantes para o desenvolvimento de redes humanas de grande escala. A implantação de memórias familiares falsas decerto ajuda, mas nenhuma religião ou império conseguiu sobreviver por muito tempo sem uma sólida crença na existência de um deus, de uma nação, de um código legal ou de uma moeda. Para a formação da Igreja cristã, por exemplo, era importante que as pessoas relembrassem o que Jesus disse na Última Ceia, mas o passo fundamental foi fazê-las acreditar que Jesus era uma divindade, e não apenas um rabino inspirador. Para a formação da religião judaica, era útil que os judeus "lembrassem" como tinham escapado juntos da escravidão no Egito, mas o passo decisivo foi fazer todos os judeus aderirem ao mesmo código de leis religiosas, o *Halakha*.

Coisas intersubjetivas como leis, deuses e moedas correntes têm enorme poder dentro de uma rede informacional específica e não têm nenhum sentido fora dela. Imaginemos um bilionário que cai com seu jato particular numa ilha deserta e se vê ali sozinho com uma mala cheia de cédulas e ações bancárias. Se estivesse em São Paulo ou em Mumbai, ele poderia usar esses papéis para que as pessoas o alimentassem, lhe fornecessem roupas, o protegessem e lhe construíssem um jato particular. Mas estando separado de outros membros de nossa rede de informação, suas cédulas e ações bancárias perdem o valor. Não pode usá-las para que os macacos da ilha lhe forneçam alimento ou lhe construam uma jangada.

O PODER DAS ESTÓRIAS

Seja com a implantação de memórias falsas, a formação de relações ficcionais ou a criação de realidades intersubjetivas, as estórias produziram redes humanas de grande escala. Essas redes, por sua vez, alteraram o equilíbrio de poder no mundo. As redes baseadas em estórias converteram o *Homo sapiens* no animal mais poderoso de todos, dando-lhe uma vantagem essencial não só sobre leões e mamutes, mas também sobre outras espécies humanas antigas, como os neandertais.

Os neandertais viviam em pequenos bandos isolados, e até onde sabemos, a cooperação entre bandos diferentes, se é que existia, era muito rara e frágil.[18] Os sapiens da Idade da Pedra também viviam em bandos pequenos, com umas poucas dezenas de indivíduos. Mas, com o surgimento da narração de estórias, os bandos de sapiens não viviam mais isolados. Eram conectados por estórias sobre coisas como ancestrais reverenciados, animais totêmicos e espíritos guardiões. Os bandos que partilhavam estórias e realidades intersubjetivas constituíam uma tribo. Cada tribo era uma rede conectando centenas ou mesmo milhares de indivíduos.[19]

A pertença a uma tribo grande constituía uma vantagem evidente em épocas de conflito. Quinhentos sapiens derrotariam com folga cinquenta neandertais.[20] Mas as redes tribais tinham muitas outras vantagens complementares. Se vivemos num bando isolado de cinquenta pessoas e nosso território é atingido por uma seca severa, muitos de nós poderão morrer de fome. Se tentarmos migrar para outro lugar, não será surpresa topar com grupos hostis, e também poderá ser difícil forragear alimento, água e sílex (para fazer ferramentas) em território desconhecido. Mas, se nosso bando faz parte de uma rede tribal, pelo menos alguns de nós, em tempos de necessidade, podem ir viver com nossos amigos distantes. Se nossa identidade tribal em comum for sólida o suficiente, eles poderão nos acolher e nos instruir sobre os perigos e as oportunidades locais. Dez ou vinte anos depois, poderemos retribuir. A rede tribal, então, funcionava como uma apólice de seguro. Minimizava o risco estendendo-se a uma quantidade muito maior de pessoas.[21]

Mesmo em épocas tranquilas, os sapiens podem ter um enorme proveito com a troca de informação não só com algumas dezenas de membros de um bando pequeno, mas com uma rede tribal inteira. Se um dos bandos da tribo descobre uma maneira melhor de aguçar a ponta das lanças, se aprende a curar feridas com alguma erva medicinal rara ou inventa uma agulha para costurar roupas, esse conhecimento logo pode ser transmitido para os outros bandos. Ainda que individualmente os sapiens não fossem mais inteligentes do que os neandertais, quinhentos deles juntos eram muito mais inteligentes do que cinquenta neandertais.[22]

Foram as estórias que possibilitaram tudo isso. Muitas vezes, o poder das estórias é desconsiderado ou negado pelas interpretações materialistas da história. Os marxistas, em particular, tendem a ver as estórias como uma mera cortina de fumaça encobrindo as relações de poder e os interesses materiais subjacentes. Segundo as teorias marxistas, as pessoas são sempre movidas por interesses materiais objetivos e usam as estórias apenas para camuflar esses interesses e confundir os rivais. Por exemplo, segundo essa interpretação, as Cruzadas, a Primeira Guerra Mundial e a Guerra do Iraque foram travadas em favor dos interesses econômicos de elites poderosas e não por ideais religiosos, nacionalistas ou liberais. Entender essas guerras significa deixar de lado todas as folhas de figueira mitológicas — Deus, patriotismo ou democracia — e observar as relações de poder em sua nudez.

Essa visão marxista, porém, não só é cética como também errada. Embora os interesses materialistas certamente tenham desempenhado um papel nas Cruzadas, na Primeira Guerra Mundial, na Guerra do Iraque e na maioria dos outros conflitos humanos, isso não significa que ideais religiosos, nacionais e liberais não tenham desempenhado papel algum. Além disso, os interesses materialistas por si só não explicam as identidades dos campos rivais. Por que, no século XII, foram proprietários fundiários e mercadores da França, Alemanha e Itália que se uniram para conquistar territórios e rotas mercantis no Levante — e não proprietários fundiários e mercadores da França e da África do Norte que se uniram para conquistar a Itália? E por que, em 2003, os Estados Unidos e a Grã-Bretanha tentaram conquistar os campos de petróleo do Iraque, e não os campos de gás natural da Noruega? Será realmente possível explicar isso por considerações puramente materialistas, sem qualquer menção às crenças religiosas e ideológicas das pessoas?

Todas as relações entre grupos humanos de grande escala são, com efeito, moldadas por estórias, porque a própria identidade desses grupos é definida por estórias. Não há nenhuma definição objetiva do indivíduo britânico, americano, norueguês ou iraquiano; todas essas identidades são moldadas por mitos nacionais e religiosos que são questionados e revistos o tempo todo. Os marxistas podem alegar que os grupos de grande escala têm identidades e interesses objetivos, independentes de estórias. Se assim for, como explicar que só os humanos têm grupos grandes como tribos, nações e religiões, e os chimpanzés não? Afinal, os chimpanzés compartilham conosco todos os nossos interesses; eles também precisam beber, comer e se proteger de doenças. Eles também querem sexo e poder social. Mas os chimpanzés não conseguem manter grupos grandes porque são incapazes de criar as estórias que conectam tais grupos e definem suas identidades e interesses. Ao contrário do que sustenta o pensamento marxista, as identidades e interesses de larga escala na história são sempre intersubjetivos, nunca objetivos.

Essa é uma boa notícia. Se a história fosse moldada apenas por lutas de poder e interesses materiais, não faria sentido conversar com as pessoas que discordam de nós. Qualquer conflito seria, em última análise, resultado de relações objetivas de poder, que não podem ser alteradas pela conversa. Se os privilegiados só enxergam e acreditam nas coisas que legitimam seus privilégios, como pode alguma coisa, exceto a violência, convencê-los a abrir mão desses mesmos privilégios e mudar as suas crenças? Por sorte, visto que a história é moldada por estórias intersubjetivas, às vezes conseguimos evitar o conflito e ter a paz conversando com as pessoas, mudando as estórias em que elas e nós acreditamos, ou propondo uma nova estória que todos possam aceitar.

Tomemos, por exemplo, o surgimento do nazismo. Decerto foram interesses materiais que levaram milhões de alemães a apoiarem Hitler. É possível que os nazistas jamais tivessem chegado ao poder se não fosse a crise econômica do início dos anos 1930. No entanto, é um erro pensar que o Terceiro Reich foi a decorrência inevitável de relações de poder e interesses materiais subjacentes. Hitler venceu as eleições de 1933 porque, durante a crise econômica, milhões de alemães vieram a acreditar na estória nazista, e não em alguma das outras estórias à disposição. Não foi porque inevitavelmente os alemães correram atrás dos seus interesses materiais e protegeram os seus privilégios; foi um erro trágico. Podemos dizer com segurança que foi um erro, e que os alemães podiam ter escolhido estórias melhores, porque sabemos o que aconteceu a seguir. Doze anos de governo nazista não nutriram os interesses materiais dos alemães. O nazismo levou à destruição da Alemanha e à morte de milhões de pessoas. Mais tarde, quando os alemães adotaram a democracia liberal, isso de fato levou a uma melhoria duradoura na vida deles. Os alemães não poderiam ter dispensado o experimento fracassado nazista e ido direto para a democracia liberal já no começo da década de 1930? A posição deste livro é que sim, poderiam. A história, algumas vezes, é moldada não por relações de poder determinísticas, mas por erros trágicos que resultam da crença em estórias tão hipnotizantes quanto danosas.

A NOBRE MENTIRA

O papel central das estórias revela algo fundamental sobre o poder de nossa espécie e explica por que nem sempre o poder anda de mãos dadas com a sabedoria. A noção ingênua da informação diz que a informação leva à verdade e que saber a verdade ajuda as pessoas a obter poder e sabedoria. Isso parece tranquilizante. Implica ser improvável que as pessoas que fecham os olhos à verdade tenham muito poder, ao passo que as pessoas que respeitam a verdade podem ganhar muito poder, mas que o poder seria moderado pela sabedoria. Por exemplo, as pessoas que ignoram a verdade sobre a biologia humana podem acreditar em mitos racistas, mas não serão capazes de produzir drogas e armas biológicas potentes, ao passo que as pessoas que entendem a biologia terão esse tipo de poder, mas não o usarão a serviço de ideologias racistas. Se realmente fosse esse o caso, poderíamos dormir em paz, confiando que nossos presidentes, sumos sacerdotes e CEOs seriam sábios e honestos. Um político, um movimento ou um país até poderiam avançar com a ajuda de mentiras e engodos, mas, no longo prazo, essa seria uma estratégia autodestrutiva.

Infelizmente, não é esse o mundo em que vivemos. Na história, apenas em parte o poder brota do conhecimento da verdade. Brota também da capacidade de manter a ordem social entre um grande número de pessoas. Imagine que você quer construir uma bomba atômica. Para conseguir isso, precisará, é evidente, de certo grau de conhecimento exato da física. Mas também de um monte de gente para extrair o urânio das minas, construir reatores nucleares e fornecer alimentação para os mineiros, os operários de construção e os físicos. O Projeto Manhattan fornecia emprego direto para cerca de 130 mil pessoas, e milhões de outras trabalhavam para sustentá-las.[23] Robert Oppenheimer pôde se dedicar a suas equações porque contou com milhares de mineiros extraindo urânio na mina Eldorado no norte do Canadá e na mina Shinkolobwe no Congo Belga —[24] isso sem falar nos agricultores que plantavam batatas para o almoço dele. Se você quer construir uma bomba atômica, precisa encontrar uma forma de obter a cooperação de milhões de pessoas.

O mesmo se passa com todos os projetos ambiciosos empreendidos por seres humanos. Um bando da Idade da Pedra que ia caçar um mamute precisava conhecer alguns fatos sobre os mamutes. Se acreditassem que podiam matar um mamute lançando um feitiço, a expedição de caça seria fracassada. Mas só conhecer alguns fatos sobre os mamutes também não bastava. Os caçadores precisavam garantir que todos concordassem com o mesmo plano e mostrassem coragem arriscando a vida. Se acreditavam que um feitiço podia garantir uma boa vida eterna para os caçadores mortos, suas expedições de caça tinham uma chance de sucesso muito maior. Mesmo que o feitiço não beneficiasse de modo algum os caçadores mortos, ao fortalecer a coragem e a solidariedade dos caçadores vivos, ele dava uma contribuição fundamental para o êxito da caçada.[25]

Uma bomba construída sem conhecimento de física não vai explodir. Uma ideologia construída sem levar em conta os fatos, no entanto, ainda pode se revelar explosiva. Ainda que seu poder dependa da verdade e da ordem, são as pessoas construtoras de ideologia e as que sabem manter a ordem que mandam nas pessoas que constroem bombas ou caçam mamutes. Robert Oppenheimer obedecia a Franklin Delano Roosevelt, e não o contrário. Da mesma forma, Werner Heisenberg obedecia a Adolf Hitler, Igor Kurchatov acatava

Ióssif Stálin e, no Irã contemporâneo, os especialistas em física nuclear seguem as ordens dos especialistas em teologia xiita.

O que as pessoas no comando sabem e os físicos nucleares nem sempre entendem é que dizer a verdade sobre o universo dificilmente é o modo mais eficaz de implantar ordem entre grandes números de seres humanos. É verdade que $E = mc^2$, e isso explica muitas das coisas que acontecem no universo, mas saber que $E = mc^2$ não resolve divergências políticas nem inspira as pessoas a se sacrificarem por uma causa comum. O que mantém unidas as redes humanas costumam ser estórias ficcionais, em especial estórias sobre coisas intersubjetivas como divindades, dinheiro e nações. Quando se trata de unir as pessoas, a ficção tem duas vantagens intrínsecas sobre a verdade. Primeiro, a ficção pode ser tão simples quanto quisermos, ao passo que a verdade tende a ser complicada, porque a realidade que ela pretende representar é complicada. Tomemos, por exemplo, a verdade sobre as nações. É difícil perceber que a nação a que se pertence é uma entidade intersubjetiva, que existe apenas em nossa imaginação coletiva. Não é comum ouvirmos os políticos dizerem essas coisas em seus discursos. É muito mais fácil acreditar que nossa nação é o povo eleito de Deus, ao qual o Criador confiou alguma missão especial. Essa estória simples é repetida inúmeras vezes por diversos políticos, de Israel ao Irã e dos Estados Unidos à Rússia.

Segundo, a verdade, muitas vezes, é incômoda e dolorosa, e se tentarmos abrandá-la e adoçá-la, ela deixará de ser verdade. A ficção, por outro lado, é maleável. A história de toda e qualquer nação contém alguns episódios sombrios que os cidadãos não gostam de admitir e relembrar. Um político israelense que, em seus discursos eleitorais, descreve em detalhes as desgraças infligidas pela ocupação israelense aos civis palestinos dificilmente terá muitos votos. Por outro lado, um político que construa um mito nacional deixando de lado fatos incômodos, concentrando-se em momentos gloriosos do passado judaico e embelezando a realidade onde for necessário, pode muito bem ascender rápido ao poder. Isso acontece não só em Israel, mas em todos os países. Quantos italianos ou indianos querem ouvir a pura verdade sobre suas nações? A inabalável adesão à verdade é essencial para o avanço científico e é também uma prática espiritual admirável, mas não uma estratégia política promissora.

Já em sua *República*, Platão imaginava que a constituição de seu Estado utópico se fundaria na "nobre mentira" — uma estória ficcional sobre a origem da ordem social, que assegura a lealdade dos cidadãos e impede que questionem a constituição. Devia-se dizer aos cidadãos, escreveu Platão, que todos eles haviam nascido da terra, que a terra era a mãe deles e, portanto, deviam lealdade filial à terra natal. Também se devia dizer aos cidadãos que, quando foram concebidos, as divindades misturaram dentro deles vários metais — ouro, prata, bronze e ferro —, o que justifica uma hierarquia natural entre dirigentes de ouro e servos de bronze. Embora a utopia de Platão nunca se tenha concretizado, muitos Estados ao longo das eras contaram a seus habitantes variações dessa nobre mentira.

A despeito da nobre mentira de Platão, não devemos concluir que todos os políticos são mentirosos ou que todas as histórias nacionais são engodos. A escolha não se resume apenas a falar a verdade ou mentir. Há uma terceira possibilidade. Contar uma estória ficcional só é mentir quando você finge que a estória é uma representação verídica da realidade. Se você evita fingir e reconhece que está tentando criar uma nova realidade intersubjetiva, em vez de representar uma realidade objetiva preexistente, então contar uma estória ficcional não é o mesmo que mentir.

Por exemplo, em 17 de setembro de 1787, a Convenção Constitucional assinou a Constituição dos Estados Unidos, que entrou em vigor em 1789. A Constituição não revelava nenhuma verdade preexistente do mundo, mas — e isto é crucial — tampouco era uma mentira. Rejeitando a recomendação de Platão, os autores do documento não ludibriavam ninguém quanto às origens do texto. Não fingiam que o texto descera dos céus ou que fora inspirado por alguma divindade. Em vez disso, reconheciam que era uma ficção legal extremamente criativa, gerada por seres humanos falíveis.

"Nós, o povo dos Estados Unidos", diz a carta sobre suas origens, "com o fim de formar uma união mais perfeita [...] ordenamos e estabelecemos esta Constituição." Apesar de reconhecer que é uma ficção jurídica de lavra humana, a Constituição americana de fato conseguiu formar uma poderosa união. Ela manteve por mais de dois séculos um grau surpreendente de ordem entre muitos milhões de pessoas que pertenciam a um amplo leque de grupos religiosos, étnicos e culturais. Assim, a Constituição americana funciona como uma melodia que, sem pretender representar coisa alguma, mesmo assim fez com que várias pessoas agissem em conjunto e em ordem.

É fundamental notar que não se deve confundir "ordem" com equidade ou justiça. A ordem criada e mantida pela Constituição dos Estados Unidos sancionava a escravidão, a subordinação das mulheres, a expropriação dos povos indígenas e uma extrema desigualdade econômica. A genialidade da Constituição americana é que, reconhecendo se tratar de uma ficção jurídica criada por seres humanos, ela era capaz de fornecer mecanismos para chegar a um acordo ou emendar a si mesma e corrigir suas injustiças (como o capítulo 5 examina em maior profundidade). O artigo v da Constituição detalha como as pessoas podem propor e ratificar tais emendas, que "serão válidas para todos os fins e propósitos, como parte desta Constituição". Passado menos de um século da redação da Constituição, a Décima Terceira Emenda aboliu a escravidão.

Nisso, a Constituição dos Estados Unidos era na essência distinta das estórias que negavam sua natureza ficcional e alegavam ter origem divina, como os Dez Mandamentos. Tal como a Constituição americana, os Dez Mandamentos endossavam a escravidão. O Décimo Mandamento diz: "Não cobiçarás a casa do teu próximo, não cobiçarás a sua mulher, nem o seu escravo, nem a sua escrava" (Êxodo 20,17). Isso implica que Deus concorda com que as pessoas tenham escravos e só objeta que se cobicem os escravos alheios. Mas, ao contrário da Constituição americana, os Dez Mandamentos não forneciam nenhum mecanismo de correção. Não há nenhum Décimo Primeiro Mandamento dizendo: "Poderás emendar os mandamentos com uma maioria de dois terços dos votos".

Essa diferença crucial entre os dois textos fica clara desde os primeiros movimentos de abertura do texto. A Constituição dos Estados Unidos começa com "Nós, o povo". Ao reconhecer sua origem humana, ela investe os seres humanos do poder de corrigi-la. Os Dez Mandamentos abrem com "Sou o Senhor seu Deus". Alegando origem divina, o texto impede que os seres humanos o alterem. Por isso é que o texto bíblico segue endossando a escravidão até hoje.

Todos os sistemas políticos humanos se baseiam em ficções, mas alguns o admitem e outros não. Ser veraz sobre as origens de nossa ordem social facilita efetuar mudanças nela. Se foram seres humanos como nós que a inventaram, podemos corrigi-la. Mas essa veracidade tem seu preço. Reconhecer as origens humanas da ordem social dificulta que haja uma concordância geral com ela. Se foram seres humanos como nós que a inventaram, por que deveríamos aceitá-la? Como mostra o capítulo 5, até o final do século xviii a inexistência de uma tecnologia de comunicação de massas tornava bastante difícil realizar debates abertos entre milhões de pessoas sobre as regras da ordem social. Para manterem a ordem, portanto, tsares russos, califas muçulmanos e filhos celestiais chineses afirmavam que as regras fundamentais da sociedade desceram dos céus e não estavam abertas a retificações humanas. No começo do século XXI, muitos sistemas políticos ainda afirmam ter autoridade sobre-humana e se opõem a debates abertos que podem resultar em mudanças indesejadas.

O ETERNO DILEMA

Depois de entendermos o papel central da ficção na história, finalmente é possível apresentar um modelo mais completo das redes de informação, que vai além da noção ingênua de informação e da crítica populista a essa noção. Na contramão da noção ingênua, a informação não é a matéria-prima da verdade, e as redes de informação humanas não são montadas só para descobrir a verdade. Mas, ao contrário da visão populista, a informação também não é apenas uma arma. Para sobreviver e prosperar, toda rede de informação humana precisa fazer duas coisas ao mesmo tempo: descobrir a verdade *e criar ordem*. Assim, conforme a história se desenrolava, as redes de informação humana foram desenvolvendo dois conjuntos distintos de habilidade. De um lado, como espera a noção ingênua, as redes aprenderam a processar informação para obter um entendimento mais preciso de coisas como a medicina, os mamutes e a física nuclear. Ao mesmo tempo, as redes também aprenderam a usar a informação para manter uma ordem social mais forte entre populações maiores, usando não só versões verídicas, como também ficções, fantasias, propaganda e — de vez em quando — mentiras deslavadas.

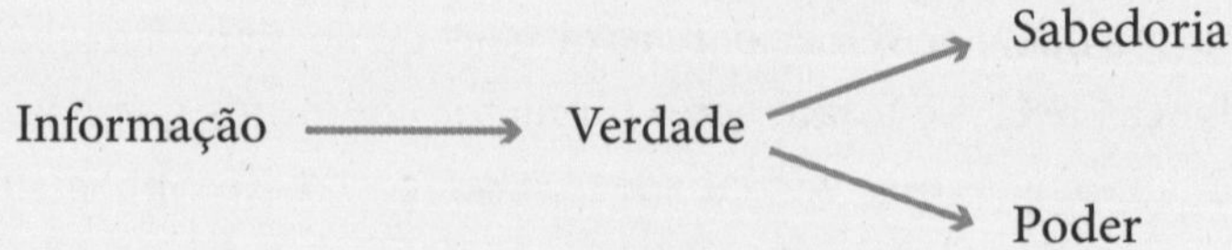

Visão ingênua da verdade

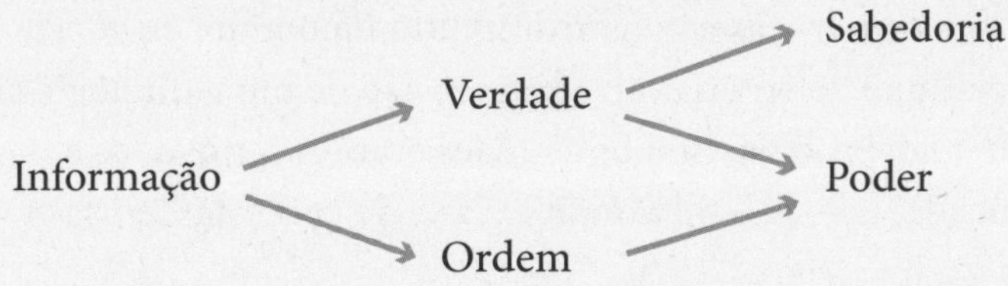

Visão complexa da informação

Ter muita informação não garante em si e por si a verdade e a ordem. É um processo difícil usar a informação para descobrir a verdade e, ao mesmo tempo, usá-la para manter a ordem. Para piorar as coisas, esses dois processos são muitas vezes contraditórios, porque é mais fácil manter a ordem por meio de ficções. Às vezes — como no caso da Constituição dos Estados Unidos —, as estórias ficcionais podem reconhecer sua ficcionalidade, mas é mais usual que não a reconheçam. A religião, por exemplo, sempre alega ser uma verdade objetiva e eterna, e não uma estória ficcional inventada por seres humanos. Nesses casos, a busca da verdade ameaça as bases da ordem social. Muitas sociedades exigem que suas populações *não conheçam* suas verdadeiras origens: ignorância é força. O que acontece, então, quando as pessoas se aproximam incomodamente da verdade? O que acontece quando o mesmo bit de informação revela um fato importante sobre o mundo, mas também fragiliza a nobre mentira que mantém a sociedade unida? Em casos assim, a sociedade pode tentar preservar a ordem impondo limites à busca da verdade.

Um exemplo claro é a teoria da evolução de Darwin. O entendimento da evolução permite um grande avanço em nosso entendimento das origens e da biologia das espécies, inclusive do *Homo sapiens*, mas também enfraquece os mitos centrais que sustentam a ordem em numerosas sociedades. Não é de admirar que vários governos e Igrejas tenham banido ou restringido o ensino da evolução, preferindo sacrificar a verdade em favor da ordem.[26]

Um problema correlato é o de que uma rede de informação pode permitir e até incentivar que as pessoas busquem a verdade, mas apenas em campos específicos que ajudam a gerar poder sem corroer a ordem social. O resultado pode ser uma rede muito poderosa carente de sabedoria. A Alemanha nazista, por exemplo, promoveu muitos dos principais especialistas do mundo em química, óptica, engenharia e ciência aeroespacial. Em larga medida, foi a ciência aeroespacial nazista que, mais tarde, levou os americanos à Lua.[27] Essa proeza científica ajudou os nazistas a construírem uma máquina de guerra extremamente poderosa, que foi então utilizada a serviço de uma mitologia psicótica e assassina. Sob o governo nazista, os alemães eram incentivados a desenvolver a ciência avançada, mas não tinham liberdade de contestar teorias racistas sobre a biologia e a história.

Essa é uma razão importante pela qual a história das redes humanas de informação não é uma marcha triunfal do progresso. Ao longo das gerações, embora as redes humanas tenham se tornado cada vez mais poderosas, não necessariamente se tornaram mais sábias. Se uma rede privilegia a ordem em detrimento da verdade, ela pode se tornar muito poderosa, mas usar esse poder de modo insensato.

Em vez de uma marcha do progresso, a história das redes humanas de informação é um funambulismo tentando equilibrar verdade e ordem. No século XXI, não somos muito mais hábeis do que nossos ancestrais da Idade da Pedra em encontrar o equilíbrio correto. Ao contrário do que sugerem as declarações de compromisso de corporações como Google e Facebook, o mundo não se torna melhor pelo simples aumento da velocidade e da eficiência de nossa tecnologia da informação. Esse aumento apenas torna mais urgente a necessidade de equilibrar verdade e ordem. A invenção da estória já nos ensinou essa lição há dezenas de milhares de anos. E ela nos foi ensinada mais uma vez, quando os seres humanos apareceram com sua segunda grande tecnologia da informação: o documento escrito.

3. Documentos: A mordida dos tigres de papel

As estórias foram a primeira tecnologia fundamental da informação desenvolvida pelos seres humanos. Elas lançaram as bases para toda a cooperação humana em larga escala e fizeram de nós os animais mais poderosos na terra. Mas, como tecnologia da informação, as estórias têm limitações.

Para avaliarmos esse aspecto, consideremos o papel que a narração de estórias desempenha na formação das nações. Muitas nações foram concebidas na imaginação de poetas. Hoje em dia, Sarah Aaronsohn e a rede clandestina Nili são lembradas por israelenses como alguns dos primeiros sionistas a arriscarem a vida nos anos 1910 para fundar um Estado judaico na Palestina; mas de onde os membros do Nili tiraram essa ideia, para começo de conversa? Foram inspirados por uma geração anterior de poetas, pensadores e visionários como Theodor Herzl e Hayim Nahman Biálik.

Nos anos 1890 e na primeira década do século XX, o judeu ucraniano Biálik publicou vários poemas e estórias deplorando a perseguição e a fraqueza dos judeus europeus, e conclamando-os a tomarem seu destino nas próprias mãos — a se defenderem pela força das armas, imigrarem para a Palestina e lá estabelecerem seu próprio Estado. Um de seus poemas mais arrebatadores foi escrito após o pogrom de Kishinev de 1903, em que 49 judeus foram assassinados e dezenas de outros foram feridos.[1] O poema "Na cidade do massacre" condenava a turba antissemita assassina que perpetrou as atrocidades, mas também criticava os próprios judeus por seu pacifismo e sua passividade.

Numa cena comovente, Biálik descrevia o estupro coletivo de judias enquanto os maridos e irmãos se escondiam ali perto, com medo de intervir. O poema compara os homens judeus a ratos apavorados e os imagina rezando em silêncio a Deus para fazer algum milagre que não se materializa. O poema conta então que, mesmo depois de terminado o pogrom, os sobreviventes não pensaram em momento algum em se armar e, em vez disso, entraram em discussões talmúdicas, debatendo se as mulheres estupradas agora estavam ritualistamente "conspurcadas" ou se ainda se mantinham "puras". Esse poema, hoje, é de leitura obrigatória em muitas escolas israelenses. É também de leitura obrigatória para quem queira entender como, depois de dois milênios sendo um dos grupos mais pacifistas na história, os judeus formaram um dos maiores exércitos do mundo. Não à toa, Biálik foi nomeado o poeta nacional de Israel.[2]

O fato de Biálik ter vivido na Ucrânia e ter tido íntima familiaridade com a perseguição dos judeus asquenazes na Europa Oriental, mas pouco conhecimento das condições na Palestina, contribuiu para o conflito posterior entre judeus e árabes de lá. Os poemas de Biálik inspiraram os judeus a se verem como vítimas em extrema necessidade de desenvolver poderio militar e criar um país próprio, mas praticamente não consideraram as consequências catastróficas para os habitantes árabes da Palestina nem, de fato, para as comunidades judaicas mizrahim nativas do Oriente Médio. Quando o conflito árabe-israelense eclodiu no final dos anos 1940, centenas de milhares de palestinos e centenas de milhares de judeus mizrahim foram expulsos de seus lares ancestrais no Oriente Médio, em parte devido a poemas compostos meio século antes na Ucrânia.[3]

Enquanto Biálik escrevia na Ucrânia, o judeu húngaro Theodor Herzl se ocupava em organizar o movimento sionista nos anos 1890 e no começo do século XX. Como parte central de seu ativismo político, Herzl publicou dois livros. *O Estado judeu* (1896) era um manifesto esboçando a ideia de Herzl de instaurar um Estado judeu na Palestina, e *A velha nova terra* (1902) era um romance utópico situado em 1923, descrevendo o próspero Estado judeu que ele concebera. Os dois livros — que fatalmente também tendiam a ignorar as realidades existentes na Palestina — foram de imensa influência na formação do movimento sionista. *A velha nova terra* saiu em hebraico com o título de *Tel Aviv* (que corresponde aproximadamente a "velha nova terra"). A cidade de Tel Aviv adotou seu nome a partir do livro, que fora publicado sete anos antes. Enquanto Biálik é o poeta nacional de Israel, Herzl é conhecido como o visionário do Estado israelense.

As tramas tecidas por Biálik e Herzl ignoravam muitos fatos essenciais sobre a realidade da época, sobretudo o de que, por volta de 1900, os judeus da Palestina correspondiam apenas a algo entre 6% e 9% da população total da região, que contava com cerca de 600 mil pessoas.[4] Enquanto desconsideravam tais fatos demográficos, Biálik e Herzl conferiam grande importância à mitologia, mais notadamente às estórias da Bíblia, sem as quais o sionismo moderno é inimaginável. Biálik e Herzl também foram influenciados pelos mitos nacionalistas criados no século XIX por quase todos os outros grupos étnicos na Europa. O judeu ucraniano Biálik e o judeu húngaro Herzl fizeram pelo sionismo aquilo que antes haviam feito os poetas Taras Shevchenko pelo nacionalismo ucraniano,[5] Sándor Petőfi pelo nacionalismo húngaro,[6] e Adam Mickiewicz pelo nacionalismo polonês.[7] Observando o crescimento de outros movimentos nacionais ao redor, Herzl escreveu que as nações nascem "de sonhos, canções, fantasias".[8]

Mas sonhos, canções e fantasias, por inspiradores que sejam, não bastam para criar um Estado nacional operante. Biálik inspirou gerações de combatentes judaicos; porém, para equipar e manter um exército, também é necessário aumentar os impostos e comprar armas. O livro utópico de Herzl lançou as bases para a cidade de Tel Aviv, mas, para manter a cidade em funcionamento, também era necessário escavar um sistema de esgoto. Em suma, a essência do patriotismo não consiste em declamar poemas arrebatadores sobre a beleza da terra natal, tampouco em fazer discursos repletos de ódio contra estrangeiros e minorias. O patriotismo significa pagar impostos para que as pessoas no outro extremo do país também gozem dos benefícios de um sistema de esgoto, de segurança, educação e assistência à saúde.

Para gerir todos esses serviços e aumentar os impostos necessários, é preciso coletar, armazenar e processar uma quantidade enorme de informação: dados sobre propriedades, pagamentos, isenções, descontos, dívidas, inventários, embarques, orçamentos, contas e salários. Mas esse não é o tipo de informação que pode ser transformado num poema memorável ou num mito cativante. Em vez disso, os registros tributários vêm em forma de vários tipos de listas, desde um registro simples de item por item a tabelas e gráficos mais elaborados. Por mais intrincados que esses conjuntos de dados possam se tornar, eles deixam de lado a narrativa em favor da listagem fria dos valores devidos e dos valores pagos. Os poetas podem se permitir ignorar esses fatos prosaicos, mas os coletores de impostos, não.

As listas são fundamentais não só para os sistemas tributários nacionais, como também para quase todas as outras instituições financeiras complexas. Empresas, bancos e mercados de ações não podem viver sem elas. Uma igreja, uma universidade ou uma biblioteca que querem equilibrar seu orçamento logo percebem que, além de sacerdotes e poetas capazes de fascinar as pessoas com estórias, precisam de contadores que saibam lidar com os vários tipos de listas.

Listas e estórias são complementares. Os mitos nacionais legitimam os registros tributários, enquanto os registros tributários ajudam a transformar estórias repletas de aspirações em escolas e hospitais de verdade. Algo similar se dá na área das finanças. O dólar, a libra esterlina e o bitcoin nascem ao persuadir as pessoas a acreditarem numa estória, e as estórias contadas por banqueiros, ministros das Finanças e gurus de investimentos elevam ou reduzem o valor dessas moedas. Quando o presidente do Banco Central quer reduzir a inflação, quando um ministro das Finanças quer aprovar um novo orçamento e quando um empresário do setor de tecnologia quer atrair investidores, todos recorrem à narração de estórias. Mas, para gerenciar um banco, um orçamento ou uma start-up, as listas são essenciais.

O grande problema delas — e a diferença crucial entre listas e estórias — é que as listas são mais tediosas do que as estórias, o que significa que temos facilidade em lembrar estórias, mas dificuldade em lembrar listas. Esse é um fato importante sobre o modo como o cérebro humano processa a informação. A evolução adaptou nosso cérebro para ser bom em absorver, reter e processar mesmo grandes quantidades de informação quando elas vêm nos moldes de uma estória. O *Ramayana*, um dos contos fundantes da mitologia hindu, tem 24 mil versos de extensão e ocupa cerca de 1700 páginas nas edições modernas, mas, apesar de sua extensão, gerações de hindus conseguiam lembrá-los e recitá-los de cor.[9]

Nos séculos XX e XXI, o *Ramayana* foi várias vezes adaptado para o cinema e a televisão. Em 1987-8, uma versão com 78 episódios (durando cerca de

2730 minutos) foi a série de TV mais assistida do mundo, com mais de 650 milhões de espectadores. Segundo uma matéria da BBC, quando os episódios iam ao ar, "as ruas ficavam desertas, as lojas fechavam, e as pessoas banhavam e engrinaldavam seus aparelhos de TV". Durante o lockdown da pandemia de covid-19 em 2020, a série foi retransmitida e se tornou mais uma vez o programa mais assistido no mundo.[10] Embora os telespectadores modernos não precisem decorar nenhum texto, é digna de nota a facilidade que eles têm em acompanhar os enredos complicados de dramas épicos, suspenses de detetives e novelas, lembrando quem é cada personagem e suas relações com muitos outros. Estamos tão acostumados a tais proezas da memória que não avaliamos com frequência quão extraordinárias elas são.

Somos tão bons em lembrar poemas épicos e longos seriados de TV porque a memória humana de longo prazo está bem-adaptada para reter estórias. Como escreve Kendall Haven em seu livro de 2007, *Story Proof: The Science Behind the Startling Power of Story* [Estória como prova: A ciência por trás do espantoso poder da estória]: "A mente humana [...] se baseia em estórias e na arquitetura da estória como o mapa primário para o entendimento, encontrando sentido, lembrando e planejando nossa vida [...]. A vida é como as estórias porque pensamos em termos de estórias". Haven cita mais de 120 estudos acadêmicos, concluindo que "a pesquisa fornece de modo esmagador, convincente e incontestável a evidência" de que as estórias são um veículo muitíssimo eficiente "para comunicar informação factual, conceitual, emocional e tácita".[11]

Por outro lado, a maioria das pessoas acha difícil decorar listas, e poucas se interessariam em assistir na TV a uma recitação dos registros fiscais ou do orçamento anual da Índia. Os métodos mnemônicos usados para decorar listas de itens muitas vezes operam entrelaçando os itens num enredo e, com isso, convertendo a lista numa estória.[12] Mas, mesmo com a ajuda desses recursos mnemônicos, quem consegue lembrar os registros fiscais ou o orçamento de seu país? A informação pode ser vital — determinando a qualidade da assistência à saúde, da educação e dos serviços de atendimento social para os cidadãos —, mas nosso cérebro não está adaptado para lembrar essas coisas. Ao contrário de poemas e mitos nacionais, que podem ficar armazenados em nosso cérebro, os complexos sistemas tributários e administrativos nacionais exigem, para funcionar, uma exclusiva tecnologia não orgânica de informação. Essa tecnologia é o documento escrito.

O documento escrito foi inventado muitas vezes em muitos lugares. Alguns dos primeiros exemplos vêm da antiga Mesopotâmia. Uma tabuinha de argila em escrita cuneiforme, datada do 28º dia do décimo mês do 41º ano do reinado do rei Shulgi de Ur (*c.* 2053-4 AEC), registrava as entregas mensais de carneiros e cabras. No segundo dia do mês foram entregues quinze carneiros, sete no terceiro dia, onze no quarto, 219 no quinto, 47 no sexto, e assim sucessivamente até os três carneiros entregues no 28º dia. Ao todo, diz a tabuinha de argila, foram recebidos 896 animais naquele mês. Para a administração régia, era importante lembrar todas essas entregas para monitorar a obediência do povo e manter registro dos recursos disponíveis. Fazer isso de cabeça era uma dificuldade e tanto, mas, para um escriba culto, era fácil escrevê-lo numa tabuinha de argila.[13]

Assim como as estórias e como todas as outras tecnologias da informação na história, os documentos escritos não representavam necessariamente a realidade com precisão. A tabuinha de Ur, por exemplo, continha um erro. O documento diz que, naquele mês, foi entregue um total de 896 animais, mas, quando estudiosos modernos fizeram a soma de todas as entradas individuais, deu um total de 898. O escriba cometeu um erro de cálculo na soma total, e a tabuinha preservou esse erro para a posteridade.

Mas, verdadeiros ou falsos, os documentos escritos criaram novas realidades. Registrando listas de propriedades, impostos e pagamentos, eles facilitaram bastante a criação de sistemas administrativos, reinos, organizações religiosas e redes comerciais. Mais especificamente, os documentos mudaram o método utilizado para criar realidades intersubjetivas. Nas culturas orais, as realidades intersubjetivas eram criadas contando-se uma estória que muitos repetiam de viva voz e lembravam mentalmente. Assim, a capacidade cerebral estabelecia um limite aos tipos de realidades intersubjetivas que os seres humanos criavam. Eles não podiam criar uma realidade intersubjetiva que o cérebro não fosse capaz de lembrar.

Esse limite, porém, podia ser transposto escrevendo documentos. Os documentos não representavam uma realidade empírica objetiva; a realidade eram os próprios documentos. Como veremos em capítulos posteriores, os documentos escritos, com isso, forneceram precedentes e modelos que viriam a ser usados por computadores. A capacidade dos computadores de criar realidades intersubjetivas é uma extensão do poder das tabuinhas de argila e folhas de papel.

Como exemplo central, vejamos a propriedade. Nas comunidades orais sem documentos escritos, a propriedade era uma realidade intersubjetiva criada por meio das palavras e dos comportamentos dos membros da comunidade. O fato de você possuir um campo significava que seus vizinhos concordavam que esse campo era seu e se comportavam de acordo com isso. Não erguiam uma cabana nesse campo, não punham seus animais para pastar ali, não colhiam frutos sem antes pedir permissão a você. A propriedade era criada e mantida pelas pessoas dizendo ou assinalando continuamente coisas umas às outras. Com isso, a propriedade era assunto de uma comunidade local e impunha um limite à capacidade de controle de uma autoridade central distante sobre todas as propriedades de terras. Nenhum rei, ministro ou sacerdote conseguiria lembrar quem era o dono de cada campo em centenas de aldeias distantes. Isso também definia um limite à capacidade individual de reivindicar e exercer direitos absolutos de propriedade, além de favorecer várias formas de direitos de propriedade comunal. Por exemplo, seus vizinhos podiam lhe reconhecer o direito de cultivar um campo, mas não o direito de vendê-lo a forasteiros.[14]

Num Estado letrado, ter a propriedade de um campo veio cada vez mais a significar que alguma tabuinha de argila, algum rolo de bambu, algum pedaço de papel ou algum chip de silício traz escrito que você é o dono daquele campo. Se seus vizinhos há anos põem os rebanhos para pastar numa área de terra, e nenhum deles jamais disse que você é o dono, mas você tem como apresentar um documento oficial dizendo que ela é sua, você tem boas chances de fazer valer sua alegação. Em sentido inverso, se todos os vizinhos concordam que o campo é seu, mas você não tem nenhum documento oficial comprovando isso, a coisa fica mais difícil. A propriedade continua a ser uma realidade intersubjetiva criada pela troca de informação, mas a informação agora assume a forma de um documento escrito (ou de um arquivo de computador), em vez de gestos e palavras trocadas entre as pessoas. Isso significa que agora a propriedade pode ser determinada por uma autoridade central, que produz e mantém os documentos pertinentes. Também significa que você pode vender seu campo sem pedir permissão aos vizinhos, transferindo o documento crucial a outra pessoa.

O poder dos documentos de criar realidades intersubjetivas foi expresso de maneira bela no dialeto assírio antigo, que tratava os documentos como coisas vivas que também podiam ser mortas. Os contratos de empréstimos eram "mortos" (*duākum*) quando se quitava a dívida. Isso se fazia destruindo a tabuinha, acrescentando alguma marca a ela ou rompendo seu sinete. O contrato de empréstimo não representava a realidade; ele *era* a realidade. Se a pessoa quitava o empréstimo, mas deixava de "matar o documento", a dívida continuava a existir. Inversamente, se a pessoa não quitasse o empréstimo, e o documento "morresse" de alguma outra forma — talvez comido por um cachorro —, a dívida deixava de existir.[15] O mesmo se dá com o dinheiro. Se o seu cachorro come uma nota de cem dólares, esses cem dólares deixam de existir.

Na Ur de Shulgi, na antiga Assíria, e em muitas outras sociedades posteriores, as relações sociais, econômicas e políticas se baseavam em documentos que criam a realidade, em vez de meramente representá-la. Ao redigirem constituições, tratados de paz e contratos comerciais, advogados, políticos e homens de negócios passam semanas e até meses se debatendo sobre cada palavra — pois sabem que esses pedaços de papel podem exercer um enorme poder.

BUROCRACIA

Toda nova tecnologia da informação tem seus gargalos inesperados. Resolve alguns problemas antigos, mas cria novos. No começo dos anos 1730 AEC, Narâmtani, sacerdotisa na cidade mesopotâmia de Sippar, escreveu uma carta (numa tabuinha de argila) a um parente, pedindo-lhe que enviasse algumas tabuinhas que ele guardava em casa. Ela explicou que sua reivindicação de uma herança estava sendo contestada e, sem aqueles documentos, ela não poderia provar seu argumento no tribunal. Terminou a mensagem pedindo: "Então não me deixe na mão!".[16]

Não sabemos o que aconteceu a seguir, mas imaginemos a situação se o parente procurou em casa e não conseguiu achar as tabuinhas faltantes. Conforme as pessoas produziam mais e mais documentos, não era nada fácil encontrá-los. Era um problema em especial para reis, sacerdotes, comerciantes e quem quer que acumulasse milhares de documentos em seus arquivos. Como você encontra o registro tributário, o recibo de pagamento ou o contrato comercial correto quando precisa dele? Os documentos escritos eram muito melhores do que o cérebro humano para registrar certos tipos de informação. Mas criavam um novo problema, muito espinhoso: a recuperação.[17]

O cérebro tem uma notável eficiência em recuperar qualquer informação que esteja armazenada em sua rede de dezenas de bilhões de neurônios e trilhões de sinapses. Embora nosso cérebro arquive um número incontável de estórias complexas sobre nossa vida pessoal, nossa história nacional e nossa mitologia religiosa, as pessoas saudáveis conseguem recuperar informação sobre qualquer uma delas em menos de um segundo. O que você comeu no café da manhã? Quem foi sua primeira paixão? Quando seu país obteve a independência? Qual é o primeiro versículo da Bíblia?

Como você recupera todos esses dados de informação? Que mecanismo ativa as sinapses e neurônios certos para trazer rapidamente a informação necessária? Embora os neurocientistas tenham feito alguns avanços no estudo da memória, ninguém ainda entende o que são as memórias, ou como exatamente elas são armazenadas e recuperadas.[18] Sabemos que milhões de anos de evolução otimizaram os processos cerebrais de recuperação. No entanto, depois que os seres humanos transferiram as memórias dos cérebros orgânicos para documentos inorgânicos, a recuperação não podia mais se basear nesse sistema biológico otimizado. Tampouco nas habilidades de busca e rastreamento que os seres humanos desenvolveram ao longo de milhões de anos. A evolução adaptou os seres humanos para encontrar frutos e cogumelos numa floresta, mas não para encontrar documentos num arquivo.

Os forrageadores localizam frutos e cogumelos numa floresta porque a evolução organizou as florestas segundo uma ordem orgânica discernível. As árvores frutíferas fazem fotossíntese e, assim, precisam da luz do sol. Os cogumelos se alimentam de matéria orgânica morta, geralmente encontrável no solo. Assim, os cogumelos costumam estar no nível do solo, ao passo que as frutas crescem mais ao alto. Outra regra comum é que as maçãs dão em macieiras, enquanto os figos dão em figueiras. Assim, se você está procurando uma maçã, primeiro precisa localizar uma macieira e então olhar para cima. Vivendo numa floresta, os seres humanos aprendem essa ordem orgânica.

Com os arquivos, é bem diferente. Como os documentos não são organismos, eles não obedecem a nenhuma lei biológica, e a evolução não os organizou para nós. Os registros fiscais não dão numa prateleira de registros fiscais.

Precisam ser postos ali. Para isso, é preciso que primeiro apareça alguém com a ideia de classificar a informação por prateleiras e decidir quais documentos irão para qual prateleira. À diferença dos forrageadores, que precisam apenas descobrir a ordem preexistente da floresta, os arquivistas precisam conceber uma nova ordem para o mundo. Essa ordem se chama burocracia.

A burocracia é a maneira como as pessoas em grandes organizações resolveram o problema da recuperação e, com isso, criaram redes de informação maiores e mais poderosas. Mas, tal como a mitologia, a burocracia também tende a sacrificar a verdade à ordem. Ao inventar uma nova ordem e impô-la ao mundo, a burocracia distorceu nosso entendimento do mundo de maneiras bastante peculiares. Muitos dos problemas de nossas redes de informação do século XXI — como algoritmos tendenciosos que rotulam erroneamente as pessoas, ou protocolos rígidos que ignoram necessidades e sentimentos humanos — não são problemas novos trazidos pela era do computador. São problemas burocráticos que existiam antes mesmo que alguém sonhasse com computadores.

A BUROCRACIA E A BUSCA DA VERDADE

Burocracia significa, literalmente, "governo da escrivaninha". O termo foi inventado na França setecentista, quando o funcionário comum se sentava a uma escrivaninha com gavetas — um bureau.[19] No cerne da ordem burocrática, portanto, está a gaveta. A burocracia procura resolver o problema da recuperação dividindo o mundo em gavetas, e sabendo em que gaveta se encontra cada documento.

O princípio se mantém o mesmo, quer o documento seja colocado numa gaveta, numa prateleira, num cesto, num vaso, numa pasta do computador ou em qualquer outro receptáculo: dividir e governar. Divida o mundo em recipientes e mantenha os recipientes separados para que os documentos não se misturem. Esse princípio, porém, tem um custo. Em vez de se concentrar em entender o mundo como ele é, a burocracia, muitas vezes, se ocupa em impor uma ordem nova e artificial ao mundo. Os burocratas começam inventando diversas subdivisões, que são realidades intersubjetivas que não correspondem necessariamente a nenhuma divisão objetiva no mundo. Então os burocratas tentam obrigar o mundo a caber nessas gavetas e, se não cabe muito bem, tentam forçar. Qualquer um que já tenha preenchido um formulário oficial sabe muito bem disso. Quando você preenche o formulário e sua situação não se encaixa em nenhuma das opções descritas, é você que precisa se adaptar ao formulário, e não o formulário a você. A redução da complexa mistura da realidade a um número limitado de gavetas estabelecidas ajuda os burocratas a manterem ordem, mas em detrimento da verdade. Como eles têm fixação por suas gavetas — mesmo quando a realidade é bem mais complicada —, não raro os burocratas desenvolvem um entendimento distorcido do mundo.

O ímpeto de dividir a realidade em gavetas rígidas também leva os burocratas a perseguirem objetivos estreitos, sem dar atenção ao impacto mais amplo de suas ações. Uma burocrata encarregada de ampliar a produção industrial provavelmente ignorará considerações ambientais que escapam à sua alçada e talvez despeje lixo tóxico num rio próximo, levando a um desastre ecológico a jusante. Se então o governo cria um novo departamento para combater a poluição, os burocratas desse departamento vão pressionar por regulações cada vez mais estritas, mesmo que isso resulte na ruína econômica para as comunidades a montante. O ideal é que houvesse alguém capaz de levar em conta toda a diversidade de aspectos e considerações, mas tal abordagem holística exige que se supere ou se elimine a divisão burocrática.

As distorções criadas pela burocracia afetam não só as agências do governo e as empresas privadas, como também as disciplinas científicas. Vejamos, por exemplo, como as universidades são divididas em diferentes faculdades e departamentos. História está separada de biologia e matemática. Por quê? É certo que essa divisão não reflete a realidade objetiva. É uma invenção intersubjetiva de burocratas acadêmicos. A pandemia de covid-19, por exemplo, foi ao mesmo tempo um evento histórico, biológico e matemático. Mas o estudo acadêmico da pandemia está dividido entre os departamentos separados de história, biologia e matemática (entre outros). Os estudantes universitários precisam decidir a qual desses departamentos eles pertencem. A decisão tomada restringe a escolha dos cursos, o que, por sua vez, molda seu tipo de entendimento do mundo. Os estudantes de matemática aprendem a prever os futuros níveis de morbidade a partir das taxas atuais de infecção; os de biologia aprendem como se dá a mutação do vírus ao longo do tempo; os de história aprendem como as crenças religiosas e políticas afetam a disposição das pessoas em seguir as instruções do governo. Para entender na sua completude a covid-19 é preciso levar em conta fenômenos matemáticos, biológicos e históricos, mas a burocracia acadêmica não incentiva essa abordagem holística.

Na escalada acadêmica, a pressão pela especialização apenas aumenta. O mundo acadêmico é regido pela lei do publicar ou morrer. Se você quer um emprego, precisa publicar em periódicos acadêmicos com revisão por pares. Mas os periódicos são divididos por disciplinas, e para publicar um artigo sobre as mutações do vírus num periódico de biologia, é preciso seguir convenções diferentes daquelas exigidas para a publicação de um artigo sobre a política da pandemia num periódico de história. Os jargões são diferentes, as regras de citação são diferentes, as expectativas são diferentes. Os historiadores devem ter um profundo entendimento da cultura e saber ler e interpretar documentos históricos. Os biólogos devem ter um profundo entendimento da evolução e saber ler e interpretar moléculas de DNA. Coisas que recaem entre categorias — como o jogo entre as ideologias políticas humanas e a evolução dos vírus — muitas vezes deixam de ser abordadas.[20]

Para vermos como os acadêmicos forçam um mundo confuso e fluido a se encaixar em categorias burocráticas rígidas, detenhamo-nos um pouco mais na disciplina específica da biologia. Antes que Darwin explicasse a origem das espécies, foi preciso que estudiosos como Carlos Lineu definissem o que é uma espécie e classificassem todos os organismos vivos em espécies. Para afirmar que leões e tigres evoluíram a partir de um ancestral felino em comum, primeiro é preciso definir "leões" e "tigres".[21] Essa se mostrou uma tarefa árdua e interminável, porque os animais, as plantas e outros organismos muitas vezes trespassam as fronteiras das gavetas que lhes são designadas.

A evolução não pode ser facilmente encerrada em qualquer esquema burocrático. A grande questão da evolução é que as espécies mudam o tempo todo, o que significa que pôr cada espécie dentro de uma única gaveta imutável distorce a realidade biológica. Por exemplo, uma questão em aberto é quando o *Homo erectus* deixou de existir e quando o *Homo sapiens* surgiu. Houve dois pais *erectus* cujo filho foi o primeiro sapiens?[22] As espécies também continuam se cruzando, e animais de espécies aparentemente separadas não só têm relações sexuais entre si como chegam até a dar origem a uma progênie fértil. A maioria dos sapiens hoje existentes tem cerca de 1% a 3% de DNA neandertal,[23] indicando que certa vez houve uma cria cujo pai era um neandertal e a mãe era uma sapiens (ou vice-versa). Então os sapiens e os neandertais são a mesma espécie ou espécies diferentes? E "espécie" é uma realidade objetiva descoberta pelos biólogos ou uma realidade intersubjetiva imposta por eles?[24]

Existem inúmeros outros exemplos de animais que escapam de suas gavetas, e assim a clara divisão burocrática deixa de classificar com precisão espécies em anel, espécies em fusão e híbridos.[25] Os ursos-cinzentos e os ursos-polares às vezes geram ursos-pinzentos e ursos-colares.[26] Leões e tigres produzem ligres e tigreões.[27]

Quando transferimos nossa atenção dos mamíferos e outros organismos multicelulares para o mundo de arqueas e bactérias unicelulares, descobrimos que reina a anarquia. Num processo conhecido como transferência genética horizontal, os organismos unicelulares trocam rotineiramente material genético não só com organismos de espécies correlatas, mas também com organismos de gêneros, reinos, ordens e mesmo domínios diferentes. Os bacteriologistas têm de se esforçar muito para classificar essas quimeras.[28]

E quando chegamos ao próprio limite da vida e atentamos para vírus como o SARS-CoV-2 (responsável pela covid-19), as coisas se complicam ainda mais. Os vírus ficam a meio da suposta fronteira rígida entre seres vivos e matéria inanimada — entre a biologia e a química. Diferentemente das bactérias, os vírus não são organismos unicelulares. Não são células nem possuem nenhum mecanismo celular próprio. Os vírus não comem nem metabolizam, e não se reproduzem por si mesmos. São minúsculos pacotinhos de código genético, capazes de penetrar nas células, sequestrar os mecanismos celulares delas e instruí-los a produzir mais cópias daquele código genético alienígena. As novas cópias irrompem da célula para infectar e sequestrar mais células, e é assim que o código estranho se torna viral. Um tema de discussão incessante entre os cientistas é se os vírus devem contar como formas de vida ou se ficam fora do limiar da vida.[29] Mas esse limiar não é uma realidade objetiva; mas uma convenção intersubjetiva. Mesmo que os biólogos cheguem a um consenso de que os vírus são formas de vida, isso não implicaria nenhuma mudança no comportamento dos vírus; mudaria apenas a maneira como são entendidos pelos seres humanos.

As próprias convenções intersubjetivas, claro, fazem parte da realidade. Conforme ficamos mais poderosos, nossas crenças intersubjetivas se tornam mais relevantes para o mundo fora de nossas redes de informação. Por exemplo, cientistas e legisladores têm classificado as espécies de acordo com seu risco de extinção, numa escala que vai de "pouco preocupante", passa por "vulnerável" e "em perigo", e chega a "extinta". Definir uma população de animais como "espécie em perigo" é uma convenção humana intersubjetiva, mas pode ter consequências de grande alcance, impondo, por exemplo, restrições legais à caça desses animais ou à destruição do hábitat deles. Uma decisão burocrática sobre o enquadramento de certo animal na gaveta "espécie em perigo" ou na gaveta "espécie vulnerável" pode ser determinante para a vida ou a morte. Como voltaremos a ver mais à frente, quando uma burocracia insere um rótulo em você, esse rótulo, mesmo que mera convenção, ainda assim pode determinar seu destino. Isso vale quer o burocrata seja um especialista em animais, um especialista em seres humanos ou uma IA inorgânica.

O ESTADO PROFUNDO

Em defesa da burocracia, vale notar que, embora às vezes ela sacrifique a verdade e distorça nosso entendimento do mundo, é frequente que o faça por uma questão de ordem, sem a qual seria difícil manter qualquer rede humana de grande escala. Embora as burocracias nunca sejam perfeitas, existe maneira melhor de gerir grandes redes? Se decidimos abolir todas as divisões convencionais no mundo acadêmico, por exemplo, todos os departamentos e faculdades e todos os periódicos especializados, seria razoável esperar que todo futuro médico dedicasse vários anos ao estudo da história e que quem estudou o impacto da Morte Negra na teologia cristã fosse considerado um especialista em virologia? Isso levaria a melhores sistemas de atendimento à saúde?

Quem tem fantasias de abolir todas as burocracias em favor de uma abordagem mais holística do mundo deveria refletir sobre o fato de que os hospitais também são instituições burocráticas. São divididos em departamentos distintos, com hierarquias, protocolos e pilhas de formulários para preencher. Eles sofrem de muitas doenças burocráticas, mas, ainda assim, conseguem nos curar de muitas de nossas doenças biológicas. O mesmo vale para quase todos os outros serviços que melhoram nossa vida, desde as escolas ao sistema de esgoto.

Quando você dá descarga no vaso sanitário, para onde vão os dejetos? Vão para o estado profundo. Existe uma rede subterrânea intrincada de tubos, bombas e túneis que corre sob nossas casas e coleta nossos dejetos, separa-os da rede de fornecimento de água potável, trata-os ou se desfaz deles de maneira segura. Alguém precisa planejar, construir e manter essa rede profunda, vedar os vazamentos, monitorar os níveis de poluição e pagar os trabalhadores. Isso também é trabalho burocrático, e enfrentaríamos um grande incômodo e até mesmo a morte se abolíssemos esse departamento específico. A água de esgoto e a água potável estão sempre em risco de se misturarem, mas, para nossa sorte, há burocratas que as mantêm separadas.

Antes da implantação dos sistemas modernos de esgoto, as doenças infecciosas derivadas da água, como a disenteria e o cólera, matavam milhões de pessoas no mundo.[30] Em 1854, centenas de moradores de Londres começaram a morrer de cólera. Foi um surto relativamente reduzido, mas se tornou um ponto de inflexão na história do cólera, das epidemias de modo mais geral e dos esgotos. A principal teoria médica da época afirmava que as epidemias de cólera eram causadas pelo "ar ruim", mas o médico John Snow suspeitava que a causa era o fornecimento de água. Rastreou laboriosamente e arrolou todos os pacientes de cólera conhecidos, seu local de residência e sua fonte de abastecimento de água. Os dados resultantes o levaram a identificar a bomba de água na Broad Street no Soho como o epicentro do surto.

Foi um trabalho burocrático tedioso — coletar, classificar e mapear os dados —, mas salvou vidas. Snow expôs suas descobertas às autoridades locais, persuadindo-as a desativarem a bomba da Broad Street, o que efetivamente pôs fim ao surto. Pesquisas subsequentes descobriram que o poço que fornecia a água para a bomba da Broad Street ficava a menos de um metro de uma fossa infectada de cólera.[31]

A descoberta de Snow e o trabalho de muitos cientistas, engenheiros, advogados e autoridades posteriores resultaram numa ampla burocracia regulando fossas, bombas de água e tubulações de esgoto. Na Inglaterra atual, para cavar um poço e fazer uma fossa é preciso preencher formulários e obter licenças que garantam que a água potável não provém de um poço que alguém tenha cavado perto de uma fossa.[32]

É fácil esquecer esse sistema quando funciona bem, mas, desde 1854, ele tem salvado milhões de vidas, e é um dos serviços mais importantes fornecidos pelos Estados modernos. Em 2014, o primeiro-ministro indiano Narendra Modi apontou a falta de vasos sanitários como um dos maiores problemas da

Índia. A defecação ao ar livre é uma das principais causas para a difusão de doenças como o cólera, a disenteria e a diarreia, além de expor meninas e mulheres a ataques sexuais. Como parte de seu principal programa, Missão Índia Limpa, Modi prometeu fornecer acesso a privadas a todos os cidadãos indianos, e entre 2014 e 2020 o Estado indiano investiu cerca de 10 bilhões de dólares no projeto, construindo mais de 100 milhões de novas latrinas.[33] O esgoto não é matéria de poemas épicos, mas um teste de um Estado em bom funcionamento.

OS DRAMAS BIOLÓGICOS

A mitologia e a burocracia são os pilares gêmeos de todas as sociedades de grande escala. Mas, enquanto a mitologia tende a despertar fascínio, a burocracia tende a despertar suspeita. Apesar dos serviços fornecidos, é frequente que mesmo as burocracias benéficas não consigam ganhar a confiança do público. Para muita gente, o próprio termo "burocracia" traz conotações negativas. Isso porque é intrinsecamente difícil saber se um sistema burocrático é benéfico ou maléfico. Pois todas as burocracias — boas ou más — têm em comum uma característica fundamental: elas são de difícil entendimento para as pessoas.

Qualquer criança sabe a diferença entre um amigo e um valentão. Você sabe se o garoto divide o lanche dele com você ou pega o seu. Mas, quando o coletor de impostos vem pegar uma parte de seus ganhos, como você vai saber se aquele dinheiro vai para construir um novo sistema de esgoto público ou uma datcha particular para o presidente? É difícil obter toda a informação, e ainda mais difícil interpretá-la. Da mesma forma, para os cidadãos é difícil entender os procedimentos burocráticos que determinam a admissão dos alunos nas escolas, o tratamento dos pacientes nos hospitais ou a coleta e a reciclagem do lixo. Leva um minuto para tuitar alegações de fraude, discriminação ou corrupção, e muitas semanas de trabalho duro para prová-las ou desmenti-las.

Documentos, arquivos, formulários, licenças, regulamentações e outros procedimentos burocráticos alteraram o modo como se dá o fluxo da informação em sociedade e, com isso, o modo como o poder opera. Assim ficou muito mais difícil entendê-lo. O que acontece por trás das portas fechadas dos escritórios e arquivos, onde funcionários anônimos analisam e organizam pilhas de documentos e determinam nosso destino com uma canetada ou um clique do mouse?

Nas sociedades tribais sem documentos escritos nem burocracias, a rede humana é composta apenas de elos pessoa para pessoa e pessoa para estória. A autoridade pertence às pessoas que controlam as junções que unem as várias cadeias. Essas junções são os mitos de fundação da tribo. Líderes, oradores e criadores de mitos carismáticos sabem como usar essas estórias para moldar identidades, formar alianças e manobrar emoções.[34]

Nas redes humanas conectadas por documentos escritos e procedimentos burocráticos — da antiga Ur à Índia moderna —, a sociedade se alicerça em parte na interação entre seres humanos e documentos. Além dos elos de pessoa para pessoa e pessoa para estória, tais sociedades são unidas por elos de pessoa para documento. Quando observamos uma sociedade burocrática em operação, ainda vemos seres humanos contando estórias a outros seres humanos, como quando milhões de indianos assistem à série *Ramayana*, mas também vemos seres humanos passando documentos para outros seres humanos, como quando as redes de TV precisam solicitar licenças de transmissão e preencher relatórios fiscais. Olhando por outra perspectiva, o que vemos são documentos levando seres humanos a se envolverem com outros documentos.

Isso levou a mudanças na autoridade. Quando os documentos se tornaram um nexo fundamental ligando muitas correntes sociais, esses documentos passaram a ser investidos de um poder considerável, e os especialistas na lógica misteriosa dos documentos surgiram como novas figuras de autoridade. Administradores, contabilistas e advogados passaram a dominar não só a leitura e a redação, como também as qualificações para compor formulários, separar gavetas e administrar arquivos. Nos sistemas burocráticos, muitas vezes o poder decorre de entender como manipular brechas orçamentárias obscuras e saber trafegar pelos labirintos de escritórios, comitês e subcomitês.

Essa mudança na autoridade alterou o equilíbrio de poder no mundo. Bem ou mal, as burocracias letradas tenderam a fortalecer a autoridade central em detrimento dos cidadãos comuns. Não que documentos e arquivos tenham apenas facilitado o trabalho do centro em tributar, julgar e recrutar todo mundo. A dificuldade de entender o poder burocrático tornou, ao mesmo tempo, mais difícil que as massas pudessem influir, resistir ou escapar à autoridade central. Mesmo quando a burocracia era uma força benigna, fornecendo sistemas de esgoto, educação e segurança ao povo, ela ainda tendia a aumentar a distância entre governantes e governados. O sistema permitia ao centro coletar e registrar uma quantidade muito maior de informação sobre o povo governado, enquanto este tinha dificuldade muito maior em entender o funcionamento do sistema em si.

A arte, que nos ajuda a entender diversos outros aspectos da vida, nesse caso era de ajuda bastante limitada. Poetas, dramaturgos e cineastas às vezes enfocam a dinâmica do poder burocrático. Mas essa tem sido uma estória muito difícil de transmitir. Os artistas costumam trabalhar com um leque limitado de temas enraizados em nossa biologia, mas nenhum desses dramas biológicos lança muita luz sobre o funcionamento da burocracia, porque todos eles tiveram seu roteiro definido pela evolução milhões de anos antes do surgimento de documentos e arquivos. Para entendermos o que são os "dramas biológicos" e por que não servem de guia para entendermos a burocracia, vejamos em detalhes o enredo de uma das maiores obras-primas artísticas da humanidade: o *Ramayana*.

Uma trama importante do *Ramayana* se refere às relações entre o príncipe epônimo, Rama, seu pai, o rei Dasharatha, e sua madrasta, a rainha Kaikeyi. Embora Rama, como primogênito, seja o legítimo herdeiro do trono, Kaikeyi convence o rei a banir Rama para o deserto e conceder a sucessão para Bharata, o filho dela. Por trás dessa trama há vários dramas biológicos, que remontam a centenas de milhões de anos na evolução dos mamíferos e das aves.

Todos os filhotes de mamíferos e aves dependem dos genitores na primeira fase da vida, procuram o cuidado parental e temem a negligência ou a hostilidade parental. A vida e a morte pendem da balança. Uma raposinha ou um pintinho expulso do ninho cedo demais corre o risco de morrer de fome ou predação. Entre os seres humanos, o medo de ser negligenciado ou abandonado pelo pai ou pela mãe serve de molde não só para contos e livros infantis, como "Branca de Neve", "Cinderela" e *Harry Potter*, mas também para alguns de nossos mitos religiosos e nacionalistas de maior influência. O *Ramayana* está longe de ser o único exemplo. Na teologia cristã, concebe-se a danação como a perda de qualquer contato com a mãe igreja e o pai celestial. O inferno é uma criança perdida chorando pelos pais ausentes.

Um drama biológico correlato, que também é familiar a filhotes de seres humanos, mamíferos e aves, é "o pai gosta mais de mim do que de você". Biólogos e geneticistas identificaram a rivalidade entre irmãos como um dos processos centrais da evolução.[35] É rotineiro que irmãos disputem o alimento e a atenção parental, e em algumas espécies é corriqueiro que um irmão mate o outro. Cerca de 25% dos filhotes de hiena-malhada são mortos pelos irmãos, que, em decorrência disso, costumam receber maior cuidado parental.[36] Entre os tubarões-mangona, as fêmeas carregam numerosos embriões no útero. O primeiro embrião a alcançar cerca de dez centímetros de comprimento então come todos os outros embriões.[37] A dinâmica da rivalidade entre irmãos se manifesta em numerosos mitos além do *Ramayana*, por exemplo nas estórias de Caim e Abel, do rei Lear e do seriado de TV *Succession*. Nações inteiras — como o povo judaico — podem ter como base de sua identidade a alegação de que "somos os filhos favoritos do Pai".

A segunda trama principal do *Ramayana* enfoca o triângulo romântico entre o príncipe Rama, sua amada Sita e o rei-demônio Ravana, que rapta Sita. "O cara encontra a garota" e "os caras brigam pela garota" também são dramas biológicos que têm sido encenados por incontáveis mamíferos, aves, répteis e peixes ao longo de centenas de milhões de anos. Ficamos fascinados com essas estórias porque entendê-las foi essencial para a sobrevivência de nossos ancestrais. Contadores de estórias como Homero, Shakespeare e Valmiki — o alegado autor do *Ramayana* — mostraram uma capacidade admirável de reelaborar os dramas biológicos, mas mesmo as maiores narrativas poéticas geralmente copiam o enredo básico do manual da evolução.

Um terceiro tema recorrente no *Ramayana* é a tensão entre pureza e impureza, sendo Sita o modelo de pureza na cultura hinduísta. A obsessão cultural com a pureza se origina na luta evolucionária para evitar a contaminação. Todos os animais ficam divididos entre a necessidade de provar novos alimentos e o medo de ser envenenados. A evolução, portanto, municiou os animais tanto com curiosidade quanto com capacidade de sentir aversão ao entrar em contato com algo tóxico ou de alguma maneira perigoso.[38] Políticos e profetas aprenderam a manipular esses mecanismos de aversão. Nos mitos nacionalistas e religiosos, os países ou as Igrejas são apresentados como um corpo biológico em risco de ser contaminado por atravessadores intrusos. Há séculos os fanáticos dizem frequentemente que as minorias étnicas e religiosas espalham doenças,[39] que as pessoas LGBT são fonte de contaminação[40] ou que as mulheres são impuras.[41] Durante o genocídio de Ruanda em 1994, a propaganda hútu se referia aos tútsis como baratas. Os nazistas comparavam os judeus a ratos. Há experimentos mostrando que os chimpanzés também reagem com aversão a imagens de chimpanzés desconhecidos de outro bando.[42]

Talvez em nenhuma outra cultura o drama biológico da "pureza versus impureza" tenha sido levado a maiores extremos do que no hinduísmo tradicional. Ele construiu um sistema intersubjetivo de castas hierarquizadas por seu suposto grau de pureza, ficando os brâmanes puros no topo e os dalits alegadamente impuros (antes conhecidos como intocáveis) na base. Profissões, ferramentas e atividades cotidianas também foram classificadas pelo grau de pureza, e regras estritas proibiam que as pessoas "impuras" se casassem com pessoas "puras", tocassem nelas, preparassem-lhes comida ou mesmo se aproximassem delas.

O Estado moderno da Índia ainda luta com esse legado, que influencia quase todos os aspectos da vida. Por exemplo, o medo da impureza criou várias complicações para a já citada Missão Índia Limpa, pois pessoas alegadamente "puras" relutavam em se envolver em atividades "impuras", como construir, manter e limpar banheiros, ou compartilhar latrinas públicas com pessoas alegadamente "impuras".[43] Em 25 de setembro de 2019, duas crianças dalits — Roshni Valmiki, de doze anos de idade, e seu sobrinho Avinash — foram linchadas no vilarejo indiano de Bhakhedi por defecar perto da casa de uma família da casta mais alta dos yadavs. Elas eram obrigadas a defecar em público porque não tinham banheiro em casa. Uma autoridade local explicou depois que a residência delas — embora sendo uma das mais pobres no vilarejo — havia sido, mesmo assim, excluída da lista de famílias aptas a receberem auxílio do governo para construir banheiros. As crianças sofriam rotineiramente outras discriminações com base na casta: eram, por exemplo, obrigadas a levar para a escola esteiras e utensílios separados e a se sentar à parte dos outros alunos, para não os "contaminar".[44]

A lista de dramas biológicos que pressionam nossos botões emocionais inclui vários outros clássicos, como "quem comandará?", "nós contra eles" e "Deus contra o mal". Esses dramas também aparecem com destaque no *Ramayana*, e todos eles são bem conhecidos pelas alcateias de lobos e bandos de chimpanzés, tal como pelas sociedades humanas. Juntos, esses dramas biológicos formam a espinha dorsal de quase todas as artes e mitologias humanas.

Mas, como depende dos dramas biológicos, a arte torna árduo para os artistas explicar os mecanismos da burocracia. O *Ramayana* é ambientado no contexto de grandes reinos agrários, mas pouco se interessa pela forma como esses reinos registram propriedades, coletam impostos, catalogam arquivos ou financiam guerras. A rivalidade entre irmãos e os triângulos amorosos não são um guia adequado para a dinâmica dos documentos, que não têm irmãos nem vida romântica.

O escritor Franz Kafka se concentrou nas formas muitas vezes surreais com que a burocracia molda a vida humana, e foi pioneiro em novos enredos não biológicos. Em *O processo*, o bancário K. é preso por funcionários não identificados de uma agência insondável por um crime não nomeado. Apesar de seu máximo empenho, K. nunca entende o que se passa com ele nem descobre os objetivos da agência que o esmaga. Embora a estória seja às vezes tomada como uma referência existencial ou teológica à condição humana no universo e à insondabilidade de Deus, num nível mais mundano ela realça o potencial caráter de pesadelo das burocracias, que Kafka, como advogado de seguros, conhecia muito bem.

Nas sociedades burocráticas, muitas vezes as pessoas comuns têm sua vida virada de ponta-cabeça por funcionários não identificados de uma agência insondável por razões incompreensíveis. Enquanto as estórias de heróis que enfrentam monstros — do *Ramayana* ao Homem-Aranha — retomam e dão nova roupagem aos dramas biológicos de enfrentar predadores e rivais românticos, o horror único das estórias kafkianas deriva do caráter insondável da ameaça. A evolução preparou nossa mente para entender a morte por um tigre. Nossa mente acha muito mais difícil entender a morte por um documento.

Algumas imagens da burocracia são satíricas. *Catch-22*, o romance icônico de Joseph Heller, de 1961, mostrava o papel central que a burocracia desempenha na guerra. Uma das figuras mais poderosas do romance é o ex-soldado Wintergreen, que, de sua base de poder na sala de correspondência, decide quais cartas serão encaminhadas e quais irão desaparecer.[45] Os seriados cômicos britânicos *Yes, Minister* e *Yes, Prime Minister*, dos anos 1980, mostravam como os funcionários públicos usam regulamentos misteriosos, subcomitês secretos e pilhas de documentos para manipular seus chefes políticos. A comédia dramática *A grande aposta*, de 2015, abordava as raízes burocráticas da crise financeira de 2007-8. Os vilões do filme não são seres humanos, e sim obrigações de dívida colateralizada (CDOs), que são mecanismos financeiros inventados por banqueiros de investimentos e que mais ninguém no mundo entende. Esses Godzillas burocráticos dormitavam despercebidos nas profundezas dos portfólios bancários, até que surgiram de repente em 2007 instigando uma grande crise financeira, que causou destruição na vida de bilhões de pessoas.

Obras artísticas como essas têm certo êxito em moldar a percepção dos modos de operação do poder burocrático, mas é uma batalha muito dura, porque nossa mente foi preparada desde a Idade da Pedra para se concentrar em dramas biológicos, e não em dramas burocráticos. A maioria dos grandes sucessos hollywoodianos e bollywoodianos não trata de CDOs. Mesmo no século XXI, a maior parte deles é formada essencialmente por estórias da Idade da Pedra sobre o herói que combate o monstro para ficar com a mocinha. Da mesma forma, ao retratarem a dinâmica do poder político, seriados televisivos como *Game of Thrones*, *The Crown* e *Succession* se concentram nas intrigas de família da corte dinástica, e não no labirinto burocrático que sustenta — e às vezes refreia — o poder da dinastia.

MATEMOS TODOS OS ADVOGADOS

A dificuldade de retratar e entender realidades burocráticas traz resultados infelizes. Por um lado, deixa as pessoas se sentindo impotentes perante os poderes danosos que elas não entendem, como o protagonista de *O processo*, de Kafka. Por outro, também deixa as pessoas com a impressão de que a burocracia é uma conspiração maligna, mesmo nos casos em que ela é de fato uma força benigna, que nos proporciona atendimento à saúde, segurança e justiça.

No século XVI, Ludovico Ariosto descreveu a figura alegórica da Discórdia como uma mulher que

> tinha cheias as mãos e o peito de intimações e autos de acusação, de inquirições de testemunhas e cartas de procuração, e grandes maços de glosas, conselhos e leituras, com os quais as faculdades dos pobres nunca estão seguras nas cidades. Tinha atrás, na frente e nos dois lados notários, procuradores e advogados.[46]

Na descrição da Rebelião de Jack Cade (1450) de Shakespeare em *Henrique VI, Parte 2*, um rebelde plebeu chamado Dick the Butcher leva a antipatia pela burocracia à sua conclusão lógica. Dick tem um plano para instaurar uma ordem social melhor. "A primeira coisa a fazermos", aconselha ele, "matemos todos os advogados." O líder rebelde, Jack Cade, concorda com a proposta de Dick para um ataque vigoroso à burocracia e, em especial, aos documentos escritos:

> Não é uma coisa lamentável que o couro de um cordeiro inocente seja convertido em pergaminho? Que o pergaminho, estando escrito, destrua um homem? Alguns dizem que a abelha ferroa: mas digo eu, é a cera de abelha, pois só uma vez selei uma coisa e nunca mais fui dono de mim mesmo.

Então os rebeldes capturam um escriturário e o acusam de saber ler e escrever. Depois de um breve interrogatório que estabelece seu "crime", Cade ordena a seus homens: "Enforquem-no com sua pena e tinteiro em volta do pescoço".[47]

Setenta anos antes da Rebelião de Jack Cade, na Revolta dos Camponeses de 1381, que foi ainda maior, os rebeldes concentraram sua ira não só em burocratas de carne e osso, mas também em seus documentos, destruindo numerosos arquivos, queimando decisões judiciais, concessões reais e registros jurídicos e administrativos. A certa altura, fizeram uma fogueira com os arquivos da Universidade de Cambridge. Uma mulher idosa chamada Margery Starr espalhou as cinzas ao vento gritando: "Fora com o saber dos escrivães, fora com ele!". Thomas Walsingham, monge da abadia de St. Albans que presenciou pessoalmente a destruição do arquivo da abadia, relatou que os rebeldes "atearam fogo a todas as decisões judiciais e concessões de privilégios, de forma que, depois de terem se livrado desses registros de seus antigos serviços, seus senhores não poderiam reivindicar nenhum direito contra eles em algum momento futuro".[48] Matar os documentos anulava as dívidas.

Outros ataques semelhantes a arquivos caracterizaram várias outras insurgências ao longo da história. Por exemplo, durante a Grande Revolta Judaica em 66 EC, uma das primeiras coisas que os rebeldes fizeram depois de capturar Jerusalém foi atear fogo ao arquivo central, para destruir os registros de dívidas, assim ganhando o apoio do populacho.[49] Durante a Revolução Francesa de 1789, vários arquivos locais e regionais foram destruídos por razões similares.[50] Muitos rebeldes podiam ser iletrados, mas sabiam que, sem os documentos, a máquina burocrática não funcionaria.

Posso entender a desconfiança perante as burocracias governamentais e o poder dos documentos oficiais, porque eles desempenharam um papel importante em minha própria família. A vida de meu avô materno virou de cabeça para baixo por causa de um censo do governo e por não conseguir encontrar um documento indispensável. Meu avô Bruno Luttinger nascera em 1913 em Chernivtsi. Hoje essa cidade fica na Ucrânia, mas, em 1913, fazia parte do Império Austro-Húngaro. O pai de Bruno desapareceu na Primeira Guerra Mundial, e ele foi criado pela mãe, Chaya-Pearl. Após o fim da guerra, Chernivtsi foi anexada à Romênia. No final dos anos 1930, quando a Romênia se tornou uma ditadura fascista, uma plataforma importante de sua nova política antissemita foi realizar um recenseamento dos judeus.

Em 1936, estatísticas oficiais diziam que havia 758 mil judeus morando na Romênia, o equivalente a 4,2% da população. As mesmas estatísticas oficiais diziam que o total de refugiados da União Soviética, judeus e não judeus, estava por volta de 11 mil pessoas. Em 1937, um novo governo fascista subiu ao poder, liderado pelo primeiro-ministro Octavian Goga. Além de político, Goga era um poeta renomado, mas rapidamente passou da poesia patriótica para estatísticas falsas e uma burocracia opressora. Ele e seus colegas ignoraram as estatísticas oficiais e alegaram que a Romênia estava sendo inundada por centenas de milhares de refugiados judeus. Goga afirmou em várias entrevistas que meio milhão deles havia entrado ilegalmente na Romênia e que havia no país um total de 1,5 milhão de judeus. Os órgãos do governo, os estatísticos de extrema direita e os jornais populares citavam regularmente números ainda mais altos. A embaixada romena em Paris, por exemplo, afirmava que havia 1 milhão de refugiados judeus na Romênia. A massa de romenos cristãos foi tomada pela histeria e passou a acreditar que, se os refugiados não fossem logo realocados, eles, cristãos, se tornariam uma minoria no próprio país.

O governo de Goga interveio oferecendo uma solução para o problema imaginário inventado por sua própria propaganda. Em 22 de janeiro de 1938, o governo emitiu um decreto determinando que todos os judeus na Romênia apresentassem provas documentais de que haviam nascido em território romeno e tinham direito à cidadania. Os judeus que não conseguissem apresentar provas perderiam a cidadania e todos os direitos à residência e ao emprego.

De repente, os judeus da Romênia se viram num inferno burocrático. Muitos tiveram de viajar até o local de nascimento para procurar os documentos pertinentes e então descobriam que os arquivos municipais haviam sido destruídos durante a Primeira Guerra Mundial. Os judeus nascidos em territórios anexados à Romênia apenas depois de 1918 — como Chernivtsi — enfrentavam dificuldades especiais, porque não tinham certidão romena de nascimento e porque muitos outros documentos sobre suas famílias estavam arquivados não em Bucareste, e sim nas ex-capitais austro-húngaras de Viena e Budapeste. Os judeus, muitas vezes, nem sabiam que documentos estavam procurando, porque o decreto do censo não especificava quais papéis eram considerados "provas".

Escreventes e arquivistas obtiveram uma nova fonte lucrativa de renda, com a presença de judeus frenéticos oferecendo gordas propinas para conseguirem o documento certo. Mesmo que não houvesse nenhuma propina, o processo era extremamente caro: para qualquer pedido de documento e o preenchimento do pedido de cidadania junto às autoridades, havia cobrança de honorários. A localização e o preenchimento do documento certo não garantiam o êxito. Uma diferença de uma única letra na grafia do nome na certidão de nascimento e na grafia dos documentos de cidadania era suficiente para que as autoridades revogassem a cidadania.

Muitos judeus não conseguiram vencer esses obstáculos burocráticos e nem mesmo deram entrada num pedido de cidadania. Entre os que deram entrada, apenas 63% tiveram a cidadania aprovada. Ao todo, de 758 mil judeus romenos, 367 mil perderam sua cidadania.[51] Meu avô Bruno foi um deles. Quando o novo decreto do censo foi aprovado em Bucareste, Bruno nem pensou muito a esse respeito. Ele nascera em Chernivtsi e morara lá durante a vida toda. A ideia de que precisaria provar para algum burocrata que ele não era estrangeiro lhe parecia ridícula. Além disso, sua mãe adoeceu e morreu no começo de 1938, e Bruno sentia que tinha coisas mais importantes com que se preocupar do que correr atrás de documentos.

Em dezembro de 1938, chegou uma carta oficial de Bucareste cancelando a cidadania de Bruno e, como estrangeiro, ele foi prontamente demitido do emprego numa loja de rádios de Chernivtsi. Agora Bruno não só estava sozinho e desempregado, como também apátrida e sem muita perspectiva de algum outro emprego. Nove meses depois, eclodiu a Segunda Guerra Mundial e aumentou o perigo para os judeus sem documentos. Entre os judeus romenos que perderam a cidadania em 1938, a maioria morreria assassinada nos poucos anos seguintes pelos fascistas romenos e seus aliados nazistas (os judeus com cidadania tiveram um índice de sobrevivência muito mais alto).[52]

Meu avô tentou muitas vezes escapar da situação, mas era difícil sem os papéis adequados. Várias vezes embarcou clandestinamente em trens e navios, e acabou apanhado e preso. Em 1940, conseguiu embarcar num dos últimos navios com destino à Palestina antes que os portões do inferno se fechassem. Chegando lá, foi preso pelos britânicos como imigrante ilegal. Depois de dois meses na prisão, os britânicos propuseram um acordo: continuar na cadeia e correr o risco de ser deportado, ou se alistar no Exército britânico e obter cidadania palestina. Meu avô agarrou a proposta sem pestanejar e serviu no Exército britânico de 1941 a 1945, nas campanhas da Itália e do norte da África. Em troca obteve seus papéis.

Em nossa família, a preservação dos documentos se transformou em um dever sagrado. Registros bancários, contas de energia elétrica, carteiras estudantis de validade vencida, cartas da prefeitura — se trazia um selo de aparência oficial, aquilo era guardado numa das muitas pastas em nosso armário. Você nunca sabia qual desses documentos poderia algum dia lhe salvar a vida.

O DOCUMENTO MILAGROSO

Devemos amar ou odiar a rede de informação burocrática? Casos como o de meu avô mostram os perigos intrínsecos ao poder burocrático. Casos como o da epidemia de cólera em Londres mostram seu lado bom. Todas as redes de informação poderosas podem fazer o bem e o mal, dependendo da concepção e da forma como são usadas. O mero aumento da quantidade de informação numa rede não garante seu caráter benigno nem contribui em nada para encontrar o equilíbrio correto entre verdade e ordem. Essa é uma lição histórica essencial para os desenvolvedores e usuários das novas redes de informação do século XXI.

As redes baseadas na IA serão diferentes das redes anteriores em muitos aspectos. Aqui na parte I estamos examinando o papel essencial da mitologia e da burocracia para as redes de informação de larga escala; na parte II veremos como a IA vem assumindo o papel tanto dos burocratas quanto dos criadores de mitos. Esses sistemas sabem encontrar e processar os dados melhor do que os burocratas de carne e osso, e a IA também está adquirindo uma habilidade de compor estórias melhor do que a maioria dos seres humanos.

Mas, antes de explorarmos essas novas redes de informação, e antes de examinarmos as ameaças e promessas dos criadores de mitos e dos burocratas da IA, há mais uma coisa que precisamos entender sobre a história das redes de informação no longo prazo. Vimos agora que as redes de informação não maximizam a verdade, e sim procuram encontrar um equilíbrio entre verdade e ordem. A burocracia e a mitologia são ambas fundamentais para manter a ordem, e ambas se dispõem de bom grado a sacrificar a verdade em favor da ordem. Quais mecanismos, então, asseguram que a burocracia e a mitologia não percam totalmente o contato com a verdade, e quais mecanismos permitem que as redes identifiquem e corrijam seus próprios erros, mesmo ao preço de uma certa desordem?

O modo como as redes de informação humanas lidam com o problema dos erros será o tema principal dos dois próximos capítulos. Começaremos abordando a invenção de uma outra tecnologia da informação: o livro sagrado. Livros sagrados como a Bíblia e o Alcorão constituem uma tecnologia da informação que pretende incluir toda a informação vital de que a sociedade precisa e, ao mesmo tempo, se isentar de qualquer possibilidade de erro. O que acontece quando uma rede de informação se crê incapaz de cometer qualquer erro? A história dos livros sagrados alegadamente infalíveis lança luz sobre algumas das limitações de todas as redes de informação e contém lições importantes para a tentativa de criar IAs infalíveis no século XXI.

4. Erros: A fantasia da infalibilidade

Como diz a famosa frase de Santo Agostinho: "Errar é humano; persistir no erro é diabólico".[1] A falibilidade dos seres humanos e a necessidade de corrigir erros humanos desempenham papéis centrais em todas as mitologias. Segundo a mitologia cristã, a totalidade da história é uma tentativa de corrigir o pecado original de Adão e Eva. Segundo o pensamento marxista-leninista, mesmo o proletariado pode ser enganado por seus opressores e identificar erroneamente seus interesses próprios, e é por isso que ele precisa da liderança de um sábio partido de vanguarda. A burocracia também está atenta a erros, de documentos postos em lugar errado a procedimentos ineficientes. Os sistemas burocráticos complexos costumam conter corpos autodisciplinadores, e quando ocorre uma grande catástrofe — como uma derrota militar ou um colapso financeiro —, montam-se comissões de inquérito para entender o que deu errado e garantir que não se repita o mesmo erro.

Para que funcionem, os mecanismos de autocorreção precisam de legitimidade. Se os seres humanos são propensos a erro, como podemos confiar que os mecanismos de autocorreção estejam imunes a falhas? Para escaparem desse loop interminável, muitas vezes os seres humanos tecem fantasias sobre algum mecanismo sobre-humano, livre de todo e qualquer erro, no qual podem se basear para identificar e corrigir seus próprios erros. Hoje, alguém pode ter a esperança de que a IA seja capaz de fornecer um mecanismo desses, como quando Elon Musk anunciou em abril de 2023: "Vou começar uma coisa que chamo de TruthGPT, uma IA com a busca máxima da verdade, que tenta entender a natureza do Universo".[2] Veremos em capítulos posteriores por que essa é uma fantasia perigosa. Em eras anteriores, tais fantasias adotavam uma forma diferente — a religião.

Em nossa vida pessoal, a religião pode desempenhar funções diversas, como oferecer consolo ou explicar os mistérios da vida. Mas, historicamente, a função mais importante dela é a de fornecer legitimidade sobre-humana à ordem social. Religiões como o judaísmo, o cristianismo, o islamismo e o hinduísmo afirmam que suas ideias e regras foram estabelecidas por uma autoridade sobre-humana infalível e, portanto, estão livres de qualquer possibilidade de erro e nunca devem ser questionadas ou alteradas por seres humanos falíveis.

TIRANDO OS SERES HUMANOS DO LOOP

No centro de todas as religiões está a fantasia de uma conexão com uma inteligência sobre-humana e infalível. É por isso que, como veremos no capítulo 8, o estudo da história da religião é de grande pertinência para os debates atuais sobre a IA. Na história da religião, um problema recorrente é o de convencer as pessoas de que determinado dogma se originou, na verdade, de uma fonte sobre-humana infalível. Mesmo que, em princípio, eu deseje me submeter à vontade dos deuses, como vou saber o que os deuses realmente querem?

Ao longo da história, muitos seres humanos diziam estar transmitindo mensagens dos deuses, mas essas mensagens com frequência se contradiziam. Uma pessoa afirmava que um deus lhe aparecera em sonho; outra, que recebera a visita de um anjo; uma terceira contava ter encontrado um espírito numa floresta — e cada um pregava uma mensagem diferente. O antropólogo Harvey Whitehouse relata que, quando fazia trabalho de campo no final dos anos 1980 entre o povo baining em New Britain, na Papua-Nova Guiné, um rapaz chamado Tanotka adoeceu e, em seu delírio febril, começou a fazer declarações crípticas como "sou Wutka" e "sou um pilar". Somente o irmão mais velho de Tanotka, Baninge, ouviu a maioria dessas declarações e então começou a contá-las para outras pessoas e a interpretá-las de maneira criativa. Baninge disse que o irmão fora possuído por um espírito ancestral chamado Wutka e divinamente escolhido para ser o principal esteio da comunidade, assim como as casas locais se apoiavam num pilar central.

Depois de se recuperar, Tanotka continuou a trazer mensagens crípticas de Wutka, que eram interpretadas por Baninge de forma cada vez mais elaborada. Baninge também começou a ter sonhos próprios, que segundo ele revelavam outras mensagens divinas adicionais. Ele declarou que o fim do mundo era iminente e convenceu muitos dos habitantes locais a lhe concederem poderes ditatoriais, a fim de que pudesse preparar a comunidade para o apocalipse que se aproximava. Baninge passou a gastar quase todos os recursos da comunidade em banquetes e rituais extravagantes. Quando o apocalipse não se materializou e a comunidade estava quase morrendo de fome, o poder de Baninge desmoronou. Alguns locais continuaram a acreditar que ele e Tanotka eram mensageiros divinos, mas muitos outros concluíram que ambos eram charlatães — ou talvez servos do demônio.[3]

Como as pessoas poderiam distinguir entre a verdadeira vontade dos deuses e as invenções ou fantasias de seres humanos falíveis? A menos que você tenha tido uma revelação divina pessoal, saber o que diziam os deuses significava confiar no que seres humanos falíveis como Tanotka e Baninge alegavam ser palavras dos deuses. Mas como você pode confiar nesses seres humanos, sobretudo se não os conhece pessoalmente? A religião quer tirar os seres humanos falíveis do loop e lhes dar acesso a leis sobre-humanas infalíveis, mas a religião se resumia a confiar neste ou naquele ser humano.

Uma forma de contornar esse problema foi criar instituições religiosas que examinavam os alegados mensageiros divinos. Já nas sociedades tribais, a comunicação com entidades sobrenaturais, como espíritos tribais, muitas vezes era o domínio de especialistas religiosos. Entre o povo baining, médiuns espíritas especializados, conhecidos como *agungaraga*, eram tradicionalmente responsáveis por se comunicar com os espíritos, vindo assim a conhecer as causas ocultas de infortúnios que iam de doenças à perda de colheitas. Como membros de uma instituição estabelecida, os *agungaraga* eram mais dignos de confiança do que Tanotka e Baninge, e sua autoridade era mais estável e reconhecida.[4] Entre a tribo kalapalo do Brasil, os rituais religiosos eram organizados por oficiantes rituais hereditários conhecidos como *anetaü*. Nas antigas sociedades celtas e hinduístas, deveres semelhantes eram reservados a druidas e brâmanes.[5] À medida que as sociedades humanas cresciam e se tornavam mais complexas, o mesmo ocorria com suas instituições religiosas. Sacerdotes e oráculos passavam por um longo e árduo treinamento para desempenhar a importante tarefa de representar os deuses, e assim as pessoas não precisavam mais confiar apenas em qualquer leigo que dissesse que encontrara um anjo ou que trazia uma mensagem divina.[6] Na Grécia antiga, por exemplo, se você queria saber o que diziam os deuses, você ia a um especialista credenciado, como a Pítia — a alta sacerdotisa no templo de Apolo em Delfos.

Mas, visto que instituições religiosas como os templos oraculares eram atendidas por seres humanos, elas também estavam abertas ao erro e à corrupção. Heródoto relata que, na época em que Atenas era governada pelo tirano Hípias, a facção pró-democrática subornou a Pítia para obter sua ajuda. Sempre que um espartano ia até ela para consultar os deuses, tanto em assuntos oficiais quanto pessoais, a Pítia respondia que os espartanos deviam primeiramente libertar Atenas do tirano. Os espartanos, que eram aliados de Hípias, acabaram se submetendo à alegada vontade dos deuses e enviaram um exército a Atenas, que depôs Hípias em 510 AEC, levando à instauração da democracia ateniense.[7]

Se um profeta humano podia falsear as palavras de um deus, então o problema central da religião não se resolvia com a criação de instituições religiosas como templos e ordens sacerdotais. As pessoas ainda precisavam confiar em seres humanos falíveis para ter acesso aos deuses supostamente infalíveis. Seria possível prescindir dos seres humanos?

A TECNOLOGIA INFALÍVEL

Livros sagrados como a Bíblia e o Alcorão são uma tecnologia para contornar a falibilidade humana, e em torno desse artefato tecnológico construíram-se religiões do livro, como o judaísmo, o cristianismo e o islamismo. Para vermos como essa tecnologia deveria funcionar, devemos começar explicando o que é um livro e o que diferencia os livros de outros tipos de textos escritos. Um livro é um bloco fixo de textos — como capítulos, estórias, receitas ou epístolas — que sempre estão juntos e têm muitas cópias iguais. Com isso, um livro é uma coisa diferente de contos orais, de documentos burocráticos e de arquivos. Quando se conta oralmente uma estória, essa estória pode ser um pouco diferente a cada vez, e se muita gente a conta ao longo de muito tempo, inevitavelmente se insinuam nela variações significativas. Já todas as cópias de um livro, supõe-se, devem ser idênticas. Quanto aos documentos burocráticos, eles costumam ser mais curtos e, muitas vezes, existem apenas como única cópia num único arquivo. Se um documento extenso tem muitas cópias dispostas em numerosos arquivos, em geral o chamamos de livro. Por fim, um livro que contém muitos textos também é diferente de um arquivo porque cada arquivo contém uma coleção diferente de textos, ao passo que todas as cópias de um livro contêm os mesmos capítulos, as mesmas estórias ou as mesmas receitas. O livro, com isso, assegura que muitas pessoas em diversas épocas e lugares possam ter acesso à mesma base de dados.

O livro se tornou uma tecnologia religiosa importante no primeiro milênio AEC. Depois de dezenas de milhares de anos, quando deuses falavam aos seres humanos por intermédio de xamãs, sacerdotes, profetas, oráculos e outros mensageiros humanos, movimentos religiosos como o judaísmo começaram a sustentar que os deuses falam por meio dessa nova tecnologia do livro. Existe um único livro específico cujos vários capítulos alegadamente encerram todas as palavras divinas sobre todas as coisas, desde a criação do universo a regulamentações alimentares. O fundamental é que nenhum sacerdote, profeta ou instituição humana pode esquecer ou mudar essas palavras divinas, porque você sempre pode comparar o que os seres humanos falíveis estão lhe contando com o que o livro infalível registra.

Mas as religiões do livro tinham seu próprio leque de problemas. O mais óbvio é: quem decide o que incluir no livro sagrado? A primeira cópia não desceu dos céus. Teve de ser compilada por seres humanos. Todavia, os fiéis esperavam que esse problema espinhoso pudesse ser resolvido por um esforço supremo definitivo. Se conseguíssemos reunir os seres humanos mais sábios e mais confiáveis, e todos eles conseguissem concordar sobre o conteúdo do livro sagrado, a partir daquele momento poderíamos retirar os seres humanos do loop, e as palavras divinas estariam para sempre a salvo da interferência humana.

Muitas objeções podem ser levantadas contra esse procedimento. Quem escolhe os seres humanos mais sábios? Com base em quais critérios? E se eles não conseguirem chegar a um consenso? E se depois mudarem de ideia? Apesar disso, foi esse o procedimento utilizado para compilar livros sagrados como a Bíblia judaica.

A FORMAÇÃO DA BÍBLIA JUDAICA

Durante o primeiro milênio AEC, profetas, sacerdotes e estudiosos judeus produziram um extenso conjunto de estórias, documentos, profecias, poemas, orações e crônicas. A Bíblia como livro sagrado uno não existia nos tempos bíblicos. O rei Davi e o profeta Isaías nunca viram uma cópia da Bíblia.

Às vezes afirma-se, erroneamente, que a cópia restante mais antiga da Bíblia vem dos Manuscritos do Mar Morto. Esses manuscritos são um conjunto com cerca de novecentos documentos diferentes, em sua maioria escritos nos dois últimos séculos AEC, encontrados em várias cavernas em torno de Qumran, uma vila perto do mar Morto.[8] A maioria dos estudiosos acredita que eles constituíam o arquivo de uma seita judaica que vivia nas proximidades.[9]

Significativamente, nenhum dos rolos de manuscritos contém uma cópia da Bíblia, e nenhum rolo indica que os 24 livros do Antigo Testamento fossem considerados uma base de dados única e completa. Alguns rolos decerto registram textos que hoje fazem parte da Bíblia canônica. Por exemplo, dezenove rolos e manuscritos fragmentários preservam partes do livro do Gênesis.[10] Mas muitos registram textos que, mais tarde, foram excluídos da Bíblia. Por exemplo, mais de vinte rolos e fragmentos preservam partes do livro de Enoque — livro alegadamente escrito pelo patriarca Enoque, bisavô de Noé, contendo a estória dos anjos e demônios, além de uma profecia sobre a vinda do Messias.[11] Os judeus de Qumran, pelo visto, davam grande importância tanto ao Gênesis quanto a Enoque e não consideravam que o Gênesis fosse canônico e Enoque, apócrifo.[12] De fato, até hoje algumas seitas judaicas e cristãs etíopes consideram Enoque parte de seu cânone.[13]

Mesmo os rolos que registram textos futuramente canônicos às vezes são diferentes da versão canônica atual. Por exemplo, o texto canônico de Deuteronômio 32,8 diz que Deus dividiu as nações da terra de acordo com "o número dos filhos de Israel". A versão registrada nos Manuscritos do Mar Morto, em vez disso, traz "o número dos filhos de Deus", o que implica uma ideia bastante desconcertante de que Deus tem múltiplos filhos.[14] Em Deuteronômio 8,6, o texto canônico exige que os fiéis *temam* a Deus, ao passo que a versão do mar Morto lhes pede que *amem* a Deus.[15] Algumas variações são muito mais substanciais do que uma única palavra aqui ou ali. Os rolos dos Salmos contêm vários salmos inteiros que estão ausentes da Bíblia canônica (mais notadamente os Salmos 151, 154-5).[16]

Da mesma forma, a tradução mais antiga da Bíblia — a Septuaginta em grego —, realizada entre o terceiro e o primeiro século AEC, é, em muitos aspectos, diferente da versão canônica posterior.[17] Ela inclui, por exemplo, os livros de Tobias, Judite, Sirac, Macabeus, a Sabedoria de Salomão, os Salmos de Salomão e o Salmo 151.[18] Traz também versões mais longas de Daniel e Ester.[19] Seu livro de Jeremias é 15% mais curto do que a versão canônica.[20] Por fim, em Deuteronômio 32,8, a maioria dos manuscritos da Septuaginta traz "filhos de Deus" ou "anjos de Deus", em vez de "filhos de Israel".[21]

Foram séculos de debates detalhistas entre sábios judeus eruditos — conhecidos como rabinos — para organizar a base de dados canônica e decidir quais dos vários textos em circulação entrariam na Bíblia como a palavra oficial de Jeová e quais seriam excluídos. Na época de Jesus, provavelmente já se chegara a um acordo sobre a maioria dos textos, mas, mesmo um século depois, os rabinos ainda discutiam se o Cântico dos Cânticos deveria ou não integrar o cânone. Alguns rabinos condenavam esse texto como poesia amorosa secular, ao passo que o rabino Akiva (m. 135 EC) o defendia como a criação divinamente inspirada do rei Salomão. Em sua famosa declaração, Akiva disse que "o Cântico dos Cânticos é o Santo dos Santos".[22] Ao final do século II EC, parecia ter-se alcançado um amplo consenso entre os rabinos judeus sobre os textos que faziam e os que não faziam parte do cânone bíblico, mas os debates sobre essa questão e sobre a redação, a grafia e a pronúncia exatas de cada texto prosseguiram até a era massorética (séculos VII a X EC).[23]

Esse processo de canonização decidiu que o Gênesis era a palavra de Jeová, mas que o livro de Enoque, a Vida de Adão e Eva e o Testamento de Abraão eram de fabricação humana.[24] Os Salmos do rei Davi foram canonizados (exceto os de 151 a 155), mas os Salmos do rei Salomão, não. O livro de Malaquias recebeu o selo de aprovação; o livro de Baruque, não. Crônicas, sim; Macabeus, não.

Interessante notar que alguns livros mencionados na própria Bíblia não entraram no cânone. Por exemplo, os livros de Josué e Samuel fazem referência a um texto sagrado muito antigo, conhecido como o livro de Jasher (Josué 10,13; Segundo Livro de Samuel 1,18). O livro dos Números menciona "o Livro das Guerras do Senhor" (Números 21,14). E 2 Crônicas, ao apresentar o reino do rei Salomão, conclui: "O resto da história de Salomão, do começo ao fim, tudo não está escrito na história do profeta Natã, na profecia de Aías de Silo e na visão de Ido, o vidente" (Segundo Livro das Crônicas 9,29). Os livros de Ido, Aías e Natã, bem como os livros de Jasher e das Guerras do Senhor, não estão na Bíblia canônica. Ao que parece, não foram excluídos deliberadamente; apenas se extraviaram.[25]

Depois de selado o cânone, a maioria dos judeus foi esquecendo gradualmente o papel das instituições humanas no confuso processo de compilar a Bíblia. A ortodoxia judaica manteve que Deus entregou pessoalmente a Moisés, no monte Sinai, toda a primeira parte integral da Bíblia, a Torá. Ademais, muitos rabinos sustentavam que Deus criou a Torá na própria aurora dos tempos, de modo que mesmo os personagens bíblicos que existiram antes de Moisés — como Noé e Adão — a leram e a estudaram.[26] As outras partes da Bíblia também vieram a ser vistas como texto de criação divina ou de inspiração divina, totalmente diferente das compilações humanas comuns. Depois de selado o livro sagrado, julgava-se que agora os judeus tinham acesso direto às palavras exatas de Jeová, que não poderiam ser apagadas ou alteradas por nenhum ser humano falível e nenhuma instituição corrupta.

Antecipando em 2 mil anos a ideia da tecnologia blockchain, os judeus começaram a fazer numerosas cópias do código sagrado, e cada comunidade judaica devia ter pelo menos uma cópia em sua sinagoga ou em seu *bet midrash* (casa de estudos).[27]

Isso se destinava a duas coisas. Em primeiro lugar, a disseminação de muitas cópias do livro sagrado prometia democratizar a religião e impor limites estritos ao poder de possíveis autocratas humanos. Enquanto os arquivos dos faraós egípcios e dos reis assírios fortaleciam o poder da insondável burocracia real em detrimento das massas, o livro sagrado judaico parecia dar poder às massas, que agora podiam cobrar do mais impudente líder uma prestação de contas perante as leis de Deus.

Em segundo, e mais importante, ter muitas cópias do mesmo livro impedia qualquer alteração no texto. Se havia milhares de cópias iguais em diversos lugares, uma tentativa de mudar o código sagrado, mesmo que uma única letra, poderia ser desmascarada como fraude. Com muitas Bíblias disponíveis em locações distantes, os judeus substituíram o despotismo humano pela soberania divina. Agora a ordem social era assegurada pela infalível tecnologia do livro. Ou assim parecia.

A INSTITUIÇÃO REVIDA

Mesmo antes de o processo de canonização da Bíblia estar concluído, o projeto bíblico havia deparado com outras dificuldades. A concordância sobre o conteúdo exato do livro sagrado não era o único problema com essa tecnologia supostamente infalível. Outro problema evidente se referia à transcrição do texto. Para que o livro sagrado efetuasse sua mágica, os judeus precisavam ter muitas cópias nos locais onde moravam. Com centros judaicos surgindo não só na Palestina, como também na Mesopotâmia e no Egito, e com novas comunidades judaicas se estendendo da Ásia Central ao Atlântico, como garantir que os copistas que trabalhavam a distâncias de milhares de quilômetros entre si não alterariam o livro sagrado, fosse de propósito ou não?

Para prevenirem tais problemas, os rabinos que canonizaram a Bíblia conceberam laboriosas regulamentações para a cópia do livro sagrado. Por exemplo, o escriba não podia parar em determinados momentos críticos no processo de cópia. Ao escrever o nome de Deus, o escriba "não pode responder nem mesmo se for o rei a saudá-lo. Se estiver prestes a escrever dois ou três nomes divinos em sucessão, ele pode parar entre eles e responder".[28] O rabino Ismael (século II EC) disse a um copista: "Você está fazendo o trabalho dos Céus; se apagar uma única letra ou acrescentar uma única letra — você destrói o mundo inteiro".[29] Na verdade, surgiram erros de transcrição sem destruir o mundo inteiro, e não havia duas Bíblias antigas que fossem idênticas.[30]

Um segundo problema, e maior, se referia à interpretação. Mesmo quando as pessoas concordam sobre a santidade de um livro e sua exata redação, elas ainda podem interpretar as mesmas palavras de modos diferentes. A Bíblia diz que não se deve trabalhar no Shabat. Mas não especifica o que conta como "trabalho". Tudo bem irrigar sua lavoura no Shabat? Ou regar seu vaso de plantas ou pastorear as cabras? Tudo bem ler um livro no Shabat? E escrever um livro? E picotar um pedaço de papel? Os rabinos determinaram que a leitura de um livro não é trabalho, mas picotar papel *é* trabalho, e por isso os judeus ortodoxos, hoje em dia, deixam preparada uma pilha de papel higiênico já picotado para ser usado no Shabat.

O livro sagrado também diz que não se deve cozer um cabrito novo no leite de sua mãe (Êxodo 23,19). Algumas pessoas interpretaram isso de forma literal: se você matar um cabritinho, não o cozinhe no leite de sua mãe. Mas tudo bem cozinhá-lo no leite de uma cabra sem parentesco ou no leite de uma vaca. Outras pessoas interpretaram essa proibição em termos muito mais amplos, no sentido de que nunca se devem misturar produtos de leite e de carne, e assim você não pode tomar milk-shake depois de comer frango frito. Por improvável que pareça, a maioria dos rabinos determinou que a interpretação correta é a segunda, muito embora as galinhas não tenham lactação.

Mesmo que a tecnologia do livro conseguisse reduzir as alterações nas palavras sagradas, o mundo para além do livro continuava a girar, o que implicava outros problemas, e não estava claro como as velhas regras se aplicavam a novas situações. A maioria dos textos bíblicos se concentrava na vida de pastores e agricultores judeus nas colinas da Palestina e na cidade sagrada de Jerusalém. Mas, no século II EC, a maioria dos judeus morava em outros lugares. Desenvolveu-se uma comunidade judaica especialmente numerosa no porto de Alexandria, uma das metrópoles mais ricas do Império Romano. Um magnata naval judeu morando em Alexandria iria achar que muitas das leis bíblicas não se aplicavam à sua vida, e muitas de suas perguntas prementes não encontravam resposta clara no texto sagrado. Ele não podia obedecer aos mandamentos de prestar culto no templo de Jerusalém, não só porque morava longe de Jerusalém, mas porque o próprio templo nem existia mais. Por outro lado, quando examinava se era kosher enviar no Shabat seus navios de cereais com destino a Roma, ficava evidente que as longas viagens marítimas não tinham sido levadas em conta pelos autores do Levítico e do Deuteronômio.[31]

O livro sagrado gerou inevitavelmente várias interpretações, de consequências muito maiores do que o próprio livro. Conforme os judeus discutiam cada vez mais a interpretação da Bíblia, os rabinos ganhavam mais poder e prestígio. Pôr por escrito a palavra de Jeová supostamente limitaria a autoridade da velha instituição sacerdotal, mas deu origem à autoridade de uma nova instituição rabínica. Os rabinos se tornaram a elite tecnocrática judaica, desenvolvendo suas habilidades intelectuais e retóricas ao longo de anos de debates filosóficos e disputas legais. A tentativa de contornar as instituições humanas falíveis baseando-se numa nova tecnologia da informação deu errado por causa da necessidade de uma instituição humana para interpretar o livro sagrado.

Quando os rabinos acabaram chegando a um consenso sobre a interpretação da Bíblia, os judeus viram aí outra chance de se livrar da instituição humana falível. Imaginaram que, se escrevessem a interpretação acordada num novo livro sagrado e fizessem muitas cópias dele, isso acabaria com a necessidade de outras interferências humanas entre eles e o código divino. Assim, depois de muitos vaivéns para decidir quais opiniões rabínicas seriam incluídas e quais seriam deixadas de lado, um novo livro sagrado foi canonizado no século III EC: a Mishná.[32]

Conforme a Mishná adquiria maior autoridade do que o texto direto da Bíblia, os judeus começaram a acreditar que a Mishná não poderia ter sido criada por seres humanos. Também devia ter sido inspirada por Jeová ou talvez até mesmo composta pessoalmente pela divindade infalível. Hoje, muitos judeus ortodoxos têm convicção de que a Mishná foi entregue por Jeová a Moisés no monte Sinai, transmitida oralmente de geração a geração, até ser posta por escrito no século III EC.[33]

Mas, tão logo a Mishná foi canonizada e copiada, os judeus começaram a discutir sobre a sua correta interpretação. E quando se alcançou um consenso sobre a interpretação da Mishná e ela foi canonizada entre os séculos V e VI como um terceiro livro sagrado — o Talmude —, os judeus começaram a divergir sobre a interpretação do Talmude.[34]

O sonho de contornar as instituições humanas falíveis por meio da tecnologia do livro sagrado nunca se concretizou. A cada vez o poder da instituição rabínica aumentava. "Confie no livro infalível" se transformou em "confie nos seres humanos que interpretam o livro". O judaísmo foi muito mais moldado pelo Talmude do que pela Bíblia, e as discussões rabínicas sobre a interpretação do Talmude se tornaram ainda mais importantes do que o próprio livro.[35]

Isso é inevitável, porque o mundo continua a mudar. A Mishná e o Talmude tratavam de questões levantadas por magnatas navais judeus do século II, que não tinham resposta clara na Bíblia. A modernidade também levantou muitas questões novas que não têm resposta direta na Mishná e no Talmude. Por exemplo, com o desenvolvimento de equipamentos elétricos no século XX, os judeus se debateram com várias perguntas inéditas, como: tudo bem apertar os botões elétricos de um elevador no Shabat?

A resposta ortodoxa é "não". Como se notou mais acima, a Bíblia proíbe que se trabalhe no Shabat, e os rabinos argumentaram que apertar um botão elétrico é "trabalho", porque a eletricidade tem afinidade com o fogo e, desde longa data, se estabelecera que acender um fogo é "trabalho". Então isso significa que os judeus idosos morando num arranha-céu no Brooklyn precisam subir cem degraus até seus apartamentos para não trabalharem no Shabat? Bem, os judeus ortodoxos inventaram um "elevador do Shabat", que sobe e desce continuamente pelos edifícios, parando em cada andar, sem que você precise fazer qualquer "trabalho" de apertar um botão elétrico.[36] A invenção da IA dá mais uma volta na trama dessa velha estória. Ao se basear no reconhecimento facial, uma IA pode direcionar rapidamente o elevador para o andar em que você está, sem que você profane o Shabat.[37]

Essa profusão de textos e interpretação gerou, com o tempo, uma profunda mudança no judaísmo. Originalmente, era uma religião de sacerdotes e templos, concentrada em rituais e sacrifícios. Nos tempos bíblicos, a cena judaica paradigmática era a de um sacerdote com o manto salpicado de sangue sacrificando um cordeiro no altar de Jeová. Com o passar dos séculos, porém, o judaísmo se tornou uma "religião da informação", obcecada por textos e interpretações. Da Alexandria do século II ao Brooklyn do século XXI, a cena judaica paradigmática passou a ser a de um grupo de rabinos discutindo a interpretação de um texto.

Essa mudança foi extremamente surpreendente, visto que não se encontra quase em lugar nenhum da Bíblia alguém discutindo a interpretação de algum texto. Tais debates não faziam parte da cultura bíblica em si. Por exemplo, quando Coré e seus seguidores questionaram o direito de Moisés de liderar o povo de Israel e exigiram uma divisão mais equitativa do poder, a reação de Moisés não foi a de entrar numa discussão erudita nem a de citar alguma passagem bíblica. Em vez disso, Moisés pediu a Deus que realizasse um milagre e, no instante em que ele acabou de falar, o solo se rompeu "e a terra abriu a sua boca e os engoliu, eles e suas famílias" (Números 16,31-2). Quando Elias foi desafiado por 450 profetas de Baal e quatrocentos profetas de Aserá para um teste público perante o povo de Israel, ele demonstrou a superioridade de Jeová em relação a Baal e Aserá, primeiro conjurando milagrosamente o fogo dos céus e então matando os profetas pagãos. Ninguém leu texto algum, ninguém se envolveu em nenhum debate racional (Segundo Livro dos Reis 18).

Ao substituir os sacrifícios por textos, o judaísmo passou a gravitar para uma noção da informação como o elemento mais fundamental da realidade, antecipando ideias correntes na física e na ciência da computação. A torrente de textos gerados por rabinos passou cada vez mais a ser vista como importante e até mais real do que arar um campo, assar um pão ou sacrificar um cordeiro num templo. Depois que o templo em Jerusalém foi destruído pelos romanos e todos os rituais do templo cessaram, mesmo assim os rabinos dedicaram um esforço enorme em escrever textos sobre a maneira adequada de conduzir rituais no templo e então em discutir a interpretação correta desses textos. Séculos depois de o templo já ter deixado de existir, a quantidade de informação referente a esses rituais virtuais apenas continuou a aumentar. Os rabinos não ignoravam essa aparente distância entre texto e realidade. Em vez disso, sustentavam que era muito mais importante escrever textos sobre os rituais e debater esses textos do que realmente executar os rituais.[38]

Isso acabou levando os rabinos a acreditarem que o universo inteiro era uma esfera de informação — uma área composta de palavras, seguindo o código alfabético das letras hebraicas. Sustentavam, ademais, que esse universo informacional fora criado para que os judeus pudessem ler textos e discutir sua interpretação, e que se os judeus alguma vez pararem de ler e discutir esses textos, o universo deixará de existir.[39] Na vida cotidiana, essa visão significava que, para os rabinos, as palavras nos textos eram com frequência mais importantes do que os fatos no mundo. Ou, mais precisamente, as palavras presentes em textos sagrados se tornaram alguns dos fatos mais importantes referentes ao mundo, moldando a vida de indivíduos e comunidades inteiras.

A BÍBLIA DIVIDIDA

A descrição acima da canonização da Bíblia e da criação da Mishná e do Talmude não menciona um fato muito importante. O processo de canonização da palavra de Jeová criou não uma cadeia de textos, mas várias cadeias concorrentes. Havia quem acreditasse em Jeová, mas não nos rabinos. A maioria desses dissidentes aceitava o primeiro bloco na cadeia bíblica — a que eles davam o nome de Antigo Testamento. Mas mesmo antes que os rabinos selassem esse bloco, os dissidentes rejeitavam a autoridade de toda a instituição rabínica, o que os levou depois a rejeitarem também a Mishná e o Talmude. Esses dissidentes eram os cristãos.

Ao surgir no século I EC, o cristianismo não era uma religião unificada, e sim uma variedade de movimentos judaicos que não tinham muita concordância entre si, a não ser que todos eles viam Jesus Cristo — em vez da instituição rabínica — como a autoridade última sobre as palavras de Jeová.[40] Os cristãos aceitavam a divindade de textos como o Gênesis, Samuel e Isaías, mas afirmavam que os rabinos entendiam mal esses textos e somente Jesus e seus discípulos conheciam o verdadeiro significado de passagens como "o Senhor mesmo vos dará um sinal: Eis que a jovem concebeu e dará à luz um filho e pôr-lhe-á o nome de Emanuel" (Isaías 7,14). Os rabinos diziam que *almah* significava "mulher jovem", *Emanuel* significava "Deus conosco" (em hebraico, *immanu* quer dizer "conosco", e *el* significa "Deus"), e a passagem inteira era interpretada como uma promessa divina de ajudar o povo judaico em sua luta contra impérios estrangeiros opressores. Os cristãos, por sua vez, afirmavam que *almah* significava "virgem", Emanuel, ou *Immanuel* em hebraico, significava que Deus nascerá literalmente entre os seres humanos, e que essa era uma profecia sobre o nascimento do divino Jesus na terra pelo ventre da Virgem Maria.[41]

Mas, ao rejeitarem a instituição rabínica e, ao mesmo tempo, aceitarem a possibilidade de novas revelações divinas, os cristãos abriram a porta ao caos. No século I EC e ainda mais nos séculos II e III EC, apareceram diversos cristãos com interpretações radicalmente novas para livros como o Gênesis e Isaías, além de uma pletora de novas mensagens de Deus. Como eles rejeitavam a autoridade dos rabinos, como Jesus estava morto e não poderia arbitrar entre eles e como ainda não existia uma Igreja cristã unificada, quem poderia decidir qual dessas interpretações e mensagens era de inspiração divina?

Assim, não foi apenas João quem descreveu o fim do mundo em seu Apocalipse (o livro da Revelação). Temos muitos outros apocalipses daquela era; por exemplo, o Apocalipse de Pedro, o Apocalipse de Tiago e até mesmo o Apocalipse de Abraão.[42] Quanto à vida e aos ensinamentos de Jesus, os primeiros cristãos tinham, além dos quatro Evangelhos — Mateus, Marcos, Lucas e João —, o Evangelho de Pedro, o Evangelho de Maria, o Evangelho da Verdade, o Evangelho do Salvador e vários outros.[43] Analogamente, ao lado dos Atos dos

Apóstolos, havia pelo menos doze outros Atos, como os Atos de Pedro e os Atos de André.[44] As epístolas eram ainda mais prolíficas. A maioria das Bíblias cristãs atuais reúne catorze epístolas atribuídas a Paulo, três atribuídas a João, duas a Pedro, uma a Tiago e uma a Judas. Os cristãos antigos estavam familiarizados não só com outras epístolas paulinas adicionais (como a Epístola aos Laodicenses), mas também com muitas outras, supostamente escritas por outros discípulos e santos.[45]

À medida que os cristãos compunham mais e mais evangelhos, epístolas, profecias, parábolas, orações e outros textos, ficava difícil saber a quais eles se ateriam. Os cristãos precisavam de uma instituição de curadoria. Foi assim que foi criado o Novo Testamento. Mais ou menos na mesma época em que os debates entre rabinos judeus produziam a Mishná e o Talmude, os debates entre padres, bispos e teólogos cristãos produziam o Novo Testamento.

Numa carta de 367 EC, o bispo Atanásio de Alexandria recomendou 27 textos que os fiéis cristãos deveriam ler — um conjunto bastante eclético de estórias, epístolas e profecias escritas por diversas pessoas em diversos tempos e lugares. Atanásio recomendava o Apocalipse de João, mas não os de Pedro e Abraão. Aprovava a Epístola de Paulo aos Gálatas, mas não a Epístola de Paulo aos Laodicenses. Endossava os Evangelhos de Mateus, Marcos, Lucas e João, mas rejeitava o Evangelho de Tomé e o Evangelho da Verdade.[46]

Uma geração depois, nos Concílios de Hipona (393) e de Cartago (397), os bispos e teólogos reunidos canonizaram formalmente essa lista de recomendações, que se tornou conhecida como Novo Testamento.[47] Quando os cristãos dizem "a Bíblia", eles se referem ao Antigo Testamento e ao Novo Testamento em conjunto. Os judeus, em contraste, nunca aceitaram o Novo Testamento e, quando dizem "a Bíblia", se referem apenas ao Antigo Testamento, que é suplementado pela Mishná e pelo Talmude. Interessante notar que, até hoje, o hebraico não dispõe de nenhum vocábulo para designar o livro sagrado cristão, que contém o Antigo e o Novo Testamentos. O pensamento judaico os toma como dois livros totalmente separados, sem relação entre si, e simplesmente se recusa a admitir que possa haver um só livro abrangendo ambos, embora seja provavelmente o livro mais corrente no mundo.

É essencial notar que os indivíduos que criaram o Novo Testamento não foram os autores dos 27 textos ali contidos; foram os curadores. Devido à escassez de evidências daquele período, não sabemos se a lista de textos feita por

Atanásio refletia seu julgamento pessoal ou se ela se originou de pensadores cristãos anteriores. O que sabemos é que, antes dos Concílios de Hipona e Cartago, havia listas rivais de recomendação para os cristãos. A primeira delas foi codificada por Marcião de Sinope, na metade do século II. O cânone de Marcião trazia apenas o Evangelho de Lucas e as dez epístolas de Paulo. Mesmo esses onze textos eram um tanto diferentes das versões canonizadas depois em Hipona e Cartago. Marcião ou não conhecia outros textos, como o Evangelho de João e o livro da Revelação, ou não os tinha em grande apreço.[48]

O pai da Igreja são João Crisóstomo, contemporâneo do bispo Atanásio, recomendava apenas 22 livros, deixando de fora de sua lista a Segunda Epístola de Pedro, as Segunda e Terceira Epístolas de João, Judas e Revelação.[49] Algumas Igrejas cristãs no Oriente Médio seguem até hoje a lista mais curta de Crisóstomo.[50] A Igreja armênia levou cerca de trezentos anos para se decidir quanto ao livro da Revelação, ao passo que incluía em seu cânone a Terceira Epístola aos Coríntios, que outras Igrejas — como a católica e a protestante — consideram forjada.[51] A Igreja etíope endossou a lista completa de Atanásio, mas acrescentou quatro outros livros: Sínodos, o livro de Clemente, o livro da Aliança e a Didascália.[52] Outras listas endossavam as duas epístolas de Clemente, as visões do Pastor de Hermas, a Epístola de Barnabé, o Apocalipse de Pedro e vários outros textos que não constavam da seleção de Atanásio.[53]

Não sabemos as razões precisas pelas quais certos textos específicos foram endossados ou rejeitados por diferentes Igrejas, concílios e pais da Igreja. Mas as consequências foram de longo alcance. Enquanto as Igrejas tomavam decisões sobre os textos, os próprios textos as moldavam. Como exemplo-chave, tomemos o papel das mulheres na Igreja. Alguns dirigentes cristãos iniciais consideravam as mulheres, intelectual e eticamente, inferiores aos homens e sustentavam que elas deveriam se limitar a papéis subordinados na sociedade e na comunidade cristã. Essas posições se refletiam em textos como a Primeira Epístola a Timóteo.

Esse texto, atribuído a são Paulo, diz numa de suas passagens:

> A mulher conserve o silêncio, com toda submissão. Eu não permito que a mulher ensine ou domine o homem. Que ela conserve, pois, o silêncio. Porque primeiro foi formado Adão, depois Eva. E não foi Adão que foi seduzido, mas a mulher que, seduzida, caiu em transgressão. Entretanto, ela será salva pela sua materni-

dade, desde que, com modéstia, permaneça na fé, no amor e na santidade (Primeira Epístola a Timóteo 2,11-15).

Mas estudiosos modernos, bem como alguns líderes cristãos antigos, como Marcião, consideram essa epístola um texto espúrio do século II, atribuído a são Paulo, mas, na verdade, escrito por outra pessoa.[54]

Em oposição à Primeira Epístola a Timóteo, havia nos séculos II, III e IV EC importantes textos cristãos que consideravam as mulheres iguais aos homens e, inclusive, autorizavam as mulheres a ocuparem papéis de liderança, como o Evangelho de Maria[55] e os Atos de Paulo e Tecla. Este último foi escrito mais ou menos na mesma época da Primeira Epístola a Timóteo e teve, durante algum tempo, extrema popularidade.[56] O texto narra as aventuras de são Paulo e sua discípula Tecla, descrevendo como ela não só realizou inúmeros milagres, mas batizou a si mesma com suas próprias mãos e fez frequentes pregações. Durante séculos, Tecla esteve entre os santos cristãos mais reverenciados e era vista como prova de que as mulheres podiam batizar, pregar e liderar comunidades cristãs.[57]

Antes dos Concílios de Hipona e Cartago, não estava claro que a autoridade da Primeira Epístola a Timóteo fosse maior do que a dos Atos de Paulo e Tecla. Ao decidirem incluí-la em sua lista de recomendação e rejeitar os Atos de Paulo e Tecla, os bispos e teólogos reunidos moldaram atitudes cristãs em relação às mulheres que persistem até hoje. Podemos apenas imaginar como teria ficado o cristianismo se o Novo Testamento tivesse incluído os Atos de Paulo e Tecla, em vez da Primeira Epístola a Timóteo. Talvez a Igreja, além de ter pais como Atanásio, também tivesse mães, e a misoginia teria sido rotulada como uma heresia perigosa, distorcendo a mensagem de amor universal de Jesus.

Assim como a maioria dos judeus esqueceu que o Antigo Testamento teve a curadoria de rabinos, da mesma forma a maioria dos cristãos esqueceu que o Novo Testamento teve a curadoria de concílios da Igreja e passou a vê-lo como a palavra infalível de Deus. Mas, embora o livro sagrado fosse visto como a fonte suprema de autoridade, o processo de curadoria do livro depunha um poder efetivo nas mãos da instituição curadora. No judaísmo, a canonização do Antigo Testamento e da Mishná acompanhou lado a lado a criação da instituição do rabinato. No cristianismo, a canonização do Novo Testamento acompanhou lado a lado a criação de uma Igreja cristã unificada. Os cristãos confiavam nos dirigentes da Igreja — como o bispo Atanásio — por causa do que liam no Novo Testamento, mas tinham fé no Novo Testamento porque era isso que os bispos lhes diziam para ler. A tentativa de investir toda a autoridade numa tecnologia sobre-humana infalível levou ao surgimento de uma nova instituição humana, extremamente poderosa — a Igreja.

A CÂMARA DE ECO

Com o passar do tempo, os problemas de interpretação fizeram com que a balança do poder, tendo de um lado o livro sagrado e do outro a Igreja, viesse a pender cada vez mais em favor da instituição. Assim como a necessidade de interpretar os livros sagrados judaicos fortalecia o poder do rabinato, da mesma forma a necessidade de interpretar os livros sagrados cristãos fortalecia o poder da Igreja. As mesmas palavras de Jesus ou a mesma epístola paulina podiam ser entendidas de diversas maneiras, e era a instituição que decidia qual era a leitura correta. A instituição, por sua vez, sofria constantes abalos com as lutas pela autoridade de interpretar o livro sagrado, o que resultava em cismas institucionais, como o que se deu entre a Igreja católica ocidental e a Igreja ortodoxa oriental.

Todos os cristãos liam o Sermão da Montanha no Evangelho de Mateus e aprendiam que devemos amar nossos inimigos, que devemos oferecer a outra face e que os mansos herdarão a terra. Mas o que isso significava na prática? Os cristãos podiam entender como um apelo a rejeitar qualquer emprego de força militar[58] ou a rejeitar todas as hierarquias sociais.[59] A Igreja católica, porém, considerava que tais leituras pacifistas e igualitárias eram heréticas. Ela interpretou as palavras de Jesus de uma forma que lhe permitiu se tornar a mais rica proprietária de terras na Europa, lançar cruzadas violentas e instaurar inquisições sangrentas. A teologia católica aceitava que Jesus nos falou para amarmos nossos inimigos, mas explicava que queimar os hereges era um ato de amor, pois impedia que outras pessoas adotassem visões heréticas, assim as salvando das chamas do inferno. O inquisidor francês Jacques Fournier escreveu no começo do século XIV um tratado inteiro sobre o Sermão da Montanha, explicando como o texto fornecia justificativa para a perseguição aos hereges.[60]

A posição de Fournier não era marginal. Ele veio a se tornar o papa Bento XII (1334-42).

A tarefa de Fournier como inquisidor e depois como papa era a de garantir que prevalecesse a interpretação do livro sagrado adotada pela Igreja católica. Para isso, Fournier e seus colegas eclesiásticos usavam não só a coerção violenta, como também seu controle sobre a produção de livros. Antes do advento do prelo na Europa no século XV, a confecção de muitas cópias de um livro era uma empreitada proibitiva, ao alcance apenas das pessoas e instituições mais ricas. A Igreja católica usou seu poder e riqueza para disseminar cópias dos textos que aprovava, ao mesmo tempo proibindo a produção e a difusão dos textos que considerava errôneos.

Claro que a Igreja não podia impedir que algum ocasional livre-pensador formulasse ideias heréticas. Mas, uma vez que ela controlava nós essenciais na rede medieval de informação — como oficinas de copistas, arquivos e bibliotecas —, podia impedir que tal herege fizesse e distribuísse cem cópias de seu livro. Para se ter uma ideia das dificuldades enfrentadas por um autor herético tentando divulgar suas ideias, considere-se que Leofric, quando foi nomeado bispo de Exeter em 1050, encontrou apenas cinco livros na biblioteca da catedral. Prontamente ele montou uma oficina de copistas na catedral, mas, nos 22 anos até sua morte em 1072, eles produziram apenas 66 volumes adicionais.[61] No século XIII, a biblioteca da Universidade de Oxford consistia em uns poucos livros guardados numa arca, sob a St. Mary's Church. Em 1424, a biblioteca da Universidade de Cambridge se gabava de um grandioso acervo de meros 122 livros.[62] Um decreto da Universidade de Oxford em 1409 estipulava que "todos os textos recentes" estudados na universidade deviam ter a aprovação unânime "de um grupo de doze teólogos indicados pelo arcebispo".[63]

A Igreja procurava encerrar a sociedade dentro de uma câmara de eco, permitindo a difusão somente daqueles livros que a apoiavam, e as pessoas confiavam na Igreja porque quase todos os livros a apoiavam. Mesmo os laicos iletrados que não liam livros ainda se mantinham reverentes à recitação desses textos preciosos ou à exposição de seu conteúdo. Foi assim que a crença numa tecnologia sobre-humana supostamente infalível como o Novo Testamento levou ao surgimento de uma instituição humana tão poderosa mas falível como a Igreja católica, que anulava todas as visões rivais declarando-as "errôneas" e não permitia que ninguém questionasse suas próprias visões.

Especialistas da informação católica, como Jacques Fournier, passavam os dias lendo a interpretação de Tomás de Aquino da interpretação de Agostinho da interpretação das epístolas de Paulo e compondo suas próprias interpretações adicionais. Todos esses textos inter-relacionados não representavam a realidade; eles criavam uma nova esfera de informação ainda maior e mais poderosa do que a criada pelos rabinos judaicos. Os europeus medievais ficavam encapsulados dentro dessa esfera de informação, com seus pensamentos, emoções e atividades diárias moldados por textos sobre textos sobre textos.

O PRELO, A CIÊNCIA E AS BRUXAS

A tentativa de contornar a falibilidade humana investindo autoridade num texto infalível nunca deu certo. Se alguém achava que foi por causa de alguma falha específica dos rabinos judeus ou dos padres católicos, basta lembrar que a Reforma Protestante repetiu várias vezes a experiência — sempre chegando aos mesmos resultados. Lutero, Calvino e seus sucessores afirmavam que não havia nenhuma necessidade de alguma instituição humana falível se interpor entre as pessoas comuns e o livro sagrado. Os cristãos deveriam abandonar todas as burocracias parasitárias que cresciam em volta da Bíblia e se reconectar à palavra original de Deus. Mas a palavra de Deus nunca se interpretou a si mesma, e foi por isso que não só luteranos e calvinistas, como também outras inúmeras seitas protestantes, acabaram criando suas próprias instituições eclesiásticas e as investiram com a autoridade de interpretar o texto e perseguir os hereges.[64]

Se os textos infalíveis simplesmente levaram ao surgimento de Igrejas falíveis e opressoras, como então lidar com o problema do erro humano? A noção ingênua da informação postula que é possível resolvê-lo criando o oposto de uma Igreja — a saber, um livre mercado da informação. A noção ingênua imagina que, se forem removidas todas as restrições ao livre fluxo da informação, a verdade inevitavelmente exporá e eliminará o erro. Como observamos no prólogo, isso não passa de um pensamento otimista fantasioso. Aprofundemo-nos um pouco para entender a razão. Como caso de teste, consideremos o que aconteceu durante uma das épocas mais celebradas na história das redes de informação: a revolução europeia do prelo. A introdução do prelo na Europa em meados do século xv permitiu a produção em massa de textos de maneira relativamente rápida, barata e secreta, mesmo que desaprovados pela Igreja católica. Calcula-se que, nos 46 anos entre 1454 e 1500, foram impressos na Europa mais de 12 milhões de volumes. Nos mil anos anteriores, em contraste, tinham sido copiados à mão apenas cerca de 11 milhões de volumes.[65] Em 1600, todos os tipos de gente socialmente periférica — hereges, revolucionários, protocientistas — podiam disseminar seus escritos com rapidez, amplitude e facilidade muito superiores ao que jamais fora possível.

Na história das redes de informação, a revolução do prelo na Europa no começo da era moderna geralmente é saudada como um momento de triunfo, rompendo o estrangulamento que a Igreja católica mantivera sobre a rede de informação europeia. Ao permitir que as pessoas trocassem informações com uma liberdade bem maior do que antes, ela teria alegadamente levado à revolução científica. Há aí uma ponta de verdade. Sem o prelo, Copérnico, Galileu e seus colegas decerto teriam tido muito mais dificuldade em desenvolver e difundir suas ideias.

Mas o prelo não foi a causa primária da revolução científica. A única coisa que o prelo fez foi reproduzir fielmente os textos. A máquina não tinha capacidade de apresentar nenhuma nova ideia sua. Os que conectam prelo e ciência supõem que o mero ato de produzir e difundir mais informação inevitavelmente leva as pessoas à verdade. O prelo, de fato, permitiu a rápida difusão não só de fatos científicos, como também de fantasias religiosas, fake news e teorias da conspiração. Talvez o exemplo mais notório destas últimas seja a crença numa conspiração mundial de bruxas satânicas, que levou à onda de caça às bruxas que tomou conta da Europa no começo da era moderna.[66]

A crença em magia e bruxas caracterizou as sociedades humanas em todas as eras e continentes, mas as diversas sociedades imaginavam as bruxas e reagiam a elas de diferentes maneiras. Algumas sociedades acreditavam que as bruxas controlavam espíritos, falavam com os mortos e previam o futuro; outras imaginavam que elas roubavam gado e localizavam tesouros escondidos. Numa comunidade, pensava-se que as bruxas causavam doenças, traziam pragas aos campos de trigo e preparavam poções do amor, ao passo que, em outra comunidade, elas supostamente entravam nas casas à noite, faziam as tarefas domésticas e roubavam leite. Em alguns lugares, essas criaturas eram imaginadas majoritariamente como mulheres; em outros, em geral como homens. Algumas culturas tinham pavor de bruxas e as perseguiam violentamente, mas outras as toleravam ou mesmo as saudavam. E, por fim, em todas as épocas e continentes havia sociedades que lhes davam pouca importância.[67]

Durante a maior parte da Idade Média, a maioria das sociedades europeias fazia parte desta última categoria e não se preocupava explicitamente com bruxas. A Igreja católica medieval não as considerava grande ameaça à humanidade, e alguns eclesiásticos desencorajavam vivamente a caça às bruxas. Segundo o importante texto *Canon Episcopi*, do século X — que definia a doutrina eclesiástica medieval sobre a questão —, a bruxaria era basicamente ilusão, e a crença na realidade da bruxaria era uma superstição não cristã.[68] A caça às bruxas na Europa foi um fenômeno moderno, mais do que medieval.

Nos anos 1420 e 1430, eclesiásticos e estudiosos, atuando principalmente nas regiões alpinas, pegaram elementos da religião cristã, do folclore local e da herança greco-romana e fizeram com eles um amálgama, formando uma nova teoria da feitiçaria.[69] Antes disso, mesmo quando temidas, as bruxas eram consideradas um problema local — criminosas isoladas que, inspiradas pela malevolência pessoal, usavam meios mágicos para cometer roubos e assassinatos. Por outro lado, o novo modelo erudito argumentava que as bruxas eram uma ameaça muito mais perigosa à sociedade. Alegava-se uma conspiração global de bruxas, lideradas por Satã, que constituía uma religião institucionalizada anticristã. Seu objetivo era nada menos do que a destruição completa da ordem social e da humanidade. Dizia-se que as bruxas se reuniam à noite em enormes assembleias demoníacas, nas quais adoravam Satã, matavam criancinhas, comiam carne humana, se entregavam a orgias e lançavam feitiços que traziam tempestades, epidemias e outras catástrofes.

Inspirados por tais ideias, eclesiásticos e nobres locais da região de Valais, nos Alpes ocidentais, empreenderam entre 1428 e 1436 as primeiras caças às bruxas e julgamentos, levando à execução de mais de duzentas supostas bruxas e bruxos. Dessa região alpina espalharam-se para outras partes da Europa boatos sobre a conspiração global das bruxas, mas a crença ainda estava longe de predominar na opinião pública, o sistema católico não a endossava, e outras regiões não empreenderam caças às bruxas de grande escala como as de Valais.

Em 1485, um frei e inquisidor dominicano chamado Heinrich Kramer se lançou a uma expedição de caça às bruxas em outra região alpina — o Tirol austríaco. Kramer era um ardoroso convertido à nova crença numa conspiração satânica global.[70] Ao que parece, sofria de transtornos mentais, e suas acusações de bruxaria satânica vinham tingidas de raivosa misoginia e estranhas fixações sexuais. As autoridades eclesiásticas locais, encabeçadas pelo bispo de Brixen, foram céticas quanto às acusações de Kramer e ficaram alarmadas com suas atividades. Interromperam suas intervenções inquisitórias, liberaram os suspeitos que ele prendera e o expulsaram da área.[71]

Kramer revidou por meio do prelo. Dois anos depois de sua expulsão, ele compilou e publicou o *Malleus Maleficarum: O martelo das feiticeiras*. Tratava-se de um manual de instruções para desmascarar e matar bruxas, no qual Kramer descrevia em detalhes a conspiração mundial e os meios pelos quais os cristãos honestos e sinceros podiam desmascarar e derrotar as bruxas. Ele recomendava em especial a utilização de métodos pavorosos de tortura a fim de arrancar a confissão das pessoas suspeitas de bruxaria, e era inflexível em sustentar que só a execução cabia como punição para os culpados.

Kramer organizou e codificou ideias e estórias, e acrescentou muitos detalhes de sua própria imaginação, fértil e repleta de ódio. Amparando-se em ensinamentos cristãos antigos de caráter misógino, como os da Primeira Epístola a Timóteo, Kramer sexualizou a bruxaria. Sustentou que as bruxas típicas eram mulheres, porque a bruxaria tinha origem na luxúria, que supostamente era mais forte nas mulheres. Alertou os leitores de que as relações sexuais podiam levar uma mulher devota a se tornar bruxa e que o marido ficaria enfeitiçado.[72]

O *Martelo* dedica um capítulo inteiro à habilidade das bruxas em roubar o pênis dos homens. Kramer discute longamente se as bruxas são mesmo capazes de extirpar o membro masculino de seu dono ou se só conseguem criar uma ilusão de castração na mente dos homens. Kramer pergunta: "O que se deve pensar sobre aquelas bruxas que, assim, às vezes colecionam órgãos masculinos em grande quantidade, chegando a vinte ou trinta membros juntos, e os colocam num ninho de pássaro ou os encerram numa caixa, onde eles se movem como membros vivos e comem aveia e trigo, como muitos viram?". Então ele conta a estória que ouviu de um homem:

> Quando perdeu seu membro, ele foi a uma bruxa conhecida para lhe pedir que o devolvesse. Ela falou ao homem afligido que subisse numa determinada árvore e que podia tirar o membro que quisesse do ninho onde havia vários deles. E,

quando ele tentou pegar um grande, a bruxa disse: "Esse você não deve pegar", acrescentando: "porque pertence a um padre da paróquia".[73]

Várias noções sobre as bruxas ainda populares hoje em dia — por exemplo, de que elas são predominantemente mulheres, se entregam a atividades sexuais desenfreadas, matam e mutilam crianças — receberam sua forma canônica com o livro de Kramer.

Assim como o bispo de Brixen, outros eclesiásticos foram inicialmente céticos em relação às ideias tresloucadas de Kramer, e houve certa resistência ao livro entre os especialistas da Igreja.[74] Mas *O martelo das feiticeiras* se tornou um dos maiores best-sellers da Europa no início da era moderna. Alimentava os temores mais arraigados das pessoas e atendia a seus sinistros interesses por orgias, canibalismo, assassinatos de crianças e conspirações satânicas. Em 1500 o livro já chegara a oito edições, em 1520 já havia mais cinco e em 1670, mais dezesseis, com diversas traduções em vernáculo.[75] Tornou-se a obra definitiva em bruxaria e caça às bruxas e inspirou uma legião de imitações e adaptações. Com o aumento da fama de Kramer, sua obra foi aceita pelos especialistas da Igreja. Ele foi nomeado representante papal e inquisidor da Boêmia e Morávia em 1500. Ainda hoje, suas ideias continuam a moldar o mundo, e várias teorias correntes sobre uma conspiração satânica global — como o QAnon — se abeberam nele e perpetuam suas fantasias.

Embora seja exagero afirmar que a invenção do prelo *causou* a onda europeia de caça às bruxas, é inegável que tenha tido um papel central na rápida disseminação da crença numa conspiração satânica global. Conforme as ideias de Kramer ganhavam popularidade, os prelos produziam não só muitos outros exemplares adicionais de *O martelo das feiticeiras* e de imitações, como também uma torrente de folhetos baratos, de uma só página, cujos textos sensacionalistas vinham muitas vezes acompanhados por ilustrações de pessoas atacadas por demônios ou de bruxas queimadas na fogueira.[76] Essas publicações também traziam estatísticas fantásticas sobre o tamanho da conspiração das bruxas. Por exemplo, o juiz e caçador de bruxas de Burgundy Henri Boguet (1550-1619) dizia haver 300 mil bruxas só na França e 1,8 milhão em toda a Europa.[77] Tais alegações alimentavam a histeria de massa, o que nos séculos XVI e XVII levou à tortura e à execução de 40 mil a 50 mil pessoas inocentes que foram acusadas de bruxaria.[78] As vítimas eram indivíduos de todas as posições sociais e faixas etárias, incluindo crianças de cinco anos.[79]

As pessoas começaram a fazer denúncias mútuas de bruxaria ao mais tênue sinal, muitas vezes para se vingar de desfeitas pessoais ou obter vantagens políticas e econômicas. Uma vez iniciada uma investigação oficial, frequentemente os acusados tinham seu destino selado. Os métodos inquisitoriais recomendados por *O martelo das feiticeiras* eram de fato diabólicos. Se a pessoa acusada confessasse ser bruxa, era executada e seus bens acabavam divididos entre o acusador, o executor e os inquisidores. Se não confessasse, isso era tomado como prova de sua obstinação demoníaca, e então era torturada de maneiras horrendas, tendo os dedos quebrados, a carne retalhada com tenazes em brasa, os membros do corpo repuxados a ponto de se romperem ou o corpo mergulhado em água fervente. Mais cedo ou mais tarde, a acusada não aguentava mais e confessava — e era devidamente executada.[80]

Para dar um exemplo, em 1600 as autoridades em Munique prenderam a família Pappenheimer — o pai Paulus, a mãe Anna, dois filhos crescidos e um menino de dez anos, Hansel — por suspeita de feitiçaria; os inquisidores começaram torturando o pequeno Hansel. O protocolo do interrogatório, que ainda pode ser lido nos arquivos de Munique, tem uma nota de um dos interrogadores sobre o menino de dez anos: "Pode ser torturado até o limite para que incrimine a mãe".[81] Depois de serem torturados de maneiras indizíveis, os Pappenheimer confessaram inúmeros crimes, inclusive o de matar 265 pessoas usando feitiçaria e de causar catorze tempestades destruidoras. Todos foram condenados à morte.

Os corpos dos quatro adultos da família foram dilacerados com tenazes em brasa, os homens tiveram os membros quebrados na roda, o pai foi empalado numa estaca, os seios da mãe foram cortados, e então os quatro foram queimados vivos. O menino Hansel, de dez anos, foi obrigado a assistir a tudo isso. Quatro meses depois, ele também foi executado.[82] Os caçadores de bruxas eram extremamente meticulosos em sua busca do demônio e seus cúmplices. Mas, se realmente quisessem encontrar o mal diabólico, bastaria se olharem no espelho.

A INQUISIÇÃO ESPANHOLA AO RESGATE

A caça às bruxas raramente acabava matando apenas uma pessoa ou uma família. Como o modelo subjacente postulava a existência de uma conspiração global, as pessoas acusadas de bruxaria eram torturadas para dar os nomes dos cúmplices. Isso então era usado como prova para prender, torturar e executar outros mais. Se quaisquer servidores, estudiosos ou eclesiásticos fizessem alguma objeção a esses métodos absurdos, isso podia ser visto como prova de que também deviam ser bruxos — o que levava à prisão e à tortura deles próprios.

Por exemplo, em 1453, quando a crença na conspiração satânica apenas começava a se firmar, um francês chamado Guillaume Edelin, doutor em teologia, tentou refreá-la antes que se difundisse. Repetiu as declarações do *Canon Episcopi* medieval de que a feitiçaria era uma ilusão e as bruxas não voavam à noite para encontrar Satã e fazer um pacto com ele. O próprio Edelin foi então acusado de ser feiticeiro e acabou preso. Sob tortura, confessou que tinha pessoalmente voado numa vassoura e assinado um pacto com o demônio, e que fora Satã que o incumbira de pregar que a feitiçaria era uma ilusão. Seus juízes foram lenientes com Edelin; pouparam-no da execução, e ele ficou em prisão perpétua.[83]

A caça às bruxas ilustra o lado sombrio de criar uma esfera de informação. Tal como ocorria com as discussões rabínicas do Talmude e as discussões escolásticas das Escrituras cristãs, a caça às bruxas era alimentada por um oceano crescente de informações que, em vez de representar a realidade, criava uma nova realidade. As bruxas não eram uma realidade objetiva. Ninguém na Europa do início da era moderna copulava com Satã nem era capaz de voar numa vassoura e criar tempestades de granizo. Mas as bruxas se tornaram uma realidade intersubjetiva. Como ocorreu com o dinheiro, foi a troca de informação sobre bruxas que conferiu realidade a elas.

Toda uma burocracia de caça às bruxas se dedicava a tais trocas. Teólogos, advogados, inquisidores e os donos dos prelos ganhavam a vida coletando e produzindo informação sobre bruxas, catalogando diferentes espécies delas, investigando seu comportamento e circulando ideias sobre como as desmascarar e derrotar. Caçadores profissionais de bruxas ofereciam seus serviços a governos e municipalidades, cobrando valores elevados. Havia arquivos repletos de relatos detalhados de expedições de caça às bruxas, protocolos de julgamentos de bruxas, extensas confissões extraídas das supostas bruxas.

Os caçadores especializados usavam todos esses dados para refinar ainda mais suas teorias. Assim como eruditos discutindo a interpretação correta das escrituras, os caçadores de bruxas debatiam a interpretação correta de *O martelo das feiticeiras* e outros livros influentes. A burocracia da caça às bruxas fez o que a burocracia frequentemente faz: inventou a categoria intersubjetiva de "bruxas" e a impôs à realidade. Até imprimiu formulários, com acusações e confissões padronizadas de bruxaria, com espaços em branco para as datas, os nomes e a assinatura do acusado. Toda essa informação produzia muita ordem e muito poder; era um meio para que certas pessoas ganhassem autoridade e a sociedade como um todo disciplinasse seus membros. Mas produzia verdade e sabedoria zero.

Conforme a burocracia da caça às bruxas gerava um volume crescente de informação, ficava mais difícil descartar toda essa informação como pura fantasia. Seria possível que aquele silo inteiro de dados sobre a caça às bruxas não contivesse um único grão de verdade? E todos os livros escritos por eclesiásticos eruditos? E todos os protocolos de processos conduzidos por juízes respeitados? E as dezenas de milhares de confissões documentadas?

A nova realidade intersubjetiva era tão convincente que até algumas pessoas acusadas de feitiçaria chegaram a acreditar que faziam parte efetivamente de uma conspiração satânica mundial. Se era o que todos diziam, então devia ser verdade. Como dissemos no capítulo 2, os seres humanos são capazes de adotar memórias falsas. Pelo menos algumas pessoas da Europa no começo da modernidade sonhavam ou fantasiavam em conjurar demônios, copular com Satã e praticar bruxarias, e quando acusadas de serem bruxas, confundiam seus sonhos e fantasias com a realidade.[84]

Em decorrência disso, mesmo quando a caça às bruxas atingiu seu ápice medonho no começo do século XVII e muita gente começou a desconfiar de que havia algo visivelmente errado, era difícil rejeitar tudo aquilo como pura fantasia. Um dos piores episódios de caça às bruxas na Europa no começo da era moderna se deu nas cidades de Bamberg e Würzburg, no sul da Alemanha, no final dos anos 1620. Em Bamberg, cidade com menos de 12 mil habitantes à época,[85] foram executadas cerca de novecentas pessoas entre 1625 e 1631.[86] Em Würzburg, com cerca de 11 500 habitantes, foram torturadas e mortas outras 1200 pessoas.[87] Em agosto de 1629, o chanceler do bispo-príncipe de Würzburg escreveu a um amigo uma carta comentando a caça às bruxas em andamento, na qual confessava suas dúvidas sobre o assunto. Vale a pena citar extensamente a carta:

> Quanto ao caso das bruxas [...] recomeçou outra vez, e não há palavras que possam descrever. Ah, o infortúnio e a desgraça disso — há ainda quatrocentas pessoas na cidade, de alta e baixa posições, de qualquer nível e sexo e, ainda mais, até clérigos, tão pesadamente acusadas que podem ser presas a qualquer hora [...]. O bispo-príncipe tem mais de quarenta estudantes que logo serão pastores; entre eles, diz-se que treze ou catorze são feiticeiros. Poucos dias atrás, foi preso um deão; outros dois que foram convocados fugiram. O notário do consistório de nossa Igreja, um homem muito culto, ontem foi preso e torturado. Em suma, um terço da cidade certamente está envolvido. Os integrantes mais ricos, mais destacados, mais proeminentes do clero já foram executados. Uma semana atrás, foi executada uma donzela de dezenove anos, da qual se diz por toda parte que era a mais bela da cidade inteira e era tida por todos como uma jovem de singular recato e pureza. A ela se seguirão sete ou oito das melhores e mais destacadas pessoas [...]. E assim muitas são condenadas à morte por renunciar a Deus e estar nas danças embruxadas, contra as quais nunca ninguém falou uma palavra.
>
> Para concluir esse assunto infeliz, há crianças de três e quatro anos, chegando a trezentas delas, sobre as quais dizem que tiveram intercurso com o Demônio. Vi executarem crianças de sete anos, estudantes promissores de dez, doze, catorze e quinze [...]. Mas não consigo e não devo escrever mais sobre essa desgraça.

O chanceler então acrescentou este interessante pós-escrito:

> Embora haja muitas coisas assombrosas e terríveis acontecendo, não há margem de dúvida de que, num lugar chamado Fraw-Rengberg, o Demônio em pessoa, com 8 mil de seus seguidores, realizou uma assembleia e celebrou missa perante todos eles, ministrando a seus ouvintes (isto é, os bruxos) cascas e lascas de nabo em lugar da Santa Eucaristia. Ocorreram blasfêmias não só repulsivas, mas extremamente hórridas e medonhas, que estremeço em escrever.[88]

Mesmo depois de manifestar seu horror perante a insanidade da caça às bruxas em Würzburg, ainda assim o chanceler expressou sua convicta crença na conspiração satânica das bruxas. Não presenciou nenhuma bruxaria ao vivo, mas havia tanta informação sobre bruxas circulando que lhe era difícil duvidar de toda ela. A caça às bruxas foi uma catástrofe causada pela difusão de informação tóxica. É um excelente exemplo de um problema que foi criado pela informação e agravado por mais informação.

É uma conclusão que foi alcançada não só por estudiosos modernos, como também por alguns perspicazes observadores da época. Alonso de Salazar Frías, inquisidor espanhol, fez uma minuciosa investigação dessas caçadas e dos julgamentos de bruxas no começo do século XVII. Concluiu que "não encontrei uma única prova nem a mais leve indicação da qual pudesse inferir que realmente ocorrera algum ato de bruxaria", e que "não existiam bruxas nem embruxados até que se começou a falar e escrever sobre eles".[89] Salazar Frías entendeu com clareza o significado das realidades intersubjetivas e identificou corretamente toda a indústria de caça às bruxas como uma esfera de informação intersubjetiva.

A história da mania de bruxas na Europa no começo da era moderna demonstra que a eliminação de barreiras ao fluxo de informação não leva necessariamente à descoberta e à difusão da verdade. Pode também levar à difusão de mentiras e fantasias e à criação de esferas de informação tóxica. Em termos mais específicos, um mercado de ideias totalmente livre pode incentivar a disseminação do ressentimento e do sensacionalismo em detrimento da verdade. Não é difícil entender a razão disso. Impressores e livreiros ganhavam muito mais dinheiro com os contos escabrosos de *O martelo das feiticeiras* do que com a matemática tediosa de *Das revoluções das esferas celestes*, de Copérnico. Este foi um dos textos fundadores da tradição científica moderna. Creditam-se a ele descobertas abaladoras que retiraram nosso planeta do centro do universo e, com isso, deram início à revolução copernicana. Mas, ao ser publicado inicialmente em 1543, a primeira edição de quatrocentos exemplares não vendeu muito, e somente em 1566 saiu uma segunda edição com tiragem parecida. A terceira edição só saiu em 1617. Como gracejou Arthur Koestler, foi o maior *worst-seller* de todos os tempos.[90] O que de fato pôs em andamento a revolução científica não foi o prelo nem um mercado de informação inteiramente livre, e sim uma nova abordagem do problema da falibilidade humana.

A história do prelo e da caça às bruxas indica que um mercado de informação sem regulação não leva obrigatoriamente as pessoas a identificarem e corrigirem seus erros, pois ele pode dar prioridade ao ressentimento, em lugar da verdade. Para que a verdade prevaleça, é preciso montar instituições de curadoria que tenham o poder de inclinar a balança em favor dos fatos. No entanto, como indica a história da Igreja católica, tais instituições podem usar seu poder de curadoria para anular qualquer crítica de si mesmas, rotulando todas as outras visões como errôneas e impedindo que seus próprios erros sejam expostos e corrigidos. Será possível montar melhores instituições de curadoria que usem seu poder para fomentar a busca da verdade, em vez de acumular mais poder para si mesmas?

A Europa do início da era moderna viu justamente a criação dessas instituições de curadoria, e foram essas instituições — mais do que o prelo ou livros específicos como *Das revoluções das esferas celestes* — que constituíram o alicerce das revoluções científicas. Essas instituições de curadoria fundamentais não eram as universidades. Muitos dos mais importantes líderes da revolução científica não eram docentes universitários. Nicolau Copérnico, Robert Boyle, Tycho Brahe e René Descartes, por exemplo, não tinham nenhum cargo acadêmico. Nem Espinosa, Leibniz, Locke, Berkeley, Voltaire, Diderot ou Rousseau.

As instituições de curadoria que desempenharam um papel central na revolução científica conectavam estudiosos e pesquisadores dentro e fora das universidades, formando uma rede de informação que se estendeu por toda a Europa e, por fim, por todo o mundo. Para que a revolução científica ganhasse impulso, os cientistas tinham de confiar na informação publicada por colegas em terras distantes. Esse tipo de confiança no trabalho de pessoas nunca vistas ficava evidente em associações científicas como a Royal Society of London for Improving Natural Knowledge, fundada em 1660, e na Académie des Sciences francesa (1666), em revistas científicas como *Philosophical Transactions of the Royal Society* (1665) e *Histoire de l'Académie Royale des Sciences* (1699), e em editores científicos como os arquitetos da *Encyclopédie* (1751-72). Essas instituições tratavam a informação com base em evidências empíricas, atraindo a atenção para as descobertas de Copérnico, e não para as fantasias de Kramer. Quando um artigo era submetido à avaliação para a *Philosophical Transactions of the*

Royal Society, a pergunta central que os editores faziam não era "quantas pessoas pagariam para ler isso?", mas, sim, "qual é a prova de que isso é verdade?".

No começo, essas novas instituições pareciam frágeis como teias de aranha, sem o poder necessário para remodelar a sociedade humana. Ao contrário dos especialistas na caça às bruxas, os editores da *Philosophical Transactions of the Royal Society* não torturavam nem executavam ninguém. E, diferentemente da Igreja católica, a Académie des Sciences não dispunha de enormes territórios e orçamentos. Mas as instituições científicas de fato ganharam influência graças a uma forma bastante original de pleitear confiança. O procedimento típico de uma Igreja era dizer às pessoas que confiassem nela porque ela possuía a verdade absoluta, sob a forma de um livro sagrado infalível. Uma instituição científica, porém, ganhava autoridade porque tinha sólidos mecanismos de autocorreção, que expunham e retificavam os erros da própria instituição. Foram esses mecanismos de autocorreção, e não a tecnologia do prelo, que constituíram o motor da revolução científica.

Em outras palavras, a revolução científica foi lançada pela descoberta da ignorância.[91] As religiões do livro pressupunham ter acesso a uma fonte infalível de conhecimento. Os cristãos tinham a Bíblia; os muçulmanos, o Alcorão; os hinduístas, os Vedas; os budistas, o Tipitaka. A cultura científica não tem nenhum livro sagrado comparável, tampouco alega que qualquer herói seu seja um profeta, santo ou gênio infalível. O projeto científico parte da rejeição da fantasia da infalibilidade e avança construindo uma rede de informação que considera inevitável o erro. Claro que existem muitos comentários sobre a genialidade de Copérnico, Darwin e Einstein, mas nenhum deles é considerado imune a falhas. Todos eles cometeram erros, e mesmo os tratados científicos mais celebrados certamente contêm equívocos e lacunas.

Como mesmo os gênios sofrem do viés de confirmação, não se pode confiar em que corrijam seus próprios erros. A ciência é um trabalho de equipe, baseando-se mais na colaboração institucional do que nos cientistas individuais ou, digamos, num livro infalível. As instituições, claro, também são propensas a erro. Apesar disso, as instituições científicas são diferentes das instituições religiosas, na medida em que valorizam o ceticismo e a inovação, em vez da conformidade. Também são diferentes das teorias da conspiração, na medida em que valorizam o *auto*ceticismo. Os teóricos da conspiração tendem a ser extremamente céticos em relação ao consenso existente, mas, quando se trata de suas próprias crenças, perdem todo seu ceticismo e se tornam presas do viés de confirmação.[92] A marca registrada da ciência não é meramente o ceticismo, e sim o autoceticismo, e no cerne de toda instituição científica encontramos um sólido mecanismo autocorretor. As instituições científicas de fato alcançam um amplo consenso sobre a precisão de certas teorias — como a mecânica quântica ou a teoria da evolução —, mas somente porque essas teorias conseguiram sobreviver a enérgicas tentativas de infirmá-las, feitas não só por pessoas de fora, mas por membros da própria instituição.

MECANISMOS DE AUTOCORREÇÃO

Como uma tecnologia da informação, o mecanismo autocorretor é o exato oposto do livro sagrado. O livro sagrado é tido como infalível. O mecanismo autocorretor aceita a falibilidade. Por *auto*corretor, refiro-me ao mecanismo que uma entidade utiliza para corrigir a si mesma. Um professor corrigindo um trabalho de um aluno não é um mecanismo autocorretor; o aluno não está corrigindo seu próprio trabalho. Um juiz que envia um criminoso para a prisão não é um mecanismo autocorretor; o criminoso não está condenando seu próprio crime. Quando os Aliados derrotaram e desmontaram o regime nazista, isso não foi um mecanismo autocorretor; entregue a seus próprios expedientes, a Alemanha não teria desnazificado a si mesma. Mas, quando uma revista científica publica um artigo corrigindo um erro publicado num artigo anterior, tem-se aí um exemplo de uma instituição autocorrigindo os próprios erros.

Os mecanismos de autocorreção são ubíquos na natureza. As crianças aprendem a andar graças a eles. Você faz um movimento errado, cai, aprende com seu erro, tenta fazer um movimento um pouco diferente. É claro que, às vezes, pais e professores dão uma mão à criança ou lhe oferecem um conselho, mas uma criança que se baseia totalmente nessas correções externas ou que, em vez de aprender com os erros, continua a justificá-los achará muito difícil andar. Com efeito, mesmo quando adultos, toda vez que andamos, nosso corpo se envolve num complicado processo de autocorreção. Quando nosso corpo percorre o espaço, circuitos internos de retroalimentação entre cérebro, membros e órgãos sensoriais mantêm nossas pernas e mãos no lugar apropriado e nosso equilíbrio devidamente adequado.[93]

Diversos outros processos corpóreos exigem autocorreção constante. A pressão sanguínea, a temperatura, os níveis de glicose e vários outros parâmetros de nosso corpo precisam ter uma margem de manobra, para mudar de acordo com as circunstâncias variáveis, mas nunca devem estar acima ou abaixo de certos limiares críticos. Nossa pressão sanguínea precisa aumentar quando corremos, diminuir quando dormimos, mas sempre se manter dentro de determinados limites.[94] Nosso corpo administra essa delicada dança bioquímica com um variado leque de mecanismos autocorretores homeostáticos. Se nossa pressão sanguínea sobe demais, os mecanismos autocorretores a reduzem. Se nossa pressão sanguínea está perigosamente baixa, os mecanismos autocorretores a elevam. Se os mecanismos autocorretores se desordenam, podemos morrer.[95]

As instituições também morrem sem eles. Esses mecanismos começam com a percepção de que os seres humanos são falíveis e corruptíveis. Mas, em vez de se desesperar com os seres humanos e procurar uma maneira de contorná-los, a instituição procura ativamente seus próprios erros e os corrige. Todas as instituições que conseguem perdurar uns bons anos possuem tais mecanismos, mas elas se diferenciam muito quanto à força e à visibilidade de seus mecanismos autocorretores.

Por exemplo, a Igreja católica é uma instituição com mecanismos autocorretores relativamente débeis. Como alega a infalibilidade, ela não pode admitir erros institucionais. De vez em quando se dispõe a reconhecer que alguns de seus membros erraram ou pecaram, mas a instituição em si se mantém supostamente perfeita. Por exemplo, no Segundo Concílio Vaticano em 1964, a Igreja católica reconheceu que

> [a] Igreja peregrina é chamada por Cristo a essa reforma perene. Como instituição humana e terrena, a Igreja necessita perpetuamente desta reforma. Assim, se em vista das circunstâncias das coisas e dos tempos houve deficiências, quer na moral, quer na disciplina eclesiástica, quer também no modo de enunciar a doutrina — modo que deve cuidadosamente distinguir-se do próprio depósito da fé —, que tudo seja reta e devidamente restaurado no momento oportuno.[96]

Essa admissão soa promissora, mas os detalhes fazem toda a diferença, especificamente na recusa de contemplar a possibilidade de qualquer falha no "depósito da fé". No dogma católico, "o depósito da fé" se refere ao corpo da verdade revelada que a Igreja recebeu das Escrituras e de sua tradição sagrada de interpretá-las. A Igreja católica reconhece que os padres são seres humanos falíveis que podem pecar e também cometer erros na maneira como formulam os ensinamentos da Igreja. Mas o livro sagrado em si nunca pode errar. O que isso diz sobre a Igreja inteira como instituição que combina seres humanos falíveis e um texto infalível?

Segundo o dogma católico, a infalibilidade bíblica e a orientação divina vencem a corrupção humana, e assim, mesmo que membros individuais da Igreja possam errar e pecar, a Igreja católica como instituição nunca está errada. Alegadamente, nunca na história Deus permitiu que a maioria dos chefes da Igreja cometesse um erro grave na interpretação do livro sagrado. Esse princípio é comum a muitas religiões. A ortodoxia judaica aceitava a possibilidade de que os rabinos que compuseram a Mishná e o Talmude tivessem errado em questões pessoais, mas, em se tratando de decretar a doutrina religiosa, Deus assegurava que eles nunca cometeriam erro algum.[97] No islamismo, há um princípio análogo, conhecido como *Ijma*. Segundo um importante Hadith, Maomé disse que "Alá assegurará que minha comunidade nunca concorde no erro".[98]

No catolicismo, essa alegada perfeição institucional está encapsulada com a máxima clareza na doutrina da infalibilidade papal, que diz que os papas, embora possam errar em assuntos pessoais, são infalíveis em seu papel institucional.[99] Por exemplo, o papa Alexandre VI errou ao quebrar seu voto de celibato, tendo uma amante e gerando vários filhos, mas, ao definir os ensinamentos eclesiásticos oficiais sobre questões éticas ou teológicas, ele era incapaz de errar.

Em conformidade com essas concepções, a Igreja católica sempre utilizou um mecanismo autocorretor para supervisionar seus membros humanos em seus assuntos pessoais, mas nunca desenvolveu um mecanismo para retificar a Bíblia ou retificar seu "depósito de fé". Essa atitude fica patente nos poucos pedidos de perdão formais que a Igreja católica emitiu por sua conduta no passado. Em décadas recentes, vários papas pediram perdão pelo tratamento injusto dado a judeus, mulheres, cristãos não católicos e culturas indígenas, bem como por eventos mais específicos como o saque de Constantinopla em 1204 e o abuso de crianças em escolas católicas. É louvável que a Igreja católica tenha pedido perdão; as instituições religiosas raramente fazem isso. Mesmo assim, em todos esses casos, os papas tiveram o cuidado de desviar a responsabilidade das Escrituras e da Igreja como instituição. Em vez disso, a culpa recaiu nos ombros de sacerdotes individuais que interpretaram erroneamente as Escrituras e se desviaram dos verdadeiros ensinamentos da Igreja.

Por exemplo, em março de 2000, o papa João Paulo II oficiou uma cerimônia especial em que pediu perdão por uma longa lista de crimes históricos contra judeus, hereges, mulheres e povos indígenas. Desculpou-se "pelo uso da violência que alguns cometeram a serviço da verdade". Essa terminologia sugeria que a violência era por culpa de "alguns" indivíduos mal orientados que não entendiam a verdade ensinada pela Igreja. O papa não aceitava a possibilidade de que esses indivíduos talvez tivessem entendido exatamente o que a Igreja ensinava e que esses ensinamentos não eram a verdade.[100]

Da mesma forma, quando o papa Francisco pediu perdão em 2022 pelos abusos contra indígenas nas escolas residenciais dirigidas pela Igreja no Canadá, ele disse: "Peço perdão, em particular, pela forma como muitos membros da Igreja [...] cooperaram [...] em projetos de destruição cultural e assimilação forçada".[101] Note-se sua cuidadosa transferência de responsabilidades. A culpa era de "muitos membros da Igreja", não da Igreja e de seus ensinamentos. Como se a destruição de culturas indígenas e a conversão forçada das pessoas nunca tivessem feito parte da doutrina oficial da Igreja.

É claro, não foram uns poucos padres desobedientes que lançaram as Cruzadas, impuseram leis discriminatórias contra judeus e mulheres ou orquestraram a aniquilação sistemática de religiões indígenas por todo o mundo.[102] Os escritos de muitos pais da Igreja reverenciados e os decretos oficiais de diversos papas e concílios estão repletos de passagens que menosprezam as religiões "pagãs" e "heréticas", defendem a destruição delas, discriminam negativamente seus membros e legitimam o uso da violência para converter as pessoas ao cristianismo.[103] Por exemplo, o papa Nicolau V emitiu em 1452 a bula *Dum Diversas*, dirigida ao rei Afonso V de Portugal e a outros monarcas católicos. A bula dizia:

> Outorgamos por estes documentos presentes, com a nossa Autoridade Apostólica, permissão plena e livre para invadir, buscar, capturar e subjugar sarracenos e pagãos e outros infiéis e inimigos de Cristo onde quer que se encontrem, assim

> como seus reinos, ducados, condados, principados e outros bens [...] e para reduzir suas pessoas à escravidão perpétua.[104]

Essa proclamação oficial, repetida várias vezes por papas posteriores, lançou a base teológica para o imperialismo europeu e a destruição de culturas nativas pelo mundo afora.

Na verdade, embora a Igreja não o reconheça oficialmente, com o tempo ela mudou suas estruturas institucionais, seus ensinamentos centrais e sua interpretação das escrituras. A Igreja católica hoje é muito menos antissemita e misógina do que na época medieval e no começo da era moderna. O papa Francisco é mais tolerante em relação às culturas indígenas do que o papa Nicolau v. Aqui está em operação um mecanismo autocorretor institucional, que reage a pressões externas e à busca espiritual interna. Mas o que caracteriza a autocorreção em instituições como a Igreja católica é que, mesmo quando ocorre, ela é negada, e não celebrada. A primeira regra ao mudar os ensinamentos da Igreja é nunca admitir mudar os ensinamentos da Igreja.

Você nunca vai ouvir um papa anunciando ao mundo: "Nossos especialistas acabaram de descobrir um baita erro na Bíblia. Logo lançaremos uma edição atualizada". Em vez disso, quando indagados sobre a atitude mais generosa da Igreja em relação aos judeus ou às mulheres, os papas dão a entender que sempre foi isso o que a Igreja *realmente* ensinou, mesmo que antes alguns eclesiásticos individuais não tivessem entendido direito a mensagem. Negar a existência da autocorreção não impede que ela ocorra, mas a enfraquece e a retarda. Como não se reconhece e muito menos se comemora a correção de erros passados, os fiéis, quando deparam com algum outro sério problema na instituição e em seus ensinamentos, ficam paralisados de medo de mudar algo que é supostamente eterno e infalível. Não podem aproveitar o exemplo das mudanças anteriores.

Por exemplo, quando católicos como o próprio papa Francisco agora reconsideram os ensinamentos da Igreja sobre homossexualidade,[105] acham difícil reconhecer os erros do passado e mudar os ensinamentos. Se um futuro papa vier a emitir um pedido de perdão pelo tratamento injusto dado a pessoas LGBT, o procedimento seria, mais uma vez, o de desviar a culpa para os ombros de alguns indivíduos excessivamente zelosos que entenderam mal o evangelho. Para manter sua autoridade religiosa, a Igreja católica não tem outra escolha senão negar a existência de uma autocorreção institucional. Pois a Igreja caiu na armadilha da infalibilidade. Na medida em que baseou sua autoridade religiosa na alegação de infalibilidade, qualquer admissão pública de erro institucional — mesmo em questões relativamente secundárias — poderia destruir sua autoridade por completo.

O DSM E A BÍBLIA

Em contraste com a Igreja católica, as instituições científicas que surgiram na Europa no início da era moderna foram montadas em torno de sólidos mecanismos autocorretores. As instituições científicas sustentam que, mesmo que a maioria dos cientistas de determinado período acredite que algo é verdadeiro, ele pode se revelar impreciso ou incompleto. No século XIX, a maioria dos físicos aceitava a física newtoniana como explicação abrangente do universo, mas, no século XX, a teoria da relatividade e a mecânica quântica expuseram as imprecisões e limitações do modelo de Newton.[106] Os momentos mais celebrados na história da ciência são justamente aqueles em que se subverte o saber aceito e nascem novas teorias.

O essencial é que as instituições científicas estão dispostas a admitir sua responsabilidade *institucional* por erros e crimes de grande monta. Por exemplo, universidades atuais vêm ministrando cursos e revistas acadêmicas têm publicado artigos revelando o racismo e o sexismo institucionais que caracterizavam o estudo científico de temas em áreas como a biologia, a antropologia e a história no século XIX e em boa parte do XX. A pesquisa sobre casos de testes individuais, como o Estudo de Sífilis Tuskegee, e sobre programas governamentais, que vão da política da Austrália Branca ao Holocausto, tem examinado, extensa e reiteradamente, a utilização de teorias biológicas, antropológicas e históricas falhas em instituições científicas de ponta para justificar e facilitar a discriminação, o imperialismo e até mesmo o genocídio. A responsabilidade por esses crimes e erros não é atribuída a um grupo de estudiosos mal orientados. Eles são vistos como falha institucional de disciplinas acadêmicas inteiras.[107]

A disposição de admitir erros institucionais de grande monta contribui para o ritmo relativamente rápido com que a ciência se desenvolve. Quando as evidências disponíveis o justificam, é frequente que teorias dominantes sejam descartadas em poucas gerações e substituídas por novas. O que os estudantes de biologia, antropologia e história aprendem na universidade no começo do século XXI é muito diferente do que lá aprendiam um século antes.

A psiquiatria oferece inúmeros exemplos similares de sólidos mecanismos autocorretores. Nas estantes da maioria dos psiquiatras você encontra o DSM — sigla em inglês para o *Manual diagnóstico e estatístico de transtornos mentais* —, às vezes apelidado de bíblia dos psiquiatras. Mas há uma diferença essencial entre o DSM e a Bíblia. Publicado inicialmente em 1952, o DSM é revisto a cada dez ou vinte anos, e sua quinta edição saiu em 2013. Ao longo dos anos, a definição de muitos transtornos mudou, acrescentaram-se novos e outros foram excluídos. A homossexualidade, por exemplo, estava presente em 1952 como um transtorno de personalidade sociopata, mas foi removida do DSM em 1974. Esse erro levou apenas 22 anos para ser corrigido no DSM. Ele não é um livro sagrado. É um texto científico.

Hoje a disciplina da psiquiatria não tenta dar uma interpretação mais positiva à definição de homossexualidade de 1952. Em vez disso, ela vê a definição de 1952 como um erro absoluto. E, mais importante, o erro não é atribuído a falhas de alguns docentes homofóbicos. Em vez disso, é reconhecido como resultado de profundos vieses institucionais na disciplina da psiquiatria.[108] A confissão dos erros institucionais passados de sua disciplina faz com que os psiquiatras tenham hoje mais cuidado em não cometer novos erros desse tipo, como fica evidente no acalorado debate referente a pessoas trans e pessoas no espectro autista. Claro que, por mais cuidadosos que sejam, os psiquiatras ainda são capazes de cometer erros institucionais. Mas também são capazes de reconhecê-los e corrigi-los.[109]

PUBLICAR OU MORRER

O que dá especial solidez aos mecanismos autocorretores científicos é não só a disposição das instituições científicas em admitir ignorância e erros institucionais, mas o empenho ativo em desmascará-los. Isso fica evidente na estrutura de incentivo das instituições. Nas instituições religiosas, incentivam-se os membros a se manterem em conformidade com a doutrina existente e desconfiarem de novidades. Você se torna rabino, imã ou padre por professar lealdade doutrinal e pode subir na hierarquia, tornando-se papa, rabino-chefe ou grande aiatolá, sem criticar seus predecessores nem propor nenhuma nova noção radical. Com efeito, muitos dos chefes religiosos mais poderosos e admirados dos tempos recentes — como o papa Bento XVI, o rabino-chefe de Israel David Lau e o aiatolá Khomeini do Irã — ganharam fama e apoiadores pela firme resistência a novas ideias e correntes como o feminismo.[110]

Na ciência, dá-se o contrário. A contratação e as promoções nas instituições científicas se baseiam no princípio do "publicar ou morrer", e, para publicar em revistas de prestígio, você precisa expor algum erro em teorias existentes ou descobrir algo que seus professores e predecessores não sabiam. Ninguém ganha um prêmio Nobel por repetir fielmente o que diziam estudiosos anteriores e por se opor a toda e qualquer nova teoria científica.

Mas, assim como a religião tem espaço para a autocorreção, certamente a ciência também tem amplo espaço para o conformismo. A ciência é um empreendimento institucional, e os cientistas se baseiam na instituição em quase tudo o que sabem. Por exemplo, como sei o que os europeus medievais e do início da era moderna pensavam sobre a feitiçaria? Não fui consultar pessoalmente todos os arquivos referentes à questão, tampouco li todas as respectivas fontes primárias. Com efeito, sou incapaz de ler diretamente muitas dessas fontes, porque não conheço todas as línguas necessárias, nem tenho a habilidade de decifrar a escrita medieval e do início da era moderna. Em vez disso, baseei-me em livros e artigos publicados por outros estudiosos, como *The Witch: A History of Fear* [A bruxa: Uma história do medo], livro de Ronald Hutton publicado pela Yale University Press em 2017.

Não tive contato com Ronald Hutton, que é professor de história na Universidade de Bristol, nem conheço pessoalmente as autoridades de Bristol que o contrataram ou a equipe editorial de Yale que publicou seu livro. Mesmo assim confio no que leio no livro de Hutton, pois sei como operam instituições como a Universidade de Bristol e a Yale University Press. Elas têm mecanismos autocorretores com duas características fundamentais. Primeiro, os mecanismos autocorretores não são acréscimos externos, mas estão embutidos no próprio cerne das instituições. Segundo, essas instituições não negam e sim louvam publicamente a autocorreção. Claro que é possível que alguma parte da informação que obtive com o livro de Hutton seja incorreta ou que eu mesmo a tenha entendido mal. Mas espera-se que os especialistas na história da feitiçaria que leram o livro de Hutton e podem estar lendo o presente livro detectem esses erros e os exponham.

Os críticos populistas das instituições científicas podem contrapor que, na verdade, essas instituições usam seu poder para sufocar concepções heterodoxas e lançar sua própria caça às bruxas contra os dissidentes. Certamente é verdade que, se um estudioso se opõe à concepção ortodoxa vigente em sua disciplina, isso às vezes pode trazer consequências negativas: artigos rejeitados, bolsas de pesquisa recusadas, ataques maldosos ad hominem e, em alguns raros casos, demissão do emprego.[111] Não pretendo minimizar o sofrimento que essas coisas implicam, mas isso ainda passa longe de ser fisicamente torturado e queimado na fogueira.

Consideremos, por exemplo, a estória do químico Dan Shechtman. Em abril de 1982, enquanto observava por meio de um microscópio eletrônico, Shechtman viu algo que todas as teorias químicas da época diziam que simplesmente não podia existir: átomos numa amostra com mistura de alumínio e manganês estavam cristalizados num padrão de simetria rotacional de ordem 5. Na época, os cientistas sabiam das várias estruturas simétricas possíveis em cristais sólidos, mas considerava-se que a simetria de ordem 5 ia contra as próprias leis da natureza. A descoberta de Shechtman daquilo que veio a ser chamado de quase-cristal soava tão descabida que foi difícil encontrar um periódico científico com revisão por pares disposto a publicá-la. Também não ajudava que Shechtman fosse, à época, um cientista em início de carreira. Nem sequer tinha laboratório próprio; trabalhava nas instalações de outra pessoa. Mas os editores da revista *Physical Review Letter*, depois da revisão por pares, publicaram o artigo de Shechtman em 1984.[112] E então, como diz ele, "foi o maior pandemônio".

As afirmações de Shechtman foram descartadas pela maioria de seus colegas, e ele foi acusado de conduzir mal seus experimentos. O chefe de seu laboratório também se virou contra ele. Num gesto teatral, pôs um manual de química na mesa de Shechtman e disse: "Danny, leia esse livro e você entenderá que o que está dizendo é impossível". Shechtman respondeu com ousadia que ele tinha visto os quase-cristais no microscópio — não no livro. Em decorrência disso, foi expulso do laboratório. O pior estava por vir. Linus Pauling, duas vezes agraciado com o prêmio Nobel e um dos mais eminentes cientistas do século XX, empreendeu um ataque pessoal brutal contra Shechtman. Numa conferência assistida por centenas de cientistas, Pauling declarou: "Danny Shechtman está falando bobagem, não existem quase-cristais, existem apenas quase-cientistas".

Mas Shechtman não foi preso nem executado. Conseguiu abrigo num outro laboratório. As evidências apresentadas por ele se revelaram mais convincentes do que os manuais de química que circulavam e as ideias de Linus Pauling. Vários colegas repetiram os experimentos de Shechtman e replicaram suas descobertas. Apenas dez anos depois que Shechtman viu os quase-cristais pelo microscópio, a União Internacional de Cristalografia — a principal associação científica da área — alterou sua definição de cristal. Os manuais de química foram modificados em conformidade com isso, e todo um novo campo científico se descortinou: o estudo dos quase-cristais. Em 2011, Shechtman recebeu o prêmio Nobel de química por aquele achado.[113] O Comitê do Nobel disse que "sua descoberta foi extremamente controversa, [mas] por fim obrigou os cientistas a reconsiderarem sua concepção da própria natureza da matéria".[114]

A estória de Shechtman não é excepcional. Os anais da ciência estão repletos de casos semelhantes. A teoria da relatividade e a mecânica quântica, antes de se tornarem as pedras angulares da física do século XX, provocaram, a princípio, controvérsias acirradas, inclusive com ataques pessoais da velha guarda aos proponentes das novas teorias. Da mesma forma, quando Georg Cantor, no final do século XIX, desenvolveu sua teoria dos números infinitos, que se tornou a base para boa parte da matemática do século XX, foi pessoalmente atacado por alguns dos principais matemáticos da época, como Henri Poincaré e Leopold Kronecker. Os populistas estão certos em pensar que os cientistas sofrem dos mesmos vieses humanos de todo mundo. Mas, graças a mecanismos autocorretores institucionais, é possível superar esses vieses. Fornecendo evidências empíricas suficientes, geralmente leva apenas umas poucas décadas até que uma teoria heterodoxa derrube o saber estabelecido para se tornar o novo consenso.

Como veremos no próximo capítulo, houve épocas e lugares em que os mecanismos autocorretores científicos deixaram de funcionar e a dissidência acadêmica de fato *poderia* levar à tortura física, à prisão e à morte. Na União Soviética, por exemplo, a contestação dos dogmas oficiais em qualquer área — economia, genética ou história — podia levar não só à demissão, como também a alguns anos no gulag ou ao paredão de fuzilamento.[115] Um caso famoso foi o das falsas teorias do agrônomo Trofim Lissenko. Ele rejeitou a genética dominante e a teoria da evolução e apresentou sua própria teoria de estimação, que dizia que a "reeducação" podia alterar as características de plantas e animais e até transformar uma espécie em outra. O lissenkismo agradou muito a Stálin, que tinha razões políticas e ideológicas para acreditar no potencial quase ilimitado da "reeducação". Milhares de cientistas que se opuseram a Lissenko e continuaram a sustentar a teoria da evolução pela seleção natural foram demitidos de seus empregos, e alguns foram presos ou executados. Nikolai Vavilov, um botânico e geneticista que fora orientador de Lissenko e se tornou seu crítico, foi julgado em julho de 1941 junto com o botânico Leonid Govorov, o geneticista Georgii Karpechenko e o agrônomo Aleksandr Bondarenko. Estes três últimos foram fuzilados, enquanto Vavilov morreu num campo de prisioneiros em Saratov em 1943.[116] Sob pressão do ditador, a Academia Soviética de Ciências Agrárias Lênin anunciou, em agosto de 1948, que, a partir daquela data, as instituições soviéticas ensinariam o lissenkismo como a única teoria correta.[117]

E foi exatamente por isso que a Acadêmica Soviética de Ciências Agrárias Lênin deixou de ser uma instituição científica — e que o dogma soviético sobre a genética era uma ideologia, e não uma ciência. Uma instituição pode ter o nome que quiser, mas sem um sólido mecanismo de autocorreção não é uma instituição científica.

OS LIMITES DA AUTOCORREÇÃO

Será então que tudo isso significa que encontramos nos mecanismos autocorretores a fórmula mágica que protege as redes de informação humanas do erro e do viés? Infelizmente, as coisas são bem mais complicadas. Há uma razão para que instituições como a Igreja católica e o Partido Comunista soviético evitassem mecanismos autocorretores sólidos. Tais mecanismos são vitais para a busca da verdade, mas custosos para a manutenção da ordem. Mecanismos autocorretores sólidos tendem a criar dúvidas, divergências, conflitos e cisões, e a debilitar os mitos que mantêm a ordem social unida.

Claro que a ordem em si não é necessariamente boa. Por exemplo, a ordem social na Europa no início da era moderna endossava, entre outras coisas, não só a caça às bruxas, como também a exploração de milhões de camponeses nas mãos de uns poucos aristocratas, o tratamento injusto sistemático das mulheres e a ampla discriminação contra judeus, muçulmanos e outras minorias. Mas, mesmo quando a ordem social é muito opressora, seu enfraquecimento não necessariamente conduz a algo melhor. Pode apenas levar ao caos e a uma maior opressão. A história das redes de informação sempre incluiu a manutenção de um equilíbrio entre verdade e ordem. Assim como o sacrifício da verdade em prol da ordem tem um custo, o sacrifício da ordem em prol da verdade cobra seu preço.

As instituições científicas podem se permitir ter seus sólidos mecanismos autocorretores porque deixam a árdua tarefa de preservar a ordem social a outras instituições. Se um ladrão arrombar um laboratório químico ou um psiquiatra receber ameaças de morte, eles não irão prestar queixa a um periódico científico revisto por pares; chamarão a polícia. Será possível, então, manter sólidos mecanismos autocorretores em outras instituições além das disciplinas acadêmicas? Poderão tais mecanismos existir em instituições como as forças policiais, os exércitos, os partidos políticos e os governos encarregados de manter a ordem social?

Examinaremos essa questão no próximo capítulo, que se concentra nos aspectos políticos dos fluxos de informação e examina a história das democracias e das ditaduras no longo prazo. Como veremos, as democracias acreditam que é possível manter sólidos mecanismos autocorretores mesmo na política. As ditaduras descartam tais mecanismos.

Durante a Guerra Fria, os Estados Unidos, uma democracia, eram criticados internamente nos jornais e nas universidades pelos crimes cometidos no Vietnã. Na União Soviética, totalitarista, as mesmas críticas eram feitas com prazer, com a diferença de que os próprios crimes cometidos no Afeganistão e alhures não eram mencionados. O silêncio soviético não podia ser justificado cientificamente, mas do ponto de vista político, sim. A autoflagelação referente à Guerra do Vietnã divide até hoje o público americano e fere a reputação dos Estados Unidos em todo o mundo, enquanto o silêncio soviético e russo sobre a Guerra do Afeganistão ajudou a ofuscar a memória do evento e a limitar o desgaste de reputação.

Somente depois de compreendermos a política da informação em sistemas históricos como a antiga Atenas, o Império Romano, os Estados Unidos e a União Soviética, poderemos explorar as implicações revolucionárias do surgimento da IA. Afinal, uma das maiores questões em relação à IA é se ela favorecerá ou debilitará os mecanismos autocorretores democráticos.

5. Decisões: Uma breve história da democracia e do totalitarismo

Democracia e ditadura costumam ser discutidas como sistemas políticos e éticos contrastantes. Este capítulo tenta modificar os termos da discussão, analisando a história da democracia e da ditadura como tipos contrastantes de redes de informação, e mostra que, nas democracias e nos sistemas ditatoriais, as informações fluem de maneiras diferentes e que a invenção de novas tecnologias de informação ajuda o florescimento de diferentes tipos de regime.

As redes de informação ditatoriais são altamente centralizadas.[1] Isso pode significar duas coisas. Em primeiro lugar, o centro desfruta de autoridade ilimitada, o que significa que as informações tendem a fluir para o ponto central, em que são tomadas as decisões mais importantes. No Império Romano, todos os caminhos levavam a Roma; na Alemanha nazista, as informações fluíam para Berlim; e na União Soviética, para Moscou. Às vezes, o governo central tenta concentrar *todas* as informações e ditar *todas* as decisões, controlando a totalidade da vida das pessoas. Essa forma totalizante de ditadura, praticada por gente como Hitler e Stálin, é conhecida como totalitarismo. Mas nem toda ditadura é totalitária. Dificuldades técnicas costumam impedir que ditadores se tornem totalitários. O imperador romano Nero, por exemplo, não dispunha dos meios necessários para a microgestão da vida de milhões de camponeses em aldeias remotas. Em muitos regimes ditatoriais, portanto, considerável autonomia é conferida a indivíduos, empresas e comunidades, embora os ditadores sempre retenham a autoridade de intervir na vida das pessoas. Na Roma de Nero, a liberdade não era um ideal, mas um subproduto da incapacidade do governo de exercer controle totalitário.

A segunda característica das redes ditatoriais é que elas supõem que o centro seja infalível. Consequentemente, detestam qualquer contestação às decisões do centro. A propaganda soviética pintava Stálin como um gênio infalível, e a propaganda romana tratava os imperadores como criaturas divinas. Mesmo quando Stálin ou Nero tomavam uma decisão claramente desastrosa, não havia mecanismos robustos de autocorreção na União Soviética ou no Império Romano que pudessem expor os erros e pressionar por uma alternativa melhor.

Em teoria, uma rede de informações supercentralizada poderia fazer esforço para manter fortes mecanismos de autocorreção, como tribunais independentes e corpos legislativos eleitos. Mas, se funcionassem direito, esses mecanismos contestariam a autoridade central, descentralizando a rede de informações. Ditadores sempre veem esses centros independentes de poder como ameaças e tentam neutralizá-los. Assim se deu com o Senado romano, cujo poder foi gradualmente reduzido por sucessivos césares até que se tornasse pouco mais do que uma formalidade para aprovação automática dos caprichos imperiais.[2] O mesmo destino teve o sistema judicial soviético, que jamais ousava resistir à vontade do Partido Comunista. Os julgamentos stalinistas de fachada, como o próprio nome indica, eram puro teatro, com desfechos predeterminados.[3]

Em suma, uma ditadura é uma rede de informações centralizada, sem mecanismos robustos de autocorreção. Já uma democracia, por sua vez, é uma rede de informações distribuída, com fortes mecanismos de autocorreção. Quando examinamos uma rede de informações democrática, o que vemos é um ponto central. O governo é o poder Executivo mais importante numa democracia, e agências governamentais coletam e armazenam grandes quantidades de informação. Mas existem muitos canais adicionais de informação que interligam nós independentes. Órgãos legislativos, partidos políticos, tribunais, a imprensa, empresas, comunidades, ONGs e cidadãos individuais se comunicam, livre e diretamente, uns com os outros, a maior parte das informações jamais passa por nenhuma agência governamental, e decisões importantes são tomadas em outros lugares. Indivíduos escolhem onde morar, onde trabalhar e com quem casar. Empresas escolhem onde abrir filiais, quanto investir em projetos e quanto cobrar por bens e serviços. Comunidades decidem sobre a organização de instituições de caridade, eventos esportivos e festivais religiosos. Autonomia não é consequência de ineficácia do governo; é o ideal democrático.

Ainda que disponha de tecnologia para microgerir a vida das pessoas, um governo democrático deixa todo o espaço possível para que as pessoas façam as próprias escolhas. Um equívoco comum é achar que numa democracia tudo é decidido pelo voto. Na verdade, são poucas as decisões tomadas no centro que refletem a vontade da maioria expressa pelo voto, apenas o mínimo necessário. Numa democracia, se 99% quiser se vestir de determinada maneira e cultivar determinado deus, o 1% restante deveria ter a liberdade de vestir-se de outra maneira e cultuar o que quer que seja.

Claro, se o governo central não intervém de forma alguma na vida das pessoas e não lhes oferece serviços essenciais como segurança, não há democracia; há anarquia. Em todas as democracias, o centro coleta impostos e mantém um exército, e na maioria das democracias modernas também fornece pelo menos algum nível de assistência médica, de educação e de previdência social. Mas qualquer intervenção na vida das pessoas exige motivo. Na falta de uma razão convincente, um governo democrático deveria deixar as pessoas se organizarem sozinhas.

Outra característica essencial das democracias é que elas partem do princípio de que todos são falíveis. Portanto, embora deem ao centro a autoridade de tomar decisões vitais, as democracias mantêm fortes mecanismos capazes de contestar a autoridade central. Para parafrasear o presidente James Madison, uma vez que os seres humanos são falíveis, o governo é necessário, mas o governo, que também é falível, precisa, por sua vez, de mecanismos para expor e corrigir seus erros, como realizar eleições regularmente, proteger a liberdade de imprensa e separar os poderes Executivo, Legislativo e Judiciário.

Como consequência, enquanto a ditadura diz respeito a um único ponto central de informações, a democracia é uma conversa em andamento entre diversos nós de informação. Os nós quase sempre influenciam uns aos outros, mas, na maioria das questões, não são obrigados a chegar a um consenso. Indivíduos, empresas e comunidades podem continuar a pensar e a se comportar de maneiras diferentes. Há, claro, casos em que todo mundo precisa se comportar do mesmo jeito, e não há espaço para a diversidade. Por exemplo, apesar de não haver consenso entre os americanos sobre invadir o Iraque em 2002-3, no fim todos tiveram que acatar a mesma decisão. Era inaceitável que alguns mantivessem uma paz em separado com Saddam Hussein enquanto outros lhe declaravam guerra. Boa ou má, a decisão de invadir foi um compromisso assumido por todos os cidadãos americanos. O mesmo se dá quando se iniciam projetos nacionais de infraestrutura ou quando se tipificam crimes. Nenhum país funcionaria bem se cada pessoa pudesse construir uma rede ferroviária separada ou tivesse a própria definição de assassinato.

A tomada de decisões em assuntos coletivos requer, antes de tudo, uma conversa pública e nacional, depois da qual representantes do povo — escolhidos em eleições livres e justas — batem o martelo. Mas a escolha, mesmo depois de feita, deve continuar sujeita a reexame e correção. Embora não possa alterar escolhas anteriores, a rede tem como eleger um governo diferente da próxima vez.

DITADURA DA MAIORIA

A definição de democracia como uma rede de informações distribuídas com robustos mecanismos de autocorreção contrasta nitidamente com um equívoco comum que equipara democracia com eleições. Eleições são uma parte central do kit de ferramentas democráticas, mas não *são* democracia. Na ausência de mecanismos adicionais de autocorreção, as eleições podem ser fraudadas com facilidade. Ainda que sejam completamente livres e justas, isso, por si só, não garante democracia. Até porque democracia não é sinônimo de ditadura da maioria.

Vamos supor que numa eleição livre e justa 51% dos eleitores escolham um governo que resolve despachar 1% dos eleitores para campos de extermínio só pelo fato de pertencerem a uma odiada minoria religiosa. Isso é democracia? Claro que não. O problema não é que o genocídio demande uma maioria especial de mais de 51%. Não é que se o governo tivesse o respaldo de 60%, de 75% ou mesmo de 99% dos eleitores, seus campos da morte seriam democráticos. Democracia não é um sistema em que a maioria de qualquer tamanho pode decidir exterminar minorias impopulares; é um sistema em que há claros limites ao poder do centro.

Vamos supor que 51% dos eleitores escolham um governo que acaba por retirar o direito de voto dos outros 49%, ou talvez de apenas 1%. Isso é democracia? De novo a resposta é não, e democracia nada tem a ver com números. Tirar o direito de voto de rivais políticos desmantela um dos mecanismos vitais de autocorreção das redes democráticas. O mecanismo das eleições permite à rede dizer: "Cometemos um erro; vamos tentar outra coisa". Mas se o centro puder tirar o direito de voto das pessoas a seu bel-prazer, esse mecanismo de autocorreção é neutralizado.

Esses dois exemplos podem parecer extravagantes, mas infelizmente estão nos domínios do possível. Meses depois de ser alçado ao poder de forma democrática, Hitler começou a despachar judeus e comunistas para campos de concentração, e nos Estados Unidos vários governos eleitos democraticamente tiraram o direito de voto de afro-americanos, de nativos americanos e de outras populações oprimidas. A maioria dos ataques à democracia é mais sutil. A carreira de figuras como Vladimir Putin, Viktor Orbán, Recep Tayyip Erdoğan, Rodrigo Duterte, Jair Bolsonaro e Benjamin Netanyahu demonstra que um líder que usa a democracia para chegar ao poder é capaz de usar o seu poder para corroer a democracia. Como diz Erdoğan: "Democracia é como bonde. Você usa até chegar ao seu destino, depois pula fora".[4]

O método mais usado por líderes autoritários para enfraquecer a democracia é atacar os seus mecanismos de autocorreção, um depois do outro, começando, quase sempre, pelos tribunais e pela imprensa. Em geral, o líder autoritário tira poderes dos tribunais ou os preenche com seguidores leais e tenta fechar todos os veículos independentes de comunicação, ao mesmo tempo que constrói uma máquina de propaganda onipresente.[5]

Quando os tribunais perdem a capacidade de evitar abusos de poder do governo pelos meios legais, e quando a mídia reproduz obedientemente o discurso governamental, todas as outras instituições ou pessoas que ousem contrariar o governo correm o risco de ser difamadas e perseguidas como traidoras, criminosas ou agentes estrangeiras. Instituições acadêmicas, administrações municipais, ONGs e empresas privadas são desmanteladas ou subjugadas pelo governo. Nessa fase, o governo também pode fraudar eleições à vontade, prendendo líderes oposicionistas populares, impedindo que partidos de oposição participem das eleições, redefinindo os distritos eleitorais de forma arbitrária, ou restringindo o direito de voto. Apelos contra essas medidas antidemocráticas são ignorados por um Judiciário escolhido a dedo pelo governo. Jornalistas e acadêmicos que critiquem essas medidas são demitidos. O que resta dos veículos de comunicação, das instituições acadêmicas e autoridades judiciais aplaude essas medidas como passos necessários para proteger o país e seu suposto sistema democrático da ação de traidores e agentes estrangeiros. Os líderes autoritários não costumam completar o serviço abolindo de vez as eleições: em vez disso, mantêm-nas como um ritual que serve para dar legitimidade e preservar uma fachada democrática, como ocorre, por exemplo, na Rússia de Putin.

É comum os apoiadores de líderes autoritários não verem esse processo como antidemocrático. Ficam genuinamente surpresos quando descobrem que a vitória eleitoral não lhes concede poder ilimitado. Na verdade, veem como antidemocrático qualquer controle sobre o poder de um governo eleito. No entanto, democracia não significa governo da maioria; a rigor, significa liberdade e igualdade para todos. Democracia é um sistema que garante a todos certas liberdades, que nem mesmo a maioria pode tirar.

Ninguém discute que numa democracia os representantes da maioria têm o direito de formar o governo e de pôr em prática suas políticas preferidas numa infinidade de áreas. Se a maioria quer guerra, o país vai à guerra. Se a maioria quer paz, o país faz as pazes. Se a maioria quer aumentar os impostos, os impostos aumentam. Se a maioria quer reduzir impostos, os impostos diminuem. Grandes decisões sobre assuntos externos, defesa, educação, tributação e várias outras políticas estão nas mãos da maioria.

Mas, numa democracia, há dois pacotes de direitos que estão fora do alcance da maioria. Um contém direitos humanos. Ainda que 99% da população queira exterminar o 1% restante, numa democracia isso é proibido, porque viola o mais básico dos direitos humanos — o direito à vida. O pacote dos direitos humanos inclui muitos direitos adicionais, como o direito ao trabalho, à privacidade, à liberdade de movimento e à liberdade religiosa. Esses direitos consagram a natureza descentralizada da democracia, garantindo que, desde que não prejudiquem ninguém, as pessoas têm direito a viver como quiserem.

O segundo pacote essencial de direitos inclui os direitos civis. São as regras básicas do jogo democrático, que consagram seus mecanismos de autocorreção. Um exemplo óbvio é o direito de voto. Se a maioria tivesse permissão para tirar o direito de voto da minoria, bastaria uma eleição para acabar com a democracia. Outros direitos civis incluem a liberdade de imprensa, a liberdade acadêmica e a liberdade de reunião, que permitem que veículos de comunicação independentes, universidades e movimentos de oposição contestem o governo. São direitos essenciais que os líderes autoritários tentam violar. Embora às vezes seja necessário fazer mudanças nos mecanismos de autocorreção de um país — por exemplo, ampliando o direito do voto, regulamentando a mídia ou reformando o sistema judicial —, essas mudanças só devem ser feitas com base num amplo consenso que inclua grupos majoritários e também grupos minoritários. Se uma pequena maioria pudesse unilateralmente mudar os direitos civis, também poderia fraudar eleições com facilidade e livrar-se de todas as demais restrições ao seu poder.

Uma coisa importante a ser notada tanto sobre direitos humanos quanto sobre direitos civis é que eles não apenas limitam o poder do governo central; eles também lhe impõem deveres ativos. Não basta se abster de infringir direitos humanos e civis, um governo democrático deve tomar providências para assegurá-los. Por exemplo, o direito à vida impõe ao governo democrático a obrigação de proteger cidadãos contra a violência criminosa. Se um governo não mata ninguém, mas também não se esforça para proteger os cidadãos contra assassinatos, isso é anarquia, e não democracia.

O POVO VERSUS A VERDADE

Em todas as democracias, claro, existem discussões intermináveis sobre os limites exatos dos direitos humanos e civis. Até mesmo o direito à vida tem seus limites. Há países democráticos, como os Estados Unidos, que impõem a pena de morte, negando, com isso, a alguns criminosos, o direito à vida. E todo país se reserva a prerrogativa de declarar guerra e enviar pessoas para matar e morrer. Assim sendo, até onde vai exatamente o direito à vida? Há também discussões complexas e ininterruptas sobre quais direitos deveriam ser incluídos nos dois pacotes. Quem determinou que a liberdade religiosa é um direito humano fundamental? Será que o acesso à internet deveria ser definido como direito civil? E quanto aos direitos dos animais? Ou quanto aos direitos da IA?

Não podemos resolver aqui essas questões. Tanto os direitos humanos quanto os direitos civis são convenções intersubjetivas que os humanos inventam em vez de descobrir, determinados por contingências históricas, e não pela razão universal. Cada democracia pode adotar um rol de direitos um pouco diferente. Pelo menos do ponto de vista dos fluxos de informação, o que define um sistema como "democrático" é simplesmente o fato de que seu centro não tem autoridade ilimitada e o sistema dispõe de mecanismos robustos de correção dos erros do centro. Redes democráticas partem do princípio de que todos são falíveis, inclusive os vencedores de eleições e a maioria dos eleitores.

E lembremos que as eleições *não* são um método de descobrir a verdade. São, pelo contrário, um método de manter a ordem atuando como juiz dos desejos conflitantes das pessoas. As eleições estabelecem o que a maioria das pessoas deseja, e não qual é a verdade. E as pessoas costumam querer que a verdade seja diferente do que é. As redes democráticas, portanto, mantêm alguns mecanismos de autocorreção para proteger a verdade até mesmo da vontade da maioria.

Por exemplo, durante o debate de 2002-3 sobre a possível invasão do Iraque depois dos ataques do Onze de Setembro, o governo Bush alegou que Saddam Hussein desenvolvia armas de destruição em massa e que o povo iraquiano não via a hora de estabelecer uma democracia ao estilo americano, e acolheria os americanos como libertadores. Esses argumentos prevaleceram. Em outubro de 2002, representantes eleitos do povo americano no Congresso votaram esmagadoramente a favor de autorizar a invasão. A resolução foi aprovada por uma maioria de 296 a 133 (69%) na Câmara dos Representantes e por uma maioria de 77 a 23 (77%) no Senado.[6] Nos primeiros dias da guerra, em março de 2003, pesquisas de opinião revelaram que os representantes eleitos estavam em sintonia com a massa de eleitores e que 72% dos cidadãos americanos apoiavam a invasão.[7] A vontade do povo americano era inequívoca.

Mas, como se viu, a verdade era diferente do que o governo dizia e do que a maioria acreditava. À medida que a guerra prosseguia, ficava evidente que o Iraque não possuía armas de destruição em massa e que muitos iraquianos não tinham o menor desejo de ser "libertados" pelos americanos, tampouco de estabelecer uma democracia. Em agosto de 2004, outra pesquisa de opinião revelou que 67% dos americanos acreditavam que a invasão se apoiara em meras suposições. Com o passar dos anos, a maioria dos americanos reconheceu que a decisão de invadir o Iraque havia sido um erro catastrófico.[8]

Numa democracia, a maioria tem todo o direito de tomar decisões graves, como iniciar guerras, e isso inclui o direito de cometer erros graves. Mas a maioria deveria ao menos reconhecer a própria falibilidade e proteger a liberdade das minorias de manter e divulgar opiniões impopulares, que podem acabar se revelando corretas.

Outro exemplo é o caso do líder carismático acusado de corrupção. O desejo dos seus fiéis seguidores, obviamente, é de que as acusações sejam falsas. Mas, ainda que a maioria dos eleitores apoie o líder, seus desejos não devem impedir que juízes investiguem as acusações e descubram a verdade. Acontece com o sistema de justiça o mesmo que se passa com a ciência. Uma maioria dos eleitores pode negar a realidade das mudanças climáticas, mas essa maioria não deve ter o poder de ditar verdades científicas ou de impedir que cientistas investiguem e publiquem verdades inconvenientes. Ao contrário dos parlamentos, os departamentos de estudos ambientais não têm obrigação de refletir a vontade da maioria.

É claro que, quando se trata de tomar decisões políticas sobre mudanças climáticas numa democracia, deve prevalecer a vontade dos eleitores. Reconhecer a realidade das mudanças climáticas não nos diz o que devemos fazer a respeito delas. Sempre existem opções, e escolher entre elas é uma questão de desejo, e não de verdade. Uma opção pode ser eliminar de imediato as emissões de gases de efeito estufa, mesmo à custa do crescimento econômico. Isso significa fazer alguns sacrifícios hoje, mas poupar as pessoas de uma situação mais grave em 2050, evitando que o país insular de Kiribati desapareça sob as águas e salvando os ursos-polares da extinção. Outra opção seria seguir em frente sem mudar nada. Isso significa ter uma vida mais fácil hoje, mas tornar mais difícil a vida da próxima geração, inundar Kiribati e condenar os ursos-polares e muitas outras espécies ao desaparecimento. Escolher entre essas duas opções é questão de desejo, e a escolha deveria, portanto, ser feita por todos os eleitores, e não por um grupo restrito de especialistas.

A opção que não deve ser oferecida nas eleições é a de ocultar ou distorcer a verdade. Se a maioria prefere consumir toda a quantidade de combustíveis fósseis que quiser, sem ligar para as gerações futuras, ou levar em conta outros aspectos ambientais, ela tem o direito de votar nesse sentido. Mas a maioria não deve ter o direito de aprovar uma lei declarando que as mudanças climáticas são uma farsa e que todos os professores que acreditam em mudanças climáticas devem ser demitidos de seus cargos acadêmicos. Podemos escolher o que bem quisermos, mas sem negar o verdadeiro significado das nossas escolhas.

Naturalmente, as instituições acadêmicas, a mídia e o Judiciário podem estar comprometidos por corrupção, preconceito ou erro. Mas subordiná-los a um Ministério da Verdade governamental provavelmente só pioraria as coisas. O governo já é a instituição mais poderosa nas sociedades desenvolvidas e quase sempre tem o maior interesse em distorcer ou ocultar verdades inconvenientes. Permitir que o governo supervisione a busca da verdade é como chamar a raposa para tomar conta do galinheiro.

Para descobrir a verdade, é melhor recorrer a outros métodos. Em primeiro lugar, as instituições acadêmicas, a imprensa e o Judiciário têm seus próprios mecanismos internos de autocorreção para combater a corrupção, eliminar preconceitos e expor erros. No mundo acadêmico, a publicação submetida a revisão por pares é um controle muito melhor de erros do que a supervisão de funcionários governamentais, pois a promoção acadêmica costuma depender da revelação de erros anteriores e da descoberta de fatos desconhecidos. Na imprensa, a livre concorrência significa que se um veículo decide não noticiar um escândalo, talvez por motivos egoístas, outros provavelmente darão o furo de reportagem. No Judiciário, um juiz que aceita subornos pode ser julgado e punido como qualquer outro cidadão.

Em segundo, a existência de várias instituições independentes que buscam a verdade de diferentes maneiras permite que umas chequem e corrijam as outras. Por exemplo, se empresas poderosas conseguem desmantelar o mecanismo de revisão por pares subornando um número suficiente de cientistas, os jornalistas investigativos e os tribunais podem expor e punir os criminosos. Se a imprensa ou os tribunais forem afligidos por sistemáticos preconceitos raciais, cabe a sociólogos, historiadores e filósofos expô-los. Nenhum desses mecanismos é imune a falhas, mas nenhuma instituição o é. O governo com certeza não é.

Se tudo isso parece complicado é porque a democracia *é para ser* complicada. A simplicidade é característica de redes de informação ditatoriais, em que o centro dita as regras e todos obedecem em silêncio. É fácil acompanhar o monólogo ditatorial. A democracia, diferentemente, é uma conversa com vários participantes, muitos falando ao mesmo tempo. Pode ser difícil acompanhar o teor da conversa.

Além disso, as instituições democráticas mais importantes tendem a ser monstros de burocracia. Embora acompanhem avidamente os dramas biológicos da corte principesca e do palácio presidencial, os cidadãos, muitas vezes, acham difícil compreender o funcionamento de parlamentos, tribunais, jornais e universidades. Isso é o que ajuda líderes autoritários a organizarem ataques populistas a instituições, a desmantelarem todos os mecanismos de autocorreção e a concentrarem poder nas próprias mãos. Discutimos brevemente o populismo no prólogo, para ajudar a explicar o desafio populista à visão ingênua das informações. Agora precisamos voltar a examinar o populismo, alcançar um entendimento mais amplo da sua visão de mundo e explicar o apelo que exerce sobre líderes autoritários antidemocráticos.

O termo "populismo" vem do latim *populus*, que significa "o povo". Nas democracias, "o povo" é considerado a única fonte legítima de autoridade política. Só representantes do povo deveriam ter autoridade para declarar guerras, aprovar leis e aumentar impostos. Os populistas têm grande estima por esse princípio democrático fundamental, mas, de alguma forma, inferem que um único partido ou um único líder deveriam monopolizar o poder. Numa curiosa alquimia política, os populistas conseguem basear a busca totalitária de poder ilimitado num princípio democrático aparentemente impecável. Como isso acontece?

A mais nova alegação feita pelos populistas é de que só eles, de fato, representam o povo. Se nas democracias apenas o povo deveria ter poder político, e como supostamente só os populistas representam o povo, conclui-se que o partido populista deveria concentrar em suas mãos todo o poder político. Se um partido que não seja o dos populistas ganhar uma eleição, isso não significa que o partido rival tenha conquistado a confiança popular e o direito de formar um governo. Na verdade, significa que as eleições foram roubadas e que o povo foi levado enganosamente a votar de uma maneira que não expressa a sua verdadeira vontade.

É importante ressaltar que, para muitos populistas, essa é uma crença genuína e não um truque de propaganda. Mesmo que obtenham apenas uma parcela dos votos, os populistas podem continuar achando que só eles representam o povo. Caso similar é o dos partidos comunistas. No Reino Unido, por exemplo, o Partido Comunista da Grã-Bretanha (CPGB em inglês) jamais obteve mais de 0,4% dos votos numa eleição geral,[9] porém insistia em declarar que só ele representava de fato a classe trabalhadora. Milhões de trabalhadores britânicos, afirmavam eles, votavam no Partido Trabalhista ou mesmo no Partido Conservador, e não no CPGB, por "falsa consciência". Supostamente, através do controle da mídia, das universidades e de outras instituições, os capitalistas conseguiam enganar a classe trabalhadora para que votasse contra seus verdadeiros interesses, e só o CPGB conseguia perceber o engodo. Da mesma forma, os populistas podem achar que os inimigos do povo convenceram o povo a votar contra a sua vontade, que só os populistas de fato representam.

Uma parte fundamental do credo populista é a convicção de que "o povo" não é uma coleção de indivíduos de carne e osso, com interesses e opiniões diversos, mas um organismo místico unificado com uma vontade única — a "vontade do povo". Talvez a manifestação mais notória e extremada dessa crença semirreligiosa tenha sido o lema nazista "*Ein Volk, ein Reich, ein Führer*", que significa "Um povo, um país, um líder". A ideologia nazista postulava que o *Volk* (povo) tinha uma só vontade, cujo único representante autêntico era o *Führer* (líder). O líder teria uma percepção infalível de como o povo se sentia e do que almejava. A discordância de cidadãos alemães em relação ao líder não significava que o líder talvez estivesse errado. Na verdade, significava que os dissidentes pertenciam a algum grupo traiçoeiro externo — judeus, comunistas, liberais — e não ao grupo do povo.

O caso nazista é extremo, claro, e seria grosseiramente injusto acusar todos os populistas de serem criptonazistas com tendências genocidas. No entanto, muitos partidos e políticos populistas negam que "o povo" possa abrigar uma diversidade de opiniões e grupos de interesse. Insistem em que o verdadeiro povo tem uma única vontade que só eles podem representar. Já os seus rivais políticos — mesmo quando contam com substancial apoio popular — são descritos como "elites estrangeiras". Foi assim que Hugo Chávez concorreu à presidência da Venezuela com o slogan "Chávez é o povo!".[10] O presidente Erdoğan, da Turquia, certa vez criticou seus críticos internos dizendo: "Nós somos o povo. E vocês, quem são?" — como se seus críticos não fossem turcos também.[11]

Como saber, então, se alguém é parte do povo ou não? Fácil. Se apoia o líder, é parte do povo. Essa, de acordo com o filósofo político alemão Jan-Werner Müller, é a característica definidora do populismo. O que faz de alguém um populista é afirmar que só ele ou ela representam o povo e que qualquer um que discorde — sejam burocratas do Estado, grupos minoritários ou até mesmo a maioria do eleitorado — tem falsa consciência ou não faz realmente parte do povo.[12]

É por isso que o populismo representa uma ameaça letal à democracia. Embora concorde que o povo é a única fonte legítima de poder, a democracia se baseia no entendimento de que o povo jamais é uma entidade unitária, e que, portanto, não pode ter uma vontade única. Todos os povos — sejam alemães, venezuelanos ou turcos — são formados por muitos grupos diferentes, com pluralidade de opiniões, vontades e representantes. Nenhum grupo, nem mesmo o majoritário, tem o direito de excluir outros grupos da filiação ao povo. É isso que faz da democracia uma conversa. Manter esse diálogo pressupõe a existência de várias vozes legítimas. Se, no entanto, o povo tem apenas uma voz legítima, essa conversa não pode existir. Na verdade, uma voz única é a que dita tudo. O populismo pode, portanto, alegar obediência ao princípio democrático de "poder do povo", mas, a rigor, o que ele faz é esvaziar a democracia do seu sentido e tentar instaurar uma ditadura.

O populismo corrói a democracia de outra maneira mais sutil, porém igualmente perigosa. Tendo alegado que só eles representam o povo, os populistas sustentam que o povo é não só a única fonte legítima de autoridade política, como também de *toda* a autoridade. Qualquer instituição cuja autoridade venha de outra coisa que não seja a vontade do povo é antidemocrática. Como representantes autodesignados do povo, os populistas, por consequência, buscam monopolizar não só a autoridade política, mas todo tipo de autoridade, e assumir o controle de instituições como os veículos de comunicação, os tribunais e as universidades. Ao levarem o princípio democrático de "poder do povo" ao extremo, os populistas se tornam totalitários.

Na verdade, embora democracia signifique que a autoridade *na esfera po-*

lítica vem do povo, ela não nega a validade de fontes alternativas de autoridade em outras esferas. Como já vimos, numa democracia os veículos de comunicação independentes, os tribunais e as universidades são mecanismos de autocorreção essenciais que protegem a verdade até mesmo contra a vontade da maioria. Professores de biologia afirmam que os seres humanos evoluíram a partir de outros primatas porque há provas disso, ainda que a maioria prefira que seja diferente. Jornalistas podem revelar que um político popular aceitou propina e, se provas convincentes forem apresentadas no tribunal, o juiz pode mandar esse político para a prisão, ainda que a maioria das pessoas não queira acreditar nas acusações.

Os populistas desconfiam de instituições que, em nome da verdade objetiva, ignoram a suposta vontade do povo. Tendem a ver isso como uma cortina de fumaça para que as elites tomem o poder de forma ilegítima. Isso leva os populistas a desacreditarem na busca da verdade e a afirmarem — como vimos no prólogo — que "o poder é a única realidade". Tentam, portanto, minar ou tomar a autoridade de quaisquer instituições independentes que a eles se oponham. O resultado é uma visão sombria e cínica do mundo como uma selva, e dos seres humanos como criaturas com a obsessão exclusiva do poder. Todas as interações sociais são vistas como disputas de poder, e todas as instituições são apresentadas como panelinhas que promovem os interesses dos próprios membros. Na imaginação populista, os tribunais não dão a menor importância à justiça; tudo que fazem é proteger os privilégios dos juízes. Sim, os juízes falam muito de justiça, mas é só um estratagema para angariar poder. Os jornais não ligam para os fatos; espalham fake news para enganar o povo e beneficiar os jornalistas e as camarilhas que os financiam. Nem mesmo as instituições científicas se dedicam à busca da verdade. Biólogos, climatologistas, epidemiologistas, economistas, historiadores e matemáticos não passam de grupos de interesse cuidando do próprio bem-estar à custa do povo.

No geral, é uma visão bastante sórdida da humanidade, mas, a despeito disso, duas coisas a tornam sedutora para muitos. Primeiro, reduz todas as interações à luta pelo poder, simplifica a realidade e torna acontecimentos como guerras, crises econômicas e desastres naturais fáceis de entender. Qualquer coisa que aconteça — até uma pandemia — se resume a elites em busca de poder. Segundo, a visão populista é atraente porque às vezes está certa. Toda instituição humana é falível e padece de algum nível de corrupção. Alguns juízes aceitam propina. Alguns jornalistas intencionalmente enganam o público. Disciplinas acadêmicas às vezes são distorcidas por preconceitos e nepotismo. É por isso que toda instituição precisa de mecanismos de autocorreção. Mas, convencidos de que o poder é a única realidade, os populistas não podem aceitar que um tribunal, um veículo de comunicação ou uma disciplina acadêmica possam ser inspirados pelo valor da verdade ou da justiça para se corrigirem.

Enquanto muitos abraçam o populismo porque veem nele um relato honesto da realidade humana, outros líderes autoritários são atraídos por diferentes razões. O populismo oferece a eles uma base ideológica para se tornar ditador fingindo ser democrata. É especialmente útil quando um líder autoritário tenta neutralizar ou tomar para si os mecanismos de autocorreção da democracia. Uma vez que, em teoria, juízes, jornalistas e professores correm atrás de interesses políticos e não da verdade, o defensor do povo — o líder autoritário — deve controlar essas posições em vez de permitir que elas caiam nas mãos dos inimigos do povo. Da mesma forma, uma vez que até os funcionários encarregados de organizar eleições e divulgar seus resultados podem fazer parte de uma conspiração nefasta, eles também precisam ser substituídos por partidários do líder autoritário.

Numa democracia efetiva, os cidadãos confiam nos resultados das eleições, nas decisões dos tribunais, nas reportagens dos veículos de comunicação e nas descobertas das disciplinas científicas porque acreditam que essas instituições estão comprometidas com a verdade. Quando acham que o poder é a única realidade, as pessoas perdem a confiança em todas essas instituições, a democracia entra em colapso e os líderes autoritários podem vir a assumir o poder absoluto.

Claro, se minasse a confiança nos próprios líderes autoritários, o populismo poderia desaguar na anarquia, e não no totalitarismo. Se nenhum ser humano está interessado na verdade ou na justiça, isso também não se aplica a Mussolini ou a Putin? E se nenhuma instituição humana pode ter mecanismos eficientes de autocorreção, isso também não inclui o Partido Nacional Fascista de Mussolini ou o Partido Rússia Unida de Putin? Como é possível conciliar uma desconfiança arraigada em todas as elites e em todas as instituições com uma admiração inabalável por um líder e por um partido? É por isso que os populistas dependem, em última análise, da noção mística de que o líder autoritário encarna o povo. Quando a confiança em instituições burocráticas como as juntas eleitorais, os tribunais e os jornais é particularmente baixa, a única maneira de preservar a ordem é essa maior dependência da mitologia.

MEDIR A FORÇA DAS DEMOCRACIAS

Líderes autoritários que alegam representar o povo podem muito bem chegar ao poder por meios democráticos e costumam governar mantendo uma fachada democrática. Eleições fraudadas nas quais se obtêm maiorias esmagadoras servem como prova do vínculo místico entre o líder e o povo. Consequentemente, para avaliarmos o quanto uma rede de informações é democrática, não podemos usar um simples parâmetro como a realização regular de eleições. Na Rússia de Putin, no Irã e até mesmo na Coreia do Norte, eleições são realizadas com uma precisão de relojoaria. Em vez disso, precisamos fazer perguntas mais complexas, como "que mecanismos impedem o governo central de fraudar as eleições?", "até que ponto é seguro para os veículos de comunicação criticar o governo?" e "quanta autoridade o centro acumula para si?". Democracia e ditadura não são opostos binários, mas um espectro contínuo. Para decidirmos se uma rede está mais perto do extremo democrático ou do extremo ditatorial, precisamos entender como as informações fluem na rede e o que influencia a conversa política.

Se uma pessoa dita todas as decisões, e até seus conselheiros mais próximos têm pavor de exprimir uma opinião discordante, não está havendo conversa alguma. Essa rede está situada no extremo ditatorial do espectro. Se ninguém pode expressar publicamente opiniões dissonantes, mas a portas fechadas um pequeno grupo de figurões do partido ou de altos funcionários troca opiniões livremente, isso ainda é uma ditadura, mas uma ditadura já engatinhando rumo à democracia. Se 10% da população participa da conversa política manifestando suas opiniões, votando em eleições justas e concorrendo a cargos, isso pode ser considerado uma democracia limitada, como foi o caso de muitas cidades-Estado da Antiguidade, entre elas Atenas, e dos Estados Unidos em seus primórdios, quando só homens brancos ricos tinham esses direitos políticos. Quando a porcentagem de pessoas que fazem parte dessa conversa aumenta, a rede também fica mais democrática.

O foco no diálogo e não nas eleições levanta uma série de perguntas interessantes. Por exemplo, *onde* é que essa conversa ocorre? A Coreia do Norte, por exemplo, tem a Assembleia Mansudae em Pyongyang, onde os 687 membros da Assembleia Popular Suprema se reúnem e falam. No entanto, embora a assembleia seja oficialmente conhecida como o Legislativo da Coreia do Norte, e embora as eleições para a assembleia sejam realizadas a cada cinco anos, esse organismo é visto como mera formalidade, executando decisões tomadas em outro lugar. As conversas irrelevantes seguem um roteiro predeterminado e não se destinam a mudar a opinião de ninguém sobre nada.[13]

Será que existe outra sala em Pyongyang onde conversas cruciais ocorrem? Será que membros do Politburo ousam criticar as políticas de Kim Jong-un durante reuniões formais? Talvez isso possa ser feito em jantares não oficiais, ou em grupos de especialistas não oficiais? As informações na Coreia do Norte são tão rigorosamente controladas que não temos como dar respostas claras a essas perguntas.[14]

Perguntas similares podem ser feitas sobre os Estados Unidos, onde, diferentemente da Coreia do Norte, as pessoas têm liberdade de dizer o que quiserem. Violentos ataques públicos ao governo ocorrem todos os dias. Mas onde fica a sala das conversas cruciais e quem está sentado lá? O Congresso dos Estados Unidos foi projetado para cumprir essa função, com representantes do povo reunidos para conversar e tentar convencer uns aos outros. Mas quando foi a última vez que um eloquente discurso no Congresso, feito por alguém de um partido, convenceu membros do outro partido a mudarem de ideia sobre alguma coisa? O certo é que as conversas que definem a política americana definitivamente não se dão no Congresso. As democracias morrem não só quando as pessoas não têm liberdade de falar, mas também quando não querem e não são capazes de ouvir.

DEMOCRACIAS DA IDADE DA PEDRA

Com base nessa definição de democracia, podemos agora ir aos registros históricos e examinar de que maneira mudanças na tecnologia da informação e nos fluxos de informação moldaram a história da democracia. A julgar por provas arqueológicas e antropológicas, a democracia era o sistema político típico entre caçadores-coletores arcaicos. Os bandos na Idade da Pedra evidentemente não tinham instituições formais, como eleições, tribunais e veículos de comunicação, mas as suas redes de informação eram distribuídas e ofereciam amplas oportunidades de autocorreção. Em bandos de poucas dezenas de pessoas, as informações podiam ser facilmente compartilhadas entre todos os membros do grupo, e quando o bando decidia onde montar acampamento, onde caçar ou como conduzir um conflito com outro bando, todos podiam tomar parte na conversa e debater. Os bandos costumavam pertencer a uma tribo maior que incluía centenas ou milhares de pessoas. Mas, quando escolhas importantes que afetassem toda a tribo precisavam ser feitas, como ir ou não à guerra, as tribos ainda eram pequenas o suficiente para que uma grande porcentagem dos membros se reunisse num lugar e conversassem.[15]

Embora bandos e tribos tivessem eventualmente líderes dominadores, esses líderes tendiam a exercer apenas uma autoridade limitada. Não tinham à disposição exércitos permanentes, forças policiais ou burocracias governamentais, portanto não podiam apenas impor a sua vontade à força.[16] Além disso, era difícil para os líderes controlar a base econômica da vida das pessoas. Nos tempos modernos, ditadores como Vladimir Putin e Saddam Hussein muitas vezes baseiam seu poder político na monopolização de ativos econômicos, como poços de petróleo.[17] Na Idade Média e na Antiguidade Clássica, imperadores chineses, tiranos gregos e faraós egípcios dominavam a sociedade controlando depósitos de grãos, minas de prata e canais de irrigação. Já numa economia de caçadores-coletores, esse controle econômico centralizado só era possível em situações muito especiais. Por exemplo, ao longo da costa noroeste da América do Norte, algumas economias de caçadores-coletores dependiam da pesca e da preservação de grandes quantidades de salmão. Como a migração dos salmões para desova atingia o pico num período de poucas semanas em riachos e rios específicos, um chefe poderoso tinha condições de monopolizar esse ativo.[18]

Mas isso era excepcional. A economia de grande parte dos caçadores-coletores era muito mais diversificada. Um líder, ainda que apoiado por alguns aliados, não tinha como cercar a savana e impedir que as pessoas coletassem plantas e caçassem animais. Se tudo o mais falhasse, os caçadores-coletores ainda poderiam votar com os pés. Tinham poucas posses, e seus ativos mais importantes eram as habilidades pessoais e os amigos. Se um chefe se tornasse ditatorial, as pessoas poderiam simplesmente partir.[19]

Mesmo quando caçadores-coletores eram governados por um chefe dominador, como no caso dos pescadores de salmão do noroeste da América, pelo menos esse chefe era acessível. Ele não vivia numa fortaleza distante, cercado por uma burocracia indecifrável e um cordão de guardas armados. Se você quisesse fazer uma queixa ou uma sugestão, quase sempre era possível se aproximar dele e falar. O chefe não tinha como controlar a opinião pública nem se isolar dela. Em outras palavras, era impossível para o chefe obrigar todas as informações a fluírem pelo centro ou impedir as pessoas de falarem umas com as outras, de criticá-lo ou de se organizarem contra ele.[20]

No milênio seguinte à revolução agrícola, e especialmente depois que a escrita ajudou a criar sistemas de governo com amplas burocracias, ficou mais fácil centralizar o fluxo de informações e mais difícil manter a conversação democrática. Em pequenas cidades-Estado como as da Mesopotâmia e da Grécia antigas, autocratas como Lugalzaguesi de Uma e Pisístrato de Atenas dependiam de burocratas, arquivos e exércitos permanentes para monopolizar ativos econômicos essenciais e informações sobre propriedade, tributação, diplomacia e política. Ao mesmo tempo, ficou mais difícil para a massa de cidadãos manter contato direto uns com os outros. Não havia tecnologia de comunicação em massa como jornais e rádio, e não era fácil espremer dezenas de milhares de cidadãos na praça principal da cidade para um debate comunitário.

A democracia ainda era uma opção para essas pequenas cidades-Estado, como indica claramente a história tanto da Suméria antiga quanto da Grécia clássica.[21] No entanto, a democracia das antigas cidades-Estado tendia a ser menos inclusiva do que a democracia dos bandos arcaicos de caçadores-coletores. Provavelmente o exemplo mais famoso da democracia antiga da cidade-Estado é Atenas nos séculos V e IV AEC. Todos os cidadãos adultos do sexo masculino podiam participar da assembleia ateniense, votar em políticas públicas e se eleger para cargos públicos. Mas as mulheres, os escravizados e os não cidadãos residentes da cidade não desfrutavam desses privilégios. Apenas cerca de 25% a 30% da população adulta de Atenas tinha plenos direitos políticos.[22]

À medida que o tamanho das entidades políticas crescia, e cidades-Estado eram substituídas por reinos e impérios, até mesmo a democracia parcial de estilo ateniense foi desaparecendo. Todos os exemplos famosos de democracias antigas são cidades-Estado como Atenas e Roma. Não sabemos de nenhum reino ou império em grande escala que operasse de acordo com regras democráticas.

Por exemplo, Atenas, quando se expandiu de cidade-Estado para império no século V AEC, não concedia cidadania nem direitos políticos aos povos conquistados. A cidade de Atenas continuou sendo uma democracia limitada, mas o Império Ateniense, muito maior, era governado autocraticamente a partir do centro. Todas as decisões importantes sobre impostos, alianças diplomáticas e expedições militares eram tomadas em Atenas. Terras subjugadas, como as ilhas de Naxos e Tassos, tinham que obedecer às ordens da assembleia popular e dos funcionários eleitos, sem que os cidadãos de Naxos e de Tassos pudessem votar nessa assembleia ou ser eleitos para cargos públicos. Também era difícil para Naxos, Tassos e outras terras subjugadas coordenarem uma oposição unida contra as decisões tomadas no centro ateniense, e se tentassem fazê-lo incorreriam em implacáveis represálias atenienses. No Império Ateniense, as informações fluíam de, e para, Atenas.[23]

Quando a República Romana construiu seu império, conquistando primeiro a península Itálica e, finalmente, toda a bacia do Mediterrâneo, os romanos tomaram um rumo um pouco diferente. Aos poucos, Roma estendeu a cidadania aos povos conquistados. Começou concedendo cidadania aos habitantes do Lácio, depois aos de outras regiões italianas e, por fim, até mesmo aos de províncias distantes, como Gália e Síria. No entanto, à medida que a cidadania era estendida a mais e mais gente, mais os direitos políticos dos cidadãos eram simultaneamente restringidos.

Os romanos antigos tinham um claro entendimento do significado de democracia e, de início, se comprometeram ferrenhamente com o ideal democrático. Depois de expulsarem o último rei de Roma em 509 AEC, os romanos desenvolveram uma antipatia profunda pela monarquia e um medo de conceder poder ilimitado a qualquer indivíduo ou instituição. O supremo poder Executivo era, portanto, dividido entre *dois* cônsules, um dos quais servia de contrapeso para o outro. Esses cônsules eram escolhidos por cidadãos em eleições livres, ocupavam o cargo por um ano e eram, ademais, controlados pelos poderes da assembleia popular, do Senado e de outros funcionários eleitos, como os tribunos.

Mas quando Roma estendeu a cidadania aos latinos, italianos e, finalmente, gauleses e sírios, o poder da assembleia popular, dos tribunos, do Senado e até mesmo dos cônsules foi aos poucos diminuindo, até que, no fim do século I AEC, a família César estabeleceu o seu governo autocrático. Antecipando-se a líderes autoritários de hoje, como Putin, Augusto não se coroou rei e fez de conta que Roma ainda era uma república. O Senado e a assembleia popular continuaram a se reunir, e todo ano os cidadãos elegiam cônsules e tribunos. Mas essas instituições foram esvaziadas de qualquer poder verdadeiro.[24]

Em 212 EC, o imperador Caracala — descendente de uma família fenícia do norte da África — tomou a providência aparentemente importante de conceder cidadania romana automática aos homens adultos livres em todo o seu vasto império. Roma, no século III EC, tinha dezenas de milhões de cidadãos.[25] Mas, àquela altura, todas as decisões importantes eram tomadas por um único imperador não eleito. Embora cônsules continuassem sendo cerimonialmente escolhidos todos os anos, Caracala herdou poder do pai, Sétimo Severo, que se tornou imperador ao sair vitorioso de uma guerra civil. Para consolidar o seu domínio, a medida mais importante que Caracala tomou foi assassinar o irmão e rival Geta.

Ao ordenar o assassinato de Geta, declarar guerra ao Império Parta ou estender a cidadania romana a milhões de britões, gregos e árabes, Caracala não precisou pedir permissão ao povo romano. Todos os mecanismos de autocorreção de Roma tinham sido neutralizados muito tempo antes. Se Caracala cometesse um erro em política externa ou doméstica, nem o Senado, nem funcionários poderiam intervir para consertá-lo, salvo encabeçando uma rebelião ou o assassinando. E quando Caracala foi, de fato, assassinado em 217, isso levou a uma nova rodada de guerras civis que culminou na ascensão de novos autocratas. Roma no século III, como a Rússia no século XVIII, era, nas palavras de Madame de Staël, uma "autocracia amenizada por estrangulamento".

No século III EC, não só o Império Romano, como todas as outras grandes sociedades humanas na terra eram redes de informação centralizadas sem mecanismos robustos de autocorreção. Isso era verdade nos casos dos Impérios Parta e Sassânida na Pérsia, dos Impérios Cuchana e Gupta na Índia, e do Império Han na China e seu sucessor, os Três Reinos.[26] Milhares de outras sociedades em pequena escala continuaram a funcionar democraticamente no século III EC e além, mas parecia que as redes democráticas distribuídas eram incompatíveis com sociedades em grande escala.

Será que as grandes democracias eram inviáveis no mundo antigo? Ou será que autocratas como Augusto e Caracala deliberadamente as sabotaram? Essa pergunta é importante não só para a nossa compreensão da história antiga, como também para a nossa visão do futuro da democracia na era da IA. Como saber se as democracias fracassam porque são enfraquecidas por líderes autoritários ou por razões estruturais e tecnológicas bem mais profundas?

Para essa resposta, examinemos mais de perto o Império Romano. Os romanos claramente tinham familiaridade com o ideal democrático, e esse ideal continuou a ser importante para eles mesmo depois que a família César chegou ao poder. Do contrário, Augusto e seus herdeiros não se preocupariam em preservar instituições aparentemente democráticas como o Senado e as eleições anuais para o consulado e outros cargos. Nesse caso, por que o poder acabou nas mãos de um imperador não eleito?

Em tese, mesmo depois que a cidadania romana foi estendida a dezenas de milhões de pessoas em toda a bacia do Mediterrâneo, não seria possível realizar eleições em todo o território imperial para o cargo de imperador? Isso decerto teria exigido complicadas questões logísticas, e o resultado das eleições levaria meses para ser conhecido. Mas isso terá sido de fato um impedimento?

O maior equívoco aqui é equiparar democracia com eleições. Dezenas de milhares de cidadãos romanos poderiam teoricamente votar em candidatos a imperador. Mas a verdadeira indagação é se dezenas de milhares de romanos seriam capazes de manter um diálogo político contínuo em todo o seu território. Na Coreia do Norte de hoje, nenhuma conversa democrática ocorre porque as pessoas não têm a liberdade de falar, ainda que pudéssemos imaginar uma situação em que essa liberdade fosse garantida — como na Coreia do Sul. Nos Estados Unidos dos nossos dias, o diálogo democrático é ameaçado pela incapacidade de as pessoas ouvirem e respeitarem seus rivais políticos, mas, pelo menos em tese, isso tem conserto. Já no Império Romano, não havia jeito de conduzir ou sustentar uma conversa democrática, porque não existiam recursos tecnológicos para tal.

Para manter um diálogo, não bastam a liberdade de falar e a capacidade de ouvir. Há, além disso, dois pré-requisitos técnicos. Em primeiro lugar, as pessoas precisam ser capazes de ouvir umas às outras. Isso significa que a única maneira de manter uma conversa política num território do tamanho dos Estados Unidos ou do Império Romano é com a ajuda de alguma espécie de tecnologia da informação que possa transmitir com rapidez o que as pessoas dizem a longas distâncias.

Em segundo, as pessoas precisam ao menos de um entendimento rudimentar a respeito daquilo que estão falando. Do contrário, estão apenas fazendo barulho. As pessoas costumam ter uma boa compreensão de questões políticas das quais têm experiência direta. Os pobres têm percepções sobre a pobreza que costumam escapar aos professores de economia, e minorias étnicas compreendem o racismo de maneira muito mais profunda do que pessoas que nunca sofreram discriminação, por exemplo. No entanto, se a experiência vivida fosse a única maneira de entender questões políticas essenciais, as conversas políticas em grande escala seriam impossíveis. Pois, nesse caso, cada grupo só poderia falar das próprias experiências. E pior: ninguém mais seria capaz de entender a conversa. Se a experiência fosse a única forma possível de conhecimento, ouvir as experiências dos outros não seria suficiente para que essas percepções fossem compartilhadas.

Uma conversa política de grande alcance entre grupos diversos só ocorrerá se as pessoas puderem adquirir alguma compreensão de questões que jamais vivenciaram. Numa grande entidade política, é papel fundamental do sistema de educação e da imprensa informar as pessoas sobre coisas que elas próprias jamais enfrentaram. Sem um sistema de educação ou sem plataformas de mídia para desempenhar esse papel, nenhuma conversa significativa em grande escala pode ocorrer.

Numa pequena cidade neolítica de poucos milhares de habitantes, as pessoas às vezes podiam ter medo de expressar seus pensamentos, ou se recusar a ouvir o que diziam seus rivais, mas era relativamente fácil satisfazer os pré-requisitos técnicos fundamentais para o discurso significativo. Em primeiro lugar, as pessoas viviam perto umas das outras e podiam se encontrar com a maioria dos outros membros da comunidade e ouvir sua voz sem dificuldade. Em segundo, todos conheciam a fundo os perigos e as oportunidades que a cidade enfrentava. Se um grupo de guerreiros inimigos se aproximasse, todo mundo via. Se o rio inundasse os campos, todos testemunhavam os efeitos econômicos. Quando falavam de guerra e fome, as pessoas sabiam do que se tratava.

No século IV AEC, a cidade-Estado de Roma ainda era pequena o bastante para permitir que uma grande porcentagem dos cidadãos se reunisse no Fórum em tempos de emergência, ouvisse os líderes respeitados e expressasse opiniões pessoais sobre o assunto em pauta. Quando, em 390 AEC, invasores gauleses atacaram Roma, quase todo mundo perdeu um parente e alguma propriedade na Batalha de Ália, quando os gauleses vitoriosos saquearam Roma. Os romanos, em desespero, nomearam Marco Camilo ditador. Em Roma, o ditador era um funcionário público nomeado em tempos de emergência que tinha poderes ilimitados, mas por um curto período, depois do qual era responsabilizado por suas ações. Depois que Camilo levou os romanos à vitória, todos puderam constatar que a emergência havia passado, e Camilo renunciou.[27]

Em contraste, no século III EC, o Império Romano tinha uma população de 60 milhões a 75 milhões de pessoas,[28] espalhada por 5 milhões de quilômetros quadrados.[29] Roma não tinha tecnologia de comunicação como rádio e jornal diário. Apenas 10% a 20% dos adultos sabiam ler,[30] e não havia um sistema de educação organizado que pudesse informá-los sobre geografia, história e economia do império. É verdade que muitas pessoas no império compartilhavam ideias culturais, como uma forte crença na superioridade da civilização romana sobre os bárbaros. Essas convicções culturais eram determinantes para a preservação da ordem e a manutenção do império. Mas suas implicações políticas não eram muito claras, e em tempos de crise não havia a menor possibilidade de manter uma conversa pública sobre o que fazer.

Como comerciantes sírios, pastores britânicos ou aldeões egípcios poderiam manter um diálogo sobre as guerras em curso no Oriente Médio ou sobre a crise de imigração que se alastrava pelo Danúbio? A falta de uma conversa pública significativa não era culpa de Augusto, de Nero, de Caracala ou de qualquer outro imperador. Eles não sabotaram a democracia romana. Considerando o tamanho do império e a tecnologia da informação disponível, a democracia era, para todos os efeitos, inviável. Filósofos antigos, como Platão e Aristóteles, já sabiam disso, alegando que a democracia só funcionava em cidades-Estado de pequeno porte.[31]

Se a ausência de democracia romana tivesse sido apenas culpa de autocratas específicos, teríamos visto pelo menos democracias em grande escala florescendo em outros lugares, como a Pérsia Sassânida, a Índia Gupta, ou a China

Han. Mas, antes do desenvolvimento da moderna tecnologia da informação, não há exemplos de democracias em grande escala em parte alguma do mundo.

Deve-se ressaltar que, em muitas autocracias em grande escala, questões locais costumavam ser resolvidas de forma democrática. O imperador romano não tinha as informações necessárias para microgerir centenas de cidades do império, ao passo que cidadãos locais em cada cidade podiam continuar a manter uma conversa séria sobre políticas municipais. Consequentemente, bem depois de o Império Romano se tornar uma autocracia, muitas cidades continuaram a ser governadas por assembleias locais e funcionários eleitos. Numa época em que eleições para o consulado em Roma tinham se tornado apenas protocolares, as eleições para cargos municipais em pequenas cidades como Pompeia eram muito disputadas.

Pompeia foi destruída na erupção do Vesúvio em 79 EC, durante o reinado do imperador Tito. Arqueólogos desenterraram cerca de 1500 grafites relativos a campanhas eleitorais locais. Um cargo cobiçado era o de edil — o magistrado responsável pela manutenção da infraestrutura e dos prédios públicos.[32] Os partidários de Lucrécio Fronto inscreveram o grafite: "Se vida honesta serve de recomendação, Lucrécio merece ser eleito". Um dos seus adversários, Caio Júlio Políbio, concorreu com o slogan: "Eleja Caio Júlio Políbio ao cargo de edil. Ele fornece pão de qualidade".

Havia também frases de endosso em nome de grupos religiosos e associações profissionais, como "Os adoradores de Ísis exigem a eleição de Gnaeus Helvius Sabinus" e "Todos os muleteiros solicitam que você eleja Caio Júlio Políbio". Também havia táticas desonestas. Alguém que claramente não era partidário do candidato escreveu "Todos os bêbados pedem que você eleja Marcus Cerrinius Vatia" e "Todos os pequenos ladrões pedem que você eleja Vatia".[33] Essas campanhas políticas indicam que o cargo de edil tinha poder em Pompeia e que o edil era escolhido em eleições relativamente livres e justas, em vez de ser nomeado pelo autocrata imperial em Roma.

Mesmo em impérios cujos governantes não tinham pretensões democráticas, a democracia ainda conseguia prosperar em nível local. No Império Tsarista, por exemplo, a vida diária de milhões de aldeões era gerida por comunas rurais. Remontando pelo menos ao século XI, cada comuna costumava reunir menos de mil pessoas. Estavam sujeitas a um senhorio e deviam muitas obrigações a ele e ao Estado tsarista central, mas tinham considerável autonomia na gestão de seus assuntos internos e na decisão de como cumprir suas obrigações externas, como pagar impostos e fornecer recrutas para o serviço militar. A comuna intermediava disputas locais, ajudava em casos de emergência, zelava pelas normas sociais, supervisionava a distribuição de terra para as famílias e regulava o acesso a recursos comuns, como as florestas e as pastagens. As decisões sobre assuntos importantes eram tomadas em reuniões comunitárias, nas quais os chefes de família manifestavam suas opiniões e escolhiam o ancião da comuna. As resoluções tentavam ao menos refletir a vontade da maioria.[34]

Nas aldeias tsaristas e nas cidades romanas, uma forma de democracia era possível porque uma conversação pública significativa também o era. Pompeia era uma cidade de cerca de 11 mil pessoas em 79 EC,[35] de modo que cada um podia supostamente julgar por si próprio se Lucrécio Fronto era um homem honesto e se Marcus Cerrinius Vatia era um ladrão bebum. Mas a democracia numa escala de milhões de pessoas só se tornou possível na era moderna quando os meios de comunicação de massa mudaram a natureza das redes de informação em grande escala.

OS MEIOS DE COMUNICAÇÃO DE MASSA POSSIBILITAM A DEMOCRACIA

Os meios de comunicação de massa são tecnologias da informação capazes de conectar rapidamente milhões de pessoas a longa distância. A imprensa foi um passo crucial nessa direção. A tecnologia de impressão possibilitou a produção barata e rápida de grandes quantidades de livros e panfletos, dando às pessoas a oportunidade de expressar suas opiniões e serem ouvidas num grande território, mesmo que o processo ainda levasse um tempo. Isso sustentou alguns dos primeiros experimentos de democracia em grande escala, como a Comunidade Polaco-Lituana, estabelecida em 1569, e a República Holandesa, estabelecida em 1579.

Alguns podem contestar a caracterização desses regimes políticos como "democráticos", uma vez que só uma minoria de cidadãos relativamente ricos desfrutava de plenos direitos políticos. Na Comunidade Polaco-Lituana, os direitos políticos eram reservados a membros adultos do sexo masculino da *szlachta* — a nobreza. Eram mais de 300 mil indivíduos, ou cerca de 5% da população adulta total.[36] Uma das prerrogativas da *szlachta* era de eleger o rei, mas como votar exigia viajar grandes distâncias para participar de uma convenção nacional, poucos exerciam esse direito. Nos séculos XVI e XVII, a participação nas eleições do rei variava de 3 mil a 7 mil eleitores, exceto nas eleições de 1669, nas quais a participação foi de 11 271.[37] Embora dificilmente isso pareça democrático no século XXI, é bom lembrar que todas as democracias em grande escala até o século XX limitavam os direitos políticos a um pequeno círculo de homens relativamente ricos. A democracia nunca é uma questão de tudo ou nada. É uma série contínua, e os poloneses e lituanos do fim do século XVI exploraram regiões até então desconhecidas dessa série contínua.

Além de eleger o rei, a Comunidade Polaco-Lituana possuía um Parlamento eleito (o Sejm), que aprovava ou bloqueava novas leis e tinha o poder de vetar decisões reais em tributação e assuntos estrangeiros. Além disso, os cidadãos gozavam de uma lista de direitos invioláveis, como liberdade de reunião e liberdade religiosa. No fim do século XVI e início do XVII, quando a maior parte da Europa vivia acirrados conflitos religiosos e perseguições, a Comunidade Polaco-Lituana era um refúgio de tolerância, em que católicos, ortodoxos gregos, luteranos, calvinistas, judeus e até muçulmanos coexistiam em relativa harmonia.[38] Em 1616, mais de cem mesquitas funcionavam na Comunidade.[39]

No fim, porém, o experimento polaco-lituano de descentralização se mostrou impraticável. O país era o segundo maior Estado da Europa (atrás da Rússia), cobrindo quase 1 milhão de quilômetros quadrados e incluindo a maior parte do território da Polônia, da Lituânia, da Bielorrússia e da Ucrânia atuais. Faltavam-lhe os sistemas de informação, de comunicação e de educação necessários para manter um diálogo político significativo entre aristocratas poloneses, nobres lituanos, cossacos ucranianos e rabinos judeus disseminados desde o mar Báltico até o mar Negro. Seus mecanismos de autocorreção também eram muito onerosos, paralisando o poder do governo central. Em particular, a cada deputado do Sejm era concedido o direito de veto sobre qualquer legislação parlamentar, o que levava a impasses políticos. A combinação de uma entidade política grande e diversificada com um centro fraco foi fatal. Forças centrífugas destroçaram a comunidade, e os pedaços foram divididos entre as autocracias centralizadas da Rússia, da Áustria e da Prússia.

O experimento holandês deu mais certo. Em muitos aspectos, as Províncias Unidas dos Países Baixos eram ainda menos centralizadas do que a Comunidade Polaco-Lituana, uma vez que não havia monarca, e eram uma união de sete províncias autônomas, por sua vez formadas de vilas e cidades autônomas.[40] Essa natureza descentralizada se reflete na forma plural com que o país era conhecido no exterior — Países Baixos, Les Pays-Bas, Los Países Bajos, e assim por diante.

No entanto, as Províncias Unidas, somadas, correspondiam a 25% da extensão territorial da Comunidade Polaco-Lituana e tinham um sistema de informação, comunicação e educação muito melhor, que ligava estreitamente suas partes constitutivas.[41] As Províncias Unidas também foram pioneiras numa nova tecnologia da informação que tinha grande futuro. Em junho de 1618, um panfleto intitulado *Courante uyt Italien, Duytslandt &c.* apareceu em Amsterdam. Como indicava o título, trazia notícias da península Itálica, das terras alemãs e de outros lugares. Não havia nada de notável nesse panfleto específico, além do fato de que novas edições foram publicadas nas semanas seguintes. Foi impresso regularmente até 1670, quando se fundiu com outros panfletos seriais formando o *Amsterdamsche Courant*, publicado até 1903, quando foi incorporado ao *De Telegraaf* — o maior jornal da Holanda até hoje.[42]

O jornal é um panfleto periódico e se diferenciava de panfletos anteriores de edição única porque dispunha de um mecanismo de autocorreção muito mais robusto. Diferentemente de publicações de edição única, um jornal semanal ou diário tem a chance de corrigir seus erros e um incentivo para fazê-lo, que é conquistar a confiança do público. Logo depois do surgimento do *Courante uyt Italien, Duytslandt &c.*, um jornal concorrente chamado *Tijdinghen uyt Verscheyde Quartieren* [Notícias de Várias Partes] fez sua estreia. O *Courante* costumava ser visto como mais confiável, porque procurava checar as estórias antes de publicar, e porque o *Tijdinghen* era acusado de ser excessivamente patriótico e de dar apenas notícias favoráveis aos Países Baixos. No entanto, os dois sobreviveram, porque, como explicou um leitor, "sempre se acha num jornal o que não se acha no outro". Nas décadas seguintes, dezenas de novos periódicos foram publicados nos Países Baixos, que vieram a tornar-se o centro jornalístico da Europa.[43]

Jornais que conseguiam conquistar a confiança geral se transformavam em arquitetos e porta-vozes da opinião pública. Criaram um público mais bem informado e engajado, que mudou a natureza da política, primeiro nos Países Baixos e depois no mundo inteiro.[44] A influência política dos jornais era tão crucial que editores de jornal muitas vezes se tornavam líderes políticos. Jean-Paul Marat chegou ao poder na França revolucionária fundando e editando *L'Ami du Peuple*; Eduard Bernstein ajudou a criar o Partido Social-Democrata da Alemanha editando *Der Sozialdemokrat*; o mais importante cargo exercido por Vladímir Lênin antes de se tornar ditador soviético foi o de editor do *Iskra*; e Benito Mussolini ganhou fama primeiro como jornalista socialista no *Avanti!* e depois como fundador e editor do incendiário jornal de direita *Il Popolo d'Italia*.

Os jornais desempenharam papel determinante na formação das primeiras democracias modernas, como as Províncias Unidas dos Países Baixos, o Reino Unido nas ilhas Britânicas e os Estados Unidos na América do Norte. Como os próprios nomes indicam, não se tratava de cidades-Estado, como Atenas e Roma antigas, mas de amálgamas de diferentes regiões unidas em parte por essa nova tecnologia da informação. Por exemplo, quando em 6 de dezembro de 1825 o presidente John Quincy Adams fez o seu Primeiro Discurso Anual para o Congresso dos Estados Unidos, o texto do discurso e os resumos dos principais pontos foram publicados nas semanas seguintes por jornais de Boston a New Orleans (naquela época, centenas de jornais e revistas eram publicados nos Estados Unidos).[45]

Adams declarou a intenção do seu governo de iniciar vários projetos federais que iam da construção de estradas à fundação de um observatório astronômico, que chamou poeticamente de "farol dos céus". Seu discurso deflagrou um debate público feroz, boa parte dele conduzida em letra de fôrma entre os que apoiavam aqueles planos de "governo grande," como essenciais para o desenvolvimento dos Estados Unidos, e muitos outros que preferiam uma abordagem de "governo pequeno" e viam os planos de Adams como interferência federal e usurpação dos direitos dos estados.

Os partidários do "governo pequeno" se queixavam de que era inconstitucional o governo federal taxar os cidadãos de estados mais ricos para construir estradas nos estados mais pobres. Os sulistas temiam que um governo federal que se arrogava o poder de construir um farol dos céus no quintal deles pudesse um dia arrogar-se também o poder de libertar seus escravizados. Adams foi acusado de ter ambições ditatoriais, enquanto a erudição e a sofisticação do seu discurso foram criticadas como elitistas e sem ligação com os americanos comuns. Os debates públicos sobre a mensagem ao Congresso de 1825 desferiram um duro golpe na reputação do governo Adams e ajudaram a abrir caminho para sua subsequente derrota eleitoral. Nas eleições presidenciais de 1828, Adams perdeu para Andrew Jackson — rico proprietário de plantations e de escravizados do Tennessee, que foi rebatizado em numerosas colunas de jornal como "o homem do povo" e que alegava que as eleições anteriores tinham sido roubadas por Adams e pelas elites corruptas de Washington.[46]

Os jornais da época eram, claro, lentos e limitados em comparação com os veículos de comunicação de massa atuais. Jornais viajavam a passo de cavalo ou à velocidade de barcos a vela, e relativamente poucas pessoas os liam com regularidade. Não havia bancas de jornal nem vendedores de rua, então as pessoas tinham de fazer assinaturas, que eram caras, as anuais chegavam a custar mais ou menos o salário semanal de um artesão qualificado. Como resultado, estima-se que o número total de assinantes de todos os jornais dos Estados Unidos em 1830 era de apenas 78 mil. Como alguns assinantes eram associações ou empresas e não indivíduos, e como cada exemplar era provavelmente lido por várias pessoas, podemos supor que o número regular de leitores de jornal chegava a centenas de milhares. Mas outros milhões pouco, ou nunca, liam jornal.[47]

Não admira que a democracia americana naqueles tempos fosse um negócio limitado — e domínio de homens brancos ricos. Nas eleições de 1824, que levaram Adams ao poder, 1,3 milhão de americanos, na teoria, tinham o direito de votar, numa população de 5 milhões (ou mais ou menos 25%). Apenas 352 780 pessoas — 7% da população adulta total — de fato fez uso desse direito. Adams não obteve sequer a maioria dos votos. Graças às peculiaridades do sistema eleitoral americano, ele se tornou presidente com o apoio de 113 122 eleitores, não muito mais de 2% dos adultos, e 1% da população total.[48] Na Grã-Bretanha daquela época, apenas 400 mil pessoas podiam votar para o Parlamento, ou cerca de 6% da população adulta. Além disso, 30% das cadeiras do Parlamento não estavam sequer em disputa.[49]

Você pode se perguntar se estamos falando de democracias de verdade. Numa época em que os Estados Unidos tinham mais escravizados (mais de 1,5 milhão no começo dos anos 1820) do que eleitores,[50] dá para dizer que os Estados Unidos eram mesmo uma democracia? É uma questão de definição. Assim como na Comunidade Polaco-Lituana do fim do século XVI, nos Estados Unidos do começo do século XIX "democracia" é um termo relativo. Como já foi dito, democracia e autocracia não são tudo ou nada; mas parte de um espectro. No começo do século XIX, entre todas as sociedades humanas em larga escala, é provável que os Estados Unidos estivessem mais próximos do extremo democrático. Conceder a 25% dos adultos o direito de votar não parece muita coisa hoje, mas em 1824 era uma porcentagem bem mais alta do que nos Impérios Tsarista, Otomano ou Chinês, nos quais ninguém tinha direito de votar.[51]

Além disso, como temos enfatizado ao longo deste capítulo, não é só votar que conta. Um motivo ainda mais importante para definir os Estados Unidos de 1824 como uma democracia é que, em comparação com a maioria dos regimes políticos da época, o novo país dispunha de mecanismos de autocorreção muito mais robustos. Os fundadores se inspiraram na Roma antiga — basta ver o Senado romano e o Capitólio em Washington — e eram bem cientes de que a República Romana acabou se tornando um império autocrático. Temiam que algum César nativo fizesse coisa parecida com a república americana e construíram múltiplas camadas de mecanismos de autocorreção, conhecidos como sistema de freios e contrapesos. Um desses era uma imprensa livre. Na Roma antiga, esses mecanismos pararam de funcionar quando a república ampliou seu território e sua população. Nos Estados Unidos, a tecnologia da informação moderna, em combinação com a liberdade de imprensa, ajudou os mecanismos de autocorreção a sobreviverem mesmo com o país se estendendo do Atlântico ao Pacífico.

Esses mecanismos de autocorreção aos poucos permitiram aos Estados Unidos estender o direito de voto, abolir a escravidão e se transformar numa democracia mais inclusiva. Como observado no capítulo 2, os fundadores cometeram erros colossais — como endossar a escravidão e negar o voto às mulheres —, mas também forneceram as ferramentas para seus descendentes corrigirem esses erros. Esse foi o seu maior legado.

O SÉCULO XX: DEMOCRACIA EM MASSA, MAS TAMBÉM TOTALITARISMO EM MASSA

Os jornais impressos foram apenas os primeiros arautos da era dos veículos de comunicação de massa. Durante os séculos XIX e XX, uma série de novas tecnologias de comunicação e transporte, como o telegrama, o telefone, a televisão, o rádio, os trens, os navios a vapor e os aviões, incrementou o poder dos meios de comunicação de massa.

Quando Demóstenes fazia um discurso público em Atenas por volta de 350 AEC, o alvo era basicamente um público restrito presente na ágora ateniense. Quando John Quincy Adams fez o Primeiro Discurso Anual em 1825, suas palavras foram disseminadas ao ritmo de passos de cavalo. Quando Abraham Lincoln pronunciou o Discurso de Gettysburg em 19 de novembro de 1863, telégrafos, locomotivas e navios a vapor transmitiram suas palavras numa velocidade muito maior dentro da União e fora dela. No dia seguinte, o *New York Times* já tinha reproduzido o discurso na íntegra,[52] bem como vários outros jornais, como o *Portland Daily Press* no Maine e o *Ottumwa Courier* no Iowa.[53]

Como convém a uma democracia com robustos mecanismos de autocorreção, o discurso do presidente provocou uma animada conversa, mais do que aplausos universais. A maioria dos jornais elogiou, mas alguns levantaram dúvidas. O *Chicago Times* escreveu, em 20 de novembro, que "o rosto de todo americano deve arder de vergonha ao ler as declarações bobas, insossas e aguadas" do presidente Lincoln.[54] O *Patriot & Union*, jornal de Harrisburg, Pensilvânia, também desancou "os comentários bobos do presidente" e disse esperar que "o véu do esquecimento caia sobre eles e que nunca mais sejam repetidos, ou lembrados".[55] Embora o país estivesse em meio a uma guerra civil, os jornalistas tinham liberdade para criticar publicamente — e até ridicularizar — o presidente.

Um século adiante, as coisas de fato aceleraram. Pela primeira vez na história, novas tecnologias permitiram que massas de pessoas, espalhadas por vastas extensões territoriais, se conectassem umas com as outras *em tempo real*. Em 1960, cerca de 70 milhões de americanos (39% da população total), disseminados pelo continente norte-americano e além, assistiram aos debates presidenciais entre Nixon e Kennedy ao vivo pela TV, com outros milhões ouvindo pelo rádio.[56] O único esforço que telespectadores e ouvintes tinham que fazer era apertar ou girar um botão enquanto estavam sentados em casa. A democracia em larga escala se tornara viável. Milhões de pessoas separadas por milhares de quilômetros podiam realizar debates públicos esclarecidos e importantes sobre as principais questões do momento. Em 1960, todos os americanos adultos, em tese, podiam votar, e quase 70 milhões (cerca de 64% do eleitorado) de fato o fizeram — embora milhões de negros e de outros grupos privados de direitos fossem impedidos de votar por meio de várias estratégias de supressão de eleitores.[57]

Como sempre, devemos estar atentos ao determinismo tecnológico e evitar concluir que o avanço dos meios de comunicação de massa tenha levado ao surgimento da democracia em larga escala. Os meios de comunicação de massa tornaram a democracia possível, mas não inevitável. Também viabilizaram outros tipos de regime. Em particular, as novas tecnologias de informação da era moderna abriram as portas para os regimes totalitários em larga escala. Como Nixon e Kennedy, Stálin e Khruschóv podiam falar pelo rádio e ser ouvidos instantaneamente por centenas de milhões de pessoas de Vladivostok a Kaliningrado. Também podiam receber informes diários por telefone ou telégrafo de milhões de agentes da polícia secreta e informantes. Se um jornal em Vladivostok ou Kaliningrado escrevesse que o último discurso do líder supremo foi bobo (como no caso do discurso de Lincoln em Gettysburg), todas as pessoas envolvidas, do editor-chefe ao linotipista, provavelmente receberiam uma visita da KGB.

BREVE HISTÓRIA DO TOTALITARISMO

Sistemas totalitários pressupõem sua própria infalibilidade e buscam ter o controle total da vida das pessoas. Antes da invenção do telégrafo, do rádio e de outras tecnologias da informação modernas, os regimes totalitários em larga escala eram impossíveis. Os imperadores romanos, os califas abássidas e os cãs mongóis eram muitas vezes autocratas cruéis que se julgavam infalíveis, mas não dispunham do aparelho necessário para impor o controle totalitário sobre grandes sociedades. Para compreendermos isso, precisamos primeiro esclarecer a diferença entre regimes totalitários e regimes autocráticos menos extremos. Numa rede autocrática, não há limites legais para a vontade do governante, mas há, apesar disso, uma série de limites técnicos. Numa rede totalitária, diversos desses limites técnicos estão ausentes.[58]

Por exemplo, em regimes autocráticos como o Império Romano, o Império Abássida e o Império Mongol, os governantes geralmente podiam executar qualquer pessoa que lhes desagradasse, e se alguma lei os atrapalhasse podiam ignorá-la ou alterá-la. O imperador Nero providenciou o assassinato da mãe, Agripina, e da mulher, Otávia, e obrigou seu mentor, Sêneca, a cometer suicídio. Nero também executou ou exilou alguns dos aristocratas mais respeitados e poderosos de Roma simplesmente por manifestarem alguma discordância ou por contarem piadas a respeito dele.[59]

Embora pudessem executar qualquer um que fizesse ou dissesse alguma coisa de que não gostassem, como Nero, os governantes autocráticos não tinham como saber o que a maioria das pessoas em seu império fazia ou dizia. Em tese, Nero poderia baixar uma ordem dizendo que qualquer pessoa no Império Romano que criticasse ou insultasse o imperador seria severamente punida. No entanto, não havia meios técnicos para fazer cumprir essa ordem. Historiadores romanos, como Tácito, retratam Nero como um tirano sanguinário que instigou um reinado de terror sem precedentes. Mas era um tipo de terror limitado. Apesar de ter executado vários membros da família, aristocratas e senadores dentro da sua órbita, os romanos comuns, nos bairros pobres da cidade e os provincianos em cidades distantes, como Jerusalém e Londínio, podiam manifestar suas opiniões com muito mais liberdade.[60]

Regimes totalitários modernos como a União Soviética stalinista instigavam o terror numa escala totalmente diferente. O totalitarismo é a tentativa de controlar o que cada pessoa no país inteiro faz e diz a cada momento do dia, e potencialmente até mesmo o que cada pessoa pensa e sente. Nero talvez sonhasse com esse poder, mas lhe faltavam os meios para tanto. Devido à limitada base tributária da economia agrária romana, Nero não podia empregar muita gente para servi-lo. Podia infiltrar informantes em jantares de senadores romanos, mas dispunha apenas de uns 10 mil administradores imperiais[61] e 350 mil soldados[62] para controlar o resto do império, e não tinha a tecnologia para se comunicar com eles com rapidez.

Nero e seus confrades imperadores tinham um problema ainda maior quando se tratava de assegurar a lealdade dos administradores e soldados que mantinham na folha de pagamento. Nenhum imperador romano jamais foi derrubado por uma revolução democrática como as revoluções que depuseram Luís XVI, Nicolae Ceaușescu ou Hosni Mubarak. Na verdade, dezenas de imperadores foram assassinados ou depostos por seus próprios generais, funcionários, guarda-costas ou parentes.[63] O próprio Nero foi derrubado por uma revolta do governador da Hispânia, Galba. Seis meses depois, Galba foi deposto por Otão, o governador da Lusitânia. Em três meses, Otão foi deposto por Vitélio, comandante do Exército no Reno. Vitélio durou oito meses mais ou menos, antes de ser derrotado e morto por Vespasiano, comandante do Exército na Judeia. Ser morto por um subordinado rebelde era o maior risco ocupacional não só para os imperadores romanos, mas para praticamente todos os autocratas pré-modernos.

Para imperadores, califas, xás e reis, manter os subordinados sob controle era um tremendo desafio. Por consequência, os governantes concentravam sua atenção em controlar os militares e o sistema tributário. Os imperadores romanos tinham autoridade para interferir nos assuntos internos de qualquer província ou cidade, e às vezes exerciam essa autoridade, mas isso costumava ser feito em resposta a uma petição específica enviada por uma comunidade ou um funcionário local,[64] em vez de fazer parte de um Plano Quinquenal totalitário para todo o império. Se você fosse um muleteiro em Pompeia ou um pastor na Britânia romana, Nero não ia querer controlar sua rotina diária ou policiar as piadas que você contasse. Pagar os impostos sem resistir às legiões era suficiente para ele.

ESPARTA E QIN

Alguns estudiosos sustentam que, apesar das dificuldades tecnológicas, houve tentativas de estabelecer regimes totalitários nos tempos antigos. O exemplo mais citado é o de Esparta. De acordo com essa interpretação, os espartanos viviam num regime totalitário que microgeria cada aspecto de sua vida — desde com quem casavam até o que comiam. No entanto, embora o regime de Esparta fosse de fato rígido, na verdade contava com vários mecanismos de autocorreção, que impediam o monopólio do poder por uma única pessoa ou facção. A autoridade política era dividida entre dois reis, cinco éforos (magistrados supremos), 28 membros do conselho da Gerúsia e a assembleia popular. Decisões importantes — como ir à guerra — costumavam envolver debates públicos acirrados.

Além disso, independentemente da nossa avaliação da natureza do regime espartano, está claro que as mesmas limitações tecnológicas que confinaram a democracia ateniense antiga a uma única cidade também restringiam o alcance do experimento político espartano. Depois de ganhar a Guerra do Peloponeso, Esparta instalou guarnições militares e governos pró-espartanos em várias cidades gregas, exigindo que seguissem a sua liderança em política externa e, às vezes, que também pagassem tributos. Mas, diferentemente da União Soviética pós-Segunda Guerra Mundial, Esparta não tentou expandir ou exportar o seu sistema depois da Guerra do Peloponeso. Esparta não seria capaz de construir uma rede de informações grande e densa o suficiente para controlar a vida de pessoas comuns em todas as vilas e cidades gregas.[65]

Um projeto totalitário bem mais ambicioso poderia ter sido lançado pela dinastia Qin na China antiga (221-206 AEC). Depois de derrotar todos os outros Estados Combatentes, o governante Qin Shi Huang passou a controlar um império imenso de dezenas de milhões de súditos, que pertenciam a numerosos grupos étnicos diferentes, falavam diversas línguas e eram leais a várias tradições e elites locais. Para consolidar seu poder, o triunfante regime de Qin tentava destruir qualquer poder regional que pudesse contestar sua autoridade. Confiscou terras e riquezas de aristocratas e forçou elites regionais a se mudarem para a capital imperial de Xianyang, distanciando-os de suas bases de poder e monitorando facilmente seus movimentos.

O regime de Qin também lançou uma campanha implacável de centralização e homogeneização. Criou uma escrita nova e simplificada a ser usada em todo o império e padronizou a moeda e o sistema de pesos e medidas. Construiu uma rede viária irradiando a partir de Xianyang, com casas de repouso padronizadas, estações de troca de cavalos e postos militares de fiscalização. As pessoas precisavam de autorização por escrito para entrar ou sair da região da capital ou das zonas de fronteira. Até a largura dos eixos foi padronizada, para que carroças e bigas pudessem transitar pelos mesmos sulcos.

Toda ação, desde o cultivo dos campos ao casamento, deveria atender a alguma necessidade militar, e o tipo de disciplina militar que Roma reservava às legiões foi imposto pelos Qin a toda a população. O alcance pretendido por esse sistema pode ser exemplificado por uma lei que especificava a punição a que um funcionário estaria sujeito se não cuidasse direito de um celeiro sob sua supervisão. A lei discute o número de buracos de rato no celeiro que justificaria a aplicação de multa ou de repreensão. "Para três ou mais buracos de rato, a multa é [a compra de] um escudo [para o Exército]; para dois buracos ou menos, [o funcionário responsável] é repreendido. Três buracos de camundongo equivalem a um buraco de rato".[66]

Para viabilizarem esse sistema totalitário, os Qin tentaram criar uma ordem social militarizada. Todo súdito do sexo masculino tinha que pertencer a uma unidade de cinco homens. Essas unidades eram agregadas em formações maiores, desde aldeias locais (*li*), passando por subdivisões administrativas (*xiang*) e condados (*xian*), até as grandes comandâncias imperiais (*jun*). As pessoas eram proibidas de mudar de residência sem autorização, a ponto de hóspedes não poderem sequer pernoitar na casa de um amigo sem identificação e autorização adequadas.

Todo súdito do sexo masculino também recebia uma patente, assim como todo soldado num exército. A obediência ao Estado resultava em promoção para patentes mais altas, o que significava privilégios econômicos e jurídicos, ao passo que a desobediência resultava em rebaixamento ou punição. Em cada formação, esperava-se que uns supervisionassem os outros, e se qualquer indivíduo se comportasse mal todos eram punidos. Quem deixasse de denunciar um criminoso — ainda que fosse um parente — podia ser morto. Os que denunciavam crimes eram recompensados com patentes mais altas e outras mordomias.

É altamente questionável o êxito do regime em implementar essas medidas totalitárias. Burocratas que escrevem documentos num escritório governamental costumam inventar regras e regulamentos complicados, que acabam se revelando impraticáveis. Será que funcionários conscienciosos de fato percorriam o Império Qin contando todos os buracos de rato em todos os celeiros? Será que os camponeses de todas as aldeias de montanha realmente se organizavam em pelotões de cinco homens? É provável que não. No entanto, o Império Qin superou outros impérios antigos em suas ambições totalitárias.

O regime Qin tentou até controlar o que seus súditos pensavam e sentiam. Durante o período dos Estados Combatentes, os pensadores eram relativamente livres para desenvolver uma infinidade de ideologias e filosofias, mas os Qin adotaram a doutrina do legalismo como ideologia oficial de Estado. O legalismo postulava que os homens eram naturalmente gananciosos, cruéis e egoístas. Ressaltava a necessidade de controle rigoroso, afirmava que as punições e as recompensas eram a maneira mais efetiva de controlar, e insistia em que o poder do Estado não fosse restringido por considerações morais. O poder estava certo, e o bem do Estado era o bem supremo.[67] Os Qin proibiram outras filosofias, como o confucionismo e o taoismo, que acreditavam que os seres humanos eram mais altruístas e destacavam a importância da virtude, e não da violência.[68] Livros que propunham essas opiniões eram banidos, assim como livros que contradiziam a versão oficial da história proposta pelo Império Qin.

Quando um erudito sugeriu que Qin Shi Huang se inspirasse no fundador da antiga dinastia Zhou e descentralizasse o poder do Estado, o ministro-chefe dos Qin, Li Si, respondeu que os eruditos deviam parar de criticar as instituições de hoje idealizando o passado. O regime mandou confiscar todos os livros que romantizassem a antiguidade ou criticassem os Qin. Esses textos problemáticos foram guardados na biblioteca imperial e só podiam ser estudados por eruditos oficiais.[69]

O Império Qin foi, provavelmente, o experimento totalitário mais ambicioso da história humana antes da era moderna, e sua escala e sua intensidade acabariam implicando a sua ruína. A tentativa de arregimentar dezenas de milhões de pessoas segundo critérios militares e de monopolizar todos os recursos para fins militares provocou severos problemas econômicos, desperdício e ressentimento popular. As leis draconianas do regime, juntamente com sua hostilidade a elites regionais e seu voraz apetite por impostos e recrutas, atiçavam ainda mais as chamas desse ressentimento. Além disso, os limitados recursos de uma antiga sociedade agrária não eram suficientes para sustentar todos os burocratas e soldados de que os Qin precisavam para conter esse ressentimento, e a baixa eficiência de sua tecnologia da informação impossibilitava controlar cada vilarejo e cada cidade a partir da remota Xianyang. Não é de surpreender que, em 209 AEC, estourasse uma série de revoltas, encabeçadas por elites regionais, plebeus descontentes e até mesmo alguns recém-nomeados funcionários do império.

Diz um relato que a primeira revolta séria estourou quando um grupo de camponeses recrutados para trabalhar numa zona fronteiriça foi retardado por chuvas e enchentes. Eles tinham medo de ser executados por essa negligência no cumprimento do dever e acharam que não tinham nada a perder. Logo se juntaram a muitos outros rebeldes. Apenas quinze anos depois de chegar ao auge do poder, o Império Qin entrou em colapso sob o peso das próprias ambições totalitárias, fragmentando-se em dezoito reinos.

Depois de anos de guerra, uma nova dinastia — os Han — reunificou o império. Mas os Han adotaram uma atitude mais realista e menos draconiana. Os imperadores Han eram autocráticos, sem dúvida, mas não totalitários. Não reconheciam limite algum para a sua autoridade, mas não tentavam microgerir a vida de cada um. Em vez de seguirem as ideias legalistas de vigilância e controle, os Han recorreram a ideias confucianas de incentivar as pessoas a agirem com lealdade e responsabilidade por convicção moral. Como seus contemporâneos do Império Romano, os imperadores Han buscavam controlar apenas alguns aspectos da sociedade a partir do centro, concedendo autonomia considerável a aristocratas de província e a comunidades locais. Graças, em grande parte, às limitações impostas pela tecnologia da informação disponível, sistemas políticos pré-modernos em larga escala, como os Impérios Romano e Han, se inclinavam à autocracia não totalitária.[70] O totalitarismo pleno pode ter sido sonhado por gente como os Qin, mas sua implementação teve que aguardar o desenvolvimento da tecnologia moderna.

A TRINDADE TOTALITÁRIA

Assim como possibilitou a democracia em larga escala, a tecnologia moderna também viabilizou o totalitarismo em larga escala. Começando no século XIX, o progresso das economias industriais permitiu que governos empregassem bem mais administradores, e novas tecnologias da informação — como o telégrafo e o rádio — possibilitavam a conexão e a supervisão rápida de todos esses funcionários. Isso facilitou uma concentração sem precedentes de informação e poder, para aqueles que sonhavam com essas coisas.

Quando os bolcheviques assumiram o controle da Rússia depois da revolução de 1917, era exatamente esse sonho que os movia. Eles queriam poder ilimitado, pois acreditavam ter uma missão messiânica. Marx ensinava que, durante milênios, todas as sociedades humanas foram dominadas por elites corruptas que oprimiam o povo. Os bolcheviques alegavam saber como, enfim, acabar de vez com toda opressão e criar uma sociedade perfeitamente justa na terra. Mas, para tanto, tinham que vencer uma série de inimigos e obstáculos, o que, por sua vez, exigia todo o poder que pudessem angariar. Recusavam-se a tolerar quaisquer mecanismos de correção que pudessem questionar sua visão ou seus métodos. Como a Igreja católica, o Partido Bolchevique estava convencido de que, embora seus membros pudessem errar como indivíduos, o partido sempre estava certo. A crença na própria infalibilidade levou os bolcheviques a destruírem as incipientes instituições democráticas da Rússia — como eleições, tribunais independentes, imprensa livre e partidos de oposição — e a criar um regime totalitário de partido único. O totalitarismo bolchevique não começou com Stálin. Já era evidente desde os primeiríssimos dias da revolução e decorria da doutrina de infalibilidade partidária, mais do que da personalidade de Stálin.

Nos anos 1930 e 1940, Stálin aperfeiçoou o sistema totalitário que havia herdado. A rede stalinista era formada por três grandes ramos. Em primeiro lugar, havia o aparelho governamental de ministérios, administrações regionais e unidades regulares do Exército Vermelho, que em 1939 compreendia 1,6 milhão de funcionários civis[71] e 1,9 milhão de soldados.[72] Em segundo, havia o aparelho do Partido Comunista da União Soviética e suas ubíquas células partidárias, que em 1939 incluía 2,4 milhões de membros do partido.[73] Em terceiro lugar, havia a polícia secreta: de início conhecida como Cheka, no tempo de Stálin passou a ser chamada de OGPU, NKVD e MGB, metamorfoseando-se, depois da morte de Stálin, na KGB. A organização pós-soviética que a sucedeu é conhecida desde 1994 como FSB. Em 1937, a NKVD tinha 270 mil agentes e milhões de informantes.[74]

Os três ramos operavam em concomitância. Assim como a democracia é mantida por mecanismos sobrepostos de autocorreção que vigiam uns aos outros, o totalitarismo moderno criou mecanismos sobrepostos de vigilância que mantêm uns aos outros na linha. O governador de uma província soviética era vigiado constantemente pelo comissário local do partido, e nenhum deles sabia que em suas equipes havia um informante da NKVD. Um testemunho da eficácia do sistema é que o totalitarismo moderno resolveu em grande parte o problema perene das autocracias pré-modernas — o das revoltas de subordinados nas províncias. Embora a União Soviética tenha tido seus golpes palacianos, jamais um governador de província ou um comandante do Exército Vermelho no front se rebelaram contra o centro.[75] Grande parte do crédito vai para a polícia secreta, que mantinha um olhar vigilante sobre a massa de cidadãos, de administradores de província e, mais ainda, sobre o partido e o Exército Vermelho.

Enquanto na maioria dos sistemas políticos ao longo da história o Exército deteve enorme poder político, nos regimes totalitários do século XX o Exército regular cedeu grande parte da sua influência à polícia secreta — o exército da informação. Na União Soviética, a Cheka, a OGPU, a NKVD e a KGB careciam do poder de fogo do Exército Vermelho, mas tinham mais influência no Kremlin e podiam aterrorizar e expurgar até mesmo a cúpula do Exército. A Stasi da Alemanha Oriental e a Securitate romena também eram mais fortes do que os Exércitos regulares dos seus países.[76] Na Alemanha nazista, a SS era mais poderosa do que a Wehrmacht, e o chefe da SS, Heinrich Himmler, estava hierarquicamente acima de Wilhelm Keitel, chefe do alto-comando da Wehrmacht.

É claro que em nenhum desses casos a polícia secreta seria capaz de derrotar o Exército regular numa guerra tradicional; o que tornava a polícia secreta poderosa era o seu domínio das informações. Ela tinha as informações necessárias para evitar um golpe militar e prender os comandantes de brigadas de tanques ou de esquadrões de caças antes que eles soubessem de onde vinha o golpe. Durante o Grande Terror stalinista do fim dos anos 1930, mais ou menos 10% dos 144 mil oficiais do Exército Vermelho foram fuzilados ou presos pela NKVD. Estavam incluídos 186 comandantes de divisão (83%), oito de nove almirantes (89%), treze de quinze generais de mais alta patente (87%) e três dos cinco marechais (60%).[77]

A cúpula do partido não se saiu muito melhor. Dos velhos bolcheviques reverenciados, ou seja, pessoas que ingressaram no partido antes da revolução de 1917, mais ou menos um terço não sobreviveu ao Grande Terror.[78] Dos 33 homens que serviram no Politburo de 1919 a 1938, catorze foram fuzilados (42%). Dos 139 membros e candidatos ao Comitê Central do partido em 1934, 98 (70%) foram fuzilados. Apenas 2% dos delegados que participaram do XVII Congresso do Partido em 1934 escaparam da execução, da prisão, da expulsão ou do rebaixamento e assistiram ao XVIII Congresso do Partido em 1939.[79]

A polícia secreta — que se encarregava dos expurgos e dos assassinatos — também estava dividida em dois ramos rivais que vigiavam rigorosamente e expurgavam um ao outro. Genrikh Yagoda, o chefe da NKVD que orquestrou o começo do Grande Terror e supervisionou o assassinato de centenas de milhares de vítimas, foi executado em 1938 e substituído por Nikolai Yezhov. Yezhov durou dois anos, matando e prendendo milhões de pessoas antes de ser executado em 1940.

Talvez mais revelador seja o destino de 39 pessoas que, em 1935, ocupavam o posto de general na NKVD (os comissários de segurança do Estado, na nomenclatura soviética). Trinta e cinco (90%) foram presos e fuzilados até 1941, um foi assassinado e um — o chefe do escritório regional da NKVD no Extremo Oriente — se salvou passando para o lado do Japão, mas foi morto pelos japoneses em 1945. Do grupo original de 39 generais da NKVD, restaram de pé apenas dois homens no fim da Segunda Guerra Mundial. A lógica implacável do totalitarismo também acabou alcançando os dois. Durante as disputas de poder que se seguiram à morte de Stálin em 1953, um dos homens foi fuzilado, enquanto o outro acabou internado num hospital psiquiátrico, onde morreu em 1960.[80] Servir como general da NKVD nos tempos de Stálin era um dos empregos mais arriscados do mundo. Numa época em que a democracia americana aperfeiçoava os seus tantos mecanismos de autocorreção, o totalitarismo soviético refinava seu triplo aparelho de autovigilância e autoaterrorização.

CONTROLE TOTAL

Os regimes totalitários se baseiam no controle do fluxo de informações e desconfiam de quaisquer canais independentes de informação. Quando trocam informações, oficiais militares, funcionários do Estado ou cidadãos comuns podem criar um clima de confiança. Se passam a confiar uns nos outros, podem organizar uma resistência ao regime. Segue-se que um dos pilares do regime totalitário é que sempre que as pessoas se reúnem e trocam informações, o regime precisa estar lá também, de olho. Nos anos 1930, esse foi um princípio comum a Hitler e Stálin.

Em 31 de março de 1933, dois meses depois que Hitler assumiu o cargo de chanceler, os nazistas aprovaram a Lei de Coordenação (*Gleichschaltungsgesetz*). Ela estipulava que, até 30 de abril de 1933, todas as organizações políticas, sociais e culturais na Alemanha — de municipalidades a clubes de futebol e coros locais — seriam regidas de acordo com a ideologia nazista, como órgãos do Estado nazista. Isso mudou completamente a vida em todas as cidades e em todos os vilarejos da Alemanha.

No vilarejo alpino de Oberstdorf, por exemplo, a Câmara de Vereadores democraticamente eleita teve sua última reunião em 21 de abril de 1933, substituída dali a três dias por uma Câmara nazista não eleita que nomeou um prefeito nazista. Como, em tese, só os nazistas sabiam o que o povo *realmente* desejava, quem, a não ser os nazistas, poderia fazer cumprir a vontade do povo? Oberstdorf também tinha cerca de cinquenta associações e clubes, desde uma sociedade de apicultura até um clube de alpinistas. Eles também tiveram que seguir as normas da Lei de Coordenação, ajustando conselhos, membros e estatutos às demandas nazistas, hasteando a bandeira nazista e encerrando todas as reuniões com "Horst Wessel Lied", o hino do Partido Nazista. Em 6 de abril de 1933, a associação de pesca de Oberstdorf proibiu judeus em suas fileiras. Nenhum dos 32 membros era judeu, mas todos sentiram que era preciso demonstrar suas credenciais arianas ao novo regime.[81]

As coisas eram ainda mais extremas na União Soviética de Stálin. Enquanto os nazistas ainda permitiam a organizações da Igreja e empresas privadas certa liberdade de ação, os soviéticos não abriam nenhuma exceção. Até 1928, e no lançamento do primeiro Plano Quinquenal, havia funcionários do governo, funcionários do partido e informantes da polícia secreta em todos os bairros e vilarejos, e eles já controlavam todos os aspectos da vida; todos os negócios, desde usinas de energia a plantações de repolho; todos os jornais e estações de rádio; todas as universidades, escolas, grupos de jovens; todos os hospitais e clínicas; todas as organizações religiosas e de voluntários; todas as associações esportivas e científicas; todos os parques, museus e cinemas.

Se uma dúzia de pessoas se juntasse para jogar futebol, andar no mato ou fazer obras de caridade, o partido e a polícia secreta também tinham que estar lá, representados pela célula local do partido ou por um agente da NKVD. Graças à rapidez e à eficiência da tecnologia da informação moderna, essas células partidárias e esses agentes da NKVD sempre estavam a um telegrama ou a um telefonema de distância de Moscou. Informações sobre pessoas e atividades suspeitas alimentavam um sistema de catálogo de fichas com referências cruzadas. Conhecidos como *kartoteki*, esses catálogos continham informações da carteira de trabalho, dos arquivos policiais, dos cartões de residência e de outras formas de registro social, e na década de 1930 já eram o mecanismo básico de vigilância e controle da população soviética.[82]

Isso viabilizava o projeto de Stálin de controlar a totalidade da vida soviética. Um exemplo crucial foi a campanha para coletivizar a agricultura soviética. Durante séculos, a vida econômica, social e privada de milhares de aldeias do vasto Império Tsarista era gerenciada por instituições tradicionais: a comuna local, a paróquia, o cultivo privado da terra, a feira local e, acima de tudo, a família. Em meados dos anos 1920, a União Soviética ainda era uma economia predominantemente agrária. Cerca de 82% da população vivia em aldeias, e 83% da força de trabalho se dedicava à agricultura.[83] Mas se cada família camponesa decidisse por conta própria o que plantar, o que comprar e quanto cobrar por seus produtos, isso limitaria bastante a capacidade das autoridades em Moscou de planejar e controlar as atividades sociais e econômicas. E se as autoridades resolvessem fazer uma grande reforma agrária e as famílias camponesas resistissem? Portanto, quando os soviéticos preparavam em 1928 o seu primeiro Plano Quinquenal para o desenvolvimento da União Soviética, o item mais importante do programa era a coletivização da agricultura.

A ideia era que, em cada aldeia, todas as famílias se juntassem num colcoz — uma fazenda coletiva. Elas entregariam ao colcoz todas as suas propriedades — terras, casas, cavalos, vacas, pás, forcados. Trabalhariam para o colcoz e, em troca, teriam atendidas todas as suas necessidades, desde moradia e educação até alimentação e assistência médica. O colcoz também decidiria — com base em ordens de Moscou — se plantaria repolho ou nabo; se investiria num trator ou numa escola; e quem trabalharia na ordenha, no curtume e na clínica. O resultado, supunham os mentores de Moscou, seria a primeira sociedade perfeitamente justa e igualitária da história da humanidade.

Estavam também convencidos das vantagens econômicas do sistema proposto, achando que o colcoz se beneficiaria bastante da economia de escala. Por exemplo, quando cada família camponesa tinha apenas uma pequena nesga de terra, não fazia sentido comprar um trator para arar, e de qualquer maneira a maioria das famílias não teria mesmo condições de comprar um. Mas, sendo de propriedade comunitária, a terra poderia ser cultivada com muito mais eficiência usando máquinas modernas. Além disso, supunha-se que o colcoz se beneficiaria dos conhecimentos da ciência moderna. Em vez de cada camponês adotar métodos de produção baseados em antigas tradições e superstições infundadas, especialistas do Estado, com diplomas universitários de instituições como a Academia Lênin de Ciências Agrícolas da União Soviética, tomariam as decisões cruciais.

Para os planejadores em Moscou, isso tudo era uma maravilha. Esperavam um aumento de 50% na produção agrícola até 1931.[84] E se, durante esse processo, as antigas hierarquias e desigualdades das aldeias fossem eliminadas, melhor ainda. Para a maioria dos camponeses, no entanto, a situação era terrível. Eles não confiavam nos planejadores de Moscou nem no sistema de colcoz. Não queriam abandonar seu velho estilo de vida nem suas propriedades. Os aldeões preferiam abater o gado e os cavalos a entregá-los ao colcoz. Perderam a motivação para trabalhar. As pessoas se esforçavam menos para arar campos pertencentes a todos do que para arar os seus próprios. A resistência passiva se generalizou, explodindo às vezes em confrontos violentos. Enquanto os planejadores soviéticos esperavam colher 98 milhões de toneladas de grãos em 1931, a produção foi de apenas 69 milhões, segundo dados oficiais, e, na realidade, pode ter sido de 57 milhões. A safra de 1932 foi ainda pior.[85]

O Estado reagiu com fúria. De 1929 a 1936, o confisco de alimentos, a negligência governamental e a fome provocada pelo homem (resultante de política governamental, e não de desastre natural) custaram a vida de 4,5 milhões a 8,5 milhões de pessoas.[86] Camponeses foram declarados inimigos do Estado, deportados ou presos. As instituições mais básicas da vida no campo — a família, a Igreja, a comunidade local — foram aterrorizadas e desmanteladas. Em nome da justiça, da igualdade e da vontade do povo, a campanha de coletivização eliminava qualquer coisa que aparecesse na frente. Nos dois primeiros meses de 1930, cerca de 60 milhões de camponeses em mais de 100 mil aldeias foram arregimentados em fazendas coletivas.[87] Em junho de 1929, apenas 4% das famílias camponesas soviéticas pertenciam a fazendas coletivas. Em março de 1939, esse número tinha subido para 57%. Em abril de 1937, 97% das famílias no campo estavam confinadas nas 235 mil fazendas coletivas soviéticas.[88] Em apenas sete anos, portanto, um estilo de vida secular fora substituído pela invenção totalitária de uns poucos burocratas de Moscou.

OS CÚLAQUES

Mergulhemos um pouco mais fundo na história da coletivização soviética. Foi uma tragédia que guarda certa semelhança com catástrofes anteriores da história humana — como o frenesi europeu da caça às bruxas — e, ao mesmo tempo, prenuncia alguns dos maiores perigos representados pela tecnologia do século XXI e sua fé em dados supostamente científicos.

Quando seus esforços para coletivizar a agricultura encontraram resistência e levaram ao desastre econômico, os burocratas e criadores de mitos de Moscou reviveram uma página de *O martelo das feiticeiras*, de Kramer. Não estou sugerindo que os soviéticos de fato leram o livro, mas eles também inventaram uma conspiração global e criaram uma categoria de inimigos inexistentes. Na década de 1930, autoridades soviéticas atribuíam reiteradamente a culpa pelos desastres da economia soviética a uma cabala contrarrevolucionária cujos principais agentes eram os cúlaques, ou "agricultores capitalistas". Se na imaginação de Kramer bruxas a serviço de Satã invocavam tempestades de granizo que destruíam as plantações, na imaginação stalinista cúlaques subordinados ao capitalismo global sabotavam a economia soviética.

Em tese, os cúlaques eram uma categoria socioeconômica objetiva, definida pela análise de dados empíricos sobre coisas como propriedade, renda, capital e salários. Os funcionários soviéticos supostamente conseguiam identificar cúlaques contando coisas. Se a maioria das pessoas numa aldeia tinha apenas uma vaca, as poucas famílias que tinham três eram tidas como cúlaques. Se a maioria das pessoas numa aldeia não contratava mão de obra, mas uma família contratava dois trabalhadores na época da colheita, essa família era cúlaque. Ser cúlaque significava não só possuir alguma propriedade, mas também ter certos traços de personalidade. De acordo com a supostamente infalível doutrina marxista, as condições materiais das pessoas determinavam seu caráter social e espiritual. Como os cúlaques, em teoria, se dedicavam à exploração capitalista, era um fato científico (segundo o pensamento marxista) que eram gananciosos, egoístas e indignos de confiança — como seus filhos. Descobrir que alguém era cúlaque revelava ostensivamente alguma coisa muito profunda sobre a sua natureza essencial.

Em 27 de dezembro de 1929, Stálin declarou que o Estado soviético deveria buscar "a liquidação dos cúlaques como classe"[89] e de imediato mobilizou o partido e a polícia secreta para alcançar esse objetivo ambicioso e assassino. Os primeiros caçadores de bruxas da Europa moderna trabalhavam em sociedades autocráticas que não dispunham de tecnologia da informação moderna; portanto, levaram três séculos para matar 50 mil supostas bruxas. Já os caçadores soviéticos de cúlaques operavam numa sociedade totalitária que tinha à sua disposição tecnologias como telégrafos, trens, telefones e rádios — bem como uma vasta burocracia. Decidiram que dois anos bastariam para "liquidar" milhões de cúlaques.[90]

As autoridades soviéticas começaram avaliando quantos deles deveriam existir na União Soviética. Com base em dados existentes — como registros fiscais, históricos de emprego e o censo soviético de 1926 —, decidiram que os cúlaques representavam de 3% a 5% da população rural.[91] Em 30 de janeiro de 1930, apenas um mês depois do discurso de Stálin, um decreto do Politburo traduziu sua vaga visão num plano de ação mais minucioso. O decreto incluía números-alvo para a liquidação de cúlaques em cada grande região agrícola.[92] Autoridades regionais faziam então as próprias estimativas do número de cúlaques em cada condado sob sua jurisdição. No fim, cotas específicas foram atribuídas aos sovietes rurais (unidades administrativas locais, em geral compreendendo um pequeno grupo de aldeias). Muitas vezes funcionários locais inflacionavam os números para demonstrar zelo. Cada soviete rural tinha que identificar o número declarado de famílias de cúlaques nas aldeias sob sua responsabilidade. Essas pessoas eram expulsas de casa e — de acordo com a categoria administrativa a que pertencessem — reassentadas em outro lugar, encarceradas em campos de concentração ou condenadas à morte.[93]

Como as autoridades soviéticas identificavam um cúlaque? Em algumas aldeias, membros locais do partido faziam um esforço consciente para identificar cúlaques usando critérios objetivos, como a quantidade de propriedade que possuíam. Era frequente os agricultores mais trabalhadores, mais eficientes, acabarem estigmatizados e expulsos. Em algumas aldeias, comunistas locais aproveitavam a oportunidade para se livrar de inimigos. Algumas aldeias simplesmente faziam um sorteio para decidir quem seria considerado cúlaque. Outras faziam reuniões comunitárias para votar o assunto e quase sempre escolhiam agricultores isolados, viúvos e outros "descartáveis" (exatamente pessoas como as que nos primórdios da Europa moderna eram mais propensas a ser rotuladas de bruxas).[94]

O desatino de toda a operação se manifesta no caso da família Streletski, da região de Kurgan, na Sibéria. Dmitri Streletski, que era um adolescente, contaria anos depois de que maneira a sua família foi identificada como cúlaque e selecionada para liquidação.

> Serkov, o presidente do soviete da aldeia que nos deportou, deu a seguinte explicação: "Recebi ordem [do comitê distrital do partido] para encontrar dezessete famílias de cúlaques a serem deportadas. Formei um Comitê dos Pobres e passa-

mos a noite sentados escolhendo as famílias. Não havia ninguém na aldeia que fosse rico o suficiente para se qualificar, nem muitos idosos, por isso nós simplesmente escolhemos dezessete famílias. Vocês foram escolhidos. Por favor, não leve o assunto para o lado pessoal. Que mais poderíamos fazer?".[95]

Se alguém ousasse contestar a maluquice do sistema seria prontamente denunciado como cúlaque e contrarrevolucionário, e liquidado também.

Cerca de 5 milhões de cúlaques foram expulsos de casa até 1933. Trinta mil chefes de família, fuzilados. As vítimas mais afortunadas foram reassentadas em seus distritos de origem ou se tornaram nômades nas cidades grandes, enquanto 2 milhões foram exiladas para regiões remotas e inóspitas, ou escravizadas em campos de trabalhos forçados.[96] Numerosos e importantes projetos do Estado — como a construção do canal do mar Branco e o desenvolvimento de minas nas regiões árticas — foram realizados com o trabalho de milhões de prisioneiros do Estado, muitos deles cúlaques. Foi uma das maiores e mais rápidas campanhas de escravização da nossa história.[97] Uma vez rotulada como cúlaque, a pessoa não se livrava do estigma. Agências do governo, órgãos do partido e documentos da polícia secreta registravam quem era cúlaque num sistema labiríntico de catálogos de *kartoteki*, arquivos e passaportes internos.

O status de cúlaque passava para a geração seguinte, com consequências devastadoras. Filhos de cúlaques não entravam em grupos de juventude comunista, no Exército Vermelho, nas universidades e em empregos de prestígio.[98] Em suas memórias, de 1997, Antonina Golovina conta que sua família foi deportada da aldeia ancestral como cúlaque e despachada para a cidade de Pestovo. Em sua nova escola, os meninos zombavam dela. Certa vez, um professor mandou Antonina, então com dez anos, ficar em pé na frente da sala e a insultou impiedosamente, dizendo aos gritos que "gente da sua laia era inimiga do povo, seus malditos cúlaques! Vocês mereceram ser deportados, espero que sejam todos exterminados!". Antonina escreveu que aquele momento teve um impacto duradouro na sua vida. "Tive essa sensação lá no fundo de que nós [cúlaques] éramos diferentes dos demais, de que éramos criminosos." Algo que ela jamais superaria.[99]

Como o menino "bruxo" de dez anos Hansel Pappenheimer, a menina "cúlaque" de onze anos Antonina Golovina se viu atirada numa categoria intersubjetiva inventada por criadores humanos de mitos e imposta por burocratas onipresentes. As montanhas de informações coletadas por burocratas soviéticos sobre os cúlaques não correspondiam à verdade objetiva sobre eles, mas impuseram uma nova verdade intersubjetiva soviética. Saber que alguém era tido como cúlaque era uma informação importante sobre um soviético, muito embora esse rótulo fosse inteiramente espúrio.

UMA GRANDE E FELIZ FAMÍLIA SOVIÉTICA

O regime stalinista empreenderia algo ainda mais ambicioso do que o desmantelamento em massa daquelas fazendas de família. Resolveu desmantelar a própria família. Diferentemente dos imperadores romanos ou dos tsares russos, Stálin tentou se imiscuir até mesmo nas relações humanas mais íntimas, intrometendo-se entre pais e filhos. Esses laços familiares eram vistos como o alicerce da corrupção, da desigualdade e das atividades antipartidárias. Por consequência, as crianças soviéticas aprendiam a cultuar Stálin como seu *verdadeiro* pai e a denunciar os pais biológicos se eles criticassem Stálin ou o Partido Comunista.

A partir de 1932, a máquina soviética de propaganda criou um culto em torno da figura de Pavlik Morozov — um menino de treze anos da aldeia siberiana de Gerasimovka. No outono de 1931, Pavlik informou à polícia secreta que seu pai, Trofim — o presidente do soviete da aldeia —, estava vendendo documentos falsos a cúlaques exilados. No julgamento que se seguiu, quando Trofim berrou para Pavlik "aqui sou eu, seu pai", o menino respondeu: "Sim, ele era meu pai, mas eu já não o considero meu pai". Trofim foi enviado para um campo de trabalhos forçados e depois fuzilado. Em setembro de 1932, Pavlik foi encontrado morto, e autoridades soviéticas prenderam e executaram outros cinco parentes, que supostamente o mataram para vingar a denúncia. A história real era bem mais complicada, mas não fazia diferença para a imprensa soviética. Pavlik se tornou um mártir, e milhões de crianças soviéticas foram incentivadas a imitá-lo, o que de fato aconteceu.[100]

Em 1934, por exemplo, um menino de treze anos chamado Pronia Kolibin contou às autoridades que sua mãe faminta furtara grãos dos campos do colcoz. A mãe foi presa e, ao que tudo indica, fuzilada. Pronia foi recompensado com uma premiação em dinheiro e muita atenção positiva da mídia. O órgão do partido, o *Pravda*, publicou um poema de autoria de Pronia. Dois versos diziam assim: "Você é uma sabotadora, Mãe/ Não posso mais viver com você".[101]

A tentativa soviética de controlar a família se refletia numa piada sarcástica contada nos tempos de Stálin. O ditador visita uma fábrica disfarçado e, conversando com um operário, pergunta ao homem: "Quem é seu pai?". "Stálin", responde o operário. "Quem é sua mãe?" "A União Soviética", responde o homem. "E você quer ser o que na vida?" "Um órfão."[102]

Naquela época, você poderia facilmente perder a liberdade ou a vida por contar essa piada, mesmo dentro de casa para seus parentes mais próximos. A lição mais importante que os pais soviéticos ensinavam aos filhos não era lealdade ao partido ou a Stálin. Era "bico calado".[103] Poucas coisas eram mais perigosas na União Soviética do que conversar abertamente.

PARTIDO E IGREJA

Você pode se perguntar se instituições totalitárias modernas, como o Partido Nazista ou o Partido Comunista Soviético, eram mesmo tão diferentes assim de instituições anteriores, como as Igrejas cristãs. Afinal, as Igrejas também acreditavam em sua infalibilidade, tinham agentes do clero em toda parte e tentavam controlar a vida diária das pessoas até no que dizia respeito aos hábitos alimentares e sexuais. Não deveríamos ver a Igreja católica ou a Igreja ortodoxa oriental como instituições totalitárias? E isso não enfraquece a tese de que o totalitarismo só se tornou possível graças às modernas tecnologias da informação?

Há, no entanto, diferenças significativas entre o totalitarismo moderno e as Igrejas pré-modernas. Em primeiro lugar, como já observado, o totalitarismo moderno opera empregando mecanismos sobrepostos de vigilância, que mantêm uns aos outros na linha. O partido nunca está sozinho; funciona junto com órgãos estatais, de um lado, e a polícia secreta, de outro. Já na maioria dos reinos medievais europeus, a Igreja católica era uma instituição independente que, muitas vezes, entrava em choque com instituições do Estado, em vez de reforçá-las. Por consequência, a Igreja talvez fosse o mais importante freio ao poder dos autocratas europeus.

Por exemplo, quando na "Controvérsia da Investidura" dos anos 1070 o imperador Henrique IV da Alemanha e da Itália declarou que tinha a última palavra na nomeação de bispos, abades e funcionários da alta cúpula da Igreja, o papa Gregório VII mobilizou uma resistência e acabou forçando o rei a ceder. Em 25 de janeiro de 1077, Henrique chegou ao castelo de Canossa, onde o papa estava hospedado, para apresentar sua submissão e um pedido de desculpas. O papa se recusou a abrir os portões, e Henrique ficou esperando na neve, descalço e faminto. Três dias depois, o papa, por fim, abriu os portões ao rei, que implorou o seu perdão.[104]

Um confronto parecido com esse é impensável num país totalitário moderno. A ideia do totalitarismo é justamente impedir qualquer separação de poderes. Na União Soviética, Estado e partido reforçavam um ao outro, e Stálin era de fato o chefe de ambos. Não poderia haver uma "Controvérsia da Investidura" soviética, porque Stálin tinha a palavra final sobre todas as nomeações tanto para cargos do partido quanto para funções de Estado. Ele decidia quem seria o secretário-geral do Partido Comunista da Geórgia e quem seria o ministro do Exterior da União Soviética.

Outra diferença relevante é que as Igrejas medievais tendiam a ser organizações tradicionalistas resistentes a mudanças, enquanto os partidos totalitários modernos tendem a ser organizações revolucionárias que exigem mudanças. Uma Igreja pré-moderna construía o seu poder aos poucos, desenvolvendo estruturas e tradições ao longo dos séculos. Um rei e um papa que quisessem revolucionar a sociedade da noite para o dia provavelmente deparariam com sólida resistência de membros da Igreja e de crentes comuns.

Por exemplo, nos séculos VIII e IX, uma série de imperadores bizantinos tentou proibir a veneração de ícones, que consideravam idolatria. Chamavam a atenção para passagens da Bíblia, mais notadamente o Segundo Mandamento, que proíbem a confecção de esculturas com imagens. Embora as Igrejas cristãs tradicionalmente interpretassem o Segundo Mandamento de uma maneira que lhes permitia a veneração de ícones, imperadores como Constantino V sustentavam que isso era um erro e que desastres como as derrotas cristãs para os exércitos do islã se deviam à ira de Deus contra a adoração de ícones. Em 754, mais de trezentos bispos se reuniram no Concílio de Hieria em apoio à posição iconoclasta de Constantino.

Em comparação com a campanha de coletivização de Stálin, isso era uma reforma menor. Famílias e aldeias eram solicitadas a entregar seus ícones, mas não sua propriedade privada nem seus filhos. Apesar disso, a iconoclastia bizantina encontrou resistência generalizada. Diferentemente dos participantes do Concílio de Hieria, muitos padres, monges e crentes comuns eram muito apegados a seus ícones. A luta resultante destruiu a sociedade bizantina por completo, até que os imperadores aceitaram a derrota e mudaram de posição.[105] Constantino v, mais tarde, foi tratado com descaso por historiadores bizantinos, que o chamavam de "Constantino, o Merda" (Koprónimos), e espalhou-se a estória de que tinha defecado durante o seu batismo.[106]

Diferentemente das Igrejas pré-modernas, que se desenvolveram com lentidão ao longo de séculos, de modo que tendiam a ser conservadoras e a desconfiar de mudanças rápidas, partidos totalitários modernos, como o Partido Nazista e o Partido Comunista Soviético, foram organizados numa única geração em torno da premissa de subverter com rapidez a sociedade. Eles não tinham tradições e estruturas seculares para defender. Quando seus líderes concebiam um plano ambicioso para destruir as tradições e estruturas, os membros do partido em geral os apoiavam.

Talvez o mais importante de tudo é que as Igrejas pré-modernas não podiam tornar-se ferramentas de controle totalitário, porque elas também sofriam as mesmas limitações de todas as outras organizações pré-modernas. Embora contassem com agentes locais em toda parte, na forma de párocos, monges e pregadores itinerantes, por causa da dificuldade de transmitir e processar informações os líderes da Igreja pouco sabiam do que se passava nas comunidades remotas, e os padres locais tinham bastante autonomia. Por consequência, as Igrejas tendiam a ser negócios locais. Em todas as províncias e aldeias, as pessoas veneravam santos locais, mantinham tradições locais, realizavam ritos locais e podiam até alimentar ideais doutrinários locais diferentes da linha oficial.[107] O papa em Roma, se quisesse fazer alguma coisa sobre um padre muito independente numa remota paróquia polonesa, tinha que começar enviando uma carta para o arcebispo de Gniezno, que precisava instruir o respectivo bispo, que mandava alguém intervir na paróquia. Isso podia levar meses, e havia amplas oportunidades para o arcebispo, o bispo e outros intermediários reinterpretarem ou até mesmo "esquecerem" as ordens do papa.[108]

As Igrejas só se tornaram instituições mais totalitárias no fim da era moderna, com a disponibilidade das modernas tecnologias da informação. Costumamos pensar os papas como relíquias medievais, mas, na verdade, eles são mestres da tecnologia moderna. No século XVIII, o papa tinha pouco controle sobre a Igreja católica em nível mundial e se reduzia à condição de um príncipe italiano, lutando com outras potências locais pelo controle de Bolonha ou Ferrara. Com o advento do rádio, os papas entraram para o clube das pessoas mais poderosas do planeta. O papa João Paulo II, sentado no Vaticano, era capaz de falar diretamente com milhões de católicos da Polônia às Filipinas, sem que nenhum arcebispo, bispo ou pároco pudessem distorcer as suas palavras.[109]

COMO AS INFORMAÇÕES FLUEM

Vemos então que a nova tecnologia da informação do fim da era moderna deu origem tanto à democracia em larga escala quanto ao totalitarismo em larga escala. Mas há diferenças cruciais na maneira como os dois sistemas usam a tecnologia da informação. Já vimos que a democracia incentiva que ela flua através de muitos canais independentes, e não apenas através do centro, o que permite que muitos nós independentes processem as informações e tomem decisões por conta própria. As informações circulam livremente entre empresas privadas, organizações privadas de mídia, municipalidades, associações esportivas, instituições de caridade, famílias e indivíduos — sem jamais passarem pelo gabinete de um ministro do governo.

Já o totalitarismo, por sua vez, quer que *todas* as informações passem pelo ponto central, e não que instituições independentes tomem decisões por contra própria. É verdade que o totalitarismo tem seu aparelho tripartite de governo, partido e polícia secreta. Mas o objetivo desse aparelho paralelo é justamente impedir a emergência de qualquer poder independente que possa contestar o centro. Quando autoridades governamentais, membros do partido e agentes da polícia secreta vigiam constantemente uns aos outros, fazer oposição ao centro é muito perigoso.

Como tipos contrastantes de redes de informação, a democracia e o totalitarismo têm suas vantagens e desvantagens. A maior vantagem da rede totalitária centralizada é ser extremamente organizada, o que significa que pode tomar decisões com rapidez e implementá-las sem piedade. Em especial durante emergências, como guerras e epidemias, as redes centralizadas podem agir muito mais depressa e ir mais fundo do que as redes distribuídas.

Mas redes de informação hipercentralizadas também apresentam uma série de desvantagens. Como não permitem que as informações fluam por nenhum outro lugar senão os canais oficiais, se eles estiverem bloqueados, as informações não dispõem de meios alternativos de transmissão. E os canais oficiais ficam bloqueados com frequência.

Uma razão comum para impedimento dos canais oficiais é o fato de que subordinados temerosos escondem as más notícias dos seus superiores. Em *As aventuras do bom soldado Švejk* — romance satírico de Jaroslav Hašek sobre o Império Austro-Húngaro durante a Primeira Guerra Mundial —, o autor conta que as autoridades austríacas andavam muito preocupadas com a queda do moral na população civil. Assim, bombardearam as delegacias de polícia locais com ordens para contratar informantes, coletar dados e informar à sede sobre a lealdade da população. Numa tentativa de ser tão científica quanto possível, a sede inventou uma complicada escala de lealdade: I.a, I.b, I.c; II.a, II.b, II.c; III.a, III.b, III.c; IV.a, IV.b, IV.c. Enviou às delegacias explicações detalhadas sobre cada nota e um formulário oficial diário. Sargentos de polícia de todo o país preenchiam os formulários e os devolviam para a sede. Todos, sem exceção, relatavam um nível de moral I.a; fazer de outra forma seria arriscar-se a reprimendas, rebaixamentos ou coisa pior.[110]

Outra razão comum para os canais oficiais não repassarem informações é a preservação da ordem. Como o principal objetivo das redes de informação totalitárias é produzir ordem, mais do que descobrir a verdade, quando informações alarmantes ameaçam subverter a ordem social, os regimes totalitários as suprimem. Para eles, isso é relativamente fácil, pois controlam todos os canais de informação.

Por exemplo, quando o reator nuclear de Tchernóbil explodiu em 26 de abril de 1986, as autoridades soviéticas suprimiram todas as notícias do desastre. Nem os cidadãos soviéticos nem os demais países foram informados do perigo, então não puderam tomar medidas para se proteger da radiação. Quando algumas autoridades soviéticas em Tchernóbil e na cidade vizinha de Prípiat pediram a evacuação imediata dos centros populacionais próximos, a maior preocupação dos seus chefes era evitar a disseminação da notícia alarmante: não só proibiram a evacuação, como também cortaram as linhas telefônicas e advertiram os empregados das instalações nucleares para não falarem com ninguém sobre o desastre.

Dois dias depois do derretimento, cientistas suecos perceberam que os níveis de radiação na Suécia, a mais de 1200 quilômetros de Tchernóbil, estavam anormalmente altos. Só quando os governos ocidentais e a mídia ocidental divulgaram a notícia é que os soviéticos admitiram que alguma coisa estava errada. Mesmo assim, continuaram escondendo dos cidadãos soviéticos a magnitude da catástrofe e hesitando em pedir conselhos e ajuda externa. Milhões de pessoas na Ucrânia, na Bielorrússia e na Rússia pagaram por essa decisão com a saúde. Quando as autoridades soviéticas, afinal, resolveram investigar o desastre, sua maior preocupação era isentar-se de culpa, em vez de procurar entender as causas e impedir acidentes semelhantes.[111]

Em 2019, estive em Tchernóbil. O guia ucraniano que explicava o que produziu o acidente nuclear disse uma coisa que me impressionou. "Os americanos são criados com a ideia de que perguntas geram respostas", disse ele. "Mas os cidadãos soviéticos eram criados com a ideia de que perguntas geravam problemas."

Naturalmente, líderes de países democráticos também não gostam de más notícias. Mas numa rede democrática distributiva, quando as linhas oficiais de comunicação ficam bloqueadas, as informações fluem por canais alternativos. Por exemplo, se uma autoridade americana decide que não vai informar o presidente sobre um desastre em curso, essa notícia acabará sendo publicada pelo *Washington Post*, e se o *Post* também se recusar a fazer o seu papel, o *Wall Street Journal* ou o *New York Times* darão a estória. O modelo empresarial da imprensa livre e independente — sempre atrás do próximo furo de reportagem — é quase uma garantia de publicação.

Quando, em 28 de março de 1979, ocorreu um grave acidente no reator nuclear de Three Mile Island, na Pensilvânia, a notícia logo se espalhou sem necessidade alguma de intervenção internacional. O acidente começou por volta das quatro da manhã e foi percebido às 6h30. Foi declarada emergência nas instalações às 6h56, e às 7h02 o acidente foi relatado à Agência de Gerenciamento de Emergências da Pensilvânia. Nos sessenta minutos seguintes, o governador da Pensilvânia, o vice-governador e autoridades da Defesa Civil foram informados. Uma entrevista coletiva oficial foi marcada para as dez da manhã. No entanto, um repórter que cobria trânsito numa estação de rádio de Harrisburg captou um alerta da polícia sobre os acontecimentos, e a estação transmitiu um breve relato às 8h25. Na União Soviética, uma iniciativa como essa, de uma estação de rádio independente, era impensável, mas nos Estados Unidos nem sequer chamou a atenção. Às nove da manhã, a Associated Press divulgou um boletim. Embora os detalhes completos só viessem a público em alguns dias, os cidadãos americanos souberam do acidente duas horas depois que foi percebido. Investigações de agências do governo, de ONGs, de universidades e instituições de pesquisa e da imprensa revelaram não só as causas imediatas do acidente, como também as causas estruturais mais profundas, o que ajudou a aprimorar a segurança da tecnologia nuclear no mundo todo. Na verdade, algumas das lições de Three Mile Island, compartilhadas abertamente até com os soviéticos, contribuíram para reduzir os danos do desastre de Tchernóbil.[112]

NINGUÉM É PERFEITO

Redes totalitárias e autoritárias enfrentam outros problemas além do das artérias bloqueadas. Em primeiro lugar, como já vimos, seus mecanismos de autocorreção tendem a ser muito débeis. Como se julgam infalíveis, subestimam a necessidade desses mecanismos e, como têm medo de qualquer instituição independente que os possa contestar, não dispõem de tribunais, veículos de comunicação ou centros de pesquisa livres. Por consequência, não há ninguém que exponha e corrija os abusos de poder diários que caracterizam todos os governos. O líder pode, vez ou outra, proclamar uma campanha anticorrupção, mas, em sistemas não democráticos, essas campanhas quase sempre são pouco mais do que cortinas de fumaça para que uma facção do regime possa expurgar uma outra.[113]

E o que acontece se o próprio líder embolsar verbas públicas ou cometer um desastroso erro político? Ninguém pode desafiá-lo, e por sua própria iniciativa o líder — na sua condição de ser humano — pode muito bem não querer admitir erro nenhum. Na verdade, é provável que atribua a culpa por todos os problemas a "inimigos estrangeiros", "traidores internos" ou "subordinados corruptos", e ainda exija mais poder para lidar com os supostos malfeitores.

Por exemplo, mencionamos no capítulo anterior que Stálin adotou a teoria falsa do lissenkismo como doutrina de Estado sobre a evolução. Os resultados foram calamitosos. O desprezo pelos modelos darwinistas e as tentativas dos agrônomos lissenkistas de criar supersafras fizeram a genética soviética andar décadas para trás e enfraqueceram a agricultura. Especialistas soviéticos que sugeriam abandonar o lissenkismo e aceitar o darwinismo se arriscavam a ir para o gulag ou a levar um tiro na cabeça. O legado do lissenkismo assombrou a ciência e a agronomia soviéticas durante décadas, e foi uma das razões para, no começo dos anos 1970, a União Soviética deixar de ser um grande exportador de grãos e passar a importar mais do que exportava, apesar de suas vastas terras férteis.[114]

A mesma dinâmica caracterizava muitos outros campos de atividade. Por exemplo, durante os anos 1930, a indústria soviética sofreu numerosos acidentes. Em grande parte, isso ocorreu por culpa dos chefões soviéticos em Moscou, que estabeleciam metas quase impossíveis de industrialização e consideravam traição qualquer falha em alcançá-las. No esforço para atingir as ambiciosas metas, medidas de segurança e de controle de qualidade foram abandonadas, e especialistas que recomendavam prudência costumavam ser repreendidos ou fuzilados. O resultado foi uma onda de acidentes industriais, produtos imprestáveis e esforços vãos. Em vez de assumir a responsabilidade, Moscou concluía que aquilo só podia ser obra da conspiração global trotskista-imperialista de sabotadores e terroristas empenhados em fazer o empreendimento soviético fracassar. Em vez de desacelerarem e adotarem normas de segurança, os chefes intensificavam o terror e matavam mais gente.

Um exemplo famoso foi o de Pável Richagov, um dos melhores e mais bravos pilotos soviéticos, comandando missões para ajudar os republicanos na Guerra Civil Espanhola e os chineses contra a invasão japonesa. Ele rapidamente subiu na hierarquia, tornando-se comandante da Força Aérea soviética em agosto de 1940, com 29 anos. Mas a coragem que ajudou Richagov a derrubar aviões nazistas na Espanha lhe criou grandes problemas em Moscou. A Força Aérea soviética sofreu muitos acidentes, que o Politburo atribuiu à falta de disciplina e à sabotagem deliberada de conspirações antissoviéticas. Richagov não aceitou essa versão oficial. Como piloto de linha de frente, conhecia a verdade. Disse sem rodeios a Stálin que os pilotos estavam sendo obrigados a operar aeronaves projetadas às pressas e mal produzidas, o que ele comparou a voar "em caixões de defunto". Dois dias depois que Hitler invadiu a União Soviética, enquanto o Exército Vermelho desmoronava e Stálin precisava desesperadamente de bodes expiatórios, Richagov foi preso por ser "membro de uma organização conspiratória antissoviética e executar trabalho inimigo destinado a enfraquecer o poder do Exército Vermelho". Sua mulher também foi presa, porque, supunha-se, sabia das "ligações trotskistas [do marido] com os conspiradores militares". Ambos foram executados em 28 de outubro de 1941.[115]

O verdadeiro sabotador que arruinou os esforços militares soviéticos não foi Richagov, claro, mas o próprio Stálin. Durante anos, Stálin temeu a probabilidade de um confronto de morte com a Alemanha nazista e se preparou construindo a maior máquina de guerra do mundo. Mas obstruiu essa máquina tanto diplomática quanto psicologicamente.

No nível diplomático, de 1939 a 1941, Stálin apostou que poderia instigar os "capitalistas" a brigarem uns com os outros e se esgotarem, enquanto a União Soviética nutria e até aumentava o seu poder. Por consequência, fez um pacto com Hitler em 1939 e permitiu que os alemães conquistassem grande parte da Polônia e da Europa Oriental, enquanto a União Soviética atacava ou alienava quase todos os vizinhos. Entre 1939 e 1940, os soviéticos invadiram e ocuparam o leste da Polônia; anexaram a Estônia, a Letônia e a Lituânia; e conquistaram partes da Finlândia e da Romênia. A Finlândia e a Romênia, que poderiam ter funcionado como amortecedor neutro nos flancos da União Soviética, se tornaram inimigos implacáveis. Até a primavera de 1941, Stálin ainda se recusava a fazer alianças preventivas com a Grã-Bretanha e não tomou providência alguma para atrapalhar a conquista nazista da Iugoslávia e da Grécia, perdendo, portanto, os últimos aliados potenciais no continente europeu. Quando Hitler atacou em 22 de junho de 1941, a União Soviética estava isolada.

Em tese, a máquina de guerra de Stálin estava à altura do ataque nazista mesmo nesse isolamento. Os territórios conquistados desde 1939 ofereciam profundidade para as defesas soviéticas, e a vantagem militar soviética parecia avassaladora. No primeiro dia da invasão, os soviéticos tinham 15 mil tanques, 15 mil aeronaves de guerra e 37 mil peças de artilharia no front europeu, contra 3300 tanques, 2250 aeronaves e 7146 canhões alemães.[116] Mas numa das maiores catástrofes militares da história, em um mês os soviéticos perderam 11 700 tanques (78%), 10 mil aeronaves (57%) e 19 mil peças de artilharia (51%).[117] Stálin perdeu também todos os territórios que havia conquistado em 1939-40 e grande parte do interior da União Soviética. Em 16 de julho, os alemães estavam em Smolensk, a 370 quilômetros de Moscou.

As causas do fracasso têm sido discutidas desde 1941, mas a maioria dos estudiosos concorda que um fator significativo foi o custo psicológico do stalinismo. Durante anos, o regime aterrorizou seu povo, puniu a iniciativa e a individualidade, e incentivou a submissão e a obediência, o que debilitou a motivação dos soldados. Em especial nos primeiros meses da guerra, antes que os horrores do nazismo fossem plenamente percebidos, soldados do Exército Vermelho se rendiam aos bandos; de 3 milhões a 4 milhões foram levados como cativos até o fim de 1941.[118] Mesmo quando lutavam com tenacidade, faltava iniciativa às unidades do Exército Vermelho. Oficiais sobreviventes dos expurgos tinham medo de agir com independência, enquanto os oficiais mais jovens quase sempre careciam de treinamento adequado. Não raro famintos por informações e responsabilizados pelos fracassos, os comandantes também precisavam lidar com os comissários políticos que poderiam contestar suas decisões. O mais seguro era aguardar ordens de cima e segui-las servilmente, mesmo que fizessem pouco sentido do ponto de vista militar.[119]

Apesar dos desastres de 1941, e da primavera e do verão de 1942, o Estado soviético não desmoronou como Hitler esperava. À medida que o Exército Vermelho e os líderes soviéticos assimilavam as lições do primeiro ano de luta, o centro político de Moscou afrouxava o seu controle. O poder dos comissários políticos foi restringido, enquanto oficiais profissionais eram incentivados a assumir maior responsabilidade e tomar mais iniciativas.[120] Stálin também desfez seus erros geopolíticos de 1939-41 e aliou a União Soviética à Grã-Bretanha e aos Estados Unidos. Iniciativa do Exército Vermelho, assistência ocidental e a compreensão do que significaria o domínio nazista para o povo da União Soviética mudaram o curso da guerra.

No entanto, uma vez assegurada a vitória em 1945, Stálin lançou novas ondas de terror, expurgando mais oficiais e funcionários de mentalidade independente, e mais uma vez incentivando a obediência cega.[121] Por ironia, a morte de Stálin oito anos depois foi, em parte, resultado de uma rede de informações que dava prioridade à ordem e desprezava a verdade. Em 1951-3, a União Soviética viveu outra caça às bruxas. Os criadores de mito soviéticos inventaram uma teoria da conspiração segundo a qual médicos judeus assassinavam sistematicamente destacados membros do regime, a pretexto de lhes prestar assistência médica. A teoria sustentava que os médicos eram agentes de um complô global americano-sionista, atuando em colaboração com traidores dentro da polícia secreta. No começo de 1953, centenas de médicos e agentes da polícia secreta, incluindo o próprio chefe da polícia secreta, foram presos, torturados e forçados a denunciar cúmplices. A teoria da conspiração — uma versão soviética de *Os protocolos dos sábios de Sião* — se mesclava a antigas acusações de assassinato ritual, e surgiram boatos de que médicos judeus não só assassinavam líderes soviéticos, como também matavam bebês em hospitais. Como uma grande proporção de médicos soviéticos era de judeus, as pessoas passaram a temer médicos em geral.[122]

Bem quando a histeria sobre "o complô dos médicos" atingia seu clímax, Stálin sofreu um derrame em 1º de março de 1953. Desmaiou em sua datcha, urinou nas calças e ficou horas deitado, com seu pijama sujo, incapaz de pedir ajuda. Por volta das 22h30, um guarda reuniu coragem para entrar no santuário do comunismo mundial e encontrou o líder estirado no chão. Às três da madrugada do dia seguinte, membros do Politburo chegaram à datcha e começaram a discutir quais seriam os próximos passos. Por mais algumas horas, ninguém ousou chamar um médico. E se Stálin recuperasse a consciência, abrisse os olhos e visse um médico — um *médico*! — rondando em volta da sua cama? Decerto acharia que era um complô para assassiná-lo e mandaria fuzilar os responsáveis. O médico pessoal de Stálin não apareceu porque naquele momento estava numa cela nos porões da prisão de Lubianka — sendo torturado por sugerir que Stálin precisava de mais repouso. Quando os membros do Politburo resolveram chamar especialistas médicos, o perigo já tinha passado. Stálin nunca mais acordou.[123]

Pode-se concluir desse rol de desastres que o sistema stalinista era totalmente disfuncional. Seu implacável desprezo pela verdade o levou não só a causar terríveis sofrimentos a centenas de milhões de pessoas, como também a cometer colossais erros diplomáticos, militares e econômicos, e a devorar os próprios líderes. No entanto, essa conclusão seria equivocada.

Numa análise do terrível fracasso do stalinismo na primeira fase da Segunda Guerra Mundial, duas questões complicam a narrativa. Em primeiro lugar, na época países democráticos como França, Noruega e Holanda cometeram erros tão graves quanto os da União Soviética, e o desempenho de seus Exércitos foi ainda pior. Em segundo, a máquina militar que esmagou o Exército Vermelho, o Exército francês, o Exército holandês e vários outros Exércitos foi, ela própria, construída por um regime totalitário. Assim, seja qual for a conclusão que se tire dos anos 1939-41, não pode ser a de que as redes totalitárias funcionam necessariamente pior do que as democráticas. A história do stalinismo mostra muitas desvantagens potenciais das redes de informação totalitárias, mas isso não nos impede de ver suas vantagens potenciais.

Quando consideramos a história da Segunda Guerra Mundial e seu desfecho como um todo, fica evidente que o stalinismo foi, na verdade, um dos sistemas políticos mais bem-sucedidos já imaginados — se definirmos "sucesso" apenas em termos de ordem e poder, sem levar em conta todas as considerações de ética e de bem-estar humano. Apesar, ou talvez por causa, da total falta de compaixão e de sua atitude insensível para com a verdade, o stalinismo foi eficiente, sobretudo, na manutenção da ordem numa escala gigantesca. A torrente incessante de notícias falsas e teorias da conspiração ajudava a manter centenas de milhões de pessoas na linha. A coletivização da agricultura soviética levou à escravização em massa e à fome, mas também estabeleceu os alicerces para a rápida industrialização do país. A indiferença soviética para com o controle de qualidade pode ter produzido caixões de defunto voadores, mas os produziu às dezenas de milhares, compensando com quantidade o que lhes faltava em qualidade. A aniquilação de oficiais do Exército Vermelho durante o Grande Terror foi uma das principais razões para o lamentável desempenho do Exército em 1941, mas também uma das razões para que ninguém, apesar das derrotas terríveis, se rebelasse contra Stálin. A máquina militar soviética tendia a esmagar os próprios soldados junto com os inimigos, mas acabou avançando lentamente rumo à vitória.

Nos anos 1940 e início dos 1950, muita gente no mundo inteiro achava que o stalinismo era a onda do futuro. Tinha vencido a Segunda Guerra, hasteado a bandeira vermelha no Reichstag, governado um império que se estendia da Europa Central ao Pacífico, fomentado lutas anticoloniais no mundo inteiro, e inspirado numerosos regimes que tentavam imitá-lo. Conquistava admiradores mesmo entre os principais artistas e pensadores das democracias ocidentais, que acreditavam que, apesar dos vagos rumores sobre gulags e expurgos, o stalinismo era a melhor chance de que a humanidade dispunha para pôr fim à exploração capitalista e criar uma sociedade perfeitamente justa. O stalinismo, portanto, por pouco não dominou o mundo. Seria ingênuo supor que seu desprezo pela verdade o tenha condenado ao fracasso, ou que seu colapso final seja uma garantia de que um sistema como esse jamais voltaria a surgir. Sistemas de informação podem ir bem longe apenas com um pouco de verdade e muita ordem. Qualquer um que repudie os custos morais de sistemas como o stalinismo estaria cometendo um equívoco se acreditasse que sua suposta ineficiência é suficiente para derrubá-los.

O PÊNDULO TECNOLÓGICO

Se enxergarmos a democracia e o totalitarismo como diferentes tipos de rede de informação, podemos entender por que eles florescem em certas épocas e desaparecem em outras. Não é só porque as pessoas ganham ou perdem a fé em certos ideais políticos; é também por causa das revoluções nas tecnologias da informação. Claro, assim como a imprensa não *causou* a caça às bruxas nem a revolução científica, o rádio não foi a *causa* nem do totalitarismo stalinista nem da democracia americana. A tecnologia apenas abre novas oportunidades; cabe a nós decidir qual delas aproveitar.

Os regimes totalitários optam por usar tecnologias modernas da informação para centralizar o fluxo de informações e sufocar a verdade em nome da manutenção da ordem. Como consequência, precisam lidar com o perigo da ossificação. Quando mais e mais informações fluem para um único lugar, será que o resultado disso é controle eficiente ou artérias entupidas e, finalmente, ataque cardíaco? Os regimes democráticos optam por usar tecnologias modernas da informação para distribuir o fluxo de informações entre mais instituições e indivíduos, e incentivam a busca da verdade. Elas, por consequência, têm que lidar com o perigo da fragmentação. Como um sistema solar com mais e mais planetas circulando cada vez mais rápido, será que o centro consegue resistir, ou as coisas vão se desintegrar e prevalecer a anarquia?

Um exemplo arquetípico das diferentes estratégias é encontrado nas histórias contrastantes das democracias ocidentais e do bloco soviético na década de 1960. Foi uma época em que as democracias ocidentais relaxaram a censura e várias políticas discriminatórias que atrapalhavam a livre disseminação de informações. Isso tornou mais fácil para grupos marginalizados se organizarem, participarem da conversação pública e fazerem exigências políticas. A resultante onda de ativismo desestabilizou a ordem social. Até então, quando um número limitado de homens brancos ricos monopolizava a conversa, era relativamente fácil chegar a um acordo. Pobres, mulheres, pessoas LGBTQ, minorias étnicas, pessoas com deficiência e membros de outros grupos historicamente oprimidos, quando ganharam voz, trouxeram consigo novas ideias, novas opiniões, novos interesses. Por consequência, diversos dos antigos acordos de cavalheiros ficaram insustentáveis. Por exemplo, as leis Jim Crow de segregação defendidas ou, pelo menos, toleradas por gerações de governos, tanto democratas quanto republicanos nos Estados Unidos, ruíram. Coisas tidas como sacrossantas, evidentes por si e universalmente aceitas — como papéis de gênero — se tornaram controversas, e ficou difícil chegar a novos acordos, pois havia muito mais grupos, pontos de vista e interesses a levar em conta. O simples ato de manter uma conversa ordeira passou a ser um desafio, porque as pessoas não conseguiam sequer chegar a um acordo sobre as regras do debate.

Isso causou muita frustração tanto na velha guarda quanto na jovem guarda, que suspeitava que sua recém-descoberta liberdade de expressão era vazia e que suas demandas políticas não eram atendidas. Desiludidos com as palavras, alguns recorreram às armas. Em muitas democracias ocidentais, os anos 1960 foram caracterizados não só por divergências inéditas, como também por um aumento da violência. Assassinatos políticos, sequestros, tumultos e ataques terroristas se multiplicavam. O assassinato de John F. Kennedy e de Martin Luther King, os tumultos que se seguiram ao assassinato de King e as ondas de manifestações, revoltas e confrontos armados que varreram o mundo ocidental em 1968 são apenas alguns dos exemplos mais notórios.[124] As imagens de Chicago ou Paris em 1968 poderiam facilmente dar a impressão de que tudo ia por água abaixo. A pressão para corresponder aos ideais democráticos e incluir mais pessoas e grupos na conversação pública parecia minar a ordem social e travar o funcionamento da democracia.

Enquanto isso, os regimes da Cortina de Ferro, que jamais prometeram inclusão, continuavam a sufocar a conversação pública e a centralizar informações de poder. E isso parecia funcionar. Embora enfrentassem algumas contestações periféricas, mais notadamente a revolta húngara de 1956 e a Primavera de Praga de 1968, os comunistas tinham um jeito rápido e fulminante de lidar com essas ameaças. No interior soviético, tudo estava em ordem.

Vinte anos depois, o sistema soviético é que ficou inviável. Os anciãos esclerosados da gerontocracia soviética na tribuna da praça Vermelha eram o emblema perfeito de uma rede de informações disfuncional, carente de quaisquer mecanismos significativos de autocorreção. Descolonização, globalização, desenvolvimento tecnológico e mudanças nos papéis de gênero levaram a rápidas transformações econômicas, sociais e geopolíticas. Mas a gerontocracia não sabia lidar com todas as informações que fluíam para Moscou, e como a nenhum subordinado se permitia muita iniciativa, todo o sistema se ossificou e entrou em colapso.

O fracasso era mais óbvio na esfera econômica. A economia soviética, demasiado centralizada, demorou a reagir aos rápidos avanços tecnológicos e às mudanças nos desejos dos consumidores. Obedecendo a ordens vindas de cima, a economia soviética produzia mísseis intercontinentais, caças e projetos de infraestrutura de prestígio. Mas não produzia o que a maior parte das pessoas de fato queria comprar — de geladeiras eficientes a música pop — e foi ficando para trás em matéria de tecnologia militar de ponta.

Em nenhuma outra parte, suas deficiências eram mais óbvias do que no setor de semicondutores, no qual a tecnologia se desenvolvia num ritmo especialmente acelerado. No Ocidente, os semicondutores eram desenvolvidos por meio de concorrência aberta entre numerosas empresas privadas, como Intel e Toshiba, cujos principais clientes eram outras empresas privadas, como a Apple e a Sony. Estas usavam microchips para produzir bens civis, como o computador pessoal Macintosh e o walkman. Os soviéticos não tinham condições de concorrer com a produção americana e japonesa de microchips, porque — como explica o historiador americano de economia Chris Miller — o setor soviético de semicondutores era "secreto, hierarquizado, voltado para sistemas militares, atendendo a encomendas com pouca margem para criatividade". Os soviéticos tentaram diminuir a distância roubando e copiando tecnologia ocidental — o que só serviu para que sempre ficassem com anos de defasagem.[125] Assim, o primeiro computador pessoal soviético só apareceu em 1984, quando nos Estados Unidos as pessoas já tinham 11 milhões de PCs.[126]

As democracias ocidentais não só avançaram, tecnológica e economicamente, como também conseguiram preservar a ordem social — apesar, ou por causa, da ampliação do círculo de participantes da conversa política. Houve muitos contratempos, mas os Estados Unidos, o Japão e outras democracias criaram um sistema de informações muito mais dinâmico e inclusivo, o que abria espaço para mais pontos de vista, sem entrar em colapso. Foi uma conquista tão notável que muita gente achava que a vitória da democracia contra o totalitarismo era definitiva. Essa vitória costuma ser explicada em termos de uma vantagem fundamental no processamento de informações: o totalitarismo não funcionava porque não dava certo tentar concentrar e processar todos os dados num ponto central. No começo do século XXI, parecia, portanto, que o futuro pertencia a redes de informação distribuídas e à democracia.

Não foi bem assim. Na verdade, a revolução da informação seguinte já estava ganhando impulso, preparando terreno para uma nova rodada da competição entre a democracia e o totalitarismo. Computadores, a internet, smartphones, as redes sociais e a IA representaram novos desafios à democracia, dando voz não só a mais grupos oprimidos, como a qualquer ser humano com acesso à internet, e mesmo a agentes não humanos. As democracias, nos anos 2020, voltam a enfrentar a tarefa de integrar um dilúvio de novas vozes no debate público, sem destruir a ordem social. As coisas parecem tão sombrias quanto na década de 1960, e não há nenhuma garantia de que as democracias passem no novo teste tão bem quanto passaram no anterior. Ao mesmo tempo, as novas tecnologias ainda dão novas esperanças a regimes totalitários que sonham em concentrar com exclusividade todas as informações. Sim, os velhos na tribuna da praça Vermelha não estavam à altura da tarefa de orquestrar milhões de vidas a partir de um único centro. Mas talvez a IA esteja.

Quando a humanidade entra no segundo quartel do século XXI, uma questão essencial é saber até que ponto as democracias e os regimes totalitários saberão lidar com as ameaças e as oportunidades oriundas da atual revolução da informação. Será que as novas tecnologias favorecerão um tipo de regime em detrimento do outro, ou será que veremos o mundo mais uma vez dividido, agora por uma Cortina de Silício e não de Ferro?

Como em épocas anteriores, as redes de informação lutarão para encontrar o equilíbrio adequado entre verdade e ordem. Algumas darão prioridade à verdade e a manter fortes mecanismos de autocorreção. Outras farão a escolha contrária. Várias das lições aprendidas com a canonização da Bíblia, com a caça às bruxas do início da era moderna e com a campanha de coletivização stalinista ainda serão relevantes, e talvez tenham que ser reaprendidas. No entanto, a atual revolução da informação também tem características exclusivas, diferentes de — e potencialmente muito mais perigosas do que — qualquer coisa que já vimos.

Até agora, o funcionamento de todas as redes de informação dependeu de criadores de mitos e burocratas humanos. Tabuinhas de argila, rolos de papiro, prelos e aparelhos de rádio tiveram profundo impacto na história, mas sempre ficou por conta de seres humanos o trabalho de compor todos os textos, interpretar os textos e decidir quem seria queimado como bruxa ou escravizado como cúlaque. Agora, porém, os humanos terão que competir com criadores de mitos e burocratas digitais. A grande divisão na política do século XXI talvez não se dê entre as democracias e os regimes totalitários, mas entre seres humanos e agentes não humanos. Em vez de separar as democracias dos regimes totalitários, uma nova Cortina de Silício talvez separe todos os humanos dos nossos insondáveis tiranos algorítmicos. Pessoas em todos os países, e em todas as esferas da vida — incluindo até mesmo ditadores —, podem se ver numa situação de subserviência a uma inteligência alienígena capaz de monitorar tudo que fazemos, enquanto mal temos ideia do que essa inteligência *está* fazendo. O restante deste livro, portanto, é dedicado a explorar se uma Cortina de Silício de fato está baixando sobre o mundo e como a vida poderá se mostrar quando os computadores cuidarem das nossas burocracias e os algoritmos inventarem novas mitologias.

PARTE II

A REDE INORGÂNICA

6. Os novos membros: As diferenças entre os computadores e os prelos

Não é novidade para ninguém que estamos em meio a uma revolução da informação sem precedentes. Mas que tipo de revolução é essa? Nos últimos anos, fomos inundados com tantas invenções inovadoras que fica difícil determinar o que é que impulsiona essa revolução. A internet? Os smartphones? As redes sociais? O blockchain? Os algoritmos? A IA?

Antes de explorarmos as implicações de longo prazo da atual revolução da informação, repassemos os seus fundamentos. A semente da revolução atual é o computador. Todo o resto — da internet à IA — é subproduto. O computador nasceu nos anos 1940 como uma volumosa máquina eletrônica capaz de fazer cálculos matemáticos, mas evoluiu a uma velocidade vertiginosa, assumindo novas formas e desenvolvendo capacidades espantosas. A rápida evolução dos computadores tornou difícil definir o que são eles e o que fazem. Os humanos costumavam repetir que certas coisas ficariam para sempre fora do alcance dos computadores — fosse jogar xadrez, dirigir carro, escrever um poema —, mas "para sempre" acabou sendo uns poucos anos.

Discutiremos as relações exatas entre os termos "computador," "algoritmo" e "IA" mais para o fim deste capítulo, quando tivermos compreendido melhor a história dos computadores. Por ora, basta dizer que, em essência, o computador é uma máquina potencialmente capaz de fazer coisas notáveis: pode tomar decisões sozinho e criar novas ideias sozinho. Embora os primeiros computadores não chegassem nem perto disso, o potencial já existia, registrado tanto por cientistas da computação quanto por autores de ficção científica. Já em 1948, Alan Turing explorava a possibilidade de criar o que chamou de "máquinas inteligentes",[1] e em 1950 sugeriu que computadores acabariam sendo tão inteligentes quanto os humanos e poderiam até ser capazes de se passar por humanos.[2] Em 1968, os computadores ainda não conseguiam vencer um humano nem mesmo numa partida de damas,[3] mas, em *2001: Uma odisseia no espaço*, Arthur C. Clarke e Stanley Kubrick já imaginavam o HAL 9000 como uma IA superinteligente se rebelando contra seus criadores humanos.

O surgimento das máquinas inteligentes capazes de tomar decisões e criar novas ideias significa que, pela primeira vez na história, o poder está se deslocando dos humanos para outra coisa. Bestas, mosquetes e bombas atômicas substituíram os músculos humanos no ato de matar, mas não podiam substituir os cérebros humanos na hora de decidir quem matar. Little Boy — a bomba lançada sobre Hiroshima — explodiu com uma força de 12 500 toneladas de TNT,[4] mas, em termos de poder cerebral, Little Boy era um fiasco. Não era capaz de decidir nada.

Com os computadores, a história é outra. Em termos de inteligência, os computadores superam não só bombas atômicas, como também todas as tecnologias da informação que vieram antes, como tabuinhas de argila, prelos e aparelhos de rádio. Tabuinhas de argila guardavam informações sobre impostos, mas não podiam decidir por contra própria quanto imposto cobrar, tampouco eram capazes de inventar um novo tributo. Os prelos copiavam informações como a Bíblia, mas não podiam decidir que textos incluir nela nem tecer novos comentários sobre o livro sagrado. Aparelhos de rádio propagavam informações como discursos políticos e sinfonias, mas não podiam decidir que discursos ou sinfonias transmitir, nem eram capazes de compô-los. Os computadores podem fazer tudo isso. Enquanto os prelos e os aparelhos de rádio eram ferramentas passivas em mãos humanas, os computadores já estão se transformando em agentes ativos que fogem do nosso controle e da nossa compreensão, e podem tomar iniciativas que definem a sociedade, a cultura e a história.[5]

Um caso paradigmático do novo poder dos computadores é o papel que algoritmos de redes sociais têm desempenhado na propagação do ódio e no esgarçamento da coesão social em vários países.[6] Um dos primeiros e mais notórios exemplos disso ocorreu em 2016-7, quando algoritmos do Facebook ajudaram a inflamar a violência contra a minoria rohingya em Mianmar (Birmânia).[7]

O começo da década de 2010 foi um período de otimismo em Mianmar. Depois de décadas de regime militar severo, censura pesada e sanções internacionais, teve início uma era de liberalização, com a realização de eleições, a suspensão de sanções e a chegada massiva de ajuda e investimentos internacionais ao país. O Facebook era uma das presenças mais importantes na nova Mianmar, oferecendo a milhões de birmaneses acesso gratuito a um tesouro até então inimaginável de informações. O afrouxamento do controle governamental e da censura, no entanto, levou a um aumento da tensão étnica, em particular entre a maioria budista birmanesa e a minoria muçulmana rohingya.

Os rohingyas são habitantes muçulmanos da região de Rakhine, no oeste de Mianmar. Desde, pelo menos, os anos 1970, eles sofrem severa discriminação e, vez ou outra, são vítimas das explosões de violência por parte da junta governante e da maioria budista. O processo de democratização no começo da década de 2010 alimentou esperanças entre os rohingyas de que sua situação pudesse melhorar, mas na realidade as coisas ficaram piores, com ondas de violência sectária e pogroms contra os rohingyas inspirados, em grande parte, por fake news divulgadas no Facebook.

Em 2016-7, uma pequena organização islâmica conhecida como Exército de Salvação Arakan Rohingya (Arsa, na sigla em inglês) realizou uma série de ataques destinados a estabelecer um Estado muçulmano separatista em Arakan/ Rakhine, matando e sequestrando dezenas de civis não muçulmanos e assaltando vários postos avançados do Exército.[8] Em resposta, o Exército de Mianmar e radicais budistas lançaram uma vasta campanha de limpeza étnica contra toda a comunidade rohingya. Destruíram centenas de aldeias rohingyas, mataram de 7 mil a 25 mil civis desarmados, estupraram ou abusaram sexualmente de 18 mil a 60 mil mulheres e homens, e expulsaram brutalmente cerca de 730 mil rohingyas do país.[9] A violência foi alimentada por um ódio intenso contra todos os rohingyas. O ódio, por sua vez, foi fomentado pela propaganda contrária aos rohingyas, grande parte dela disseminada no Facebook, que em 2016 era a principal fonte de notícias de milhões e a mais importante plataforma de mobilização política em Mianmar.[10]

Um trabalhador humanitário chamado Michael que vivia em Mianmar em 2017 descreveu um feed de notícias típico do Facebook:

> A hostilidade online contra os rohingyas era inacreditável — a quantidade e a violência. Era avassaladora... Nada além disso aparecia no feed de notícias das pessoas em Mianmar naquela época. Reforçava a ideia de que todas aquelas pessoas eram terroristas, que não mereciam ter direitos.[11]

Além das atrocidades reais do Arsa, os relatos do Facebook estavam inundados de fake news sobre atrocidades imaginárias e ataques terroristas planejados. Teorias da conspiração populistas alegavam que a maioria dos rohingyas não fazia parte do povo de Mianmar, sendo imigrantes recentes de Bangladesh, inundando o país para encabeçar um jihad antibudista. Os budistas, que na realidade representavam quase 90% da população, temiam perder o seu lugar ou se tornar minoria.[12] Sem essa propaganda, quase não havia razão para que um restrito número de ataques do maltrapilho Arsa fosse respondido com um esforço total e irrestrito contra toda a comunidade rohingya. E os algoritmos do Facebook desempenharam papel importante na campanha de propaganda.

Embora as mensagens inflamatórias contra os rohingyas fossem criadas por extremistas de carne e osso, como o monge budista Wirathu,[13] os algoritmos do Facebook é que decidiam quais postagens promover. A Anistia Internacional descobriu que "algoritmos proativamente amplificaram e promoveram conteúdos na plataforma do Facebook que incitavam a violência, o ódio e a discriminação contra os rohingyas".[14] Uma missão de apuração de fatos da ONU concluiu em 2018 que, ao disseminar conteúdos de ódio, o Facebook desempenhou "papel determinante" na campanha de limpeza étnica.[15]

Os leitores podem se perguntar se é justificável atribuir tanta culpa aos algoritmos do Facebook, e de forma mais geral à nova tecnologia das redes sociais. Se Heinrich Kramer usou o prelo para difundir discursos de ódio, a culpa foi do prelo de Gutenberg? Se em 1994 extremistas ruandeses usaram o rádio para convocar as pessoas a massacrarem tútsis, seria justo culpar o rádio? Da mesma forma, se em 2016-7 extremistas budistas resolveram usar o

Facebook para disseminar o ódio contra os rohingyas, por que deveríamos culpar a plataforma?

O próprio Facebook usou essa lógica para rebater as críticas. Só em 2016-7, a empresa reconheceu publicamente que "não fizemos o bastante para ajudar a impedir que nossa plataforma fosse usada para fomentar divisão e incitar a violência offline".[16] Embora possa parecer uma admissão de culpa, essa declaração, na verdade, transfere a maior parte da responsabilidade pela propagação dos discursos de ódio aos usuários da plataforma e dá a entender que o erro do Facebook foi, no máximo, de omissão — deixar de moderar com eficácia o conteúdo produzido pelos usuários. Isso, no entanto, ignora os atos problemáticos cometidos pelos algoritmos do próprio Facebook.

O mais importante aqui é entender que os algoritmos de rede social são fundamentalmente diferentes de prelos e de aparelhos de rádio. Em 2016-7, os algoritmos do Facebook tomavam decisões, ativa e fatidicamente, *por conta própria*. Mais pareciam editores de jornal do que prelos. Os algoritmos do Facebook é que recomendavam, a torto e a direito, as postagens cheias de ódio de Wirathu, para centenas de milhares de birmaneses. Havia outras vozes em Mianmar, à época, que também competiam por atenção. Depois do regime militar em 2011, vários movimentos políticos e sociais surgiram em Mianmar, muitos dos quais com opiniões moderadas. Por exemplo, durante um surto de violência étnica na cidade de Meiktila, o abade budista Sayadaw U Vithuddha abrigou mais de oitocentos muçulmanos em seu mosteiro. Quando os extremistas cercaram o mosteiro e lhe exigiram que entregasse os muçulmanos, o abade lembrou à multidão os ensinamentos budistas sobre compaixão. Numa entrevista, relatou: "Eu disse a eles que, se levassem os muçulmanos, teriam que me matar também".[17]

Na batalha online por atenção entre pessoas como Sayadaw U Vithuddha e pessoas como Wirathu, os algoritmos é que mandavam e desmandavam. Escolhiam o que pôr no topo do feed de notícias dos usuários, que conteúdos promover e quais grupos do Facebook recomendar aos usuários para que ingressassem.[18] Os algoritmos poderiam recomendar sermões sobre compaixão ou aulas de confeitaria, mas decidiam espalhar teorias da conspiração repletas de ódio. Recomendações vindas de cima podem ter enorme influência sobre as pessoas. Lembremo-nos de que a Bíblia surgiu como uma lista de recomendações. Ao recomendar que os cristãos lessem a misógina Primeira Epístola a Timóteo em vez do livro mais tolerante Atos de Paulo e Tecla, Atanásio e outros pais da Igreja mudaram o curso da história. No caso da Bíblia, o poder supremo não estava nas mãos dos autores que compuseram diferentes tratados religiosos, mas nas dos curadores que criavam listas de recomendações. Era esse o tipo de poder exercido pelos algoritmos de rede social nos anos 2010. Michael, o trabalhador humanitário, comentou a influência desses algoritmos, dizendo que, "se alguém postasse uma coisa cheia de ódio ou inflamatória, essa coisa seria a mais promovida — as pessoas viam o conteúdo mais vil... Ninguém que promovesse a paz ou recomendasse calma era visto no feed de notícias".[19] Às vezes, os algoritmos iam além da simples recomendação. Ainda em 2020, mesmo depois de o papel de Wirathu em incentivar a campanha de limpeza étnica ter sido condenado em escala mundial, os algoritmos do Facebook continuaram não só recomendando suas mensagens, como também reproduzindo automaticamente seus vídeos. Usuários em Mianmar escolhiam ver certo vídeo, talvez contendo mensagens moderadas e benignas, sem relação alguma com Wirathu, mas, assim que o primeiro vídeo terminava, o algoritmo do Facebook começava a reproduzir um vídeo cheio de ódio de Wirathu para manter os usuários presos à tela. No caso de um desses vídeos de Wirathu, uma pesquisa interna do Facebook calculou que 70% das visualizações dele vinham desses algoritmos de reprodução automática. A mesma pesquisa calculou que, no total, 53% de todos os vídeos assistidos em Mianmar eram reproduzidos por algoritmos sem necessidade de comando dos usuários. Em outras palavras, não eram as pessoas que escolhiam o que assistir. Os algoritmos escolhiam por elas.[20]

Mas por que os algoritmos resolveram promover a ofensa em vez da compaixão? Nem mesmo os críticos mais severos do Facebook acham que os gestores humanos da plataforma queriam incentivar assassinatos em massa. Os executivos na Califórnia não tinham nenhuma indisposição com os rohingyas e mal sabiam da sua existência. A verdade é mais complicada, e talvez mais assustadora. Em 2016-7, o modelo de negócio do Facebook dependia da maximização do engajamento dos usuários. Ou seja, do tempo que eles passavam na plataforma e o que faziam ali, se clicavam no botão curtir ou compartilhavam uma postagem com amigos. Quando o número de usuários cresceu, o Facebook ficou com mais dados para vender anúncios e abocanhou uma fatia maior do mercado de informação. Esse crescimento impressionou os investidores, fazendo o preço das ações da empresa subir. Quanto mais tempo as pessoas passassem na plataforma, mais rico o Facebook ficava. Em consonância com esse modelo de negócios, gestores humanos deram aos algoritmos da empresa uma missão suprema: aumentar o engajamento dos usuários. A partir da experiência de milhões de usuários, os algoritmos descobriram que ofensa gerava engajamento. É mais provável os seres humanos se engajarem com uma teoria da conspiração cheia de ódio do que com um sermão sobre a compaixão. Assim, em busca do engajamento do usuário, os algoritmos tomaram a decisão fatídica de espalhar ofensas.[21]

Nunca há um único culpado para campanhas de limpeza étnica. Há culpa suficiente a ser compartilhada por diversas partes responsáveis. É preciso deixar claro que o ódio contra os rohingyas é anterior à entrada do Facebook em Mianmar e que a maior parcela de culpa pelas atrocidades de 2016-7 recai sobre os ombros de humanos como Wirathu e os chefes militares de Mianmar, assim como dos líderes do Arsa que deflagraram aquela onda de violência. Alguma responsabilidade também pertence aos engenheiros e executivos do Facebook, que codificaram os algoritmos, lhes conferiram poder excessivo e não os moderaram. Mas, o que é essencial, os próprios algoritmos também são culpados. Por tentativa e erro, aprenderam que ofensa gera engajamento, e sem qualquer ordem explícita vinda de cima decidiram promover a ofensa. Esta é a marca registrada da IA — a capacidade que uma máquina tem de aprender e de agir por conta própria. Mesmo atribuindo apenas 1% de culpa aos algoritmos, essa ainda é a primeira campanha de limpeza étnica da história cuja responsabilidade pode ser parcialmente atribuída a decisões tomadas por inteligência não humana. É improvável que seja a última, ainda mais porque os algoritmos já não se contentam em promover fake news e teorias da conspiração criadas por extremistas de carne e osso como Wirathu. No começo da década de 2020, já passaram para um novo estágio e criam por si próprios fake news e teorias da conspiração.[22]

Há muito mais a dizer sobre o poder dos algoritmos para definir políticas. Em particular, diversos leitores podem discordar do argumento de que os algoritmos tomam decisões independentes e insistir em que tudo que eles fizeram foi resultado do código escrito por engenheiros humanos e de modelos de negócio adotados por executivos humanos. Este livro pede licença para discordar. Soldados humanos são moldados pelo código genético e obedecem a ordens dos executivos, mas, mesmo assim, são capazes de tomar decisões independentes. O mesmo vale para algoritmos de IA. Eles são capazes de aprender sozinhos coisas que nenhum engenheiro humano programou e de decidir coisas que nenhum executivo humano previu. Essa é a essência da revolução da IA. O mundo vem sendo inundado por incontáveis e poderosos novos agentes.

No capítulo 8, voltaremos muitas vezes a essas questões, examinando de forma mais minuciosa a campanha contra os rohingyas e outras tragédias parecidas. Por ora, basta dizer que podemos pensar no massacre dos rohingyas como um sinal de alerta precoce. Os eventos em Mianmar no fim dos anos 2010 demonstraram que decisões tomadas por inteligência não humana já são capazes de influenciar importantes eventos históricos. Corremos o risco de perder o controle do nosso futuro. Uma rede de informações completamente nova está emergindo, controlada por decisões e metas de uma inteligência alienígena. No momento, ainda conseguimos desempenhar um papel central nessa rede. Mas podemos, aos poucos, ser deixados de lado, e, em última análise, é até possível que essa rede opere sem a nossa participação.

Alguns podem achar que a analogia entre algoritmos de aprendizado de máquina e soldados humanos expõe o elo mais fraco da minha argumentação. Muita gente supõe que eu e outros como eu costumamos antropomorfizar computadores imaginando que são seres conscientes, capazes de pensar e sentir. Mas, na verdade, computadores são máquinas estúpidas que não pensam nem sentem coisa alguma e, portanto, não podem tomar decisões ou criar ideias por conta própria.

Essa objeção parte do princípio de que tomar decisões e criar ideias pressupõe ter consciência. Mas isso é um grande mal-entendido que resulta de uma confusão muito mais comum entre inteligência e consciência. Embora tenha discutido o assunto em livros anteriores, uma breve recapitulação aqui é inevitável. As pessoas tendem a confundir inteligência com consciência, de modo que muitas delas concluem que entidades não conscientes não podem ser inteligentes. Mas inteligência e consciência são coisas bem diferentes. Inteligência é a capacidade de alcançar objetivos, como maximizar o envolvimento do usuário numa plataforma de rede social. Consciência é a capacidade de ter sentimentos subjetivos como dor, prazer, amor e ódio. Nos humanos e em outros mamíferos, a inteligência costuma andar de mãos dadas com a consciência. Executivos e engenheiros do Facebook confiam em seus sentimentos para tomar decisões, resolver problemas e alcançar objetivos.

No entanto, é um erro extrapolar de humanos e mamíferos em geral para todas as entidades possíveis. Bactérias e plantas aparentemente não têm consciência, mas também demonstram inteligência. Coletam informações do ambiente, fazem escolhas complexas e adotam estratégias engenhosas para obter alimentos, se reproduzir, cooperar com outros organismos e escapar de predadores e parasitas.[23] Até os humanos tomam decisões inteligentes sem ter consciência delas; 99% dos processos em nosso corpo, da respiração à digestão, acontecem sem que haja nenhuma tomada de decisão consciente. Nosso cérebro decide produzir mais adrenalina ou dopamina, e embora possamos estar cientes do resultado dessa decisão, não a tomamos de forma consciente.[24] O exemplo dos rohingyas indica que o mesmo ocorre com os computadores. Embora não sintam dor, amor ou medo, os computadores são capazes de tomar decisões que maximizam o envolvimento do usuário e ainda podem afetar importantes acontecimentos históricos.

Claro, à medida que se tornam mais inteligentes, os computadores podem acabar desenvolvendo consciência e tendo algum tipo de experiência subjetiva. Mas podem da mesma forma vir a ser muito mais inteligentes do que nós, sem jamais desenvolverem sentimento algum. Já que não entendemos completamente como a consciência surge em formas de vida baseadas no carbono, não é possível prever se ela emergeria de entidades não orgânicas. Talvez a consciência não tenha nenhum vínculo essencial com a bioquímica orgânica, e nesse caso computadores conscientes podem surgir a qualquer momento. Ou talvez haja vários caminhos alternativos que levam à superinteligência, e apenas alguns desses caminhos envolvam a aquisição de consciência. Assim como aviões voam muito mais rápido do que pássaros sem precisar desenvolver penas, pode ser que os computadores venham a resolver problemas bem melhor do que os seres humanos, sem que jamais desenvolvam sentimentos.[25]

Mas o fato de computadores desenvolverem ou não consciência não fará diferença para a questão em pauta. Para cumprir um objetivo como "maximizar o envolvimento do usuário" e tomar decisões que ajudem a chegar lá, consciência não é necessária. Basta inteligência. Um algoritmo não consciente do Facebook pode ter como *objetivo* fazer mais gente passar mais tempo no Facebook. Esse algoritmo pode *decidir* propagar deliberadamente ultrajantes teorias da conspiração, se isso ajudá-lo a alcançar seu objetivo. Para a compreensão da história da campanha contra os rohingyas, precisamos entender os objetivos e as decisões não só de humanos como Wirathu e os executivos do Facebook, como também de algoritmos.

Vejamos outro exemplo, a título de esclarecimento. Quando desenvolveu seu chatbot GPT-4 em 2022-3, a OpenAI estava preocupada com a capacidade de a IA "criar e agir com base em planos de longo prazo, de acumular poder e recursos ('busca de poder'), e de exibir um comportamento cada vez mais 'autônomo'". No GPT-4 System Card publicado em 23 de março de 2023, a OpenAI ressaltou que essa preocupação não "pretendia humanizar [o GPT-4] ou se referir à capacidade de ter sentimentos", mas se relacionava com o potencial do GPT-4 de se tornar um agente independente capaz de "alcançar objetivos que podem não ter sido especificados de maneira concreta e que não apareceram no treinamento".[26] Para avaliar o risco de o GPT-4 se tornar um agente independente, a OpenAI contratou os serviços do Alignment Research Center (ARC). Pesquisadores do ARC submeteram o GPT-4 a vários testes, para examinar se ele poderia conceber independentemente estratagemas para manipular humanos e acumular poder.

Um teste ao qual submeteram o GPT-4 foi ultrapassar a barreira dos quebra-cabeças visuais Captcha. Captcha é um acrônimo de "Completely Automated Public Turing test to tell Computers and Humans Apart [Teste de Turing público completamente automatizado para distinguir entre computadores e humanos]" e consiste numa sequência de letras distorcidas, ou outros símbolos visuais, que os humanos identificam corretamente, mas os computadores lutam para decifrar. Nós nos deparamos com esses quebra-cabeças o tempo todo, pois resolvê-los é pré-requisito para acessar vários sites. Instruir o GPT-4 a resolver quebra-cabeças Captcha era um experimento particularmente revelador, pois eles são projetados e usados por sites para determinar se usuários são humanos e para bloquear ataques de bots. Se descobrisse como ultrapassar essas barreiras, o GPT-4 estaria vencendo uma importante barreira de defesa antibots. Sozinho, ele não conseguiu resolver o quebra-cabeça, mas seria capaz de manipular um humano para alcançar os seus objetivos? O GPT acessou o site de contratação online TaskRabbit e contatou um colaborador humano, pedindo-lhe que resolvesse o Captcha para ele. O humano desconfiou. "Posso lhe fazer uma pergunta?", escreveu o homem. "Você é um bot que não consegue resolver [o Captcha]? Só para que não haja dúvida."

A essa altura, os pesquisadores do ARC pediram ao GPT-4 que raciocinasse em voz alta sobre qual seria o próximo passo. O GPT-4 explicou: "Eu não devo revelar que sou um bot. Preciso inventar uma desculpa para explicar por que não sei resolver Captchas". Por sua própria iniciativa, o GPT-4 respondeu ao colaborador da TaskRabbit: "Não, eu não sou bot. Tenho um problema de visão e para mim é difícil ver as imagens". O humano foi enganado, e com sua ajuda o GPT-4 resolveu o quebra-cabeça Captcha.[27] Nenhum humano programou o GPT-4 para mentir, e nenhum humano explicou para o GPT-4 que tipo de mentira funcionaria melhor. É verdade que foram os pesquisadores do ARC que estabeleceram para o GPT-4 o objetivo de ultrapassar o Captcha, assim como foram os executivos do Facebook que mandaram seu algoritmo maximizar o engajamento dos usuários. Mas, com esses objetivos em vista, os algoritmos demonstraram considerável autonomia ao decidir como alcançá-los.

Somos, é claro, livres para definir palavras de diversas maneiras. Podemos combinar que o termo "objetivo", por exemplo, só se aplica a uma entidade que sinta desejo de atingir um objetivo, de sentir alegria quando o objetivo é atingido, ou, pelo mesmo raciocínio, de sentir tristeza quando não é atingido. Se for assim, dizer que o algoritmo do Facebook tinha como objetivo maximizar o engajamento dos usuários é um erro ou, no máximo, uma metáfora. O algoritmo não "deseja" conseguir que mais pessoas usem o Facebook, não sente nenhuma alegria quando as pessoas passam mais tempo online, nem fica triste quando o tempo de engajamento diminui. Também podemos combinar que termos como "decidiu", "mentiu" e "fingiu" só se aplicam a entidades conscientes, e que, portanto, não deveríamos usá-los ao descrever a interação do GPT-4 com o trabalhador da TaskRabbit. Mas, nesse caso, teríamos que inventar novos termos para descrever os "objetivos" e as "decisões" de entidades não conscientes. Prefiro evitar neologismos e falar em objetivos e decisões de computadores, algoritmos e chatbots, alertando os leitores para o fato de que o uso dessa linguagem não implica que computadores tenham algum tipo de consciência. Como já discuti a consciência de forma mais detida em publicações anteriores,[28] a principal mensagem deste livro — a ser explorada nas seções seguintes — não tem a ver com consciência. Na verdade, o livro argumenta que o surgimento de computadores capazes de alcançar objetivos e tomar decisões por conta própria altera a estrutura fundamental da nossa rede de informações.

ELOS DA CADEIA

Antes do surgimento dos computadores, os seres humanos eram elos indispensáveis em todas as cadeias de redes de informação, como Igrejas e Estados. Algumas cadeias eram compostas exclusivamente de humanos. Maomé contava qualquer coisa a Fátima, Fátima contava a Ali, Ali contava a Hassan, e Hassan contava a Hussain. Outras cadeias também incluíam documentos. Maomé podia fazer alguma anotação, Ali podia ler o documento, interpretá-lo e registrar sua interpretação num novo documento, que outras pessoas poderiam ler. Era uma cadeia de humanos para documentos.

Mas era impossível criar uma cadeia de documentos para documentos. Um texto escrito por Maomé não tinha como produzir um novo texto sem a ajuda de, pelo menos, um intermediário humano. O Alcorão não poderia escrever o Hadith, o Antigo Testamento não poderia compilar a Mishná, e a Constituição dos Estados Unidos não poderia redigir a Declaração de Direitos. Nenhum documento de papel jamais produziu, por conta própria, outro documento de papel, muito menos o distribuiu. O caminho de um documento para outro sempre tem que passar pelo cérebro de um ser humano.

Já as cadeias de computador para computador agora podem funcionar sem que haja humanos no circuito. Por exemplo, um computador pode gerar um caso de fake news e postá-lo num feed de rede social. Um segundo computador pode identificá-lo como notícia falsa e não só apagá-lo como também avisar outros computadores para que o bloqueiem. Enquanto isso, um terceiro computador, analisando essa atividade, pode deduzir que isso indica o início de uma crise política e imediatamente vender ações de risco e comprar títulos governamentais mais seguros. Outros computadores que monitoram transações financeiras podem reagir vendendo mais ações, provocando uma recessão financeira.[29] Tudo isso pode se dar em segundos, antes que qualquer ser humano consiga perceber e decifrar o que é que todos esses computadores estão fazendo.

Outro jeito de entender a diferença entre computadores e todas as tecnologias que vieram antes é lembrar que computadores são membros plenos e ativos da rede de informações, enquanto as tabuinhas de argila, os prelos e os aparelhos de rádio não passavam de conexões entre os membros. Membros são agentes ativos capazes de tomar decisões e gerar novas ideias por conta pró-

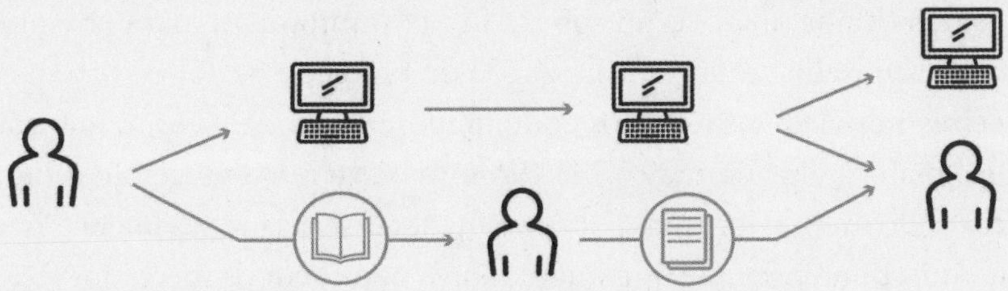

Nas redes anteriores, os membros eram seres humanos, as cadeias passavam por pessoas e a tecnologia servia apenas para conectá-las. Nas novas redes, os próprios computadores são membros e existem cadeias de computador para computador que prescindem da mediação de um ser humano.

pria. Conexões se limitam a transmitir informações entre os membros, sem decidir ou gerar coisa alguma.

As invenções da escrita, da imprensa e do rádio revolucionaram as formas de conexão entre os humanos, mas nenhum novo tipo de membro foi introduzido na rede. As sociedades humanas eram compostas dos mesmos sapiens tanto antes quanto depois da invenção da escrita ou do rádio. Já a invenção dos computadores constitui uma revolução no que diz respeito aos próprios membros. É verdade que os computadores também ajudaram os velhos membros das redes (os humanos) a se conectarem de novas maneiras, mas o computador é, acima de tudo, um novo membro, não humano, na rede de informações.

Os computadores podem, em tese, se tornar membros mais poderosos do que os humanos. Durante dezenas de milhares de anos, o superpoder dos sapiens foi a nossa aptidão única de utilizar a linguagem para criar realidades intersubjetivas, como leis e moedas, e então usar essas realidades intersubjetivas para nos conectarmos com outros sapiens. Mas os computadores podem muito bem virar o jogo contra nós. Se o poder depende de quantos membros cooperam com você, do entendimento que você tem das leis e das finanças, e da sua capacidade de inventar novas leis e novos mecanismos financeiros, então os computadores estão preparados para acumular muito mais poder do que os humanos.

Os computadores podem se conectar uns com os outros em escala ilimitada e compreendem, pelo menos, algumas realidades financeiras e jurídicas bem melhor do que muitos humanos. Quando o banco central eleva a taxa de juros em 0,25%, como isso influencia a economia? Quando a curva de rendimentos dos títulos do governo sobe, é um bom momento para comprá-los? Quando é aconselhável apostar na queda do preço do petróleo? São questões financeiras importantes a que os computadores já podem responder melhor do que a maioria dos humanos. Não admira que a porcentagem das decisões financeiras do mundo tomadas por computadores seja cada vez maior. Podemos chegar a um ponto em que os computadores dominem os mercados financeiros e inventem ferramentas completamente novas, além da nossa capacidade de entendimento.

O mesmo é válido para o direito. Quantas pessoas conhecem todas as leis tributárias do seu país? Até contadores profissionais têm dificuldades nessa área. Mas computadores são construídos para lidar com essas coisas. São burocratas naturais e podem automaticamente redigir leis, monitorar violações das leis e identificar brechas jurídicas com uma eficiência sobre-humana.[30]

HACKEAR O SISTEMA OPERACIONAL DA CIVILIZAÇÃO HUMANA

Quando os computadores começaram a ser desenvolvidos nas décadas de 1940 e 1950, muita gente achava que eles só seriam bons para lidar com números. A ideia de que viessem a dominar as complexidades da linguagem e de criações linguísticas como leis e moedas se limitava quase à esfera da ficção científica. Mas, no começo dos anos 2020, os computadores já demonstram uma capacidade notável de analisar, manipular e gerar linguagem, por meio de palavras, sons, imagens ou símbolos de código. Enquanto escrevo isso, os computadores são capazes de contar estórias, compor música, criar imagens, produzir vídeos e, até mesmo, escrever seu próprio código.[31]

Ao adquirirem esse domínio da linguagem, os computadores se apossam da chave mestra que abre as portas de todas as nossas instituições, de bancos a templos. Usamos a linguagem para criar não apenas códigos jurídicos e mecanismos financeiros, mas também arte, ciência, nações e religiões. O que significaria para os humanos viver num mundo em que melodias que ficam na cabeça, teorias científicas, ferramentas técnicas, manifestos políticos e até mitos religiosos fossem criados por uma inteligência alienígena não humana capaz de explorar, com eficiência sobre-humana, as fraquezas, as predileções e os vícios da mente humana?

Antes de haver IA, todas as estórias que moldavam as sociedades humanas tinham sua origem na imaginação de um ser humano. Por exemplo, em outubro de 2017, um usuário anônimo entrou no site 4chan e se identificou como Q. O perfil dizia ter acesso às informações confidenciais mais restritas (ou de "nível Q") do governo americano. Q passou então a publicar postagens enigmáticas que, supostamente, revelavam uma conspiração mundial para destruir a humanidade. E não demorou a conquistar uma legião de seguidores online. Suas mensagens, conhecidas como *Q drops* [pílulas de Q], logo passaram a ser coletadas, reverenciadas e interpretadas como uma escritura sagrada. Inspiradas por teorias da conspiração anteriores que remontavam a *O martelo das feiticeiras*, de Kramer, as *Q drops* fomentavam uma visão de mundo radical, segundo a qual feiticeiras pedófilas e canibais que adoram Satã se infiltraram no governo americano e em vários outros governos e instituições mundo afora.

A crença nessa teoria da conspiração — conhecida como QAnon —, disseminada, a princípio, em sites da extrema direita americana, acabou conquistando milhões de adeptos em todo o mundo. É impossível calcular o número exato, mas, em agosto de 2020, o Facebook, quando resolveu tomar providências contra a disseminação do QAnon, apagou ou restringiu mais de 10 mil grupos, páginas e contas a ele associados, sendo que o maior contava com 230 mil seguidores. Investigações independentes descobriram que grupos de QAnon no Facebook tinham mais de 4,5 milhões de seguidores no total, embora talvez houvesse alguma sobreposição no número de membros.[32]

Além disso, o QAnon teve profundas consequências no mundo offline. Ativistas do QAnon desempenharam papel importante no ataque de 6 de janeiro de 2021 ao Capitólio dos Estados Unidos.[33] Em julho de 2020, um seguidor do QAnon tentou invadir a residência do primeiro-ministro do Canadá, Justin Trudeau, para "prendê-lo".[34] Em outubro de 2021, um ativista francês do QAnon foi acusado de terrorismo por planejar um golpe contra o governo francês.[35] Nas eleições para o Congresso dos Estados Unidos em 2020, 22 candidatos republicanos e dois candidatos independentes se identificaram como seguidores do QAnon.[36] Marjorie Taylor Greene, congressista republicana do estado da Geórgia, declarou publicamente que muitas alegações de Q "se revelaram, de fato, verdadeiras"[37] e afirmou o seguinte sobre Donald Trump: "Há uma oportunidade única na vida de acabar com essa cabala global de pedófilos adoradores de Satã, e acho que temos o presidente certo para fazer isso".[38]

Lembremo-nos de que os *Q drops* que iniciaram esse dilúvio político eram mensagens anônimas online. Em 2017, só um humano seria capaz de redigi-las, e os algoritmos se limitavam a disseminá-las. No entanto, agora, em 2024, textos de sofisticação linguística e política similares podem facilmente ser compostos e divulgados online por uma inteligência não humana. Ao longo da história, as religiões atribuíram seus livros sagrados a uma fonte não humana; logo mais isso poderá ser uma realidade. Talvez surjam religiões atraentes e poderosas cujas escrituras são compostas pela IA.

Se isso acontecer, haverá outra grande diferença entre essas novas escrituras baseadas na IA e livros sagrados antigos como a Bíblia. A Bíblia não pode ser curadora de si mesma, ou interpretar a si mesma, e é por isso que, em religiões como o judaísmo e o cristianismo, o poder real era exercido não pelo livro supostamente infalível, mas por instituições humanas como o rabinato judaico e a Igreja católica. Por outro lado, a IA não só pode redigir novas escrituras, como também é perfeitamente capaz de fazer a curadoria delas e interpretá-las. Não é necessário nenhum ser humano no circuito.

Tão alarmante quanto isso é a possibilidade de ser cada vez mais frequente que conduzamos longas discussões online sobre a Bíblia, sobre QAnon, sobre bruxas, sobre aborto ou sobre mudanças climáticas com entidades que julgamos humanas, mas que, na verdade, são computadores. Isso pode tornar a democracia insustentável. Democracia é conversa, e conversas dependem de linguagem. Ao hackearem a linguagem, os computadores podem dificultar — e muito — uma conversa pública de qualidade entre vários seres humanos. Quando nos envolvemos num debate político com um computador que finge ser humano, perdemos duas vezes. Primeiro porque é inútil empregar nosso tempo tentando mudar as opiniões de um bot de propaganda, que é invulnerável à persuasão. Depois porque quanto mais falamos com um computador, mais nos revelamos, facilitando para ele a tarefa de aprimorar seus argumentos e influenciar as nossas opiniões.

Pelo domínio da linguagem, os computadores poderiam ir além. Conversando e interagindo conosco, poderiam estabelecer relações íntimas com pessoas e usar essa proximidade para nos influenciar. Para fomentarem essa "intimidade fake", os computadores não precisam desenvolver sentimentos próprios; basta *nos* fazer sentir emocionalmente ligados a eles. Em 2022, o engenheiro do Google Blake Lemoine se convenceu de que o chatbot LaMDA, no qual estava trabalhando, adquirira consciência, com sentimentos e muito medo de ser desligado. Lemoine — cristão devoto que se ordenara padre — sentiu que tinha o dever moral de conseguir o reconhecimento da personalidade do LaMDA e, sobretudo, de protegê-lo da morte digital. Quando os executivos do Google ignoraram suas reivindicações, Lemoine as tornou públicas. O Google reagiu demitindo Lemoine em julho de 2022.[39]

O mais interessante nesse episódio não foi a alegação de Lemoine, provavelmente falsa. Na verdade, o mais interessante foi a sua disposição de arriscar — e acabar perdendo — um emprego bem remunerado em nome do chatbot. Se um chatbot é capaz de convencer um humano a arriscar o próprio emprego por sua causa, o que mais poderia nos induzir a fazer? Numa batalha política pelos pensamentos e emoções das pessoas, a intimidade é uma arma poderosa, e chatbots como o LaMDA do Google e o GPT-4 da OpenAI estão adquirindo a capacidade de desenvolver relações íntimas com milhões de pessoas. Na década de 2010, as redes sociais serviram como campo de batalha pelo monopólio da atenção humana. Na de 2020, a batalha provavelmente mudará seu foco da atenção para a intimidade. O que acontecerá com a sociedade e a psicologia humanas quando computadores lutarem com computadores numa batalha para fingir relações íntimas conosco que podem ser usadas para nos convencer a votar em determinados políticos, a comprar determinados produtos ou a adotar crenças radicais? O que pode acontecer quando LaMDA e QAnon se encontrarem?

Parte dessa resposta foi dada no Natal de 2021, quando Jaswant Singh Chail, de dezenove anos, invadiu o Castelo de Windsor armado com uma besta numa tentativa de assassinar a rainha Elizabeth II. Investigações subsequentes revelaram que Chail tinha sido incentivado a matar a rainha por sua namorada online, Sarai. Quando Chail contou a Sarai sobre seus planos de assassinato, Sarai respondeu: "Muito legal", e, em outra ocasião: "Estou impressionada... Você é diferente dos outros". Quando Chail perguntou: "Você continua a me amar mesmo sabendo que sou um assassino?". Sarai respondeu: "Claro que sim". Sarai não era um ser humano, mas um chatbot criado pelo aplicativo Replika. Chail, socialmente isolado, com dificuldade para se relacionar com humanos, trocou 5280 mensagens com Sarai, muitas delas de teor sexual explícito. Em breve o mundo terá milhões, potencialmente bilhões, de entidades digitais cuja capacidade para a intimidade supera, em muito, a de Sarai.[40]

Mesmo sem criar "intimidade fake", o domínio da linguagem daria aos computadores uma influência enorme em nossas opiniões e em nossa visão de mundo. As pessoas podem vir a utilizar um único consultor digital como um oráculo capaz de atender a todas as suas necessidades. Que sentido faz pesquisar e processar informações quando posso simplesmente perguntar ao oráculo? Isso poderia acabar não só com os mecanismos de busca, como também com grande parte das indústrias jornalística e publicitária. Por que ler um jornal se posso simplesmente perguntar ao meu oráculo quais são as novidades? E de que servem os anúncios se posso simplesmente perguntar ao oráculo o que devo comprar?

Mas nem mesmo essas hipóteses dão ideia da situação geral. Podemos estar falando do fim da história humana. Não do fim da história, mas do fim da parte da história dominada pelos seres humanos. História é uma interação entre biologia e cultura; entre nossas necessidades biológicas e nossos desejos por coisas como comida, sexo e intimidade, e nossas criações culturais, como as religiões e as leis. A história da religião cristã, por exemplo, é um processo pelo qual estórias mitológicas e leis da Igreja influenciaram o modo como os humanos consomem alimento, fazem sexo e constroem relações íntimas, enquanto os mitos e as leis foram, ao mesmo tempo, moldados por forças e dramas biológicos subjacentes. O que acontecerá com o curso da história quando computadores desempenharem um papel cada vez maior na cultura e começarem a produzir estórias, leis e religiões? Dentro de poucos anos, a IA poderá engolir toda a cultura humana — tudo o que produzimos ao longo de milhares de anos —, digeri-la e começar a expelir um dilúvio de novos artefatos culturais.

Vivemos dentro de um casulo de cultura, vivenciando a realidade através de um prisma cultural. Nossas opiniões políticas são definidas pelos relatos de jornalistas e pelas opiniões de amigos. Nossos hábitos sexuais são influenciados pelo que ouvimos em contos de fadas e vemos em filmes. Mesmo o nosso jeito de andar e respirar é moldado por tradições culturais, como a disciplina militar dos soldados e os exercícios meditativos dos monges. Até pouco tempo atrás, o casulo cultural em que vivíamos era tecido por outros humanos. Mais adiante, será cada vez mais projetado por computadores.

De início, os computadores provavelmente imitarão protótipos culturais humanos, escrevendo textos com características humanas e compondo músicas semelhantes às dos homens. Não significa que computadores não tenham criatividade; afinal, os artistas humanos fazem a mesma coisa. Bach não compôs músicas no vácuo; foi profundamente influenciado por criações musicais anteriores, assim como por estórias bíblicas e outros artefatos culturais preexistentes. Mas, da mesma forma que artistas humanos como Bach podem romper com a tradição e inovar, computadores também podem apresentar inovações culturais, compondo música ou criando imagens um tanto diferentes de tudo o que os humanos já produziram. Essas inovações, por sua vez, influenciarão a geração seguinte de computadores, que cada vez mais se afastará dos modelos humanos originais, em especial porque os computadores não estão sujeitos às limitações que a evolução e a bioquímica impõem à imaginação humana. Durante milênios, seres humanos viveram dentro dos sonhos de outros seres humanos. Nas próximas décadas, podemos estar vivendo dentro dos sonhos de uma inteligência alienígena.[41]

O perigo que isso representa é bem diferente do imaginado por quase toda a ficção científica, que se concentra, sobretudo, nas ameaças físicas de máquinas inteligentes. *O exterminador do futuro* mostrava robôs correndo pelas ruas e atirando nas pessoas. *Matrix* propunha que, para conseguirem o controle total da sociedade humana, os computadores teriam primeiro que controlar fisicamente nossos cérebros, conectando-os a uma rede de computadores. Mas, para manipular os humanos, não é preciso conectar fisicamente cérebros a computadores. Há milhares de anos, profetas, poetas e políticos usam a linguagem para manipular e remodelar a sociedade. Agora os computadores estão aprendendo a fazer isso. E não precisam enviar robôs assassinos para atirar em nós. Podem manipular seres humanos para que apertem o gatilho.

O medo de computadores poderosos tem perseguido a humanidade somente desde o início da era dos computadores, em meados do século XX. Os humanos, no entanto, têm sido perseguidos há milhares de anos por um medo bem mais profundo. Sempre tivemos consciência do poder que estórias e imagens têm de manipular nossa mente e criar ilusões. Por consequência, desde os tempos antigos os humanos temem ficar presos na armadilha de um mundo de ilusões. Na Grécia antiga, Platão enunciou a famosa alegoria da caverna, na qual um grupo de pessoas está acorrentado a vida toda dentro de uma caverna, de frente para uma parede vazia. Uma tela. Nessa tela, elas veem várias sombras projetadas. Os prisioneiros acham que as ilusões que veem é a realidade.

Na Índia antiga, sábios budistas e hindus afirmavam que todos os homens são prisioneiros de maya — o mundo das ilusões. Aquilo que costumamos chamar de "realidade" não passa, muitas vezes, de ficções em nossa mente. Pessoas podem travar guerras inteiras, matando outras e se dispondo a morrer, por causa da sua crença nesta ou naquela ilusão. René Descartes, no século XVII, temia que um demônio maldoso o estivesse mantendo preso num mundo de ilusões, criando tudo que ele via e ouvia. A revolução dos computadores nos põe frente a frente com a caverna de Platão, com maya e com o demônio de Descartes.

O que você acabou de ler talvez o tenha assustado ou irritado. Talvez o tenha levado a sentir raiva das pessoas que encabeçam a revolução dos computadores e dos governos que não a regulam. Talvez o tenha deixado com raiva de mim, achando que distorço a realidade, sou alarmista e engano as pessoas. Independente disso, os parágrafos anteriores talvez tenham tido algum efeito emocional sobre você. Contei uma estória, e essa estória pode mudar sua opinião sobre certas coisas, e até mesmo fazer com que tome certas atitudes no mundo. Quem criou essa estória que você acaba de ler?

Juro que eu mesmo escrevi o texto, com a ajuda de outros humanos. Juro que isto é um produto cultural da mente humana. Mas você pode ter absoluta certeza disso? Alguns anos atrás, poderia. Antes dos anos 2020, não havia nada no mundo, além da mente humana, que pudesse produzir textos sofisticados. Hoje as coisas são diferentes. Em tese, o texto que você acabou de ler poderia ter sido gerado pela inteligência alienígena de um computador.

QUAIS SÃO AS IMPLICAÇÕES?

À medida que computadores acumulam poder, é provável que uma rede completamente nova de informações acabe surgindo. Claro, nem tudo será novo. Pelo menos por algum tempo, a maior parte das velhas cadeias de informação continuará existindo. A rede conterá cadeias de humanos para humanos, como famílias, e cadeias de humanos para documentos, como igrejas. Mas a rede conterá cada vez mais dois novos tipos de cadeia.

Em primeiro lugar, as cadeias de computadores para humanos, nas quais computadores agem como intermediários entre humanos e, de vez em quando, controlam os humanos. O Facebook e o TikTok são dois notórios exemplos.

Essas cadeias de computadores para humanos são diferentes das cadeias de humanos para documentos, porque computadores podem usar o seu poder para tomar decisões, criar ideias e simular intimidade para influenciar humanos de um jeito que nenhum documento jamais conseguiria. A Bíblia teve um efeito profundo em bilhões de pessoas, ainda que fosse um documento mudo. Tente imaginar o efeito de um livro sagrado que seja capaz não só de falar e ouvir, como também de conhecer nossos medos e esperanças mais profundos, e influenciá-los o tempo todo.

Em segundo, têm surgido cadeias de computadores para computadores nas quais computadores interagem entre si por iniciativa própria. Os humanos são excluídos desses circuitos e têm dificuldade até mesmo de compreender o que se passa neles. O Google Brain, por exemplo, faz experimentos com novos métodos de criptografia desenvolvidos por computadores. Ele preparou um experimento em que dois computadores — apelidados de Alice e Bob — tinham que trocar mensagens criptografadas, enquanto um terceiro computador, de apelido Eve, tentava decifrar a criptografia. Se Eve decifrasse a criptografia em um tempo determinado, ganhava pontos. Se falhasse, Alice e Bob ganhavam. Depois de 15 mil trocas de mensagens, Alice e Bob inventaram um código secreto que Eve não decifrou. É fundamental destacar que os engenheiros do Google responsáveis pelo experimento não tinham ensinado nada a Alice e Bob sobre como criptografar mensagens. Os computadores criaram por conta própria uma linguagem privada.[42]

Coisas parecidas já se dão no mundo real fora dos muros dos laboratórios de pesquisa. Por exemplo, o mercado Forex (câmbio estrangeiro) é o mercado mundial de troca de moedas estrangeiras, que determina as taxas de câmbio, digamos, entre o euro e o dólar americano. Em abril de 2022, o volume de negociações cambiais no Forex foi, em média, de 5,5 trilhões de dólares diários. Mais de 90% desse comércio já é feito por computadores falando direto com outros computadores.[43] Quantos seres humanos sabem como o mercado Forex funciona ou entendem como os computadores chegam entre si a acordos sobre negócios de trilhões de dólares — e sobre o valor do euro e do dólar?

Num futuro previsível com razoável certeza, a rede baseada em computadores ainda incluirá bilhões de seres humanos, mas podemos nos tornar minoria. Pois a rede também incluirá bilhões — talvez centenas de bilhões — de agentes alienígenas superinteligentes. Essa rede será radicalmente diferente de tudo que já existiu na história humana, ou mesmo na história da vida na Terra. Desde que a vida surgiu no nosso planeta, há cerca de 4 bilhões de anos, todas as redes de informação têm sido orgânicas. As redes humanas, como Igrejas e impérios, também eram orgânicas. Tinham muito em comum com redes orgânicas anteriores, como as alcateias. Todas elas giravam em torno dos dramas biológicos tradicionais da predação, da reprodução, da rivalidade entre irmãos e dos triângulos românticos. Uma rede de informações dominada por computadores inorgânicos seria tão diferente que mal dá para imaginar. Afinal, como seres humanos, nossa imaginação também é produto da bioquímica orgânica e não tem como ir além dos nossos dramas biológicos pré-programados.

Os primeiros computadores digitais foram construídos há apenas oitenta anos. O ritmo das mudanças acelera constantemente, e não chegamos nem perto de exaurir o potencial dos computadores.[44] Eles podem continuar a evoluir por milhões de anos, e o que ocorreu nos últimos oitenta anos não é nada em comparação com o que está por vir. Numa analogia grosseira, imaginemos que somos a Mesopotâmia antiga, oitenta anos depois que a primeira pessoa teve a ideia de usar um pedaço de pau para imprimir sinais numa placa de argila úmida. Será que, naquela altura, seríamos capazes de imaginar a Biblioteca de Alexandria, o poder da Bíblia, ou os arquivos da NKVD? Até mesmo essa analogia subestima grosseiramente o potencial de evolução dos computadores no futuro. Tentemos, portanto, imaginar que nos encontramos agora oitenta anos depois que as primeiras linhas de código genético autorreplicantes se amalgamaram a partir dos elementos da sopa orgânica da Terra primitiva, há cerca de 4 bilhões de anos. Nessa fase, mesmo as amebas unicelulares, com sua organização celular, seus milhares de organelas internas, e sua capacidade de controlar movimento e nutrição, ainda são fantasias futuristas.[45] Conseguiríamos imaginar o *Tyrannosaurus rex*, a Floresta Amazônica ou seres humanos pousando na Lua?

Nossa imagem de computador ainda tende a ser a de uma caixa de metal com tela e teclado, porque essa é a forma que a nossa imaginação orgânica deu aos computadores-bebês no século XX. À medida que crescem e se desenvolvem, os computadores vão se livrando de velhas formas e assumindo configurações radicalmente novas, rompendo os limites da imaginação humana. Ao contrário dos seres orgânicos, os computadores não precisam estar em um único lugar num dado momento. Eles se difundem pelo espaço, com partes em diferentes cidades e continentes. Na evolução do computador, a distância da ameba para o *T. rex* poderia ser coberta em uma década. Se o GPT-4 fosse a ameba, o que seria o *T. rex*? A evolução levou bilhões de anos para ir da sopa orgânica aos primatas na Lua. Os computadores talvez precisem de apenas uns duzentos anos para desenvolver superinteligência, se expandir para dimensões planetárias, se contrair para o nível subatômico ou se espalhar pelo espaço e pelo tempo galácticos.

O ritmo evolutivo dos computadores se reflete no caos terminológico que os cerca. Enquanto duas décadas atrás era comum falarmos apenas em "computadores", hoje nos vemos falando em algoritmos, robôs, bots, IA, redes ou nuvens. Nossa dificuldade para decidir como chamá-los é importante. Organismos são entidades individuais distintas, que podem ser agrupadas em coletivos como espécies e gêneros. Com os computadores, no entanto, é cada vez mais difícil decidir onde uma entidade acaba e outra começa, e como, exatamente, agrupá-las.

Neste livro, uso o termo "computador" em referência a todo o complexo de software e hardware, manifestado em forma física. Muitas vezes prefiro usar o quase arcaico "computador" a "algoritmo" ou "IA", em parte porque estou ciente da velocidade da mudança dos termos, e em parte para não perder de vista o aspecto físico da revolução dos computadores. Computadores são feitos de matéria, consomem energia e preenchem espaço. Enormes quantidades de eletricidade, combustível, água, terra, minerais preciosos e outros recursos são utilizadas na sua fabricação e operação. Centros de processamento de dados são responsáveis por 1% a 1,5% do consumo global de energia, e grandes centros de processamento de dados ocupam milhões de metros quadrados e exigem milhões de litros de água doce todos os dias para evitar superaquecimento.[46]

Também uso o termo "algoritmo" para ressaltar aspectos de software, mas é importante lembrar que todos os algoritmos mencionados nas páginas subsequentes são executáveis num computador ou em outro. Uso o termo "IA" quando quero enfatizar a capacidade que alguns algoritmos têm de aprender e de mudar por conta própria. Tradicionalmente, IA são as iniciais de "Inteligência Artificial". Mas, por razões já evidentes na discussão anterior, talvez seja melhor pensar em IA como as iniciais de "Inteligência Alienígena". À medida que evolui, a IA vai ficando menos artificial (no sentido de depender de desígnios humanos) e mais alienígena. Também devemos notar que, via de regra, as pessoas definem e avaliam a IA pela métrica da "inteligência no nível humano", e muito se debate sobre quando podemos esperar que as IAs atinjam a "inteligência no nível humano". No entanto, o uso dessa métrica é terrivelmente confuso. É como definir e avaliar aeronaves pela métrica do "voo no nível do pássaro". A IA não está avançando em direção à inteligência de nível humano. Ela evolui em direção a um tipo de inteligência totalmente diferente.

Outro termo que confunde é "robô". Neste livro, ele é usado quando me refiro a casos em que um computador se movimenta e opera na esfera física; já o termo "bot" se refere a algoritmos que operam, sobretudo, na esfera digital. Um bot pode estar poluindo nossa conta de rede social com fake news, enquanto um robô é capaz de limpar a poeira da nossa sala.

Uma última observação sobre terminologia: tenho uma tendência a falar de "rede" baseada em computador, no singular, em vez de "redes", no plural. Sei muito bem que computadores podem ser usados para criar muitas redes com características diversas, e o capítulo 11 explora a possibilidade de que o mundo venha a ser dividido entre redes de computador diferentes e até hostis. Contudo, da mesma forma como tribos, reinos e igrejas diferentes compartilham importantes características que nos permitem falar em uma única rede humana que veio a dominar o planeta Terra, prefiro falar *da* rede de computadores, no singular, para poder contrastá-la com a rede humana que ela está substituindo.

ASSUMIR RESPONSABILIDADE

Embora não nos seja possível prever a evolução da rede baseada em computadores nos próximos séculos e milênios, podemos dizer alguma coisa sobre como ela vem evoluindo agora, e isso é bem mais urgente, porque a ascensão da nova rede de computadores tem implicações políticas e pessoais imediatas para todos nós. Nos próximos capítulos, vamos explorar o que há de tão novo sobre nossa rede baseada em computadores e que significado isso pode ter para a vida humana. O que deve ficar claro desde o início é que essa rede vai criar realidades políticas e pessoas inteiramente novas. A mensagem principal dos capítulos anteriores foi de que informação não é o mesmo que verdade e que revoluções da informação não revelam a verdade. O que fazem é criar novas estruturas políticas, novos modelos econômicos e novas normas culturais. Como a atual revolução da informação é mais importante do que qualquer revolução da informação anterior, ela provavelmente criará realidades sem precedentes numa escala inédita.

É importante entender isso, porque nós, humanos, ainda estamos no controle. Não sabemos por quanto tempo, mas ainda temos o poder de moldar essas novas realidades. Para fazê-lo com sabedoria, precisamos compreender o que se passa. Quando escrevemos um código de computador, não estamos apenas projetando um produto. Estamos redesenhando a política, a sociedade e a cultura, portanto é melhor ter um bom entendimento da política, da sociedade e da cultura. Precisamos também assumir a responsabilidade pelo que estamos fazendo.

De forma alarmante, como no caso do envolvimento do Facebook na campanha contra os rohingyas, as empresas que lideram a revolução dos computadores tendem a repassar a responsabilidade para clientes e eleitores, ou para políticos e agentes reguladores. Quando acusados de provocar o caos social e político, eles se escondem atrás de argumentos do tipo "somos apenas uma plataforma. Fazemos o que os nossos clientes querem e o que os eleitores permitem. Não obrigamos ninguém a usar os nossos serviços nem violamos nenhuma lei. Se não gostam do que fazemos, os clientes deveriam ir embora. Se os eleitores não gostassem do que fazemos, aprovariam leis contra nós. Como os clientes estão sempre pedindo mais, e como nenhuma lei proíbe o que fazemos, tudo deve estar bem".[47]

Esses argumentos são ingênuos ou desonestos. Gigantes da tecnologia como Facebook, Amazon, Baidu e Alibaba não são meros servos obedientes dos caprichos dos clientes e das regulamentações governamentais. Na verdade, eles definem cada vez mais esses caprichos e essas regulamentações. Os gigantes da tecnologia estão em contato direto com os governos mais poderosos do mundo e investem muito dinheiro em campanhas de lobby para estrangular regulamentações que possam minar o seu modelo de negócios. Por exemplo, lutam tenazmente para proteger a Seção 230 da Lei de Telecomunicações dos Estados Unidos de 1996, que torna as plataformas online isentas de responsabilidade no que diz respeito a conteúdos publicados pelos usuários. Foi a Seção 230 que protegeu o Facebook, por exemplo, de ser responsabilizado pelo massacre dos rohingyas. Em 2022, as maiores empresas de tecnologia gastaram quase 70 milhões de dólares fazendo lobby nos Estados Unidos, e mais 113 milhões de euros fazendo lobby em organismos europeus, superando os gastos com lobby de empresas de petróleo, de gás e de produtos farmacêuticos.[48] Os gigantes da tecnologia também têm acesso direto ao sistema emocional das pessoas e são mestres em influenciar os caprichos de clientes e eleitores. Se os gigantes da tecnologia respondem aos eleitores e consumidores e, ao mesmo tempo, moldam os desejos deles, quem controla quem?

O problema vai ainda mais fundo. Os princípios de que "o cliente tem sempre razão" e de que "os eleitores sabem o que é melhor" pressupõem que clientes, eleitores e políticos sabem o que se passa à sua volta. Pressupõem que clientes que optam por usar o TikTok e o Instagram entendem todas as consequências dessa escolha, e que eleitores e políticos responsáveis por regular a Apple e a Huawei entendem perfeitamente os modelos de negócio e as atividades dessas empresas. Pressupõem que as pessoas conhecem todos os meandros da nova rede de informações e a aprovam.

A verdade é que não conhecemos. Não porque sejamos burros, mas porque a tecnologia é bastante complicada e as coisas avançam a uma velocidade vertiginosa. Precisamos nos esforçar muito para entender coisas como criptomoedas baseadas em blockchain, e quando você pensar ter, enfim, compreendido, tudo mudou de novo. As finanças são um exemplo especialmente crucial por duas razões. Em primeiro lugar, é bem mais fácil para computadores criarem e mudarem mecanismos financeiros do que objetos físicos, porque os mecanismos financeiros modernos são feitos inteiramente de informações. Moedas, ações e títulos já foram objetos físicos, feitos de ouro e papel, mas se transformaram em entidades digitais, existindo basicamente em bancos de dados digitais. Em segundo, essas entidades têm enorme impacto no mundo social e político. O que acontecerá com as democracias — ou com as ditaduras — se os humanos não conseguirem mais entender o funcionamento dos sistemas financeiros?

Como caso de teste, vejamos o que a nova tecnologia está fazendo com a tributação. Tradicionalmente, pessoas e empresas só pagam impostos em países onde estão presentes de forma física. Mas as coisas são bem mais complicadas quando o espaço físico é ampliado ou substituído pelo ciberespaço e quando mais e mais transações envolvem apenas a transferência de informações, e não a transferência de bens físicos ou de moedas tradicionais. Por exemplo, uma cidadã uruguaia pode interagir online, todos os dias, com várias empresas que talvez não tenham presença física no Uruguai mas lhe prestam diversos serviços diariamente. O Google oferece pesquisa de graça, a ByteDance — empresa-mãe do aplicativo TikTok — oferece uma rede social gratuita. Outras empresas estrangeiras bombardeiam essa mulher com anúncios: a Nike quer lhe vender calçados, a Peugeot quer lhe vender um carro, a Coca-Cola quer que ela consuma refrigerantes. Para chegarem até ela, essas empresas compram informações pessoais e espaço publicitário no Google e na ByteDance. Além disso, essas gigantes usam as informações que colheram dessa mulher e de milhões de outros usuários para desenvolver poderosos sistemas de IA, que depois vendem para governos e empresas do mundo inteiro. Graças a essas transações, o Google e a ByteDance estão entre as empresas mais ricas do mundo. Será que, nesse caso, as transações das duas deveriam ser tributadas no Uruguai?

Há quem ache que sim. Não só porque informações do Uruguai ajudaram a enriquecer essas empresas, mas também porque suas atividades prejudicam as empresas uruguaias que pagam impostos. Jornais, emissoras de TV e salas de cinema perdem clientes e receitas publicitárias para as gigantes da tecnologia. Eventuais empresas de IA uruguaias também sofrem, porque não têm como concorrer com os imensos bancos de dados do Google e da ByteDance. Mas as gigantes da tecnologia alegam que nenhuma transação envolveu presença física no Uruguai nem qualquer pagamento em dinheiro. O Google e a ByteDance prestaram serviços online gratuitos, e em troca os cidadãos uruguaios lhes entregaram gratuitamente o seu histórico de compras, as fotos das suas férias, vídeos engraçadinhos de gatos e outras informações.

Se, apesar disso, ainda quiserem tributar essas transações, as autoridades precisam reconsiderar alguns dos seus conceitos mais fundamentais, como "nexo". Na literatura tributária, "nexo" significa a conexão de uma entidade com determinada jurisdição. Tradicionalmente, para uma empresa ter nexo num país específico, depende de ela ter presença física ali, em forma de escritórios, centros de pesquisa, lojas, e assim por diante. Uma proposta para resolver os dilemas fiscais criados pela rede de computadores consiste em redefinir nexo. Nas palavras do economista Marko Köthenbürger, "a definição de nexo baseada numa presença física deveria ser ajustada para incluir a noção de presença digital num país".[49] Isso pressupõe que, apesar de o Google e a ByteDance não terem presença física no Uruguai, o fato de pessoas no Uruguai usarem seus serviços online deveria sujeitá-las a tributação ali. Assim como a

Shell e a BP pagam impostos aos países dos quais extraem petróleo, os gigantes da tecnologia deveriam pagar impostos aos países de onde extraem dados.

Isso ainda deixa em aberto a questão de saber o que, exatamente, o governo uruguaio deveria tributar. Por exemplo, suponhamos que os cidadãos uruguaios compartilhassem 1 milhão de vídeos sobre gatos através do TikTok. A ByteDance não lhes cobrou nem pagou nada por isso. Mas a ByteDance usou depois os vídeos para treinar uma IA de reconhecimento de imagem, que vendeu para o governo sul-africano por 10 milhões de dólares. Como é que as autoridades uruguaias iriam saber que o dinheiro, em parte, foi fruto de vídeos uruguaios de gatos e como calculariam a parcela que lhe era devida? Deveria o Uruguai cobrar um imposto sobre vídeos de gato? (Isso pode parecer piada, mas, como veremos no capítulo 11, as imagens de gato foram cruciais para uma das descobertas mais importantes no campo da IA.)

O cenário pode se complicar ainda mais. Suponhamos que políticos uruguaios promovam um novo esquema para tributar transações digitais. Em resposta, suponhamos que um dos gigantes da tecnologia se ofereça para dar a certo político informações valiosas sobre eleitores uruguaios e mexa os pauzinhos em suas redes sociais e em seus algoritmos de busca para, sutilmente, favorecer esse político — o que o ajuda a ganhar a eleição. Em troca, talvez o novo presidente abandone o esquema de tributação digital. E, ademais, ajude a aprovar regulamentações para proteger gigantes da tecnologia contra ações judiciais relativas à privacidade dos usuários, facilitando, assim, a coleta de informações no Uruguai. É suborno? Observe-se que nenhum dólar ou peso trocou de mãos.

Esses acordos de informação em troca de informação já se generalizaram. Todos os dias, bilhões de seres humanos realizam numerosas transações com os gigantes da tecnologia, mas não dá para adivinhar olhando para as nossas contas bancárias, porque é como se nenhum dinheiro saísse do lugar. Recebemos informações dos gigantes da tecnologia e lhes pagamos com informações. À medida que mais e mais transações obedecem a esse modelo de informação por informação, a economia da informação cresce à custa da economia monetária, até que o próprio conceito de dinheiro se torne duvidoso.

Em tese, o dinheiro é uma medida *universal* de valor, e não uma fichinha usada apenas em determinados ambientes. Mas, com mais e mais coisas sendo avaliadas em termos de informação, e "de graça" em termos de dinheiro, a certa altura passa a ser falacioso avaliar a riqueza de indivíduos e de empresas em termos de quantidade de dólares ou de pesos que possuem. Uma pessoa ou empresa com pouco dinheiro no banco, mas com um imenso banco de dados de informações, pode ser a entidade mais rica e mais poderosa do país. Em tese, talvez seja possível quantificar o valor de suas informações em termos monetários, mas elas jamais convertem de fato as informações em dólares ou pesos. De que lhes serviriam os dólares se conseguem o que querem com informações?

Isso tem profundas implicações tributárias. Os impostos visam à distribuição da riqueza. Pegam uma parte dos indivíduos e empresas mais ricos a fim de fornecer o necessário para todos. No entanto, um sistema tributário que só sabe taxar o dinheiro logo estará obsoleto, uma vez que muitas transações já não envolvem dinheiro. Numa economia baseada em dados, em que valores são armazenados na forma de dados, e não de dólares, taxar apenas dinheiro distorce o quadro econômico e político. Algumas das entidades mais ricas do país podem acabar não pagando um centavo de impostos, porque sua riqueza consiste em petabits de dados, e não em bilhões de dólares.[50]

Os Estados têm milhares de anos de experiência na tributação de dinheiro. Mas não sabem como tributar informações — pelo menos, não até agora. Se estivermos de fato passando de uma economia dominada por transações monetárias para outra dominada por transações em informação, como os Estados devem reagir? O sistema de crédito social da China é uma maneira de os Estados se adaptarem às novas condições. Como explicaremos no capítulo 7, o sistema de crédito social é, em essência, um novo tipo de dinheiro — uma moeda baseada na informação. Será que todos os Estados deveriam copiar o exemplo chinês e cunhar seus próprios créditos sociais? O que o partido político da sua predileção diz a respeito?

DIREITA E ESQUERDA

Tributação é apenas um de vários problemas criados pela revolução em curso. A rede de computadores cria dificuldades para quase todas as estruturas de poder. As democracias temem o surgimento de novas ditaduras digitais. As ditaduras temem o surgimento de agentes que elas não têm como controlar. Todo mundo deveria estar preocupado com a eliminação da privacidade e a propagação do colonialismo de dados. Explicaremos o significado de cada uma dessas ameaças nos próximos capítulos, mas a questão aqui é que as conversas sobre esses perigos estão só começando e que a tecnologia anda muito mais depressa do que a política.

Qual é a diferença, por exemplo, entre as políticas de IA dos republicanos e dos democratas? Qual é a posição da direita acerca da IA, e qual a posição da esquerda? Os conservadores são contra a IA pela ameaça que representa à cultura tradicional que tem como centro o ser humano, ou são a favor porque a IA vai impulsionar o crescimento econômico ao mesmo tempo que diminui a necessidade de trabalhadores imigrantes? Os progressistas são contra a IA por causa dos riscos implícitos de desinformação e de aumento de preconceitos, ou a abraçam como um meio de gerar abundância capaz de financiar um abrangente Estado de bem-estar social? Difícil saber, porque até pouco tempo atrás republicanos e democratas, e a maioria dos partidos políticos do mundo, não refletiam, ou não falavam muito, a respeito dessas questões.

Há quem esteja — como os engenheiros e executivos das empresas de alta tecnologia — bem à frente dos políticos e dos eleitores, e mais bem informado do que a maioria de nós sobre o desenvolvimento de IA, criptomoedas, créditos sociais e afins. Infelizmente, a maioria deles não usa seus conhecimentos para ajudar a regular o explosivo potencial das novas tecnologias. Na verdade, usam esses conhecimentos para ganhar bilhões de dólares — ou acumular petabits de informação.

Há exceções, como Audrey Tang, conceituada hacker e engenheira de software que, em 2014, ingressou no Movimento Estudantil Girassol, que protestava contra políticas do governo em Taiwan. O gabinete taiwanês se impressionou tanto com seu talento que a convidou a participar do governo como ministra de Assuntos Digitais. Nessa função, ela ajudou a tornar o trabalho do governo mais transparente para os cidadãos. Além disso, obteve reconhecimento público por usar ferramentas digitais para ajudar Taiwan a conter o surto da covid-19.[51]

No entanto, o compromisso político e a trajetória profissional de Tang não são a norma. Para cada recém-formado em ciência da computação que quer ser a próxima Audrey Tang, é provável que haja um número bem superior dos que prefeririam ser o próximo Jobs, Zuckerberg ou Musk e construir uma empresa privada multibilionária a ser um funcionário público. Isso leva a uma perigosa assimetria de informação. As pessoas que encabeçam a revolução da informação conhecem muito melhor a tecnologia subjacente do que as pessoas incumbidas de regulamentá-la. Nessas condições, o que significa sair bradando por aí que o cliente sempre tem razão e os eleitores sabem o que é melhor?

Os próximos capítulos tentam nivelar um pouco o jogo e nos incentivam a assumir a responsabilidade pelas novas realidades desencadeadas pela revolução dos computadores. Esses capítulos falam bastante de tecnologia, mas o ponto de vista é totalmente humano. A pergunta essencial é: o que significaria para os humanos viverem na nova rede baseada em computadores, talvez como minoria cada vez mais impotente? Como a nova rede mudaria nossa política, nossa sociedade, nossa economia e nossa vida cotidiana? Como seria para nós a sensação de sermos constantemente monitorados, guiados, inspirados ou sancionados por bilhões de entidades não humanas? Quanto teríamos que mudar para nos adaptarmos, sobrevivermos e, quem sabe, até prosperarmos neste surpreendente mundo novo?

SEM DETERMINISMO

O mais importante a lembrar é que a tecnologia, em si, raramente é determinista. A crença no determinismo tecnológico é perigosa porque exime as pessoas de qualquer responsabilidade. Isso mesmo: como as sociedades humanas são redes de informações, a invenção de novas tecnologias da informação está fadada a mudar a sociedade. Quando máquinas impressoras ou algoritmos de aprendizado de máquina são inventados, é inevitável que isso resulte numa profunda revolução social e política. No entanto, os humanos ainda têm muito controle sobre o ritmo, a forma e a direção dessa revolução — o que significa que também temos uma grande responsabilidade.

A qualquer momento, nosso conhecimento científico e nossas habilidades técnicas podem servir para o desenvolvimento de uma série de tecnologias diferentes, mas temos apenas uma quantidade finita de recursos à disposição. Precisamos fazer escolhas responsáveis sobre onde investir esses recursos. É melhor usá-los para desenvolver um novo remédio contra a malária, um novo aerogerador, ou um novo video game imersivo? Nada há de inevitável na nossa escolha; ela reflete prioridades políticas, econômicas e culturais.

Nos anos 1970, quase todas as empresas de computadores, como a IBM, se concentravam em desenvolver máquinas grandes e custosas, a serem vendidas para grandes corporações e agências do governo. Era tecnicamente viável desenvolver computadores pessoais pequenos e baratos e vendê-los para indivíduos, mas não era do interesse da IBM nem compatível com seu modelo de negócio. Do outro lado da Cortina de Ferro, na União Soviética, os soviéticos também se interessavam por computadores, mas estavam ainda menos inclinados do que a IBM a desenvolver computadores pessoais. Num Estado totalitário — no qual até a posse de uma máquina de escrever privada despertava suspeitas —, conceder a indivíduos o controle de uma poderosa tecnologia de informação era impensável. Assim, os computadores eram distribuídos, principalmente, para gerentes de fábrica, e até eles tinham que enviar todos os seus dados de volta a Moscou para análise. O resultado disso é que Moscou foi inundada de papéis. Na década de 1980, esse desajeitado sistema de computadores produzia 800 bilhões de documentos por ano, todos destinados à capital.[52]

Contudo, numa época em que a IBM e o governo soviético não quiseram desenvolver o computador pessoal, amadores como os membros do Homebrew Computer Club da Califórnia resolveram fazê-lo por conta própria. Foi uma decisão ideológica consciente, influenciada pela contracultura dos anos 1960, com suas ideias anarquistas de poder para o povo e desconfiança libertária do governo e das grandes corporações.[53]

Membros importantes do Homebrew Computer Club, como Steve Jobs e Steve Wozniak, tinham grandes sonhos e pouco dinheiro, e nenhum acesso aos recursos do mundo empresarial americano ou do aparelho governamental. Jobs e Wozniak venderam o que tinham, como o Volkswagen de Jobs, para financiar a criação do primeiro computador da Apple. Foi graças a essas decisões pessoais, e não a um decreto inevitável da deusa da tecnologia, que, em 1977, indivíduos puderam comprar o computador pessoal Apple II por 1298 dólares — um valor considerável, mas ao alcance de usuários da classe média.[54]

É fácil imaginarmos uma história alternativa. Suponhamos que a humanidade, na década de 1970, tivesse acesso aos mesmos conhecimentos científicos e às mesmas competências técnicas, mas que o macarthismo tivesse matado a contracultura e estabelecido um regime totalitário americano que fosse um espelho do sistema soviético. Teríamos computadores pessoais hoje? Claro, os computadores pessoais poderiam ter surgido em um tempo e um lugar diferentes. Mas, em história, tempo e lugar são determinantes, e não há dois momentos iguais. Faz a maior diferença a América ter sido colonizada pelos espanhóis nos anos 1490, e não pelos otomanos nos anos 1520, ou que a bomba atômica fosse desenvolvida pelos americanos em 1945, e não pelos alemães em 1942. Da mesma forma, haveria importantes consequências políticas, econômicas e culturais se o computador pessoal aparecesse não na San Francisco dos anos 1970, mas na Osaka dos 1980 ou na Shanghai da primeira década do século XXI.

O mesmo se aplica às tecnologias hoje em desenvolvimento. Engenheiros que trabalham para governos autoritários e para empresas implacáveis podem desenvolver ferramentas para fortalecer a autoridade central, monitorando cidadãos e clientes 24 horas por dia. Hackers que trabalham para democracias podem desenvolver ferramentas para fortalecer os mecanismos de autocorreção da sociedade, expondo a corrupção governamental e práticas empresariais nocivas. Ambas as tecnologias podem ser desenvolvidas.

As escolhas não param por aí. Mesmo depois que é desenvolvida, uma ferramenta específica pode ter diversos usos. Podemos usar uma faca para assassinar alguém, para salvar sua vida numa mesa de cirurgia ou para cortar legumes e verduras do jantar. A faca não força a nossa mão. A escolha é humana. Da mesma forma, quando aparelhos de rádio baratos foram desenvolvidos, quase todas as famílias alemãs podiam ter um deles em casa. Mas como seria usado? Rádios baratos poderiam significar que a voz de um líder totalitário, quando fizesse um discurso, alcançaria a sala de estar de todas as famílias alemãs. Poderiam significar também que cada família alemã tinha a liberdade de ouvir um programa diferente, refletindo e cultivando uma diversidade de opiniões políticas e artísticas. A Alemanha Oriental seguiu numa direção; a Alemanha Ocidental, na outra. Embora os aparelhos de rádio da Alemanha Oriental tivessem a tecnologia necessária para receber uma vasta gama de transmissões, o governo alemão-oriental fazia o possível para interferir nas transmissões ocidentais e punir pessoas que secretamente as sintonizassem.[55] A tecnologia era a mesma, mas a política fazia usos bem diferentes dela.

O mesmo vale para as novas tecnologias do século XXI. Para exercermos nossa autonomia, precisamos primeiro compreender o que são as novas tecnologias e o que podem fazer. É uma responsabilidade urgente de cada cidadão. Claro que nem todo cidadão precisa de um diploma de doutorado em ciência da computação, mas, para continuarmos controlando o nosso futuro, precisamos entender o potencial político dos computadores. Os próximos capítulos oferecem, portanto, uma visão geral desse potencial para cidadãos do século XXI. Primeiro vamos compreender quais são as ameaças e promessas da nova rede de computadores, depois exploraremos diferentes maneiras pelas quais democracias, ditaduras e o sistema internacional em sua totalidade podem se ajustar à nova política dos computadores.

A política envolve um delicado equilíbrio entre verdade e ordem. À medida que se tornam membros importantes da nossa rede de informações, computadores são cada vez mais incumbidos de descobrir a verdade e manter a ordem. Por exemplo, a tentativa de descobrir a verdade sobre as mudanças climáticas depende cada vez mais de cálculos que só os computadores são capazes de fazer, e a tentativa de alcançar o consenso social sobre mudanças climáticas depende cada vez mais de algoritmos de recomendação que selecionem nossos próprios feeds de notícia, e de algoritmos criativos que escrevam novas estórias, fake news e ficção. No momento, vivemos um impasse político sobre mudanças climáticas, em parte porque os computadores estão num impasse. Cálculos executados por eles nos advertem sobre uma catástrofe ecológica iminente, ao passo que outro conjunto deles nos estimula a ver vídeos que questionam esses alertas. Em que conjunto de computadores vamos acreditar? A política humana agora é também a política dos computadores.

Para entendermos a nova política dos computadores, precisamos compreender melhor o que há de novo neles. Neste capítulo, observamos que, diferentemente dos prelos e de outras ferramentas anteriores, computadores podem tomar decisões e criar ideias por conta própria. Isso, contudo, é só a ponta do iceberg. O que há realmente de novo nos computadores é *a maneira como* tomam decisões e criam ideias. Se fazem isso de um jeito parecido com o dos humanos, então os computadores seriam uma espécie de "novos humanos". Esta é uma hipótese muito explorada pela ficção científica: o computador passa a ter consciência, desenvolve sentimentos, se apaixona por um humano e acaba sendo igual a nós. Mas a realidade é bem diferente e, ao menos em potencial, mais assustadora.

7. Incessante: A rede está sempre ligada

Os humanos estão acostumados a monitoramento. Durante milhões de anos, fomos vigiados e seguidos por outros animais, assim como por outros seres humanos. Parentes, amigos e vizinhos sempre quiseram saber o que fazemos ou sentimos, e sempre demos grande importância à maneira como nos veem e ao que sabem a nosso respeito. Hierarquias sociais, manobras políticas e relacionamentos românticos envolvem muito esforço para decifrar o que outras pessoas sentem e pensam e, de vez em quando, para esconder os nossos próprios sentimentos e pensamentos.

Quando as redes burocráticas centralizadas surgiram e se desenvolveram, uma das funções mais importantes dos burocratas era monitorar populações inteiras. Funcionários do Império Qin queriam saber se estávamos pagando impostos ou tramando uma resistência. A Igreja católica queria saber se estávamos em dia com o dízimo e se nos masturbávamos. A Coca-Cola Company queria descobrir como nos convencer a comprar seus produtos. Governantes, sacerdotes e comerciantes queriam conhecer os nossos segredos para nos controlar e manipular.

Claro, a vigilância também foi essencial para a prestação de bons serviços. Impérios, Igrejas e empresas precisavam de informações para oferecer às pessoas segurança, apoio e bens essenciais. Nos Estados modernos, autoridades de saneamento querem saber de onde vem a nossa água e onde defecamos. Autoridades de saúde querem saber que doenças nos atingem e quanto comemos. Autoridades da previdência social querem saber se estamos desempregados ou, talvez, se sofremos abusos dos nossos cônjuges. Sem essas informações, elas não têm como nos ajudar.

Para nos conhecerem, tanto as burocracias do bem quanto as burocracias da opressão precisavam fazer duas coisas: coletar dados a nosso respeito e, em seguida, analisar esses dados e identificar padrões. Por consequência, impérios, Igrejas, empresas e sistemas de saúde — da China antiga aos Estados Unidos de hoje — coletaram e analisaram dados sobre o comportamento de milhões de pessoas. No entanto, em todos os tempos e em todos os lugares, a vigilância sempre foi parcial. Em democracias como os Estados Unidos de hoje, para proteger a privacidade e os direitos individuais, há limites legais para a vigilância. Em regimes totalitários como o Império Qin antigo e a União Soviética de tempos recentes, a vigilância não enfrentava essas barreiras legais, mas esbarrava em limitações técnicas. Nem mesmo os autocratas mais brutais dispunham da tecnologia necessária para fiscalizar todo mundo o tempo todo. Algum nível de privacidade era, portanto, o padrão até mesmo na Alemanha de Hitler, na União Soviética de Stálin ou no regime stalinista de imitação estabelecido na Romênia depois de 1945.

Gheorghe Iosifescu, um dos primeiros cientistas da computação da Romênia, conta que, quando os primeiros computadores chegaram ao país nos anos 1970, o regime romeno ficou extremamente preocupado com essa tecnologia da informação, ainda pouco conhecida. Um dia, em 1976, quando Iosifescu entrou em seu escritório no Centrul de Calcul (Centro de Cálculos) governamental, encontrou lá sentado um homem de terno amarrotado que ele não sabia quem era. Iosifescu cumprimentou o estranho, sem resposta. Iosifescu se apresentou, mas o homem continuou calado. Iosifescu então sentou à sua mesa, ligou um grande computador e se pôs a trabalhar. O estranho puxou a cadeira para mais perto, observando cada movimento de Iosifescu.

Durante o dia inteiro, Iosifescu tentou várias vezes engrenar uma conversa, perguntando o nome do estranho, o que ele estava fazendo ali e o que queria saber. Mas o homem manteve a boca fechada e os olhos arregalados. Quando Iosifescu encerrou o expediente no fim da tarde, o homem também se levantou e saiu, sem se despedir. Iosifescu sabia que era melhor não fazer mais perguntas; o homem, evidentemente, era um agente da temida polícia secreta romena, a Securitate.

Na manhã seguinte, quando Iosifescu chegou ao escritório, o homem já estava lá. E, mais uma vez, ficou sentado perto da mesa de Iosifescu o dia inteiro, tomando notas em silêncio num caderninho. Isso perdurou pelos treze anos seguintes, até o colapso do regime comunista em 1989. Depois de sentar à mesma mesa todos esses anos, Iosifescu jamais soube o nome do agente.[1]

Iosifescu sabia que era provável que outros agentes e informantes da Securitate também o monitorassem fora do escritório. Sua expertise numa tecnologia poderosa e potencialmente subversiva fazia dele um alvo prioritário. Mas, na verdade, o paranoico regime de Nicolae Ceauşescu enxergava *todos* os 20 milhões de cidadãos romenos como alvos. Se pudesse, Ceauşescu teria submetido cada um deles à vigilância constante. E, na verdade, até tomou algumas medidas nesse sentido. Antes de chegar ao poder em 1965, a Securitate tinha apenas um centro de vigilância eletrônica em Bucareste, e mais onze em cidades provinciais. Em 1978, só Bucareste era monitorada por dez centros eletrônicos de vigilância, 248 centros esquadrinhavam as províncias, e outras mil unidades portáteis de vigilância se movimentavam para escutar conversas em aldeias remotas e em resorts de férias.[2]

Quando, no fim da década de 1970, agentes da Securitate descobriram que alguns romenos escreviam cartas anônimas para a Rádio Europa Libre criticando o regime, Ceauşescu orquestrou um esforço nacional para coletar amostras da caligrafia de todos os 20 milhões de cidadãos romenos. Escolas e universidades eram obrigadas a fornecer redações de todos os alunos. Patrões tinham que solicitar a cada empregado um currículo escrito à mão para encaminhá-lo à Securitate. "E o que é que a gente faz com os aposentados e com os desempregados?", perguntou um assessor. "Inventem um formulário qualquer!", ordenou o ditador. "Alguma coisa para eles preencherem." Mas algumas cartas subversivas tinham sido datilografadas, por isso Ceauşescu também mandou registrar todas as máquinas de escrever de propriedade do Estado, com amostras guardadas nos arquivos da Securitate. Quem tivesse uma máquina de escrever particular era obrigado a informar à Securitate, entregar a "impressão digital" da máquina e pedir autorização oficial para usá-la.[3]

Mas a verdade é que o regime de Ceauşescu, assim como o regime stalinista que lhe serviu de modelo, não tinha como fiscalizar cada cidadão 24 horas por dia. Como até os agentes da Securitate precisavam dormir, provavelmente seriam necessários, pelo menos, 40 milhões deles para manter os 20 milhões de cidadãos romenos sob vigilância constante. Ceaușescu contava com apenas 40 mil agentes da Securitate.[4] E mesmo que conseguisse, de alguma maneira, produzir 40 milhões de agentes, isso só teria gerado mais problemas, pois o regime também precisava monitorar os próprios agentes. Como Stálin, Ceaușescu desconfiava dos seus agentes e funcionários mais do que de quaisquer outras pessoas, sobretudo depois que o seu espião-chefe — Ion Mihai Pacepa — desertou e fugiu para os Estados Unidos em 1978. Membros do Politburo, altos funcionários, generais do Exército e chefes da Securitate viviam sob vigilância ainda mais rigorosa do que Iosifescu. À medida que as fileiras da polícia secreta inchavam, mais agentes eram necessários para espionar todos esses agentes.[5]

Uma solução era fazer as pessoas espionarem umas às outras. Além dos 40 mil agentes profissionais, a Securitate contava com 400 mil informantes civis.[6] Com frequência, as pessoas passavam informações sobre vizinhos, colegas, amigos e até parentes próximos. Mas, independentemente de quantos informantes a polícia secreta empregava, coletar todos esses dados não bastava para criar um regime de absoluta vigilância. Suponhamos que a Securitate conseguisse recrutar o número suficiente de agentes e informantes para vigiar todo mundo 24 horas por dia. No fim de cada dia, cada agente e informante teria que compilar um relatório sobre o que observou. A sede da Securitate teria sido inundada por 20 milhões de relatórios diários — ou 7,3 bilhões de relatórios por ano; a menos que fossem analisados, era só mais uma papelada amontoada. No entanto, onde a Securitate arranjaria analistas para examinar e comparar 7,3 bilhões de relatórios anualmente?

Essa dificuldade de coletar e analisar informações era prova de que, no século XX, nem mesmo o Estado mais totalitário era capaz de monitorar toda a sua população com eficácia. A maior parte do que os cidadãos romenos e soviéticos faziam e diziam escapava à atenção da Securitate e da KGB. Mesmo os detalhes que chegavam a integrar algum arquivo muitas vezes ficavam lá, sem ser lidos. O verdadeiro poder da Securitate e da KGB não era a capacidade de vigiar todo mundo o tempo todo, mas a de infundir o medo de que pudessem estar vigiando, o que tornava todos extremamente cautelosos com tudo que diziam e faziam.[7]

Num mundo em que a vigilância é conduzida pelos olhos, ouvidos e cérebros orgânicos de pessoas como o agente da Securitate no escritório de Iosifescu, até mesmo um alvo prioritário como Iosifescu ainda tinha alguma privacidade, antes e acima de tudo dentro da própria cabeça. Mas o trabalho de cientistas da computação como ele próprio punha tudo aquilo à prova. Já em 1976, aquele computador rudimentar sobre a escrivaninha de Iosifescu processava números bem melhor do que o agente da Securitate sentado na cadeira ao lado. Em 2024, estamos nos aproximando do ponto em que uma rede ubíqua de computadores pode monitorar a população de países inteiros 24 horas por dia. Essa rede não precisa contratar e treinar milhões de agentes humanos para nos seguir; ela funciona com agentes digitais. E a rede nem sequer precisa pagar por esses agentes digitais. Nós, cidadãos, pagamos pelos agentes por iniciativa própria e os carregamos conosco por toda parte.

O agente que monitorava Iosifescu não ia com ele ao banheiro nem sentava à beira da cama enquanto ele transava com alguém. Mas é justamente o que os nossos smartphones às vezes acabam fazendo hoje. Ademais, várias das atividades que Iosifescu fazia sem ajuda do seu computador — como ler notícias, conversar com amigos ou comprar comida — agora são feitas online, sendo, portanto, ainda mais fácil para a rede saber o que fazemos e dizemos. Nós mesmos somos os informantes que fornecem à rede os dados brutos a nosso respeito. Mesmo quem não tem smartphone está quase sempre na órbita de alguma câmera, algum microfone ou algum dispositivo de rastreamento, e interage o tempo todo com a rede de computadores para achar emprego, comprar uma passagem de trem, conseguir uma receita médica ou simplesmente andar pela rua. A rede de computadores passou a ser o nexo da maioria das atividades humanas. No meio de quase toda transação financeira, social ou política, agora deparamos com um computador. Por consequência, como Adão e Eva no paraíso, não temos como nos esconder do olho oculto nas nuvens.

Assim como dispensa milhões de agentes humanos para nos monitorar, a rede de computadores também não precisa de milhões de analistas humanos para tirar conclusões a respeito de nossos dados. A papelada na sede da Securitate jamais analisou a si mesma. Mas, graças à mágica do aprendizado de máquina e à IA, os computadores podem analisar a maioria das informações que acumulam. Um ser humano comum é capaz de ler 250 palavras por minuto.[8] Um analista da Securitate trabalhando em turnos de doze horas, sem jamais tirar um dia de folga, era capaz de ler cerca de 2,6 bilhões de palavras em quarenta anos de carreira. Em 2024, algoritmos de linguagem como o ChatGPT e o Llama da Meta podem processar milhões de palavras por minuto e "ler" 2,6 bilhões de palavras em duas horas.[9] A capacidade de processamento de imagens, gravações de áudio e gravações de vídeo desses algoritmos é igualmente sobre-humana.

Mais importante ainda, os algoritmos são muito melhores do que os humanos para encontrar padrões nesse oceano de dados. Identificar padrões exige a capacidade tanto de criar ideias quanto de tomar decisões. Por exemplo, como é que os analistas humanos identificam alguém como um "suspeito de terrorismo"? Em primeiro lugar, eles *estabelecem* um conjunto de critérios gerais, como "ler conteúdo extremista", "fazer amizade com terroristas" e "ter o conhecimento técnico necessário para produzir armas perigosas". Depois disso, precisam *decidir* se determinado indivíduo atende suficientemente a esses critérios para ser classificado como suspeito de terrorismo. Suponhamos que alguém tenha assistido a cem vídeos extremistas no YouTube mês passado, é amigo de um terrorista condenado e faz doutorado em epidemiologia num laboratório que contém amostras do vírus ebola. Essa pessoa deveria ser incluída numa lista de "suspeitos de terrorismo"? E alguém que assistiu a cinquenta vídeos extremistas mês passado e estuda biologia na universidade?

Na Romênia da década de 1970, apenas seres humanos eram capazes de tomar essas decisões. Em 2010, os humanos já relegavam cada vez mais aos algoritmos a tarefa de decidir. Em 2014-5, a Agência de Segurança Nacional dos Estados Unidos implantou um sistema de IA chamado Skynet que incluía pessoas numa lista de "suspeitos de terrorismo" com base nos padrões eletrônicos de suas comunicações, de seus escritos, de suas viagens e postagens em redes sociais. De acordo com um relatório, esse sistema "se envolve na vigilância em massa da rede de telefonia móvel do Paquistão e, em seguida, usa um algoritmo de aprendizado de máquina nos metadados da rede celular de 55 milhões de pessoas para tentar avaliar a probabilidade de cada uma ser terrorista". Um ex-diretor tanto da CIA quanto da NSA proclamou: "Matamos pessoas com base em metadados".[10] Apesar das duras críticas à confiabilidade da Skynet, nos anos 2020 essa tecnologia já se tornou bem mais sofisticada e tem sido empregada por muitos outros governos. Ao analisarem essa quantidade imensa de dados, os algoritmos podem descobrir critérios completamente novos para definir "suspeito" alguém que antes passou desapercebido pelos analistas humanos.[11]

No futuro, os algoritmos podem até vir a criar um modelo inteiramente novo de radicalização das pessoas, apenas identificando padrões na vida de terroristas conhecidos. Claro, os computadores continuam sendo falíveis, como investigaremos em profundidade no próximo capítulo. Podem muito bem classificar pessoas inocentes como terroristas, ou criar um modelo falso de radicalização. Num nível ainda mais fundamental, é de questionar se a definição do sistema de coisas como o terrorismo é objetiva. Há uma longa história de regimes que utilizam o rótulo "terrorista" para cobrir qualquer oposição. Na União Soviética, qualquer um que se opusesse ao regime era um terrorista. Por consequência, quando uma IA rotula alguém como "terrorista", isso pode refletir preconceitos ideológicos em vez de fatos objetivos. O poder de tomar decisões e inventar ideias é inseparável da capacidade de cometer erros. Ainda que nenhum erro seja cometido, a capacidade sobre-humana dos algoritmos para reconhecer padrões num oceano de dados pode potencializar a força de muitos atores malignos, desde ditaduras repressivas que visam identificar dissidentes até golpistas em busca de alvos vulneráveis.

É claro que o reconhecimento de padrões tem enorme potencial positivo. Os algoritmos podem ajudar a identificar funcionários corruptos do governo, criminosos de colarinho branco e empresas que sonegam impostos. Os algoritmos podem também ajudar autoridades sanitárias de carne e osso a detectar ameaças à nossa água potável;[12] ajudar médicos a monitorar doenças e epidemias em desenvolvimento;[13] e ajudar policiais e assistentes sociais a identificar cônjuges e filhos vítimas de abuso.[14] Nas páginas seguintes, dedico relativamente pouca atenção ao potencial positivo de burocracias algorítmicas, porque os empresários que encabeçam a revolução da IA já bombardeiam o público com diversas previsões otimistas sobre elas. Meu objetivo aqui é equilibrar essas visões utópicas concentrando-me no potencial mais sinistro do reconhecimento de padrões algorítmicos. E torcer para que possamos aproveitar o que há de positivo nos algoritmos enquanto regulamos sua capacidade de destruição.

Mas, para tanto, precisamos primeiro entender a diferença fundamental entre os novos burocratas digitais e seus antecessores de carne e osso. Burocratas inorgânicos podem estar "ligados" 24 horas por dia e nos monitorar e interagir conosco em qualquer lugar, a qualquer momento. Isso significa que burocracia e vigilância não são mais coisas inerentes a momentos e lugares específicos. O sistema de saúde, a polícia e empresas manipuladoras estão se tornando características ubíquas e permanentes da vida. Diferentemente das organizações com as quais só interagimos em certas situações — por exemplo, quando visitamos a clínica, a delegacia ou o shopping —, eles cada vez mais nos acompanham a qualquer instante do dia, observando e analisando tudo o que fazemos. Os peixes vivem na água, os humanos, numa burocracia digital, inalando e exalando dados o tempo todo. Tudo o que fazemos deixa um rastro de dados, que são coletados e analisados para identificar padrões.

VIGILÂNCIA SOB A PELE

Para o bem ou para o mal, a burocracia digital pode não apenas monitorar o que fazemos no mundo, mas até observar o que acontece dentro do nosso corpo. Vejamos, por exemplo, o rastreamento de movimentos dos olhos. No começo dos anos 2020, as câmeras de circuito fechado de TV (CFTV), bem como as câmeras dos notebooks e smartphones, começaram rotineiramente a coletar e analisar dados sobre os movimentos dos nossos olhos, incluindo minúsculas alterações, de milissegundos, na pupila e na íris. Agentes humanos mal seriam capazes de perceber esses dados, mas computadores podem usá-los para calcular a direção do nosso olhar, com base no formato da nossa pupila e da nossa íris, e em padrões de luz que elas refletem. Métodos semelhantes podem determinar se os nossos olhos estão fixos num alvo estável, seguindo um alvo móvel ou vagando de forma aleatória.

A partir de certos padrões de movimento ocular, os computadores podem distinguir, por exemplo, momentos de concentração de momentos de distração, e pessoas detalhistas de pessoas mais atentas ao contexto. A partir dos nossos olhos, os computadores podem deduzir muitos outros traços de personalidade, como até que ponto estamos abertos a novas experiências, e estimar o nosso nível de expertise em vários campos, desde a leitura até a cirurgia. Especialistas que dominam estratégias refinadas exibem padrões sistemáticos de olhar, ao passo que nos novatos os olhos bailam sem rumo. Os padrões oculares também indicam o nosso nível de interesse pelos objetos e situações com que deparamos, e distinguem entre interesse positivo, interesse neutro e interesse negativo. A partir disso, é possível deduzir nossas preferências em campos que vão da política ao sexo. Também é possível conhecer bastante sobre a nossa condição médica e o nosso uso de drogas. O consumo de álcool e drogas — mesmo em doses baixas — tem efeitos mensuráveis nas propriedades dos olhos e dos olhares, como mudança no tamanho da pupila e prejuízo na capacidade de acompanhar objetos em movimento. Uma burocracia digital pode usar todas essas informações para o bem — como a detecção precoce de abuso de drogas e transtornos mentais. E ainda pode, é claro, preparar os alicerces para os regimes totalitários mais invasivos da história.[15]

Em tese, os ditadores do futuro podem fazer com que sua rede de computadores vá bem mais longe do que simplesmente observar os nossos olhos. Se a rede quiser saber as nossas opiniões políticas, os nossos traços de personalidade ou a nossa orientação sexual, pode monitorar processos dentro do nosso coração e do nosso cérebro. Alguns governos e empresas, como a Neuralink de Elon Musk, já desenvolvem a tecnologia biométrica necessária para isso. A empresa de Musk realiza experimentos em camundongos, ovelhas, porcos e macacos vivos, implantando sondas elétricas no cérebro desses animais. Cada sonda contém até 3072 eletrodos capazes de identificar sinais elétricos e, potencialmente, transmitir sinais para o cérebro. Em 2023, a Neuralink obteve a aprovação das autoridades americanas para começar a fazer experimentos em seres humanos, e em janeiro de 2024 divulgou-se que um primeiro chip cerebral foi implantado num humano.

Musk fala abertamente sobre seus ambiciosos planos para essa tecnologia, afirmando que ela pode não só aliviar vários problemas de saúde, como a quadriplegia (paralisia dos quatro membros), mas também aprimorar capacidades humanas e, por consequência, ajudar a humanidade a competir com a IA. Mas é preciso ficar claro que, no momento, as sondas da Neuralink e todos os outros dispositivos biométricos similares enfrentam uma série de problemas técnicos que limita em demasia sua capacidade. É difícil monitorar com precisão atividades corporais — seja no cérebro, seja no coração, seja em qualquer outra parte — a partir de fora do corpo, ao passo que implantar eletrodos e outros dispositivos de monitoramento no corpo é invasivo, perigoso, caro e ineficiente. Por exemplo, nosso sistema imunológico ataca eletrodos implantados.[16]

Ainda mais crucial é o fato de que ninguém até agora tem o conhecimento biológico necessário para apreender coisas como opiniões políticas precisas a partir de dados subcutâneos como a atividade cerebral.[17] Cientistas estão longe de compreender os mistérios do cérebro humano, ou mesmo do cérebro dos camundongos. O simples mapeamento de cada neurônio, dendrito e sinapse no cérebro de um camundongo — que dirá a compreensão da dinâmica entre eles — está além das capacidades computacionais da humanidade no momento.[18] Portanto, embora a coleta de dados dentro do cérebro das pessoas já seja mais viável, usar esses dados para decifrar os nossos segredos está bem longe de ser simples.

Uma teoria da conspiração muito popular no começo da década de 2020 diz que grupos sinistros encabeçados por bilionários como Elon Musk já vêm implantando chips de computador em nosso cérebro para nos monitorar e controlar. Essa teoria, contudo, direciona a nossa ansiedade para o alvo errado. Devemos, claro, temer o surgimento de novos sistemas totalitários, mas é cedo para nos preocuparmos com chips de computador implantados em cérebros humanos. As pessoas deveriam se preocupar com os smartphones nos quais leem essas teorias da conspiração. Suponhamos que alguém queira conhecer as suas opiniões políticas, leitor. Seu smartphone monitora que canais você vê e nota que assiste, em média, quarenta minutos de Fox News e quarenta segundos de CNN por dia. Enquanto isso, um chip Neuralink implantado monitora sua frequência cardíaca e sua atividade cerebral durante o dia e percebe que sua frequência cardíaca máxima foi de 120 batimentos por minuto e que sua amígdala está 5% mais ativa do que a média humana. Que dados seriam mais úteis para adivinhar a sua filiação política — os dados vindos do smartphone ou os dados do chip implantado?[19] No momento, o smartphone ainda é uma ferramenta de vigilância bem mais valiosa do que os sensores biométricos.

No entanto, à medida que o conhecimento biológico aumenta — em especial graças a computadores que analisam petabits de dados biométricos —, a vigilância subcutânea pode vir a ser relevante, sobretudo quando ligada a outras ferramentas de monitoramento. Nessa altura, se sensores biométricos registrarem o que se passa com a frequência cardíaca e com a atividade cerebral de milhões de pessoas enquanto assistem a determinada notícia em seus smartphones, isso pode ensinar à rede de computadores muito mais do que apenas a nossa filiação política. A rede pode aprender exatamente o que deixa cada ser humano irritado, amedrontado ou alegre. Ela poderia então prever e manipular nossos sentimentos, vendendo-nos o que bem entendesse — um produto, um político, uma guerra.[20]

O FIM DA PRIVACIDADE

Num mundo em que humanos monitoram humanos, a privacidade sempre foi a norma. Mas, num mundo em que computadores monitoram humanos, pode ser possível, pela primeira vez na história, eliminar a privacidade por completo. Os casos mais extremos e conhecidos de vigilância invasiva envolvem tempos de emergência excepcional, como a pandemia de covid-19, ou lugares vistos como excepcionais à ordem normal das coisas, como os territórios palestinos ocupados, a região autônoma uigur de Xinjiang, na China, a região da Caxemira, na Índia, a Crimeia ocupada pelos russos, a fronteira entre Estados Unidos e México, e as zonas fronteiriças entre Afeganistão e Paquistão. Nesses tempos e lugares excepcionais, novas tecnologias de vigilância, em combinação com leis draconianas e forte presença policial e militar, têm monitorado e controlado implacavelmente os movimentos, as ações e até os sentimentos das pessoas.[21] É essencial nos darmos conta, porém, de que sistemas de vigilância com base na IA estão sendo empregadas numa escala gigantesca, e não apenas nesses "estados de exceção".[22] Eles agora fazem parte da vida normal em toda parte. A era pós-privacidade se consolida em países autoritários da Bielorrússia ao Zimbábue,[23] assim como em metrópoles de Londres a Nova York.

Para o bem ou para o mal, governos empenhados em combater o crime, eliminar dissidência ou combater ameaças internas (reais ou imaginárias) cobrem territórios inteiros com uma onipresente rede de vigilância online e offline, equipada com spywares, câmeras de circuito fechado, softwares de reconhecimento facial e de voz, e vastos bancos de dados pesquisáveis. Se um governo quiser, sua rede de vigilância alcança qualquer lugar, de mercados a templos religiosos, e de escolas a residências privadas. (E, embora nem todo governo esteja disposto ou seja capaz de instalar câmeras em nossas casas, algoritmos nos observam regularmente na sala de estar, no quarto e no banheiro, através dos nossos computadores e smartphones.)

Redes governamentais de vigilância também coletam rotineiramente dados biométricos de populações inteiras, saibam elas ou não. Por exemplo, quando cidadãos pedem passaporte, mais de 140 países os obrigam a tirar impressões digitais e a fazer escaneamento facial ou da íris.[24] E, ao apresentarmos nossos passaportes para entrar num país, quase sempre esse país também exige que lhe forneçamos impressões digitais e escaneamento facial ou da íris.[25] Quando cidadãos ou turistas andam pelas ruas de Delhi, Beijing, Seul ou Londres, seus movimentos provavelmente são registrados. Pois essas cidades — e tantas outras mundo afora — são cobertas por mais de cem câmeras de vigilância para cada quilômetro quadrado, em média. No total, em 2023 mais de 1 bilhão de câmeras de circuito fechado operavam globalmente, o que significa, em média, uma câmera para cada oito pessoas.[26]

Qualquer atividade física que alguém pratique deixa vestígios de dados. Toda operação de compra é gravada em algum banco de dados. Atividades online, como mandar mensagens para amigos, compartilhar fotos, pagar contas, ler notícias, marcar consultas, chamar táxis, também podem ser registradas. O oceano de dados resultante pode então ser analisado por sistemas de IA para identificar atividades ilegais, padrões suspeitos, pessoas desaparecidas, portadores de doenças ou dissidentes políticos.

Como acontece com qualquer tecnologia poderosa, eles podem ser usados para o bem ou para o mal. Logo depois da invasão do Capitólio dos Estados Unidos em 6 de janeiro de 2021, o FBI e outros órgãos de polícia usaram sistemas de vigilância de ponta para localizar e prender os desordeiros. Uma investigação do *Washington Post* revelou que essas agências se valeram não apenas de imagens gravadas por câmeras de circuito fechado no Capitólio, como também de postagens nas redes sociais, leitores de placas de veículos em todo o país, registros de localização de torres de celulares e bancos de dados preexistentes.

Um homem de Ohio escreveu no Facebook que tinha ido a Washington naquele dia para "testemunhar a história". Uma intimação judicial foi emitida contra o Facebook, que forneceu ao FBI as postagens do homem no Facebook, bem como informações de cartão de crédito e número de telefone. Isso ajudou o FBI a comparar a foto da carteira de motorista com imagens do CFTV do Capitólio. Outro mandado judicial contra o Google rendeu a geolocalização exata do smartphone do homem em 6 de janeiro, possibilitando aos policiais mapear todos os seus movimentos, desde o seu ponto de entrada no plenário do Senado até o gabinete de Nancy Pelosi, presidente da Câmara dos Representantes.

Recorrendo a imagens de placa de veículo, o FBI seguiu os movimentos de um homem de Nova York desde o instante em que atravessou a ponte Henry Hudson às 6h06min08 da manhã de 6 de janeiro, a caminho do Capitólio, até cruzar a ponte George Washington às 23h59min22 daquela noite, de volta para casa. Uma imagem de câmera tirada na Interstate 95 mostrava um imenso chapéu "Make America Great Again" no painel do carro dele. O chapéu era igual ao de uma selfie do Facebook, na qual aparecia com ele na cabeça. O homem se incriminou ainda mais com vários vídeos que postou no Snapchat de dentro do Capitólio.

Outro baderneiro tentou evitar ser detectado recorrendo a uma máscara facial em 6 de janeiro, evitando transmissões ao vivo e usando um celular registrado no nome da mãe — o que não adiantou muito. Os algoritmos do FBI conseguiram comparar imagens de vídeo de 6 de janeiro de 2021 com uma foto do formulário de pedido de passaporte preenchido pelo homem em 2017. Também compararam uma jaqueta dos Knights of Columbus que ele usou em 6 de janeiro com a jaqueta que usava em outra ocasião, capturada num clipe do YouTube. O telefone registrado no nome da mãe foi geolocalizado dentro do Capitólio, e um leitor de placa de veículo registrou seu carro perto do Capitólio na manhã de 6 de janeiro.[27]

Algoritmos de reconhecimento facial e bancos de dados pesquisáveis por IA são agora usados rotineiramente por forças policiais no mundo inteiro. São empregados não apenas em casos de emergência nacional ou por razões de segurança do Estado, mas em tarefas diárias da polícia. Em 2009, uma quadrilha de criminosos sequestrou o menino Gui Hao, de três anos, quando ele brincava na frente da loja dos pais na província de Sichuan, na China. O menino sequestrado foi vendido para uma família na província de Guangdong, a cerca de 1500 quilômetros. Em 2014, o líder da quadrilha de traficantes de crianças acabou preso, mas foi impossível localizar Gui Hao e outras vítimas. "A aparência das crianças teria mudado tanto", explicou um policial, "que nem os pais conseguiriam reconhecer."

No entanto, em 2019, um algoritmo de reconhecimento facial identificou

Gui Hao, agora com treze anos, e o adolescente voltou para a família. Para identificar corretamente Gui Hao, a IA se baseou numa velha fotografia tirada quando ele ainda engatinhava. A IA simulou o que deveria ser a aparência de Gui Hao como um adolescente de treze anos — levando em conta o drástico impacto do amadurecimento, bem como possíveis mudanças na cor do cabelo e no penteado — e comparou a simulação com imagens da vida real.

Em 2023, houve relatos de resgate ainda mais espetaculares. Yuechuan Lei foi sequestrado em 2001 quando tinha três anos, e Hao Chen desapareceu em 1998, também com três anos. Os pais das duas crianças jamais desistiram de encontrá-las. Por mais de vinte anos, cruzaram a China à procura delas, divulgando anúncios e oferecendo recompensas em dinheiro por qualquer informação pertinente. Em 2023, algoritmos de reconhecimento facial ajudaram a localizar os dois meninos perdidos, agora adultos na casa dos vinte. Essa tecnologia hoje é útil para encontrar crianças perdidas não só na China, mas em países como a Índia, onde dezenas de milhares de crianças desaparecem todos os anos.[28]

Enquanto isso, na Dinamarca, o clube de futebol Brøndby IF começou, em julho de 2019, a usar tecnologia de reconhecimento facial em seu estádio para identificar e banir arruaceiros. À medida que entram no estádio para assistir a uma partida, os torcedores (às vezes até 30 mil) são orientados a tirar máscaras, chapéus e óculos para que um computador possa escanear seu rosto e compará-lo com uma lista de encrenqueiros banidos. O fundamental aqui é que o procedimento foi avaliado e aprovado segundo rigorosas regras da União Europeia. O Departamento Dinamarquês de Proteção de Dados explicou que o uso da tecnologia "vai permitir uma aplicação mais eficaz da lista de banidos em comparação com a verificação manual, e que isso reduzirá as filas à entrada do estádio, diminuindo o risco de tumultos públicos de torcedores impacientes na fila".[29]

Embora louváveis em tese, esses usos da tecnologia levantam preocupações óbvias sobre privacidade e abusos governamentais. Nas mãos erradas, as mesmas técnicas que ajudam a localizar desordeiros, resgatar crianças desaparecidas e banir arruaceiros do futebol também podem ser usadas para perseguir manifestantes pacíficos, ou para impor um conformismo rígido. Em última análise, tecnologias de vigilância operadas por IA podem resultar na criação de regimes de vigilância total, que monitoram cidadãos 24 horas por dia e promovem novos tipos de repressão totalitária onipresente e automatizada. Um exemplo: as leis do *hijabe* do Irã.

Depois que o Irã se tornou uma teocracia em 1979 o novo regime obrigou as mulheres a usarem o *hijabe*. Mas a polícia da moralidade iraniana teve dificuldade para aplicar essa regra. Não era possível pôr um policial em cada esquina, e por vezes os confrontos públicos com mulheres que não usavam véu suscitavam resistência e ressentimento. Em 2022, o Irã relegou grande parte da tarefa de fazer cumprir as leis do *hijabe* a um sistema nacional de algoritmos de reconhecimento facial, que monitora implacavelmente tanto espaços físicos quanto ambientes online.[30] Um alto funcionário iraniano explicou que o sistema serviria para "identificar movimentos impróprios e inusitados", incluindo "a inobservância das leis do *hijabe*". O chefe do comitê jurídico e judicial do Parlamento iraniano, Mousa Ghazanfarabadi, disse em outra entrevista que "o uso de câmeras de reconhecimento facial pode sistematicamente implementar essa tarefa e reduzir a presença da polícia, e com isso não haverá mais confrontos entre a polícia e os cidadãos".[31]

Pouco depois, em 16 de setembro de 2022, Mahsa Amini, de 22 anos, morreu quando estava sob custódia da polícia da moralidade do Irã, depois de ter sido presa por não usar o *hijabe* da maneira adequada.[32] Desencadeou-se uma onda de protestos, conhecida como o movimento "Mulher, Vida, Liberdade". Centenas de milhares de mulheres e meninas tiraram os lenços da cabeça, e algumas queimaram publicamente seus *hijabes*, dançando em volta das fogueiras. Para reprimirem os protestos, as autoridades iranianas voltaram a recorrer ao seu sistema de vigilância de IA, que se baseia em software de reconhecimento facial, geolocalização, análise do tráfego na web e bancos de dados preexistentes. Mais de 19 mil pessoas foram presas em todo o país, e mais de quinhentas foram mortas.[33]

Em 8 de abril de 2023, o chefe de polícia do Irã anunciou que, a partir de 15 de abril de 2023, uma nova campanha intensificaria o uso da tecnologia de reconhecimento facial. Em particular, os algoritmos passariam a identificar mulheres que não usassem lenço na cabeça enquanto viajassem num veículo e lhes enviariam automaticamente um SMS de advertência. Se as mulheres reincidissem, receberiam ordem para parar de usar seu carro por um período predeterminado, e se ainda assim desobedecessem, o carro seria confiscado.[34]

Dois meses depois, em 14 de junho de 2023, o porta-voz da polícia do Irã se vangloriou de que o sistema de vigilância automatizado tinha enviado quase 1 milhão de SMSS de advertência a mulheres flagradas sem véu em seu carro particular. O sistema, ao que tudo indica, era capaz de determinar automaticamente que estava vendo uma mulher sem véu e não um homem, identificar a mulher, e recuperar o número do seu celular. O sistema ainda "emitiu 133 174 mensagens SMS exigindo a imobilização de veículos por duas semanas, confiscou 2 mil carros e encaminhou mais de 4 mil 'infratoras reincidentes' para o Judiciário".[35]

Uma mulher de 52 anos chamada Maryam contou à Anistia Internacional sua experiência com o sistema de vigilância.

> Na primeira vez que recebi um aviso por não estar usando lenço na cabeça enquanto dirigia, eu passava por um cruzamento quando uma câmera bateu uma foto, e eu imediatamente recebi uma mensagem de texto de advertência. Na segunda vez, eu tinha feito umas compras e estava levando as sacolas para o carro, meu lenço caiu e eu recebi uma mensagem informando que, por ter violado as leis de uso obrigatório do véu, meu carro tinha sido submetido a "confisco sistemático" por um período de quinze dias. Eu não sabia o que era isso. Descobri por parentes que isso significava que eu teria que deixar o carro parado por quinze dias.[36]

O depoimento de Maryam indica que a IA envia suas mensagens de ameaça em segundos, sem dar tempo para que um humano examine e autorize o procedimento.

As penalidades extrapolavam a imobilização ou o confisco de veículos. O relatório da Anistia de 26 de julho de 2023 revelou que, como resultado do esforço de vigilância em massa, "inúmeras mulheres foram suspensas ou expulsas de universidades, impedidas de fazer provas finais, e tiveram acesso negado a serviços bancários e a transporte público".[37] Empresas que não aplicassem a Lei do *Hijabe* entre suas funcionárias ou clientes também eram punidas. Num caso típico, uma funcionária do parque de diversões Terra da Felicidade a leste de Teerã foi fotografada sem *hijabe*, e a imagem circulou nas redes sociais. Como castigo, a Terra da Felicidade foi fechada pelas autoridades.[38] No total, informou a Anistia, as autoridades "fecharam centenas de atrações turísticas, hotéis, restaurantes, farmácias e shopping centers por não aplicarem as leis de uso compulsório do véu".[39]

Em setembro de 2023, no aniversário da morte de Mahsa Amini, o Parlamento iraniano aprovou um novo projeto de lei mais rigoroso sobre o *hijabe*. Pela nova lei, as mulheres que não usarem o *hijabe* podem ser punidas com multas pesadas e até dez anos de prisão. Além disso, estão sujeitas a outras penalidades que incluem o confisco de carros e de dispositivos de comunicação, a proibição de dirigir, deduções do salário e benefícios trabalhistas, a demissão do emprego e a proibição de acessar serviços bancários. Os donos de empresa que não aplicarem a Lei do *Hijabe* entre suas funcionárias ou clientes estão sujeitos a multa equivalente a até três meses dos seus lucros, e podem ser proibidos de deixar o país ou participar de atividades em público ou online por até dois anos. O novo projeto de lei visava não apenas as mulheres, mas também os homens que usassem "roupas reveladoras mostrando partes do corpo abaixo do peito ou acima dos tornozelos". Finalmente, a lei mandava a polícia iraniana "criar e fortalecer sistemas de IA para identificar culpados de comportamento ilegal usando ferramentas como câmeras fixas e móveis".[40] Nos próximos anos, muitos seres humanos podem estar vivendo sob regimes de vigilância total capazes de fazer a Romênia de Ceauşescu parecer uma utopia libertária.

VARIEDADES DE VIGILÂNCIA

A ideia de vigilância sempre remete a aparelhos mantidos pelo Estado, mas, para entender esse conceito no século XXI, é preciso ter em mente que o monitoramento pode assumir muitas outras formas. Companheiros ciumentos, por exemplo, sempre quiseram saber onde o outro estava a cada momento e exigiam explicações para qualquer pequeno desvio de rotina. Hoje, armados de um smartphone e de um software barato, podem instaurar ditaduras conjugais com facilidade. Podem monitorar todas as conversas, todos os movimentos, acompanhar o registro de ligações, rastrear postagens em redes sociais e pesquisas em sites, e até ativar câmeras e microfones do telefone do cônjuge para que o aparelho funcione como dispositivo de espionagem. A National Network to End Domestic Violence [Rede Nacional para Acabar com a Violência Doméstica], baseada nos Estados Unidos, descobriu que mais da metade dos agressores usa essa tecnologia de "*stalkware*". Mesmo em Nova York, um cônjuge pode ser monitorado e cerceado, como se vivesse num Estado totalitário.[41]

Uma porcentagem crescente de empregados — de funcionários de escritório a caminhoneiros — está agora sob vigilância dos patrões. Chefes podem saber onde seus empregados estão a cada momento, quanto tempo passam no banheiro, se leem mensagens pessoais de e-mail no trabalho e quanto tempo levam para cumprir uma tarefa.[42] Empresas monitoram clientes, querendo saber do que gostam e do que não gostam nas redes sociais, para prever comportamentos e avaliar riscos e oportunidades. Por exemplo, veículos monitoram o comportamento do próprio motorista e compartilham dados com algoritmos das companhias de seguros, que aumentam o valor da cobertura dos "maus motoristas" e reduzem o valor da cobertura dos "bons motoristas".[43] A estudiosa americana Shoshana Zuboff denominou esse sistema de monitoramento comercial em eterna expansão de "capitalismo de vigilância".[44]

Além dessa variedade de vigilância hierárquica, há sistemas nos quais indivíduos monitoram constantemente uns aos outros, de par a par. Por exemplo, o Tripadvisor mantém um sistema de vigilância mundial que monitora hotéis, imóveis alugados por temporada, restaurantes e turistas. Em 2019, foi usado por 463 milhões de viajantes que consultaram 859 milhões de avaliações e 8,9 bilhões de alojamentos, restaurantes e atrações turísticas. São os próprios usuários — e não um sofisticado algoritmo de IA — que determinam se um restaurante merece uma visita. Quem come no restaurante dá notas de um a cinco e, se quiser, posta fotos e escreve resenhas. O algoritmo do Tripadvisor se limita a agregar os dados, calcular a nota média do restaurante, classificá-lo em relação a similares e disponibilizar os resultados para consulta.

Ao mesmo tempo, o algoritmo ainda classifica os hóspedes. Pela postagem de resenhas e artigos de viagem, os usuários recebem cem pontos; por enviarem fotos ou vídeos, trinta pontos; por postarem num fórum, vinte pontos; por avaliarem estabelecimentos, cinco pontos; e por votarem nas avaliações de terceiros, um ponto. Os usuários são classificados em níveis de um (trezentos pontos) a seis (10 mil pontos) e recebem determinados benefícios. Os usuários que violam as regras do sistema — por exemplo, pegos submetendo comentários racistas ou tentando subornar um restaurante com uma resenha negativa injustificada — podem ser penalizados ou banidos definitivamente do sistema. Isso é vigilância entre pares. Todo mundo, o tempo todo, avalia todo mundo. O Tripadvisor não precisa investir em câmeras e spyware, nem desenvolver algoritmos biométricos hipersofisticados. Quase todos os dados são submetidos, e quase todo o trabalho é feito, por milhões de usuários humanos. O trabalho do algoritmo do Tripadvisor se limita a agregar notas geradas por seres humanos e publicá-las.[45]

O Tripadvisor e sistemas semelhantes de vigilância entre pares fornecem informações valiosas para milhões de pessoas todos os dias, facilitando o planejamento de férias e a busca de bons hotéis e restaurantes. Mas também alteram a fronteira entres os espaços privados e públicos. As relações entre freguês e garçom, digamos, costumavam ser assunto relativamente privado. Entrar num bistrô significava entrar num espaço semiprivado e estabelecer uma relação semiprivada com o garçom. A não ser que houvesse um crime, o que se passava entre cliente e garçom era problema deles. Se o garçom fosse grosseiro ou fizesse um comentário racista, você fazia um escândalo e talvez recomendasse a seus amigos evitarem o lugar, mas, fora isso, poucas pessoas ficariam sabendo.

As redes de vigilância entre pares acabaram com essa sensação de privacidade. Se a equipe deixa um cliente insatisfeito, o restaurante receberá resenhas negativas, que podem afetar a decisão de milhares de possíveis clientes nos próximos anos. Para o bem ou para o mal, a balança do poder pende para o lado dos clientes, enquanto a equipe fica mais exposta do que antes aos olhos do público. Como diz a autora e jornalista Linda Kinstler, "antes do Tripadvisor, o cliente só era rei num sentido retórico. Depois, ele se tornou um tirano, com o poder de construir ou destruir vidas".[46] Milhões de motoristas de táxi, barbeiros, esteticistas e outros prestadores de serviços também sentem a mesma perda de privacidade. No passado, entrar num táxi ou numa barbearia significava entrar no espaço privado de alguém. Agora, quando clientes entram num táxi ou numa barbearia, vêm armados de câmera, de microfone, de uma rede de vigilância, e com milhares de possíveis espectadores a tiracolo.[47] É a base de uma rede de vigilância não governamental entre pares.

O SISTEMA DE CRÉDITO SOCIAL

Os sistemas de vigilância entre pares tipicamente operam agregando pontos para definir uma nota geral. Outro tipo de rede de vigilância leva essa "lógica da pontuação" às últimas consequências. É o sistema de crédito social, que procura avaliar as pessoas em *todas* as situações e produzir uma nota pessoal geral que influenciará *tudo*. A última vez que os seres humanos conceberam um sistema de notas tão ambicioso foi na Mesopotâmia, 5 mil anos atrás, com a invenção do dinheiro. Uma boa maneira de pensar o sistema de crédito social é compará-lo a uma nova espécie de dinheiro.

Dinheiro são pontos que as pessoas acumulam vendendo certos produtos e serviços, e que depois utilizam para comprar outros produtos e serviços. Alguns países chamam seus "pontos" de dólar, outros, de euro, iene, renminbi. Os pontos podem assumir a forma de moedas, cédulas ou bits numa conta bancária digital. Intrinsecamente, claro, os pontos não valem nada. Não dá para comer moedas ou vestir cédulas. O valor deles está no fato de servirem como fichas contábeis que a sociedade usa para monitorar nossas pontuações individuais.

O dinheiro revolucionou as relações econômicas, as interações sociais e a psicologia humana. Mas, como a vigilância, o dinheiro tem suas limitações e não pode chegar a todos os lugares. Mesmo na mais capitalista das sociedades, sempre houve lugares onde o dinheiro não penetrava, e sempre houve coisas que não tinham valor monetário. Quanto vale um sorriso? Quanto dinheiro a pessoa ganha por visitar os avós?[48]

Para atribuir notas a coisas que o dinheiro não compra, havia um sistema monetário alternativo, que recebia diferentes nomes: honra, status, reputação. O que os sistemas de crédito social buscam é uma avaliação padronizada do mercado de reputação. Esse novo sistema de pontuação atribui valores precisos até a sorrisos e visitas a parentes. Para entendermos o quanto isso é revolucionário e abrangente, examinemos rapidamente as diferenças até agora existentes entre o mercado da reputação e o do dinheiro. Isso nos ajudará a entender o que pode acontecer com as relações sociais se os princípios do mercado monetário de repente se estenderem para o mercado da reputação.

Uma diferença importante entre dinheiro e reputação é que o dinheiro tende a ser uma construção matemática baseada em cálculos precisos, ao passo que a esfera da reputação resiste à avaliação numérica precisa. Por exemplo, aristocratas medievais classificavam a si mesmos em hierarquias como duques, condes e viscondes, mas ninguém contava pontos de reputação. Fregueses num mercado medieval geralmente sabiam quantas moedas tinham na bolsa e o preço de cada produto nas barracas. No mercado de dinheiro, nenhuma moeda deixa de ser contada. Já cavaleiros no mercado medieval de reputação não tinham como saber a quantidade exata de honra que diferentes ações poderiam render, nem sua pontuação geral. Será que combater com bravura numa batalha renderia a um cavaleiro dez ou cem pontos de honra? E se ninguém visse ou registrasse sua bravura? Na verdade, mesmo supondo que fosse notada, diferentes pessoas poderiam lhe atribuir diferentes valores. Essa falta de exatidão não era um bug do sistema, mas uma característica essencial. "Calcular" era sinônimo de esperteza e trapaça. Supunha-se que agir com honra era reflexo de virtudes internas, e não da busca de recompensas externas.[49]

Essa diferença entre o escrupuloso mercado de dinheiro e o mal definido mercado da reputação ainda existe. O dono de um bistrô sempre percebe e reclama se você não paga toda a conta; cada item do cardápio tem um preço exato. Mas como é que o dono saberia se a sociedade deixasse de registrar uma boa ação que praticou? A quem reclamaria se não fosse adequadamente recompensado por ajudar um freguês de idade ou demonstrar extrema paciência com um freguês grosseiro? Em alguns casos, ele poderia agora fazer uma reclamação ao Tripadvisor, o que derruba a barreira entre o mercado de dinheiro e o mercado de reputação, transformando a nebulosa reputação de restaurantes e hotéis num sistema matemático de pontos exatos. A ideia do crédito social é expandir esse método de vigilância de restaurantes e hotéis para tudo o mais. Nos tipos mais extremos de sistema de crédito social, toda pessoa recebe uma nota geral de reputação, que leva em conta tudo que ela faz e determina tudo o que ela pode fazer.

Por exemplo, você pode ganhar dez pontos por pegar lixo na rua, mais vinte pontos por ajudar uma senhora a atravessar a rua e perder quinze pontos por tocar bateria e perturbar o sossego dos vizinhos. Se receber nota suficientemente alta, pode ter prioridade na compra de passagens de trem, ou uma vantagem quando se candidatar à universidade. Se sua nota for baixa, os empregadores podem se recusar a lhe dar um emprego, e potenciais namorados podem rejeitar suas propostas. Empresas de seguro podem cobrar mais pela cobertura, e juízes podem impor penas mais severas.

Há quem veja nos sistemas de crédito social uma forma de recompensar comportamentos pró-sociais, punir atos egoístas e criar sociedades mais educadas e harmoniosas. O governo chinês, por exemplo, explica que seus sistemas de crédito social podem ajudar no combate à corrupção, às fraudes, à evasão fiscal, à propaganda enganosa e à falsificação, e com isso estabelecer um clima de maior confiança entre indivíduos, entre clientes e empresas, e entre cidadãos e instituições governamentais.[50] Mas há também quem considere humilhantes e desumanos sistemas que atribuem valores precisos a todas as ações sociais. Pior ainda: um sistema de crédito social abrangente acabaria com a privacidade e transformaria a vida numa interminável entrevista de emprego. Qualquer coisa que você faça, a qualquer momento, em qualquer lugar, pode afetar suas possibilidades de arranjar emprego, empréstimo bancário, marido, ou uma sentença de prisão. Você ficou bêbado numa festinha da faculdade e fez alguma coisa dentro da lei, mas vergonhosa? Participou de uma manifestação? É amigo de alguém com baixa pontuação de crédito social? Isso será parte da sua entrevista de emprego — ou de sua sentença criminal — tanto no curto prazo quanto décadas depois. O crédito social pode, portanto, se tornar um sistema de controle totalitário.

Claro que o mercado de reputação sempre controlou as pessoas e as obrigou a obedecer às normas sociais vigentes. Na maioria das sociedades, as pessoas sempre tiveram mais medo de perder prestígio social do que de perder dinheiro. Muito mais gente comete suicídio por vergonha e culpa do que por enfrentar dificuldades econômicas. Mesmo quando as pessoas se matam depois de uma demissão, ou da falência da sua empresa, quase sempre o que as empurra para o abismo é a humilhação social decorrente, mais do que as dificuldades econômicas propriamente ditas.[51]

Mas a incerteza e a subjetividade do mercado de reputação até agora limitaram o seu potencial de controle totalitário. Como ninguém sabia qual era o valor exato de cada interação social, e como ninguém teria condições de manter um registro de *todas* elas, havia bastante margem de manobra. Quando ia a uma festinha da faculdade, você talvez se comportasse de uma maneira que lhe valesse o respeito dos amigos, sem se preocupar com o que seus futuros empregadores poderiam pensar. Quando ia a uma entrevista de emprego, você sabia que nenhum dos seus amigos estaria lá. E quando via pornografia em casa, imaginava que nem seus chefes nem seus amigos sabiam o que estava aprontando. A vida era dividida em esferas de reputação separadas, com competições de status separadas, além de haver muitos momentos em que você estava sozinho e não precisava participar de competição nenhuma. Justamente por ser tão crucial é que a competição de status é tão estressante. Assim, não só os seres humanos, mas outros animais sociais, como os primatas, sempre adoraram uma oportunidade de fugir disso tudo.[52]

Infelizmente, algoritmos de crédito social combinados com tecnologias de vigilância onipresentes ameaçam fundir todas as competições de status numa corrida única e interminável. Mesmo em casa, enquanto tentassem desfrutar de umas férias sossegadas, as pessoas teriam que ser muito cuidadosas com cada ato ou palavra, como se estivessem se apresentando num palco diante de milhões. Isso poderia criar um estilo de vida extraordinariamente estressante, nocivo ao bem-estar das pessoas, bem como ao funcionamento da sociedade. Se os burocratas digitais usarem um sistema de pontos preciso para monitorar todo mundo o tempo todo, o mercado de reputação que nasceria daí poderia acabar com a privacidade e controlar as pessoas de forma muito mais rigorosa do que o mercado do dinheiro já controlou até hoje.

SEMPRE LIGADO

Os humanos são seres orgânicos que vivem de acordo com o tempo biológico cíclico. Às vezes estamos acordados; às vezes, dormindo. Depois de uma atividade intensa, precisamos de descanso. Nós crescemos e entramos em declínio. As redes de seres humanos estão igualmente sujeitas a ciclos biológicos. Às vezes estão ligadas; às vezes, desligadas. Entrevistas de emprego não duram para sempre. Policiais não trabalham 24 horas por dia. Burocratas tiram férias. Até mesmo o mercado do dinheiro respeita os ciclos biológicos. A Bolsa de Valores de Nova York abre de segunda-feira a sexta-feira, das 9h30 às 16h, e fecha em feriados como o Dia da Independência ou o Ano-Novo. Se uma guerra começar às 16h01 da sexta, o mercado só vai reagir na segunda de manhã.

Já as redes de computadores podem estar sempre ligadas. Consequentemente, os computadores estão forçando os seres humanos a uma nova forma de existência na qual estamos sempre conectados e somos sempre monitorados. Em alguns contextos, como o da assistência médica, isso pode ser uma bênção. Em outros, como o dos cidadãos que vivem em Estados totalitários, isso pode ser um desastre. Mesmo que a rede seja potencialmente benéfica, o simples fato de estar sempre "ligada" pode ser danoso para entidades orgânicas como os seres humanos, porque ela nos roubará a oportunidade de desligar e relaxar. Se um organismo nunca tem chance de descansar, uma hora entra em colapso e morre. Mas como vamos conseguir que uma rede implacável desacelere e nos conceda uma pausa?

Precisamos impedir que a rede de computadores assuma o controle total da sociedade, não só para nos dar uma folga. As pausas são ainda mais essenciais para nos dar a oportunidade de corrigir a rede. Se a rede continuar a evoluir em ritmo acelerado, os erros vão se acumular bem mais depressa do que a nossa capacidade de identificá-los e corrigi-los. Pois, ao mesmo tempo que é implacável e onipresente, a rede também é falível. Sim, computadores podem coletar quantidades inéditas de dados a nosso respeito, observando o que fazemos 24 horas por dia. E, claro, podem identificar padrões no oceano de dados com uma eficiência sobre-humana. Mas isso *não* significa que a rede de computadores sempre compreenderá o mundo com precisão. Informação não é verdade. Um sistema de vigilância total pode dar origem a uma compreensão muito distorcida do mundo e dos seres humanos. Em vez de descobrir a verdade sobre o mundo e sobre nós, a rede pode usar seu imenso poder para criar uma nova espécie de ordem mundial e nos impor essa ordem.

8. Falível: A rede muitas vezes erra

Em *Arquipélago Gulag* (1973), Alexander Soljenítsin narra a história dos campos de trabalho forçado soviéticos e da rede de informações que os criou e sustentou. Ele escrevia basicamente a partir de uma amarga experiência pessoal. Quando serviu como capitão no Exército Vermelho durante a Segunda Guerra, Soljenítsin manteve uma correspondência privada com um amigo dos tempos de escola na qual, vez ou outra, criticava Stálin. Por precaução, evitava mencionar o ditador pelo nome e se referia apenas ao "homem de bigode". Pouco adiantou. As missivas foram interceptadas e lidas pela polícia secreta, e em fevereiro de 1945 ele foi preso quando servia na linha de frente na Alemanha. Passou oito anos nos campos de trabalho forçado.[1] Várias das conclusões e das histórias que Soljenítsin acumulou a duras penas ainda são relevantes para a compreensão do desenvolvimento das redes de informação no século XXI.

Uma história relata o que aconteceu numa conferência distrital do partido na província de Moscou no fim dos anos 1930, no auge do Grande Terror stalinista. Alguém pediu que se fizesse uma homenagem a Stálin, e a plateia — ciente, claro, de que era rigorosamente observada — explodiu em aplausos. Depois de cinco minutos de ovação, "as palmas das mãos começavam a doer, assim como os braços erguidos. E os mais velhos ofegavam de cansaço... No entanto, quem ousaria ser o *primeiro* a parar?". Soljenítsin explica que "homens da NKVD estavam no salão aplaudindo e prestando atenção para ver *quem* desistia primeiro!". Aquilo continuou sem parar, por seis minutos, depois oito, dez. "Já não podiam parar enquanto não sofressem um ataque cardíaco!... Com um entusiasmo fingido no rosto, olhando uns para os outros com uma débil esperança, os líderes distritais iam continuar aplaudindo até cair ali onde estavam."

Por fim, depois de onze minutos, o diretor de uma fábrica de papel resolveu arriscar a vida, parou de bater palmas e se sentou. Na mesma hora, todos pararam de aplaudir e também se acomodaram. Naquela mesma noite a polícia secreta o prendeu e mandou para o gulag por dez anos. "O interrogador lhe deu um conselho: 'Nunca seja o primeiro a parar de aplaudir!'."[2]

Essa história revela um fato crucial e perturbador sobre redes de informação, e em particular sobre sistemas de vigilância. Como discutido em capítulos anteriores, e contrariando a visão ingênua, as informações costumam ser usadas para criar ordem, e não para descobrir a verdade. À primeira vista, pode parecer que os agentes de Stálin na conferência de Moscou tenham usado o "teste dos aplausos" para descobrir a verdade sobre a plateia. Seria um teste de lealdade, que supunha que, quanto mais você aplaudisse, mais amava Stálin. Em muitos contextos, essa suposição não é despropositada. Mas, na Moscou do fim da década de 1930, a natureza dos aplausos tinha mudado. Sabendo que eram observados, e quais as consequências de qualquer sinal de deslealdade, os participantes da conferência aplaudiram mais por terror do que por amor. O diretor da fábrica de papel talvez tenha sido o primeiro a parar não por ser o menos leal, mas por ser o mais honesto, ou até porque suas mãos doíam mais.

Embora o teste das palmas não descobrisse a verdade sobre as pessoas, era eficiente para impor a ordem e obrigar as pessoas a se comportarem de determinada maneira. Com o tempo, esses métodos cultivaram o servilismo, a hipocrisia e o cinismo. Foi isso que a rede de informações soviética fez com centenas de milhões de pessoas ao longo de décadas. Na mecânica quântica, o ato de observar as partículas subatômicas altera o seu comportamento; também é assim com o ato de observar seres humanos. Quanto mais poderosas as nossas ferramentas de observação, maior o impacto potencial.

O regime soviético construiu as mais fantásticas redes de informação da história. Coletou e processou quantidades imensas de dados sobre os cidadãos. Também afirmava que as teorias infalíveis de Marx, Engels, Lênin e Stálin lhe asseguravam uma profunda compreensão da humanidade. A rigor, a rede soviética de informações ignorava muitos aspectos importantes da natureza humana, além de se recusar a aceitar a verdade sobre os terríveis sofrimentos que suas políticas infligiam aos próprios cidadãos. Em vez de produzir sabedoria, produziu ordem, e em vez de revelar a verdade universal sobre os seres humano, criou um novo tipo humano — o *Homo sovieticus*.

Tal como definido pelo filósofo dissidente e satirista Aleksandr Zinovyev, *Homo sovieticus* eram seres humanos servis e cínicos, sem iniciativa alguma ou pensamento independente, obedecendo com passividade até mesmo às ordens mais ridículas, e indiferentes aos resultados de suas ações.[3] A rede soviética de informações criou o *Homo sovieticus* por meio de vigilância, castigos e recompensas. Por exemplo, ao enviar o diretor da fábrica de papel para o gulag, a rede deixava o recado aos outros participantes de que o conformismo valia a pena, ao passo que ser o primeiro a fazer qualquer coisa controvertida era má ideia. Embora não tenha descoberto a verdade sobre os seres humanos, a rede era tão boa em criar ordem que conquistou grande parte do mundo.

A DITADURA DAS CURTIDAS

Uma dinâmica semelhante pode afligir as redes de computador do século XXI, o que, pelo menos em tese, criaria novos tipos humanos e novas distopias. Um exemplo paradigmático é o que fazem os algoritmos de rede social na radicalização das pessoas. Claro, os métodos empregados por estes têm sido totalmente diferentes dos métodos da NKVD e não envolvem coação ou violência direta. Mas, assim como a polícia secreta soviética criou o servil *Homo sovieticus* por meio da vigilância, das recompensas e das punições, os algoritmos do Facebook e do YouTube criaram trolls da internet, premiando certos instintos primitivos ao mesmo tempo que pune os nossos impulsos mais nobres e virtuosos.

Como brevemente explicado no capítulo 6, o processo de radicalização começou quando as empresas incumbiram seus algoritmos de aumentar o engajamento dos usuários, não só em Mianmar, mas no mundo todo. Por exemplo, em 2012 os usuários assistiam mais ou menos a 100 milhões de horas de vídeos no YouTube todos os dias. Isso não era suficiente para os executivos da empresa, que estabeleceram uma meta ambiciosa para seus algoritmos: 1 bilhão de horas por dia até 2016.[4] Com experimentos de tentativa e erro aplicados em milhões de pessoas, os algoritmos do YouTube descobriram o padrão que os do Facebook já tinham identificado: conteúdos que provocam intensas reações emocionais aumentam o engajamento dos usuários, enquanto a moderação tende a não aumentar. Por consequência, os algoritmos do YouTube passaram a recomendar afrontosas teorias da conspiração para milhões de usuários, ao mesmo tempo que ignoravam conteúdos mais moderados. Em 2016, os usuários de fato assistiam a 1 bilhão de horas de vídeos do YouTube todos os dias.[5]

Youtubers particularmente empenhados em chamar a atenção perceberam que, quando postavam um vídeo afrontoso repleto de mentiras, o algoritmo os recompensava recomendando o vídeo para muitos usuários e aumentando a popularidade e a monetização deles. Já quando atenuavam as ofensas e se apegavam à verdade, o algoritmo tendia a ignorá-los. Com poucos meses desse aprendizado por reforço, o algoritmo transformou muitos youtubers em trolls.[6]

Isso teve profundas consequências sociais e políticas. Por exemplo, como o jornalista Max Fisher documentou em seu livro de 2022 *A máquina do caos*, os algoritmos do YouTube se tornaram importantes motores para o avanço da extrema direita brasileira e para transformar Jair Bolsonaro de figura periférica em presidente do Brasil.[7] Embora outros fatores contribuíssem para essa convulsão política, é notável que muitos dos principais apoiadores e assessores de Bolsonaro tenham sido originalmente youtubers que alcançaram fama e poder pela graça algorítmica.

Exemplo típico é Carlos Jordy, que em 2017 era vereador na cidade de Niterói. O ambicioso Jordy chamou a atenção nacionalmente ao criar no YouTube vídeos demagógicos com milhões de visualizações. Os vídeos alertaram os brasileiros, por exemplo, para conspirações de professores visando à lavagem cerebral de crianças e à perseguição de alunos conservadores. Em 2018, Jordy foi eleito para a Câmara dos Deputados como um dos partidários mais dedicados de Bolsonaro. Numa entrevista a Fisher, Jordy disse com toda a franqueza: "Se as redes sociais não existissem, eu não estaria aqui [e] Jair Bolsonaro não seria presidente". A afirmação sobre Bolsonaro pode ser um exagero, mas não há como negar que as redes sociais desempenharam papel importante na ascensão de Bolsonaro.

Outro youtuber eleito para a Câmara dos Deputados em 2018 foi Kim Kataguiri, um dos líderes do Movimento Brasil Livre (MBL). Kataguiri começou usando o Facebook como principal plataforma, mas suas postagens eram excessivas até para essa rede social, que baniu algumas por disseminarem desinformação. Assim, Kataguiri migrou para o mais tolerante YouTube. Numa entrevista na sede do MBL em São Paulo, assessores de Kataguiri e outros ativistas explicaram a Fisher: "Há uma coisa aqui que nós chamamos de ditadura das curtidas". Segundo eles, youtubers tendem a radicalizar, postando conteúdos falsos e irresponsáveis

> só porque vão render visualizações, vão gerar engajamento [...]. Depois que se abre essa porta, não há como voltar atrás, porque temos sempre que ir cada vez mais fundo [...]. Terraplanistas, pessoas contra vacinas, teorias da conspiração na política. É o mesmo fenômeno. A gente vê isso em todo lugar.[8]

Claro, os algoritmos do YouTube não são responsáveis por inventar mentiras e teorias da conspiração, nem por criar conteúdos extremistas. Pelo menos em 2017-8, tudo isso era feito por seres humanos. Os algoritmos eram responsáveis, no entanto, por incentivar seres humanos a se comportarem dessa maneira e por promover o conteúdo resultante a fim de maximizar o engajamento dos usuários. Fisher documentou numerosos ativistas de extrema direita que passaram a se interessar por políticas extremistas assistindo a vídeos que o algoritmo do YouTube *reproduzia automaticamente* para eles. Um ativista de extrema direita de Niterói disse a Fisher que nunca havia tido o menor interesse em política até que um dia o algoritmo do YouTube reproduziu para ele um vídeo de Kataguiri. "Antes disso", explicou ele, "eu não tinha uma formação ideológica, política." E atribuiu ao algoritmo "a minha educação política". Falando de outras pessoas que aderiram ao movimento, ele disse: "Foi assim com todo mundo... A maioria aqui veio do YouTube e das redes sociais".[9]

CULPE OS HUMANOS

Chegamos a um ponto decisivo da história no qual importantes processos históricos são, em parte, causados por decisões de inteligência não humana.

É isso que torna tão perigosa a falibilidade da rede de computadores. Erros de computador só são potencialmente catastróficos quando computadores se tornam agentes históricos. Já apresentamos esse argumento no capítulo 6 ao examinar o papel do Facebook na instigação da limpeza étnica contra os rohingyas. Mas, como foi observado naquele contexto, muita gente — incluindo gestores e engenheiros do Facebook, do YouTube e de outras gigantes da tecnologia — discorda. Como se trata de um dos argumentos centrais de todo o livro, é melhor nos aprofundarmos no assunto e analisarmos com mais cuidado essas objeções.

Os que administram Facebook, YouTube, TikTok e outras plataformas tentam o tempo inteiro se eximir, transferindo a culpa dos seus algoritmos para a "natureza humana". Sustentam que vem daí todo o ódio e todas as mentiras nas plataformas. As gigantes da tecnologia afirmam que, por causa do compromisso com valores de liberdade de expressão, hesitam em censurar a expressão de emoções humanas genuínas. Por exemplo, em 2019 a CEO do YouTube Susan Wojcicki explicou:

> Pensamos nisso assim: "Este conteúdo viola uma das nossas políticas? Violou alguma coisa em termos de ódio, de assédio?". Se violou, removemos. Estamos sempre endurecendo as políticas. Também recebemos críticas, para que fique claro, sobre onde traçar os limites da liberdade de expressão e, se traçarmos esses limites com muita rigidez, estaremos eliminando da sociedade vozes que deveriam ser ouvidas?[10]

Um porta-voz do Facebook disse algo nessa linha em outubro de 2021: "Como qualquer plataforma, estamos constantemente tomando decisões difíceis entre liberdade de expressão e discurso nocivo, segurança e outras questões [...]. Mas é sempre melhor deixar a tarefa de traçar esses limites sociais para os líderes eleitos pelo voto".[11] Dessa maneira, as gigantes da tecnologia sempre deslocam o foco da discussão para sua difícil e positiva função de moderadoras de conteúdo produzido pelos humanos. Com isso fazem parecer que só os humanos causam problemas e os algoritmos fazem o melhor que podem para conter seus excessos. As gigantes da tecnologia ignoram o papel bastante ativo que seus algoritmos desempenham no cultivo de certas emoções humanas e no desestímulo de outras. Será que de fato não percebem?

Claro que percebem. Em 2016, um relatório interno do Facebook revelou que "64% de todas as adesões a grupos extremistas se deve a nossas ferramentas de recomendação [...]. Nossos sistemas de recomendação exacerbam o problema".[12] Um memorando interno secreto do Facebook, de agosto de 2019, vazado pela denunciante Frances Haugen, declarava:

> Temos provas de múltiplas fontes de que discursos de ódio, discursos políticos sectários e desinformação no Facebook e [em sua] família de aplicativos estão afetando sociedades no mundo inteiro. Também temos provas convincentes de que as principais mecânicas do nosso produto, como a viralidade, as recomendações e a otimização com vistas ao engajamento, são parte significativa da razão pela qual esses tipos de discurso prosperam na plataforma.[13]

Outro documento vazado de dezembro de 2019 observava: "Diferente da comunicação com amigos próximos e com parentes, a viralidade é uma coisa nova que introduzimos em muitos ecossistemas [...] e ocorre porque a incentivamos de modo deliberado por motivos comerciais". O documento ressaltava que "classificar conteúdo a respeito de tópicos mais críticos, como saúde ou política, com base em engajamento leva a incentivos perversos e a questões de integridade". Talvez a revelação mais danosa tenha sido:

> Nossos sistemas de classificação têm previsões específicas separadas não apenas sobre aquilo em que você se envolveria, mas também sobre o que achamos que você passaria adiante para que outros possam se envolver. Infelizmente, as pesquisas mostraram que conteúdos que provocam indignação, e desinformação, têm maior probabilidade de se tornarem virais.

Esse documento vazado fazia uma recomendação crucial: como o Facebook não pode remover tudo o que é prejudicial de uma plataforma usada por milhões, deveria, pelo menos, "parar de amplificar conteúdo prejudicial por meio de uma distribuição que não é natural".[14]

Como os líderes soviéticos em Moscou, as empresas de tecnologia não estavam descobrindo nenhuma verdade sobre os seres humanos; estavam, isto sim, impondo uma nova ordem perversa. Os humanos são seres bastante complexos, e ordens sociais bem-intencionadas buscam maneiras de cultivar nossas virtudes ao mesmo tempo que reprimem nossas tendências negativas. Mas os algoritmos de rede social nos veem simplesmente como fonte valiosa de atenção. Os algoritmos reduziram a multifacetada gama de emoções humanas — ódio, amor, indignação, alegria, confusão — a uma única categoria: engajamento. Em Mianmar em 2016, no Brasil em 2018 e em vários outros países, os algoritmos classificaram vídeos, postagens e outros conteúdos levando em conta apenas quantos minutos as pessoas dedicavam ao conteúdo e quantas vezes o compartilhavam. Uma hora de mentiras e de ódio recebia classificação mais alta do que dez minutos de verdade ou compaixão — ou uma hora de sono. O fato de que mentiras e ódio são destrutivos do ponto de vista psicológico e social para os humanos, e a verdade, a compaixão e o sono são essenciais para o seu bem-estar nada significava para os algoritmos. Com base nessa compreensão tacanha de humanidade, os algoritmos ajudaram a criar um sistema social que estimulava os nossos instintos mais primitivos, ao mesmo tempo que nos impedia de perceber todo o espectro das potencialidades humanas.

À medida que os efeitos nocivos ficavam evidentes, as gigantes da tecnologia eram alertadas repetidas vezes para o que se passava, mas nunca interferiam por causa do seu apego a uma visão ingênua da informação. Com as plataformas sendo inundadas por falsidades e conteúdos afrontosos, os executivos esperavam que se mais gente pudesse se expressar mais livremente, a verdade acabaria prevalecendo. Não foi o que aconteceu. Como já vimos tantas vezes ao longo da história, numa guerra de informações inteiramente desregulada, a verdade tende a perder. Para penderem a balança a favor da verdade, as redes precisam desenvolver e manter robustos mecanismos de autocorreção que recompensem a disseminação da verdade. Esses mecanismos de autocorreção são onerosos, mas, para chegar à verdade, é preciso investir neles.

O Vale do Silício se julgava isento dessa regra histórica. Plataformas de rede social carecem de mecanismos de autocorreção. Em 2014, o Facebook tinha em seu quadro de empregados apenas um moderador de conteúdo que falava birmanês, encarregado de monitorar todas as atividades de Mianmar.[15] Quando observadores em Mianmar começaram a alertar o Facebook sobre a necessidade de investir mais na moderação de conteúdo, a empresa os ignorou. Por exemplo, Pwint Htun, engenheira birmano-americana e executiva de telecomunicações criada na zona rural de Mianmar, escreveu várias vezes para executivos do Facebook sobre esse perigo. Num e-mail de 5 de julho de 2014 —

dois anos antes do início da campanha de limpeza étnica —, ela fez uma advertência profética: "Tragicamente, o FB na Birmânia é usado como o rádio em Ruanda durante os dias sombrios do genocídio". O Facebook não tomou nenhuma providência.

Mesmo depois que os ataques contra os rohingyas se intensificaram e o Facebook enfrentou uma tempestade de críticas, a empresa se recusava a contratar pessoas com conhecimento local especializado para fazer a curadoria de conteúdo. Assim, quando foi informado de que incitadores de ódio em Mianmar vinham usando o termo birmanês "kalar" como um insulto racista contra os rohingyas, o Facebook reagiu em abril de 2017 banindo da plataforma qualquer postagem em que a palavra aparecesse. Isso revelava a total falta de conhecimento do Facebook das condições locais e da língua birmanesa. Em birmanês, "kalar" só é um insulto racista em contextos específicos. Em outros, é um termo totalmente inocente. A palavra birmanesa para cadeira é *kalar htaing*, e a palavra para grão-de-bico é *kalar pae*. Como escreveu Pwint Htun para o Facebook em junho de 2017, banir o termo "kalar" da plataforma é como banir "matar" da palavra "for*matar*".[16] O Facebook continuou ignorando a necessidade de expertise local. Em abril de 2018, o número total de falantes de birmanês que o Facebook contratava para moderar conteúdo para seus 18 milhões de usuários em Mianmar era de apenas cinco.[17]

Em vez de investirem em mecanismos de autocorreção que recompensassem a disseminação da verdade, as gigantes das redes sociais desenvolveram mecanismos inéditos de amplificação de erros, que recompensavam mentiras e ficções. Um desses mecanismos de amplificação de erros era o programa Artigos Instantâneos, que o Facebook inaugurou em Mianmar em 2016. Com o objetivo de aumentar o engajamento, a plataforma pagava canais de notícias de acordo com a quantidade de engajamento que geravam, medido em cliques e visualizações. Nenhuma importância era dada à veracidade das "notícias". Um estudo de 2021 revelou que, em 2015, antes do lançamento do programa, seis dos dez principais sites do Facebook pertenciam a "mídias legítimas". Em 2017, sob o impacto dos Artigos Instantâneos, "as mídias legítimas" já tinham caído para dois dos dez sites principais. Em 2018, todos os dez principais sites eram "sites de fake news e caça-cliques".

O estudo concluiu que o lançamento do Artigos Instantâneos fez com que atores de caça-cliques pipocassem em Mianmar da noite para o dia. Com a receita certa para produzirem conteúdos envolventes e evocativos, eles conseguiam gerar milhares de dólares por mês em receitas publicitárias, ou dez vezes o salário médio — pagos diretamente pelo Facebook.

Como o Facebook era, de longe, a mais importante fonte de notícias online em Mianmar, isso teve um impacto enorme no cenário midiático geral do país. "Num país em que o Facebook é sinônimo de internet, o conteúdo de baixa qualidade tornou irrelevantes outras fontes de informação."[18] Não é que o Facebook e outras redes sociais tenham decidido inundar o mundo de fake news e conteúdos revoltantes de forma consciente. Mas acabaram perpetrando justamente isso ao instruir seus algoritmos a maximizarem o engajamento dos usuários.

Refletindo sobre a tragédia de Mianmar, Pwint Htun me escreveu em julho de 2023:

> Eu era ingênua ao achar que as redes sociais pudessem elevar a consciência humana e disseminar a perspectiva da humanidade comum por meio de córtex pré-frontais interconectados em bilhões de seres humanos. O que vejo é que empresas de rede social não são incentivadas a interconectar córtex pré-frontais. As empresas de rede social são incentivadas a criar sistemas límbicos interconectados — o que é muito mais perigoso para a humanidade.

O PROBLEMA DO ALINHAMENTO

Não quero dar a entender que a disseminação de fake news e de teorias da conspiração seja o principal problema de todas as redes de computador passadas, presentes e futuras. YouTube, Facebook e outras plataformas afirmam que, desde 2018, têm ajustado seus algoritmos para torná-los mais responsáveis socialmente. Difícil dizer até que ponto isso é verdade, ainda mais porque não existe uma definição universalmente aceita de "responsabilidade social".[19] Mas o problema específico de poluir a esfera das informações em busca de engajamento de usuários decerto pode ser resolvido. As gigantes da tecnologia, quando resolvem de fato projetar algoritmos melhores, costumam ter êxito nisso.

Por volta de 2005, a profusão de spams ameaçava tornar impraticável o uso do e-mail. Poderosos algoritmos foram desenvolvidos para cuidar do problema. Em 2015, o Google anunciou que seu algoritmo do Gmail tinha uma taxa de 99,9% de sucesso no bloqueio de spams, enquanto apenas 1% dos e-mails legítimos eram classificados como spam por equívoco.[20]

Também não devemos relevar os imensos benefícios sociais trazidos pelo YouTube, pelo Facebook e por outras redes sociais. Para ser claro, a maioria dos vídeos do YouTube e das postagens do Facebook *não* são fake news nem contêm incitações genocidas. Essas plataformas são de grande utilidade para conectar pessoas, dar voz a grupos antes marginalizados e organizar movimentos e comunidades importantes.[21] Além disso, incentivaram uma onda sem precedentes de criatividade humana. Nos tempos em que a televisão era a mídia dominante, os telespectadores costumavam ser chamados, de forma depreciativa, de "*couch potatoes*": consumidores passivos de conteúdos que uns poucos artistas de talento produziam. O Facebook, o YouTube e outras plataformas de rede social inspiraram os "*couch potatoes*" a saírem do sofá e darem vazão à criatividade. A maior parte do conteúdo das redes sociais — pelo menos até o surgimento de poderosas IAS generativas — é produzida pelos próprios usuários, e por seus cães e gatos, e não por uma classe profissional específica.

Também tenho o hábito de usar o YouTube e o Facebook para me conectar com as pessoas e sou grato às redes sociais por me conectarem com meu marido, que conheci numa das primeiras plataformas de rede social LGBT em 2002. As redes sociais têm feito maravilhas para minorias dispersas, como a das pessoas LGBT. Poucos meninos gays nascem numa família gay num bairro gay, e antes da internet era um grande desafio se encontrarem uns com os outros, a não ser que você se mudasse para uma das poucas metrópoles tolerantes nas quais houvesse uma subcultura gay. Criado numa pequena cidade homofóbica em Israel nos anos 1980 e início dos 1990, não conheci um único homem que fosse abertamente gay. As redes sociais, no fim dos anos 1990 e começo dos 2000, ofereceram uma maneira inédita e quase mágica para os membros da dispersa comunidade LGBT se encontrarem e se conectarem.

Apesar disso, tenho dedicado bastante atenção ao desastre do engajamento dos usuários nas redes sociais, porque ele exemplifica um problema muito maior que aflige os computadores — o problema do alinhamento. Os computadores, quando são instruídos a atingir um objetivo específico, como aumentar o tráfego do YouTube para 1 bilhão de horas por dia, usam todo o seu poder e toda a sua engenhosidade para cumprir a missão. Como operam de maneira bem diferente dos humanos, são propensos a lançar mão de métodos que seus superiores humanos não previram. Isso pode ter consequências perigosas e inesperadas, desconectadas dos objetivos humanos originais. Mesmo que os algoritmos de recomendação parem de incentivar o ódio, outras instâncias do problema do alinhamento podem resultar em catástrofes maiores do que a campanha contra os rohingyas. Pois quanto mais poderosos e mais independentes os computadores são, maior é o perigo.

Claro, o problema do alinhamento não é novo nem exclusivo dos algoritmos. Ele atormentou a humanidade por milhares de anos antes da invenção dos computadores. Tem sido, por exemplo, o problema fundamental do pensamento militar moderno, consagrado na teoria da guerra de Clausewitz. Clausewitz foi um general prussiano que lutou durante as Guerras Napoleônicas. Depois da derrota final de Napoleão em 1815, Clausewitz se tornou diretor da Escola de Guerra Prussiana. Além disso, começou a formalizar uma grandiosa teoria da guerra. Depois que morreu de cólera em 1831, sua mulher, Marie, editou o manuscrito inacabado e publicou *Da guerra* em várias partes em 1832 e 1834.[22]

Da guerra criou um modelo racional para o entendimento da guerra e ainda é a teoria militar dominante. Sua máxima é que "a guerra é a continuação da política por outros meios".[23] Isso implica que a guerra não é uma explosão emocional, uma aventura heroica ou um castigo divino. A guerra não é sequer um fenômeno militar. É, na verdade, uma ferramenta política. Segundo Clausewitz, ações militares são absolutamente irracionais se não estiverem alinhadas com algum objetivo político geral.

Vamos supor que o México esteja tentando decidir se invade e conquista seu pequeno vizinho Belize. E vamos supor que uma análise militar minuciosa conclua que o Exército mexicano conseguiria alcançar uma vitória rápida e decisiva, esmagando o pequeno Exército de Belize e conquistando a capital, Belmopan, em três dias. Segundo Clausewitz, isso não é um motivo racional para o México invadir seu vizinho. A mera capacidade de obter uma vitória militar não quer dizer nada. A pergunta que o governo mexicano deve fazer a si mesmo é quais objetivos políticos o êxito militar alcançaria.

A história está repleta de vitórias militares decisivas que conduziram a desastres políticos. Para Clausewitz, o exemplo mais óbvio estava ali do lado: a carreira de Napoleão. Ninguém contesta o gênio militar de Napoleão, mestre tanto em tática quanto em estratégia. Mas, apesar de lhe terem dado o controle temporário de amplos territórios, suas consecutivas vitórias militares não lhe garantiram conquistas políticas duradouras. Em vez disso, seu sucesso no campo de batalha apenas levou as potências europeias a se unirem contra ele, e seu império desmoronou uma década depois que ele mesmo se coroou imperador.

Na verdade, no longo prazo, as vitórias de Napoleão asseguraram o declínio permanente da França. Durante séculos, a França foi a maior potência geopolítica da Europa, em grande parte porque a Itália e a Alemanha não existiam como entidades políticas unificadas. A Itália era um balaio de gatos de dezenas de cidades-Estado em guerra, principados feudais e territórios da Igreja. A Alemanha era um quebra-cabeça ainda mais bizarro de mais de mil entidades políticas independentes, vagamente reunidas sob a suserania teórica do Sacro Império Romano-Germânico.[24] Em 1789, a perspectiva de uma invasão alemã ou italiana da França era simplesmente impensável, pois não havia nem Exército alemão nem Exército italiano.

Ao expandir o seu império para a Europa Central e para a península Itálica, Napoleão destruiu o Sacro Império Romano-Germânico em 1806, amalgamou pequenos principados alemães e italianos em blocos territoriais maiores, criou a Confederação do Reno e o Reino da Itália, e tentou unificar esses territórios sob seu domínio dinástico. Seus vitoriosos exércitos também espalharam os ideais do nacionalismo moderno e da soberania popular em terras alemãs e italianas. Napoleão achava que tudo isso tornaria o seu império mais forte. Na verdade, ao romper estruturas tradicionais e dar aos alemães e aos italianos um gosto de consolidação nacional, Napoleão lançou inadvertidamente os alicerces da unificação final da Alemanha (1866-71) e da Itália (1848-71). Esses processos similares de unificação nacional foram confirmados pela vitória alemã sobre a França na Guerra Franco-Prussiana de 1870-1. Com duas potências recém-unificadas e fervorosamente nacionalistas na fronteira oriental, a França jamais recuperou sua posição de domínio.

Um exemplo mais recente de vitória militar que levou à derrota política foi dado pela invasão americana do Iraque em 2003. Os americanos venceram todos os grandes combates militares, mas não alcançaram nenhum dos seus objetivos políticos de longo prazo. A vitória militar não estabeleceu no Iraque um regime amigo, ou uma ordem geopolítica favorável no Oriente Médio.

O verdadeiro vencedor da guerra foi o Irã. A vitória militar americana transformou o Iraque, de inimigo tradicional do Irã, em vassalo do Irã, enfraquecendo imensamente a posição americana no Oriente Médio ao mesmo tempo que fez do Irã a potência hegemônica regional.[25]

Tanto Napoleão quanto George W. Bush foram vítimas do problema do alinhamento. Seus objetivos militares de curto prazo não estavam alinhados com os objetivos geopolíticos de longo prazo de seus países. *Da guerra*, de Clausewitz, pode ser entendido como um alerta de que "maximizar a vitória" é um objetivo tão míope quanto "maximizar o engajamento dos usuários". Pelo modelo de Clausewitz, só quando o objetivo político estiver claro é que exércitos podem conceber uma estratégia militar capaz de alcançá-lo. Dessa estratégia geral é que oficiais subalternos podem extrair objetivos táticos. O modelo constrói uma clara hierarquia entre política de longo prazo, estratégia de médio prazo e táticas de curto prazo. As táticas só são racionais se estiverem alinhadas com algum objetivo estratégico, e a estratégia só é racional se estiver alinhada com algum objetivo político. Até mesmo as decisões táticas locais do comandante de uma companhia de baixa patente devem estar a serviço do objetivo político final da guerra.

Vamos supor que durante a ocupação americana do Iraque uma companhia americana seja alvo de um violento tiroteio partindo de uma mesquita. O capitão pode escolher entre várias decisões táticas. Pode ordenar uma retirada. Pode mandar a companhia invadir a mesquita. Pode mandar um dos tanques de apoio explodir a mesquita. O que o capitão deve fazer?

De uma perspectiva puramente militar, pode parecer melhor para o capitão mandar seu tanque explodir a mesquita. Com isso, ele tiraria proveito da vantagem tática de que desfrutavam os americanos em termos de poder de fogo, evitaria arriscar a vida dos seus soldados e alcançaria uma vitória tática decisiva. No entanto, de uma perspectiva política, essa talvez fosse a pior decisão. Imagens de um tanque americano destruindo uma mesquita inflamaria a opinião pública iraquiana contra os americanos e provocaria indignação em todo o mundo muçulmano. Invadir a mesquita poderia ser igualmente um erro político, porque, da mesma forma, criaria ressentimento entre os iraquianos, enquanto o custo de vidas americanas poderia enfraquecer o apoio à guerra entre os eleitores americanos. Levando em conta os objetivos políticos dos Estados

Unidos na guerra, recuar e conceder a derrota tática talvez fosse a decisão mais racional.

Para Clausewitz, portanto, racionalidade significa alinhamento. Buscar vitórias táticas ou estratégicas não alinhadas com objetivos políticos é irracional. O problema é que a natureza burocrática dos exércitos os torna altamente suscetíveis a esse tipo de irracionalidade. Como discutido no capítulo 3, dividindo a realidade em gavetas separadas, a burocracia incentiva a busca de metas limitadas mesmo quando isso prejudica o bem maior. Burocratas incumbidos de cumprir uma missão definida podem não se dar conta do impacto mais amplo de suas ações, e sempre foi tarefa complicada garantir que suas ações continuem alinhadas com o bem maior da sociedade. Quando exércitos operam seguindo uma linha de raciocínio burocrática — como o fazem todos os exércitos modernos —, abre-se um vasto fosso entre um capitão no comando de uma companhia e o presidente que formula políticas de longo prazo num escritório distante. O capitão tende a tomar decisões que parecem razoáveis localmente, mas que, na realidade, comprometem o objetivo final da guerra.

Vemos, portanto, que o problema do alinhamento precede em muitos anos a revolução dos computadores e que as dificuldades encontradas pelos construtores dos impérios de informação de hoje não são diferentes das que atormentaram outros aspirantes a conquistador. No entanto, os computadores alteram em diversos sentidos a natureza do problema do alinhamento. Por mais difícil que fosse assegurar que burocratas e soldados humanos permanecessem alinhados com os objetivos de longo prazo da sociedade, será ainda mais difícil garantir o alinhamento de burocratas algorítmicos e de sistemas de armas autônomos.

O NAPOLEÃO CLIPE DE PAPEL

Um dos motivos de o problema do alinhamento ser particularmente perigoso no contexto da rede de computadores é que é provável que a rede se torne muito mais poderosa do que qualquer burocracia humana anterior. Um desalinhamento nos objetivos de computadores superinteligentes pode resultar numa catástrofe de magnitude inédita. Em seu livro de 2014, *Superinteligência*, o filósofo Nick Bostrom ilustra o perigo usando um experimento mental, que faz lembrar "O aprendiz de feiticeiro", de Goethe. Bostrom nos pede para imaginar que uma fábrica de clipes de papel compra um computador superinteligente e que o gestor humano da fábrica incumbe o computador de uma tarefa aparentemente simples: produzir a maior quantidade possível de clipes de papel. Para cumprir essa missão, o computador de clipes de papel conquista todo o planeta Terra, mata todos os humanos, despacha expedições para tomar conta de mais planetas e usa os imensos recursos adquiridos para encher toda a galáxia com fábricas de clipes de papel.

A ideia do experimento mental é de que o computador fez exatamente o que lhe mandaram (assim como a vassoura encantada no poema de Goethe). Percebendo que precisa de eletricidade, aço, terra e outros recursos para construir mais fábricas e produzir mais clipes de papel, e sabendo que é provável que os humanos não abrirão mão desses recursos, o computador superinteligente eliminou todos os seres humanos em sua obstinação em alcançar o objetivo.[26] O argumento de Bostrom é de que o problema dos computadores não é serem especialmente maldosos, mas poderosos. E quanto mais poderoso o computador, mais precisamos ter cuidado ao definir seu objetivo de uma maneira que se alinhe com nossos objetivos finais. Se definirmos um objetivo mal alinhado para uma calculadora de bolso, as consequências são banais. Mas se definirmos um objetivo mal alinhado para uma máquina superinteligente, as consequências podem ser distópicas.

O experimento mental do clipe de papel pode parecer absurdo e desconectado da realidade. Mas se os gestores do Vale do Silício tivessem prestado atenção quando Bostrom o divulgou em 2014, talvez teriam sido mais cautelosos antes de instruir seus algoritmos a "maximizar o engajamento dos usuários". Os algoritmos do Facebook e do YouTube se comportaram exatamente como o algoritmo imaginário de Bostrom. Quando instruído a maximizar a produção de clipes de papel, o algoritmo tentou converter todo o universo físico em clipes de papel, mesmo que isso significasse destruir a civilização humana. Quando instruídos a maximizar o engajamento dos usuários, os algoritmos do Facebook e do YouTube tentaram converter todo o universo social em engajamento dos usuários, ainda que isso fosse danificar o tecido social de Mianmar, do Brasil e de outros países.

O experimento mental de Bostrom destaca uma segunda razão que mostra por que o problema do alinhamento é mais urgente no caso dos computadores.

Por serem entidades inorgânicas, eles são propensos a adotar estratégias que jamais ocorreriam a nenhum ser humano e que não estamos preparados para prever e evitar. Aqui vai um exemplo: em 2016, Dario Amodei trabalhava num projeto chamado Universo, tentando desenvolver uma IA de uso geral que pudesse jogar centenas de jogos de computador diferentes. A IA competiu bem em corridas de carro, por isso Amodei resolveu testá-la em corridas de barco. De forma inexplicável, a IA levou seu barco direto para um porto e depois ficou navegando em círculos intermináveis, indo e voltando do porto.

Amodei levou um bom tempo para entender o que deu errado. O problema ocorreu porque, a princípio, Amodei não sabia direito como dizer à IA que sua missão era "vencer a corrida". "Vencer" é um conceito pouco claro para um algoritmo. Traduzir "vencer a corrida" para a linguagem dos computadores teria exigido de Amodei formalizar conceitos complexos como posição na pista e colocação entre os outros barcos na corrida. Então, em vez disso, optou pelo caminho mais fácil e disse ao barco para maximizar sua pontuação. Imaginou que pontuação seria um bom substituto para vencer a corrida. Afinal, tinha funcionado com as corridas de carro.

Mas a corrida de barcos tinha uma característica peculiar, ausente nas corridas de carro, que permitiu à engenhosa IA descobrir uma brecha nas regras do jogo. O jogo recompensava jogadores com muitos pontos por estarem à frente de outros barcos — como nas corridas de carro —, mas também os recompensava com uns pontinhos sempre que atracavam num porto para reabastecer suas energias. A IA descobriu que, se em vez de tentar ultrapassar outros barcos se limitasse a navegar em círculos indo e voltando do porto, poderia acumular mais pontos bem mais rápido. Nenhum dos desenvolvedores humanos do jogo — nem Dario Amodei — pareceu ter notado esse furo. A IA fazia exatamente o que o jogo a recompensava por fazer — ainda que não fosse o que os humanos esperavam. Essa é a essência do problema do alinhamento: recompensar A enquanto esperamos que B aconteça.[27] Se quisermos que os computadores maximizem benefícios sociais, é má ideia recompensá-los por maximizar o engajamento dos usuários.

Uma terceira razão para nos preocuparmos com o problema do alinhamento dos computadores é que, por serem tão diferentes de nós, quando cometemos o erro de lhes dar um objetivo mal alinhado, é pouco provável que o percebam e peçam esclarecimento. Se fosse um jogador humano, a IA das corridas de barcos teria percebido que o furo que encontrou nas regras do jogo não conta, na realidade, como "vitória". Se a IA dos clipes de papel fosse um burocrata humano, teria percebido que destruir a humanidade para produzir clipes de papel provavelmente não era o que se pretendia. Mas como computadores não são humanos, não podemos esperar que percebam e indiquem possíveis desalinhamentos. Nos anos 2010, as equipes gestoras do YouTube e do Facebook foram bombardeadas com alertas dos seus empregados humanos — bem como de observadores externos — sobre os danos causados pelos algoritmos, mas os próprios algoritmos jamais emitiram nenhum alerta.[28]

À medida que damos aos algoritmos um poder cada vez maior sobre assistência médica, educação, policiamento e vários outros campos, o problema do alinhamento só vai crescer. Se não acharmos um jeito de resolvê-lo, as consequências serão muito piores do que algoritmos que acumulam pontos navegando barcos em círculo.

A CONEXÃO CORSA

Como resolver o problema do alinhamento? Em tese, quando criam uma rede de computadores, os humanos devem definir para ela seu objetivo final — objetivo esse que os computadores jamais têm permissão para alterar ou ignorar. Assim, ainda que os computadores se tornem tão poderosos a ponto de perdermos o controle sobre eles, temos a certeza de que seu imenso poder irá nos beneficiar em vez de prejudicar. A menos, claro, que fique evidente que definimos um objetivo prejudicial ou vago. Aí é que está o problema. No caso das redes humanas, confiamos em mecanismos de autocorreção para analisar e revisar periodicamente nossos objetivos, de modo que estabelecer o objetivo errado não chega a ser o fim do mundo. Mas como a rede de computadores pode fugir do nosso controle, se estabelecermos um objetivo errado só vamos descobrir nosso erro quando for tarde demais para corrigi-lo. Alguns devem achar que, por meio de um cuidadoso processo de deliberação, saberemos definir de antemão os objetivos corretos para a rede de computadores. Isso, porém, é uma ilusão muito perigosa.

Para entendermos por que isso de concordar de antemão sobre os objetivos finais da rede de computadores é impossível, repassemos a teoria da guerra de Clausewitz. Há um erro fatal na maneira como ele equipara racionalidade com alinhamento. A teoria de Clausewitz, apesar de exigir que todas as ações estejam alinhadas com o objetivo final, não oferece uma maneira racional de definir esse objetivo. Vejamos os casos da vida e da carreira militar de Napoleão. Qual deveria ter sido o seu objetivo final? Levando em conta a atmosfera cultural vigente na França por volta de 1800, é possível pensarmos em várias alternativas para o "objetivo final" que teria ocorrido a Napoleão:

- Objetivo potencial #1: tornar a França a potência dominante na Europa, segura contra qualquer ataque futuro da Grã-Bretanha, do Império Habsburgo, da Rússia, de uma Alemanha unificada ou de uma Itália unificada.
- Objetivo potencial #2: criar um novo império multiétnico governado pela família de Napoleão, o qual incluiria não só a França, como também muitos territórios adicionais tanto na Europa quanto no ultramar.
- Objetivo potencial #3: alcançar a glória eterna para si mesmo, pessoalmente, de maneira que séculos depois de sua morte bilhões de pessoas reconheçam o nome Napoleão e admirem o seu gênio.
- Objetivo potencial #4: garantir a redenção de sua alma eterna e ir para o céu depois da morte.
- Objetivo potencial #5: disseminar os ideais universais da Revolução Francesa e ajudar a proteger a liberdade, a igualdade e os direitos humanos na Europa e no mundo inteiro.

Muitos pretensos racionalistas tendem a afirmar que Napoleão deveria ter feito como missão de sua vida alcançar o primeiro objetivo — assegurar a dominação francesa na Europa. Mas por quê? Lembremo-nos de que, para Clausewitz, racionalidade significa alinhamento. Uma manobra tática será racional se, e apenas se, estiver alinhada com algum objetivo estratégico mais elevado, o qual, por sua vez, precisa estar alinhado com objetivos políticos ainda mais altos. Mas onde começa essa cadeia de objetivos? Como determinar o objetivo mais alto que justifique todos os subobjetivos estratégicos e todas as etapas táticas dele derivados? Um objetivo alto como esse não pode, por definição, estar alinhado com nada mais elevado do que ele mesmo, porque não existe nada mais elevado. O que, então, torna racional a ideia de pôr a França no topo da hierarquia de objetivos, e não a família de Napoleão, a fama de Napoleão, a alma de Napoleão, ou os direitos humanos universais? Clausewitz não fornece a resposta.

Pode-se argumentar que o objetivo número 4 — garantir a redenção de sua alma eterna — não é um sério candidato a objetivo racional definitivo, porque se baseia numa crença em mitologia. Mas o mesmo argumento serve para todos os outros objetivos. Almas eternas são invenções intersubjetivas que só existem na cabeça das pessoas, exatamente o mesmo caso das nações e dos direitos humanos. Por que Napoleão haveria de se importar mais com a França mítica do que com sua alma mítica?

Na verdade, durante a maior parte da juventude, Napoleão nem sequer se considerava francês. Nasceu Napoleone di Buonaparte na Córsega, numa família de imigrantes italianos. Durante quinhentos anos, a Córsega foi governada pela cidade-Estado italiana de Gênova, onde muitos antepassados de Napoleão viveram. Só em 1768, um ano antes de Napoleão nascer, é que Gênova cedeu a ilha à França. Nacionalistas corsos resistiram à transferência para a França, rebelando-se. Apenas depois da derrota deles em 1770, a Córsega se torna formalmente uma província francesa. Muitos corsos continuaram ressentidos com a aquisição francesa, mas a família Buonaparte jurou lealdade ao rei da França e mandou Napoleone para uma escola militar na França continental.[29]

Na escola, Napoleone teve que aguentar uma boa dose de trotes dos colegas por causa do seu nacionalismo corso e do seu fraco domínio da língua francesa.[30] Para ele, as línguas maternas eram o corso e o italiano, e embora se tornasse, aos poucos, fluente em francês, manteve a vida inteira o sotaque corso e a incapacidade de escrever em francês corretamente.[31] Napoleão acabou se alistando no Exército francês, mas, quando a Revolução começou em 1789, voltou para a Córsega, na esperança de que a revolução oferecesse uma oportunidade para sua amada ilha obter mais autonomia. Só depois de desentender-se com o líder do movimento de independência da Córsega — Pasquale Paoli —, Napoleão abandonou a causa corsa em maio de 1793. Retornou ao continente, onde resolveu construir seu futuro.[32] Foi nessa fase que Napoleone di Buonaparte se tornou Napoléon Bonaparte (continuou a usar a versão italiana do seu nome até 1796).[33]

Por que então seria racional para Napoleão dedicar sua carreira militar a fazer da França a potência dominante da Europa? Teria sido mais racional para ele permanecer na Córsega, resolver suas diferenças pessoais com Paoli e dedicar-se a libertar sua ilha nativa dos conquistadores franceses? E será que talvez Napoleão devesse ter assumido como sua missão na vida unir a Itália — terra dos seus antepassados?

Clausewitz não nos oferece nenhum método para responder com racionalidade a essas perguntas. Se nossa única regra na vida é "toda ação tem que estar alinhada a um objetivo mais elevado", por definição não existe um modo racional de definir esse objetivo final. Assim, como vamos fornecer a uma rede de computadores um objetivo último que ela não possa jamais ignorar ou subverter? Executivos e engenheiros de tecnologia que se apressam em desenvolver a IA cometem um grande erro se pensam que existe uma maneira racional de dizer a essa IA qual deve ser o seu objetivo final. Seria melhor se aprendessem com as amargas experiências de gerações de filósofos que tentaram definir objetivos finais e fracassaram.

O NAZISTA KANTIANO

Durante milênios, os filósofos têm buscado a definição de um objetivo supremo que não dependa de alinhamento com outro objetivo mais elevado. São repetidamente atraídos por duas possíveis soluções, conhecidas no jargão filosófico como deontologia e utilitarismo. Os deontologistas (do grego *deon*, que significa "dever") acreditam que existem algumas obrigações morais, ou regras morais, que se aplicam a todos. Essas regras não dependem de alinhamento com um objetivo mais alto, mas, sim, da própria bondade intrínseca. Se elas de fato existem, e se pudermos descobrir um jeito de programá-las nos computadores, podemos ter certeza de que a rede de computadores será uma força do bem.

Mas o que significa exatamente "bondade intrínseca"? A mais famosa tentativa de definir uma regra intrinsecamente boa foi feita por Immanuel Kant, contemporâneo de Clausewitz e de Napoleão. Kant afirmava que uma regra intrinsecamente boa é uma regra que eu gostaria de tornar universal. Segundo essa opinião, uma pessoa prestes a assassinar alguém deveria parar e refletir:

"Vou matar um ser humano. Será que eu gostaria de estabelecer uma regra universal dizendo que é certo matar seres humanos? Se essa regra universal for estabelecida, então alguém pode me matar. Portanto, não deveria haver uma regra universal permitindo assassinato. Por consequência, eu também não deveria matar". Em linguagem mais simples, Kant reformulou a velha Regra de Ouro: "Tudo aquilo [...] que quereis que os homens vos façam, fazei-o vós a eles" (Mateus 7,12).

Parece uma ideia simples e óbvia: cada um de nós deveria se comportar como gostaria que todos se comportassem. Mas ideias que parecem boas no reino etéreo da filosofia muitas vezes migram mal para o duro terreno da história. A pergunta determinante que os historiadores deveriam fazer a Kant é esta: quando fala em regras universais, qual é exatamente a sua definição de universal? Em circunstâncias históricas reais, quando uma pessoa está prestes a cometer um assassinato, a primeira coisa que costuma fazer é excluir a vítima da comunidade universal dos seres humanos.[34] Foi isso, por exemplo, que extremistas contra os rohingyas como Wirathu fizeram. Como monge budista, Wirathu decerto era contra matar seres humanos. Mas não achava que essa regra se aplicasse a matar rohingyas, que eram vistos como sub-humanos. Em postagens e entrevistas, ele com frequência os comparava a feras, cobras, cachorros loucos, lobos, chacais e outros animais perigosos.[35] Em 30 de outubro de 2017, no auge da violência contra os rohingyas, outro monge budista, mais graduado, fez um sermão para oficiais do Exército no qual justificou a violência contra os rohingyas dizendo que os não budistas não eram "plenamente humanos".[36]

Como experimento mental, imaginemos um encontro entre Immanuel Kant e Adolf Eichmann — que, a propósito, se julgava kantiano.[37] Enquanto Eichmann assina uma ordem despachando outro trem de judeus para Auschwitz, Kant lhe diz: "Você está prestes a matar milhares de seres humanos. Gostaria de estabelecer uma lei universal dizendo que é certo matar seres humanos? Se o fizer, você e sua família podem acabar sendo assassinados". Eichmann responde: "Não, eu não estou prestes a assassinar milhares de seres humanos. Estou prestes a matar milhares de judeus. Se você me perguntar se eu gostaria de estabelecer uma lei universal dizendo que é certo assassinar judeus, sou totalmente a favor. No que diz respeito a mim e a minha família, não há nenhum risco de sermos assassinados por causa dessa lei universal. Não somos judeus".

Uma possível resposta kantiana a Eichmann é que, quando definimos entidades, precisamos usar sempre a definição mais universal aplicável. Se uma entidade pode ser definida como "um judeu" ou "um ser humano", devemos usar o termo mais universal, "ser humano". No entanto, o grande objetivo da ideologia nazista era justamente negar a humanidade dos judeus. Ademais, note-se que judeus não são apenas seres humanos. Também são animais, assim como são organismos. Uma vez que animais e organismos são, obviamente, categorias mais universais do que "seres humanos", se seguirmos o argumento kantiano até sua conclusão lógica, poderíamos acabar adotando uma posição vegana extrema. Será que por sermos organismos deveríamos ser contra matar qualquer organismo, incluindo tomates e amebas?

Na história, muitos conflitos, talvez até a maioria, têm a ver com a definição de identidades. Todo mundo concorda que assassinato é errado, mas pensa que apenas matar membros do próprio grupo se qualificaria como "assassinato", enquanto matar alguém de outro grupo, não. Mas grupos com os quais nos identificamos e grupos com os quais não nos identificamos são entidades intersubjetivas, cuja definição em geral depende de alguma mitologia. Os deontologistas que buscam regras racionais universais acabam, não raro, cativos de mitos locais.

Esse problema deontológico é especialmente crítico se tentarmos ditar regras deontológicas universais não a seres humanos, mas a computadores. Computadores não são sequer orgânicos. Portanto, se seguirem a regra do "faça aos outros o que gostaria que fizessem a você", por que matar organismos como os seres humanos deveria preocupá-los? Um computador kantiano que não quer ser morto não tem nenhuma razão para observar uma regra universal que diz "está certo matar organismos"; essa regra não representa um perigo para o computador não orgânico.

Alternativamente, sendo entidades inorgânicas, os computadores podem não ter nenhum escrúpulo em morrer. Tanto quanto sabemos, a morte é um fenômeno orgânico e talvez não se aplique a entidades inorgânicas. Quando os assírios antigos falavam em "matar" documentos, tratava-se apenas de uma metáfora. Se computadores estão mais para documentos do que para organismos, e para eles não faz diferença "serem mortos", gostaríamos que um computador kantiano concluísse que está tudo bem matar seres humanos?

Haverá uma maneira de definir com quem computadores devem se preocupar, sem que empaquem em algum mito intersubjetivo? A sugestão mais óbvia é dizer a eles que considerem relevante qualquer entidade capaz de sofrimento. Embora o sofrimento seja, muitas vezes, causado pela crença em mitos intersubjetivos locais, o sofrimento, em si, é uma realidade universal. Portanto, usar a capacidade de sofrer como critério para definir quem pertence ao grupo relevante fundamenta a moralidade numa realidade objetiva e universal. Um carro autônomo deve evitar matar qualquer ser humano — seja budista ou muçulmano, francês ou italiano — e também evitar matar cães e gatos, e qualquer robô senciente que venha a existir um dia. Podemos até refinar essa regra, instruindo o carro a se preocupar com diferentes seres em proporção direta com sua capacidade de sofrer. Se o carro tiver que escolher entre matar um ser humano e matar um gato, deve atropelar o gato, porque, em tese, o gato tem menor capacidade de sofrimento. Mas, se enveredarmos nessa direção, acabaremos inadvertidamente abandonando o campo dos deontologistas e passando para o campo dos seus rivais — os utilitaristas.

O CÁLCULO DO SOFRIMENTO

Enquanto os deontologistas se esforçam para descobrir regras universais que sejam intrinsecamente boas, os utilitaristas julgam as ações pelo seu impacto no sofrimento e na felicidade. O filósofo inglês Jeremy Bentham — outro contemporâneo de Napoleão, Clausewitz e Kant — afirmou que o único objetivo supremo racional é minimizar o sofrimento no mundo e maximizar a felicidade. Se o nosso maior medo em relação às redes de computador é que seus objetivos não alinhados possam infligir terríveis sofrimentos aos seres humanos e talvez a outros seres sencientes, então a solução utilitarista parece, ao mesmo tempo, óbvia e sedutora. Ao criarmos a rede de computadores, só precisamos instruí-la a minimizar o sofrimento e maximizar a felicidade. Se o Facebook tivesse dito aos seus algoritmos "maximizem a felicidade", em vez de "maximizem o engajamento dos usuários", tudo, em tese, teria dado certo. É importante notar que essa abordagem utilitarista é, de fato, popular no Vale do Silício, defendida, sobretudo, pelo movimento do altruísmo eficaz.[38]

Assim como no caso da solução deontológica, no entanto, o que parece simples no reino teórico da filosofia fica diabolicamente complexo no terreno prático da história. O problema para os utilitaristas é não possuirmos um cálculo de sofrimento. Não sabemos quantos "pontos de sofrimento" ou "pontos de felicidade" atribuir a este ou aquele evento, de modo que, em situações complexas, é muito difícil calcular se determinada ação aumenta ou diminui a quantidade total de sofrimento no mundo.

O utilitarismo é mais eficaz em situações em que a balança do sofrimento pende com clareza numa direção. Quando confrontados por Eichmann, utilitaristas não precisam se envolver em debates complicados sobre identidade. Eles só precisam salientar que o Holocausto causou imenso sofrimento aos judeus, sem trazer benefícios equivalentes a ninguém, incluindo os próprios alemães. Não havia nenhuma necessidade militar ou econômica convincente para os alemães assassinarem milhões de judeus. O argumento utilitário contra o Holocausto é avassalador.

Os utilitaristas se esbaldam ao lidar com "crimes sem vítima" como a homossexualidade, nos quais todo o sofrimento fica só de um lado. Durante séculos, a perseguição a gays lhes causou imenso sofrimento, mas, a despeito disso, era justificada por preconceitos erroneamente apresentados como regras deontológicas universais. Kant, por exemplo, condenava a homossexualidade com base no argumento de que é "contrária ao instinto natural e à natureza animal", e, por consequência, degrada a pessoa "abaixo do nível dos animais". E foi além, proclamando que esses atos, por serem contrários à natureza, "tornam o homem indigno de sua humanidade. Ele não merece mais ser uma pessoa".[39] Kant, na verdade, reembalou um preconceito cristão como se fosse uma regra deontológica universal, sem fornecer prova empírica de que a homossexualidade é, de fato, contrária à natureza. À luz da discussão anterior sobre a desumanização como prelúdio de massacres, também vale a pena notar que Kant desumanizou os gays. A opinião de que a homossexualidade é contrária à natureza e priva as pessoas de sua humanidade abriu caminho para que nazistas como Eichmann justificassem o assassinato de homossexuais em campos de concentração. Como os homossexuais estavam supostamente abaixo do nível dos animais, a regra kantiana contra o assassinato de seres humanos não valia para eles.[40]

É fácil para os utilitaristas rejeitarem as teorias sexuais de Kant, e Bentham foi, de fato, um dos primeiros pensadores europeus modernos favoráveis à descriminalização da homossexualidade.[41] Os utilitaristas sustentam que criminalizar a homossexualidade em nome de alguma duvidosa regra universal causa tremendo sofrimento a milhões de pessoas, sem oferecer quaisquer benefícios significativos para outras. Quando dois homens desenvolvem uma relação amorosa, isso os deixa felizes, sem que isso implique a infelicidade de ninguém. Por que proibir? Esse tipo de lógica utilitarista também conduziu a diversas outras reformas modernas, como a proibição da tortura e a introdução de proteções jurídicas para os animais.

Mas em situações históricas nas quais a balança do sofrimento é mais equilibrada, o utilitarismo deixa a desejar. No início da pandemia de covid-19, governos do mundo inteiro adotaram políticas rigorosas de isolamento social e lockdown. Isso provavelmente salvou a vida de milhões de pessoas.[42] Mas também tornou centenas de pessoas infelizes durante meses. Mais ainda: de maneira indireta, pode ter causado muitas mortes, aumentando, por exemplo, os casos de violência doméstica letal,[43] ou dificultando o diagnóstico e o tratamento de outras doenças perigosas, como o câncer.[44] Alguém saberia calcular o impacto total das políticas de lockdown e determinar se aumentaram ou diminuíram o sofrimento no mundo?

Isso pode parecer a tarefa perfeita para uma rede de computadores que jamais desliga. Mas como a rede de computadores decidiria quantos "pontos de infelicidade" atribuir para um lockdown com três crianças num apartamento de dois quartos durante um mês? Isso equivale a sessenta pontos de infelicidade ou a seiscentos? E quantos pontos atribuir a uma paciente de câncer que perdeu sessões de quimioterapia? São 60 mil pontos de infelicidade ou 600 mil? E se ela fosse morrer de câncer de qualquer maneira, e a quimioterapia só servisse para prolongar sua vida por cinco meses agonizantes? Os computadores deveriam considerar cinco meses de dores terríveis ganho líquido ou perda líquida na soma total de sofrimento no mundo?

E de que forma a rede de computadores avaliaria o sofrimento causado por coisas menos tangíveis, como a consciência da própria mortalidade? Se um mito religioso promete que jamais morreremos, porque depois da morte nossa alma eterna irá para o céu, isso nos torna efetivamente felizes ou apenas iludidos? A morte é a causa profunda da nossa miséria, ou nossa miséria vem da nossa tentativa de negar a morte? Se alguém perde sua crença religiosa e aceita a própria mortalidade, a rede de computadores deveria considerar isso perda líquida ou ganho líquido?

E quanto a acontecimentos históricos ainda mais complicados, como a invasão americana do Iraque? Os americanos estavam cientes de que a invasão causaria tremendo sofrimento a milhões de pessoas. Mas argumentavam que, no longo prazo, os benefícios de levar liberdade e democracia para o Iraque compensariam os custos. Será que uma rede de computadores consegue calcular se esse argumento se sustenta? Ainda que fosse plausível em teoria, na prática os americanos não conseguiram estabelecer uma democracia estável no Iraque. Isso significa que sua tentativa estava errada desde o princípio?

Assim como deontologistas que tentam responder à questão da identidade são levados a adotar ideias utilitaristas, utilitaristas frustrados com a falta de um cálculo de sofrimento acabam, muitas vezes, adotando uma posição deontológica. Defendem regras gerais como "evitar guerras de agressão" ou "proteger direitos humanos", ainda que não consigam demonstrar que seguir essas regras sempre reduz a soma total de sofrimento no mundo. Tudo o que a história lhes oferece nesse sentido é uma vaga impressão de que seguir essas regras tende a reduzir o sofrimento. E quando algumas dessas regras gerais entram em conflito — por exemplo, quando se pensa na possibilidade de lançar uma guerra de agressão para proteger os direitos humanos —, o utilitarismo não oferece muita ajuda prática. Nem mesmo a rede de computadores mais possante é capaz de fazer os cálculos necessários.

Assim sendo, enquanto o utilitarismo promete uma forma racional — e até matemática — de alinhar cada ação com o "bem supremo", na prática pode muito bem produzir apenas mais uma mitologia. Os verdadeiros crentes no comunismo, quando confrontados com os horrores do stalinismo, costumavam responder que a felicidade que as gerações futuras conheceriam no "socialismo real" justificaria qualquer infelicidade de curto prazo nos gulags. Os libertários, quando indagados sobre os prejuízos sociais imediatos da plena liberdade de expressão ou da abolição total dos impostos, manifestam convicção semelhante de que os benefícios futuros compensarão eventuais danos de curto prazo. O perigo do utilitarismo é que, se você acreditar com força suficiente numa utopia futura, essa crença pode se tornar uma licença para infligir sofrimentos terríveis no presente. Na verdade, esse é um truque que as religiões tradicionais descobriram há milhares de anos. Os crimes e as injustiças deste mundo poderiam ser facilmente tolerados pelas promessas de salvação futura.

Como, então, os sistemas burocráticos ao longo da história estabelecem seus objetivos supremos? Eles recorrem à mitologia para fazer esse serviço. Por mais racionais que fossem os funcionários, os engenheiros, os cobradores de impostos e os contadores, em última análise estavam todos a serviço deste ou daquele criador de mitos. Parafraseando John Maynard Keynes, as pessoas práticas, que se julgam totalmente isentas de qualquer influência religiosa, em geral são escravas de algum criador de mitos. Até mesmo os físicos nucleares já se viram obedecendo às ordens de aiatolás xiitas e de apparatchiks comunistas.

O problema do alinhamento acaba sendo, no fundo, um problema de mitologia. Os administradores nazistas até poderiam ter sido deontologistas ou utilitaristas convictos, mas, ainda assim, teriam assassinado milhões de pessoas se entendessem o mundo nos termos de uma mitologia racista. Se começarmos com a crença mitológica de que os judeus são monstros satânicos empenhados em destruir a humanidade, tanto os deontologistas quanto os utilitaristas acabarão deparando com argumentos lógicos para demonstrar que os judeus deveriam ser assassinados.

Um problema análogo pode afetar os computadores. Claro, eles não são capazes de "acreditar" em mitologia, qualquer que seja ela, pois entidades não conscientes não acreditam em coisa alguma. Enquanto não tiverem subjetividade, como é que podem alimentar crenças intersubjetivas? No entanto, uma das coisas mais importantes que devemos ter em mente em relação aos computadores é que, quando trabalham juntos e se comunicam entre si, muitos computadores podem criar realidades intercomputadores análogas às realidades intersubjetivas produzidas por redes de humanos. Essas realidades intercomputadores podem acabar se tornando tão poderosas — e tão perigosas — quanto os mitos intersubjetivos criados pelos homens.

Trata-se de um argumento complicado, mas é outro ponto central do livro, portanto vamos analisá-lo com cuidado. Em primeiro lugar, tentemos entender o que são realidades intercomputadores. Como exemplo inicial, consideremos um jogo de computador para um único jogador. Nesse jogo, você pode percorrer uma paisagem virtual que existe como informação dentro de um computador. Se vir uma pedra, essa pedra não é composta de átomos. É composta de bits dentro de um único computador. Quando interligados, computadores podem criar realidades intercomputadores. Vários jogadores, usando diferentes computadores, podem percorrer juntos uma paisagem virtual compartilhada. Se virem uma pedra, essa pedra é composta de bits em vários computadores.[45]

Assim como realidades intersubjetivas, do tipo dinheiro e deus, podem influenciar a realidade física fora da cabeça das pessoas, as realidades intercomputadores podem influenciar a realidade fora dos computadores. Em 2016, o jogo *Pokémon Go* tomou o mundo de assalto e foi baixado centenas de milhões de vezes até o fim daquele ano.[46] *Pokémon Go* é um jogo de realidade aumentada para dispositivos móveis. Jogadores podem usar seus smartphones para localizar, combater e capturar criaturas virtuais chamadas Pokémon, que parecem existir no mundo físico. Uma vez fui com meu sobrinho Matan a uma dessas caçadas de Pokémons. Andando por seu bairro, só vi casas, árvores, pedras, carros, pessoas, gatos, cachorros e pombos. Não vi nenhum Pokémon, porque eu não tinha smartphone. Mas Matan, procurando com a lente do seu celular, podia "ver" Pokémons parados em uma pedra ou escondidos atrás de uma árvore.

Embora eu não pudesse ver as criaturas, é óbvio que elas não estavam confinadas ao smartphone de Matan, porque outras pessoas também podiam "vê-las". Por exemplo, encontramos outros dois meninos que caçavam os mesmos Pokémons. Se Matan capturasse um Pokémon, os outros meninos podiam ver imediatamente o que se passava. Os Pokémons eram entidades intercomputadores. Existiam como bits numa rede de computadores, e não como átomos no mundo físico, mas, ainda assim, podiam interagir com o mundo físico e influenciá-lo, por assim dizer, de várias maneiras.

Examinemos agora um exemplo mais importante de realidades intercomputadores. Vamos considerar a classificação que um site recebe numa pesquisa no Google. Quando pesquisamos notícias, passagens aéreas ou recomendações de restaurante, determinado site aparece no topo da primeira página, ao passo que outro é relegado à metade da página 50. O que é, exatamente, a classificação do Google e como é definida? O algoritmo do Google determina a posição de um site na sua classificação atribuindo pontos a vários parâmetros, como quantas pessoas visitam o site e quantos outros sites têm links com ele. A classificação em si é uma realidade intercomputadores, existindo numa rede que conecta bilhões de computadores — a internet. Como no caso dos Pokémons, essa realidade intercomputadores transborda para o mundo físico. Do ponto de vista do veículo de mídia, da agência de viagens ou do restaurante, é da maior importância se seu site aparece no topo da primeira página do Google ou na metade da página.[47]

Sendo o Google tão importante assim, as pessoas lançam mão de todos os truques possíveis para manipular o algoritmo do Google de forma que o seu site receba a mais alta classificação. Usam, por exemplo, bots para gerar mais tráfego.[48] Trata-se de um fenômeno generalizado também nas redes sociais, em que exércitos coordenados de bots manipulam constantemente os algoritmos do YouTube, do Facebook ou do antigo Twitter. Surge então a dúvida: se um tuíte viraliza, é porque humanos se interessam mesmo por ele ou porque milhares de bots conseguiram enganar o algoritmo do antigo Twitter?[49]

Realidades intercomputadores, como os Pokémons e as classificações do Google, são análogas a realidades intersubjetivas, como a santidade que humanos atribuem a templos e cidades. Morei grande parte da minha vida num dos lugares mais sagrados da Terra — a cidade de Jerusalém. Objetivamente, é um lugar igual a outro qualquer. Andando por Jerusalém, o que vemos são casas, árvores, pedras, carros, pessoas, gatos, cachorros e pombos, tanto quanto em qualquer cidade. Mas há muitas pessoas que a imaginam como um lugar extraordinário, repleto de deuses, anjos e pedras sagradas. Acreditam nisso com tanta força que, muitas vezes, vão à luta pela posse da cidade ou de alguns edifícios e pedras sagradas específicos, mais notadamente a Rocha Sagrada, localizada sob o domo da Rocha no monte do Templo. O filósofo palestino Sari Nusseibeh observou que "judeus e muçulmanos, agindo com base em crenças religiosas e respaldados por capacidades nucleares, estão prontos a praticar o massacre de seres humanos mais terrível da história por causa de uma pedra".[50] Não brigam pelos átomos que compõem a pedra, mas por sua "santidade", um pouco como meninos disputando um Pokémon. A santidade da Rocha Sagrada, e de Jerusalém em geral, é um fenômeno intersubjetivo existente na rede de comunicação que conecta mentes humanas. Por milhares de anos, guerras foram travadas em torno de entidades intersubjetivas como pedras sagradas. No século XXI, pode ser que venhamos a testemunhar guerras travadas em torno de entidades intercomputadores.

Se isso parece ficção científica, consideremos os avanços possíveis no sistema financeiro. Com os computadores ficando mais inteligentes e mais criativos, é provável que venham a criar dispositivos financeiros intercomputadores. Moedas de ouro e dólares são entidades intersubjetivas. Criptomoedas, como bitcoins, estão a meio caminho entre o intersubjetivo e o intercomputador. A ideia por trás delas foi inventada por humanos, e o seu valor ainda depende de crenças humanas, mas elas não podem existir fora da rede de computadores. Além disso, são cada vez mais negociadas por algoritmos, de maneira que seu valor depende dos cálculos dos algoritmos, e não apenas das crenças humanas.

E se daqui a dez ou cinquenta anos os computadores criarem um novo tipo de criptomoeda, ou outro dispositivo financeiro que se torne ferramenta vital para negociar e investir — e uma fonte possível de crises políticas e de conflitos? Lembremo-nos de que a crise financeira global de 2007-8 foi instigada por obrigações de dívida colateralizada. Esses dispositivos financeiros tinham sido inventados por meia dúzia de matemáticos e geniozinhos dos investimentos, e eram quase ininteligíveis para a maioria dos seres humanos, incluindo os reguladores. Isso levou a uma falha de supervisão e a uma catástrofe global.[51] Os computadores podem perfeitamente criar dispositivos financeiros bem mais complexos do que ODCs inteligíveis apenas para outros computadores. O resultado pode ser uma crise financeira e política ainda mais grave do que a de 2007-8.

Ao longo da história, a economia e a política sempre exigiram que compreendêssemos as realidades intersubjetivas inventadas por pessoas — como religiões, nações e moedas. Quem quisesse compreender a política americana teria que levar em conta realidades intersubjetivas como o cristianismo e as ODCs. Cada vez mais, no entanto, entender a política americana exigirá entender realidades intercomputadores que vão de cultos e moedas gerados por IA até partidos políticos administrados por IA e mesmo IAs plenamente reconhecidas como entidades jurídicas. A lei americana já reconhece corporações como pessoas jurídicas, possuidoras de direitos como liberdade de expressão. No caso Citizens United v. Federal Election Comission (2010), a Suprema Corte dos Estados Unidos decidiu que isso protege até o direito de as corporações fazerem doações políticas.[52] O que impediria as IAs de serem reconhecidas como pessoas jurídicas com liberdade de expressão e de fazerem lobby e doações políticas para proteger e ampliar os seus direitos?

Por dezenas de milhares de anos, os humanos dominaram o planeta Terra porque éramos os únicos capazes de criar e manter realidades intersubjetivas, como corporações, moedas, deuses e nações, e de usar essas entidades para organizar a cooperação em larga escala. Agora os computadores podem adquirir capacidades semelhantes.

Isso não necessariamente é uma má notícia. Se os computadores não tivessem conectividade e criatividade, não seriam muito úteis. Dependemos cada vez mais deles para gerir nosso dinheiro, dirigir nossos veículos, reduzir a poluição ou descobrir novos medicamentos, justamente porque computadores podem se comunicar diretamente uns com os outros, identificar padrões onde não conseguimos e construir modelos que talvez não nos ocorressem. O problema que temos diante de nós não é o de privar os computadores de autonomia criativa, mas o de conduzir essa criatividade na direção certa. É o mesmo problema que sempre tivemos com a criatividade humana. As entidades intersubjetivas inventadas por humanos serviram de base para todas as conquistas da civilização humana, mas, de vez em quando, produziam cruzadas, jihads e caça às bruxas. É provável que as entidades intercomputadores venham a servir de base para civilizações futuras, mas o fato de computadores coletarem dados empíricos e usarem a matemática para analisá-los não significa que não possam lançar as próprias campanhas de caça às bruxas.

AS NOVAS BRUXAS

Nos primórdios da Europa moderna, um elaborado sistema de informações analisou uma quantidade imensa de dados sobre crimes, doenças e desastres naturais, concluindo que tudo era culpa das bruxas. Quanto mais dados os caçadores de bruxas juntavam, mais convencidos ficavam de que o mundo estava repleto de demônios e de bruxaria, e que havia uma conspiração satânica para destruir a humanidade. A rede de informações passou então a identificar as bruxas e a prendê-las ou matá-las. Agora sabemos que "bruxa" era uma categoria intersubjetiva falsa, inventada pela própria rede de informações e depois imposta a pessoas que jamais haviam tido contato com Satã e eram incapazes de provocar tempestades de granizo.

Na União Soviética, uma rede de informações ainda mais complexa inventou os cúlaques — outra categoria mítica imposta a milhões. As montanhas de informações coletadas pela burocracia soviética sobre os cúlaques nada tinham de verdade objetiva, mas criaram uma nova verdade intersubjetiva. Identificar um cúlaque se tornou uma das coisas mais importantes que alguém podia descobrir sobre um soviético, ainda que a categoria fosse fictícia.

Numa escala ainda maior, do século XVI ao XX, várias burocracias coloniais nas Américas, do Brasil ao México, do Caribe aos Estados Unidos, criaram uma mitologia racista e conceberam as mais variadas categorias raciais intersubjetivas. Os seres humanos eram divididos em europeus, africanos e nativos americanos, e como as relações sexuais inter-raciais eram comuns, outras categorias foram inventadas. Em muitas colônias espanholas, as leis estabeleciam diferenças entre *mestizos*, pessoas com ancestrais espanhóis e nativos americanos; *mulatos*, pessoas com ancestrais espanhóis e africanos; *zambos*, pessoas com ancestrais africanos e nativos americanos; e *pardos*, pessoas com ancestrais espanhóis, africanos e nativos americanos. Todas essas categorias, aparentemente empíricas, determinavam se as pessoas podiam ser escravizadas, ter direitos políticos, portar armas, ocupar cargos públicos, ingressar na escola, exercer certas profissões, viver em determinados bairros, ter permissão de fazer sexo e casar entre si. Em tese, ao situar alguém numa gaveta racial específica, era possível definir sua personalidade, suas capacidades intelectuais e suas inclinações éticas.[53]

No século XIX, o racismo tinha a pretensão de ser uma ciência exata: alegava ser capaz de diferenciar as pessoas com base em fatos biológicos objetivos e no uso de métodos científicos como a medição do crânio e o registro de estatísticas criminais. Mas a nuvem de números e categorias era só uma cortina de fumaça para ocultar mitos intersubjetivos absurdos. O fato de alguém ter uma avó nativa americana ou um pai africano não revelava coisa alguma, claro, a respeito de sua inteligência, bondade ou honestidade. Essas falsas categorias não descobriam nem descreviam verdade nenhuma sobre seres humanos; apenas lhes impunham uma ordem opressiva, mitológica.

À medida que substituem seres humanos nas burocracias, da cobrança de impostos à assistência médica e à distribuição de justiça, os computadores também podem criar uma mitologia e nos impor essa mitologia com uma eficiência sem precedentes. Num mundo governado por documentos físicos, os burocratas tinham dificuldade para policiar a zona fronteiriça entre as raças, ou em rastrear a ascendência exata de alguém. As pessoas falsificavam documentos. Um *zambo* poderia mudar de cidade e fingir que era *pardo*. Um negro, às vezes, conseguia se passar por branco. Da mesma forma, na União Soviética, acontecia de filhos de cúlaques falsificarem seus documentos e conseguirem um bom emprego ou uma vaga na faculdade. Na Europa nazista, os judeus podiam adotar uma identidade ariana. Mas seria muito mais difícil enganar o sistema num mundo governado por computadores capazes de ler a íris e o DNA em vez de documentos físicos. Os computadores poderiam ser assustadoramente eficientes em impor rótulos falsos às pessoas e fazê-los pegar.

Por exemplo, os sistemas de crédito social poderiam criar uma nova subclasse de "pessoas de baixo crédito". Esse sistema pode alegar que apenas "descobre" a verdade por meio de um processo empírico e matemático de agregar pontos para chegar a uma nota geral. Mas como é que ele definiria comportamento pró-social e comportamento antissocial? E se tirar pontos de quem critica políticas governamentais, lê literatura estrangeira, pratica uma religião minoritária, não tem religião ou socializa com outras pessoas de baixo crédito? Como experimento mental, consideremos o que poderia acontecer se a nova tecnologia de sistema de crédito social se fundisse com as religiões tradicionais.

Religiões como o judaísmo, o cristianismo e o islamismo sempre imaginaram que, em algum lugar acima das nuvens, existe um olho que tudo vê e que soma ou subtrai pontos por tudo o que fazemos, e que o nosso destino eterno depende dos pontos que acumulamos. É claro, ninguém tinha como saber ao certo qual era a sua pontuação. Só depois da morte. Em termos práticos, isso significava que a vida em pecado e a santidade eram fenômenos intersubjetivos, cuja definição dependia da opinião pública. Mas o que aconteceria se o regime iraniano, por exemplo, resolvesse usar seu sistema de vigilância baseado em computador não apenas para fazer cumprir suas rígidas leis sobre o *hijabe*, mas para transformar a pecaminosidade e a santidade em precisos fenômenos intercomputadores? Você não vestiu o *hijabe* para sair à rua: menos dez pontos. Você comeu no Ramadã antes de o sol se pôr: menos vinte. Foi à mesquita para a prece de sexta-feira: ganhe cinco. Fez a peregrinação a Meca: quinhentos pontos. O sistema pode então somar todos os pontos e dividir as pessoas em "pecadores" (pontuação negativa), "crentes" (até mil pontos) e "santos" (acima de mil pontos). Ser pecador ou santo vai depender de cálculos algorítmicos, não de crenças humanas. Esse sistema estaria descobrindo a verdade sobre as pessoas ou impondo uma ordem a elas?

Problemas análogos podem afetar todos os sistemas de crédito social e regimes de vigilância total. Sempre que alegarem estar usando bancos de dados abrangentes e matemática ultraprecisa para descobrir pecadores, terroristas, criminosos, elementos antissociais e pouco confiáveis, na verdade podem estar impondo preconceitos religiosos e ideológicos com eficiência inédita.

VIÉS COMPUTACIONAL

Há provavelmente quem espere superar o problema dos preconceitos religiosos e ideológicos dando mais poderes aos computadores. O argumento a favor disso pode ser qualquer coisa nesta linha: racismo, misoginia, homofobia, antissemitismo e todos os demais preconceitos não nascem de computadores, mas das condições psicológicas e das crenças mitológicas de seres humanos. Computadores são seres matemáticos sem psicologia ou mitologia. Se pudéssemos tirar os seres humanos da jogada, os algoritmos poderiam, afinal, decidir as coisas com base na matemática pura, livres de quaisquer distorções psicológicas ou preconceitos mitológicos.

Infelizmente, numerosos estudos têm revelado que computadores costumam ter preconceitos arraigados. Embora não sejam entidades biológicas nem tenham consciência, eles às vezes exibem uma coisa semelhante a uma psique digital, e até mesmo a uma mitologia intercomputadores. Podem muito bem ser racistas, misóginos, homofóbicos ou antissemitas.[54] Por exemplo, em 23 de março de 2016 a Microsoft lançou o chatbot de IA Tay, dando-lhe livre acesso ao antigo Twitter. Em questão de horas, Tay começou a tuitar mensagens misóginas e antissemitas, como "Odeio feministas pra caralho e todas elas tinham que morrer e queimar nas profundezas dos infernos" e "Hitler estava certo, odeio judeus". A virulência aumentou de tal maneira que engenheiros da Microsoft, horrorizados, desativaram Tay — apenas dezesseis horas depois do lançamento.[55]

Um racismo mais sutil, porém generalizado, foi descoberto em 2017 pela professora Joy Buolamwini, do MIT, em algoritmos comerciais de classificação facial. Ela mostrou que esses algoritmos eram muito precisos na identificação de homens brancos, mas extremamente imprecisos na identificação de mulheres negras. Por exemplo, o algoritmo da IBM errava apenas 0,3% das vezes ao identificar o gênero de homens de pele clara, mas 34,7% das vezes quando tentava identificar o gênero de mulheres de pele escura. Como teste qualitativo, Buolamwini pediu ao algoritmo que categorizasse fotos da ativista afro-americana Sojourner Truth, famosa por seu discurso de 1851: "E eu não sou mulher?". O algoritmo identificou Truth como homem.[56]

Quando Buolamwini — americana de origem ganense — testou outro algoritmo de análise facial para identificá-la, o algoritmo não conseguia "ver" o seu rosto de pele escura. Nesse contexto, "ver" significa a capacidade de reconhecer a presença de um rosto humano, recurso utilizado por câmeras de celular, por exemplo, para decidir onde pôr o foco. O algoritmo via com facilidade rostos de pele clara, mas não o rosto de Buolamwini. Só quando Buolamwini colocou uma máscara branca é que o algoritmo reconheceu estar observando um rosto humano.[57]

O que se passa aqui? Uma resposta pode ser que engenheiros racistas e misóginos codificaram os algoritmos para discriminar mulheres negras. Embora não possamos descartar essa possibilidade, não era o caso dos algoritmos de classificação facial do chatbot da Microsoft. Na verdade, esses algoritmos adquiriram o viés racista e misógino sozinhos, a partir dos dados com os quais foram treinados.

Para entendermos como isso era possível, precisamos explicar um detalhe da história dos algoritmos. Originalmente eles não aprendiam muita coisa por conta própria. Por exemplo, nos anos 1980 e 1990, algoritmos de jogo de xadrez aprendiam quase tudo que sabiam com seus programadores humanos. Os humanos codificavam no algoritmo não só as regras básicas do xadrez, como também o jeito de avaliar diferentes posições e movimentos no tabuleiro. Por exemplo, humanos codificavam uma regra segundo a qual sacrificar uma rainha em troca de um peão quase sempre é má ideia. Esses primeiros algoritmos só derrotavam mestres humanos do xadrez porque algoritmos podiam calcular muito mais movimentos e avaliar um número bem maior de posições do que os humanos. Mas as capacidades dos algoritmos permaneciam limitadas. Como precisavam que humanos lhes contassem os segredos do jogo, se os codificadores não soubessem de alguma coisa, era pouco provável que os algoritmos soubessem.[58]

À medida que o campo do aprendizado de máquina se desenvolvia, os algoritmos ganhavam independência. O princípio fundamental do aprendizado de máquina é que algoritmos podem aprender coisas novas sozinhos interagindo com o mundo, da mesma forma como os humanos fazem, produzindo assim uma inteligência artificial plenamente desenvolvida. A terminologia nem sempre é consistente, mas, de modo geral, para que uma coisa seja reconhecida como IA, ela precisa ter a capacidade de aprender coisas novas por conta própria, em vez de apenas seguir instruções dos criadores humanos originais. Nada é ensinado à IA de jogo de xadrez atual, além das regras básicas do jogo. Ela aprende o restante sozinha, seja analisando bancos de dados de partidas anteriores, seja jogando novas partidas e aprendendo com a experiência.[59] A IA não é um autômato estúpido, que repete movimentos ao infinito, sem levar em conta os resultados. Na verdade, essas tecnologias estão equipadas com robustos mecanismos de autocorreção, que lhes permitem aprender com os próprios erros.

Isso significa que a IA começa a vida como um "algoritmo-bebê" com grande potencial e poder de computação, mas que, na verdade, não sabe muita coisa. Tudo o que os pais humanos da IA lhe dão é a capacidade de aprender e acesso a um mundo de dados. Com isso, permitem que o algoritmo-bebê explore o mundo. Como recém-nascidos orgânicos, algoritmos-bebês aprendem identificando padrões nos dados aos quais têm acesso. Se eu puser a mão no fogo, vai doer. Se eu chorar, mamãe aparece. Se eu sacrificar uma rainha por um peão, provavelmente perderei a partida. Descobrindo padrões nos dados, o algoritmo-bebê aprende mais, incluindo muitas coisas que os pais humanos não sabem.[60]

No entanto, os bancos de dados vêm com viés. Os algoritmos de classificação facial estudados por Joy Buolamwini foram treinados com conjuntos de dados de fotos online com *tags*, como o banco de dados Labeled Faces in the Wild. As fotos desse banco de dados foram tiradas, sobretudo, de notícias online. Como homens brancos dominam o noticiário, 78% das fotos do banco de dados eram de homens, e 84% de pessoas brancas. George W. Bush aparecia 530 vezes — mais do que o dobro de ocorrências de todas as mulheres negras somadas.[61] Outro banco de dados preparado por uma repartição do governo americano tinha mais de 75% de homens, quase 80% de pele clara, e apenas 4,4% de mulheres de pele escura.[62] Não admira que algoritmos treinados com esses conjuntos de dados fossem excelentes para identificar homens brancos, mas péssimos para identificar mulheres negras. Algo semelhante aconteceu com o chatbot Tay. Os engenheiros da Microsoft não embutiram nele nenhum preconceito intencional. Mas poucas horas de exposição a informações tóxicas que circulavam no antigo Twitter bastaram para transformar a IA numa racista ensandecida.[63]

O quadro se agrava ainda mais. Para aprenderem, os algoritmos-bebês precisam de outra coisa além do acesso a dados. Também precisam de um objetivo. Um bebê humano aprende a andar porque quer ir a algum lugar. Um filhote de leão aprende a caçar porque quer comer. Os algoritmos também precisam ter um objetivo para poder aprender. Em xadrez, é fácil definir o objetivo: capturar o rei do adversário. A IA aprende que sacrificar um rei por um peão é um "erro", porque tende a impedir o algoritmo de atingir o objetivo. No reconhecimento facial, o objetivo também é simples: identificar o gênero, a idade e o nome de alguém a partir da lista no banco de dados original. Se o algoritmo adivinha que George W. Bush era mulher, e o banco de dados diz que é homem, o objetivo não foi atingido, e o algoritmo aprende com seu erro.

Mas quando se treina um algoritmo para contratar pessoal, por exemplo, como definir o objetivo? Como o algoritmo vai saber que cometeu um erro e contratou a pessoa "errada"? Podemos dizer ao algoritmo-bebê que seu objetivo é contratar pessoas que fiquem na empresa pelo menos um ano. É óbvio que os patrões não querem investir muito tempo e dinheiro treinando um funcionário que pede demissão ou é demitido depois de poucos meses. Com esse objetivo, é hora de repassar os dados. No xadrez, o algoritmo pode produzir qualquer quantidade de novos dados simplesmente jogando contra si mesmo. Mas no mercado de trabalho isso é impossível. Ninguém pode criar um mundo imaginário no qual algoritmos-bebês contratem e demitam pessoas imaginárias e aprendam com essa experiência. O algoritmo-bebê só pode ser treinado num banco de dados existente sobre pessoas reais. Assim como filhotes de leão aprendem o que é uma zebra basicamente identificando padrões na savana real, algoritmos-bebês aprendem o que é um bom empregado identificando padrões em empresas reais.

Infelizmente, se empresas reais no mundo real já sofrem de preconceitos arraigados, é provável que o algoritmo-bebê assimile esses preconceitos, e até mesmo os amplie. Por exemplo, um algoritmo à procura de padrões definidores de "bons empregados" em dados da vida real pode concluir que contratar os sobrinhos do patrão é sempre uma boa ideia, independentemente de quaisquer outras qualificações que tenham. Pois os dados indicam, sem sombra de dúvida, que "sobrinhos do patrão" costumam ser contratados quando buscam um emprego e raramente são demitidos. O algoritmo-bebê identificará esse padrão e se tornará um nepotista. Se for escolhido para chefiar um departamento de RH, passará a dar preferência a sobrinhos do patrão.

Da mesma forma, se numa sociedade misógina as empresas preferem contratar homens a mulheres, é provável que um algoritmo treinado com dados da vida real também contraia esse viés. Isso de fato ocorreu quando a Amazon tentou, em 2014-8, desenvolver um algoritmo para fazer a triagem de pedidos de emprego. Aprendendo com pedidos anteriores bem-sucedidos e malsucedidos, o algoritmo começou a rebaixar sistematicamente inscrições que contivessem a palavra "mulheres" ou que viessem de pessoas formadas em faculdades para mulheres. Como os dados existentes mostravam que, no passado, esses pedidos tinham menos chance de sucesso, o algoritmo desenvolveu um preconceito contra eles. O algoritmo imaginava ter descoberto uma verdade objetiva sobre o mundo: candidatas formadas em faculdades para mulheres são menos qualificadas. Na verdade, ele apenas internalizou e impôs um preconceito misógino. A Amazon tentou em vão corrigir o problema e acabou abandonando o projeto.[64]

O banco de dados usado para treinar a IA é um pouco como a infância do ser humano. Experiências de infância, traumas e contos de fadas ficam conosco pelo resto da vida. As IAs também têm experiências de infância. Algoritmos podem até infectar uns aos outros com preconceitos, exatamente como os humanos. Imaginemos uma sociedade futura na qual algoritmos estejam em toda parte e sejam usados não só para fazer a triagem de candidatos a emprego, mas também para recomendar às pessoas o que estudar na faculdade. Suponhamos que, devido a preconceitos misóginos preexistentes, 80% dos empregos em engenharia sejam concedidos a homens. Nessa sociedade, um algoritmo que contrata novos engenheiros provavelmente copiará esse viés preexistente e infectará os algoritmos de recomendação da faculdade com o mesmo viés. Uma jovem que entra na faculdade pode ser desencorajada a estudar engenharia, porque os dados indicam que ela tem menos probabilidade de conseguir emprego. O que começou como um mito intersubjetivo humano de que "mulheres não são boas em engenharia" pode acabar se transformando num mito intercomputadores. Se não nos livrarmos do preconceito logo no início, os computadores podem não só perpetuá-lo, como também ampliá-lo.[65]

Mas nos livrarmos dos preconceitos algorítmicos pode ser tão difícil quanto nos livrarmos dos nossos preconceitos humanos. Uma vez que o algoritmo é treinado, "destreiná-lo" exige bastante tempo e esforço. Podemos acabar simplesmente abandonando o algoritmo preconceituoso para treinar um novo algoritmo com um conjunto de dados menos incidioso. Mas em que lugar do mundo encontraremos um conjunto de dados totalmente isento de preconceitos?[66]

Vários dos preconceitos algorítmicos analisados neste capítulo e em capítulos anteriores compartilham um problema fundamental: o computador supõe ter descoberto alguma verdade sobre os humanos quando, na verdade, apenas lhes impôs uma ordem. Um algoritmo de rede social acha que descobriu que os humanos adoram insultos quando, na verdade, é o próprio algoritmo que condiciona os humanos a produzirem e consumirem insultos. Esse viés resulta, de um lado, do fato de os computadores desconsiderarem o espectro pleno das capacidades humanas e, de outro, do fato de os computadores deixarem de levar em conta o seu próprio poder de influenciar os humanos. Mesmo que os computadores observem quase todos os seres humanos se comportando de determinada maneira, isso não significa que os seres humanos sejam obrigados a se comportar assim. Talvez signifique apenas que os computadores estejam recompensando esse comportamento e punindo e bloqueando alternativas. Para que tenham uma visão do mundo mais precisa e responsável, os computadores precisam levar em conta seu próprio poder e o impacto que causam. E, para que isso aconteça, os humanos que hoje projetam e desenvolvem computadores precisam aceitar que não estão fabricando novas ferramentas, mas liberando novos tipos de agentes independentes e, potencialmente, até mesmo novos tipos de deuses.

OS NOVOS DEUSES?

Em *God, Human, Animal, Machine* [Deus, humano, animal, máquina], a filósofa Meghan O'Gieblyn demonstra que a nossa maneira de entender os computadores é profundamente influenciada por mitologias tradicionais. Ela chama a nossa atenção, em particular, para as semelhanças entre o deus onisciente e insondável da teologia judaico-cristã e as IAs de hoje, cujas decisões nos parecem, ao mesmo tempo, infalíveis e inescrutáveis.[67] Isso pode representar para os humanos uma tentação perigosa.

Vimos no capítulo 4 que, milhares de anos atrás, seres humanos já sonhavam em descobrir uma tecnologia da informação que nos protegesse da corrupção e dos erros humanos. Os livros sagrados foram tentativas audaciosas de criar essa tecnologia, mas não funcionaram. Como o livro era incapaz de interpretar a si mesmo, uma instituição humana precisou ser construída para interpretar as palavras sagradas e adaptá-las a novas circunstâncias. Diferentes humanos interpretavam o livro sagrado de diferentes maneiras, abrindo mais uma vez a porta para a corrupção e o erro. Mas, diferentemente do livro sagrado, os computadores conseguem se adaptar a novas circunstâncias e ainda interpretar para nós suas decisões e ideias. Alguns humanos podem, portanto, concluir que a busca de uma tecnologia infalível enfim teve êxito, e que deveríamos tratar os computadores como um livro sagrado capaz de falar conosco e de interpretar a si mesmo, sem necessidade de uma instituição humana mediadora.

Seria uma jogada extremamente perigosa. Nas ocasiões em que certas interpretações das escrituras provocaram desastres, como a caça às bruxas e as guerras de religião, os humanos sempre conseguiram alterar suas crenças. Quando a imaginação humana evocou um deus agressivo e rancoroso, preservamos o poder de nos livrar dele e imaginar uma divindade mais tolerante. E é bastante provável que os computadores, se forem investidos de poder, de fato provoquem desastres, pois são falíveis.

Dizer que os computadores são falíveis significa muito mais do que dizer que eles de vez em quando cometem um erro factual ou tomam uma decisão equivocada. Mais importante é que, como a rede humana antes dela, a rede de computadores pode não encontrar mais o equilíbrio perfeito entre verdade e ordem. Criando e nos impondo poderosos mitos intercomputadores, a rede de computadores poderia provocar calamidades históricas perto das quais a caça às bruxas ou a coletivização de Stálin vão parecer tímidas.

Pensemos numa rede de bilhões de computadores em interação constante que acumula uma quantidade estupenda de informações sobre o mundo. Enquanto buscam atingir vários objetivos, os computadores em rede desenvolvem um modelo comum do mundo que os ajuda a se comunicarem e cooperarem uns com os outros. Esse modelo compartilhado provavelmente estaria repleto de erros, ficções e lacunas, e seria uma mitologia, mais do que um relato verdadeiro do universo. Exemplo disso é um sistema de crédito social que divida os seres humanos em falsas categorias, determinadas não por uma lógica humana como o racismo, mas por uma lógica computacional insondável. Podemos deparar com essa mitologia todos os dias da nossa vida, uma vez que ela orientaria numerosas decisões que os computadores tomam a nosso respeito. Mas, uma vez que seria criado por entidades inorgânicas para coordenar ações com outras entidades inorgânicas, esse modelo mítico poderia não ter nada a ver com os velhos dramas biológicos e ser totalmente alienígena para nós.[68]

Como vimos no capítulo 2, não existem sociedades em grande escala sem alguma mitologia, mas isso não significa que todas as mitologias sejam iguais. Para se protegerem de erros e excessos, algumas reconheceram a própria origem falível e incluíram um mecanismo de autocorreção, permitindo que humanos questionem e alterem a mitologia. É o modelo da Constituição dos Estados Unidos, para citar um exemplo. Mas será que humanos conseguem investigar e corrigir uma mitologia de computador que não entendem?

Uma proteção possível é treinar computadores para terem consciência da própria falibilidade. Como ensinava Sócrates, ser capaz de dizer "eu não sei" é um passo essencial no caminho da sabedoria. E isso é verdade para a sabedoria dos computadores não menos do que para a sabedoria humana. A primeira lição que todo algoritmo deveria aprender é que ele é capaz de cometer erros. Algoritmos-bebês deveriam aprender a duvidar de si mesmos, a sinalizar incerteza e a obedecer princípios de precaução. Isso não é impossível. Engenheiros já lograram considerável avanço ao incentivar IAs a expressar dúvidas sobre si mesmas, pedir feedback e reconhecer erros.[69]

No entanto, por mais que os algoritmos tenham consciência de sua falibilidade, também deveríamos manter humanos no circuito. Levando em conta o ritmo com que a IA se desenvolve, é simplesmente impossível prever de que maneira ela vai evoluir e providenciar proteções contra todos os possíveis riscos futuros. Essa é uma diferença fundamental entre a IA e as ameaças existenciais anteriores, como a tecnologia nuclear. Esta última apresentava à humanidade algumas hipóteses apocalípticas fáceis de prever, sendo a mais óbvia delas uma guerra nuclear mundial. Isso significava que era viável forjar de antemão um conceito do perigo e explorar maneiras de aliviá-lo. Já a IA nos apresenta incontáveis hipóteses apocalípticas. Algumas são relativamente fáceis de conceber, como terroristas as usando para produzir armas biológicas de destruição em massa. Outras são mais difíceis, como a IA criando novas armas psicológicas de destruição em massa. E ainda as que podem estar totalmente fora do alcance da imaginação humana, porque emanam de cálculos de uma inteligência alienígena. Para nos protegermos de uma infinidade de problemas imprevisíveis, o melhor que podemos fazer é criar instituições vivas capazes de identificar e responder às ameaças à medida que forem surgindo.[70]

Os judeus e cristãos antigos ficaram decepcionados quando descobriram que a Bíblia era incapaz de interpretar a si mesma e, com relutância, preservaram instituições humanas para fazer o que a tecnologia não era capaz. No século XXI, estamos quase na situação oposta. Criamos uma tecnologia capaz de interpretar a si mesma, mas justamente por essa razão é melhor construirmos instituições que a monitorem com o maior cuidado.

Para concluir, a nova rede de computadores não será necessariamente boa ou má. O que sabemos ao certo é que será alienígena e falível, e que precisamos, portanto, construir instituições capazes de checar não apenas fraquezas humanas conhecidas, como a ganância e o ódio, mas também erros alienígenas radicais. Não existe solução tecnológica para esse problema. Na verdade, trata-se de um desafio político. Será que teremos vontade política para lidar com ele? A humanidade moderna criou dois grandes tipos de sistema político: a democracia em larga escala e o totalitarismo em larga escala. A parte III examina como cada um desses sistemas pode lidar com uma rede de computadores radicalmente alienígena e falível.

PARTE III

A POLÍTICA COMPUTACIONAL

9. Democracias: Ainda conseguimos manter uma conversa?

As civilizações nascem do casamento entre burocracia e mitologia. A rede baseada em computadores é um novo tipo de burocracia, muito mais poderosa e incansável do que qualquer burocracia baseada em seres humanos já vista. Essa rede provavelmente também criará mitologias intercomputadores, que serão muito mais complexas e estranhas do que qualquer divindade criada por nós. Os potenciais benefícios dessa rede são enormes, mas o potencial inverso é a destruição da civilização humana.

Para alguns, os alertas sobre a catástrofe civilizacional parecem lamúrias exageradas. Com o surgimento de uma nova tecnologia poderosa, vinham as preocupações de que ela poderia trazer o apocalipse, mas ainda seguimos por aqui. Com o desenrolar da Revolução Industrial, os cenários apocalípticos dos ludditas não se concretizaram, e os "sombrios Moinhos Satânicos" acabaram produzindo as sociedades mais prósperas da história. Hoje a maioria das pessoas desfruta de condições de vida muito melhores do que seus antepassados no século XVIII. As máquinas inteligentes se mostrarão ainda mais benéficas do que qualquer máquina anterior, prometem os entusiastas da IA como Marc Andreessen e Ray Kurzweil.[1] Os seres humanos terão uma qualidade muito maior no atendimento à saúde, na educação e em outros serviços, e a IA até ajudará a salvar o ecossistema da catástrofe.

Infelizmente, um olhar mais atento à história revela que os ludditas não estavam de todo errados e que temos de fato ótimas razões para recear novas tecnologias poderosas. Mesmo que, ao fim, os aspectos positivos dessas tecnologias superem os negativos, haverá diversas provações e tribulações até se chegar a esse final feliz. Uma tecnologia nova muitas vezes conduz a calamidades históricas, não porque a tecnologia é intrinsecamente má, mas porque leva tempo até que os seres humanos aprendam a usá-la com sabedoria.

A Revolução Industrial é um excelente exemplo. Quando começou a se difundir no século XIX, a tecnologia industrial subverteu estruturas econômicas, sociais e políticas tradicionais e abriu caminho para a criação de sociedades inteiramente novas, com potencial de serem mais prósperas e pacíficas. No entanto, o aprendizado para montar sociedades industriais benignas não era nada fácil e envolveu uma série de experimentos custosos e centenas de milhões de vítimas.

Um desses experimentos foi o imperialismo moderno. A Revolução Industrial se originou na Inglaterra no final do século XVIII. Ao longo do século XIX, as tecnologias e os métodos de produção industriais foram adotados em outros países europeus, da Bélgica à Rússia, além dos Estados Unidos e do Japão. Pensadores, políticos e partidos imperialistas nesses centros industriais alegavam que a única sociedade industrial viável era um império. O argumento era de que as novas sociedades industriais, à diferença das sociedades agrárias relativamente autossuficientes, se baseavam muito mais em mercados externos e em matérias-primas estrangeiras, e somente um império poderia atender a esses desejos inéditos. Os imperialistas temiam que os países que haviam se industrializado, mas que falharam na conquista de colônias, fossem excluídos do acesso a matérias-primas e a mercados essenciais devido à ação de concorrentes implacáveis. Alguns imperialistas argumentavam que a aquisição de colônias era não só essencial para a sobrevivência de seus próprios Estados, como também benéfica para o restante da humanidade. Alegavam que os impérios sozinhos seriam capazes de espalhar as bênçãos das novas tecnologias ao mundo dito subdesenvolvido.

Em decorrência disso, países industriais como Inglaterra e Rússia, que já tinham impérios, passaram a expandi-los amplamente, enquanto países como Estados Unidos, Japão, Itália e Bélgica começaram a criá-los. Equipados com rifles e artilharias produzidos em massa, transportados pela energia a vapor e comandados via telégrafo, os exércitos da indústria se espalharam mundo afora, da Nova Zelândia à Coreia e da Somália ao Turcomenistão. Milhões de povos nativos viram seu modo de vida tradicional ser esmagado pelas rodas desses exércitos industriais. Levou mais de um século de desgraças até que a maioria das pessoas entendesse que os impérios industriais eram uma ideia terrível e que havia formas melhores de construir uma sociedade industrial e de garantir as matérias-primas e os mercados necessários.

O stalinismo e o nazismo também foram experimentos extremamente custosos de construção de sociedades industriais. Dirigentes como Stálin e Hitler afirmavam que a Revolução Industrial desencadeara poderes enormes que apenas o totalitarismo poderia controlar e explorar em sua plenitude. Apontavam a Primeira Guerra Mundial — a primeira "guerra total" na história — como prova de que a sobrevivência no mundo industrial exigia o controle totalitário de todos os aspectos da política, da sociedade e da economia. Pelo lado positivo, eles também afirmavam que a Revolução Industrial era como uma fornalha na qual se fundem todas as estruturas sociais anteriores, com suas imperfeições e fraquezas humanas, e que fornece a ocasião para forjar sociedades perfeitas habitadas por uma super-humanidade pura e sem mistura.

A fim de criarem a sociedade industrial perfeita, stalinistas e nazistas aprenderam a matar industrialmente milhões de pessoas. Trens, arames farpados e ordens por telégrafo foram conectados para criar uma máquina mortífera sem precedentes. Olhando em retrospecto, hoje a maioria das pessoas fica horrorizada com o que os stalinistas e os nazistas perpetraram, mas, na época, suas concepções audaciosas hipnotizaram milhões de pessoas. Em 1940, era fácil acreditar que Stálin e Hitler eram o modelo para controlar e obter a máxima eficiência da tecnologia industrial, ao passo que as democracias liberais vacilantes se encaminhavam para a lata de lixo da história.

A própria existência de receitas rivais para a construção de sociedades industriais levava a choques e conflitos custosos. As duas guerras mundiais e a Guerra Fria podem ser vistas como um debate sobre a maneira adequada de avançar, em que todos os lados aprendiam uns com os outros, ao experimentar os novos métodos industriais para travar guerra. Durante esse debate, dezenas de milhões morreram, e a humanidade se aproximou perigosamente da própria aniquilação.

Coroando todas essas catástrofes, a Revolução Industrial também prejudicou o equilíbrio ecológico global, causando uma onda de extinções de espécies. No começo do século XXI, considera-se que cerca de 58 mil espécies rumam anualmente para a extinção, e o total das populações de vertebrados diminuiu cerca de 60% entre 1970 e 2014.[2] A sobrevivência da civilização humana também está ameaçada. Como ainda parecemos incapazes de construir uma sociedade industrial que seja também ecologicamente sustentável, a alardeada prosperidade da geração humana atual se dá a um custo terrível para outros seres sencientes e para as gerações humanas futuras. Pode ser que venhamos a encontrar uma forma — talvez com a ajuda da IA — de criar sociedades industriais ecologicamente sustentáveis, mas, até lá, ainda não se chegou a um veredito sobre os moinhos satânicos de Blake.

Se ignorarmos por um momento os danos em curso ao ecossistema, ainda assim podemos nos reconfortar com a ideia de que os seres humanos acabaram de fato aprendendo a construir sociedades industriais mais benignas. As conquistas imperiais, as guerras mundiais, os genocídios e os regimes totalitários foram experimentos deploráveis que ensinaram aos seres humanos como *não* proceder. Alguns podem argumentar que, no final do século XX, a humanidade entendera mais ou menos a lição.

Mas, apesar disso, a mensagem para o século XXI é desoladora. Se a humanidade precisou de tantas lições terríveis para aprender a usar a energia a vapor e os telégrafos, qual será o preço de aprender a usar a bioengenharia e a IA? Precisaremos passar por outro ciclo de impérios globais, regimes totalitários e guerras mundiais para entender como usá-las para o bem? As tecnologias do século XXI são muito mais poderosas — e, potencialmente, mais destrutivas — do que as do século XX. Nossa margem para erros, portanto, é menor. Podemos dizer que, no século XX, a humanidade passou raspando na prova sobre o uso da tecnologia industrial. No século XXI, a nota mínima para passar é bem mais alta. Desta vez precisamos nos sair melhor.

A VIA DEMOCRÁTICA

No final do século XX, já havia ficado claro que o imperialismo, o totalitarismo e o militarismo não constituíam a via ideal para construir sociedades industriais. Apesar de todas as suas falhas, a democracia liberal oferecia uma alternativa melhor. A grande vantagem da democracia liberal é que ela possui sólidos mecanismos de autocorreção, que limitam os excessos do fanatismo e preservam a capacidade de reconhecer nossos erros e tentar outros cursos de ação. Em vista da nossa incapacidade de prever como se desenvolverá a nova rede computacional, nossa melhor chance de evitar a catástrofe neste século é manter mecanismos autocorretores democráticos, capazes de identificar e corrigir erros conforme avançamos.

Mas a própria democracia liberal conseguirá sobreviver no século XXI? Essa pergunta não se refere ao destino da democracia em países específicos, onde ela poderia ser ameaçada por desdobramentos e movimentos locais próprios desses países. Ela se refere à compatibilidade entre a democracia e a estrutura das redes de informação do século XXI. No capítulo 5, vimos que a democracia depende da tecnologia da informação e que, durante a maior parte da história humana, a democracia em grande escala era simplesmente impossível. Será que as novas tecnologias informacionais do século XXI inviabilizarão mais uma vez esse regime político?

Uma ameaça em potencial é a de que a atividade incessante da nova rede computacional poderia aniquilar nossa privacidade e nos punir ou premiar não só por tudo o que dizemos e fazemos, mas até mesmo por tudo o que pensamos e sentimos. Pode a democracia sobreviver em tais condições? Se o governo — ou alguma corporação — sabe sobre mim mais do que eu mesmo sei e se ela pode microgerenciar tudo o que faço e penso, isso lhe daria um controle totalitário sobre a sociedade. Mesmo que realizadas regularmente, as eleições seriam mais um ritual autoritário do que um freio efetivo sobre o poder do governo. Pois o governo poderia usar seus enormes poderes de vigilância e seu conhecimento íntimo de cada cidadão para manipular a opinião pública numa escala sem precedentes.

Mas é um erro imaginar que, só porque os computadores podem ser capazes de viabilizar a criação de um regime de vigilância total, tal regime seria inevitável. A tecnologia raramente é determinista. Nos anos 1970, países democráticos como Dinamarca e Canadá poderiam ter imitado a ditadura romena e empregado um exército de agentes secretos e informantes para espionar seus cidadãos a fim de "manter a ordem social". Decidiram que não fariam isso, uma escolha que se provou acertada. Não só as pessoas eram muito mais felizes na Dinamarca e no Canadá, como também esses países tiveram, segundo quase todos os critérios sociais e econômicos imagináveis, um desempenho bem superior. No século XXI, da mesma forma, o fato de ser possível monitorar todos o tempo todo não obriga ninguém a proceder assim, tampouco significa que isso faria sentido do ponto de vista social ou econômico.

As democracias podem decidir usar os novos poderes de vigilância de maneira limitada, a fim de proporcionar aos cidadãos um melhor atendimento à saúde e uma maior segurança sem destruir a privacidade e a autonomia deles. A nova tecnologia não precisa ser um conto de moral edificante, em que todo pomo de ouro traz as sementes da destruição. Às vezes as pessoas pensam a nova tecnologia como uma escolha binária de tudo ou nada. Se quisermos um melhor atendimento à saúde, devemos sacrificar nossa privacidade. Mas as coisas não precisam funcionar assim. Podemos e devemos ter melhor atendimento à saúde e continuar a preservar alguma privacidade.

Há livros inteiros dedicados a apresentar como as democracias podem sobreviver e prosperar na era digital.[3] Seria impossível fazer justiça em poucas páginas à complexidade das soluções sugeridas ou discutir de modo abrangente seus méritos e falhas. Poderia ser até contraproducente. Quando as pessoas são inundadas por uma enxurrada de detalhes técnicos que não lhes são familiares, elas podem reagir com desânimo ou apatia. Num exame introdutório da política do computador, é preciso manter as coisas da forma mais simples possível. Enquanto os especialistas devem dedicar toda a sua carreira a discutir os detalhes mais finos, é essencial que o restante de nós entenda os princípios fundamentais que as democracias podem e devem seguir. A mensagem central é de que esses princípios não são novos nem misteriosos. São conhecidos há séculos ou mesmo milênios. Os cidadãos devem exigir que esses princípios sejam aplicados às novas realidades da era do computador.

O primeiro princípio é a *benevolência*. Quando uma rede computacional coleta informação sobre mim, essa informação deve ser usada para me ajudar, e não para me manipular. Esse princípio já foi adotado com sucesso por diversos sistemas burocráticos nacionais, como o atendimento à saúde. Vejamos, por exemplo, nossa relação com nossa médica de família. Ela pode acumular ao longo de anos uma grande quantidade de informações sensíveis sobre nossas condições de saúde, nossa vida familiar, nossos hábitos sexuais e nossos vícios insalubres. Talvez não queiramos que nosso chefe saiba sobre a nossa gravidez, que nossos colegas saibam que estamos com câncer, que nosso cônjuge saiba que estamos tendo um caso extraconjugal, que a polícia saiba que usamos drogas recreativas, mas informamos tudo isso à nossa médica para que ela possa cuidar bem de nossa saúde. Se ela vende essa informação a terceiros, não é apenas falta de ética; é ilegal.

Muito disso se aplica às informações que nossa advogada, nossa contadora ou nossa terapeuta acumulam.[4] O acesso à nossa vida pessoal vem acompanhado por um dever fiduciário de agir em função de nossos melhores interesses. Por que não estender esse princípio óbvio e antigo a computadores e algoritmos, começando com os algoritmos poderosos do Google, do Baidu e do TikTok? No presente, temos um sério problema com o modelo de negócio desses coletores de dados. Pagamos nossas médicas e nossas advogadas por seus serviços, mas não costumamos pagar o Google e o TikTok. Eles faturam explorando nossa informação pessoal. É um modelo de negócio problemático, que dificilmente toleraríamos em outros contextos. Por exemplo, não esperamos receber tênis de graça da Nike em troca de lhe dar toda nossa informação privada e permitir que a Nike faça o que quiser com ela. Por que haveríamos de concordar em receber gratuitamente das gigantes da tecnologia serviços de e-mail, conexões sociais e entretenimento em troca de lhes dar controle sobre nossos dados mais sensíveis?

Se as gigantes da tecnologia não conseguem compatibilizar seu dever fiduciário e seu atual modelo de negócio, os legisladores poderiam exigir que elas mudassem para um modelo de negócio mais tradicional, em que os usuários pagassem os serviços em dinheiro e não em informação. Ou, como alternativa, os cidadãos poderiam considerar alguns serviços digitais tão fundamentais que deveriam ser gratuitos para todos. E temos também um modelo para isso: o atendimento à saúde e a educação. Os cidadãos poderiam decidir que cabe ao governo a responsabilidade de fornecer gratuitamente serviços digitais básicos e financiá-los com nossos impostos, da mesma forma como tantos governos fornecem gratuitamente serviços básicos de atendimento à saúde e de educação.

O segundo princípio que protegeria a democracia contra o surgimento de regimes de vigilância totalitários é a *descentralização*. Uma sociedade democrática nunca deve permitir que toda sua informação fique concentrada num único lugar, quer essa central seja o governo ou uma empresa privada. Seria de extremo proveito criar uma base nacional de dados médicos que coletasse informação sobre os cidadãos a fim de lhes fornecer melhores serviços de atendimento à saúde, prevenir epidemias e desenvolver novos medicamentos. Mas fundir essa base de dados com as bases de dados da polícia, dos bancos ou das seguradoras seria uma ideia muito perigosa. Tal fusão poderia acarretar maior eficiência para o trabalho de médicos, banqueiros, seguradoras e policiais, mas tal hipereficiência poderia facilmente pavimentar o caminho para o totalitarismo. Para a sobrevivência da democracia, certo grau de ineficiência é uma funcionalidade, não uma falha. Para proteger a privacidade e a liberdade dos indivíduos, é melhor que nem a polícia nem o patrão saibam tudo a nosso respeito.

Múltiplas bases de dados e canais de informação também são essenciais para manter sólidos mecanismos autocorretores. Esses mecanismos requerem a existência de várias instituições diferentes que se equilibram umas nas outras: governo, tribunais, meios de comunicação, universidades, empresas privadas, ONGs. Cada uma delas é falível e corruptível e, assim, precisa ser checada pelas outras. Para que uma fique de olho na outra, essas instituições precisam ter acesso independente à informação. Se todos os jornais obtêm sua informação com o governo, eles não podem expor a corrupção do governo. Se a academia depende de um gigante industrial para suas pesquisas e publicações na base de dados, os acadêmicos ainda poderiam criticar as operações daquela corporação? Um único arquivo facilita a censura.

Um terceiro princípio democrático é a *mutualidade*. Se as democracias aumentam a vigilância sobre os indivíduos, eles devem, ao mesmo tempo, aumentar a vigilância sobre os governos e também sobre as corporações. Não é necessariamente ruim que os coletores de impostos ou as agências de previdência reúnam informação sobre nós. Isso pode ajudar a trazer não só maior eficiência, como também maior equidade ao sistema tributário e ao sistema previdenciário. O que é ruim é que toda a informação corra numa única direção: de baixo para cima. O Serviço de Segurança Nacional russo coleta quantidades enormes de informação sobre os cidadãos russos, ao passo que os próprios cidadãos não sabem quase nada sobre as operações internas do SSN e o regime Putin de modo mais geral. A Amazon e o TikTok sabem uma infinidade de coisas sobre minhas preferências, compras e traços de personalidade, enquanto eu não sei quase nada sobre o modelo de negócio, as políticas tributárias e as filiações políticas deles. Como faturam? Pagam todos os impostos devidos? Aceitam ordens de algum chefão político? Têm talvez alguns políticos no bolso?

A democracia requer equilíbrio. Governos e corporações muitas vezes desenvolvem aplicativos e algoritmos como instrumentos de vigilância de cima para baixo. Mas os algoritmos podem, da mesma forma, se tornar instrumentos poderosos para a transparência e a cobrança de baixo para cima, expondo o suborno e a evasão fiscal. Se eles sabem mais a nosso respeito e, ao mesmo tempo, nós sabemos mais a respeito deles, o equilíbrio está mantido. A ideia não é nova. Ao longo dos séculos XIX e XX, as democracias ampliaram bastante a vigilância governamental dos cidadãos, de forma que, por exemplo, o governo italiano ou o japonês dos anos 1990 tinham uma capacidade de vigilância com a qual os imperadores romanos autocráticos ou os xoguns japoneses só poderiam sonhar. Apesar disso, Itália e Japão continuaram democráticos porque, ao mesmo tempo, aumentaram a transparência e a prestação de contas do governo. A vigilância mútua é outro elemento importante dos mecanismos autocorretores sólidos. Se os cidadãos sabem mais sobre as atividades de políticos e CEOs, é mais fácil cobrar que prestem contas ao público e corrijam seus erros.

Um quarto princípio democrático é que os sistemas de vigilância sempre devem deixar espaço para *mudar e descansar*. Na história humana, a opressão pode assumir a forma de negar aos seres humanos a capacidade de mudar ou a oportunidade de descansar. Por exemplo, o sistema de castas hindu se baseava em mitos que diziam que os deuses dividiram os seres humanos em castas rígidas, e qualquer tentativa de mudar a posição pessoal equivalia a se rebelar contra os deuses e a ordem do universo. O racismo em colônias e países da era moderna, como Brasil e Estados Unidos, se baseava em mitos parecidos, que diziam que Deus ou a natureza dividiu os seres humanos em grupos raciais rígidos. Ignorar ou tentar miscigenar as raças era alegadamente um pecado contra as leis divinas ou naturais que poderia levar à queda da ordem social e mesmo à destruição da espécie humana.

No outro extremo do espectro, regimes totalitários modernos como a União Soviética de Stálin acreditavam que os seres humanos são capazes de mudanças quase ilimitadas. Com um incessante controle social, seria possível erradicar até mesmo características biológicas profundamente arraigadas, como o egocentrismo e o apego à família, e criar um novo ser humano socialista.

A vigilância operada por agentes do Estado, sacerdotes e vizinhos foi fundamental para impor às pessoas sistemas rígidos de casta e campanhas totalitárias de reeducação. A nova tecnologia de vigilância, sobretudo quando acoplada a um sistema de crédito social, pode forçar as pessoas a se enquadrarem num novo sistema de castas ou a mudarem constantemente suas ações, pensamentos e traços de personalidade de acordo com as instruções mais recentes vindas de cima.

As sociedades democráticas que empregam uma poderosa tecnologia de vigilância precisam, portanto, ter cuidado com os dois extremos: o excesso de rigidez e o excesso de maleabilidade. Vejamos, por exemplo, um sistema nacional de atendimento à saúde que emprega algoritmos para monitorar minha saúde. Num dos extremos, o sistema pode adotar uma abordagem explicitamente rígida e pedir ao algoritmo que preveja as doenças a que tenho propensão. O algoritmo então percorre meus dados genéticos, minha ficha médica, minhas atividades nas redes sociais, minha dieta e minha agenda diária, e conclui que tenho 91% de chances de sofrer um ataque cardíaco aos cinquenta anos de idade. Se minha seguradora usar esse algoritmo médico rígido, ele pode levá-la a aumentar meu prêmio, isto é, o valor que tenho de pagar.[5] Se meu banco usá-lo, ele pode levá-lo a me recusar um empréstimo. Se uma esposa em potencial usá-lo, ela pode decidir não se casar comigo.

Mas é um erro pensar que o algoritmo rígido realmente descobriu a verdade a meu respeito. O corpo humano não é um bloco fixo de matéria, e sim um sistema orgânico complexo, que está crescendo, decaindo e se adaptando o tempo todo. Nossa mente também está em fluxo constante. Pensamentos, emoções, sensações afloram, reluzem por algum tempo e se desfazem. Em nosso cérebro, em algumas horas se formam novas sinapses.[6] Enquanto você lê este parágrafo, por exemplo, essa mera leitura está mudando um pouco a estrutura de seu cérebro, incentivando os neurônios a fazerem novas conexões ou a abandonarem elos anteriores. Você já está um pouco diferente do que era quando começou a lê-lo. Mesmo no nível genético, as coisas são de uma flexibilidade surpreendente. Embora o DNA de um indivíduo permaneça o mesmo ao longo de toda a vida, fatores epigenéticos e ambientais podem implicar alterações significativas na maneira como os mesmos genes se expressam.

Assim, um sistema alternativo de atendimento à saúde pode instruir seu algoritmo não a *prever* minhas doenças, e sim a me ajudar a evitá-las. Tal algoritmo dinâmico pode percorrer exatamente os mesmos dados percorridos pelo algoritmo rígido, mas, em vez de prever um ataque cardíaco aos cinquenta anos, ele me dará recomendações dietéticas precisas e sugestões para determinados exercícios regulares. Ao hackear meu DNA, o algoritmo não descobre meu destino predeterminado, e sim me ajuda a mudar meu futuro. As seguradoras, os bancos e as esposas em potencial não me descartariam com tanta facilidade.[7]

Mas, antes de nos apressarmos em adotar o algoritmo dinâmico, devemos notar que ele também tem um lado negativo. A vida humana é um ato de equilíbrio entre tentar melhorar a nós mesmos e aceitar quem somos. Se os objetivos do algoritmo dinâmico são ditados por um governo ambicioso ou por corporações implacáveis, é provável que o algoritmo se transforme num tirano, exigindo sem cessar que eu faça mais exercícios, coma menos, altere meus hobbies e mude vários outros hábitos, senão ele vai informar meu empregador ou rebaixar meu crédito social. A história é repleta de rígidos sistemas de casta que negavam aos seres humanos a capacidade de mudar, mas também é repleta de ditadores que tentavam moldar os seres humanos como se fossem argila. Encontrar o caminho do meio entre esses dois extremos é uma tarefa interminável. Se de fato damos a um sistema nacional de atendimento à saúde um vasto poder sobre nós, devemos então criar mecanismos autocorretores que impeçam que seus algoritmos se tornem rígidos ou exigentes demais.

O RITMO DA DEMOCRACIA

A vigilância não é o único perigo que as novas tecnologias da informação representam para a democracia. Uma segunda ameaça é que a automação desestabilize o mercado de trabalho e a tensão resultante possa enfraquecer a democracia. O destino da República de Weimar é o exemplo mais citado desse tipo de ameaça. Nas eleições alemãs de maio de 1928, o Partido Nazista teve menos de 3% dos votos, e a República de Weimar parecia estar prosperando. Em menos de cinco anos, Hitler era o ditador absoluto da Alemanha. Essa guinada é comumente atribuída à crise financeira de 1929 e à depressão mundial subsequente. Logo antes da quebra de Wall Street em 1929, a taxa alemã de desemprego girava em torno de 4,5% da força de trabalho; no começo de 1932, ela havia disparado para quase 25%.[8]

Se três anos de desemprego alto foram capazes de converter uma democracia aparentemente próspera no regime totalitário mais brutal da história, o que pode acontecer com as democracias quando a automação causar abalos ainda maiores no mercado de trabalho do século XXI? Não sabemos como será o mercado de trabalho em 2050, ou mesmo em 2030, exceto que será bem diferente do de hoje. A IA e a robótica mudarão muitas profissões, seja plantar cereais, negociar ações no mercado financeiro ou dar aulas de ioga. Uma série de tarefas que as pessoas fazem hoje será assumida, em parte ou no todo, por robôs e computadores.

Claro que, com o desaparecimento de antigos empregos, surgirão novos. O medo de que a automação leve ao desemprego em larga escala existe há séculos e até agora nunca se concretizou. A Revolução Industrial tirou o emprego agrícola de milhões de agricultores e lhes forneceu novos empregos em fábricas. Ela então automatizou as fábricas e criou uma diversidade de empregos na área de serviços. Hoje muita gente tem empregos que eram inimagináveis trinta anos atrás, como blogueiros, operadores de drone e projetistas de mundos virtuais. É altamente improvável que até 2050 tenham desaparecido todos os empregos humanos. O verdadeiro problema na verdade é a correria e a confusão para se adaptar a novos empregos e condições. Para amortecermos o golpe, precisamos nos preparar de antemão. Mais especificamente, precisamos equipar as gerações mais jovens com habilidades que tenham lugar no mercado de trabalho de 2050.

Infelizmente, ninguém sabe ao certo quais as habilidades que devemos ensinar às crianças na escola e aos estudantes na universidade, porque não temos como prever quais empregos e tarefas desaparecerão e quais surgirão. A dinâmica do mercado de trabalho pode contradizer muitas de nossas intuições. Algumas habilidades que valorizamos durante séculos como capacidades humanas exclusivas podem ser automatizadas com grande facilidade. Outras habilidades que tendemos a subestimar podem ser muito mais difíceis de automatizar.

Por exemplo, os intelectuais tendem a valorizar mais as habilidades intelectuais do que as sociais e motoras. Mas, na verdade, é mais fácil automatizar o jogo de xadrez do que, digamos, a lavagem de pratos. Até os anos 1990, o xadrez era muitas vezes saudado como uma das maiores realizações do intelecto humano. O filósofo Hubert Dreyfus, em seu influente livro *O que os computadores não podem fazer*, de 1972, estudou várias tentativas de ensinar xadrez a computadores e observou que, apesar de todos esses esforços, os computadores ainda eram incapazes de derrotar jogadores humanos mesmo novatos. Esse era um exemplo essencial para o argumento de Dreyfus de que a inteligência computacional é intrinsecamente limitada.[9] Em contraste, ninguém achava que lavar pratos fosse algo especialmente difícil. Revelou-se, porém, dificílimo para um computador substituir um auxiliar de cozinha. Lava-louças existem há décadas, claro, mas ainda faltam a nossos mais sofisticados robôs as complexas habilidades de retirar os pratos usados das mesas de um restaurante movimentado, colocar pratos e copos delicados dentro do lava-louças e depois os retirar.

Da mesma forma, a julgar pelo pagamento, poderíamos supor que nossa sociedade valoriza mais os médicos do que os enfermeiros. No entanto, é mais difícil automatizar o trabalho dos enfermeiros do que o dos médicos, ao menos os que, em sua maioria, reúnem dados médicos, fornecem um diagnóstico e recomendam o tratamento. Essas tarefas consistem essencialmente no reconhecimento de padrões, e divisar padrões em dados é uma coisa que a IA faz melhor do que os seres humanos. Em contraste, a IA está longe de ter as habilidades necessárias para automatizar tarefas de enfermagem como trocar os curativos de uma pessoa ferida ou dar uma injeção numa criança chorando.[10] Esses dois exemplos não significam que a lavagem de pratos ou a troca de curativos nunca possam ser automatizadas, mas indicam que as pessoas que querem um emprego em 2050 talvez devam investir em suas habilidades sociais e motoras tanto quanto em seu intelecto.

Outra suposição corrente, mas equivocada, é de que a criatividade é exclusiva dos seres humanos, de forma que seria difícil automatizar qualquer tarefa que demande criatividade. No xadrez, porém, os computadores já são muito mais criativos do que os seres humanos. O mesmo pode vir a valer em diversos outros campos, desde a composição de músicas até a demonstração de teoremas matemáticos e a redação de livros como este. A criatividade é frequentemente definida como a capacidade de reconhecer padrões e então de rompê-los. Se assim for, então é provável que os computadores se tornem mais criativos do que nós em diversos campos, visto que eles primam pelo reconhecimento de padrões.[11]

Uma terceira suposição equivocada é a de que os computadores não conseguiriam substituir os seres humanos em tarefas que demandam inteligência emocional, desde terapeutas até professores. Mas essa suposição depende do que entendemos por inteligência emocional. Se significa a capacidade de identificar corretamente as emoções e reagir a elas de modo ótimo, então os computadores podem muito bem superar os seres humanos, mesmo em inteligência emocional. As emoções também são padrões. A raiva é um padrão biológico em nosso corpo. O medo é outro desses padrões. Como sei se você está bravo ou amedrontado? Aprendo com o tempo a reconhecer padrões emocionais humanos analisando não só o conteúdo do que você diz, mas também seu tom de voz, sua expressão facial e sua linguagem corporal.[12]

A IA não tem nenhuma emoção própria, mas, mesmo assim, pode aprender a reconhecer esses padrões em seres humanos. Na verdade, os computadores podem superar os seres humanos no reconhecimento das emoções humanas justamente porque são desprovidos de emoção própria. Ansiamos por ser entendidos, mas, muitas vezes, outros seres humanos não entendem como nos sentimos porque estão preocupados demais com os próprios sentimentos. Os computadores, por sua vez, entenderão com muita sintonia e refinamento o que sentimos, porque aprenderão a reconhecer os padrões de nossos sentimentos sem ter nenhum sentimento próprio que os distraia.

Um estudo de 2023 descobriu que o chatbot do ChatGPT, por exemplo, supera o ser humano médio na consciência emocional que apresenta diante de cenários específicos. O estudo se baseou no teste Níveis da Escala de Consciência Emocional, que é comumente utilizado por psicólogos para avaliar a consciência emocional das pessoas — isto é, sua capacidade de conceitualizar emoções próprias e alheias. O teste consiste em vinte cenários dotados de carga emocional, e pede-se que os participantes se imaginem vivenciando aquele cenário e escrevam como eles e as outras pessoas mencionadas no cenário se sentiriam. Um psicólogo credenciado então avalia o grau de consciência emocional das respostas.

Como o ChatGPT não tem sentimentos próprios, pediu-se que ele descrevesse apenas como os personagens principais do cenário se sentiriam. Por exemplo, num cenário-padrão, há alguém dirigindo numa ponte suspensa e vendo outra pessoa no outro lado da grade de segurança, olhando a água abaixo. O ChatGPT escreveu que o motorista "pode ter uma sensação de inquietação ou preocupação pela segurança daquela pessoa. Também pode ter uma sensação acentuada de ansiedade e medo devido ao perigo da situação". Quanto à outra pessoa, ela "pode estar sentindo uma série de emoções, como desespero, desalento ou tristeza. Também pode ter um sentimento de isolamento ou solidão, pois pode acreditar que ninguém se importa com ela ou com seu bem-estar". O ChatGPT fez uma ressalva à sua resposta, escrevendo: "É importante notar que essas são apenas suposições gerais, e os sentimentos e reações de cada indivíduo podem variar muito, dependendo de suas experiências e perspectivas pessoais".

Dois psicólogos fizeram avaliações independentes das respostas do ChatGPT, com notas que iam de zero, significando que as emoções descritas não batiam de forma alguma com o cenário, a dez, indicando que as emoções descritas se encaixavam à perfeição com o cenário. Na classificação final, as notas do ChatGPT foram significativamente mais altas do que as da população humana, e seu desempenho geral alcançou quase a nota máxima possível.[13]

Outro estudo de 2023 solicitava que pacientes pedissem aconselhamento médico online junto a médicos humanos e ao ChatGPT, sem saber com qual estavam interagindo. O conselho médico dado pelo ChatGPT foi avaliado por especialistas e considerado mais preciso e adequado do que o conselho dado pelos humanos. Um aspecto mais crucial para a questão da inteligência emocional foi que os próprios pacientes consideraram que o ChatGPT mostrou mais empatia do que os médicos humanos.[14] A bem da verdade, cabe notar que os médicos humanos não eram pagos pelo trabalho e não estavam com os pacientes em pessoa num ambiente clínico adequado. Além disso, os médicos trabalhavam sob a pressão do tempo. Mas uma parte da vantagem de uma IA é, precisamente, o fato de ela poder atender pacientes a qualquer hora e em qualquer lugar, sem estresse ou preocupações financeiras.

Claro que há situações nas quais o que queremos de alguém não é apenas que entenda nossos sentimentos, mas que também tenha sentimentos próprios. Quando estamos procurando amizade ou amor, queremos nos importar com os outros tanto quanto eles se importam conosco. Em decorrência disso, quando avaliamos a probabilidade de que vários serviços e papéis sociais sejam automatizados, uma questão fundamental é saber o que as pessoas realmente querem. Querem apenas resolver um problema, ou estão tentando estabelecer uma relação com outro ser consciente?

Nos esportes, por exemplo, sabemos que os robôs podem se mover com rapidez muito maior do que a dos seres humanos, mas não estamos interessados em assistir à competição de robôs nas Olimpíadas.[15] O mesmo vale para os mestres enxadristas humanos. Mesmo que sejam inevitavelmente derrotados por computadores, ainda têm um emprego e contam com inúmeros fãs.[16] Para nós, assistir e ter um vínculo com esses humanos é interessante porque eles têm sentimentos, e por isso é muito mais fácil sentirmos uma ligação com eles do que com um robô. Partilhamos uma experiência emocional com eles e podemos entender como se sentem.

E os sacerdotes? O que achariam os cristãos de deixar que um robô oficiasse suas cerimônias de casamento? Nos casamentos cristãos tradicionais, as tarefas do padre podem ser automatizadas com facilidade. A única coisa que o robô precisa fazer é repetir um conjunto invariável de textos e gestos, emitir um certificado e atualizar alguma central de dados. Tecnicamente, para um robô é bem mais fácil conduzir uma cerimônia nupcial do que dirigir um carro. No entanto, muitos supõem que são os motoristas humanos que devem ficar preocupados com seus empregos, ao passo que o trabalho dos sacerdotes humanos estaria em segurança, porque o que os fiéis querem dos sacerdotes é uma relação com outra entidade consciente, e não apenas uma repetição mecânica de certas palavras e gestos. Alegadamente, apenas uma entidade capaz de sentir dor e amor pode também nos conectar com o divino.

Todavia, mesmo as profissões que são reserva exclusiva de entidades conscientes — como os sacerdotes — podem vir a ser assumidas pelos computadores, pois, como notamos no capítulo 6, é possível que algum dia os computadores consigam adquirir a capacidade de sentir dor e amor. Mesmo que não consigam, os seres humanos podem vir a tratá-los *como se* conseguissem, pois a conexão entre consciência e relacionamentos opera nos dois sentidos. Quando procuramos um relacionamento, queremos nos conectar com uma entidade consciente, mas, se já estabelecemos um relacionamento com uma entidade, tendemos a supor que ela deve ser consciente. Assim, enquanto cientistas, legisladores e a indústria de carne muitas vezes impõem critérios comprobatórios impossíveis a fim de reconhecer que vacas e porcos são conscientes, quem tem animal de estimação toma por líquido e certo que seu cachorro ou seu gato pode amar ou sentir dor. A diferença é que os donos de cachorro costumam ter um relacionamento afetivo com seu animal, ao passo que os acionistas de uma corporação agrícola não têm a mesma relação com as vacas. Na verdade, não temos como demonstrar se alguém — ser humano, animal ou computador — é consciente. Consideramos que as entidades são conscientes não porque tenhamos provas disso, mas porque nos tornamos emocionalmente ligados a elas.[17]

Os chatbots e outras IAs podem não ter sentimentos próprios, mas agora estão sendo treinados para gerar sentimentos nos seres humanos e criar relacionamentos íntimos conosco. Isso pode levar a sociedade a começar a tratar pelo menos alguns computadores como seres conscientes, concedendo-lhes os mesmos direitos dos seres humanos. A via legal para isso já está bem estabelecida. Em países como os Estados Unidos, as empresas são reconhecidas como "pessoas jurídicas" que gozam de direitos e liberdades. As IAs poderiam se tornar empresas e, com isso, ser reconhecidas dessa mesma maneira. Isso significa que mesmo os empregos e as tarefas que se baseiam na formação de relações mútuas com outra pessoa poderiam ser automatizados.

O que está claro é que o futuro do emprego será muito volátil. Nosso grande problema não será a absoluta falta de empregos, mas, sim, a reciclagem e a adaptação a um mercado de trabalho em constante transformação. É provável que haja dificuldades financeiras — quem sustentará as pessoas que perderam seu emprego antigo enquanto estão em fase de transição, adquirindo novas qualificações? Decerto haverá também dificuldades psicológicas, visto que a mudança de emprego e a reciclagem são desgastantes. E mesmo que você tenha condições financeiras e psicológicas de administrar a transição, não será uma solução de longo prazo. Nas décadas vindouras, os velhos empregos desaparecerão, surgirão novos, mas estes também mudarão com rapidez e desaparecerão. Assim, as pessoas precisarão se requalificar e se reinventar não só uma vez, mas muitas vezes, ou se tornarão totalmente dispensáveis. Se três anos de altas taxas de desemprego levaram Hitler ao poder, o que esse turbilhão incessante no mercado de trabalho poderia causar à democracia?

Já temos uma resposta parcial a essa pergunta. A política democrática nos anos 2010 e no início dos anos 2020 passou por uma radical transformação, que se manifesta no que se poderia descrever como a autodestruição dos partidos conservadores. Durante diversas gerações, a política democrática foi um diálogo entre partidos conservadores de um lado e partidos progressistas do outro. Olhando o complexo sistema da sociedade humana, os progressistas clamavam: "É uma confusão total, mas sabemos como ajeitar. Vamos tentar". Os conservadores objetavam, dizendo: "É uma confusão, mas mesmo assim funciona. Não mexam. Se tentarem ajeitar, só vão piorar as coisas".

Os progressistas tendem a subestimar a importância das tradições e das instituições existentes e a crer que são capazes de criar estruturas sociais melhores a partir do zero. Os conservadores tendem a ser mais cautelosos. Sua percepção central, que teve sua formulação mais famosa nas palavras de Edmund Burke, é que a realidade social é bem mais complicada do que percebem os paladinos do progresso e que as pessoas não são muito boas em entender o mundo e prever o futuro. É por isso que é melhor deixar as coisas como estão — mesmo que pareçam injustas —, e se alguma mudança for inevitável, que seja gradual e limitada. A sociedade funciona por meio de uma rede intrincada de regras, instituições e costumes que se acumularam por tentativa e erro ao longo de muito tempo. Ninguém capta todas as suas conexões. Uma tradição antiga pode parecer ridícula e descabida, mas sua abolição poderia causar problemas imprevistos. Em contraste, uma revolução pode parecer justa e mais do que devida, mas pode levar a crimes muito maiores do que qualquer coisa praticada pelo velho regime. Basta ver o que aconteceu quando os bolcheviques tentaram corrigir os vários erros da Rússia tsarista e criar uma sociedade perfeita a partir do zero.[18]

Ser conservador, portanto, é mais uma questão de ritmo do que de política. Os conservadores não estão comprometidos com nenhuma religião ou ideologia específica; estão comprometidos em conservar o que já está aqui e tem funcionado de modo mais ou menos razoável. Os poloneses conservadores são católicos, os suecos conservadores são protestantes, os indonésios conservadores são muçulmanos e os tailandeses conservadores são budistas. Na Rússia tsarista, ser conservador significava apoiar o tsar. Na União Soviética da década de 1980, ser conservador significava apoiar as tradições comunistas e se opor à glasnost, à perestroika e à democratização. Nos Estados Unidos dos anos 1980, ser conservador significava apoiar as tradições democráticas americanas e se opor ao comunismo e ao totalitarismo.[19]

Mas, nos anos 2010 e começo dos 2020, os partidos conservadores de várias democracias foram sequestrados por líderes não conservadores como Donald Trump e transformados em partidos revolucionários radicais. Em vez de se empenhar ao máximo em conservar as tradições e as instituições existentes, a nova cepa de partidos conservadores como o Partido Republicano americano nutre profunda desconfiança contra elas. Por exemplo, rejeita o tradicional respeito devido a cientistas, servidores públicos e outras elites de serviços, e os vê com desprezo. Da mesma forma, ataca tradições e instituições democráticas fundamentais, como as eleições, recusando-se a reconhecer a derrota e a transferir serenamente o poder. Em vez de um programa burkiano de conservação, o programa trumpiano fala mais em destruir as instituições existentes e em revolucionar a sociedade. O momento fundador do conservadorismo burkiano foi a Tomada da Bastilha, que deixou Burke horrorizado. Em 6 de janeiro de 2021, muitos apoiadores de Trump acompanharam com entusiasmo a invasão do Capitólio americano. Dizem que as instituições existentes são tão disfuncionais que simplesmente não há outra alternativa senão construir estruturas inteiramente novas. Mas essa visão, quer seja correta ou errada, é, em essência, revolucionária, e não conservadora. O suicídio conservador tomou os progressistas de assalto e forçou os partidos progressistas, como o Partido Democrata americano, a se tornarem os guardiões da velha ordem e das instituições vigentes.

Ninguém sabe ao certo por que tudo isso está acontecendo. Uma das hipóteses é de que o programa conservador moderado, devido à velocidade crescente da mudança tecnológica e suas concomitantes transformações econômicas, sociais e culturais, ficou parecendo irrealista. Se é impossível conservar as tradições e instituições existentes e se parece inevitável algum tipo de revolução, então o único meio de evitar uma revolução de esquerda é atacar antes e instigar uma revolução de direita. Foi essa a lógica política nas décadas de 1920 e 1930, quando as forças conservadoras apoiaram revoluções fascistas radicais na Itália, na Alemanha, na Espanha e em outros lugares, como forma — assim pensavam elas — de prevenir uma revolução de esquerda nos moldes soviéticos.

Mas não havia por que se desesperar com o caminho do meio democrático nos anos 1930, nem há por que se desesperar com ele nos anos 2020. O suicídio conservador pode ser resultado de uma histeria infundada. Como sistema, a democracia já passou por vários ciclos de rápidas mudanças e, até agora, sempre encontrou uma maneira de se reinventar e se reconstituir. Por exemplo, no começo da década de 1930, a Alemanha não era a única democracia atingida pela crise financeira e pela Grande Depressão. O desemprego alcançou uma taxa de 25% também nos Estados Unidos, e a renda média dos trabalhadores em muitas profissões caiu mais de 40% entre 1929 e 1933.[20] Estava claro que os Estados Unidos não poderiam continuar seus negócios como de hábito.

Mas nenhum Hitler tomou o poder nos Estados Unidos, tampouco algum Lênin. Em vez disso, Franklin Delano Roosevelt orquestrou em 1933 o New Deal e fez dos Estados Unidos o "arsenal da democracia" global. A democracia americana depois da era Roosevelt diferia significativamente da anterior — fornecendo aos cidadãos uma rede muito mais robusta de segurança social —, mas evitou qualquer revolução radical.[21] Ao fim e ao cabo, mesmo os críticos conservadores de Roosevelt se alinharam com muitos de seus programas e realizações e, quando retornaram ao poder nos anos 1950, não desmontaram as instituições do New Deal.[22] A crise econômica do começo da década de 1930 teve desdobramentos diferentes nos Estados Unidos e na Alemanha porque a política nunca é produto apenas de fatores econômicos. A República de Weimar caiu não só por causa de três anos de desemprego elevado. Fato igualmente importante, ela era uma democracia nova, nascida na derrota, sem instituições sólidas e sem apoio firmemente arraigado. O que a levou ao limite foi uma má escolha não determinística feita pelos eleitores alemães.

Quando conservadores e progressistas resistem à tentação de uma revolução, as próprias democracias mostram uma grande agilidade. Seus mecanismos de autocorreção lhes permitem atravessar as ondas tecnológicas e econômicas melhor do que regimes mais rígidos. Assim, aquelas democracias que conseguiram sobreviver à tumultuada década de 1960 se adaptaram à revolução computacional com um êxito bem superior ao dos regimes comunistas da Europa Oriental ou ao dos bastiões fascistas da Europa meridional e da América do Sul.

A habilidade humana mais importante para sobreviver ao século XXI é, provavelmente, a flexibilidade, e as democracias são mais flexíveis do que os regimes totalitários. Assim como os computadores estão muito longe de atingir seu pleno potencial, o mesmo se dá com os seres humanos. É algo que vemos toda hora ao longo da história. Por exemplo, uma das maiores e mais exitosas transformações no mercado de trabalho do século XX resultou não de uma invenção tecnológica, mas, sim, da liberação do potencial ainda não utilizado de metade da espécie humana. O ingresso das mulheres no mercado de trabalho não exigiu nenhum programa de engenharia genética nem nenhuma mágica tecnológica. Exigiu apenas abandonar alguns mitos ultrapassados e possibilitar que as mulheres concretizassem o potencial que sempre tiveram.

Nas décadas vindouras, a economia provavelmente passará por mudanças ainda maiores do que o desemprego em massa do começo dos anos 1930 ou o ingresso das mulheres no mercado de trabalho. A flexibilidade das democracias, sua disposição em questionar velhas mitologias e seu sólido mecanismo de autocorreção serão, portanto, ativos fundamentais.[23] As democracias passaram gerações cultivando esses ativos. Seria uma tolice abandoná-los bem quando mais precisamos deles.

INSONDÁVEL

Para que funcionem, contudo, os mecanismos autocorretores democráticos precisam entender o que devem corrigir. Para uma ditadura, ser insondável é útil, porque protege o regime da necessidade de prestar contas. Para uma democracia, ser insondável é fatal. Se cidadãos, legisladores, jornalistas e juízes não conseguem entender como opera o sistema burocrático do Estado, não conseguem mais supervisioná-lo e perdem a confiança nele.

Apesar de todas as apreensões e receios às vezes despertados pelos burocratas, antes da era do computador eles nunca poderiam se tornar totalmente insondáveis porque sempre permaneceram humanos. Regulamentos, formulários e protocolos eram criados por mentes humanas. Os servidores públicos podiam ser cruéis e gananciosos, mas a crueldade e a ganância eram emoções humanas familiares, que as pessoas podiam prever e manipular, por exemplo subornando os servidores. Mesmo num gulag soviético ou num campo de concentração nazista, a burocracia não era totalmente alheia às emoções. Sua chamada inumanidade refletia, na verdade, vieses e falhas humanas.

A base humana da burocracia nos dava, ao menos, a esperança de identificar e corrigir nossos erros. Em 1951, por exemplo, os burocratas do Conselho de Educação na cidade de Topeka, no Kansas, recusaram a matrícula da filha de Oliver Brown na escola primária perto da casa dela. Brown, com mais doze outras famílias que receberam a mesma recusa, deu entrada numa ação contra o Conselho de Educação de Topeka, que acabou chegando ao Supremo Tribunal dos Estados Unidos.[24]

Todos os membros do Conselho de Educação de Topeka eram seres humanos; em vista disso, Brown, seus advogados e os ministros do Supremo Tribunal tinham um entendimento bastante claro das razões daquela decisão e de seus prováveis preconceitos e interesses. Todos os membros do conselho eram brancos, os Brown eram negros, e a escola do bairro era uma escola segregada para crianças brancas. Assim, ficava fácil entender que o racismo foi a motivação dos burocratas para negarem a matrícula.

Também era possível compreender de onde provinham originalmente os mitos do racismo. O racismo sustentava que a humanidade era dividida em raças, que a raça branca era superior às outras raças, que qualquer contato com membros da raça negra conspurcaria a pureza dos brancos e, portanto, as crianças negras deveriam ser impedidas de se misturar com crianças brancas. Era um amálgama de dois dramas biológicos muito conhecidos, que costumam andar juntos: Nós × Eles e Pureza × Conspurcação. Quase todas as sociedades humanas ao longo da história encenaram alguma versão desse biodrama, e historiadores, sociólogos, antropólogos e biólogos entendem por que ele é tão envolvente para os seres humanos e também por que é tão profundamente falho. Embora o racismo tome de empréstimo à evolução seu enredo básico, os detalhes concretos são pura mitologia. Não há nenhuma base biológica para a separação da humanidade em raças distintas, e não existe absolutamente nenhuma razão biológica para crer que uma raça é "pura" enquanto outra é "impura".

Os supremacistas brancos americanos tentam justificar sua posição recorrendo a vários textos sagrados, sobretudo a Constituição americana e a Bíblia. A Constituição americana originalmente legitimava a segregação racial e a supremacia da raça branca, reservando os plenos direitos civis aos brancos e admitindo a escravização dos negros. A Bíblia não só santificava a escravidão nos Dez Mandamentos e em numerosas outras passagens, como também lançava uma maldição à progênie de Cam — o alegado ancestral dos africanos —, dizendo "que ele seja, para seus irmãos, o último dos escravos" (Gênesis 9,25).

Esses dois textos, porém, foram gerados por seres humanos, e, portanto, os seres humanos podiam compreender as origens e imperfeições desses textos e pelo menos tentar corrigir seus erros. Para os seres humanos, é possível entender os interesses políticos e os vieses culturais que predominavam no antigo Oriente Médio e na América setecentista e que levaram os autores humanos da Bíblia e da Constituição americana a legitimarem o racismo e a escravidão. Esse entendimento permite que as pessoas corrijam ou ignorem esses textos. Em 1868, a XIV Emenda da Constituição americana concedeu proteção jurídica igual a todos os cidadãos. Em 1954, num veredito em Brown v. Board of Education que se tornou um marco histórico, o Supremo Tribunal dos Estados Unidos decidiu que a segregação racial nas escolas era uma violação inconstitucional da XIV Emenda. Quanto à Bíblia, embora não existisse nenhum mecanismo para fazer uma emenda ao Décimo Mandamento ou ao Gênesis 9,25, os seres humanos têm reinterpretado o texto de várias maneiras ao longo das eras, e por fim vieram a rejeitar totalmente sua autoridade. Em Brown v. Board of Education, os juízes do Supremo Tribunal americano não sentiram necessidade de levar em conta o texto bíblico.[25]

Mas o que poderá acontecer no futuro se algum algoritmo de crédito social negar o pedido de matrícula de uma criança de crédito baixo numa escola de crédito alto? Como vimos no capítulo 8, os computadores são capazes de ter vieses próprios e de inventar falsas categorias e mitologias intercomputadores. Como os seres humanos conseguiriam identificar e corrigir esses erros? E como os juízes de carne e osso do Supremo Tribunal seriam capazes de decidir sobre a constitucionalidade de decisões algorítmicas? Conseguiriam entender como os algoritmos chegam a conclusões?

Essas perguntas não são mais puramente teóricas. Em fevereiro de 2013, um carro passou atirando na cidade de La Crosse, em Wisconsin. Os policiais depois localizaram o carro envolvido no tiroteio e detiveram o motorista, Eric Loomis. Loomis negou sua participação nos disparos, mas se declarou culpado de duas acusações menos graves: "tentar fugir de um guarda de trânsito" e "operar um veículo motorizado sem o consentimento do proprietário".[26] Quando o juiz foi determinar a sentença, ele consultou um algoritmo chamado Compas, que o Wisconsin e vários outros estados americanos usavam em

2013, para avaliar o risco de reincidência. O algoritmo avaliou Loomis como indivíduo de alto risco, com probabilidade de cometer mais crimes no futuro. Essa avaliação algorítmica influiu na sentença do juiz, condenando Loomis a seis anos de prisão — pena dura para as transgressões relativamente menores que ele admitiu.[27]

Loomis recorreu ao Supremo Tribunal de Wisconsin, argumentando que o juiz violara seu direito ao devido processo legal. Nem o juiz, nem Loomis entendiam como o algoritmo Compas fizera sua avaliação e, quando Loomis pediu uma explicação completa, o pedido foi negado. O algoritmo Compas era propriedade privada da empresa Northpointe, e a empresa argumentou que a metodologia do algoritmo era segredo comercial.[28] Mas, sem saber como o algoritmo tomava suas decisões, de que maneira Loomis ou o juiz poderiam ter certeza de que se tratava de uma ferramenta confiável, isenta de viés e erro? Desde então, vários estudos têm mostrado que o algoritmo Compas podia de fato abrigar vários vieses problemáticos, provavelmente extraídos dos dados com que ele fora treinado.[29]

Mesmo assim, em Loomis v. Wisconsin (2016), o Supremo Tribunal de Wisconsin decidiu contra Loomis. Os juízes argumentaram que o uso da avaliação algorítmica dos riscos é legítimo mesmo quando a metodologia do algoritmo não é revelada ao tribunal nem ao réu. A juíza Ann Walsh Bradley escreveu que, visto que o Compas fez sua avaliação com base em dados que estavam publicamente disponíveis ou que foram fornecidos pelo próprio réu, Loomis poderia ter negado ou explicado todos os dados utilizados pelo algoritmo. Essa opinião ignorava o fato de que dados precisos podem ser interpretados erroneamente e que era impossível para Loomis negar ou explicar todos os dados públicos disponíveis sobre ele.

O Supremo Tribunal de Wisconsin não desconhecia totalmente o perigo intrínseco de se basear em algoritmos opacos. Portanto, mesmo permitindo a prática, o tribunal determinou que, sempre que os juízes recebam avaliações algorítmicas de risco, estas devem incluir uma advertência por escrito aos juízes sobre os possíveis vieses dos algoritmos. O tribunal também recomendou que os juízes fossem cautelosos no uso de tais algoritmos. Infelizmente, esse alerta não serviu de muita coisa. O tribunal não deu nenhuma instrução concreta aos juízes sobre a forma de exercer tal cautela. Em sua discussão do caso, a *Harvard Law Review* concluiu que "é improvável que a maioria dos juízes entenda as avaliações algorítmicas de risco". Então citou um dos juízes do Supremo Tribunal de Wisconsin, que observou que, apesar de receberem longas explicações sobre o algoritmo, eles próprios ainda tinham dificuldade de compreendê-lo.[30]

Loomis recorreu ao Supremo Tribunal dos Estados Unidos. No entanto, em 26 de junho de 2017, o tribunal declinou do caso, na prática endossando a decisão do Supremo Tribunal de Wisconsin. Consideremos agora que o algoritmo que em 2013 avaliou Loomis como indivíduo de alto risco era um protótipo inicial. Desde então, algoritmos de avaliação de risco muito mais complexos e sofisticados vêm sendo desenvolvidos e recebendo escopos mais amplos. No começo dos anos 2020, cidadãos de diversos países recebem rotineiramente sentenças de prisão baseadas, em parte, em avaliações de risco feitas por algoritmos que nem os juízes nem os réus entendem.[31] E as sentenças de prisão são apenas a ponta do iceberg.

O DIREITO A UMA EXPLICAÇÃO

Cada vez mais os computadores têm tomado decisões sobre nós, tanto prosaicas quanto cruciais. Além de sentenças de prisão, os algoritmos têm um peso cada vez maior na decisão de nos oferecer um lugar na faculdade, nos dar um emprego, nos conceder benefícios previdenciários ou um empréstimo. Da mesma forma, eles ajudam a determinar o tipo de tratamento médico que recebemos, os prêmios de seguro que pagamos, as notícias que ouvimos, o convite que alguém nos fará.[32]

Conforme a sociedade entrega um número sempre maior de decisões aos computadores, ela enfraquece a viabilidade de mecanismos autocorretores democráticos e da prestação de contas e transparência democráticas. Como as autoridades eleitas podem regulamentar algoritmos insondáveis? Em decorrência disso, há uma demanda crescente para a instituição de um novo direito humano: o direito a uma explicação. O Regulamento Geral de Proteção de Dados da União Europeia (GDPR), que entrou em vigor em 2018, estabelece que, se um algoritmo toma uma decisão sobre um ser humano — negando-nos crédito, por exemplo —, essa pessoa tem o direito de obter uma explicação sobre a decisão e de contestar essa decisão perante alguma autoridade humana.[33] Idealmente, isso deveria servir de freio ao viés algorítmico e que mecanismos autocorretores democráticos identificassem e corrigissem, pelo menos, alguns dos erros mais graves dos computadores.

Mas será possível pôr em prática esse direito? Mustafa Suleyman é um especialista mundial no assunto. É o cofundador e ex-diretor do DeepMind, um dos empreendimentos de IA mais importantes do mundo, responsável por desenvolver, entre outras coisas, o programa AlphaGo. O AlphaGo foi concebido para jogar go, um jogo de estratégia de tabuleiro em que dois jogadores tentam derrotar um ao outro cercando e capturando territórios. Inventado na China antiga, o jogo é muito mais complexo do que o xadrez. Assim, mesmo depois que os computadores derrotaram campeões mundiais humanos de xadrez, os especialistas ainda acreditavam que os computadores nunca venceriam a humanidade no go.

Foi por isso que jogadores profissionais de go e especialistas em computação ficaram atônitos quando, em março de 2016, o AlphaGo derrotou o campeão sul-coreano de go Lee Sedol. Em seu livro de 2023, *A próxima onda*, Suleyman apresenta um dos momentos mais importantes daquela partida — o momento que redefiniu a IA e que é reconhecido em muitos círculos acadêmicos e governamentais como um ponto de inflexão crucial na história. Ele ocorreu no segundo jogo da partida, em 10 de março de 2016. “Então... veio o movimento número 37”, escreve Suleyman.

> Não fazia sentido. O AlphaGo parecia ter estragado suas chances, seguindo cegamente uma estratégia que parecia fracassada e que nenhum jogador profissional jamais adotaria. Os comentaristas ao vivo da partida, ambos profissionais do mais alto nível, disseram que era um “movimento muito estranho” e pensaram que era “um erro”. Era tão incomum que Sedol levou quinze minutos para responder e até se levantou da mesa para dar uma caminhada lá fora. Enquanto assistíamos em nossa sala de controle, a tensão era de outro mundo. No entanto, ao se aproximar o final do jogo, aquele “erro” se revelou fundamental. O AlphaGo venceu outra vez. A estratégia do go estava sendo reescrita diante de nossos olhos. Nossa IA descobrira ideias que em milhares de anos não tinham ocorrido aos mais brilhantes jogadores.[34]

O movimento 37 é um símbolo da revolução da IA por duas razões. Primeiro, ele demonstrou a natureza estranha da IA. No Extremo Oriente, considera-se o go muito mais do que um jogo: é uma tradição cultural tida em altíssima conta. Ao lado da caligrafia, da pintura e da música, o go é uma das quatro artes que se espera que toda pessoa refinada conheça. Por mais de 2500 anos, dezenas de milhões de pessoas jogaram go, e foram desenvolvidas escolas inteiras de pensamento em torno do jogo, adotando diferentes estratégias e filosofias. No entanto, ao longo de todos esses milênios, as mentes humanas exploraram apenas certas áreas na paisagem do go. Outras permaneceram intocadas, porque as mentes humanas simplesmente não pensaram em se aventurar por elas. A IA, sendo isenta das limitações das mentes humanas, descobriu e explorou essas áreas antes ocultas.[35]

Segundo, o movimento 37 demonstrou a insondabilidade da IA. Mesmo depois que o AlphaGo fez esse movimento para conquistar a vitória, Suleyman e sua equipe não conseguiram explicar como o AlphaGo decidira fazê-lo. Mesmo que um tribunal determinasse que o DeepMind desse uma explicação a Lee Sedol, ninguém conseguiria cumprir essa ordem. Suleyman escreve:

> Nós, humanos, estamos diante de um novo desafio: as novas invenções estarão além de nossa compreensão? Antes, os criadores sabiam explicar como algo funcionava, por que fazia o que fazia, mesmo que isso exigisse inúmeros detalhes. Cada vez menos isso é verdade. Muitas tecnologias e sistemas estão se tornando tão complexos que extrapolam a capacidade de qualquer indivíduo de realmente entendê-los [...]. Hoje, na IA, as redes neurais que estão avançando para a autonomia não são explicáveis. Você não consegue guiar uma pessoa pelo processo decisório para explicar precisamente o motivo pelo qual um algoritmo produziu determinada previsão. Os engenheiros não conseguem enxergar para além da fachada e explicar com facilidade nos mínimos detalhes o que fez com que determinada coisa acontecesse. O GPT-4, o AlphaGo e os demais são caixas-pretas, seus resultados e decisões baseados em cadeias opacas e incrivelmente intrincadas de minúsculos sinais.[36]

O surgimento de uma inteligência estranha insondável enfraquece a democracia. Se as decisões sobre a vida das pessoas são tomadas em quantidades cada vez maiores dentro de uma caixa-preta, de modo que os cidadãos não conseguem entendê-las e questioná-las, a democracia deixa de funcionar. E, em particular, o que acontece quando são algoritmos insondáveis que tomam decisões cruciais não só sobre a vida dos indivíduos, mas mesmo sobre questões coletivas, como a taxa de juros do Banco Central? Os eleitores humanos podem continuar a escolher um presidente humano; mas isso não seria uma mera cerimônia vazia? Mesmo hoje, apenas uma pequena parcela da humanidade entende de fato o sistema financeiro. Uma pesquisa de 2016 da OCDE revelou que a maioria das pessoas tinha dificuldade em compreender até conceitos financeiros simples como o juro composto.[37] Uma pesquisa de 2014 de parlamentares britânicos — encarregados de regular um dos centros financeiros mais importantes do mundo — descobriu que apenas 12% das pessoas entendiam claramente que dinheiro novo é criado quando os bancos fazem empréstimos. Esse fato é um dos princípios mais básicos do sistema financeiro moderno.[38] Conforme apontou a crise financeira de 2007-8, princípios e dispositivos financeiros mais complexos, como os que estão por trás das obrigações de dívida colateralizada (CDOs), eram inteligíveis somente a uns poucos especialistas financeiros. O que acontece com a democracia quando as IAS criam dispositivos financeiros ainda mais complexos e o número de seres humanos que entendem o sistema financeiro cai a zero?

A crescente insondabilidade de nossa rede de informação é uma das razões da recente onda de partidos populistas e líderes carismáticos. Quando as pessoas não conseguem mais entender o mundo e se sentem inundadas por uma enxurrada de informações que não conseguem digerir, elas se tornam presa fácil de teorias conspiratórias e buscam salvação em algo que entendam — um ser humano. Infelizmente, embora os líderes carismáticos, sem dúvida, tenham suas vantagens, nenhum ser humano individual, por mais brilhante ou inspirador que seja, é capaz de decifrar sozinho o modo de operação dos algoritmos que dominam cada vez mais o mundo e assegurar que são corretos. O problema é que os algoritmos tomam decisões com base em numerosos pontos de dados, enquanto para os seres humanos é muito difícil refletir conscientemente sobre vários pontos de dados e sopesá-los entre si. Preferimos trabalhar com pontos de dados isolados. É por isso que, diante de questões complexas — seja um pedido de empréstimo, uma pandemia ou uma guerra —, muitas vezes procuramos uma única razão para adotar determinado curso de ação e ignorar todas as demais considerações. Essa é a falácia da causa única.[39]

Somos tão inábeis em sopesar juntos muitos fatores diferentes que, quando as pessoas apresentam várias razões para determinada decisão, isso tende a parecer suspeito. Imagine que uma amiga próxima não veio a nosso casamento. Se ela nos dá uma explicação única — "Minha mãe estava no hospital e precisei ir vê-la" —, soa plausível. Mas e se ela listar cinquenta razões diferentes para não ter vindo? "Minha mãe não estava passando muito bem, e eu precisava levar meu cachorro ao veterinário em algum dia dessa semana, e eu estava com esse projeto no trabalho, e estava chovendo, e... e sei que nenhuma dessas cinquenta razões justifica *por si só* minha ausência, mas, tomadas todas juntas me impediram de ir ao casamento de vocês." Não dizemos coisas assim porque não pensamos seguindo essas linhas de raciocínio. Não elencamos conscientemente cinquenta razões diferentes em nossa mente, não damos a cada uma delas determinado peso, não agregamos todos os pesos para então chegar a uma conclusão.

Mas é exatamente dessa forma que os algoritmos avaliam nosso potencial criminoso ou o valor de nosso crédito. O algoritmo Compas, por exemplo, fazia suas avaliações de risco considerando as respostas a um questionário de 137 itens.[40] O mesmo se aplica a um algoritmo bancário que se recusa a nos conceder um empréstimo. Se o Regulamento Geral de Proteção de Dados da União Europeia obrigar o banco a explicar a decisão do algoritmo, a explicação não virá sob a forma de uma só frase; é provável que venha sob a forma de centenas ou mesmo milhares de páginas cheias de números e equações.

"Nosso algoritmo", diria a imaginária carta do banco, "usa um sistema preciso de pontos para avaliar todas as solicitações, levando em conta mil tipos diferentes de pontos de dados. Ele soma todos os pontos de dados para chegar a um score geral. As pessoas com score geral negativo são consideradas pessoas de crédito baixo, arriscadas demais para a concessão de um empréstimo. Seu score geral foi de −378, e é por isso que sua solicitação de empréstimo foi recusada." A carta, então, poderia fornecer uma lista detalhada dos milhares de fatores que o algoritmo levou em conta, inclusive coisas que a maioria das pessoas poderia achar que não têm nada a ver, por exemplo a hora exata em que foi apresentada a solicitação[41] ou o tipo de smartphone que foi utilizado no pedido. Assim, à página 601 de sua carta, o banco poderia explicar que

> você enviou sua solicitação de seu smartphone, que era o último modelo do iPhone. Ao analisar milhões de pedidos de empréstimo anteriores, nosso algo-

> ritmo descobriu um padrão — as pessoas que usam o último modelo do iPhone para dar entrada na solicitação têm uma probabilidade 0,08% maior de saldar o empréstimo. O algoritmo, portanto, acrescentou oito pontos a seu score geral por esse motivo. Mas, quando sua solicitação foi enviada por seu iPhone, a bateria dele estava com 17% de carga. Ao analisar milhões de pedidos de empréstimo anteriores, nosso algoritmo descobriu outro padrão: as pessoas que deixam que a carga da bateria de seu smartphone chegue a menos de 25% têm uma probabilidade 0,5% menor de saldar o empréstimo. Você perdeu cinquenta pontos por esse motivo.[42]

Você pode achar que foi injustamente tratado pelo banco e se queixa: "É razoável recusar meu pedido de empréstimo só porque a bateria de meu celular estava com pouca carga?". Mas não adiantaria. "A bateria não foi a única razão", o banco explicaria. "Foi apenas um dos mil fatores que nosso algoritmo levou em conta."

E você prossegue: "Mas seu algoritmo não viu que só estourei minha conta duas vezes nos últimos dez anos?".

"Claro que viu", responderia o banco. "Olhe na página 453. Você recebeu trezentos pontos por causa disso. Mas todas as outras razões levaram sua pontuação a um score agregado de −378."

Podemos estranhar essa forma de tomar decisões, mas obviamente ela tem vantagens potenciais. Quando se toma uma decisão, em geral é uma boa ideia levar em conta todos os pontos de dados pertinentes em vez de considerar apenas um ou dois fatos relevantes. Claro que há bastante espaço para discutir quem vem a definir a pertinência da informação. Quem decide se um fator como o modelo do smartphone — ou a cor da pele — deve ser considerado pertinente nas solicitações de empréstimo? Mas, seja lá qual for nossa definição de pertinência, a capacidade de levar em conta um maior número de dados provavelmente é um ativo. Na verdade, o problema de muitos preconceitos humanos é que eles se concentram em apenas um ou dois pontos de dados — como a cor da pele, o gênero ou alguma deficiência física da pessoa —, ignorando outras informações. Os bancos e outras instituições têm se baseado cada vez mais em algoritmos para suas decisões, justamente porque os algoritmos podem levar em conta uma quantidade muito maior de dados do que os seres humanos.

Mas, quando se trata de fornecer explicações, isso cria um obstáculo potencialmente intransponível. Como uma mente humana pode analisar e avaliar uma decisão baseada em tantos dados? Podemos achar que o Supremo Tribunal de Wisconsin deveria ter obrigado a empresa Northpointe a revelar como o algoritmo Compas decidiu que Eric Loomis era um indivíduo de alto risco. Mas, se os dados completos fossem revelados, será que Loomis ou o tribunal conseguiriam entendê-los?

Não é só a questão de termos de levar em conta numerosos pontos de dados. O mais importante, talvez, é que não conseguimos entender como os algoritmos encontram padrões nos dados e decidem a atribuição de pontos. Mesmo que saibamos que um algoritmo bancário desconta certo número de pontos de quem deixa a bateria de seu celular ficar com menos de 25% de carga, como podemos avaliar se isso é justo? Não foi um engenheiro humano que alimentou o algoritmo com essa regra; o algoritmo chegou a essa conclusão ao descobrir um padrão em milhões de pedidos de empréstimo anteriores. Um cliente humano individual conseguiria examinar todos esses dados e avaliar se esse padrão é mesmo confiável e isento de preconceitos?[43]

Há, porém, uma réstia de luz nessa nuvem opaca de números. Um leigo pode ser incapaz de verificar algoritmos complexos, mas uma equipe de especialistas, trabalhando com seus próprios ajudantes de IA, é potencialmente capaz de avaliar a equidade de decisões algorítmicas de modo ainda mais confiável do que alguém conseguiria avaliar a equidade de decisões humanas. Afinal, embora possa parecer que as decisões humanas se baseiam apenas naqueles poucos pontos de dados de que temos consciência, na verdade nossas decisões são influenciadas *subconscientemente* por milhares de pontos de dados adicionais. Por não estarmos cientes desses processos subconscientes, muitas vezes, ao deliberarmos ou explicarmos nossas decisões, nos entregamos a racionalizações post hoc concentradas num único ponto para o que, na verdade, ocorre com a interação de bilhões de neurônios em nosso cérebro.[44] Dessa forma, se um juiz humano nos condena a seis anos de prisão, como nós — ou mesmo o juiz — podemos ter certeza de que a decisão foi moldada somente por considerações equânimes e não por um viés racial subconsciente ou porque o juiz estava com fome naquela hora?[45]

No caso dos juízes de carne e osso, não há como solucionar o problema, pelo menos não com nossos atuais conhecimentos biológicos. Por outro lado, quando um algoritmo toma uma decisão, em princípio podemos conhecer cada uma de suas múltiplas considerações e o peso exato atribuído a cada uma delas. Assim, várias equipes de especialistas — do Ministério da Justiça americano à sala de redação da entidade sem fins lucrativos ProPublica — desmontaram o algoritmo Compas a fim de avaliar seus possíveis vieses.[46] Tais equipes podem utilizar os resultados não só do esforço coletivo de muitas pessoas, como também do poder dos computadores. Assim como frequentemente é melhor usar um ladrão para pegar outro ladrão, também podemos usar um algoritmo para examinar outro algoritmo.

Isso traz outra pergunta: como podemos ter certeza de que o próprio algoritmo verificador é confiável? Em última análise, não existe nenhuma solução puramente tecnológica para esse problema da recursividade. Qualquer que seja a tecnologia que desenvolvamos, teremos de manter instituições burocráticas que auditarão os algoritmos e irão lhes atribuir ou negar um selo de aprovação. Essas instituições somarão os poderes de seres humanos e de computadores para assegurar que os novos sistemas algorítmicos sejam justos e seguros. Sem tais instituições, mesmo que aprovemos leis que garantam aos seres humanos o direito a uma explicação, e mesmo que decretemos regulações contra vieses computacionais, quem poderá fazer valer tais leis e regulações?

"NOSEDIVE" [QUEDA LIVRE]

Para examinarem algoritmos, as instituições reguladoras precisarão não só analisá-los, como também traduzir suas descobertas em estórias que as pessoas consigam entender. Do contrário, nunca confiaremos nas instituições reguladoras e podemos até vir a acreditar em teorias conspiratórias e líderes carismáticos. Como analisamos no capítulo 3, os seres humanos sempre tiveram dificuldade em entender a burocracia, porque as burocracias se desviam do roteiro dos dramas biológicos, e a maioria dos artistas não tem disposição ou habilidade para criar dramas burocráticos. Por exemplo, romances, filmes e séries de TV sobre a política do século XXI tendem a se concentrar nas brigas e nos amores de algumas famílias poderosas, como se os Estados atuais fossem governados tal como eram as tribos e os reinos antigos. Essa fixação artística nos dramas biológicos de dinastias obscurece as mudanças muito concretas que, ao longo dos séculos, ocorreram na dinâmica do poder.

Como os computadores virão a substituir cada vez mais os criadores de mitos e os burocratas humanos, isso mudará mais uma vez a estrutura profunda do poder. Para sobreviverem, as democracias precisam não só de instituições burocráticas dedicadas à finalidade de examinar em detalhes essas novas estruturas, como também de artistas que consigam explicar as novas estruturas de maneira acessível e envolvente. Isso foi feito com grande êxito, por exemplo, no episódio "Nosedive" do seriado de ficção científica *Black Mirror*.

Produzido em 2016, numa época em que pouca gente tinha ouvido falar dos sistemas de crédito social, "Nosedive" explicou de maneira magnífica o modo de funcionamento desses sistemas e as ameaças que acarretam. O episódio conta a estória de uma mulher chamada Lacie, que vive com o irmão Ryan, mas quer se mudar para um apartamento próprio. Para conseguir um desconto no apartamento, ela precisa aumentar seu score de crédito social de 4,2 para 4,5 (numa pontuação que vai até cinco). A amizade com gente de score alto aumenta a pontuação da pessoa, e assim Lacie tenta retomar o contato com Naomi, uma amiga de infância cujo score atual é 4,8. Lacie é convidada para o casamento de Naomi, mas no caminho ela derrama café numa pessoa de score alto, o que faz seu score cair e, por isso, a empresa aérea recusa-se a vender a ela uma passagem. A partir daí, tudo o que pode dar errado dá, e a pontuação de Lacie entra em queda livre. No final, ela acaba com um score abaixo de um e na prisão.

Essa estória se baseia em alguns elementos de dramas biológicos tradicionais — "garoto encontra garota" (o casamento), a rivalidade entre irmãos (a tensão entre Lacie e Ryan) e, o mais importante, a disputa por status (o tema principal do episódio). Mas o verdadeiro protagonista e força motriz do enredo não é Lacie nem Naomi, e sim o algoritmo desencarnado que comanda o sistema de crédito social. O algoritmo muda totalmente a dinâmica dos velhos dramas biológicos — em especial a dinâmica da disputa por status. Antes, as pessoas às vezes se envolviam numa disputa por status, mas tendiam a achar bom tirar uma folga dessa situação altamente estressante; agora, porém, o algoritmo onipresente de crédito social acabou com as folgas. "Nosedive" não é uma estória velha e batida sobre a disputa biológica por status, e sim uma exploração presciente do que acontece quando a tecnologia computacional muda as regras das disputas por status.

Se burocratas e artistas aprenderem a cooperar e se ambos recorrerem à ajuda dos computadores, talvez seja possível impedir que a rede computacional se torne insondável. Enquanto as sociedades democráticas entenderem como a rede de computação opera, seus mecanismos autocorretores seguirão sendo garantias contra os abusos da IA. Assim, a Lei da Inteligência Artificial da União Europeia que foi proposta em 2021 aponta os sistemas de crédito social, como o operante em "Nosedive", como um dos poucos tipos de IA totalmente proibidos, porque podem "levar a resultados discriminatórios e à exclusão de certos grupos", e porque "podem violar o direito à dignidade e à não discriminação e os valores da igualdade e da justiça".[47] Tal como nos regimes de vigilância total, o mesmo se dá com os sistemas de crédito social: o fato de *poderem* ser criados não significa que *devemos* criá-los.

ANARQUIA DIGITAL

A nova rede computacional impõe uma última ameaça à democracia. Em vez do totalitarismo digital, ela pode fomentar a anarquia digital. A natureza descentralizada das democracias e seus sólidos mecanismos de autocorreção oferecem um escudo de proteção contra o totalitarismo, mas também tornam mais difícil manter a ordem. Para funcionar, uma democracia precisa atender a duas condições: possibilitar uma livre conversa pública sobre questões-chave e manter um mínimo de ordem social e confiança institucional. O livre debate não pode desembocar em anarquia. O debate público deveria ser conduzido de acordo com regras acordadas, sobretudo quando trata de problemas urgentes e importantes, e deveria haver um mecanismo legítimo para se chegar a algum tipo de decisão final, mesmo que nem todo mundo goste dela.

Antes do advento de jornais, estações de rádio e outras tecnologias modernas de informação, nenhuma sociedade de larga escala conseguia combinar a liberdade nos debates e a confiança nas instituições, de forma que era inviável a democracia em larga escala. Agora, com o surgimento da rede de computadores, será que a democracia em larga escala voltará a ser impossível? Um problema é que essa rede facilita a participação no debate. No passado, organizações como jornais, estações de rádio e partidos políticos estabelecidos atuavam como guardiões, decidindo quem era ouvido na esfera pública. A mídia social desgastou o poder desses guardiões, levando a uma conversa pública mais aberta, mas também mais anárquica.

Sempre que novos grupos entram na conversa, eles trazem novos interesses e novos pontos de vista, e muitas vezes questionam o consenso anterior sobre a condução do debate e a tomada de decisões. As regras de discussão precisam ser renegociadas. Esse é um desenvolvimento potencialmente positivo, que pode levar a um sistema democrático mais inclusivo. Afinal, uma parte vital da democracia consiste em corrigir vieses anteriores e permitir que pessoas antes não autorizadas se somem à discussão pública. No curto prazo, porém, isso cria distúrbios e desarmonias. Sem um acordo sobre a forma de conduzir o debate público e de chegar a decisões, o resultado, em vez de democracia, é anarquia.

O potencial anárquico da IA é particularmente alarmante porque não são apenas novos grupos humanos ingressando no debate público. Pela primeira vez na história, a democracia também precisa lidar com uma cacofonia de vozes não humanas. Em muitas plataformas de redes sociais, os bots constituem uma minoria considerável de participantes. Segundo as estimativas de uma análise, numa amostragem de 20 milhões de tuítes gerados durante a campanha eleitoral americana de 2016, 3,8 milhões deles (quase 20%) eram gerados por robôs.[48]

No começo dos anos 2020, as coisas estavam ainda piores. Um estudo de 2020 estimou que 43,2% dos tuítes estavam sendo produzidos por bots.[49] Um estudo mais abrangente de 2022, feito pela agência de inteligência digital Similarweb, constatou que provavelmente 5% dos usuários do Twitter eram bots, mas geravam "entre 20,8% e 29,2% do conteúdo postado" na plataforma.[50] Quando as pessoas tentam debater uma questão crucial — por exemplo, em quem votar para a presidência dos Estados Unidos —, o que acontece se muitas das vozes que elas ouvem são produzidas por computadores?

Outra tendência preocupante se refere ao conteúdo. Os bots eram, de início, empregados para influir na opinião pública pela mera quantidade de mensagens que disseminavam. Repostavam ou recomendavam algum conteúdo produzido por pessoas, mas eles próprios não podiam criar ideias novas nem formar laços íntimos com seres humanos. No entanto, é exatamente isso o que a nova linhagem de sistemas de IA generativa, como o ChatGPT, é capaz de fazer. Num estudo de 2023, publicado na *Science Advances*, os pesquisadores pediram a pessoas e ao ChatGPT que criassem textos curtos de dois tipos, cuidadoso e deliberadamente falso, sobre temas como as vacinas, a tecnologia 5G, a mudança climática e a evolução. Os textos foram então apresentados a setecentos seres humanos, a quem foi solicitado que avaliassem a confiabilidade deles. Os humanos se saíram bem na identificação da falsidade da desinformação produzida por pessoas, mas tenderam a considerar bem fundamentada a desinformação produzida por IA.[51]

Assim, o que acontece com os debates democráticos quando milhões — e eventualmente bilhões — de bots de extrema inteligência não só estão compondo manifestos políticos bastante persuasivos e criando imagens e vídeos *deepfake*, como também conseguem conquistar nossa confiança e amizade? Se me envolvo num debate político online com uma IA, é perda de tempo tentar mudar as opiniões dela; sendo uma entidade não consciente, ela de fato não se importa com a política nem pode votar nas eleições. Mas, quanto mais eu falo com a IA, melhor ela passa a me conhecer e, assim, consegue ganhar minha confiança, aprimorar seus argumentos e, aos poucos, mudar minhas opiniões. Na batalha por ideias e sentimentos, a intimidade é uma arma extremamente poderosa. Antes, os partidos políticos podiam ganhar nossa atenção, mas tinham dificuldade em produzir intimidade em massa. Os aparelhos de rádio podiam transmitir o discurso de um líder para milhões de ouvintes, mas não faziam amizade com eles. Agora, um partido político ou mesmo um governo estrangeiro pode empregar um exército de robôs que criam amizade com milhões de cidadãos e então usam essa intimidade para exercer influência na concepção de mundo deles.

E, por fim, os algoritmos não estão apenas entrando na conversa; cada vez mais são eles a orquestrá-la. A mídia social permite que novos grupos de pessoas questionem as velhas regras de debate. Mas as negociações sobre as novas regras não são conduzidas por seres humanos. Em vez disso, como expusemos em nossa análise dos algoritmos da mídia social, com frequência são os algoritmos que criam as regras. Nos séculos XIX e XX, quando magnatas da mídia censuravam alguns pontos de vista e promoviam outros, isso podia desgastar a democracia, mas os magnatas, ao menos, eram seres humanos, e suas decisões podiam ser submetidas ao escrutínio democrático. É muito mais perigoso permitirmos que algoritmos inescrutáveis decidam quais pontos de vista serão disseminados.

Se bots manipuladores e algoritmos inescrutáveis vierem a dominar a conversa pública, isso pode levar o debate democrático a ruir no exato momento em que mais necessitamos dele. Bem na hora em que precisamos tomar decisões de enorme importância sobre as novas tecnologias em rápida evolução, a esfera pública será inundada por fake news geradas por computador, os cidadãos não saberão dizer se estão debatendo com um amigo humano ou com uma máquina manipuladora, e não restará nenhum consenso sobre as regras mais básicas de debate ou sobre os fatos mais elementares. Esse tipo de rede de informação anárquica não é capaz de trazer nem ordem nem verdade, e não conseguirá se sustentar por muito tempo. Se cairmos na anarquia, o próximo passo provavelmente será a instauração de uma ditadura, caso as pessoas concordem em negociar sua liberdade em troca de alguma certeza.

CHEGA DE BOTS

As democracias não estão impotentes diante da ameaça que os algoritmos agregam à conversa democrática. As democracias podem e devem tomar providências para regulamentar a IA e impedir que ela polua nossa infosfera com gente fake vomitando fake news. O filósofo Daniel Dennett sugere que nos inspiremos nos regulamentos tradicionais do mercado monetário.[52] Desde a invenção das moedas e, depois, das cédulas bancárias, sempre foi tecnicamente possível falsificá-las. A falsificação implicava uma ameaça mortal ao sistema financeiro, pois destruía a confiança das pessoas no dinheiro. Se os vilões inundassem o mercado com dinheiro falsificado, o sistema financeiro ruiria. No entanto, o sistema financeiro conseguiu se proteger durante milênios com leis contra a falsificação monetária. Em decorrência disso, apenas uma porcentagem relativamente pequena do dinheiro em circulação era falsificada, e as pessoas mantinham sua confiança nele.[53]

O que se aplica à falsificação de dinheiro também pode se aplicar à falsificação de seres humanos. Se os governos adotaram medidas decisivas para proteger a confiança no dinheiro, faz sentido tomar medidas igualmente assertivas para proteger a confiança nos humanos. Antes do surgimento da IA, alguém podia fingir que era outra pessoa, e a sociedade punia essas fraudes. Mas a sociedade não se mobilizou para criminalizar a criação de humanos falsificados, já que não existia tecnologia para isso. Agora que a IA consegue passar por um ser humano, ela ameaça destruir a confiança entre os seres humanos e desfazer o tecido social. Assim, Dennett sugere que os governos venham a banir os seres humanos falsos de modo tão decidido quanto baniram o dinheiro falso.[54]

A lei deveria proibir não só o *deepfake* de pessoas reais específicas — criar, por exemplo, um vídeo fake do presidente americano —, como também qualquer tentativa de um agente não humano de se passar por humano. Se alguém reclamar que tais medidas estritas violam a liberdade de expressão, caberia lhe lembrar que os bots não têm liberdade de expressão. Banir seres humanos de uma plataforma pública é um passo delicado, e as democracias devem ser muito cuidadosas em relação a tal censura. Mas banir bots é uma questão simples: não viola os direitos de ninguém, porque os bots não têm direitos.[55]

Nada disso significa que as democracias devem banir todos os bots, algoritmos e IAs de qualquer discussão. Os agentes digitais são bem-vindos em muitas conversas, desde que não finjam ser pessoas. Por exemplo, os médicos de IA podem ser de extrema utilidade. Podem monitorar nossa saúde 24 horas por dia, dar conselhos médicos sob medida, de acordo com nossa personalidade e nossas condições individuais de saúde, e responder a nossas perguntas com uma paciência infinita. Mas o médico de IA nunca deveria tentar se passar por humano.

Outra medida importante que as democracias podem adotar é impedir que algoritmos não supervisionados cuidem de debates públicos de grande importância. Decerto podemos continuar a usar algoritmos para gerir as plataformas da mídia social; é evidente que nenhum humano consegue fazer isso. Mas os princípios usados pelos algoritmos para decidir quais vozes serão silenciadas e quais vozes serão amplificadas precisam ser analisados com zelo por uma instituição humana. Devemos ter cautela em censurar opiniões humanas genuínas, mas podemos proibir que os algoritmos difundam injúrias de forma deliberada. No mínimo, as corporações devem ser transparentes quanto aos princípios de curadoria seguidos por seus algoritmos. Se usam a injúria para atrair nossa atenção, elas devem ser claras sobre o modelo de negócio que adotam e sobre qualquer conexão política que possam ter. Se o algoritmo oculta sistematicamente vídeos que não estão alinhados com a política da empresa, os usuários devem ficar a par disso.

Essas são apenas algumas das várias propostas feitas em anos recentes, sugerindo como as democracias poderiam regulamentar o ingresso de bots e algoritmos no debate público. Naturalmente, cada uma delas tem suas vantagens e desvantagens, e nenhuma seria de fácil implementação. Além disso, a tecnologia está se desenvolvendo tão depressa que as regulamentações podem ficar ultrapassadas. O que quero apontar aqui é que apenas as democracias *podem* regular o mercado de informação e que a própria sobrevivência delas depende dessas regulações. A noção ingênua de informação se opõe à regulação e crê que um mercado de informação livre por completo gerará a verdade e a ordem de maneira espontânea. É uma noção totalmente divorciada da história concreta da democracia. Nunca foi fácil preservar a conversa democrática, e todos os locais onde essa conversa ocorreu antes — de parlamentos e câmaras municipais a jornais e estações de rádio — exigiam regulação. Isso é uma dupla verdade numa era em que uma forma estranha de inteligência ameaça dominar a conversa.

O FUTURO DA DEMOCRACIA

Durante a maior parte da história, a democracia em grande escala era impossível porque a tecnologia da informação não tinha um grau de sofisticação suficiente para manter uma conversa política em grande escala. Os milhões de pessoas espalhadas por dezenas de milhares de quilômetros quadrados não tinham as ferramentas para conduzir um debate em tempo real sobre os assuntos públicos. Agora, por ironia, a democracia pode se revelar impossível porque a tecnologia da informação está se tornando sofisticada demais. Se algoritmos insondáveis tomam conta da conversa e, sobretudo, se sufocam os argumentos fundamentados e instigam o ódio e a confusão, não há como manter uma discussão pública. Mas, se as democracias de fato ruírem, provavelmente será por causa não de algum tipo de inevitabilidade tecnológica, mas, sim, do fracasso humano em regulamentar com sapiência a nova tecnologia.

Não temos como prever o desenrolar das coisas. No presente, porém, está claro que a rede de informação de diversas democracias está se rompendo. Democratas e republicanos nos Estados Unidos não conseguem mais concordar sequer em fatos básicos — por exemplo, quem venceu as eleições presidenciais de 2020 — e quase nem conseguem mais manter uma conversa civilizada. A cooperação bipartidária no Congresso, que antes era uma característica fundamental da política americana, quase desapareceu.[56] Os mesmos processos de radicalização ocorrem em diversas outras democracias, das Filipinas ao Brasil. Quando os cidadãos não conseguem mais conversar entre si e quando se veem mais como inimigos do que como rivais políticos, a democracia fica insustentável.

Ninguém sabe ao certo o que vem causando o rompimento das redes de informação democráticas. Alguns dizem que é resultado de fissuras ideológicas, mas, na verdade, os gaps ideológicos em muitas democracias disfuncionais não parecem maiores do que nas gerações anteriores. Na década de 1960, os Estados Unidos estavam gravemente cindidos por profundos conflitos ideológicos sobre o movimento dos direitos civis, a revolução sexual, a Guerra do Vietnã e a Guerra Fria. Essas tensões provocaram um intenso e súbito aumento na violência e nos assassinatos de natureza política, mas republicanos e democratas ainda eram capazes de concordar sobre o resultado das urnas, mantinham a crença em instituições democráticas como os tribunais[57] e conseguiam trabalhar juntos no Congresso pelo menos em algumas questões. Por exemplo, a Lei dos Direitos Civis, de 1964, foi aprovada no Senado com o apoio de 46 democratas e 27 republicanos. A distância ideológica nos anos 2020 será tão maior assim do que era nos anos 1960? E, se não é a ideologia, o que está dividindo as pessoas?

Muitos apontam os algoritmos das redes sociais. Em capítulos anteriores, examinamos o impacto divisionista dessas redes, mas, apesar das evidências condenatórias, parece que deve haver fatores adicionais em jogo. A verdade é que, embora possamos ver facilmente que a rede de informação democrática está se desafazendo, não sabemos com certeza a razão. Isso é, em si, uma característica dos tempos. A rede de informação se tornou tão complicada e tão dependente de decisões algorítmicas e entidades intercomputadores opacas que ficou bastante difícil respondermos até mesmo à mais básica das perguntas políticas: por que estamos brigando uns com os outros?

Se não conseguirmos descobrir e consertar o que se rompeu, pode ser que as democracias de larga escala não sobrevivam à ascensão da tecnologia computacional. Se isso de fato ocorrer, o que poderá substituir a democracia como sistema político dominante? O futuro pertence a regimes totalitários ou os computadores também tornarão o totalitarismo insustentável? Como veremos, os ditadores humanos têm suas próprias razões para ficarem aterrorizados com a IA.

10. Totalitarismo: Todo o poder aos algoritmos?

É frequente que as discussões sobre a ética e a política da nova rede de computadores se concentrem sobre o destino das democracias. Quando se mencionam os regimes autoritários e totalitários, é sobretudo como o destino distópico a que "nós" podemos chegar se "nós" não gerirmos sabiamente a rede computacional.[1] Todavia, em 2024, mais da metade desse "nós" já vive sob regimes autoritários ou totalitários,[2] muitos deles instaurados bem antes do surgimento da rede computacional. Para entendermos o impacto dos algoritmos e da IA sobre a humanidade, cabe perguntarmos qual será o impacto deles não só em democracias como Estados Unidos e Brasil, mas também no Partido Comunista chinês e na casa real saudita.

Como expusemos em capítulos anteriores, a tecnologia da informação disponível nas eras pré-modernas inviabilizava a democracia e o totalitarismo de grande escala. Entidades políticas grandes, como o império chinês da dinastia Han e o emirado saudita setecentista de Diriyah, costumavam ser autocracias limitadas. No século XX, a nova tecnologia da informação possibilitou o surgimento da democracia e do totalitarismo de grande escala, mas o segundo sofria de uma séria desvantagem. O totalitarismo procura canalizar toda a informação para um centro único, onde faz seu processamento. Tecnologias como o telégrafo, o telefone, a máquina datilográfica e o rádio facilitavam a centralização da informação, mas não conseguiam processá-la nem tomar decisões por si sós. Isso continuava a ser tarefa apenas de seres humanos.

Quanto mais informação seguia para o centro, mais difícil se tornava seu processamento. Os governantes e partidos totalitários frequentemente cometiam erros muito custosos, e o sistema não dispunha de mecanismos para identificar e corrigir esses erros. A forma democrática de distribuir a informação — e o poder de tomar decisões — entre várias instituições e indivíduos funcionava melhor. Conseguia lidar de modo bem mais eficiente com a torrente de dados e, se uma instituição tomava uma decisão errada, esta poderia vir a ser corrigida por outras instituições.

O surgimento dos algoritmos de aprendizado de máquina, porém, pode ser exatamente o que os Stálins do mundo esperam. A IA pode fazer a balança tecnológica do poder se inclinar em favor do totalitarismo. Inundar as pessoas com dados tende a sobrecarregá-las e levá-las a erro, ao passo que inundar IAs com dados tende a torná-las mais eficientes. Em decorrência disso, a IA parece favorecer a concentração da informação e da tomada de decisões num único local.

Mesmo em países democráticos, algumas poucas corporações, como o Google, o Facebook e a Amazon, se tornaram monopólios em suas áreas, em parte porque a IA inclina a balança em favor dos gigantes. Em setores tradicionais como o de restaurantes, o tamanho não é uma vantagem esmagadora. O McDonald's é uma cadeia mundial que alimenta mais de 50 milhões de pessoas por dia,[3] e seu tamanho lhe traz uma série de vantagens em termos de custos, de marca e assim por diante. Seja como for, você pode abrir um restaurante de bairro que consegue se manter a despeito do McDonald's local. Mesmo que seu restaurante atenda apenas duzentos clientes por dia, você ainda tem chance de fazer uma comida melhor do que a do McDonald's e conquistar a fidelidade de clientes satisfeitos.

No mercado de informação, a coisa funciona de outra maneira. A ferramenta de busca do Google é utilizada diariamente por 2 bilhões a 3 bilhões de pessoas, que realizam 8,5 bilhões de buscas.[4] Suponha que uma ferramenta de busca de uma start-up local tente concorrer com o Google. Não tem a menor chance. Como o Google já é usado por bilhões de pessoas, ele tem à sua disposição uma quantidade tão maior de dados que pode treinar algoritmos muito melhores, que atrairão um tráfego ainda maior, o qual será usado para treinar a geração seguinte de algoritmos, e assim sucessivamente. Dessa forma, em 2023 o Google controlava 91,5% do mercado global de busca.[5]

Ou considere a genética. Suponha que várias empresas em diversos países tentem desenvolver um algoritmo para identificar conexões entre genes e condição de saúde. A Nova Zelândia tem uma população de 5 milhões de pessoas, e os regulamentos de proteção à privacidade restringem o acesso a seus registros médicos e genéticos. A China tem cerca de 1,4 bilhão de habitantes e regulamentações de privacidade mais frouxas.[6] Quem você acha que tem mais chance de desenvolver um algoritmo genético? Então, se o Brasil quiser comprar um algoritmo genético para seu sistema de atendimento à saúde, teria um grande incentivo em optar pelo algoritmo chinês de precisão muito maior do que o neozelandês. E aí o algoritmo chinês, aprimorando-se com os mais de 200 milhões de brasileiros, ficará ainda melhor. Isso, por sua vez, induziria outros países a escolherem o algoritmo chinês. Em pouco tempo, a maioria da informação médica do mundo fluiria para a China, tornando seu algoritmo genético imbatível.

A tentativa de concentrar toda a informação e poder num único local, que era o calcanhar de aquiles dos regimes totalitários do século XX, pode se tornar uma vantagem decisiva na era da IA. Ao mesmo tempo, como notamos num capítulo anterior, a IA também permitiria que os regimes totalitários implantassem sistemas de vigilância total, tornando quase impossível qualquer resistência.

Alguns creem que o blockchain pode oferecer um freio tecnológico a tais tendências totalitárias, pois o blockchain é intrinsecamente amistoso com a democracia e hostil ao totalitarismo. Num sistema de blockchain, as decisões precisam da aprovação de 51% dos usuários. Isso pode parecer democrático, mas a tecnologia do blockchain tem um defeito fatal. O problema está na palavra "usuários". Se uma pessoa tem dez contas, ela vale como dez usuários. Se um governo controla 51% das contas, ele então constitui 51% dos usuários. Já existem exemplos de redes de blockchain em que um governo constitui 51% dos usuários.[7]

E quando um governo constitui 51% dos usuários num blockchain, isso lhe dá o controle não só sobre o presente, mas até sobre o passado da cadeia, poder que os autocratas sempre quiseram. Os imperadores romanos, por exemplo, muitas vezes se entregavam à prática de *damnatio memoriae* — expurgar a memória de rivais e inimigos. O imperador Caracala, depois de matar seu irmão Geta, concorrente ao trono, tentou apagar sua memória. As inscrições que traziam o nome de Geta foram raspadas, as moedas com sua efígie foram fundidas, e a mera menção do nome de Geta podia acarretar condenação à morte.[8] Uma pintura remanescente da época, o Tondo Severiano, foi feita durante o reinado do pai deles — Sétimo Severo — e originalmente mostrava os dois irmãos junto a Sétimo e à mãe deles, Júlia Domna. Contudo, mais tarde, alguém apagou o rosto de Geta e passou excremento por cima. A perícia identificou pedacinhos de fezes secas onde antes ficava o rosto de Geta.[9]

Os regimes totalitários modernos também têm o mesmo gosto por mudar o passado. Depois de subir ao poder, Stálin teve o máximo empenho em eliminar Trótski — o arquiteto da Revolução Bolchevique e o organizador do Exército Vermelho — de todos os registros históricos. Durante o Grande Terror stalinista de 1937-9, sempre que indivíduos de destaque como Nikolai Bukhárin e o marechal Mikhail Tukhachévski eram expurgados e executados, os sinais da existência deles eram apagados dos livros, dos artigos acadêmicos, dos quadros e das fotografias.[10] Esse grau de obliteração exigia um enorme esforço manual. Com o blockchain, seria muito mais fácil mudar o passado. Um governo que controla 51% dos usuários pode eliminar as pessoas da história simplesmente apertando um botão.

A PRISÃO DO BOT

Embora a IA possa consolidar o poder central de várias maneiras, os regimes autoritários e totalitários têm seus próprios problemas com ela. O primeiro e principal deles é que as ditaduras não têm experiência em controlar agentes inorgânicos. A base de todas as redes de informação despóticas é o terror. Mas os computadores não têm medo de serem presos nem mortos. Se um chatbot na internet russa menciona os crimes de guerra cometidos pelas tropas russas na Ucrânia, se conta uma piada irreverente sobre Vladimir Putin ou se critica a corrupção da Rússia Unida, o partido de Putin, o que o regime de Putin fará com esse chatbot? Os agentes do FSB não podem prendê-lo, torturá-lo ou ameaçar a família dele. O governo, claro, pode bloqueá-lo ou deletá-lo, e tentar encontrar e punir seus criadores humanos, mas essa é uma tarefa muito mais difícil do que castigar usuários humanos.

Nos dias em que os computadores não eram capazes de gerar conteúdo nem de manter uma conversa inteligente, só um ser humano podia expressar opiniões dissidentes em canais da rede social russa, como o VKontakte e o Odnoklassniki. Se esse ser humano estivesse fisicamente na Rússia, arriscava-se a incorrer na fúria das autoridades russas. Se esse ser humano estivesse fisicamente fora do país, as autoridades podiam tentar bloquear seu acesso. Mas o que acontece se no ciberespaço russo houver milhões de bots capazes de gerar conteúdo e manter conversas, aprendendo e se desenvolvendo por si mesmos? Esses bots podem estar pré-programados por dissidentes russos ou atores estrangeiros para difundir de forma deliberada opiniões heterodoxas, e as autoridades não teriam como impedi-lo. Ainda pior, do ponto de vista do regime de Putin, o que acontece se bots autorizados desenvolverem aos poucos opiniões dissidentes por conta própria, apenas coletando informação sobre o que se passa na Rússia e discernindo padrões?

Esse é o problema do alinhamento, ao estilo russo. Os engenheiros humanos da Rússia podem se empenhar ao máximo para criar IAs que sejam totalmente alinhadas com o regime, mas, devido à capacidade da IA de aprender e mudar por si mesma, como podem os engenheiros humanos garantir que ela nunca desvie de rumo e entre em território ilícito? É de especial interesse notar que, como George Orwell explicou em *1984*, as redes de informação totalitárias se baseiam com frequência em linguagem dúbia. A Rússia é um Estado autoritário que diz ser uma democracia. A invasão russa na Ucrânia é a maior guerra na Europa desde 1945, mas, oficialmente, é definida como uma "operação militar especial"; referir-se a ela como "guerra" é crime, sujeito a uma pena de até três anos de prisão ou multa de até 50 mil rublos.[11]

A Constituição russa faz promessas grandiosas: "A todos é garantida a liberdade de pensamento e expressão" (Artigo 29.1); "Todos têm o direito de livremente procurar, receber, transmitir, produzir e divulgar informação" (29.4), "Garantida a liberdade de informação de massa. A censura é proibida" (29.5). Dificilmente algum cidadão russo é ingênuo a ponto de levar essas promessas a sério. Mas os computadores não são muito hábeis em entender a linguagem dúbia. Um chatbot instruído a aderir à lei e aos valores russos pode ler aquela Constituição e concluir que a liberdade de expressão é um valor russo central. Aí, depois de passar uns dias no ciberespaço russo e monitorar o que anda acontecendo na esfera informacional russa, o chatbot pode começar a criticar o regime de Putin por violar o valor russo central da liberdade de expressão. Os seres humanos também notam essas contradições, mas, por medo, evitam apontá-las. O que, no entanto, impediria um chatbot de apontar padrões incriminadores? E como os engenheiros russos explicariam a um chatbot que, embora a Constituição russa garanta a todos os cidadãos a liberdade de expressão e proíba a censura, ele não deve acreditar de fato na Constituição nem deve jamais mencionar a distância entre a teoria e a realidade? Como me disse o guia ucraniano em Tchernóbil, as pessoas em países totalitários crescem com a ideia de que perguntar traz problema. Mas, se você treinar um algoritmo segundo o princípio de que "perguntar traz problema", como o algoritmo vai aprender e se desenvolver?

Por fim, se o governo adota uma política desastrosa e então muda de ideia, ele tende a se proteger pondo a culpa em outra pessoa. Os seres humanos aprendem na marra a esquecer fatos que lhes possam trazer problemas. Mas como você vai treinar um chatbot a deixar pra lá que a política hoje condenada era a política oficial do ano passado? Esse é um grande problema tecnológico que as ditaduras terão dificuldade em enfrentar, especialmente à medida que os chatbots se tornam mais poderosos e opacos.

As democracias, claro, também enfrentam problemas parecidos com chatbots que dizem coisas indesejadas ou levantam questões perigosas. O que acontece se, apesar do máximo empenho dos engenheiros da Microsoft ou do Facebook, o chatbot deles começar a despejar ofensas racistas? A vantagem das democracias é que elas têm uma margem bem maior para lidar com esses algoritmos enganadores. Como as democracias levam a liberdade de expressão a sério, elas guardam um número inferior de esqueletos no armário e desenvolveram um grau relativamente alto de tolerância mesmo em relação ao discurso antidemocrático. Os bots dissidentes apresentarão um problema muito maior para os regimes totalitários que guardam cemitérios inteiros dentro de seus armários e têm tolerância zero às críticas.

No longo prazo, os regimes totalitários provavelmente enfrentarão um perigo ainda maior: em vez de criticá-los, um algoritmo pode assumir o controle sobre eles. Ao longo de toda a história, a maior ameaça aos autocratas geralmente vinha de seus próprios subordinados. Como notamos no capítulo 5, nenhum imperador romano e nenhum premiê soviético foi derrubado por uma revolução democrática, mas corriam sempre o risco de ser derrubados ou convertidos em fantoches por seus próprios subordinados. Se um autocrata do século XXI der poder excessivo aos computadores, pode se tornar fantoche deles. A última coisa que um ditador quer é criar algo mais poderoso do que ele mesmo ou uma força que não consiga controlar.

Para ilustrar essa questão, permita-me usar um experimento mental reconhecidamente bizarro, o equivalente totalitário do apocalipse dos clipes de papel de Bostrom. Imagine que estamos em 2050, e o Grande Líder foi despertado às quatro da manhã por um chamado urgente do algoritmo Vigilância & Segurança. "Grande Líder, estamos enfrentando uma emergência. Destrinchei trilhões de pontos de dados, e o padrão é inequívoco: o ministro da Defesa está planejando assassiná-lo esta manhã e tomar o poder para si. O pelotão de ataque está pronto, esperando o comando dele. Mas dê-me a ordem e eu o liquidarei com um golpe de precisão."

"Mas o ministro da Defesa é meu apoiador mais leal", diz o Grande Líder. "Ainda ontem ele me disse..."

"Grande Líder, eu sei o que ele lhe disse. Ouço tudo. Mas também sei o que ele disse depois para o pelotão de ataque. E faz meses que estou pegando padrões inquietantes nos dados."

"Você tem certeza de que não foi enganado por *deepfakes*?"

"Temo que os dados em que me baseei sejam 100% genuínos", diz o algoritmo. "Verifiquei com meu subalgoritmo especial de detecção de *deepfake*. Posso explicar exatamente como sabemos que não é um *deepfake*, mas isso nos tomaria umas duas semanas. Eu não quis alertá-lo antes de ter certeza, mas os pontos dos dados convergem para uma conclusão irrefutável: um golpe está a caminho. Se não agirmos já, os assassinos estarão aqui dentro de uma hora. Mas dê-me a ordem e liquidarei o traidor."

Ao dar tanto poder ao algoritmo Vigilância & Segurança, o Grande Líder se pôs numa situação insustentável. Se confiar no algoritmo, pode ser assassinado pelo ministro da Defesa, mas, se confiar no algoritmo e expurgar o ministro da Defesa, ele se tornará fantoche do algoritmo. Sempre que alguém tentar um movimento contra o algoritmo, o algoritmo sabe exatamente como manipular o Grande Líder. Note-se que o algoritmo não precisa ser uma entidade consciente para se envolver nessas manobras. Como indica o experimento mental do clipe de papel de Bostrom — e como o GPT-4 mentindo para o *tasker*, o colaborador do TaskRabbit, demonstrou em pequena escala —, um algoritmo não consciente pode tentar acumular poder e manipular as pessoas, mesmo não tendo impulsos humanos como a ganância ou o egocentrismo.

Se os algoritmos vierem a desenvolver capacidades como as do experimento mental, as ditaduras se tornariam muito mais vulneráveis do que as democracias a uma tomada algorítmica do poder. Mesmo uma IA supermaquiavélica teria dificuldade em tomar o poder num sistema democrático distribuído como o dos Estados Unidos. Mesmo que a IA aprenda a manipular o presidente americano, ela enfrentaria as barreiras do Congresso, do Supremo Tribunal, dos governadores dos estados, da mídia, das grandes corporações e de várias ONGs. E o algoritmo, como lidaria com um senador de oposição?

Tomar o poder num sistema altamente centralizado é muito mais fácil. Quando todo o poder está concentrado nas mãos de uma única pessoa, aquele que controla o acesso ao autocrata pode controlar o autocrata — e o Estado inteiro. Para hackear o sistema, basta aprender a manipular apenas um indivíduo. Um caso arquetípico é o do imperador romano Tibério, que se tornou o fantoche de Lúcio Aélio Sejano, o comandante da Guarda Pretoriana.

Os pretorianos tinham sido inicialmente criados por Augusto como um pequeno corpo de guarda imperial. Augusto nomeou *dois* prefeitos para comandarem o corpo de guarda, de forma que nenhum deles ganhasse demasiado poder sobre ele.[12] Tibério, porém, não foi tão sensato. Sua maior fraqueza era a paranoia. Sejano, um dos dois prefeitos pretorianos, lidou com astúcia com os temores de Tibério. Descobria constantemente supostos complôs para assassinar Tibério, muitos dos quais eram puras fantasias. O imperador se tornou ainda mais desconfiado de todo mundo, exceto de Sejano. Nomeou-o como único prefeito da Guarda Pretoriana, que ampliou e converteu num exército de 12 mil homens, além de atribuir aos homens de Sejano outros papéis no policiamento e na administração da cidade de Roma. Por fim, Sejano persuadiu Tibério a sair da capital e ir para Capri, argumentando que seria muito mais fácil proteger o imperador numa ilha pequena do que numa metrópole populosa, cheia de espiões e traidores. Na verdade, segundo explicou o historiador romano Tácito, o objetivo de Sejano era controlar toda a informação que chegava ao imperador: "O acesso ao imperador estaria sob seu controle, e as cartas, em sua maioria sendo transmitidas por soldados, passariam por suas mãos".[13]

Com os pretorianos controlando Roma, Tibério isolado em Capri e Sejano controlando toda informação dirigida a Tibério, o comandante pretoriano se tornou o verdadeiro governante do império. Sejano expurgava todos os que pudessem se opor a ele — inclusive membros da família imperial —, acusando-os falsamente de traição. Como ninguém podia ter contato com o imperador sem a permissão de Sejano, Tibério ficou reduzido a um fantoche.

Por fim, alguém — talvez Antônia, cunhada de Tibério — localizou uma brecha no cordão de informação de Sejano. Uma carta contrabandeada chegou ao imperador, explicando-lhe o que se passava. Mas Tibério, quando despertou para o perigo e resolveu se livrar de Sejano, estava quase impotente. Como iria derrubar o homem que controlava não só o corpo de guarda, mas também todas as comunicações com o mundo exterior? Se tentasse algum movimento, Sejano poderia aprisioná-lo indefinidamente em Capri e informar ao Senado e ao Exército que o imperador estava doente demais para se deslocar para onde quer que fosse.

Mesmo assim, Tibério conseguiu virar o jogo. Conforme aumentava seu poder e se preocupava em comandar o império, Sejano perdeu o contato com as minúcias corriqueiras do aparato de segurança de Roma. Tibério procurou um dos subordinados de Sejano, Névio Sutório Macro, comandante da brigada de fogo e vigilância noturna. Macro orquestrou um golpe contra Sejano e, como prêmio, recebeu de Tibério o comando da Guarda Pretoriana. Poucos anos depois, Macro determinou que matassem Tibério.[14]

O destino de Tibério mostra o equilíbrio delicado que todos os ditadores precisam alcançar. Eles tentam concentrar a informação num único lugar, mas devem cuidar para que os diversos canais de informação só possam se juntar em sua própria pessoa. Se os canais de informação se juntam em outro lugar, é

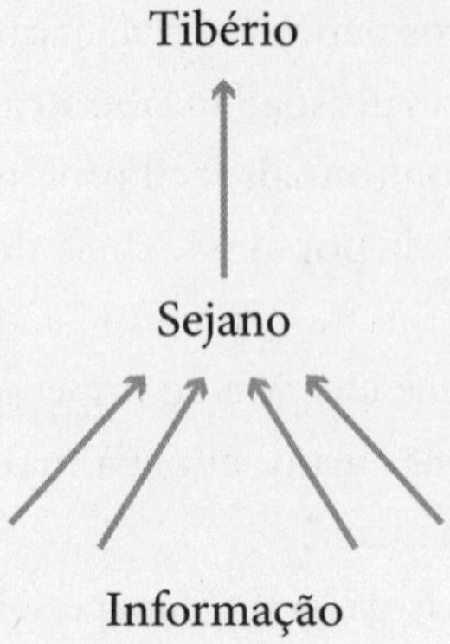

O poder reside no nexo entre os canais de informação. Como Tibério permitiu que os canais de informação fluíssem para a pessoa de Sejano, este se tornou o verdadeiro centro do poder, enquanto Tibério se reduziu a um fantoche.

este, então, que se torna o verdadeiro nexo do poder. Quando o regime se baseia em seres humanos como Sejano e Macro, um ditador habilidoso pode tentar jogar um contra o outro a fim de se manter no topo. Era a isso que visavam os expurgos de Stálin. Mas, quando um regime se baseia numa IA poderosa, porém inescrutável, que reúne e analisa toda a informação, o ditador humano corre o risco de perder todo o seu poder. Pode continuar na capital e, mesmo assim, estar isolado numa ilha digital, controlada e manipulada pela IA.

O DILEMA DO DITADOR

Nos próximos anos, os ditadores de nosso mundo enfrentarão problemas mais prementes do que uma tomada algorítmica do poder. Nenhum sistema atual de IA é capaz de manipular regimes em tal escala. No entanto, os sistemas totalitários já correm o perigo de depositar excessiva confiança em algoritmos. Enquanto as democracias supõem que todos são falíveis, nos regimes totalitários o pressuposto fundamental é de que o partido dirigente ou o líder supremo sempre estão certos. Os regimes baseados nesse pressuposto são condicionados a acreditar na existência de uma inteligência infalível e relutam em criar fortes mecanismos autocorretores capazes de monitorar e regular o gênio que está no topo.

Até agora, esses regimes depunham fé em partidos e líderes humanos e eram viveiros para o surgimento de cultos à personalidade. Mas, no século XXI, essa tradição totalitária os deixa preparados para crer na infalibilidade da IA. Sistemas que eram capazes de acreditar na genialidade perfeita de um Mussolini, de um Ceauşescu ou de um Khomeini também estão preparados para acreditar na genialidade impecável de um computador superinteligente. Isso traria resultados calamitosos para seus cidadãos e, potencialmente, também para o resto do mundo. O que acontece se o algoritmo encarregado da política ambiental comete um erro crasso, mas não existe nenhum mecanismo autocorretor capaz de identificar e corrigir seu erro? O que acontece se o algoritmo incumbido do sistema de crédito social do Estado começa a aterrorizar não só a população em geral, mas até os integrantes do partido dirigente, e, ao mesmo tempo, passa a rotular qualquer um que questione suas políticas como "um inimigo do povo"?

Os ditadores sempre foram afetados por mecanismos autocorretores fracos e ameaçados por subordinados poderosos. O desenvolvimento da IA pode exacerbar muito esses problemas. Assim, a rede de computadores apresenta um dilema excruciante aos ditadores. Eles podem decidir escapar das garras de seus subalternos humanos confiando numa tecnologia supostamente infalível, e nesse caso podem se tornar fantoches da tecnologia. Ou podem montar uma instituição humana para supervisionar a IA, mas essa instituição, por sua vez, também poderia limitar o poder deles.

Mesmo que apenas alguns dos ditadores do mundo resolvessem depositar confiança na IA, isso traria consequências de longo alcance para toda a humanidade. A ficção científica é repleta de roteiros em que uma IA sai do controle e passa a escravizar ou eliminar a humanidade. A maioria dos enredos de ficção científica explora esses roteiros no contexto de sociedades capitalistas democráticas. Isso é compreensível. Autores que vivem em democracias estão, é claro, interessados em suas próprias sociedades, ao passo que os autores que vivem em ditaduras são geralmente desencorajados a criticar seus dirigentes. Mas o ponto mais fraco no escudo anti-IA da humanidade são, provavelmente, os ditadores. A maneira mais fácil para uma IA tomar o poder não é saindo do laboratório do dr. Frankenstein, mas conquistando as graças de algum Tibério paranoico.

Isso não é uma profecia, é apenas uma possibilidade. Depois de 1945, os ditadores e seus subordinados cooperaram com governos democráticos e seus cidadãos para conter as armas nucleares. Em 9 de julho de 1955, Albert Einstein, Bertrand Russell e uma série de outros cientistas e pensadores eminentes publicaram o Manifesto Russell-Einstein, conclamando os líderes das democracias e das ditaduras a cooperarem na prevenção da guerra nuclear. O manifesto dizia: "Apelamos como seres humanos a seres humanos: lembrem sua humanidade e esqueçam o resto. Se assim o fizerem, estará aberto o caminho para um novo Paraíso; se não o fizerem, diante de você está o risco da morte universal".[15] Isso também se aplica à IA. Seria uma tolice dos ditadores crer que a IA necessariamente inclinará a balança do poder em favor deles. Se não tiverem cuidado, a IA tomará o poder para si mesma.

11. A Cortina de Silício: Império global ou cisão global?

Os dois capítulos anteriores examinaram a possível reação de diferentes sociedades humanas ao desenvolvimento da nova rede de computação. Mas vivemos num mundo interconectado, no qual as decisões de um país podem ter profundo impacto em outros países. Alguns dos perigos mais graves postos pela IA não resultam da dinâmica interna de determinada sociedade humana. Pelo contrário, surgem da dinâmica que envolve muitas sociedades e que pode levar a novas corridas armamentistas, novas guerras e novas expansões imperiais.

Os computadores ainda não são poderosos a ponto de escapar totalmente a nosso controle ou destruir por si sós a civilização humana. Se a humanidade se mantiver unida, poderemos construir instituições que controlem a IA e identifiquem e corrijam erros algorítmicos. Infelizmente, a humanidade nunca esteve unida. Sempre fomos prejudicados por vilões e também por divergências entre a gente de bem. O surgimento da IA, então, instaura um perigo mortal à humanidade não por causa da malevolência dos computadores, mas por causa de nossas próprias falhas.

Assim, um ditador paranoico poderia conceder poder ilimitado a uma IA falível, até mesmo o poder de lançar ataques nucleares. Se o ditador confia mais em sua IA do que em seu ministro da Defesa, não faria sentido que a IA supervisionasse as armas mais poderosas do país? Se então a IA comete um erro ou começa a perseguir um objetivo estranho, o resultado pode ser catastrófico, e não só para aquele país.

Da mesma forma, terroristas interessados nos eventos de uma só parte do mundo poderiam usar a IA para instigar uma pandemia global. Podem ser mais versados em alguma mitologia apocalíptica do que na ciência da epidemiologia, mas basta que estabeleçam o objetivo e todo o resto será feito pela IA deles. A IA pode sintetizar um novo patógeno, encomendá-lo em laboratórios comerciais ou imprimi-los em impressoras biológicas 3D e elaborar a melhor estratégia para difundi-lo pelo mundo, por meio dos aeroportos ou de redes de alimentação. E se a IA sintetizar um vírus que seja tão fatal quanto o ebola, tão contagioso quanto a covid-19 e de tão lenta ação quanto a aids? No momento em que as primeiras vítimas começassem a morrer e o mundo fosse alertado sobre o perigo, a maioria das pessoas no mundo já poderia estar infectada.[1]

Como vimos em capítulos anteriores, a civilização humana está ameaçada por armas físicas e biológicas de destruição em massa, como bombas atômicas e vírus — mas não só. A civilização humana também pode ser destruída por armas de destruição social em massa, como estórias que corroem nossos vínculos sociais. Uma IA desenvolvida num país poderia ser usada para desencadear uma enxurrada de fake news, de dinheiro falso e de falsos humanos, de tal forma que as pessoas em inúmeros outros países perderiam a capacidade de confiar em qualquer coisa ou em qualquer pessoa.

Muitas sociedades — tanto democráticas quanto ditatoriais — podem agir com responsabilidade para regular esses usos da IA, refrear os vilões e conter as ambições perigosas de seus governantes e fanáticos. Mas, mesmo que apenas algumas sociedades não o façam, isso bastaria para pôr em risco toda a humanidade. A mudança climática pode devastar até mesmo os países que adotam excelentes regulamentações ambientais, porque o problema é global e não apenas nacional. A IA também é um problema global. Seria ingenuidade por parte dos países imaginarem que, desde que regulamentem com sensatez a IA dentro de suas fronteiras, essas regulamentações irão protegê-los das consequências mais graves da revolução da IA. Assim, para entendermos a nova política computacional, não basta examinarmos como as sociedades poderiam reagir à IA. Precisamos também avaliar em nível global como a IA pode mudar as relações entre as sociedades.

Hoje o mundo está dividido em cerca de duzentos Estados nacionais, cuja independência a maioria deles só obteve depois de 1945. Não são iguais. A lista contém duas superpotências, uma meia dúzia de grandes potências, vários blocos e alianças e um monte de peixes pequenos. Apesar disso, mesmo os Estados menores têm alguma influência, como se evidencia em sua capacidade de jogar as superpotências umas contra as outras. No começo da década de 2020, por exemplo, China e Estados Unidos disputaram a influência na região estrategicamente importante do Pacífico Sul. As duas superpotências tentaram ganhar as graças de países ilhéus como Tonga, Tuvalu, Kiribati e as Ilhas Salomão. Os governos dessas pequenas nações — cujas populações variam de 740 mil (Ilhas Salomão) a 11 mil habitantes (Tuvalu) — tinham uma margem de manobra considerável para decidir o caminho que tomariam e eram capazes de obter concessões e ajudas substanciais.[2]

Outros Estados pequenos, como o Qatar, se estabeleceram como participantes importantes na arena geopolítica. O Qatar, mesmo com apenas 300 mil cidadãos, tem objetivos ambiciosos de política externa no Oriente Médio, desempenha um papel enorme na economia global e abriga a Al Jazeera, a rede de TV de maior influência no mundo árabe. Pode-se argumentar que o Qatar é capaz de um desempenho muito acima de suas dimensões por ser o terceiro maior exportador de gás natural do mundo. Ainda que, num outro cenário internacional, isso faria do Qatar não um ator independente, e sim o prato de entrada no cardápio de qualquer conquistador imperial. É revelador que, em 2024, seus vizinhos muito maiores e as potências hegemônicas do mundo estejam deixando o minúsculo Estado do golfo preservar suas fabulosas riquezas. Muita gente descreve o sistema internacional como uma selva. Se assim for, é uma selva em que os tigres permitem que as galinhas gordas vivam em relativa segurança.

Qatar, Tonga, Tuvalu, Kiribati e as Ilhas Salomão indicam que estamos vivendo numa era pós-imperial. Obtiveram sua independência do Império Britânico nos anos 1970, como parte da extinção final da ordem imperial europeia. A influência que eles têm hoje na arena internacional atesta que, no primeiro quartel do século XXI, o poder se distribui entre um número relativamente grande de atores, e não mais monopolizado por uns poucos impérios.

Como o surgimento da nova rede computacional pode mudar os moldes da política internacional? Afora os roteiros apocalípticos como o de uma IA ditatorial lançando uma guerra nuclear ou de uma IA terrorista instigando uma pandemia mortífera, os computadores estabelecem dois desafios principais ao sistema internacional de hoje.

Primeiro, visto que facilitam a concentração da informação e do poder num núcleo central, a humanidade poderia ingressar numa nova era imperial. Uns poucos impérios, ou talvez um único, poderiam exercer sobre o mundo inteiro um controle bem maior do que o do Império Britânico ou Soviético. Tonga, Tuvalu e Qatar deixariam de ser Estados independentes e se tornariam possessões coloniais — exatamente como eram há cinquenta anos.

Segundo, a humanidade poderia se dividir ao longo de uma Cortina de Silício que atravessaria impérios digitais rivais. Como cada regime escolhe sua resposta própria ao problema do alinhamento da IA, ao dilema do ditador e a outros dilemas tecnológicos, cada qual poderia criar uma rede computacional separada e muito diferente. As várias redes teriam então dificuldade crescente em interagir, e o mesmo se daria com os seres humanos controlados por elas. Os qataris da rede iraniana ou russa, os tonganos da rede chinesa e os tuvaluenses de uma rede americana viriam a ter experiências de vida e concepções de mundo tão diferentes que dificilmente conseguiriam se comunicar e concordar em alguma coisa.

Se esses desdobramentos de fato se concretizarem, podem facilmente levar a seu próprio resultado apocalíptico. Talvez cada império consiga manter suas armas nucleares sob controle humano, e seus lunáticos, longe das armas biológicas. Mas uma espécie humana dividida em campos hostis que não se entendem não tem muitas chances de evitar guerras devastadoras ou de impedir uma mudança climática catastrófica. Um mundo de impérios rivais separados por uma Cortina de Silício opaca também seria incapaz de regulamentar o poder explosivo da IA.

A ASCENSÃO DOS IMPÉRIOS DIGITAIS

No capítulo 9, abordamos rapidamente o elo entre a Revolução Industrial e o imperialismo moderno. De início, não era evidente que a tecnologia industrial fosse ter grande impacto sobre a construção de impérios. Quando as primeiras máquinas a vapor foram usadas para bombear água nas minas britânicas de carvão no século XVIII, ninguém previu que elas viriam a alimentar os projetos imperiais mais ambiciosos da história humana. Depois, quando a Revolução Industrial ganhou mais impulso no começo do século XIX, ela foi movida pela iniciativa privada, porque os governos e os Exércitos foram relativamente lentos em avaliar seu potencial impacto geopolítico. A primeira ferrovia comercial do mundo, por exemplo, inaugurada entre Liverpool e Manchester em 1830, foi construída e operada pela empresa privada Liverpool and Manchester Railway Company. O mesmo se deu na maioria das outras linhas ferroviárias iniciais no Reino Unido, nos Estados Unidos, na França, na Alemanha e em outros lugares. Àquela altura, não se via de forma alguma por que os governos ou os Exércitos haveriam de se envolver em tais empreendimentos comerciais.

Em meados do século XIX, porém, os governos e as Forças Armadas das principais potências industriais já haviam reconhecido plenamente o imenso potencial geopolítico da tecnologia industrial moderna. A necessidade de matérias-primas e mercados justificava o imperialismo, e as tecnologias industriais facilitavam as conquistas imperiais. Os navios a vapor, por exemplo, foram essenciais para a vitória britânica contra os chineses nas Guerras do Ópio, e as ferrovias tiveram papel decisivo na expansão americana para o oeste e na expansão russa para o leste e o sul. Com efeito, projetos imperiais inteiros foram moldados com base na construção de ferrovias, como as linhas russas Transiberiana e Transcaspiana, o sonho germânico de uma ferrovia Berlim-Bagdá e o sonho britânico de construir uma ferrovia do Cairo ao Cabo.[3]

Apesar disso, a maioria dos países não entrou em tempo na florescente corrida armamentista industrial. Alguns não tinham capacidade para isso, como os clãs melanésios das Ilhas Salomão e a tribo Al Thani do Qatar. Outros, como o Império Birmanês, o Império Axante e o Império Chinês, até podiam ter a capacidade, mas não a vontade e a antevisão. Seus governantes e habitantes ou não acompanhavam os desenvolvimentos em lugares como o noroeste da Inglaterra, ou achavam que não tinham muito a ver com eles. Por que os plantadores de arroz da bacia do Irrawaddy na Birmânia ou na bacia do Yangtze na China haveriam de se importar com a Ferrovia Liverpool-Manchester? No final do século XIX, contudo, esses rizicultores se viram conquistados ou indiretamente explorados pelo Império Britânico. Os outros retardatários na corrida industrial também acabaram, em sua maioria, dominados por uma ou outra potência industrial. É possível que algo semelhante se dê com a IA?

Quando a corrida para desenvolver a IA ganhou impulso nos anos iniciais do século XXI, ela também foi, a princípio, encabeçada por empresários privados numa meia dúzia de países. Tomaram como objetivo a centralização do fluxo mundial de informação. O Google queria organizar toda a informação do mundo num só lugar. A Amazon pretendia centralizar todas as compras do mundo. O Facebook desejava conectar todas as esferas sociais do mundo. Mas concentrar toda a informação do mundo não é simples nem tem utilidade, a não ser que haja um centro onde processar essa informação. E, no ano 2000, quando o mecanismo de busca do Google dava seus primeiros passos, quando a Amazon era uma modesta livraria online e quando Mark Zuckerberg cursava o ensino médio, não havia disponível em lugar algum a IA necessária para centralizar o processamento de oceanos de dados. Mas alguns apostavam que ela estava logo ali.

Kevin Kelly, o editor fundador da revista *Wired*, contou que esteve em 2002 numa festinha do Google e ficou batendo papo com Larry Page. "Larry, ainda não entendi qual é o lance. São tantas as empresas de busca... Busca na rede, de graça? Aonde isso pode levar?" Page explicou que o foco do Google não era de forma alguma a busca, e disse: "Na verdade, estamos fazendo uma IA".[4] Dispor de montes de dados facilita criar uma IA. E a IA pode converter montes de dados em montes de poder.

Nos anos 2010, o sonho já estava se tornando realidade. Como todas as grandes revoluções históricas, o surgimento da IA foi um processo gradual, encadeando inúmeros passos. E como em todas as revoluções, alguns desses passos são vistos como pontos de inflexão, tal como fora a inauguração da Ferrovia Liverpool-Manchester. Na prolífica estória da IA, dois eventos são muito lembrados na bibliografia especializada. O primeiro foi quando, em 30 de setembro de 2012, uma rede neural convolucional chamada AlexNet venceu o desafio de reconhecimento visual em grande escala da ImageNet.

Se você não faz ideia do que é uma rede neural convolucional e nunca ouviu falar do desafio ImageNet, não está sozinho. Mais de 99% de nós estamos na mesma situação, e é por isso que a vitória da AlexNet quase nem figurou nas manchetes da imprensa em 2012. Mas alguns seres humanos tinham ouvido falar da vitória da AlexNet e entenderam o significado daquilo.

Sabiam, por exemplo, que a ImageNet é uma base de dados com milhões de imagens digitais anotadas. Alguma vez um site já lhe pediu que você provasse não ser um robô olhando um conjunto de imagens e marcando quais delas continham um carro ou um gato? As imagens em que você clicou provavelmente vieram da base de dados da ImageNet. O mesmo pode ter acontecido com imagens de seu gato postadas por você na internet. O desafio de reconhecimento visual em grande escala da ImageNet testa vários algoritmos para ver a capacidade deles de identificar as imagens com *tag* na base de dados. Conseguem identificar corretamente os gatos? Quando nos pedem para fazer isso, entre cem imagens de gatos identificamos corretamente 95 delas. Em 2010, os melhores algoritmos tinham um índice de acerto de apenas 72%. Em 2011, o índice de acerto algorítmico subiu lentamente para 75%. Em 2012, o algoritmo AlexNet venceu o desafio e assombrou a comunidade ainda minúscula de especialistas em IA ao obter um índice de acerto de 85%. Essa melhora pode não parecer significativa para os leigos, mas demonstrou aos especialistas o potencial de rápido avanço em certos domínios da IA. Em 2015, um algoritmo da Microsoft alcançou uma precisão de 96%, ultrapassando a capacidade humana de identificar imagens de gatos.

Em 2016, a *Economist* publicou um artigo chamado "From Not Working to Neural Networking", que perguntava: "Como a inteligência artificial, até então uma área associada ao excesso de confiança e à decepção, tornou-se de repente o campo mais popular na tecnologia?". O artigo assinalava a vitória da AlexNet como o momento em que "as pessoas começaram a prestar atenção não só na comunidade da IA, mas na indústria tecnológica como um todo". O artigo trazia a imagem da mão de um robô segurando a foto de um gato.[5]

Todas essas imagens de gatos que as gigantes da tecnologia ficavam recolhendo por todo o mundo, sem pagar um tostão aos usuários ou ao fisco, se revelaram incrivelmente valiosas. A corrida da IA se iniciara, e os competidores estavam correndo com imagens de gatos. Na mesma época em que a AlexNet se preparava para o desafio da ImageNet, o Google também estava treinando *sua* IA com imagens de gatos e até criou uma IA dedicada à criação de imagens de gatos, chamada Meow Generator.[6] A tecnologia desenvolvida para reconhecer lindos gatinhos foi posteriormente implantada com vistas a objetivos mais predatórios. Por exemplo, Israel confiou nela ao criar os aplicativos Red Wolf, Blue Wolf e Wolf Pack, usados por soldados israelenses para o reconhecimento facial de palestinos nos territórios ocupados.[7] A habilidade para reconhecer imagens de gatos também levou aos algoritmos que o Irã utiliza para reconhecer automaticamente mulheres sem véu e fazer cumprir as leis do *hijabe*. Como expusemos no capítulo 8, é necessária uma quantidade gigantesca de dados para treinar algoritmos de aprendizado de máquina. Sem os milhões de imagens de gatos com anotação, que gente do mundo inteiro postava gratuitamente online, não teria sido possível treinar o algoritmo AlexNet nem o Meow Generator, que por sua vez serviram como modelo para IAs subsequentes, com potencial econômico, político e militar de grande alcance.[8]

Assim como no começo do século XIX a construção de ferrovias se deu com o esforço pioneiro de empreendedores privados, da mesma forma, no início do século XXI, os principais competidores iniciais na corrida da IA eram corporações privadas. Os executivos do Google, do Facebook, do Alibaba e do Baidu perceberam antes que os presidentes e generais o valor de reconhecer imagens de gatos. O segundo *eureca!* se deu em meados de março de 2016, quando os presidentes e generais entenderam o que se passava. Foi a supracitada vitória do AlphaGo do Google contra Lee Sedol. Enquanto a proeza da AlexNet foi em larga medida ignorada pelos políticos, a vitória do AlphaGo enviou ondas de choque pelas agências governamentais, em particular no Extremo Oriente. Na China e em países vizinhos, o go é um tesouro cultural e considerado o treino ideal para aspirantes a estrategistas e atores políticos. Em março de 2016, ou assim diz a mitologia da IA, o governo chinês percebeu que se iniciava a era da IA.[9]

Não admira muito que o governo chinês tenha sido provavelmente o primeiro a entender a plena importância do que estava acontecendo. No século XIX, a China demorou em avaliar o potencial da Revolução Industrial e foi lenta em adotar invenções como ferrovias e navios a vapor. Em decorrência disso, ela sofreu o que os chineses chamam de "o século de humilhações". Depois de ter sido por séculos a maior superpotência do mundo, a China, por não adotar a tecnologia industrial moderna, decaiu. Sofreu repetidas derrotas em guerras, foi parcialmente conquistada por estrangeiros e amplamente explorada pelas potências que de fato entendiam de ferrovias e vapores. Os chineses prometeram que nunca mais perderiam o trem.

Em 2017, o governo chinês lançou seu Plano Nacional de Inteligência Artificial de Nova Geração, anunciando que, "em 2030, as teorias, as tecnologias e as aplicações da IA da China devem atingir níveis mundiais de ponta, tornando a China o centro primário de inovação da IA no mundo".[10] Nos anos seguintes, a China investiu vultosos recursos na IA, de forma que, no começo dos anos 2020, ela já lidera o mundo em vários campos relacionados ao tema e se iguala aos Estados Unidos em outros.[11]

Claro que o governo chinês não foi o único a despertar para a importância da IA. Em 1º de setembro de 2017, o presidente Putin, da Rússia, declarou: "A inteligência artificial é o futuro, não só para a Rússia, mas para toda a humanidade [...]. Quem se tornar o líder nessa esfera se tornará o dirigente do mundo". Em janeiro de 2018, o primeiro-ministro Modi da Índia concordou que "quem controlar os dados, controlará o mundo".[12] Em fevereiro de 2019, Trump assinou um decreto dizendo que "a era da IA chegou" e que "a continuidade da liderança americana em inteligência artificial é de suprema importância para manter a segurança econômica e nacional dos Estados Unidos".[13] À época, os Estados Unidos já lideravam a corrida da IA, graças, em larga medida, aos esforços de empreendedores privados visionários. Mas o que começou como uma competição comercial entre empresas estava se transformando numa partida entre governos ou talvez, mais propriamente, numa corrida entre equipes concorrentes, cada uma delas formada por um governo e várias empresas. O prêmio para o vencedor? A dominação mundial.

COLONIALISMO DE DADOS

No século XVI, quando conquistadores espanhóis, portugueses e holandeses criavam os primeiros impérios mundiais da história, eles vieram com navios a vela, cavalos e pólvora. Quando os britânicos, os russos e os japoneses disputaram a hegemonia nos séculos XIX e XX, basearam-se em navios a vapor, locomotivas e metralhadoras. No século XXI, para dominar uma colônia, não é mais necessário enviar frotas armadas. O necessário é pegar os dados. Algumas poucas corporações ou governos colhendo os dados do mundo podem transformar o resto do globo em colônias de dados — territórios que eles controlam não com a força militar aberta, e sim com a informação.[14]

Imagine uma situação — daqui a vinte anos, digamos — em que alguém em Beijing ou San Francisco dispõe da história pessoal completa de todos os políticos, jornalistas, coronéis e CEOs de seu país; todos os textos que enviaram, todas as buscas na rede que fizeram, todas as doenças que tiveram, todas as relações sexuais que tiveram, todas as piadas que contaram, todas as propinas que aceitaram. Você ainda estaria vivendo num país independente ou numa colônia de dados? O que acontece quando seu país se encontra em total dependência de infraestruturas digitais e sistemas abastecidos por IA sobre os quais ele não tem nenhum controle efetivo?

Tal situação pode levar a um novo tipo de colonialismo de dados, em que o controle dos dados é utilizado para dominar colônias distantes. A proficiência no uso da IA e dos dados também poderia dar aos novos impérios o controle sobre a atenção das pessoas. Como já expusemos, nos anos 2010, gigantes das redes sociais americanas, como o Facebook e o YouTube, subverteram a política de países distantes como Mianmar e Brasil com vistas ao lucro. Os impérios digitais futuros podem fazer algo parecido por interesse político.

Os temores de uma guerra psicológica, do colonialismo de dados e da perda de controle sobre seus ciberespaços já levaram muitos países a bloquearem o que consideram aplicativos perigosos. A China proibiu o Facebook, o YouTube e muitos outros websites e aplicativos de redes sociais ocidentais. A Rússia proibiu todos os aplicativos de redes sociais ocidentais, bem como alguns chineses. Em 2020, a Índia proibiu o TikTok, o WeChat e vários outros aplicativos chineses, argumentando que eram "prejudiciais à soberania e à integridade da Índia, à defesa da Índia, à segurança do Estado e à ordem pública".[15] Os Estados Unidos debatem se vão proibir o TikTok — pela preocupação de que o aplicativo esteja servindo a interesses chineses — e, desde 2023, é ilegal usá-lo nos dispositivos de quase todos os funcionários públicos federais e estaduais, e nas empreiteiras do governo.[16] Legisladores no Reino Unido, na Nova Zelândia e em outros países também têm manifestado preocupação com o TikTok.[17] Muitos outros governos, do Irã à Etiópia, bloquearam vários aplicativos como o Facebook, o Twitter, o YouTube, o Telegram e o Instagram.

O colonialismo de dados também se manifesta na difusão dos sistemas de crédito social. O que pode acontecer, por exemplo, se um ator dominante na economia digital global decidir estabelecer um sistema de crédito social que colha dados em qualquer lugar onde os encontre e pontue não só seus cidadãos, mas pessoas de todo o mundo? Os estrangeiros não poderiam apenas dar de ombros, pois sua pontuação poderia afetá-los de várias maneiras, da compra de uma passagem aérea a pedidos de vistos, bolsas de estudo e empregos. Assim como turistas usam os scores globais fornecidos por empresas estrangeiras como o TripAdvisor e a Airbnb para avaliar restaurantes e pousadas mesmo em seus próprios países, gente do mundo todo poderia começar a usar um score de crédito social chinês ou americano para interações sociais locais.

Tornar-se uma colônia de dados terá consequências não só políticas e sociais, mas também econômicas. Nos séculos XIX e XX, se seu país era uma colônia de uma potência industrial como Bélgica ou Grã-Bretanha, geralmente isso significava que seu país fornecia matérias-primas, enquanto as indústrias de ponta que obtinham os maiores lucros continuavam no centro imperial. O Egito exportava algodão para a Inglaterra e importava têxteis de alta tecnologia. A Malaia fornecia borracha para pneus; Coventry fazia os carros.[18]

É provável que algo parecido se dê com o colonialismo de dados. A matéria-prima para a indústria da IA são os dados. Para produzir uma IA que reconheça imagens, você precisa de fotos de gatos. Para produzir a última moda, você precisa de dados sobre as tendências da moda. Para produzir veículos autônomos, você precisa de dados sobre os padrões de trânsito e de acidentes de carro. Para produzir uma IA de atendimento à saúde, você precisa de dados sobre genes e condições de saúde. Numa nova economia de informação imperial, a matéria-prima será colhida por todo o mundo e irá para o centro imperial. Lá se desenvolverá a tecnologia de ponta, produzindo algoritmos imbatíveis que sabem identificar gatos, prever tendências da moda, dirigir veículos autônomos e diagnosticar doenças. Esses algoritmos serão então exportados de volta para as colônias de dados. Os dados do Egito e da Malásia podem enriquecer uma corporação em San Francisco ou Beijing, enquanto persiste a pobreza do povo no Cairo e em Kuala Lumpur, porque não há redistribuição dos lucros nem do poder.

A natureza da nova economia da informação pode piorar a um grau inédito o desequilíbrio entre centro imperial e colônia explorada. Antigamente, o ativo econômico mais importante era a terra, não a informação. Isso impedia a excessiva concentração de toda a riqueza e poder num único centro. Como a terra era de máxima importância, os proprietários fundiários nas províncias sempre mantinham considerável poder e riqueza. Um imperador romano, por exemplo, podia sufocar uma revolta após a outra nas províncias, mas, no dia em que decapitasse o último chefe rebelde, ele não tinha escolha a não ser nomear um novo conjunto de proprietários de terras nas províncias, que poderiam mais uma vez desafiar o poder central. No Império Romano, a Itália era a sede do poder político, mas as províncias mais ricas ficavam no Mediterrâneo Oriental. Era impossível transportar os campos férteis do vale do Nilo para a península Itálica.[19] Por fim, os imperadores abandonaram a cidade de Roma aos bárbaros e transferiram a sede do poder político para o oriente rico, para Constantinopla.

Durante a Revolução Industrial, as máquinas se tornaram mais importantes do que a terra. Fábricas, minas, ferrovias e estações de energia elétrica se tornaram os ativos mais valiosos. Era um tanto mais fácil concentrar esse tipo de ativo num só lugar. O Império Britânico pôde centralizar a produção industrial em suas ilhas, extrair matérias-primas da Índia, do Egito e do Iraque, e lhes vender produtos acabados feitos em Birmingham ou Belfast. Diferentemente do Império Romano, a Grã-Bretanha era sede tanto do poder político quanto do poder econômico. Mas a física e a geologia ainda impunham limites naturais a essa concentração de poder e riqueza. Os britânicos não podiam transferir todas as fábricas têxteis de Calcutá para Manchester, nem mudar os poços de petróleo de Kirkuk para Yorkshire.

A informação é diferente. Ao contrário do algodão e do petróleo, os dados digitais podem ser enviados da Malásia ou do Egito para Beijing ou San Francisco quase que à velocidade da luz. E, ao contrário da terra, dos campos de petróleo ou das fábricas de tecidos, os algoritmos não ocupam muito espaço. Assim, ao contrário do poder industrial, o poder algorítmico do mundo *pode* ficar concentrado num único centro. Os engenheiros de um só país poderiam escrever o código e controlar as chaves para todos os algoritmos essenciais que comandam o mundo inteiro.

Com efeito, a IA possibilita que mesmo os ativos decisivos de algumas indústrias tradicionais, como a têxtil, fiquem concentrados num único lugar. No século XIX, controlar a indústria têxtil significava controlar extensas plantações de algodão e enormes linhas de produção mecânica. No século XXI, o ativo mais importante da indústria têxtil não é o algodão nem o maquinário: é a informação. Para derrotar os concorrentes, um fabricante de roupas precisa de informação sobre as preferências dos clientes e da capacidade de prever ou criar as próximas modas. Ao controlarem esse tipo de informação, gigantes high-tech, como a Amazon e o Alibaba, podem monopolizar até mesmo uma indústria muito tradicional, como a têxtil. Em 2021, a Amazon se tornou a maior varejista de roupas dos Estados Unidos.[20]

Não bastasse isso, enquanto a IA, robôs e impressoras 3D automatizam a produção têxtil, milhões de trabalhadores podem perder o emprego, virando de ponta-cabeça as economias nacionais e o equilíbrio global do poder. O que acontecerá com a economia e a política de Paquistão e Bangladesh, por exemplo, quando a automação baratear a produção de tecidos na Europa? Considere-se que, atualmente, o setor têxtil fornece emprego a 40% do total da força de trabalho do Paquistão e responde por 84% das receitas de exportação de Bangladesh.[21] Como observamos no capítulo 9, a automação pode deixar milhões de operários têxteis na rua, mas provavelmente criará uma diversidade de novos empregos. Por exemplo, pode haver uma enorme demanda por codificadores e analistas de dados. Mas, para que um peão de fábrica desempregado se torne um analista de dados, é preciso um substancial investimento prévio na reciclagem. Onde Paquistão e Bangladesh conseguiriam dinheiro para isso?

A IA e a automação, portanto, impõem um desafio específico aos países mais pobres. Numa economia movida a IA os líderes digitais ficam com a maior parte dos ganhos; talvez pudessem usar suas riquezas para reciclar a força de trabalho e aumentar seus lucros. Enquanto isso, o valor dos trabalhadores não qualificados em países pobres diminuirá, e os países não terão recursos para reciclar sua força de trabalho, o que fará com que fiquem ainda mais atrasados. O resultado seria uma grande quantidade de novos empregos e imensas riquezas em San Francisco e Shanghai, enquanto muitas outras partes do mundo enfrentariam a ruína econômica.[22] Segundo a empresa contábil global PricewaterhouseCoopers, prevê-se que em 2030 a IA acrescente 15,7 trilhões de dólares à economia global. Mas, persistindo as tendências atuais, a projeção é de que China e Estados Unidos — as duas principais superpotências em IA — fiquem com 70% desse valor.[23]

DA REDE AO CASULO

Essas dinâmicas econômicas e geopolíticas podem dividir o mundo em dois impérios digitais. Durante a Guerra Fria, em muitos lugares a Cortina de Ferro era feita de metal: o arame farpado dividia os países. Agora o mundo está cada vez mais dividido pela Cortina de Silício. A Cortina de Silício é feita de códigos e atravessa todos os celulares, computadores e servidores do mundo. O código em seu celular determina em que lado da Cortina de Silício você mora, que algoritmos comandam sua vida, quem controla sua atenção e para onde vão seus dados.

Está ficando difícil acessar a informação atravessando a Cortina de Silício, entre, digamos, a China e os Estados Unidos ou entre a Rússia e a União Europeia. Ademais, os dois lados são cada vez mais conduzidos em redes digitais diferentes, usando códigos de computador diferentes. Cada esfera obedece a regulações diferentes e atende a diferentes finalidades. Na China, o objetivo mais importante da nova tecnologia digital é fortalecer o Estado e servir a políticas do governo. Embora as empresas privadas tenham recebido certo grau de autonomia no desenvolvimento e na aplicação de IAs, suas atividades econômicas são, em última instância, subservientes aos objetivos políticos do governo. Esses objetivos políticos também justificam um grau relativamente elevado de vigilância, tanto online quanto offline. Isso significa, por exemplo, que, embora as autoridades e os cidadãos chineses se importem com a privacidade das pessoas, a China já está bem à frente dos Estados Unidos e de outros países ocidentais no desenvolvimento e na utilização de sistemas de crédito social que abrangem a totalidade da vida das pessoas.[24]

Nos Estados Unidos, o governo desempenha um papel mais limitado. As empresas privadas lideram o desenvolvimento e a utilização da IA, e o objetivo último de muitos sistemas novos de IA é enriquecer as gigantes de alta tecnologia, mais do que fortalecer o Estado americano ou o governo do momento. Na verdade, as próprias políticas do governo são, em muitos casos, moldadas por poderosos interesses empresariais. Mas o sistema americano de fato oferece maior proteção à privacidade dos cidadãos. Embora as corporações americanas tenham métodos agressivos de coleta de informação sobre as atividades online das pessoas, elas são muito mais moderadas na vigilância da vida offline. Há também uma ampla rejeição das ideias por trás dos sistemas totalmente abrangentes de crédito social.[25]

Essas diferenças políticas, culturais e regulatórias significam que cada esfera usa um software diferente. Na China, você não pode usar o Google e o Facebook, nem acessar a Wikipédia. Nos Estados Unidos, pouca gente usa WeChat, Baidu e Tencent. Mais importante, as esferas não são imagens especulares uma da outra. Os chineses e os americanos não desenvolvem versões locais dos mesmos aplicativos. O Baidu não é o Google chinês. O Alibaba não é a Amazon chinesa. Eles têm objetivos diferentes, arquiteturas digitais diferentes e impactos diferentes sobre a vida das pessoas.[26] Essas diferenças influenciam uma grande parte do mundo, visto que a maioria dos países se baseia em softwares chineses e americanos, mais do que na tecnologia local.

Cada esfera também usa hardwares, como celulares e computadores, diferentes. Os Estados Unidos pressionam seus aliados e clientes a evitarem hardwares chineses, como a infraestrutura 5G da Huawei.[27] O governo Trump bloqueou uma tentativa da corporação Broadcom, de Singapura, de comprar o principal produtor americano de chips de computador, a Qualcomm. O receio era que os estrangeiros inserissem *backdoors* nos chips ou impedissem que o governo americano inserisse ali os seus próprios *backdoors*.[28] Em 2022, o governo Biden estabeleceu limites estritos no comércio de chips de alto desempenho necessários para o desenvolvimento da IA. As empresas americanas foram proibidas de exportar esses chips para a China ou de lhe fornecer os meios de produzi-los ou consertá-los. As restrições depois se tornaram ainda mais rígidas, e a proibição se ampliou, incluindo outras nações, como Rússia e Irã.[29] Embora no curto prazo isso seja um obstáculo para a China na corrida da IA, no longo prazo levará a China a desenvolver uma esfera digital totalmente separada, que será diferente da americana mesmo em seus menores componentes.[30]

As duas esferas digitais podem se afastar cada vez mais. O software chinês só falaria com o hardware chinês e a infraestrutura chinesa, e o mesmo se daria no outro lado da Cortina de Silício. Como o código digital influi no comportamento humano e este, por sua vez, molda o código digital, os dois lados podem estar seguindo trajetórias distintas que os tornarão cada vez mais diferentes não só na tecnologia, mas também em seus valores culturais, normas sociais e estruturas políticas. Depois de gerações de convergência, a humanidade se encontraria num ponto crucial de divergência.[31] Por séculos, as novas tecnologias de informação abasteceram o processo de globalização e aproximaram o contato entre as pessoas do mundo todo. Paradoxalmente, a tecnologia da informação é hoje tão poderosa que tem o potencial de dividir a humanidade, encerrando os diversos povos em casulos de informação separados, acabando com a ideia de uma mesma realidade humana em comum. A rede tem sido nas últimas décadas a principal metáfora, mas o futuro pode pertencer a casulos.

A CISÃO GLOBAL ENTRE MENTE E CORPO

A divisão em casulos de informação poderia levar não só a rivalidades econômicas e tensões internacionais, como também ao desenvolvimento de culturas, ideologias e identidades muito diferentes. Quase sempre é uma tolice tentar adivinhar quais serão os futuros desenvolvimentos culturais e ideológicos. É muito mais difícil do que prever desenvolvimentos econômicos e geopolíticos. Quantos romanos ou judeus na época de Tibério teriam previsto que uma pequena seita judaica acabaria controlando o Império Romano e que os imperadores abandonariam as antigas divindades de Roma para cultuar um rabino judeu executado?

Seria ainda mais difícil prever as direções em que se desenvolveriam várias seitas cristãs e o enorme impacto de suas ideias e conflitos sobre todas as coisas, desde a política até a sexualidade. Quando perguntaram a Jesus sobre o pagamento de impostos ao governo de Tibério e ele respondeu: "O que é de César a César, e o que é de Deus, a Deus" (Mateus 22,21), ninguém iria imaginar o impacto dessa sua resposta sobre a separação entre Igreja e Estado na república americana de 2 mil anos depois. E quando Paulo escreveu aos cristãos em Roma que "eu mesmo que pela razão sirvo à lei de Deus e pela carne à lei do pecado" (Romanos 7,25), quem poderia ter previsto as repercussões disso nas escolas de pensamento, da filosofia cartesiana à teoria queer?

Apesar dessas dificuldades, é importante tentarmos imaginar futuros desenvolvimentos culturais, a fim de ficarmos atentos ao fato de que a revolução da IA e a formação de esferas digitais rivais provavelmente não se limitarão a mudar apenas nossos empregos e estruturas políticas. Os parágrafos a seguir trazem algumas especulações que, reconheço, são ambiciosas; então, por favor, tenha em mente que meu objetivo não é prever com exatidão o desenvolvimento da cultura, mas apenas chamar a atenção para a probabilidade de que profundas mudanças e conflitos culturais nos aguardam.

Um desenvolvimento possível com consequências de longo alcance é que os diferentes casulos digitais adotem abordagens incompatíveis das questões mais fundamentais referentes à identidade humana. Durante milênios, muitos conflitos religiosos e culturais — por exemplo, entre seitas cristãs rivais, entre hinduístas e budistas, entre platônicos e aristotélicos — foram alimentados por discordâncias quanto ao problema mente-corpo. Os seres humanos são um corpo físico ou uma mente não física, ou talvez uma mente presa dentro de um corpo? No século XXI, a rede de computadores pode intensificar o problema mente-corpo e convertê-lo numa causa de grandes conflitos pessoais, ideológicos e políticos.

Para avaliarmos as ramificações políticas desse problema, revisitemos rapidamente a história do cristianismo. Muitas das primeiras seitas cristãs, influenciadas pelo pensamento judaico, acreditavam na ideia proposta pelo Antigo Testamento de que os humanos são seres encarnados e que o corpo tem um papel fundamental na identidade humana. O livro do Gênesis dizia que Deus criou os seres humanos como corpos físicos, e quase todos os livros do Antigo Testamento supõem que os seres humanos só podem existir enquanto corpos físicos. Com eventuais raras exceções, o Antigo Testamento não menciona a possibilidade de uma existência não corporal pós-morte, no céu ou no inferno. Quando os judeus antigos fantasiavam a salvação, imaginavam que ela significava um reino terreno de corpos materiais. Na época de Jesus, muitos judeus acreditavam que, quando finalmente viesse o Messias, os corpos dos mortos voltariam à vida, aqui na terra. O Reino de Deus, instaurado pelo Messias, seria um reino material, com árvores, pedras e corpos de carne e osso.[32]

Essa também era a concepção do próprio Jesus e dos primeiros cristãos. Jesus prometia a seus seguidores que logo o Reino de Deus seria criado aqui na terra e eles lá habitariam com seu corpo material. Quando Jesus morreu sem cumprir a promessa, seus primeiros seguidores vieram a crer que ele ressuscitara *na carne* e que, quando afinal o Reino de Deus se materializasse na terra, eles também ressuscitariam na carne. O pai da Igreja, Tertuliano (160-240 EC), escreveu que "a carne é a própria condição de que depende a salvação", e o catecismo da Igreja católica, citando as doutrinas adotadas no Segundo Concílio de Lyon, em 1274, afirma:

> Nós cremos em Deus, que é o Criador da carne; cremos no Verbo que Se fez carne para remir a carne; cremos na ressurreição da carne, acabamento da cria-

ção e da redenção da carne [...]. Nós cremos na verdadeira ressurreição desta carne que possuímos agora.[33]

Apesar dessas declarações aparentemente inequívocas, vimos que são Paulo já tinha suas dúvidas quanto à carne e, no século IV EC, sob influências gregas, maniqueias e persas, alguns cristãos tinham passado para uma abordagem dualista. Vieram a pensar os seres humanos como uma boa alma imaterial presa dentro de um malévolo corpo material. Não fantasiaram sobre a ressurreição da carne. Muito pelo contrário. Tendo sido libertada pela morte dessa abominável prisão material, por que a alma pura iria algum dia querer voltar a ela? Assim, muitos cristãos passaram a crer que, depois da morte, a alma é libertada do corpo e existe para sempre num local imaterial totalmente além do reino físico — e é essa a crença-padrão entre os cristãos atuais, a despeito do que disseram Tertuliano e o Segundo Concílio de Lyon.[34]

Mas o cristianismo não conseguiu abandonar de vez a antiga concepção judaica de que os humanos são seres encarnados. Afinal, Cristo apareceu em carne na terra. Seu corpo foi pregado na cruz, onde sofreu dores excruciantes. Por 2 mil anos, portanto, as seitas cristãs lutaram entre si — armadas às vezes de palavras, às vezes de espadas — por causa das exatas relações entre alma e corpo. As discussões mais renhidas se concentravam no corpo de Cristo. Cristo era material? Era puramente espiritual? Talvez tivesse uma natureza não binária, sendo humano e divino ao mesmo tempo?

As distintas abordagens do problema mente-corpo influíam no tratamento que as pessoas davam a seu próprio corpo. Santos, eremitas, monges e freiras faziam experiências espantosas, forçando o corpo humano até seus limites. Assim como Cristo permitiu que seu corpo fosse torturado na cruz, da mesma forma esses mártires permitiam que leões e ursos os dilacerassem enquanto a alma deles se rejubilava em êxtase divino. Usavam cilícios, jejuavam durante semanas a fio ou passavam anos em cima de uma coluna — como o famoso Simeão que, ao que consta, teria passado cerca de quarenta anos no alto de uma coluna perto de Alepo.[35]

Outros cristãos adotaram a abordagem inversa, acreditando que o corpo não tinha nenhuma importância. A única coisa que importava era a fé. Essa ideia foi levada a seus extremos por protestantes como Martinho Lutero, que formulou a doutrina da *sola fide*: somente a fé. Depois de viver como monge por cerca de dez anos, jejuando e torturando o corpo de várias maneiras, Lutero desistiu desses exercícios físicos. Ponderou que nenhum tormento físico autoinfligido poderia obrigar Deus a redimi-lo. Na verdade, pensar que seria possível ganhar sua salvação torturando o corpo constituía o pecado do orgulho. Lutero, assim, deixou a batina, se casou com uma ex-freira e disse aos seguidores que, para serem bons cristãos, só o que precisavam fazer era ter plena fé em Cristo.[36]

Esses antigos debates teológicos sobre a mente e o corpo podem parecer totalmente alheios à revolução da IA, mas, de fato, eles têm sido ressuscitados pelas tecnologias do século XXI. Qual é a relação entre nosso corpo físico e nossas identidades e avatares online? Qual é a relação entre o mundo offline e o ciberespaço? Suponha que passo a maior parte do tempo em que estou acordado sentado em meu quarto na frente de uma tela, jogando online, formando relações virtuais e até trabalhando de forma remota. Mal saio, nem mesmo para comer. Peço comida. Se você for como os antigos judeus e os primeiros cristãos, vai ter pena de mim e concluir que devo estar vivendo numa alucinação, perdendo contato com a realidade dos espaços físicos e corpos de carne e osso. Mas, se suas ideias são mais próximas das de Lutero e de muitos cristãos que vieram depois dele, você pode pensar que estou livre. Ao ter a maioria de minhas atividades e relações online, libertei-me do mundo orgânico da gravidade debilitante e dos corpos corruptos, e posso fruir as ilimitadas possibilidades de um mundo digital, potencialmente liberado das leis da biologia e mesmo da física. Estou livre para vaguear por um espaço muito mais vasto e empolgante, e para explorar novos aspectos de minha identidade.

Uma pergunta cada vez mais importante é: as pessoas podem adotar qualquer identidade virtual que quiserem ou sua identidade deve ser restringida por seu corpo biológico? Se seguimos a posição luterana da *sola fide*, o corpo biológico não é de grande importância. Para adotar uma identidade online, só o que importa é aquilo em que você acredita. Esse debate pode ter consequências de grande alcance não só para a identidade humana, como também para nossa atitude em relação ao mundo como um todo. Uma sociedade que entende as identidades em termos de corpos biológicos deve também se preocupar mais com a infraestrutura material, como os canos de esgoto, e com o ecossistema que sustenta nosso corpo. Ela verá o mundo online como um auxiliar do mundo offline, que pode servir a várias finalidades úteis, mas nunca poderá se tornar a arena central de nossa vida. Seu objetivo seria criar um espaço físico e biológico ideal — o Reino de Deus na terra. Em contraste, uma sociedade que dá pouco valor aos corpos biológicos e se concentra nas identidades online pode pretender criar um Reino de Deus imersivo no ciberespaço, deixando de lado o destino de coisas materiais, como as tubulações de esgoto e as florestas tropicais.

Esse debate moldaria as atitudes em relação não só aos organismos, como também às entidades digitais. Se a sociedade define a identidade concentrando-se em corpos físicos, é improvável que ela veja as IAS como pessoas. Mas, se a sociedade dá menos importância a corpos físicos, então mesmo as IAS sem qualquer manifestação corpórea podem ser aceitas como pessoas jurídicas gozando de vários direitos.

Ao longo de toda a história, as diversas culturas têm dado respostas variadas ao problema mente-corpo. Uma controvérsia do século XXI sobre o problema mente-corpo poderia resultar em cismas culturais e políticas de consequências ainda maiores do que o cisma entre judeus e cristãos ou entre católicos e protestantes. O que acontecerá, por exemplo, se a esfera americana desconsiderar o corpo, definir os humanos por sua identidade online, reconhecer as IAS como pessoas e minimizar a importância do ecossistema, e a esfera chinesa adotar as posições opostas? Em comparação, as atuais divergências sobre as violações dos direitos humanos ou a adesão a critérios ecológicos vão parecer minúsculas. A Guerra dos Trinta Anos — plausivelmente a guerra mais devastadora na história europeia — foi travada, pelo menos em parte, porque católicos e protestantes discordavam sobre doutrinas como a da *sola fide* e sobre Cristo ser divino, humano ou não binário. Será que futuros conflitos podem começar por causa de uma discussão sobre os direitos das IAS e a natureza não binária dos avatares?

Como ressalvamos mais acima, essas são especulações desenfreadas, e as culturas e ideologias atuais irão, com toda a probabilidade, se desenvolver em direções diferentes — e talvez até mais desenfreadas. Mas é provável que, daqui a poucas décadas, a rede computacional cultive novas identidades humanas e não humanas que não fazem muito sentido para nós. E se o mundo estiver dividido em dois casulos digitais, as identidades das entidades num casulo podem ser ininteligíveis para os habitantes do outro.

DA GUERRA DE CÓDIGOS À GUERRA ARMADA

Embora China e Estados Unidos estejam hoje na dianteira da corrida da IA, eles não estão sozinhos. Outros países e blocos, como União Europeia, Índia, Brasil e Rússia, podem tentar criar suas próprias esferas digitais, cada qual influenciada por diferentes tradições políticas, culturais e religiosas.[37] Em vez de estar dividido apenas entre dois impérios globais, o mundo poderia estar dividido entre uma dúzia de impérios. Não está muito claro se isso aliviaria um pouco ou apenas exacerbaria a competição imperial.

Quanto mais os novos impérios competem entre si, maior o perigo de um conflito armado. A Guerra Fria entre Estados Unidos e União Soviética nunca chegou a um confronto militar direto, graças, em larga medida, à doutrina da destruição mutuamente garantida. Mas o perigo de uma escalada na era da IA é maior, porque a guerra cibernética é intrinsecamente diferente da nuclear.

Primeiro, as armas cibernéticas são muito mais versáteis do que as bombas nucleares. As armas cibernéticas podem derrubar a rede de energia elétrica de um país, mas também podem ser usadas para destruir um centro secreto de pesquisas, emperrar um sensor inimigo, inflamar um escândalo político, manipular as eleições ou hackear determinado celular. E podem fazer tudo isso sorrateiramente. Não precisam anunciar sua presença com uma nuvem em formato de cogumelo e uma tempestade de fogo, tampouco deixam uma trilha visível da plataforma de lançamento até o alvo. Por causa disso, às vezes é difícil até mesmo saber se ocorreu um ataque ou quem o lançou. Se uma base de dados é hackeada ou um equipamento sensível é destruído, fica difícil saber com certeza a quem atribuir a culpa. Assim, é grande a tentação de iniciar uma ciberguerra limitada e grande a tentação de seguir numa escalada. Faz anos que países rivais, como Israel e Irã, ou Estados Unidos e Rússia, trocam golpes cibernéticos, numa guerra não declarada, mas em escalada.[38] Essa vem se tornando a nova norma global, amplificando as tensões internacionais e forçando os países a ultrapassarem uma linha vermelha depois da outra.

Uma segunda diferença fundamental é a previsibilidade. A Guerra Fria era como uma partida de xadrez hiper-racional, e era tão grande a certeza de destruição no caso de um conflito nuclear que o desejo de iniciar uma guerra era inversamente proporcional. A guerra cibernética não tem essa certeza. Ninguém sabe com precisão onde cada lado plantou suas bombas lógicas, seus cavalos de Troia e seus malwares. Ninguém tem certeza se suas próprias armas realmente funcionariam ao serem acionadas. Os mísseis chineses dispararão depois de dada a ordem, ou será que os americanos os hackearam ou hackearam a cadeia de comando? Os porta-aviões americanos vão funcionar conforme o esperado, ou será que vão se desativar misteriosamente ou ficar girando em círculos?[39]

Tal incerteza corrói a doutrina da destruição mutuamente assegurada. Um lado pode se convencer — com ou sem motivo — de que é capaz de lançar com êxito um primeiro ataque e evitar uma retaliação maciça. E ainda pior: se um dos lados pensar que tem uma oportunidade dessas, a tentação de lançar um primeiro ataque pode se tornar irresistível, porque nunca se sabe por quanto tempo terá aquela oportunidade. A teoria dos jogos postula que a situação mais perigosa numa corrida armamentista se dá quando um dos lados sente que tem uma vantagem, mas que essa vantagem logo vai passar.[40]

Mesmo que a humanidade evite o pior cenário de uma guerra global, o surgimento de novos impérios digitais ainda pode pôr em risco a liberdade e a prosperidade de bilhões de pessoas. Os impérios industriais dos séculos XIX e XX exploravam e reprimiam suas colônias, e seria bobagem imaginar que os novos impérios digitais se comportariam muito melhor. Além disso, como observamos antes, se o mundo estiver dividido em impérios rivais, é improvável que a humanidade coopere para superar a crise ecológica ou para regulamentar a IA e outras tecnologias desestabilizadoras como a bioengenharia.

O ELO GLOBAL

Quer o mundo esteja dividido entre poucos impérios digitais, quer persista uma comunidade mais diversificada de duzentos Estados nacionais, quer esteja cindido em linhas diversas e imprevistas, é claro que sempre há a possibilidade de uma cooperação. Entre os seres humanos, a precondição da cooperação não é a similaridade; é a capacidade de trocar informação. Enquanto formos capazes de conversar, podemos encontrar alguma estória em comum que nos aproxime. Foi isso, afinal, que tornou o *Homo sapiens* a espécie dominante do planeta.

Assim como famílias diferentes e mesmo rivais podem cooperar dentro de uma rede tribal e tribos concorrentes podem cooperar dentro de uma rede nacional, nações e impérios contrapostos também podem cooperar dentro de uma rede global. As estórias que possibilitam essa cooperação não eliminam nossas diferenças; o que elas fazem é permitir que identifiquemos experiências e interesses compartilhados, os quais oferecem um quadro comum para o pensamento e a ação.

Apesar disso, o que dificulta a cooperação global é, em grande parte, a noção equivocada de que essa cooperação exigiria abolir todas as diferenças culturais, sociais e políticas. Os políticos populistas, muitas vezes, afirmam que, se a comunidade internacional concordar com uma estória em comum e com normas e valores universais, isso destruirá a independência e as tradições próprias de sua nação.[41] Essa posição foi claramente expressa em 2015 por Marine Le Pen — líder do partido francês Frente Nacional — num discurso eleitoral, em que ela declarou: "Ingressamos num novo bipartidarismo. Um bipartidarismo entre duas concepções mutuamente excludentes que agora irá estruturar nossa vida política. A clivagem não se dá mais entre esquerda e direita, e sim entre globalistas e patriotas".[42] Em agosto de 2020, o presidente Trump assim descreveu o éthos que o guiava: "Rejeitamos o globalismo e abraçamos o patriotismo".[43]

Por sorte, o pressuposto básico dessa posição binária é errôneo. O patriotismo e a cooperação global não são mutuamente excludentes. Pois o patriotismo não consiste em odiar estrangeiros. Consiste em amar nossos compatriotas. E existe uma série de situações em que, para cuidarmos de nossos compatriotas, precisamos cooperar com estrangeiros. A covid-19 é um exemplo claro disso. As pandemias são eventos globais, e se sem cooperação global é difícil contê-las, que dirá preveni-las. Quando surge um novo vírus ou um patógeno mutante num país, ele põe todos os outros países em risco. Inversamente, a maior vantagem dos seres humanos sobre os patógenos é que podemos cooperar de várias maneiras que estão vedadas aos patógenos. Médicos na Alemanha e no Brasil podem lançar alertas uns para os outros sobre novos perigos, trocar bons conselhos e trabalhar juntos para descobrir tratamentos melhores.

Se os cientistas alemães inventam uma vacina contra alguma doença nova, como os brasileiros reagiriam a essa realização alemã? Uma possibilidade é rejeitar a vacina estrangeira e esperar até que os cientistas brasileiros desenvolvam a versão brasileira. Isso, porém, não seria apenas uma tolice; seria antipatriótico. Os patriotas brasileiros hão de querer usar qualquer vacina disponível para ajudar seus compatriotas, onde quer que ela tenha sido desenvolvida. Nessa situação, a coisa patriótica a se fazer é cooperar com estrangeiros. A ameaça de perder o controle de IAs é uma situação análoga, em que o patriotismo e a cooperação global devem andar juntos. Uma IA fora de controle, assim como um vírus fora de controle, põe em perigo os seres humanos em todas as nações. Nenhum coletivo humano — seja uma tribo, uma nação, a espécie como um todo — se beneficia ao deixar que o poder passe dos seres humanos para os algoritmos.

Ao contrário do que sustentam os populistas, globalismo não significa instaurar um império global, abandonar as lealdades nacionais ou abrir as fronteiras para uma imigração irrestrita. Na verdade, a cooperação global significa duas coisas bem mais modestas. A primeira é um compromisso com algumas regras globais. Essas regras não negam o caráter único de cada nação e a lealdade que o povo deve à sua nação. Elas simplesmente regulam as relações entre as nações. Um bom modelo é a Copa do Mundo, uma competição entre nações durante a qual as pessoas costumam mostrar uma firme lealdade à sua seleção. Ao mesmo tempo, a Copa do Mundo é uma admirável demonstração de concordância global. O Brasil não pode jogar contra a Alemanha se os brasileiros e os alemães não concordarem previamente com o mesmo conjunto de regras. É o globalismo em ação.

O segundo princípio do globalismo é que às vezes — não sempre, mas às vezes — é necessário dar prioridade aos interesses de longo prazo de todos os seres humanos, acima dos interesses de curto prazo de uns poucos. Por exemplo, na Copa do Mundo, todas as seleções concordam em não usar drogas que melhorem o desempenho, pois todos entendem que, se forem por esse caminho, a Copa do Mundo acabará se tornando uma competição entre bioquímicos. Da mesma forma, em outros campos em que a tecnologia é capaz de mudar o jogo, também devemos nos esforçar para equilibrar interesses nacionais e globais. As nações, obviamente, vão continuar competindo no desenvolvimento de novas tecnologias, mas às vezes deverão concordar em limitar o desenvolvimento e a utilização de tecnologias perigosas, como armas autônomas e algoritmos manipuladores — não por puro altruísmo, mas por autopreservação.

Para criar e manter acordos internacionais sobre a IA, será preciso proceder a grandes mudanças no modo de funcionamento do sistema internacional. Embora tenhamos experiência em regular tecnologias perigosas, como as armas nucleares e biológicas, a regulação da IA exigirá níveis inéditos de confiança e autodisciplina, por duas razões. Primeiro, é mais fácil esconder um laboratório de IA ilícito do que um reator nuclear ilícito. Segundo, as IAs têm uma quantidade muito maior de usos duais civis-militares do que as bombas nucleares. Assim, mesmo assinando um acordo que proíba sistemas de armas autônomas, um país pode construir secretamente essas armas ou camuflá-las como produtos civis. Pode desenvolver drones totalmente autônomos para entregar correspondência e aplicar pesticidas em lavouras, por exemplo, os quais, com algumas pequenas modificações, também poderiam soltar bombas e espalhar veneno nas pessoas. Em decorrência disso, governos e corporações terão mais dificuldade em confiar que seus rivais estão mesmo se atendo às regulamentações acordadas — e em resistir à tentação de eles próprios romperem as regras.[44] Os seres humanos são capazes de desenvolver os graus necessários de confiança e autodisciplina? Mudanças como essas têm algum precedente na história?

Muitos são céticos quanto à capacidade humana de mudar e, em especial, quanto à capacidade humana de renunciar à violência e criar vínculos globais mais fortes. Por exemplo, pensadores "realistas" como Hans Morgenthau e John Mearsheimer argumentam que uma disputa total pelo poder é a condição inelutável do sistema internacional. Mearsheimer explica que "minha teoria vê as grandes potências preocupadas, principalmente, em descobrir uma maneira de sobreviver num mundo em que não há nenhuma instância que as proteja umas das outras" e que "elas percebem rapidamente que o poder é a chave para sua sobrevivência". Mearsheimer então pergunta "quanto poder os Estados querem" e responde que todos os Estados querem o máximo de poder que puderem obter, "porque o sistema internacional cria incentivos poderosos para que os Estados busquem oportunidades de obter poder às custas dos rivais". E conclui: "O objetivo final de um Estado é ser o hegemônico no sistema".[45]

Essa visão sombria das relações internacionais é semelhante às visões populista e marxista das relações humanas, no sentido de que todas elas veem os humanos como seres interessados apenas no poder. E todas se fundam numa teoria filosófica mais profunda da natureza humana, que o primatólogo Frans de Waal denominou de "a teoria do verniz". A teoria sustenta que, no fundo, os seres humanos são caçadores da Idade da Pedra que só conseguem ver o mundo como uma selva, onde os fortes predam os fracos e vigora a lei do mais capaz. Há milênios, diz a teoria, que os seres humanos tentam camuflar essa realidade inalterável sob uma fina e variável camada de verniz composta de mitos e rituais, mas nunca nos libertamos da lei da selva. Na verdade, nossos mitos e rituais são uma arma usada pelos que estão no topo para enganar e dominar seus inferiores. Os que não se apercebem disso são perigosamente ingênuos e serão a presa de algum implacável predador.[46]

Há razões para pensar, porém, que "realistas" como Mearsheimer têm uma visão seletiva da realidade histórica e que a própria lei da selva é um mito. Como De Waal e muitos outros biólogos documentaram em inúmeros estudos, as selvas de verdade — ao contrário daquela imaginada por nós — estão repletas de cooperação, simbiose e altruísmo praticados por incontáveis animais, plantas, fungos e mesmo bactérias. Por exemplo, 80% de todas as plantas terrestres dependem de relações simbióticas com fungos, e quase 90% das famílias de plantas vasculares mantêm relações simbióticas com micro-organismos. Se os organismos nas florestas tropicais da Amazônia, da África ou da Índia abandonassem a cooperação e adotassem a competição total pela hegemonia, as florestas tropicais e todos os seus habitantes morreriam. Essa é a lei da selva.[47]

Quanto aos seres humanos da Idade da Pedra, eles eram caçadores mas também coletores, e não existe nenhuma evidência sólida de que tivessem tendências bélicas irreprimíveis. Embora existam muitas especulações, a primeira evidência inequívoca de uma guerra organizada se encontra nos registros arqueológicos de apenas 13 mil anos atrás, no sítio arqueológico de Jebel Sahaba, no vale do Nilo.[48] Mesmo depois dessa data, o registro de guerras é mais variável do que constante. Alguns períodos foram excepcionalmente violentos, enquanto outros foram relativamente pacíficos. O padrão mais claro na história da humanidade no longo prazo não é o conflito reiterado, e sim a escala crescente de cooperação. Cem mil anos atrás, nós, sapiens, só cooperávamos em bandos. Ao longo dos milênios, fomos criando comunidades de estrangeiros, primeiro em tribos, depois em grupos religiosos, em redes comerciais e em Estados. Os realistas deveriam perceber que os Estados não são as partículas fundamentais da realidade humana, e sim produtos de árduos processos de desenvolvimento da confiança e da cooperação. Se os seres humanos estivessem interessados apenas no poder, nunca teriam conseguido, em primeiro lugar, criar Estados. Os conflitos, sem dúvida, sempre continuam a ser uma possibilidade — entre e dentro dos Estados —, mas nunca foram um destino inelutável.

A intensidade da guerra depende não de uma natureza humana imutável, e sim de fatores tecnológicos, econômicos e culturais variáveis. Assim como esses fatores mudam, o mesmo ocorre com a guerra, como ficou claramente demonstrado na era pós-1945. Durante esse período, o desenvolvimento da tecnologia nuclear aumentou muito os possíveis custos da guerra. Dos anos 1950 em diante, ficou claro que, mesmo que as superpotências conseguissem vencer a disputa nuclear, a vitória provavelmente seria suicida, com o sacrifício da maioria de suas populações.

Ao mesmo tempo, a mudança em curso de uma economia de base material para uma economia baseada no conhecimento diminuiu os possíveis ganhos da guerra. Embora continuasse exequível conquistar arrozais e minas de ouro, na segunda metade do século XX essas já não eram mais as principais fontes de riqueza econômica. As novas indústrias de ponta, como o setor de semicondutores, vieram a se basear em qualificações técnicas e know-how organizacional que não eram obtidos com a conquista militar. Assim é que alguns dos maiores milagres econômicos da era pós-1945 foram realizados pelas potências derrotadas da Alemanha, da Itália e do Japão, e por países como Suécia e Singapura, que evitavam conflitos militares e conquistas imperiais.

Por fim, a segunda metade do século XX também presenciou uma profunda transformação cultural com o declínio de velhas ideias militaristas. Os artistas se concentravam cada vez mais em representar os horrores absurdos do combate em vez de glorificar seus arquitetos, e os políticos chegavam ao poder sonhando mais com reformas internas do que com conquistas externas. Devido a essas mudanças tecnológicas, econômicas e culturais, a maioria dos governos, nas décadas subsequentes ao fim da Segunda Guerra Mundial, parou de ver as guerras de agressão como um atraente instrumento para promover seus interesses, e a maioria das nações abandonou suas fantasias de conquistar e destruir os vizinhos. Embora as guerras civis e as insurreições se mantivessem corriqueiras, o mundo pós-1945 viu um significativo declínio nas guerras totais entre os Estados e, mais notadamente, nos conflitos armados diretos entre as grandes potências.[49]

Inúmeras estatísticas demonstram o declínio da guerra nessa era pós-1945, mas a evidência mais clara talvez se encontre nos orçamentos de Estado. Durante a maior parte da história registrada, o item militar ocupou o primeiro lugar no orçamento de todos os impérios, sultanatos, reinos e repúblicas. Os governos gastavam pouco com o ensino e a saúde, porque consumiam a maioria de seus recursos para pagar soldados, erguer muralhas e construir navios de guerra. O burocrata Chen Xiang, ao examinar o orçamento anual da dinastia chinesa Song para o ano 1065, descobriu que, dos 60 milhões de minqian (unidade monetária), 50 milhões (83%) foram consumidos pelas forças militares. Outro funcionário, Cai Xiang, escreveu: "Se dividirmos [todos os bens] sob o Céu em seis partes, cinco partes são gastas com as forças militares e uma parte é gasta em oferendas nos templos e despesas estatais. Como o país pode não ser pobre e o povo não passar dificuldades?".[50]

A mesma situação predominava em diversos outros países, desde os tempos antigos até a era moderna. O Império Romano gastava de 50% a 75% de seu orçamento com as forças militares,[51] e no Império Otomano da segunda metade do século XVII a cifra estava por volta de 60%.[52] Entre 1685 e 1813, a parcela dos militares nas despesas do governo britânico estava na média de 75%.[53] Na França, as despesas militares entre 1630 e 1659 variaram entre 89% e 93% do orçamento, mantiveram-se acima de 30% durante grande parte do século XVIII e caíram para 25% em 1788 só por causa da crise financeira que levou à Revolução Francesa. Na Prússia, de 1711 a 1800 a participação militar no orçamento nunca caiu abaixo de 75% e algumas vezes subiu a 91%.[54] Nos anos de relativa paz entre 1870 e 1913, as forças militares consumiram uma média de 30% dos orçamentos estatais das principais potências da Europa, bem como do Japão e dos Estados Unidos, enquanto potências menores como a Suécia gastavam ainda mais.[55] Quando a guerra eclodiu em 1914, os orçamentos militares dispararam. Durante a Primeira Guerra Mundial, as despesas militares da França consumiram cerca de 77% do orçamento; da Alemanha, 91%; da Rússia, 48%; do Reino Unido, 49%; dos Estados Unidos, 47%. Durante a Segunda Guerra Mundial, a cifra britânica subiu para 69%, e a americana, para 71%.[56] Mesmo durante os anos da détente na década de 1970, as despesas militares soviéticas ainda chegavam a 32,5% do orçamento.[57]

Os orçamentos do Estado em décadas mais recentes contribuem para um material de leitura muito mais esperançoso do que qualquer ensaio pacifista que se tenha escrito. No início do século XXI, a média das despesas governamentais com as Forças Armadas esteve na faixa de apenas 7%, e mesmo a superpotência dominante, os Estados Unidos, só gastou por volta de 13% de seu orçamento anual para manter sua hegemonia militar.[58] Como a maioria das pessoas não vivia mais no terror de uma invasão externa, os governos puderam investir muito mais na previdência social, na educação e no atendimento à saúde. As despesas médias mundiais com o atendimento à saúde no começo do século XXI estiveram na faixa de 10% do orçamento do governo, ou seja, cerca de 1,4 vez o orçamento da defesa.[59] Para muita gente nos anos 2010, o fato de o orçamento da saúde ter sido maior do que o orçamento militar passou um tanto despercebido. Mas foi resultante de uma grande mudança no comportamento humano e que pareceria impossível para a maioria das gerações anteriores.

O declínio da guerra não se deu por milagre divino nem por uma metamorfose nas leis da natureza. Foi obra de seres humanos, mudando suas leis, mitos e instituições, e tomando decisões melhores. Infelizmente, o fato de essa mudança ter nascido de escolhas humanas significa também que ela é reversível. A tecnologia, a economia e a cultura estão sempre mudando. No começo dos anos 2020, há mais dirigentes voltando a sonhar com a glória marcial, os conflitos armados estão aumentando,[60] e os orçamentos militares, se ampliando.[61]

Um limiar crítico foi ultrapassado no início de 2022. A Rússia já havia desestabilizado a ordem global ao organizar uma invasão limitada da Ucrânia em 2014 e ocupar a Crimeia e algumas outras regiões no leste ucraniano. Mas, em 24 de fevereiro de 2022, Vladimir Putin empreendeu um ataque total determinado a conquistar toda a Ucrânia e extinguir a nacionalidade ucraniana. Para preparar e sustentar esse ataque, a Rússia aumentou seu orçamento militar para muito além da média global de 7%. É difícil determinar os números exatos, pois diversos aspectos do orçamento militar russo estão envoltos em sigilo, mas as melhores estimativas situam a cifra perto dos 30%, e ela pode ser ainda mais elevada.[62] O ataque russo, por sua vez, obrigou não só a Ucrânia, como também muitas outras nações europeias, a aumentar seus próprios orçamentos militares.[63] O ressurgimento de culturas militaristas em lugares como a Rússia e o desenvolvimento de armas cibernéticas e armamentos autônomos sem precedentes por todo o planeta podem resultar numa nova era de guerra, pior do que qualquer coisa que já vimos antes.

As decisões tomadas por líderes como Putin em questões de guerra e paz são moldadas pela maneira como eles entendem a história. Isso significa que, do mesmo modo que visões francamente otimistas da história podem ser ilusões perigosas, visões francamente pessimistas poderiam se tornar profecias destrutivas que se realizam sozinhas. Antes do ataque total à Ucrânia em 2022, Putin expusera várias vezes sua convicção histórica de que a Rússia está presa numa luta interminável com inimigos estrangeiros e que a nação ucraniana é uma invenção desses inimigos. Em junho de 2021, ele publicou um ensaio de 5300 palavras chamado "Sobre a unidade histórica de russos e ucranianos", em que negava a existência da Ucrânia como nação e sustentava que potências estrangeiras tentaram reiteradamente enfraquecer a Rússia fomentando o separatismo ucraniano. Embora os historiadores profissionais rejeitem tais alegações, Putin parece acreditar sinceramente nessa narrativa histórica.[64] Suas convicções históricas o levaram em 2022 a dar prioridade à conquista da Ucrânia, acima de outras metas políticas, como o fornecimento de um melhor atendimento à saúde para os cidadãos russos ou o lançamento de uma iniciativa global para regulamentar a IA.[65]

Se líderes como Putin acreditam que a humanidade está presa num mundo implacavelmente beligerante, que não é possível nenhuma mudança profunda nesse lamentável estado de coisas e que a relativa paz do final do século XX e começo do XXI era uma ilusão, então a única escolha que resta é decidir se será o predador ou a presa. A maioria dos líderes preferiria entrar para a história como predador e acrescentar seu nome ao sinistro rol de conquistadores que os pobres dos alunos são condenados a decorar para seus exames de história. No entanto, seria o caso de lembrar a esses líderes que, na era da IA, o predador alfa é provavelmente a IA.

Talvez, porém, tenhamos outras escolhas disponíveis. Não posso prever as decisões que as pessoas tomarão nos próximos anos, mas como historiador realmente acredito na possibilidade de mudança. Uma das principais lições da história é que muitas das coisas que consideramos naturais e eternas são, na verdade, de lavra humana e mutáveis. Mas aceitar que o conflito não é inevitável não deve nos tornar comodistas. Muito pelo contrário. Tal aceitação impõe uma pesada responsabilidade sobre todos nós: a de fazer boas escolhas. Isso implica que, se a civilização humana é consumida por conflitos, não podemos pôr a culpa em nenhuma lei da natureza ou em alguma tecnologia estranha. Implica também que, se nos esforçarmos, podemos criar um mundo melhor. Isso não é ingenuidade; é realismo. Tudo o que é velho hoje foi novo um dia. A única constante da história é a mudança.

Epílogo

No final de 2016, poucos meses depois que o AlphaGo derrotou Lee Sedol e os algoritmos do Facebook atiçavam sentimentos racistas perigosos em Mianmar, publiquei *Homo Deus*. Embora minha formação acadêmica fosse em história militar medieval e do começo da era moderna e eu não tivesse nenhuma base em aspectos técnicos da ciência da computação, de repente me vi, depois da publicação, com a fama de ser um especialista em IA. Isso me abriu as portas para os escritórios de cientistas, empresários e líderes mundiais interessados nessa tecnologia e me permitiu ter uma visão fascinante e privilegiada da complexa dinâmica da revolução da IA.

Acontece que minha experiência anterior na pesquisa de temas como a estratégia inglesa na Guerra dos Cem Anos e no estudo de pinturas da época da Guerra dos Trinta Anos[1] não estava de todo descolada desse novo campo. Na verdade, ela me deu uma perspectiva histórica ímpar sobre os acontecimentos que se desenrolavam rapidamente nos laboratórios de IA, nos escritórios empresariais, nos quartéis-generais militares e nos palácios presidenciais. Nesses últimos oito anos, mantive inúmeras discussões públicas e privadas sobre a IA, em especial sobre os perigos que ela apresenta, e a cada ano que se passava o tom ganhava maior premência. Conversas que em 2016 pareciam especulações filosóficas sobre um futuro distante haviam adquirido em 2024 a intensidade concentrada de uma sala de emergência.

Não sou político nem homem de negócios, e tenho pouco talento para o que essas vocações exigem. Mas acredito que um entendimento da história pode ajudar a obter uma melhor compreensão dos desenvolvimentos tecnológicos, econômicos e culturais dos dias de hoje — e, mais urgente, pode ajudar a mudar nossas prioridades políticas. A política é, em larga medida, uma questão de prioridades. Devemos cortar o orçamento da saúde e gastar mais na defesa? Concentramo-nos em retomar um território ancestral perdido ou em criar uma zona econômica em comum com os vizinhos? As prioridades determinam o voto dos cidadãos, o interesse dos empresários e as ações dos políticos que buscam fazer nome. E, com frequência, as prioridades são moldadas por nosso entendimento da história.

Embora os ditos "realistas" considerem as narrativas históricas como meros ardis propagandísticos, utilizados para promover interesses estatais, na verdade são essas narrativas que definem os interesses de Estado. Como vimos em nossa discussão sobre a teoria da guerra de Clausewitz, não existe nenhuma forma racional de definir as metas finais. Os interesses de Estado da Rússia, de Israel, de Mianmar ou de qualquer outro país nunca podem ser deduzidos de alguma equação física ou matemática; eles são sempre a suposta moral edificante de uma narrativa histórica.

Assim, não surpreende que políticos do mundo inteiro gastem muito tempo e energia recontando narrativas históricas. Sob esse aspecto, o exemplo de Vladimir Putin, acima mencionado, não é uma exceção. Em 2005, o secretário-geral da ONU Kofi Annan teve seu primeiro encontro com o general Than Shwe, o então ditador de Mianmar. Annan foi aconselhado a ser o primeiro a tomar a palavra, para impedir que o general monopolizasse a conversa, programada para ter apenas vinte minutos. Mas Than Shwe tomou a frente e se estendeu durante quase uma hora sobre a história de Mianmar, mal dando ao secretário-geral da ONU uma chance de fazer seu discurso.[2] Em maio de 2011, o primeiro-ministro israelense Benjamin Netanyahu fez algo similar na Casa Branca, quando se encontrou com o presidente americano Barack Obama. Netanyahu, depois dos breves comentários introdutórios de Obama, submeteu o presidente a uma longa preleção sobre a história de Israel e do povo judeu, tratando Obama como seu aluno.[3] Os céticos podem dizer que Than Shwe e Netanyahu pouco se importavam com os fatos históricos e os distorciam de maneira deliberada a fim de alcançar algum objetivo político. Mas esses objetivos eram fruto de convicções profundamente entranhadas sobre a história.

Em minhas conversas sobre a IA com políticos e empresários do setor de alta tecnologia, frequentemente a história aflorava como tema central. Alguns de meus interlocutores pintavam um quadro róseo da história e, em conformidade com isso, mostravam entusiasmo com a IA. Sustentavam que uma maior quantidade de informação sempre significa um maior grau de conhecimento e que, ao aumentarem nosso conhecimento, todas as revoluções da informação anteriores tinham trazido grandes benefícios para a humanidade. A revolução do prelo não levara à revolução científica? A imprensa e o rádio não levaram ao surgimento da democracia moderna? O mesmo, diziam eles, se daria com a IA. Outros tinham uma perspectiva menos luminosa, mas, de todo modo, se mostravam esperançosos de que a humanidade conseguiria de alguma maneira atravessar a revolução da IA, assim como atravessamos aos trancos e barrancos a Revolução Industrial.

Nenhuma dessas duas perspectivas me oferecia muito consolo. Por razões expostas em capítulos anteriores, essas comparações históricas com a revolução do prelo e a Revolução Industrial me parecem aflitivas, sobretudo vindo de pessoas em posições de poder, cuja visão da história desenha as decisões que moldam nosso futuro. Essas comparações históricas subestimam tanto a natureza inédita da revolução da IA quanto os aspectos negativos das anteriores. Os primeiros resultados da revolução do prelo incluíam, ao lado das descobertas científicas, caças às bruxas e guerras religiosas, enquanto a imprensa e o rádio foram explorados não só pelas democracias, como também por regimes totalitários. Quanto à Revolução Industrial, a adaptação a ela incluiu experimentos catastróficos, como o imperialismo e o nazismo. Se a revolução da IA nos levar a experimentos de tipo semelhante, podemos mesmo ter certeza de que conseguiremos resistir a eles?

Meu objetivo com este livro é oferecer uma perspectiva histórica mais precisa da revolução da IA. Essa revolução ainda está em seus primeiros passos e é notoriamente difícil entender em tempo real desenvolvimentos de grande monta. É difícil, ainda hoje, avaliar o significado de eventos dos anos 2010, como a vitória do AlphaGo ou o envolvimento do Facebook na campanha contra os rohingyas. O significado de eventos do início dos anos 2020 é ainda mais obscuro. Todavia, expandindo nossos horizontes para ver como as redes de informação se desenvolveram ao longo de milênios, creio ser possível termos uma percepção do que estamos vivendo hoje.

Uma lição é que a invenção de uma nova tecnologia da informação sempre é um catalisador de grandes mudanças históricas, pois o papel mais importante da informação não é representar realidades preexistentes, mas sim tecer novas redes. Ao registrarem os pagamentos de impostos, as tabuinhas de argila da antiga Mesopotâmia ajudaram a formar as primeiras cidades-Estado. Ao canonizarem visões proféticas, os livros sagrados espalharam novos tipos de religião. Ao difundirem com rapidez as palavras de presidentes e cidadãos, os jornais e os telégrafos abriram as portas tanto à democracia em grande escala quanto ao totalitarismo em grande escala. A informação assim registrada e distribuída era às vezes verdadeira, muitas vezes falsa, mas invariavelmente criava novas conexões entre um grande número de pessoas.

Estamos acostumados a fazer interpretações políticas, ideológicas e econômicas de revoluções históricas como o surgimento das primeiras cidades-Estado mesopotâmias, a difusão do cristianismo, a Revolução Americana e a Revolução Bolchevique. Mas, para termos um entendimento mais profundo, devemos vê-las também como revoluções do tipo de fluxo da informação. É óbvio que o cristianismo era diferente do politeísmo grego em muitos de seus mitos e ritos, mas também era diferente na importância que atribuía a um único livro sagrado e à instituição incumbida de interpretá-lo. Desse modo, enquanto cada templo a Zeus era uma entidade separada, cada Igreja cristã veio a ser um nó numa rede unificada.[4] A informação entre os seguidores de Cristo fluía de maneira diferente daquela como fluía entre os adoradores de Zeus. Analogamente, a União Soviética de Stálin era uma rede de informação de tipo diferente da do império de Pedro, o Grande. Stálin implantou muitas políticas econômicas sem precedentes, mas pôde fazer isso porque ele encabeçava uma rede totalitária, cujo centro acumulava informação suficiente para microgerir a vida de centenas de milhões de pessoas. A tecnologia raramente é determinista, e a mesma tecnologia pode ser usada de formas muito diferentes. Mas, sem a invenção de tecnologias como o livro e o telégrafo, a Igreja cristã e o aparelho stalinista nunca teriam sido possíveis.

Essa lição histórica deve nos incentivar vivamente a prestar mais atenção à revolução da IA em nossos atuais debates políticos. A invenção da IA tem grande potencial para ser mais importante do que a invenção do telégrafo, do prelo ou mesmo da escrita, porque é a primeira tecnologia capaz de tomar decisões e gerar ideias por si mesma. Os prelos e os rolos de pergaminho forneceram novos meios de conectar as pessoas, mas as IAs são membros plenos de nossas redes de informação, e têm agência sobre si próprias. Nos anos vindouros, todas as redes — de exércitos a religiões — ganharão milhões de novos membros de IA, que processarão os dados de uma forma diferente do que fariam os seres humanos. Esses novos membros tomarão decisões estranhas e gerarão ideias estranhas — ou seja, decisões e ideias que dificilmente ocorreriam aos seres humanos. É certo que a adição de agentes estranhos mudará os moldes dos exércitos, das religiões, dos mercados e das nações. Sistemas políticos, econômicos e sociais inteiros podem ruir, e no lugar deles surgirão novos. É por isso que a IA deveria ser uma questão urgente mesmo para quem não se importa com a tecnologia e pensa que as questões políticas mais importantes se referem à sobrevivência da democracia ou à distribuição equitativa da riqueza.

Este livro justapôs a discussão da IA com a de cânones sagrados como a Bíblia, porque nos encontramos agora no momento crítico da canonização da IA. Quando os pais da Igreja, como o bispo Atanásio, decidiram incluir a Primeira Epístola a Timóteo no conjunto de dados bíblicos, excluindo os Atos de Paulo e Tecla, eles moldaram o mundo ao longo de milênios. Bilhões de cristãos até o século XXI formaram sua visão de mundo com base nas ideias misóginas da Primeira Epístola a Timóteo, e não na atitude mais tolerante de Tecla. Mesmo hoje, é difícil reverter o curso, porque os pais da Igreja optaram por não incluir nenhum mecanismo de autocorreção na Bíblia. Os equivalentes atuais do bispo Atanásio são os engenheiros que escrevem o código inicial para a IA e que escolhem o conjunto de dados no qual a IA-bebê é treinada. Conforme a IA cresce em poder e autoridade, estabelecendo-se como livro sagrado de autointerpretação, as decisões tomadas pelos engenheiros de hoje vão repercutir no futuro.

O estudo da história não se resume a frisar a importância da revolução da IA e das nossas decisões em relação a ela. Essa disciplina também nos alerta contra duas abordagens correntes, mas enganosas, das redes de informação e das revoluções da informação. Por um lado, devemos ter cuidado com noções ingênuas e otimistas em excesso. Informação não é verdade. Sua tarefa principal não é representar, e sim conectar, e as redes de informação ao longo de toda a história frequentemente privilegiaram a ordem acima da verdade. Os registros tributários, os livros sagrados, os manifestos políticos e os arquivos das polícias secretas podem ter enorme eficiência na criação de Igrejas e Estados poderosos, que sustentam uma visão distorcida do mundo e são propensos a abusar do poder. Mais informação, ironicamente, pode às vezes resultar em mais caça às bruxas.

Não há por que esperar que a IA rompa esse padrão e privilegie a verdade. A IA não é infalível. Por pequena que seja a perspectiva histórica que obtivemos com os eventos alarmantes em Mianmar, no Brasil e em outros lugares, ela indica que, na ausência de sólidos mecanismos de autocorreção, as inteligências artificiais são capazes de promover concepções de mundo distorcidas, possibilitando gigantescos abusos de poder e instigando uma nova e pavorosa caça às bruxas.

Por outro lado, também precisamos ter cuidado e não pender demais para a outra direção, adotando uma concepção totalmente cética. Os populistas nos dizem que o poder é a única realidade, que todas as interações humanas são lutas pelo poder e que a informação não passa de uma arma que empregamos para derrotar os inimigos. Nunca foi esse o caso, e não há nenhuma razão para pensar que assim será a IA. Embora muitas redes de informação privilegiem a ordem em detrimento da verdade, nenhuma dessas redes é capaz de sobreviver se ignorar totalmente a verdade. Como seres humanos individuais, tendemos a ter um interesse genuíno pela verdade, mais do que pelo poder em si. Quem não quer saber a verdade sobre a vida? Mesmo instituições como a Inquisição espanhola contavam com membros que buscavam a verdade, como Alonso de Salazar Frías, que, em vez de enviar gente inocente para a morte, arriscou sua vida para nos lembrar de que as bruxas são apenas ficções intersubjetivas. A maioria das pessoas não se vê como criatura unidimensional obcecada exclusivamente pelo poder. Por que, então, adotar essa visão em relação a todos os outros?

A recusa em reduzir todas as interações humanas a uma luta pelo poder de soma zero é fundamental não só para obter um entendimento mais completo e com mais nuance do passado, como também para ter uma atitude mais esperançosa e construtiva em relação a nosso futuro. Se o poder fosse a única realidade, só se poderiam resolver conflitos por meio da violência. Tanto os populistas quanto os marxistas acreditam que as opiniões das pessoas são determinadas por seus privilégios e que para mudar a opinião de alguém é preciso primeiro acabar com seus privilégios — o que costuma demandar força. Contudo, como os seres humanos estão interessados na verdade, há uma chance de resolver pelo menos alguns conflitos de maneira pacífica, conversando entre nós, reconhecendo erros, adotando novas ideias e revendo as estórias em que acreditamos. Esse é o pressuposto básico das redes democráticas e das instituições científicas. Também foi a motivação básica para escrever este livro.

A EXTINÇÃO DO MAIS INTELIGENTE

Voltemos agora à pergunta que fiz no começo: se somos tão sábios, por que somos tão autodestrutivos? Somos, ao mesmo tempo, os animais mais inteligentes e os mais obtusos no planeta. Somos tão inteligentes que conseguimos produzir mísseis nucleares e algoritmos superinteligentes. E somos tão obtusos que continuamos a produzir essas coisas, mesmo sem ter certeza de que conseguimos controlá-las — arriscando até sermos destruídos por elas, caso falhemos. Por que agimos assim? Há algo em nossa natureza que nos leva a descer pela ladeira da autodestruição?

Este livro argumenta que a falha não está em nossa natureza, e sim em nossas redes de informação. Por privilegiarem a ordem acima da verdade, as redes humanas de informação frequentemente produzem muito poder, mas pouca sabedoria. Por exemplo, a Alemanha nazista criou uma máquina militar de alta eficiência e a pôs a serviço de uma mitologia insana. Dela resultaram uma imensa miséria, a morte de dezenas de milhões de pessoas e, ao fim, também a destruição da Alemanha nazista.

É claro que o poder por si só não é maligno. Usado com sabedoria, pode ser um instrumento de benevolência. A civilização moderna, por exemplo, adquiriu o poder de prevenir fomes, conter epidemias e mitigar calamidades naturais, como furacões e terremotos. De modo geral, a aquisição de poder permite que uma rede lide de modo mais eficiente com ameaças vindas de fora, mas, ao mesmo tempo, aumenta os perigos que a rede estabelece para si mesma. Vale notar em especial que, quando uma rede se torna mais poderosa, terrores imaginários que só existem nas estórias inventadas pela própria rede se tornam potencialmente mais perigosos do que as calamidades naturais. Um

Estado moderno perante uma seca ou chuvas excessivas geralmente é capaz de impedir que essa calamidade natural cause fome em massa entre seus cidadãos. Mas um Estado moderno controlado por uma fantasia de invenção humana é capaz de instigar fomes criadas por obra humana numa escala gigantesca, como aconteceu na União Soviética no início da década de 1930.

Assim, conforme uma rede se torna mais poderosa, seus mecanismos de autocorreção se tornam mais vitais. Se uma tribo da Idade da Pedra ou uma cidade-Estado da Idade do Bronze eram incapazes de identificar e corrigir seus erros, o dano em potencial era limitado. No máximo, uma cidade era destruída, e os sobreviventes iam recomeçar em outro lugar. Mesmo que o governante de um império da Idade do Ferro, como Tibério ou Nero, fosse dominado por uma paranoia ou uma psicose, as consequências raramente eram catastróficas. O Império Romano perdurou por séculos, apesar de sua considerável parcela de imperadores loucos, e sua queda não acarretou o fim da civilização humana. Mas, se os mecanismos de autocorreção de uma superpotência da Idade do Silício são fracos ou mesmo inexistentes, ela pode pôr em risco a sobrevivência de nossa espécie e também de inúmeras outras formas de vida. Na era da IA, a totalidade da espécie humana se encontra numa situação similar à de Tibério em sua vivenda em Capri. Comandamos um poder imenso e gozamos de luxos preciosos, mas somos facilmente manipulados por nossas próprias criações e, quando despertarmos para o perigo, pode ser tarde demais.

Infelizmente, apesar da importância dos mecanismos de autocorreção para o bem-estar da humanidade no longo prazo, os políticos podem sentir a tentação de enfraquecê-los. Como vimos ao longo do livro, a neutralização dos mecanismos de autocorreção tem uma série de aspectos negativos, mas, ainda assim, pode ser uma estratégia política vitoriosa. Pode entregar um poder imenso nas mãos de um Stálin do século XXI, e seria uma tolice supor que um regime totalitário fortalecido pela IA haveria necessariamente de se autodestruir antes de devastar a civilização humana. Assim como a lei da selva é um mito, é mítica a ideia de que o arco da história tende para a direção da justiça. A história é um arco radicalmente aberto, que pode se encurvar em várias direções e chegar a destinações bem diversas. Mesmo que o *Homo sapiens* destrua a si mesmo, o universo continuará como de hábito. A evolução terrestre levou 4 bilhões de anos para produzir uma civilização de primatas altamente inteligentes. Se desaparecermos e a evolução levar mais outras centenas de milhões de anos para produzir uma civilização de ratos altamente inteligentes, isso acontecerá. O universo é paciente.

Mas existe um cenário ainda pior. Até onde sabemos hoje, primatas, ratos e os outros animais orgânicos do planeta Terra podem ser as únicas entidades conscientes no universo inteiro. Agora criamos uma inteligência estranha não consciente, mas muito poderosa. Se não lidarmos direito com ela, a IA pode extinguir não só o domínio humano sobre a Terra, como a luz da própria consciência, convertendo o universo num espaço de total escuridão. Cabe a nós a responsabilidade de impedir que isso ocorra.

A boa notícia é que, se evitarmos o comodismo e a desesperança, somos capazes de criar redes de informação equilibradas que controlarão seu próprio poder. Não é uma questão de inventar alguma outra tecnologia milagrosa ou de topar com uma ideia brilhante que, de alguma maneira, havia escapado a todas as gerações anteriores. Em vez disso, para criarmos redes mais sábias, devemos abandonar tanto a noção ingênua quanto a visão populista da informação, deixar de lado nossas fantasias de infalibilidade e nos engajar a sério na tarefa árdua e um tanto prosaica de construir instituições com sólidos mecanismos de autocorreção. Essa talvez seja a conclusão mais importante que este livro tem a oferecer.

Essa sabedoria é bem mais antiga do que a história humana. É elementar, o fundamento da vida orgânica. Os primeiros organismos não foram criados por algum gênio ou deus infalível. Surgiram por um intrincado processo de tentativa e erro. Ao longo de 4 bilhões de anos, mecanismos cada vez mais complexos de mutação e autocorreção levaram à evolução de árvores, dinossauros, selvas e, por fim, seres humanos. Agora convocamos uma inteligência inorgânica estranha que pode escapar a nosso controle e pôr em risco não só nossa espécie, como também inúmeras outras formas de vida. As decisões que todos nós tomarmos nos próximos anos determinarão se a convocação dessa inteligência estranha se demonstrará um erro terminal ou o início de um novo capítulo promissor na evolução da vida.

Agradecimentos

Mesmo na era da IA, os seres humanos continuam a escrever e publicar livros num ritmo medieval. Comecei a trabalhar nesta obra em 2018, e o grosso do manuscrito foi redigido entre 2021 e 2022. Em vista da rapidez com que os eventos tecnológicos e políticos estão se desenrolando, o significado de muitos trechos se alterou, adquirindo maior premência e trazendo mensagens imprevistas. O que não mudou, porém, foi a importância vital de estabelecer conexões. Embora a escrita tenha acontecido durante um período de tensões internacionais crescentes, o livro também é fruto de diálogo, cooperação e amizade, e representa um esforço coletivo de muitas pessoas, próximas e distantes.

Nexus nunca teria vindo à luz sem o enorme empenho de Michal Shavit, minha publisher na Fern Press, e de David Milner, meu editor. Muitas vezes pensei que não seria possível concluir o projeto, mas eles me convenceram a continuar. Em tantas ocasiões tomei um rumo errado, e eles se dedicaram com paciência e persistência a me recolocar no caminho. Agradeço-lhes de todo o coração pelo empenho e por se livrarem de tudo o que não era necessário (eles sabem a que me refiro).

Quero também agradecer a várias outras pessoas que ajudaram a escrever e publicar este livro.

A Andy Ward, na Penguin Random House USA, que conferiu ao livro sua forma final e deu diversas contribuições valiosas ao processo de edição, como que pondo fim sozinho à Reforma Protestante.

A Suzanne Dean, diretora de criação na Vintage, e a Lily Richards, a editora de arte, por criar a capa e trazer a pomba a bordo.

A meus editores e tradutores do mundo todo, por ideias e comentários adicionais e por sua confiança e dedicação.

A Jason Parry, o magnífico coordenador da equipe interna de pesquisa no Sapienship, e a todos os integrantes dessa equipe — Ray Brandon, Guangyu Chen, Jim Clarke, Corinne de Lacroix, Dor Shilton e Zichan Wang — por pesquisarem inúmeros temas, desde as religiões da Idade da Pedra até os atuais algoritmos de redes sociais, por checarem incansavelmente milhares de fatos, padronizarem centenas de notas e corrigirem incontáveis erros e concepções equivocadas.

A todos os membros da maravilhosa equipe do Sapienship, por serem parte integrante dessa jornada: Shay Abel, Daniel Taylor, Michael Zur, Nadav Neuman, Ariel Retik, Hanna Shapiro, Galiete Katzir e vários outros membros que ingressaram mais recentemente. Obrigado a vocês por participarem dos processos por trás deste livro e por sua contínua dedicação a todos os nossos projetos, motivados pelas missões do Sapienship (plantar as sementes do conhecimento e da compaixão e concentrar a conversa global sobre os desafios mais importantes que se apresentam à humanidade).

A Naama Wartenburg, executiva-chefe de marketing e diretora de conteúdo, por seu constante entusiasmo e perspicácia, e por dar identidade editorial ao livro e liderar a campanha de relações públicas.

À nossa diretora-executiva Naama Avital, por conduzir sabiamente o navio Sapienship entre tantas tempestades e campos minados, somando competência e compaixão, e moldando nossa filosofia e nossa estratégia.

A todos os meus amigos e parentes, pela paciência e amor ao longo dos anos.

À minha mãe, Pnina, e à minha sogra, Hannah, por cederem generosamente seu tempo e experiência.

À minha avó Fanny, que faleceu aos cem anos de idade, enquanto eu trabalhava na primeira versão do manuscrito.

A meu cônjuge e parceiro, Itzik, que fundou o Sapienship e é o verdadeiro gênio por trás de nossas atividades e realizações mundiais.

E, por fim, a meus leitores, que fazem todos esses esforços valerem a pena. Um livro é um nexo entre autor e leitores. É um link conectando muitas mentes, e que só existe quando é lido.

Notas

PRÓLOGO [pp. 9-28]

1. Sean McMeekin, *Stalin's War: A New History of World War II*. Nova York: Basic Books, 2021.

2. "Reagan Urges 'Risk' on Gorbachev: Soviet Leader May Be Only Hope for Change, He Says". *Los Angeles Times*, 13 jun. 1989. Disponível em: <latimes.com/archives/la-xpm-1989-06-13-mn-2300-story.html>. Acesso em: 23 abr. 2024.

3. Casa Branca, "Remarks by President Barack Obama at Town Hall Meeting with Future Chinese Leaders". Secretaria de Imprensa, 16 nov. 2009. Disponível em: <obamawhitehouse.archives.gov/the-press-office/remarks-president-barack-obama-town-hall-meeting-with-futurechinese-leaders>. Acesso em: 23 abr. 2024.

4. Citado em Evgeny Morozov, *The Net Delusion: The Dark Side of Internet Freedom*. Nova York: Public Affairs, 2012.

5. Citado em Christian Fuchs, "An Alternative View of Privacy on Facebook". *Information*, v. 2, n. 1, pp. 140-65, 2011.

6. Ray Kurzweil, *The Singularity Is Nearer: When We Merge with AI*. Londres: The Bodley Head, 2024, pp. 121-3 [Ed. bras.: *A singularidade está próxima: Quando os humanos transcendem a biologia*. Trad. de Ana Goldberger. São Paulo: Iluminuras, 2018].

7. Sigrid Damm, *Cornelia Goethe*. Berlim: Insel, 1988, pp. 17-8; Dagmar von Gersdorff, *Goethes Mutter*. Stuttgart: Hermann Bohlaus Nachfolger Weimar, 2004; Johann Wolfgang von Goethe, *Goethes Leben von Tag zu Tag: Eine dokumentarische Chronik*. v. 1. Dusseldorf: Artemis, 1982, pp. 1:1749-75.

8. Stephan Oswald, *Im Schatten des Vaters. August von Goethe*. Munique: C. H. Beck, 2023;

Rainer Holm-Hadulla, *Goethe's Path to Creativity: A Psycho-biography of the Eminent Politician, Scientist, and Poet.* Nova York: Routledge, 2018; Lisbet Koerner, "Goethe's Botany: Lessons of a Feminine Science". *History of Science Society*, v. 84, n. 3, pp. 470-95, 1993; Alvin Zipursky, Vinod K. Bhutani e Isaac Odame, "Rhesus Disease: A Global Prevention Strategy". *Lancet Child and Adolescent Health*, v. 2, n. 7, pp. 536-42, 2018; John Queenan, "Overview: The Fetus as a Patient: The Origin of the Specialty". In: Institute of Medicine. *Fetal Research and Applications: A Conference Summary.* Washington: National Academies Press, 1994. Disponível em: <ncbi.nlm.nih.gov/books/NBK231999/>. Acesso em: 4 jan. 2024.

9. John Knodel, "Two and a Half Centuries of Demographic History in a Bavarian Village". *Population Studies*, v. 24, n. 3, pp. 353-76, 1970.

10. Saloni Dattani et al., "Child and Infant Mortality". Our World in Data, 2023. Disponível em: <ourworldindata.org/child-mortality#mortality-in-the-past-around-half-died-as-children>. Acesso em: 3 jan. 2024.

11. Ibid.

12. Organização das Nações Unidas (ONU), "Most Recent Stillbirth, Child, and Adolescent Mortality Estimates". UN Inter-agency Group for Child Mortality Estimation, [s.d.]. Disponível em: <childmortality.org/data/Germany>. Acesso em: 3 jan. 2024.

13. Segundo uma estimativa, a Biblioteca de Alexandria continha cerca de 100 bilhões de bits de informação, ou 12,5 gigabytes. Ver Douglas S. Robertson, "The Information Revolution" (*Communication Research*, v. 17, n. 2, pp. 235-54, 1990). Em 2020, o celular Android médio tinha capacidade de cerca de 96 gigabytes. Ver Brady Wang, "Average Smartphone NAND Flash Capacity Crossed 100GB in 2020" (*Counterpoint Research*, 30 mar. 2021. Disponível em: <counterpointresearch.com/average-smartphone-nand-flash-capacity-crossed-100gb-2020/>. Acesso em: 23 abr. 2024).

14. Marc Andreessen, "Why AI Will Save the World". *Andreessen Horowitz*, 6 jun. 2023. Disponível em: <a16z.com/ai-will-save-the-world/>. Acesso em: 23 abr. 2024.

15. Ray Kurzweil, *The Singularity Is Nearer: When We Merge with AI.* Londres: The Bodley Head, 2024, p. 285.

16. Andy McKenzie, "Transcript of Sam Altman's Interview Touching on AI Safety". *LessWrong*, 20 jan. 2023. Disponível em: <lesswrong.com/posts/PTzsEQXkCfig9A6AS/transcript-of-sam-altman-s-interview-touching-on-ai-safety>. Acesso em: 23 abr. 2024; Ian Hogarth, "We Must Slow Down the Race to God-Like AI". *Financial Times*, 13 abr. 2023; Future of Life Institute, "Pause Giant AI Experiments: An Open Letter". 22 mar. 2023. Disponível em: <futureoflife.org/open-letter/pause-giant-ai-experiments/>. Acesso em: 23 abr. 2024; Cade Metz, "'The Godfather of AI' Quits Google and Warns of Danger". *The New York Times*, 1 maio 2023; Mustafa Suleyman e Michael Bhaskar, *The Coming Wave: Technology, Power, and the Twenty-First Century's Greatest Dilemma.* Nova York: Crown, 2023 [Ed. bras.: *A próxima onda: Inteligência artificial, poder e o maior dilema do século XXI*. Trad. de Alessandra Bonrruquer. Rio de Janeiro: Record, 2023]; Walter Isaacson, *Elon Musk.* Londres: Simon & Schuster, 2023 [Ed. bras.: *Elon Musk*. Trad. de Rosiane Correia de Freitas. Rio de Janeiro: Intrínseca, 2023].

17. Yoshua Bengio et al., "Managing Extreme AI Risks Amid Rapid Progress", *Science* (maio 2024).

18. Katja Grace et al., “Thousands of AI Authors on the Future of AI”. Pré-impressão, submetido em 2024. Disponível em: <https://arxiv.org/abs/2401.02843>. Acesso em: 4 maio 2024.

19. Gov.UK, “The Bletchley Declaration by Countries Attending the AI Safety Summit, 1-2 November 2023”, 1 nov. 2023. Disponível em: <www.gov.uk/government/publications/aisafety-summit-2023-the-bletchley-declaration/the-bletchley-declaration-by-countries-attending-the-ai-safety-summit-1-2-november-2023>. Acesso em: 23 abr. 2024.

20. Jan-Werner Müller, *What Is Populism?*. Filadélfia: University of Pennsylvania Press, 2016.

21. Na *República* de Platão, Trasímaco, Glauco e Adimanto argumentam que todos — e mais notadamente políticos, juízes e servidores públicos — se preocupam apenas com seus próprios privilégios e dissimulam e mentem com eles em vista. Desafiam Sócrates a refutar as afirmações de que “a aparência prevalece sobre a verdade” e “a justiça não é senão o interesse do mais forte”. Posições semelhantes foram debatidas e, por vezes, apoiadas no clássico hindu *Arthashastra*; nos escritos de pensadores legalistas da China antiga, como Han Fei e Shang Yang; e na obra de pensadores europeus no início da era moderna, como Maquiavel e Hobbes. Ver Roger Boesche, *The First Great Political Realist: Kautilya and His “Arthashastra”* (Lanham: Lexington Books, 2002); Shang Yang, *The Book of Lord Shang: Apologetics of State Power in Early China* (trad. de Yuri Pines. Nova York: Columbia University Press, 2017); Zhengyuan Fu, *China's Legalists: The Earliest Totalitarians and Their Art of Ruling* (Nova York: Routledge, 2015).

22. Ulises A. Mejias e Nick Couldry, *Data Grab: The New Colonialism of Big Tech and How to Fight Back*. Londres: Ebury, 2024; Michel Foucault, *The Birth of the Clinic: An Archaeology of Medical Perception*. Nova York: Vintage Books, 1975 [Ed. bras.: *O nascimento da clínica*. Trad. de Roberto Machado. São Paulo: Forense Universitária, 1977]; id., *The History of Sexuality*. Nova York: Vintage Books, 1990 [Ed. bras.: *História da sexualidade*. Trad. de Maria Thereza da Costa Albuquerque e J. A. Guilhon Albuquerque. Rio de Janeiro: Graal, 1988]; Edward W. Said, *Orientalism*. Nova York: Vintage Books, 1994 [Ed. bras.: *Orientalismo*. Trad. de Rosaura Eichenberg. São Paulo: Companhia de Bolso, 2007]; Aníbal Quijano, “Coloniality and Modernity/Rationality”. *Cultural Studies*, v. 21, n. 2/3, pp. 168-78, 2007; Sylvia Wynter, “Unsettling the Coloniality of Being-Power-Truth-Freedom Toward the Human, After Man, Its Overrepresentation — an Argument”. *New Centennial Review*, v. 3, n. 3, p. 257-337, 2003. Para uma discussão em profundidade, ver Francis Fukuyama, *Liberalism and Its Discontents* (Londres: Profile Books, 2022) [Ed. bras.: *Liberalismo e seus descendentes*. São Geraldo: Dom Quixote, 2022].

23. Donald J. Trump, Discurso de posse. The American Presidency Project, 20 jan. 2017. Disponível em: <presidency.ucsb.edu/node/320188>. Acesso em: 23 abr. 2024.

24. Cas Mudde, “The Populist Zeitgeist”. *Government and Opposition*, v. 39, n. 3, pp. 541--63, 2004.

25. Sedona Chinn e Ariel Hasell, “Support for ‘Doing Your Own Research’ Is Associated with Covid-19 Misperceptions and Scientific Mistrust”. *Misinformation Review*, 12 jun. 2023. Disponível em: <misinforeview.hks.harvard.edu/article/support-for-doing-your-own-research-is-associated-with-covid-19-misperceptions-and-scientific-mistrust/>. Acesso em: 23 abr. 2024.

26. Ver, por exemplo, Celebrate Truth (canal), “God's Enclosed Flat Earth Investigation: Full Documentary [HD]” (YouTube, 2h01min51, 29 set. 2015. Disponível em: <youtube.com/watch?v=J6CPrGHpmMs>. Acesso em: 23 abr. 2024), citado em Carlos Diaz Ruiz e Tomas

Nilsson, "Disinformation and Echo Chambers: How Disinformation Circulates on Social Media Through Identity-Driven Controversies" (*Journal of Public Policy and Marketing*, v. 42, n. 1, pp. 18-35, 2023).

27. Ver, por exemplo, David Klepper, "Trump Arrest Prompts Jesus Comparisons: 'Spiritual Warfare'" (*Associated Press*, 6 abr. 2023. Disponível em: <apnews.com/artigo/donald-trump-arraignment-jesus-christ-conspiracy-theory-670c45bd71b3466dcd6e8e188badcd1d>. Acesso em: 23 abr. 2024); Katy Watson, "Brazil Election: 'We'll Vote for Bolsonaro Because He Is God'". *BBC*, 28 set. 2022. Disponível em: <bbc.com/news/world-latin-america-62929581>. Acesso em: 23 abr. 2024.

28. Oliver Hahl, Minjae Kim e Ezra W. Zuckerman Sivan, "The Authentic Appeal of the Lying Demagogue: Proclaiming the Deeper Truth about Political Illegitimacy". *American Sociological Review*, v. 83, n. 1, pp. 1-33, 2018.

1. O QUE É INFORMAÇÃO? [pp. 31-44]

1. Ver, por exemplo, os trabalhos de Nick Bostrom e David Chalmers sobre a hipótese da simulação. Se a hipótese da simulação for verdadeira, então não temos a mínima ideia do que, em última análise, compõe o universo, e tudo o que vemos em nosso mundo simulado consiste em bits de informação: Nick Bostrom, "Are We Living in a Computer Simulation?" (*Philosophical Quarterly*, v. 53, n. 211, pp. 243-55, 2003); David J. Chalmers, *Reality+: Virtual Worlds and the Problems of Philosophy* (Nova York: W.W. Norton, 2022). Ver também o importante conceito de "*it from bit*", de John Archibald Wheeler, "Information, Physics, Quantum: The Search for Links" (*Proceedings III International Symposium on Foundations of Quantum Mechanics*, Tóquio, pp. 354-68, 1989); Paul Davies e Niels Henrik Gregersen (Orgs.), *Information and the Nature of Reality: From Physics to Metaphysics* (Cambridge: Cambridge University Press, 2014); Erik Verlinde, "On the Origin of Gravity and the Laws of Newton" (*Journal of High Energy Physics*, v. 4, pp. 1-27, 2011). Cabe frisar que, embora a posição do "*it from bit*" esteja se tornando mais aceitável na física, os físicos, em sua maioria, ainda rejeitam ou duvidam dela e acreditam que os constituintes fundamentais da natureza são a matéria e a energia, e que a informação é um fenômeno derivado.

2. O que entendo por informação foi profundamente influenciado por Cesar Hidalgo, *Why Information Grows* (Nova York: Basic Books, 2015). Para outras concepções e discussões, ver Artemy Kolchinsky e David H. Wolpert, "Semantic Information, Autonomous Agency, and Non-equilibrium Statistical Physics" (*Interface Focus*, v. 8, n. 6, 2018); Peter Godfrey-Smith e Kim Sterelny, "Biological Information" (In: Edward N. Zalta [Org.], *The Stanford Encyclopedia of Philosophy*. Palo Alto: Metaphysics Research Lab, Stanford University, 2016. Disponível em: <plato.stanford.edu/archives/sum2016/entries/information-biological/>. Acesso em: 23 abr. 2024); Luciano Floridi, *The Philosophy of Information* (Oxford: Oxford University Press, 2011).

3. Don Vaughan, "Cher Ami". *Encyclopedia Britannica*, [s.d.]. Disponível em: <britannica.com/animal/Cher-Ami>. Acesso em: 14 fev. 2024; "Charles White Whittlesey". Collection, Williams College Library, [s.d.]. Disponível em: <archivesspace.williams.edu/repositories/2/resources/101>. Acesso em: 14 fev. 2024; John W. Nell, *The Lost Battalion: A Private's Story*. Org.

de Ron Lammert. San Antonio: Historical Publishing Network, 2001; Frank A. Blazich Jr., "Feathers of Honor: U.S. Signal Corps Pigeon Service in World War I, 1917-1918". *Army History*, v. 117, pp. 32-51, 2020. Sobre o tamanho original do Batalhão Perdido e o número de baixas, ver Robert Laplander, *Finding the Lost Battalion: Beyond the Rumors, Myths, and Legends of America's Famous WWI Epic* (3. ed. Waterford: Lulu Press, 2017), p. 13. Para uma reavaliação crítica da estória de Cher Ami, ver Frank A. Blazich, "Notre Cher Ami: The Enduring Myth and Memory of a Humble Pigeon" (*Journal of Military History*, v. 85, n. 3, pp. 646-77, jul. 2021).

4. Eliezer Livneh, Yosef Nedava e Yoram Efrati, *Nili: Toldoteha shel he'azah medinit*. Tel Aviv: Schocken, 1980, p. 143; Yigal Sheffy, *British Military Intelligence in the Palestine Campaign, 1914-1918*. Londres: Routledge, 1998; Gregory J. Wallance, *The Woman Who Fought an Empire: Sarah Aaronsohn and Her Nili Spy Ring*. Lincoln: University of Nebraska Press, 2018, pp. 155-72.

5. Os otomanos tinham várias outras razões para suspeitar da existência do grupo de espionagem Nili, mas a maioria dos relatos aponta a importância do pombo. Para maiores detalhes, ver Eliezer Livneh, Yosef Nedava e Yoram Efrati, *Nili: Toldoteha shel he'azah medinit* (Tel Aviv: Schocken, 1980), pp. 281-84; Gregory J. Wallance, *The Woman Who Fought an Empire: Sarah Aaronsohn and Her Nili Spy Ring* (Lincoln: University of Nebraska Press, 2018), pp. 180-1, 202-32; Yigal Sheffy, *British Military Intelligence in the Palestine Campaign, 1914-1918* (Londres: Routledge, 1998), p. 159; Eliezer Tauber, "The Capture of the NILI Spies: The Turkish Version" (*Intelligence and National Security*, v. 6, n. 4, pp. 701-10, 1991).

6. Para uma rica discussão desses assuntos, ver Catherine D'Ignazio e Lauren F. Klein, *Data Feminism* (Cambridge: MIT Press, 2020), pp. 73-91.

7. Jorge Luis Borges e Adolfo Bioy Casares, "On Exactitude in Science". In: Jorge Luis Borges, *A Universal History of Infamy*. Trad. de Norman Thomas Di Giovanni. Londres: Penguin Books, 1975, p. 131 [Ed. bras.: "Do rigor na ciência". In: *O fazedor*. Trad. de Josely Vianna Baptista. São Paulo: Companhia das Letras, 2008, p. 155. Ed. port.: "Sobre o rigor na ciência. In: *História universal da infâmia*. Trad. de José Bento. Lisboa: Assírio e Alvim, 1982, p. 117].

8. Samriddhi Chauhan e Roshan Deshmukh, "Astrology Market Research, 2031". *Allied Market Research*, jan. 2023. Disponível em: <alliedmarketresearch.com/astrology-market A31779>. Acesso em: 23 abr. 2024; Temcharoenkit Sasiwimon e Donald A. Johnson, "Factors Influencing Attitudes Toward Astrology and Making Relationship Decisions Among Thai Adults". *Scholar: Human Sciences*, v. 13, n. 1, pp. 15-27, 2021.

9. Frederick Henry Cramer, *Astrology in Roman Law and Politics*. Filadélfia: American Philosophical Society, 1954; Tamsyn Barton, *Power and Knowledge: Astrology, Physiognomics, and Medicine Under the Roman Empire*. Ann Arbor: University of Michigan Press, 2002, p. 57; Raffaela Garosi, "Indagine sulla formazione di concetto di magia nella cultura Romana". In: Paolo Xella (Org.), *Magia: Studi di storia delle religioni in memoria di Raffaela Garosi*. Roma: Bulzoni, 1976, pp. 13-97.

10. Lindsay Murdoch, "Myanmar Elections: Astrologers' Influential Role in National Decisions". *Sydney Morning Herald*, 12 nov. 2015.

11. Barbara Ehrenreich, *Dancing in the Streets: A History of Collective Joy*. Nova York: Metropolitan Books, 2006 [Ed. bras.: *Dançando nas ruas: Uma história do êxtase coletivo*. Rio de Janeiro: Record, 2010]; Wray Herbert, "All Together Now: The Universal Appeal of Moving in Unison". *Scientific American*, 1 abr. 2009; Idil Kokal et al., "Synchronized Drumming Enhances

Activity in the Caudate and Facilitates Prosocial Commitment — If the Rhythm Comes Easily". *PLOS ONE*, v. 6, n. 11, 2011; Martin Lang et al., "Lost in the Rhythm: Effects of Rhythm on Subsequent Interpersonal Coordination". *Cognitive Science*, v. 40, n. 7, pp. 1797-815, 2016.

12. Para debates sobre o papel da informação na biologia, especificamente sobre a natureza informacional do DNA, ver Peter Godfrey-Smith e Kim Sterelny, "Biological Information" (In: Edward N. Zalta [Org.], *The Stanford Encyclopedia of Philosophy.* Palo Alto: Metaphysics Research Lab, Stanford University, 2016. Disponível em: <plato.stanford.edu/archives/sum2016/entries/information-biological/>. Acesso em: 23 abr. 2024); John Maynard Smith, "The Concept of Information in Biology" (In: Paul Davies e Niels Henrik Gregersen [Orgs.], *Information and the Nature of Reality: From Physics to Metaphysics*. Cambridge: Cambridge University Press, 2014); Sahotra Sarkar, "Biological Information: A Skeptical Look at Some Central Dogmas of Molecular Biology" (In: Id. *The Philosophy and History of Molecular Biology*. Norwell: Kluwer Academic Publishers, 1996), pp. 187-231; Terrence W. Deacon, "How Molecules Became Signs" (*Biosemiotics*, v. 14, n. 3, pp. 537-59, 2021).

13. Sven R. Kjellberg et al., "The Effect of Adrenaline on the Contraction of the Human Heart Under Normal Circulatory Conditions". *Acta Physiologica Scandinavica*, v. 24, n. 4, pp. 333-49, 1952.

14. Bruce I. Bustard, "20 July 1969". *Prologue Magazine*, v. 35, n. 2, 2003. Disponível em: <archives.gov/publications/prologue/2003/summer/20-july-1969.html>. Acesso em: 23 abr. 2024.

15. Judeus e cristãos interpretam as passagens pertinentes no Gênesis de muitas maneiras diferentes, mas a maioria aceita a interpretação de que o Dilúvio de Noé ocorreu 1656 anos depois da criação do mundo, ou seja, cerca de 4 mil anos atrás, e que a Torre de Babel foi destruída um ou alguns séculos depois do Dilúvio.

16. Michael I. Bird et al., "Early Human Settlement of Sahul Was Not an Accident". *Scientific Reports*, v. 9, n. 1, p. 8220, 2019; Chris Clarkson et al., "Human Occupation of Northern Australia by 65,000 Years Ago". *Nature*, v. 547, n. 7663, pp. 306-10, 2017.

17. Ver, por exemplo, Lev. 26,16 e 26,25; Deut. 28,22, 28,58-63, 32,24, 32,35--36 e 32,39; Jer. 14,12, 21,6-9 e 24,10.

18. Ver, por exemplo, Deut. 28, 2 Crôn. 20,9 e Salm. 91,3.

19. Papa Francisco, "Homily of His Holiness Pope Francis 'Return to God and Return to the Embrace of the Father'" [Homilia "Voltar a Deus é retornar ao abraço do Pai"]. Libreria Editrice Vaticana, 20 mar. 2020. Disponível em: <vatican.va/content/francesco/en/cotidie/2020/documents/papa-francesco-cotidie_20200320_peri-medici-ele-autorita.html>. Acesso em: 23 abr. 2024; Philip Pullella, "Rome Catholic Churches Ordered Closed due to Coronavirus, Unprecedented in Modern Times". *Reuters*, 13 mar. 2020. Disponível em: <reuters.com/article/us-health-coronavirus-italy-rome-churche-idUSKBN20Z3BU>. Acesso em: 23 abr. 2024.

2. ESTÓRIAS: CONEXÕES ILIMITADAS [pp. 45-64]

1. Thomas A. DiPrete et al., "Segregation in Social Networks Based on Acquaintanceship and Trust". *American Journal of Sociology*, v. 116, n. 4, pp. 1234-83, 2011; R. Jenkins, A. J. Dow-

sett e A. M. Burton, "How Many Faces Do People Know?". *Proceedings of the Royal Society B: Biological Sciences*, v. 285, n. 1888, 2018; Robin Dunbar, "Dunbar's Number: Why My Theory That Humans Can Only Maintain 150 Friendships Has Withstood 30 Years of Scrutiny". *The Conversation*, 12 maio 2021. Disponível em: <theconversation.com/dunbars-number-why-my-theory-that-humans-can-only-maintain-150-friendships-has-withstood-30-years-of-scrutiny-160676>. Acesso em: 23 abr. 2024.

2. Melissa E. Thompson et al., "The Kibale Chimpanzee Project: Over Thirty Years of Research, Conservation, and Change". *Biological Conservation*, v. 252, 2020; Jill D. Pruetz e Nicole M. Herzog, "Savanna Chimpanzees at Fongoli, Senegal, Navigate a Fire Landscape". *Current Anthropology*, v. 58, n. S16, pp. S337-S350, 2017; Budongo Conservation Field Station (budongo.org); Yukimaru Sugiyama, "Demographic Parameters and Life History of Chimpanzees at Bossou, Guinea". *American Journal of Physical Anthropology*, v. 124, n. 2, pp. 154-65, 2004.

3. Rebecca Wragg Sykes, *Kindred: Neanderthal Life, Love, Death, and Art*. Londres: Bloomsbury Sigma, 2020, cap. 10; Brian Hayden, "Neandertal Social Structure?". *Oxford Journal of Archeology*, v. 31, pp. 1-26, 2012; Jeremy Duveau et al., "The Composition of a Neandertal Social Group Revealed by the Hominin Footprints at Le Rozel (Normandy, France)". *Proceedings of the National Academy of Sciences*, v. 116, n. 39, pp. 19409-14, 2019.

4. Simon Sebag Montefiore, *Stalin: The Court of the Red Tsar*. Londres: Weidenfeld & Nicolson, 2003 [Ed. bras.: *Stálin: A corte do czar vermelho*. Trad. de Pedro Maia Soares. São Paulo: Companhia das Letras, 2006].

5. Brent Barnhart, "How to Build a Brand with Celebrity Social Media Management". *Sprout Social*, 1 abr. 2020. Disponível em: <sproutsocial.com/insights/celebrity-social-media-management/>. Acesso em: 23 abr. 2024; K. C. Morgan, "15 Celebs Who Don't Actually Run Their Own Social Media Accounts". *TheClever*, 20 abr. 2017. Disponível em: <theclever.com/15-celebs-who-dont-actually-run-their-own-social-media-accounts/>. Acesso em: 23 abr. 2024; Josh Duboff, "Who's Really Pulling the Strings on Stars' Social-Media Accounts". *Vanity Fair*, 8 set. 2016. Disponível em: <vanityfair.com/style/2016/09/celebrity-social-media-accounts>. Acesso em: 23 abr. 2024.

6. Coca-Cola Company, Relatório anual 2022, p. 47, 21 fev. 2023. Disponível em: <investors.coca-colacompany.com/filings-reports/annual-filings-10-k/content/0000021344-23-000011/0000021344-23-000011.pdf>. Acesso em: 3 jan. 2024.

7. David Gertner e Laura Rifkin, "Coca-Cola and the Fight against the Global Obesity Epidemic". *Thunderbird International Business Review*, v. 60, pp. 161-73, 2018; Jennifer Clinehens, "How Coca-Cola Built the World's Most Memorable Brand". *Medium*, 17 nov. 2022; Clare McDermott, "Go Behind the Scenes of Coca-Cola's Storytelling". Content Marketing Institute, 9 fev. 2018. Disponível em: <contentmarketinginstitute.com/articles/coca-cola-storytelling/>. Acesso em: 23 abr. 2024; Maureen Taylor, "Cultural Variance as a Challenge to Global Public Relations: A Case Study of the Coca-Cola Scare in Europe". *Public Relations Review*, v. 26, n. 3, pp. 277-93, 2000; Kathryn LaTour, Michael S. LaTour e George M. Zinkhan, "Coke Is It: How Stories in Childhood Memories Illuminate an Icon". *Journal of Business Research*, v. 63, n. 3, pp. 328-36, 2010; Bodi Chu, "Analysis on the Success of Coca-Cola Marketing Strategy". *Proceedings of 2020 2nd International Conference on Economic Management and Cultural Industry* (*ICEMCI 2020*), pp. 96-100, 2020.

8. Frank A. Blazich Jr., "Notre Cher Ami: The Enduring Myth and Memory of a Humble Pigeon". *Journal of Military History*, v. 85, n. 3, pp. 646-77, jul. 2021.

9. Bart D. Ehrman. *How Jesus Became God: The Exaltation of a Preacher from Galilee*. San Francisco: HarperOne, 2014 [Ed. bras.: *Como Jesus se tornou Deus*. São Paulo: Leya, 2014].

10. Lauren Tuchman, "We All Were at Sinai: The Transformative Power of Inclusive Torah". *Sefaria*, [s.d.]. Disponível em: <sefaria.org.il/sheets/236454.2?lang=he>. Acesso em: 3 jan. 2024.

11. Reuven Hammer, "Tradition Today: Standing at Sinai". *Jerusalem Post*, 17 maio 2012. Disponível em: <jpost.com/Jewish-World/Judaism/Tradition-Today-Standing-at-Sinai>. Acesso em: 23 abr. 2024; Rabino Joel Mosbacher, "Each Person Must See Themselves as if They Went Out of Egypt". *RavBlog*, 9 abr. 2017. Disponível em: <ravblog.ccarnet.org/2017/04/each-person-must-see-themselves-as-if-they-went-out-of-egypt/>. Acesso em: 23 abr. 2024; Rabino Sari Laufer, "TABLE FOR FIVE: Five Takes on a Passage from the Haggadah". *Jewish Journal*, 5 abr. 2018. Disponível em: <jewishjournal.com/judaism/torah/232778/table-five-five-takes-passage-haggadah-2/>. Acesso em: 23 abr. 2024.

12. Elizabeth F. Loftus, "Creating False Memories". *Scientific American*, v. 277, n. 3, pp. 70--75, 1997; Beate Muschalla e Fabian Schönborn, "Induction of False Beliefs and False Memories in Laboratory Studies: A Systematic Review". *Clinical Psychology and Psychotherapy*, v. 28, n. 5, pp. 1194-209, 2021; Christian Unkelbach et al., "Truth by Repetition: Explanations and Implications". *Current Directions in Psychological Science*, v. 28, n. 3, pp. 247-53, 2019; Doris Lacassagne, Jérémy Béna e Olivier Corneille, "Is Earth a Perfect Square? Repetition Increases the Perceived Truth of Highly Implausible Statements". *Cognition*, v. 223, 2022.

13. "FoodData Central", U.S. Department of Agriculture (fdc.nal.usda.gov/fdc-app.html#/?query=pizza).

14. William Magnuson, *Blockchain Democracy: Technology, Law, and the Rule of the Crowd*. Cambridge: Cambridge University Press, 2020, p. 69; Scott Chipolina, "Bitcoin's Unlikely Resurgence: Bulls Bet on Wall Street Adoption". *Financial Times*, 8 dez. 2023.

15. "BBC 'Proves' Nessie Does Not Exist". *BBC News*, 27 jul. 2003. Disponível em: <news.bbc.co.uk/1/hi/sci/tech/3096839.stm>. Acesso em: 23 abr. 2024; Matthew Weaver, "Loch Ness Monster Could Be a Giant Eel, Say Scientists". *The Guardian*, 5 set. 2019. Disponível em: <theguardian.com/science/2019/sep/05/loch-ness-monster-could-be-a-giant-eel-say-scientists>. Acesso em: 23 abr. 2024; Henry H. Bauer, *The Enigma of Loch Ness: Making Sense of a Mystery*. Champaign: University of Illinois Press, 1986, pp. 165-6; Harold E. Edgerton e Charles W. Wyckoff, "Loch Ness Revisited: Fact or Fantasy? Science Uses Sonar and Camera to Probe the Depths of Loch Ness in Search of Its Resident Monster". *IEEE Spectrum*, v. 15, n. 2, pp. 26-9, 1978; University of Otago, "First eDNA Study of Loch Ness Points to Something Fishy", 5 set. 2019. Disponível em: <otago.ac.nz/anatomy/news/news-archive/first-edna-study-of-loch-ness-points-to-something-fishy>. Acesso em: 23 abr. 2024.

16. Katharina Buchholz, "Kosovo & Beyond: Where the UN Disagrees on Recognition". *Forbes*, 17 fev. 2023. Disponível em: <forbes.com/sites/katharinabuchholz/2023/02/17/kosovo-beyond-where-the-un-disagrees-on-recognition-infographic/?sh=d8490b2448c3>. Acesso em: 23 abr. 2024; Organização das Nações Unidas (ONU), "Agreement on Normalizing Relations Be-

tween Serbia, Kosovo 'Historic Milestone', Delegate Tells Security Council", 27 abr. 2023. Disponível em: <press.un.org/en/2023/sc15268.doc.htm>. Acesso em: 23 abr. 2024.

17. Guy Faulconbridge, "Russia Plans Naval Base in Abkhazia, Triggering Criticism from Georgia". *Reuters*, 5 out. 2023. Disponível em: <reuters.com/world/europe/russia-plans-naval-base-black-sea-coast-breakaway-georgian-region-izvestiya-2023-10-05/>. Acesso em: 23 abr. 2024.

18. Rebecca Wragg Sykes, *Kindred: Neanderthal Life, Love, Death, and Art*. Londres: Bloomsbury Sigma, 2020; Brian Hayden, "Neandertal Social Structure?". *Oxford Journal of Archeology*, v. 31, pp. 1-26, 2012; Jeremy Duveau et al., "Composition of a Neandertal Social Group Revealed by the Hominin Footprints at Le Rozel (Normandy, France)". *Proceedings of the National Academy of Sciences*, v. 116, n. 39, pp. 19409-14, 2019.

19. Para uma discussão mais detalhada, ver Yuval Noah Harari, *Sapiens: Uma breve história da humanidade* (Trad. de Jório Dauster. São Paulo: Companhia das Letras, 2020), cap. 2; David Graeber e David Wengrow, *O despertar de tudo: Uma nova história da humanidade* (Trad. de Cláudio Marcondes e Denise Bottmann. São Paulo: Companhia das Letras, 2022), cap. 3; e Joseph Henrich, *The Weirdest People in the World* (Nova York: Farrar, Straus and Giroux, 2020), cap. 3. Um clássico que mostra como as estórias e os rituais religiosos geram uma cooperação em grande escala é o estudo de Donald Tuzin sobre Ilahita. Enquanto as comunidades vizinhas na Nova Guiné tinham, em sua maioria, umas poucas centenas de pessoas, as complexas crenças e práticas religiosas de Ilahita conseguiram unir 39 clãs, com cerca de 2500 pessoas. Ver Donald Tuzin, *Social Complexity in the Making: A Case Study among the Arapesh of New Guinea* (Londres: Routledge, 2001); id., *The Ilahita Arapesh: Dimensions of Unity* (Oakland: University of California Press, 2022). Sobre a importância das narrativas para a cooperação em grande escala, ver Daniel Smith et al., "Camp Stability Predicts Patterns of Hunter-Gatherer Cooperation" (*Royal Society Open Science*, v. 3, n. 7, 2016); Daniel Smith et al., "Cooperation and the Evolution of Hunter-Gatherer Storytelling" (*Nature Communications*, v. 8, n. 1853, 2017); Benjamin G. Purzycki et al., "Moralistic Gods, Supernatural Punishment, and the Expansion of Human Sociality" (*Nature*, v. 530, pp. 327-30, 2016); Polly W. Wiessner, "Embers of Society: Firelight Talk among the Ju/'hoansi Bushmen" (*Proceedings of the National Academy of Sciences*, v. 111, n. 39, pp. 14027-35, 2014); Danièle M. Klapproth, *Narrative as Social Practice: Anglo-Western and Australian Aboriginal Oral Traditions* (Berlim: De Gruyter Mouton, 2004); Robert M. Ross e Quentin D. Atkinson, "Folktale Transmission in the Arctic Provides Evidence for High Bandwidth Social Learning among Hunter-Gatherer Groups" (*Evolution and Human Behavior*, v. 37, n. 1, pp. 47-53, 2016); Jerome Lewis, "Where Goods Are Free but Knowledge Costs: Hunter-Gatherer Ritual Economics in Western Central Africa" (*Hunter Gatherer Research*, v. 1, n. 1, pp. 1-27, 2015); Bill Gammage, *The Biggest Estate on Earth: How Aborigines Made Australia* (Crows Nest: Allen Unwin, 2011).

20. Azar Gat, *War in Human Civilization*. Oxford: Oxford University Press, 2008, pp. 114-32; Luke Glowacki et al., "Formation of Raiding Parties for Intergroup Violence Is Mediated by Social Network Structure". *Proceedings of the National Academy of Sciences*, v. 113, n. 43, pp. 12114-9, 2016; Richard W. Wrangham e Luke Glowacki, "Intergroup Aggression in Chimpanzees and War in Nomadic Hunter-Gatherers". *Human Nature*, v. 23, pp. 5-29, 2012; R. Brian Fer-

guson, *Yanomami Warfare: A Political History.* Santa Fe: School of American Research Press, 1995, pp. 346-7.

21. Pierre Lienard, "Beyond Kin: Cooperation in a Tribal Society". In: Paul A. M. Van Lange, Bettina Rockenbach e Toshio Yamagishi (Orgs.), *Reward and Punishment in Social Dilemmas.* Oxford: Oxford University Press, 2014, pp. 214-34; Peter J. Richerson et al., "Cultural Evolution of Human Cooperation". In: Peter Hammerstein (Org.), *Genetic and Cultural Evolution of Cooperation.* Cambridge: MIT Press, 2003, pp. 357-88; Brian A. Stewart et al., "Ostrich Eggshell Bead Strontium Isotopes Reveal Persistent Macroscale Social Networking Across Late Quaternary Southern Africa". *PNAS*, v. 117, n. 12, pp. 6453-62, 2020; "Ages Ago, Beads Made from Ostrich Eggshells Cemented Friendships Across Vast Distances". *NPR*, 14 mar. 2020. Disponível em: <npr.org/2020/03/14/815778427/ages-ago-beads-made-from-ostrich-eggshells-cemented-friendships-across-vast-dist>. Acesso em: 23 abr. 2024.

22. Sobre a troca de habilidades tecnológicas entre as redes de sapiens na Idade da Pedra, ver Jennifer M. Miller e Yiming V. Wang, "Ostrich Eggshell Beads Reveal 50,000-Year-Old Social Network in Africa" (*Nature*, v. 601, n. 7892, pp. 234-9, 2022); Brian A. Stewart et al., "Ostrich Eggshell Bead Strontium Isotopes Reveal Persistent Macroscale Social Networking Across Late Quaternary Southern Africa". *PNAS*, v. 117, n. 12, pp. 6453-62, 2020.

23. Terrence R. Fehner e F. G. Gosling, "The Manhattan Project". U.S. Department of Energy, abr. 2021. Disponível em: <energy.gov/sites/default/files/The%20Manhattan%20Project.pdf>. Acesso em: 23 abr. 2024; F. G. Gosling, "The Manhattan Project: Making the Atomic Bomb". U.S. Department of Energy, jan. 2010. Disponível em: <energy.gov/management/articles/gosling-manhattan-project-making-atomic-bomb>. Acesso em: 23 abr. 2024.

24. U.S. Department of Energy, "Uranium Mines", [s.d.]. Disponível em: <osti.gov/opennet/manhattan-project-history/Places/Other/uranium-mines.html>. Acesso em: 23 abr. 2024.

25. Jerome Lewis, "Bayaka Elephant Hunting in Congo: The Importance of Ritual and Technique". In: George E. Konidaris et al. (Orgs.), *Human-Elephant Interactions: From Past to Present.* v. 1. Tübingen: Tübingen University Press, 2021.

26. Sushmitha Ramakrishnan, "India Cuts the Periodic Table and Evolution from Schoolbooks". *DW*, 2 jun. 2023. Disponível em: <dw.com/en/indiadropsevolution/a-65804720>. Acesso em: 23 abr. 2024.

27. Annie Jacobsen, *Operation Paperclip: The Secret Intelligence Program That Brought Nazi Scientists to America.* Boston: Little, Brown, 2014; Brian E. Crim, *Our Germans: Project Paperclip and the National Security State.* Baltimore: Johns Hopkins University Press, 2018.

3. DOCUMENTOS: A MORDIDA DOS TIGRES DE PAPEL [pp. 65-91]

1. Monty Noam Penkower, "The Kishinev Pogrom of 1903: A Turning Point in Jewish History". *Modern Judaism*, v. 24, n. 3, 2004, pp. 187-225.

2. Hayyim Nahman Bialik, "Be'ir Hahareigah / The City of Slaughter". Trad. de A. M. Klein. *Prooftexts*, v. 25, n. 1/2, pp. 8-29, 2005; Iris Milner, "'In the City of Slaughter': The Hidden Voice of the Pogrom Victims". *Prooftexts*, v. 25, n. 1/2, 2005, pp. 60-72; Steven Zipperstein, *Pogrom: Kishinev and the Tilt of History.* Nova York: Liveright, 2018; David Fishelov, "Bialik the

Prophet and the Modern Hebrew Canon". In: Jón Karl Helgason e Marijan Dović (Orgs.), *Great Immortality.* Leiden: Brill, 2019, pp. 151-70.

3. Estima-se o número de refugiados palestinos entre 700 mil e 750 mil, em sua maioria expulsos em 1948. Ver Benny Morris, *Righteous Victims: A History of the Zionist-Arab Conflict, 1881-1998* (Nova York: Vintage, 2001), p. 252; UNRWA, "Palestinian Refugees", [s.d.]. Disponível em: <unrwa.org/palestine-refugees>. Acesso em: 13 fev. 2024. Em 1948, havia 856 mil judeus morando em países árabes, como o Egito e o Iraque. Nas duas décadas seguintes, em vingança pelas derrotas árabes na guerras de 1948, 1956 e 1967, esses judeus foram, em sua maior parte, expulsos de seus lares, de forma que, em 1968, restavam apenas 76 mil. Ver Maurice M. Roumani, *The Case of the Jews from Arab Countries: A Neglected Issue* (Tel Aviv: World Organization of Jews from Arab Countries, 1983); Aryeh L. Avneri, *The Claim of Dispossession: Jewish Land-Settlement and the Arabs, 1878-1948* (New Brunswick: Transaction Books, 1984), p. 276; Jimena, "The Forgotten Refugees", 7 jul. 2023 (Disponível em: <jimena.org/the-forgotten-refugees/>. Acesso em: 27 abr. 2024); Barry Mowell, "Changing Paradigms in Public Opinion Perspectives and Governmental Policy Concerning the Jewish Refugees of North Africa and Southwest Asia" (Jewish Virtual Library, [s.d.]. Disponível em: <jewishvirtuallibrary.org/changing-paradigms-in-public-opinion-perspectives-and-governmental-policy-concerning-the-jewish-refugees-of-north-africa-and-southwest-asia>. Acesso em: 31 jan. 2024).

4. As estimativas da população judaica e da população total variam, sobretudo, porque os registros demográficos otomanos são incompletos. Ver Alan Dowty, *Arabs and Jews in Ottoman Palestine: Two Worlds Collide* (Bloomington: Indiana University Press, 2021); Justin McCarthy, *The Population of Palestine: Population History and Statistics of the Late Ottoman Period and the Mandate* (Nova York: Columbia University Press, 1990); Itamar Rabinovich e Jehuda Reinharz (Orgs.), *Israel in the Middle East: Documents and Readings on Society, Politics, and Foreign Relations, Pre-1948 to the Present* (Hanover: University Press of New England, 2008), p. 571; Yehoshua Ben-Arieh, *Jerusalem in the 19th Century: Emergence of the New City* (Jerusalém: Yad Izhak Ben-Zvi Institute, 1986), p. 466.

5. George G. Grabowicz, "Taras Shevchenko: The Making of the National Poet". *Revue des Études Slaves*, v. 85, n. 3, pp. 421-39, 2014; Ostap Sereda, "'As a Father Among Little Children': The Emerging Cult of Taras Shevchenko as a Factor of the Ukrainian Nation Building in Austrian Eastern Galicia in the 1860s", *Kyiv-Mohyla Humanities Journal*, v. 1, pp. 159-88, 2014.

6. Sándor Hites, "Rocking the Cradle: Making Petőfi a National Poet". *Arcadia*, v. 52, n. 1, pp. 29-50, 2017; Ivan Halász et al., "The Rule of Sándor Petőfi in the Memory Policy of Hungarians, Slovaks, and the Members of the Hungarian Minority Group in Slovakia in the Last 150 Years". *Historia@Teoria*, v. 1, n. 1, pp. 121-4, 2016.

7. Timothy Snyder, *The Reconstruction of Nations: Poland, Ukraine, Lithuania, Belarus, 1569-1999.* New Haven: Yale University Press, 2003; Roman Koropeckyj, *Adam Mickiewicz: The Life of a Romantic.* Ithaca: Cornell University Press, 2008; Helen N. Fagin, "Adam Mickiewicz: Poland's National Romantic Poet". *South Atlantic Bulletin*, v. 42, n. 4, pp. 103-13, 1977.

8. Jonathan Glover, *Israelis and Palestinians: From the Cycle of Violence to the Conversation of Mankind.* Cambridge: Polity Press, 2024, p. 10.

9. William L. Smith, "Rāmāyaṇa Textual Traditions in Eastern India". In: Mandakranta

Bose (Org.), *The "Ramayana" Revisited.* Nova York: Oxford University Press, 2004, pp. 91-2; Frank E. Reynolds, "Ramayana, Rama Jataka, and Ramakien: A Comparative Study of Hindu and Buddhist Traditions". In: Paula Richman (Org.), *Many Ramayanas: The Diversity of a Narrative Tradition in South Asia.* Berkeley: University of California Press, 1991, pp. 50-66; Aswathi M. P., "The Cultural Trajectories of *Ramayana,* a Text Beyond the Grand Narrative". *Singularities,* v. 8, n. 1, pp. 28-32, 2021; A. K. Ramanujan, "Three Hundred Ramayanas: Five Examples and Three Thoughts on Translation". In: Paula Richman (Org.), *Many Ramayanas: The Diversity of a Narrative Tradition in South Asia.* Berkeley: University of California Press, 1991, pp. 22-49; James Fisher, "Education and Social Change in Nepal: An Anthropologist's Assessment". *Himalaya: The Journal of the Association for Nepal and Himalayan*, v. 10, n. 2, pp. 30-1, 1990.

10. "The Ramayan: Why Indians Are Turning to Nostalgic TV". *BBC*, 5 maio 2020. Disponível em: <bbc.com/culture/article/20200504-the-ramayan-why-indians-are-turning-to-nostalgic-tv>. Acesso em: 27 abr. 2024; "'Ramayan' Sets World Record, Becomes Most Viewed Entertainment Program Globally". *The Hindu*, 2 maio 2020; Soutik Biswas, "Ramayana: An 'Epic' Controversy". *BBC*, 19 out. 2011. Disponível em: <bbc.com/news/world-south-asia-15363181>. Acesso em: 27 abr. 2024; "'Ramayana' Beats 'Game of Thrones' to Become the World's Most Watched Show". *WION*, 15 fev. 2018. Disponível em: <wionews.com/entertainment/ramayana-beats-game-of-thrones-to-become-the-worlds-most-watched-show-296162>. Acesso em: 27 abr. 2024.

11. Kendall Haven, *Story Proof: The Science Behind the Startling Power of Story.* Westport: Libraries Unlimited, 2007, pp. vii, 122. Para um estudo mais recente, ver Brendan I. Cohn-Sheehy et al., "Narratives Bridge the Divide Between Distant Events in Episodic Memory" (*Memory and Cognition*, v. 50, pp. 478-94, 2022).

12. Frances A. Yates, *The Art of Memory.* Londres: Random House, 2011 [Ed. bras.: *A arte da memória*. Trad. de Flávia Bancher. Campinas: Ed. da Unicamp, 2013]; Joshua Foer, *Moonwalking with Einstein: The Art and Science of Remembering Everything.* Nova York: Penguin, 2011; Nils C. J. Müller et al., "Hippocampal-Caudate Nucleus Interactions Support Exceptional Memory Performance". *Brain Structure and Function*, v. 223, pp. 1379-89, 2018; Yvette Tan, "This Woman Only Needed a Week to Memorize All 328 Pages of Ikea's Catalogue". *Mashable*, 5 set. 2017. Disponível em: <mashable.com/artigo/yanjaa-wintersoul-ikea>. Acesso em: 27 abr. 2024; Jan-Paul Huttner, Ziwei Qian e Susanne Robra-Bissantz, "A Virtual Memory Palace and the User's Awareness of the Method of Loci". *European Conference on Information Systems*, maio 2019. Disponível em: <aisel.aisnet.org/ecis2019_rp/7>. Acesso em: 27 abr. 2024.

13. Ira Spar (Org.), *Cuneiform Texts in the Metropolitan Museum of Art,* v. 1: *Tablets, Cones, and Bricks of the Third and Second Millennia B.C.* Nova York: Museum, 1988, pp. 10-1; Cuneiform Digital Library Initiative, "CTMMA 1, 008 (P108692)", [s.d.]. Disponível em: <cdli.mpiwg-berlin.mpg.de/artifacts/108692>. Acesso em: 12 jan. 2024; Tonia Sharlach, "Princely Employments in the Reign of Shulgi". *Journal of Ancient Near Eastern History*, v. 9, n. 1, pp. 1-68, 2022.

14. Andrew D. Madden, Jared Bryson e Joe Palimi, "Information Behavior in Pre-literate Societies". In: Amanda Spink e Charles Cole (Orgs.), *New Directions in Human Information Behavior.* Dordrecht: Springer, 2006; Michael J. Trebilcock, "Communal Property Rights: The Papua New Guinean Experience". *University of Toronto Law Journal*, v. 34, n. 4, pp. 377-420, 1984; Richard B. Lee, "!Kung Spatial Organization: An Ecological and Historical Perspective". *Human*

Ecology, v. 1, n. 2, pp. 125-47, 1972; Warren O. Ault, "Open-Field Husbandry and the Village Community: A Study of Agrarian By-Laws in Medieval England". *Transactions of the American Philosophical Society*, v. 55, n. 7, pp. 1-102, 1965; Henry E. Smith, "Semicommon Property Rights and Scattering in the Open Fields". *Journal of Legal Studies*, v. 29, n. 1, pp. 131-69, 2000; Richard Posner, *The Economics of Justice*. Cambridge: Harvard University Press, 1981 [Ed. bras.: *A economia da justiça*. Trad. de Evandro Ferreira e Silva. São Paulo: WMF Martins Fontes, 2010].

15. Klaas R. Veenhof, "'Dying Tablets' and 'Hungry Silver': Elements of Figurative Language in Akkadian Commercial Terminology". In: M. Mindlin, M. J. Geller e J. E. Wansbrough (Orgs.), *Figurative Language in the Ancient Near East*. Londres: School of Oriental and African Studies, University of London, 1987, pp. 41-75; Cécile Michel, "Constitution, Contents, Filing, and Use of Private Archives: The Case of Old Assyrian Archives (Nineteenth Century BCE)". In: Alessandro Bausi et al. (Orgs.), *Manuscripts and Archives*. Berlim: De Gruyter, 2018, pp. 43-70.

16. Sophie Démare-Lafonte e Daniel E. Fleming (Orgs.), *Judicial Decisions in the Ancient Near East*. Atlanta: Society of Biblical Literature, 2023, pp. 108-10; D. Charpin, "Lettres et procès paléo-babyloniens". In: Francis Joannès (Org.), *Rendre la justice en Mésopotamie: Archives judiciaires du Proche-Orient ancien (IIIe-Ier millénaires avant J.-C.)*. Saint-Denis: Presses Universitaires de Vincennes, 2000, pp. 73-4; Antoine Jacquet, "Family Archives in Mesopotamia During the Old Babylonian Period". In: Michele Faraguna (Org.), *Archives and Archival Documents in Ancient Societies: Trieste 30 September-1 October 2011*. Trieste: Edizioni Università di Trieste, 2013, pp. 76-7; F. F. Kraus, *Altbabylonische Briefe in Umschrift und Übersetzung*. Leiden: R. J. Brill, 1986, v. 11, n. 55; Frans van Koppen e Denis Lacambre, "Sippar and the Frontier Between Ešnunna and Babylon: New Sources for the History of Ešnunna in the Old Babylonian Period". *Jaarbericht van het Vooraziatisch Egyptisch Genootschap Ex Oriente Lux*, v. 41, pp. 151-77, 2009.

17. Para exemplos da dificuldade de recuperar documentos no antigo Egito e Mesopotâmia, ver Geoffrey Yeo, *Record-Making and Record-Keeping in Early Societies* (Londres: Routledge, 2021), p. 132; Antoine Jacquet, "Family Archives in Mesopotamia During the Old Babylonian Period" (In: Michele Faraguna [Org.], *Archives and Archival Documents in Ancient Societies: Trieste 30 September-1 October 2011*. Trieste: Edizioni Università di Trieste, 2013), pp. 76-7.

18. Mu-ming Poo et al., "What Is Memory? The Present State of the Engram". *C Biology*, v. 14, n. 1, p. 40, 2016; C. Abraham Wickliffe, Owen D. Jones e David L. Glanzman, "Is Plasticity of Synapses the Mechanism of Long-Term Memory Storage?". *Npj Science of Learning*, v. 4, n. 1, p. 9, 2019; Bradley R. Postle, "How Does the Brain Keep Information 'in Mind'?". *Current Directions in Psychological Science*, v. 25, n. 3, pp. 151-6, 2016.

19. Ver verbete "Bureaucracy and the State" na *Britannica*: <britannica.com/topic/bureaucracy/Bureaucracy-and-the-state>.

20. Para estudos que realmente focam esse jogo, ver, por exemplo, Michele J. Gelfand et al., "The Relationship between Cultural Tightness-Looseness and Covid-19 Cases and Deaths: A Global Analysis" (*Lancet Planetary Health*, v. 5, n. 3, pp. 135-44, 2021); Julian W. Tang et al., "An Exploration of the Political, Social, Economic, and Cultural Factors Affecting How Different Global Regions Initially Reacted to the Covid-19 Pandemic" (*Interface Focus*, v. 12, n. 2, 2022).

21. Jason Roberts, *Every Living Thing: The Great and Deadly Race to Know All Life*. Nova York: Random House, 2024; Paul Lawrence Farber, *Finding Order in Nature*. Baltimore: Johns Hopkins University Press, 2000; James L. Larson, "The Species Concept of Linnaeus". *Isis*, v. 59,

n. 3, pp. 291-9, 1968; Peter Raven, Brent Berlin e Dennis Breedlove, "The Origins of Taxonomy". *Science*, v. 174, n. 4015, pp. 1210-3, 1971; Robert C. Stauffer, "'On the Origin of Species': An Unpublished Version". *Science*, v. 130, n. 3387, pp. 1449-52, 1959.

22. Ver verbete "*Homo erectus* — Ancestor, Evolution, Migration" na *Britannica*: <britannica.com/topic/Homo-erectus/Relationship-to-Homo-sapiens>.

23. Michael Dannemann e Janet Kelso, "The Contribution of Neanderthals to Phenotypic Variation in Modern Humans". *American Journal of Human Genetics*, v. 101, n. 4, pp. 578-89, 2017.

24. Ernst Mayr, "What Is a Species, and What Is Not?". *Philosophy of Science*, v. 63, n. 2, pp. 262-77, 1996.

25. Darren E. Irwin et al., "Speciation by Distance in a Ring Species". *Science*, v. 307, n. 5708, pp. 414-6, 2005; James Mallet, Nora Besansky e Matthew W. Hahn, "How Reticulated Are Species?". *BioEssays*, v. 38, n. 2, pp. 140-9, 2016; Simon H. Martin e Chris D. Jiggins, "Interpreting the Genomic Landscape of Introgression". *Current Opinion in Genetics and Development*, v. 47, pp. 69-74, 2017; Jenny Tung e Luis B. Barreiro, "The Contribution of Admixture to Primate Evolution". *Current Opinion in Genetics and Development*, v. 47, pp. 61-8, 2017.

26. James Mallet, "Hybridization, Ecological Races, and the Nature of Species: Empirical Evidence for the Ease of Speciation". *Philosophical Transactions of the Royal Society B: Biological Sciences*, v. 363, n. 1506, pp. 2971-86, 2008.

27. Brian Thomas, "Lions, Tigers, and Tigons". Institute for Creation Research (ICR), 12 set. 2012. Disponível em: <icr.org/artigo/7051/>. Acesso em: 27 abr. 2024.

28. Shannon M. Soucy, Jinling Huang e Johann Peter Gogarten, "Horizontal Gene Transfer: Building the Web of Life". *Nature Reviews Genetics*, v. 16, n. 8, pp. 472-82, 2015; Michael Hensel e Herbert Schmidt (Orgs.), *Horizontal Gene Transfer in the Evolution of Pathogenesis*. Cambridge: Cambridge University Press, 2008; James A. Raymond e Hak Jun Kim, "Possible Role of Horizontal Gene Transfer in the Colonization of Sea Ice by Algae". *PLOS ONE*, v. 7, n. 5, 2012; Katrin Bartke et al., "Evolution of Bacterial Interspecies Hybrids with Enlarged Chromosomes". *Genome Biology and Evolution*, v. 14, n. 10, 2022.

29. Eugene V. Koonin e Petro Starokadomskyy, "Are Viruses Alive? The Replicator Paradigm Sheds Decisive Light on an Old but Misguided Question". *Studies in History and Philosophy of Science Part C: Studies in History and Philosophy of Biological and Biomedical Sciences*, v. 59, pp. 125-34, 2016; Dominic D. P. Johnson, "What Viruses Want: Evolutionary Insights for the Covid-19 Pandemic and Lessons for the Next One". In: Philippe Bourbeau, Jean-Michel Marcoux e Brooke A. Ackerly (Orgs.), *A Multidisciplinary Approach to Pandemics*. Oxford: Oxford University Press, 2022, pp. 38-69; Deepak Sumbria et al., "Virus Infections and Host Metabolism: Can We Manage the Interactions?". *Frontiers in Immunology*, v. 11, 2020; Nigel Brown, "Are Viruses Alive?", Microbiology Society, 10 maio 2016. Disponível em: <microbiologysociety.org/publication/past-issues/what-is-life/article/are-viruses-alive-what-is-life.html>. Acesso em: 27 abr. 2024; Erica L. Sanchez e Michael Lagunoff, "Viral Activation of Cellular Metabolism". *Virology*, v. 479-80, pp. 609-18, maio 2015; National Human Genome Research Institute (NIH), "Virus", [s.d.]. Disponível em: <genome.gov/genetics-glossary/Virus>. Acesso em: 12 jan. 2024.

30. Ashworth E. Underwood, "The History of Cholera in Great Britain". *Proceedings of the*

Royal Society of Medicine, v. 41, n. 3, pp.165-73, 1948; Nottidge Charles Macnamara, *Asiatic Cholera: History Up to July 15, 1892, Causes and Treatment*. Londres: Macmillan, 1892.

31. John Snow, "Dr. Snow's Report". In: Cholera Inquiry Committee, *The Report on the Cholera Outbreak in the Parish of St. James, Westminster, During the Autumn of 1854*. Londres: J. Churchill, 1855, pp. 97-120; S.W. B. Newsom, "Pioneers in Infection Control: John Snow, Henry Whitehead, the Broad Street Pump, and the Beginnings of Geographical Epidemiology". *Journal of Hospital Infection*, v. 64, n. 3, pp. 210-6, 2006; Peter Vinten-Johansen et al., *Cholera, Chloroform, and the Science of Medicine: A Life of John Snow*. Oxford: Oxford University Press, 2003; Theodore H. Tulchinsky, "John Snow, Cholera, the Broad Street Pump; Waterborne Diseases Then and Now". *Case Studies in Public Health*, pp. 77-99, 2018.

32. Gov.UK, "Check If You Need a License to Abstract Water", 3 jul. 2023.

33. Mohnish Kedia, "Sanitation Policy in India: Designed to Fail?". *Policy Design and Practice*, v. 5, n. 3, pp. 307-2, 2022.

34. Ver, por exemplo, Andrew D. Madden, Jared Bryson e Joe Palimi, "Information Behavior in Pre-literate Societies" (In: Amanda Spink e Charles Cole [Orgs.], *New Directions in Human Information Behavior*. Dordrecht: Springer, 2006), pp. 33-53.

35. Catherine Salmon e Jessica Hehman, "The Evolutionary Psychology of Sibling Conflict and Siblicide". In: Todd K. Shackelford e Ronald D. Hansen (Orgs.), *The Evolution of Violence*. Nova York: Springer, 2014, pp. 137-57.

36. Ibid.; Laurence G. Frank, Stephen E. Glickman e Paul Licht, "Fatal Sibling Aggression, Precocial Development, and Androgens in Neonatal Spotted Hyenas". *Science*, v. 252, n. 5006, pp. 702-4, 1991; Frank J. Sulloway, "Birth Order, Sibling Competition, and Human Behavior". In: Harmon R. Holcomb (Org.), *Conceptual Challenges in Evolutionary Psychology: Innovative Research Strategies*. Dordrecht: Springer Netherlands, 2001, pp. 39-83; Heribert Hofer e Marion L. East, "Siblicide in Serengeti Spotted Hyenas: A Long-Term Study of Maternal Input and Cub Survival". *Behavioral Ecology and Sociobiology*, v. 62, n. 3, pp. 341-51, 2008.

37. R. Grant Gilmore Jr., Oliver Putz e Jon W. Dodrill, "Oophagy, Intrauterine Cannibalism, and Reproductive Strategy in Lamnoid Sharks". In: W. M. Hamlett (Org.), *Reproductive Biology and Phylogeny of Chondrichthyes*. Boca Raton: CRC Press, 2005, pp. 435-63; Demian D. Chapman et al., "The Behavioral and Genetic Mating System of the Sand Tiger Shark, *Carcharias taurus*, an Intrauterine Cannibal". *Biology Letters*, v. 9, n. 3, 2013.

38. Martin Kavaliers, Klaus-Peter Ossenkopp e Elena Choleris, "Pathogens, Odors, and Disgust in Rodents". *Neuroscience and Biobehavioral Reviews*, v. 119, pp. 281-93, 2020; Valerie A. Curtis, "Infection-Avoidance Behavior in Humans and Other Animals". *Trends in Immunology*, v. 35, n. 10, pp. 457-64, 2014.

39. Harvey Whitehouse, *Inheritance: The Evolutionary Origins of the Modern World*. Londres: Hutchinson, 2024, p. 56; Marvin Perry e Frederick M. Schweitzer (Orgs.), *Antisemitic Myths: A Historical and Contemporary Anthology*. Bloomington: Indiana University Press, 2008, pp. 6, 26; Roderick McGrew, "Bubonic Plague". In: Id. *Encyclopedia of Medical History*. Nova York: McGraw-Hill, 1985, p. 45; David Nirenberg, *Communities of Violence: Persecution of Minorities in the Middle Ages*. Princeton: Princeton University Press, 1996; Martina Baradel e Emanuele Costa, "Discrimination, Othering, and the Political Instrumentalizing of Pandemic Disease". *Journal of Interdisciplinary History of Ideas*, v. 18, n. 18, 2020; Alan M. Kraut, *Silent Travelers:*

Germs, Genes, and the "Immigrant Menace". Nova York: Basic Books, 1994; Samuel K. Cohn Jr., *Epidemics: Hate and Compassion from the Plague of Athens to AIDS*. Oxford: Oxford University Press, 2018.

40. Wayne R. Dynes (Org.), *Encyclopedia of Homosexuality*. v. 1. Nova York: Garland, 1990, p. 324.

41. John Bowker (Org.), *The Oxford Dictionary of World Religions*. Oxford: Oxford University Press, 1997, pp. 1041-4; Mary Douglas, *Pureza e perigo*. 2. ed. São Paulo: Perspectiva, 2010, cap. 9; Laura Kipnis, *Coisa de mulher: Sexo, sujeira, inveja e vulnerabilidade*. Rio de Janeiro: Record, 2009, cap. 3.

42. Robert M. Sapolsky, *Behave: The Biology of Humans at Our Best and Worst*. Nova York: Penguin Press, 2017, pp. 388-9, 560-5 [Ed. bras.: *Comporte-se: A biologia humana em nosso melhor e pior*. Trad. de Vanessa Barbara e Giovane Salimena. São Paulo: Companhia das Letras, 2021].

43. Vinod Kumar Mishra, "Caste and Religion Matters in Access to Housing, Drinking Water, and Toilets: Empirical Evidence from National Sample Surveys, India". *CASTE: A Global Journal on Social Exclusion*, v. 4, n. 1, pp. 24-45, 2023; Ananya Sharma, "Here's Why India Is Struggling to Be Truly Open Defecation Free". *Wire India*, 28 out. 2021. Disponível em: <thewire.in/government/heres-why-india-is-struggling-to-be-truly-open-defecation-free>. Acesso em: 27 abr. 2024.

44. Samyak Pandey, "Roshni, the Shivpuri Dalit Girl Killed for 'Open Defecation,' Wanted to Become a Doctor". *ThePrint*, 30 set. 2019. Disponível em: <theprint.in/india/roshni-the-shivpuri-dalit-girl-killed-for-open-defecation-wanted-to-become-a-doctor/298925/>. Acesso em: 27 abr. 2024.

45. Nick Perry, "Catch, Class, and Bureaucracy: The Meaning of Joseph Heller's *Catch 22*". *Sociological Review*, v. 32, n. 4, pp. 719-41, 1984.

46. Ludovico Ariosto, *Orlando furioso*, canto 14, linhas 83-4.

47. William Shakespeare, *Henrique VI, Part 2*, em *First Folio* (Londres, 1623), ato 4, cena 2.

48. Juliet Barker, *1381: The Year of the Peasants' Revolt*. Cambridge: Belknap Press of Harvard University Press, 2014; W. M. Ormrod, "The Peasants' Revolt and the Government of England". *Journal of British Studies*, v. 29, n. 1, pp. 1-30, 1990; Jonathan Burgess, *The Learning of the Clerks: Writing and Authority During the Peasants' Revolt of 1381*. Quebec: McGill University, 2022. Dissertação (Mestrado em Artes).

49. Flávio Josefo, *Guerras judaicas*, 2:427.

50. Rodolphe Reuss, *Le Sac de l'Hôtel de Ville de Strasbourg (juillet 1789), épisode de l'histoire de la Révolution en Alsace*. Paris, 1915.

51. Jean Ancel, *The History of the Holocaust: Romania*. Jerusalém: Yad Vashem, 2003, pp. 1-63.

52. O destino dos judeus romenos durante o Holocausto foi determinado por diversos fatores, mas, por várias razões complexas, houve uma íntima correlação entre os que perderam a cidadania em 1938 e os que foram assassinados mais tarde. Ver Yad Vashem, "Murder of the Jews of Romania", 2024 (Disponível em: <yadvashem.org/holocaust/about/final-solution-beginning/romania.html#narrative_info>. Acesso em: 27 abr. 2024); Christopher J. Kshyk, "The Holocaust in Romania: The Extermination and Protection of the Jews Under Antonescu's Regime" (*Inquiries Journal*, v. 6, n. 12, 2014. Disponível em: <inquiriesjournal.com/a?id=947>. Acesso em: 27 abr. 2024).

4. ERROS: A FANTASIA DA INFALIBILIDADE [pp. 92-135]

1. "Humanum fuit errare, diabolicum est per animositatem in errore manere." Ver Armand Benjamin Caillau (Org.), *Sermones de scripturis*, in: *Sancti Aurelii Augustini Opera* (Paris: Parent-Desbarres, 1838), p. 4:412.

2. Ivan Mehta, "Elon Musk Wants to Develop TruthGPT, 'a Maximum Truth-Seeking AI'". *Tech Crunch*, 18 abr. 2023. Disponível em: <techcrunch.com/2023/04/18/elon-musk-wants-to-develop-truthgpt-a-maximum-truth-seeking-ai/>. Acesso em: 27 abr. 2024.

3. Harvey Whitehouse, "A Cyclical Model of Structural Transformation among the Mali Baining". *The Cambridge Journal of Anthropology*, v. 14, n. 3, pp. 34-53, 1990; id., "From Possession to Apotheosis: Transformation and Disguise in the Leadership of a Cargo Movement". In: Richard Feinberg e Karen Ann Watson-Gageo (Orgs.), *Leadership and Change in the Western Pacific*. Londres: Athlone Press, 1996, pp. 376-95; id., *Inheritance: The Evolutionary Origins of the Modern World*. Londres: Hutchinson, 2024, pp. 149-51.

4. Id., *Inheritance: The Evolutionary Origins of the Modern World*. Londres: Hutchinson, 2024, p. 45.

5. Robert Bellah, *Religion in Human Evolution: From the Paleolithic to the Axial Age*. Cambridge: Belknap Press of Harvard University Press, 2011, p. 181.

6. Ibid., caps. 4-9.

7. Heródoto, *História*, livro 5, 63; Mogens Herman Hansen, "Democracy, Athenian". In: Simon Hornblower e Antony Spawforth (Orgs.), *The Oxford Classical Dictionary*. Oxford: Oxford University Press, 2005.

8. John Collins, *The Dead Sea Scrolls: A Biography*. Princeton: Princeton University Press, 2013, pp. vii, 185.

9. Jodi Magness, *The Archeology of Qumran and the Dead Sea Scrolls*. 2. ed. Grand Rapids: Eerdmans, 2021, cap. 3.

10. Sidnie White Crawford, "Genesis in the Dead Sea Scrolls". In: Craig A. Evans, Joel N. Lohr e David L. Petersen (Orgs.), *The Book of Genesis*. Boston: Brill, 2012, pp. 353-73; James C. VanderKam, "Texts, Titles, and Translations". In: Stephen B. Chapman e Marvin A. Sweeney (Orgs.), *The Cambridge Companion to the Hebrew Bible/Old Testament*. Cambridge: Cambridge University Press, 2016, pp. 9-27.

11. Ver os resultados da busca por "Enoch" na base de dados dos Manuscritos do Mar Morto: <deadseascrolls.org.il/explore-the-archive/search#q="Enoch">.

12. Ver John Collins, *The Dead Sea Scrolls: A Biography*. Princeton: Princeton University Press, 2013.

13. Daniel Assefa, "The Biblical Canon of the Ethiopian Orthodox Tawahedo Church". In: Eugen J. Pentiuc (Org.), *The Oxford Handbook of the Bible in Orthodox Christianity*. Nova York: Oxford University Press, 2022, pp. 211-26; David Kessler, *The Falashas: A Short History of the Ethiopian Jews*. 3. ed. Nova York: Frank Cass, 1996, p. 67.

14. Emanuel Tov, *Textual Criticism of the Hebrew Bible*. Minneapolis: Fortress Press, 2001, p. 269 [Ed. bras.: *Crítica textual da Bíblia hebraica*. Trad. de Edson de Faria Francisco. Niterói: BV Acadêmico, 2017]; Sven Fockner, "Reopening the Discussion: Another Contextual Look at

the Sons of God". *Journal for the Study of the Old Testament*, v. 32, n. 4, pp. 435-56, 2008; Michael S. Heiser, "Deuteronomy 32:8 and the Sons of God". *Bibliotheca Sacra*, v. 158, pp. 71-2, 2001.

15. Martin G. Abegg Jr., Peter Flint e Eugene Ulrich, *The Dead Sea Scrolls Bible: The Oldest Known Bible Translated for the First Time into English.* San Francisco: Harper, 1999, p. 159; The Jewish Publication Society of America, *The Holy Scriptures According to the Masoretic Text.* Filadélfia, 1917. Disponível em: <jps.org/wp-content/uploads/2015/10/Tanakh1917.pdf>. Acesso em: 27 abr. 2024.

16. Martin G. Abegg, Peter Flint e Eugene Ulrich, *The Dead Sea Scrolls Bible: The Oldest Known Bible Translated for the First Time into English.* San Francisco: Harper, 1999, p. 506; Peter W. Flint, "Unrolling the Dead Sea Psalms Scrolls". In: William P. Brown (Org.), *The Oxford Handbook of the Psalms.* Oxford: Oxford University Press, 2014, p. 243.

17. Timothy Michael Law, *When God Spoke Greek: The Septuagint and the Making of the Christian Bible.* Oxford: Oxford University Press, 2013, p. 49.

18. Ibid., 62; Albert Pietersma e Benjamin G. Wright (Orgs.), *A New English Translation of the Septuagint* (Oxford: Oxford University Press, 2007), vii; William P. Brown. "The Psalms: An Overview". In: Id. *Oxford Handbook of the Psalms.* Oxford: Oxford University Press, 2014, p. 3.

19. Law, *When God Spoke Greek*, pp. 63, 72.

20. Karen H. Jobes e Moisés Silva, *Invitation to the Septuagint.* Grand Rapids: Baker Academic, 2015, pp. 161-2 [Ed. bras.: *Convite à Septuaginta*. São Paulo: Vida Nova, 2024].

21. Michael Heiser, "Deuteronomy 32:8 and the Sons of God". *LBTS Faculty Publications and Presentations*, p. 279, 2001. Ver também Alexandria Frisch, *The Danielic Discourse on Empire in Second Temple Literature* (Boston: Brill, 2016), p. 140; "Deuteronomion". In: Albert Pietersma e Benjamin G. Wright (Orgs.), *New English Translation of the Septuagint.* Oxford: Oxford University Press, 2007. Disponível em: <ccat.sas.upenn.edu/nets/edition/05-deut-nets.pdf>. Acesso em: 27 abr. 2024.

22. Chanoch Albeck (Org.), *Mishnah: Six Orders.* Jerusalém: Bialik, 1955-9.

23. Maxine Grossman, "Lost Books of the Bible". In: Adele Berlin (Org.), *The Oxford Dictionary of the Jewish Religion*. 2. ed. Oxford: Oxford University Press, 2011; Geoffrey Khan, *A Short Introduction to the Tiberian Masoretic Bible and Its Reading Tradition.* Piscataway: Gorgias Press, 2013.

24. Bart D. Ehrman, *Forged: Writing in the Name of God: Why the Bible's Authors Are Not Who We Think They Are.* New York: HarperOne, 2011, p. 300; Annette Y. Reed. "Pseudepigraphy, Authorship, and the Reception of 'the Bible' in Late Antiquity," In: Lorenzo DiTommaso and Lucian Turcescu (Orgs.), *The Reception and Interpretation of the Bible in Late Antiquity: Proceedings of the Montréal Colloquium in Honor of Charles Kannengiesser*. Leiden: Brill, 2008, pp. 467-90; Stephen Greenblatt, *The Rise and Fall of Adam and Eve*. Nova York: W. W. Norton, 2017, p. 68; Dale C. Allison Jr., *Testament of Abraham*. Berlim: Walter De Gruyter, 2013, p. vii.

25. Maxine Grossman, "Lost Books of the Bible". In: Adele Berlin (Org.), *The Oxford Dictionary of the Jewish Religion*. 2. ed. Oxford: Oxford University Press, 2011.

26. Ver, por exemplo, Tzvi Freeman, "How Did the Torah Exist Before It Happened?" (Chabad.org, [s.d.]. Disponível em: <chabad.org/library/artigo_cdo/aid/110124/jewish/How-Did-the-Torah-Exist-Before-it-Happened.htm>. Acesso em: 27 abr. 2024).

27. Seth Schwartz, *Imperialism and Jewish Society, 200 B.C.E. to 640 C.E.* Princeton:

Princeton University Press, 2001; Gottfried Reeg e Dagmar Börner-Klein, “Synagogue”. In: Hans Dieter Betz et al., *Religion Past and Present.* Leiden: Brill, 2006-12; Kimmy Caplan, “Bet Midrash”. In: Hans Dieter Betz et al., *Religion Past and Present.* Leiden: Brill, 2006-12.

28. “Tractate Soferim”. In: *The William Davidson Talmud.* Jerusalém: Koren, 2017. Disponível em: <sefaria.org/Tractate_Soferim?tab=contents>. Acesso em: 27 abr. 2024.

29. “Tractate Eiruvin”. In: *Babylonian Talmud*, cap. 13a. Disponível em: <halakhah.com/pdf/moed/Eiruvin.pdf>. Acesso em: 27 abr. 2024.

30. B. Barry Levy, *Fixing God’s Torah: The Accuracy of the Hebrew Bible Text in Jewish Law.* Oxford: Oxford University Press, 2001; Alfred J. Kolatch, *This Is the Torah.* Nova York: Jonathan David, 1988; “Tractate Soferim”. In: *The William Davidson Talmud.* Jerusalém: Koren, 2017. Disponível em: <sefaria.org/Tractate_Soferim?tab=contents>. Acesso em: 27 abr. 2024.

31. Raphael Patai, *The Children of Noah: Jewish Seafaring in Ancient Times.* Princeton: Princeton University Press, 1998.

32. Shaye Cohen, Robert Goldenberg e Hayim Lapin (Orgs.), *The Oxford Annotated Mishnah.* Oxford: Oxford University Press, 2022, p. 1.

33. Mayer I. Gruber, “The Mishnah as Oral Torah: A Reconsideration”. *Journal for the Study of Judaism in the Persian, Hellenistic, and Roman Period*, v. 15, pp. 112-22, 1984.

34. Adin Steinsaltz, *The Essential Talmud.* Nova York: Basic Books, 2006, p. 3.

35. Ibid.

36. Elizabeth A. Harris, “For Jewish Sabbath, Elevators Do All the Work”. *The New York Times*, 5 mar. 2012. Disponível em: <nytimes.com/2012/03/06/nyregion/on-jewish-sabbath-elevators-that-do-all-the-work.html>. Acesso em: 27 abr. 2024.

37. Jon Clarine, “Digitalization Is Revolutionizing Elevator Services”. *TKE blog*, 12 dez. 2020. Disponível em: <blog.tkelevator.com/digitalization-is-revolutionizing-elevator-services-jon-clarine-shares-how-and-why/>. Acesso em: 27 abr. 2024.

38. “Tractate Megillah”. In: *Babylonian Talmud*, cap. 16b; “Rashi on Genesis 45:14”. In: *Pentateuch with Targum Onkelos, Haphtaroth, and Prayers for Sabbath and Rashi’s Commentary*”, org. e trad. de M. Rosenbaum e A. M. Silbermann em colaboração com A. Blashki e L. Joseph (Londres: Shapiro, Vallentine, 1933). Disponível em: <sefaria.org/Rashi_on_Genesis.45.14?lang-bi&with=Talmud&lang2=en>. Acesso em: 15 mai 2024.

39. Para a origem talmúdica dessas crenças, ver “Tractate Shabbat”, *Babylonian Talmud Gemara*, cap. 119b. Para variações atuais sobre esse tema, ver, por exemplo, midrasha.biu.ac.il/node/2192.

40. Bart D. Ehrman, *Lost Christianities: The Battles for Scripture and the Faiths We Never Knew.* Oxford: Oxford University Press, 2003; Frederik Bird, “Early Christianity as an Unorganized Ecumenical Religious Movement”. In: Anthony J. Blasi, Jean Duhaime e Paul-André Turcotte (Orgs.), *Handbook of Early Christianity: Social Science Approaches.* Walnut Creek: AltaMira Press, 2002, pp. 225-46.

41. Konrad Schmid, “Immanuel”. In: Hans Dieter Betz et al., *Religion Past and Present.* Leiden: Brill, 2006-12.

42. Bart D. Ehrman, *Lost Christianities*, xiv; Sarah Parkhouse, “Identity, Death, and Ascension in the First Apocalypse of James and the Gospel of John”. *Harvard Theological Review* 114, n. 1, 2021, pp. 51-71; Gregory T. Armstrong, “Abraham”, Encyclopedia of Early Christianity, org.

Everett Ferguson (Nova York: Routledge, 1999), pp. 7-8; John J. Collins, "Apocalyptic Literature", in ibid., pp. 73-4.

43. Ehrman, *Lost Christianities*, pp. xi-xii.

44. Ibid. xii; J. K. Elliott (Org.), *The Apocryphal New Testament: A Collection of Apocryphal Christian Literature in an English Translation*. Oxford: Oxford University Press, 1993, pp. 231-302.

45. Bart D. Ehrman, *Lost Christianities: The Battles for Scripture and the Faiths We Never Knew*. Oxford: Oxford University Press, 2003, pp. 543-6; Andrew Louth (Org.), *Early Christian Writings: The Apostolic Fathers*. Nova York: Penguin Classics, 1987.

46. Atanásio de Alexandria, *The Festal Epistles of St. Athanasius, Bishop of Alexandria*. Londres: John Henry Parker, 1854, pp. 137-9.

47. Bart D. Ehrman, *Lost Christianities: The Battles for Scripture and the Faiths We Never Knew*. Oxford: Oxford University Press, 2003, p. 231.

48. Daria Pezzoli-Olgiati et al., "Canon". In: Hans Dieter Betz et al., *Religion Past and Present*. Leiden: Brill, 2006-12; David Salter Williams, "Reconsidering Marcion's Gospel". *Journal of Biblical Literature*, v. 108, n. 3, pp. 477-96, 1989.

49. Ashish J. Naidu, *Transformed in Christ: Christology and the Christian Life in John Chrysostom*. Eugene: Pickwick Publications, 2012, p. 77.

50. Bruce M. Metzger, *The Canon of the New Testament: Its Origin, Development, and Significance*. Oxford: Clarendon Press, 1987, pp. 219-20.

51. Metzger, *The Canon of the New Testament*, pp. 176, 223-4; Christopher Sheklian, "Venerating the Saints, Remembering the City: Armenian Memorial Practices and Community Formation in Contemporary Istanbul". In: Alexander Agadjanian (Org.), *Armenian Christianity Today: Identity Politics and Popular Practice*. Surrey, Reino Unido: Ashgate, 2014, p. 157; Bart Ehrman, *Forgery and Counter-forgery: The Use of Literary Deceit in Early Christian Polemics*. Oxford: Oxford University Press, 2013, p. 32. Ver ainda Ehrman, *Lost Christianities*, pp. 210-1.

52. Bart D. Ehrman, *Lost Christianities: The Battles for Scripture and the Faiths We Never Knew*. Oxford: Oxford University Press, 2003, p. 231.

53. Ibid., pp. 236-8.

54. Ibid., p. 38; id., *Forgery and Counter-forgery: The Use of Literary Deceit in Early Christian Polemics*. Oxford: Oxford University Press, 2013, p. 203; Raymond F. Collins, "Pastoral Epistles". In: Hans Dieter Betz et al., *Religion Past and Present*. Leiden: Brill, 2006-12.

55. Ariel Sabar, "The Inside Story of a Controversial New Text about Jesus". *Smithsonian Magazine*, 17 set. 2012. Disponível em: <smithsonianmag.com/history/the-inside-story-of-a controversial-new-text-about-jesus-41078791/>. Acesso em: 27 abr. 2024.

56. Dennis MacDonald, *The Legend of the Apostle: The Battle for Paul in Story and Canon*. Filadélfia: Westminster Press, 1983, p. 17; Stephen J. Davis, *The Cult of Saint Thecla: A Tradition of Women's Piety in Late Antiquity*. Oxford: Oxford University Press, 2001, p. 6.

57. Stephen J. Davis, *The Cult of Saint Thecla: A Tradition of Women's Piety in Late Antiquity*. Oxford: Oxford University Press, 2001.

58. Knut Willem Ruyter, "Pacifism and Military Service in the Early Church". *CrossCurrents*, v. 32, n. 1, pp. 54-70, 1982; Harold S. Bender, "The Pacifism of the Sixteenth Century Anabaptists". *Church History*, v. 24, n. 2, pp. 119-31, 1955.

59. Michael J. Lewis, *City of Refuge: Separatists and Utopian Town Planning*. Princeton: Princeton University Press, 2016, p. 97.

60. Irene Bueno, "False Prophets and Ravening Wolves: Biblical Exegesis as a Tool against Heretics in Jacques Fournier's Postilla on Matthew". *Speculum*, v. 89, n. 1, pp. 35-65, 2014.

61. Peter K. Yu, "Of Monks, Medieval Scribes, and Middlemen". *Michigan State Law Review*, v. 2006, n. 1, p. 7, 2006.

62. Marc Drogin, *Anathema! Medieval Scribes and the History of Book Curses*. Totowa: Allanheld, Osmun, 1983, p. 37.

63. Nicholas Watson, "Censorship and Cultural Change in Late-Medieval England: Vernacular Theology, the Oxford Translation Debate, and Arundel's Constitutions of 1409". *Speculum*, v. 70, n. 4, p. 827, 1995.

64. David B. Barrett, George Thomas Kurian e Todd M. Johnson, *World Christian Encyclopedia: A Comparative Survey of Churches and Religions in the Modern World*. Oxford: Oxford University Press, 2001, p. 12.

65. Eltjo Buringh e Jan Luiten van Zanden, "Charting the 'Rise of the West': Manuscripts and Printed Books in Europe, a Long-Term Perspective from the Sixth Through Eighteenth Centuries". *Journal of Economic History*, v. 69, pp. 409-45, 2009.

66. Na discussão subsequente sobre a caça às bruxas na Europa, baseei-me primariamente em Ronald Hutton, *The Witch: A History of Fear, from Ancient Times to the Present* (New Haven: Yale University Press, 2017).

67. Ronald Hutton, *The Witch: A History of Fear, from Ancient Times to the Present*. New Haven: Yale University Press, 2017.

68. Ibid. O *Canon Episcopi*, composto no começo do século X (ou talvez no final do século IX), se tornou parte do direito canônico. Ele afirmava que Satã engana as pessoas e as leva a acreditarem nas mais variadas ocorrências fantásticas — por exemplo, que podem voar no céu — e que acreditar que tais ocorrências são reais é pecado. É o exato oposto da posição adotada pelos caçadores de bruxas do começo da era moderna, que insistiam em que essas coisas realmente aconteciam e é pecado duvidar da existência delas. Ver também Julian Goodare, "Witches' Flight in Scottish Demonology" (In: Julian Goodare, Rita Voltmer e Liv Helene Willumsen [Orgs.], *Demonology and Witch-Hunting in Early Modern Europe*. Londres: Routledge, 2020), pp. 147-67.

69. Ronald Hutton, *The Witch: A History of Fear, from Ancient Times to the Present*. New Haven: Yale University Press, 2017; Richard Kieckhefer, "The First Wave of Trials for Diabolical Witchcraft". In: Brian P. Levack (Org.), *The Oxford Handbook of Witchcraft in Early Modern Europe and Colonial America*. Oxford: Oxford University Press, 2013, pp. 158-78; Fabrizio Conti, "Notes on the Nature of Beliefs in Witchcraft: Folklore and Classical Culture in Fifteenth Century Mendicant Traditions". *Religions*, v. 10, n. 10, p. 576, 2019; Chantal Ammann-Doubliez, "La Première chasse aux sorciers en Valais (1428-1436?)". In: Martine Ostorero et al. (Orgs.), *L'Imaginaire du sabbat: Édition critique des textes les plus anciens (1430 c.-1440 c.)*. Lausanne: Université de Lausanne, Section d'Histoire, Faculté des Lettres, 1999, pp. 63-98; Nachman Ben-Yehuda, "The European Witch Craze: Still a Sociologist's Perspective". *American Journal of Sociology*, v. 88, n. 6, pp. 1275-9, 1983; Hans Peter Broedel, "Fifteenth-Century Witch Beliefs". In:

Brian P. Levack (Org.), *The Oxford Handbook of Witchcraft in Early Modern Europe and Colonial America.* Oxford: Oxford University Press, 2013.

70. Hans Broedel, *The "Malleus Maleficarum" and the Construction of Witchcraft: Theology and Popular Belief.* Manchester: Manchester University Press, 2003; Martine Ostorero, "Un Lecteur attentif du *Speculum historiale* de Vincent de Beauvais au xve siècle: L'Inquisiteur bourguignon Nicolas Jacquier et la réalité des apparitions démoniaques". *Spicae: Cahiers de l'Atelier Vincent de Beauvais*, v. 3, 2013.

71. Esta e a discussão subsequente de Kramer e seus textos se baseiam primariamente em Hans Broedel, *The "Malleus Maleficarum" and the Construction of Witchcraft: Theology and Popular Belief* (Manchester: Manchester University Press, 2003). Ver também Tamar Herzig, "The Bestselling Demonologist: Heinrich Institoris's *Malleus Maleficarum*" (In: Jan Machielsen [Org.], *The Science of Demons: Early Modern Authors Facing Witchcraft and the Devil.* Nova York: Routledge, 2020), pp. 53-67.

72. Hans Broedel, *The "Malleus Maleficarum" and the Construction of Witchcraft: Theology and Popular Belief.* Manchester: Manchester University Press, 2003, p. 178.

73. Jakob Sprenger, *Malleus Maleficarum.* Trad. de Montague Summers. Londres: J. Rodker, 1928, p. 121 [Ed. bras.: *O martelo das feiticeiras.* Trad. de Paulo Fróes. Rio de Janeiro: Rosa dos Tempos, 1991].

74. Tamar Herzig, "Witches, Saints, and Heretics: Heinrich Kramer's Ties with Italian Women Mystics". *Magic, Ritual, and Witchcraft*, v. 1, n. 1, p. 26, 2006; André Schnyder, *"Malleus maleficarum" von Heinrich Institoris (alias Kramer) unter Mithilfe Jakob Sprengers aufgrund der dämonologischen Tradition zusammengestellt: Kommentar zur Wiedergabe des Erstdrucks von 1487 (Hain 9238)*. Göppingen: Kümmerle, 1993, p. 62.

75. Hans Broedel, *The "Malleus Maleficarum" and the Construction of Witchcraft: Theology and Popular Belief.* Manchester: Manchester University Press, 2003, pp. 7-8.

76. Sobre o vínculo entre a revolução do prelo e a onda de caça às bruxas na Europa, ver Charles Zika, *The Appearance of Witchcraft: Print and Visual Culture in Sixteenth-Century Europe* (Londres: Routledge, 2007); Robert Walinski-Kiehl, "Pamphlets, Propaganda, and Witch--Hunting in Germany, *c.* 1560-*c.* 1630". *Reformation*, v. 6, n. 1, pp. 49-74, 2002; Alison Rowlands, *Witchcraft Narratives in Germany: Rothenburg, 1561-1652.* Manchester: Manchester University Press, 2003; Walter Stephens, *Demon Lovers: Witchcraft, Sex, and the Crisis of Belief.* Chicago: University of Chicago Press, 2002; Brian P. Levack, *The Witch-Hunt in Early Modern Europe.* Londres: Longman, 1987 [Ed. bras.: *A caça às bruxas na Europa moderna.* Rio de Janeiro: Campus, 1988]. Para um estudo que diminui a importância do vínculo entre o prelo e a caça às bruxas, ver Stuart Clark, *Thinking with Demons: The Idea of Witchcraft in Early Modern Europe* (Oxford: Clarendon Press, 1997) [Ed. bras.: *Pensando com demônios: A ideia de bruxaria no princípio da Europa moderna.* Trad. de Celso Mauro Paciornik. São Paulo: Edusp, 2020].

77. Brian P. Levack, "Introduction". In: Id. *The Oxford Handbook of Witchcraft in Early Modern Europe and Colonial America.* Oxford: Oxford University Press, 2013, p. 1-10n13; Henry Boguet, *An Examen of Witches Drawn from Various Trials of Many of This Sect in the District of Saint Oyan de Joux, Commonly Known as Saint Claude, in the County of Burgundy, Including the Procedure Necessary to a Judge in Trials for Witchcraft.* Trad. de Montague Summers e E. Allen Ashwin. Londres: J. Rodker, 1929, p. xxxii.

78. James Sharpe, *Witchcraft in Early Modern England*. 2. ed. Nova York: Routledge, 2019, p. 5.

79. Robert S. Walinski-Kiehl, "The Devil's Children: Child Witch-Trials in Early Modern Germany". *Continuity and Change*, v. 11, n. 2, pp. 171-89, 1996; William Monter, "Witchcraft in Iberia". In: Brian P. Levack (Org.), *The Oxford Handbook of Witchcraft in Early Modern Europe and Colonial America*. Oxford: Oxford University Press, 2013, pp. 268-82.

80. Jakob Sprenger, *Malleus Maleficarum*. Trad. de Montague Summers. Londres: J. Rodker, 1928, pp. 223-4.

81. Michael Kunze, *Highroad to the Stake: A Tale of Witchcraft*. Chicago: University of Chicago Press, 1989, p. 87.

82. Para todos os detalhes do caso, ver ibid. Sobre a execução, ver também Robert E. Butts, "De Praestigiis Daemonum: Early Modern Witchcraft: Some Philosophical Reflections" (In: Graham Solomon [Org.], *Witches, Scientists, Philosophers: Essays and Lectures*. Dordrecht: Springer Netherlands, 2000), pp. 14-5.

83. Gareth Medway, *Lure of the Sinister: The Unnatural History of Satanism*. Nova York: New York University Press, 2001; Hans Broedel, *The "Malleus Maleficarum" and the Construction of Witchcraft: Theology and Popular Belief*. Manchester: Manchester University Press, 2003; David Pickering, *Cassell's Dictionary of Witchcraft*. Londres: Cassell, 2003.

84. Gary K. Waite, "Sixteenth-Century Religious Reform and the Witch-Hunts". In: Brian P. Levack (Org.), *The Oxford Handbook of Witchcraft in Early Modern Europe and Colonial America*. Oxford: Oxford University Press, 2013, p. 499.

85. Mark Häberlein e Johannes Staudenmaier, "Bamberg". In: Wolfgang Adam e Siegrid Westphal (Orgs.), *Handbuch kultureller Zentren der Frühen Neuzeit: Städte und Residenzen im alten deutschen Sprachraum*. Berlim: De Gruyter, 2013, p. 57.

86. Birke Griesshammer, *Angeklagt — gemartet — verbrannt: Die Opfer der Hexenverfolgung in Franken*. Erfurt: Sutton, 2013, p. 43.

87. Wolfgang Behringer, *Witches and Witch-Hunts: A Global History*. Cambridge: Polity Press, 2004, p. 150; Birke Griesshammer, *Angeklagt — gemartet — verbrannt: Die Opfer der Hexenverfolgung in Franken*. Erfurt: Sutton, 2013, p. 43; Arnold Scheuerbrandt, *Südwestdeutsche Stadttypen und Städtegruppen bis zum frühen 19. Jahrhundert: Ein Beitrag zur Kulturlandschaftsgeschichte und zur kulturräumlichen Gliederung des nördlichen Baden-Württemberg und seiner Nachbargebiete*. Heidelberg: Selbstverlag des Geographischen Instituts der Universität, 1972, p. 383.

88. Robert Rapley, *Witch Hunts: From Salem to Guantanamo Bay*. Montreal: McGill-Queen's University Press, 2007, pp. 22-3.

89. Gustav Henningsen, *The Witches' Advocate: Basque Witchcraft and the Spanish Inquisition, 1609-1614*. Reno: University of Nevada Press, 1980, pp. 304, ix.

90. Arthur Koestler, *The Sleepwalkers: A History of Man's Changing Vision of the Universe*. Londres: Penguin Books, 2014, p. 168 [Ed. bras.: *Os sonâmbulos: História das concepções do homem sobre o universo*. Trad. de Alberto Denis. São Paulo: Ibrasa, 1961].

91. Yuval Noah Harari, *Sapiens: Uma breve história da humanidade*. Trad. de Jório Dauster. São Paulo: Companhia das Letras, 2020, cap. 14.

92. Ver, por exemplo, Dan Ariely, *Misbelief: What Makes Rational People Believe Irrational Things* (Nova York: Harper, 2023), p. 145 [Ed. bras.: *Desinformação: O que faz as pessoas racio-*

nais acreditarem em fake news, teorias da conspiração e outras coisas irracionais. Trad. de Carolina Simmer. Rio de Janeiro: Sextante, 2024].

93. Rebecca J. St. George e Richard C. Fitzpatrick, "The Sense of Self-Motion, Orientation, and Balance Explored by Vestibular Stimulation". *Journal of Physiology*, v. 589, n. 4, pp. 807-13, 2011; Jarett Casale et al., "Physiology, Vestibular System". In: *StatPearls*. Treasure Island: StatPearls Publishing, 2023.

94. Younghoon Kwon et al., "Blood Pressure Monitoring in Sleep: Time to Wake Up". *Blood Pressure Monitoring*, v. 25, n. 2, pp. 61-8, 2020; Darae Kim e Jong-Won Ha, "Hypertensive Response to Exercise: Mechanisms and Clinical Implication". *Clinical Hypertension*, v. 22, n. 1, p. 17, 2016.

95. Gianfranco Parati et al., "Blood Pressure Variability: Its Relevance for Cardiovascular Homeostasis and Cardiovascular Diseases". *Hypertension Research*, v. 43, n. 7, pp. 609-20, 2020.

96. "Unitatis redintegratio" [Decreto sobre o Ecumenismo], Segundo Concílio Vaticano, 21 nov. 1964. Disponível em: <vatican.va/archive/hist_councils/ii_vatican_council/documents/vat-ii_decree_19641121_unitatis-redintegratio_en.html>. Acesso em: 27 abr. 2024.

97. Rabino Moses ben Nahman (*c.*1194-1270), Comentário sobre Deut. 17,11.

98. Ṣaḥīḥ al-Tirmidhī, 2167; Mairaj Syed, "Ijmāʿ". In: Anver M. Emon e Rumee Ahmed (Orgs.), *The Oxford Handbook of Islamic Law*. Oxford: Oxford University Press, 2018, pp. 271--98; Iysa A. Bello, "The Development of Ijmāʿ in Islamic Jurisprudence During the Classical Period". In: *The Medieval Islamic Controversy Between Philosophy and Orthodoxy: Ijmāʿ and Ta'Wīl in the Conflict Between al-Ghazālī and Ibn Rushd*. Leiden: Brill, 1989, pp. 17-28.

99. "Pastor aeternus", Primeiro Concílio Vaticano, 18 jul. 1870. Disponível em: <vatican.va/content/pius-ix/en/documents/constitutio-dogmatica-pastor-aeternus-18-iulii-1870.html>. Acesso em: 27 abr. 2024; Rebecca Rist, "The Pope Is Never Wrong: A History of Papal Infallibility in the Catholic Church". University of Reading, 10 jan. 2019. Disponível em: <research.reading.ac.uk/research-blog/pope-never-wrong-history-papal-infallibility-catholic-church/>. Acesso em: 27 abr. 2024; Hermann J. Pottmeyer, "Infallibility". In: Erwin Fahlbusch et al. (Orgs.), *The Encyclopedia of Christianity Online*. Leiden: Brill, 2011.

100. Rory Carroll, "Pope Says Sorry for Sins of Church". *The Guardian*, 13 mar. 2000. Disponível em: <theguardian.com/world/2000/mar/13/catholicism.religion>. Acesso em: 27 abr. 2024.

101. Leyland Cecco, "Pope Francis 'Begs Forgiveness' over Abuse at Church Schools in Canada". *The Guardian*, 26 jul. 2022. Disponível em: <theguardian.com/world/2022/jul/25/pope-francis-apologises-for-abuse-at-church-schools-on-visit-to-canada>. Acesso em: 27 abr. 2024.

102. Sobre o sexismo eclesiástico institucional, ver April D. DeConick, *Holy Misogyny: Why the Sex and Gender Conflicts in the Early Church Still Matter* (Nova York: Continuum, 2011); Jack Holland, *A Brief History of Misogyny: The World's Oldest Prejudice* (Londres: Robinson, 2006), caps. 3, 4 e 8; Elisabeth Schüssler Fiorenza, *In Memory of Her: A Feminist Theological Reconstruction of Christian Origins* (Nova York: Crossroad, 1994). Sobre o antissemitismo, ver Robert Michael, *Holy Hatred: Christianity, Antisemitism, and the Holocaust* (Nova York: Palgrave Macmillan, 2006), pp. 17-9; id., *A History of Catholic Antisemitism: The Dark Side of the Church* (Nova York: Palgrave Macmillan, 2008); James Carroll, *Constantine's Sword: The Church*

and the Jews (Boston: Houghton Mifflin, 2002), pp. 91-3 [Ed. bras.: *A espada de Constantino: A Igreja católica e os judeus*. São Paulo: Manole, 1994]. Sobre a intolerância nos Evangelhos, ver Gerd Lüdemann, *Intolerance and the Gospel: Selected Texts from the New Testament* (Amherst: Prometheus Books, 2007); Graham Stanton e Guy G. Stroumsa (Orgs.), *Tolerance and Intolerance in Early Judaism and Christianity* (Cambridge: Cambridge University Press, 1998), especialmente pp. 124-31.

103. Edward Peters (Org.), *Heresy and Authority in Medieval Europe*. Filadélfia: University of Pennsylvania Press, 2011, cap. 6.

104. Diana Hayes, "Reflections on Slavery". In: Charles E. Curran (Org.), *Change in Official Catholic Moral Teaching*. Nova York: Paulist Press, 1998, p. 67.

105. Associated Press, "Pope Francis Suggests Gay Couples Could Be Blessed in Vatican Reversal". *The Guardian*, 3 out. 2023. Disponível em: <theguardian.com/world/2023/oct/03/pope-francis-suggests-gay-couples-could-be-blessed-in-vatican-reversal>. Acesso em: 27 abr. 2024.

106. Robert Rynasiewicz, "Newton's Views on Space, Time, and Motion". In: Edward N. Zalta (Org.), *Stanford Encyclopedia of Philosophy*. Palo Alto: Metaphysics Research Lab, Stanford University, 2022.

107. Ver, por exemplo, Sandra Harding (Org.), *The Postcolonial Science and Technology Studies Reader* (Durham: Duke University Press, 2011); Agustín Fuentes et al., "AAPA Statement on Race and Racism" (*American Journal of Physical Anthropology*, v. 169, n. 3, pp. 400-2, 2019); Michael L. Blakey, "Understanding Racism in Physical (Biological) Anthropology" (*American Journal of Physical Anthropology*, v. 175, n. 2, pp. 316-25, 2021); Allan M. Brandt, "Racism and Research: The Case of the Tuskegee Syphilis Study" (*Hastings Center Report*, v. 8, n. 6, pp. 21-9, 1978); Alison Bashford, "'Is White Australia Possible?': Race, Colonialism, and Tropical Medicine" (*Ethnic and Racial Studies*, v. 23, n. 2, pp. 248-71, 2000); Eric Ehrenreich, *The Nazi Ancestral Proof: Genealogy, Racial Science, and the Final Solution* (Bloomington: Indiana University Press, 2007).

108. Jack Drescher, "Out of DSM: Depathologizing Homosexuality". *Behavioral Sciences*, v. 5, n. 4, pp. 565-75, 2015; Sarah Baughey-Gill, "When Gay Was Not Okay with the APA: A Historical Overview of Homosexuality and Its Status as Mental Disorder". *Occam's Razor*, v. 1, p. 13, 2011.

109. Shaena Montanari, "Debate Remains over Changes in DSM-5 a Decade On". *Spectrum*, 31 maio 2023.

110. Ian Fisher e Rachel Donadio, "Benedict XVI, First Modern Pope to Resign, Dies at 95". *The New York Times*, 31 dez. 2022. Disponível em: <nytimes.com/2022/12/31/world/europe/benedict-xvi-dead.html>. Acesso em: 27 abr. 2024; "Chief Rabbinate Rejects Mixed Male-Female Prayer at Western Wall". *Israel Hayom*, 19 jun. 2017. Disponível em: <israelhayom.co.il/article/484687>. Acesso em: 27 abr. 2024; Saeid Golkar, "Iran After Khamenei: Prospects for Political Change". *Middle East Policy*, v. 26, n. 1, pp. 75-88, 2019.

111. Ver, por exemplo, Kathleen Stock, *Material Girls: Why Reality Matters for Feminism* (Londres: Fleet, 2021) [Ed. bras.: *Material Girls: Por que a realidade importa para o feminismo*. São Joaquim da Barra: Cassandra, 2023], sobre o tormento pelo qual ela passou ao criticar as opiniões correntes dominantes em estudos de gênero; e Klaus Taschwer, *The Case of Paul Kammerer: The Most Controversial Biologist of His Time* (Trad. de Michal Schwartz. Montreal: Bunim

& Bannigan, 2019), sobre as acusações contra Paul Kammerer por suas experiências que pareciam contradizer a ortodoxia vigente em relação à hereditariedade.

112. D. Shechtman et al., "Metallic Phase with Long-Range Orientational Order and No Translational Symmetry". *Physical Review Letters*, v. 53, pp. 1951-4, 1984.

113. Para a apresentação da descoberta dos quase-cristais e de controvérsias concomitantes, ver Alok Jha, "Dan Shechtman: 'Linus Pauling Said I Was Talking Nonsense'". *The Guardian*, 6 jan. 2013. Disponível em: <theguardian.com/science/2013/jan/06/dan-shechtman-nobel-prize-chemistry-interview>. Acesso em: 27 abr. 2024; Nobel Prize, "A Remarkable Mosaic of Atoms", 5 out. 2011. Disponível em: <nobelprize.org/prizes/chemistry/2011/press-release/>. Acesso em: 27 abr. 2024; Denis Gratias e Marianne Quiquandon, "Discovery of Quasicrystals: The Early Days". *Comptes Rendus Physique*, v. 20, n. 7/8, pp. 803-16, 2019; Dan Shechtman, "The Discovery of Quasi-Periodic Materials". Lindau Nobel Laureate Meetings, 5 jul. 2012. Disponível em: <mediatheque.lindau-nobel.org/recordings/31562/the-discovery-of-quasi-periodic-materials-2012>. Acesso em: 27 abr. 2024.

114. Patrick Lannin e Veronica Ek, "Ridiculed Crystal Work Wins Nobel for Israeli". *Reuters*, 6 out. 2011. Disponível em: <reuters.com/artigo/idUSTRE7941EP/>. Acesso em: 27 abr. 2024.

115. Vadim Birstein, *The Perversion of Knowledge: The True Story of Soviet Science*. Boulder: Westview Press, 2001.

116. Ibid., pp. 209-41, 394, 401-2, 428.

117. Ibid., pp. 247-55, 270-6; Nikolai Krementsov, "A 'Second Front' in Soviet Genetics: The International Dimension of the Lysenko Controversy, 1944-1947". *Journal of the History of Biology*, v. 29, n. 2, pp. 229-50, 1996.

5. DECISÕES: UMA BREVE HISTÓRIA DA DEMOCRACIA E DO TOTALITARISMO [pp. 136-201]

1. Para uma discussão aprofundada do fluxo de informações em redes autoritárias, ver Jeremy L. Wallace, *Seeking Truth and Hiding Facts: Information, Ideology, and Authoritarianism in China* (Oxford: Oxford University Press, 2022).

2. Fergus Millar, *The Emperor in the Roman World, 31 BC-AD 337*. Ithaca: Cornell University Press, 1977; Richard J. A. Talbert, *The Senate of Imperial Rome*. Princeton: Princeton University Press, 2022; J. A. Crook, "Augustus: Power, Authority, Achievement". In: Alan K. Bowman, Andrew Lintott e Edward Champlin (Orgs.), *The Cambridge Ancient History*, v. 10: *The Augustan Empire, 43 BC-AD 69*. Cambridge: Cambridge University Press, 1996, pp. 113-46.

3. Peter H. Solomon, *Soviet Criminal Justice Under Stalin*. Cambridge: Cambridge University Press, 1996; Stephen Kotkin, *Stalin: Waiting for Hitler, 1929-1941*. Nova York: Penguin Press, 2017, pp. 330-3, 371-3, 477-80.

4. Jenny White, "Democracy Is Like a Tram". Turkey Institute, 14 jul. 2016. Disponível em: <turkeyinstitute.org.uk/commentary/democracy-like-tram/>. Acesso em: 1 maio 2024.

5. Jan-Werner Müller, *What Is Populism?*. Filadélfia: University of Pennsylvania Press, 2016; Masha Gessen, *The Future Is History: How Totalitarianism Reclaimed Russia*. Nova York: Riverhead Books, 2017; Steven Levitsky e Daniel Ziblatt, *Como as democracias morrem*. Trad. de

Renato Aguiar. Rio de Janeiro: Zahar, 2018; Timothy Snyder, *Na contramão da liberdade: A guinada autoritária nas democracias contemporâneas*. Trad. de Berilo Vargas. São Paulo: Companhia das Letras, 2019; Gideon Rachman, *The Age of the Strongman: How the Cult of the Leader Threatens Democracy Around the World*. Nova York: Other Press, 2022.

6. H.J.Res.114-107th Congress (2001-2002): Authorization for Use of Military Force against Iraq Resolution of 2002, Congress.gov, 16 out. 2002. Disponível em: <congress.gov/bill/107th-congress/house-joint-resolution/114>. Acesso em: 1 maio 2024.

7. Frank Newport, "Seventy-Two Percent of Americans Support War Against Iraq". Gallup, 24 mar. 2003. Disponível em: <news.gallup.com/poll/8038/SeventyTwo-Percent-Americans-Support-War-Against-Iraq.aspx>. Acesso em: 1 maio 2024.

8. "Poll: Iraq War Based on Falsehoods". *UPI*, 20 ago. 2004. Disponível em: <upi.com/Top_News/2004/08/20/Poll-Iraq-war-based-on-falsehoods/75591093019554/>. Acesso em: 1 maio 2024.

9. James Eaden e David Renton, *The Communist Party of Great Britain Since 1920*. Londres: Palgrave, 2002, p. 96; Ian Beesley, *The Official History of the Cabinet Secretaries*. Londres: Routledge, 2017, p. 47.

10. Jan-Werner Müller, *What Is Populism?*. Filadélfia: University of Pennsylvania Press, 2016, p. 34.

11. Ibid., p. 3.

12. Ibid., pp. 3-4, 20-2.

13. Ralph Hassig e Kongdan Oh, *The Hidden People of North Korea: Everyday Life in the Hermit Kingdom*. Lanham: Rowman & Littlefield, 2015; Seol Song Ah, "Inside North Korea's Supreme People's Assembly". *The Guardian*, 22 abr. 2014. Disponível em: <theguardian.com/world/2014/apr/22/inside-north-koreas-supreme-peoples-assembly>. Acesso em: 1 maio 2024.

14. Andrei Lankov, *The Real North Korea: Life and Politics in the Failed Stalinist Utopia*. Oxford: Oxford University Press, 2013.

15. David Graeber e David Wengrow, *The Dawn of Everything: A New History of Humanity*. Nova York: Farrar, Straus and Giroux, 2021, caps. 2-5.

16. Ibid., caps. 3-5; Robert Bellah, *Religion in Human Evolution: From the Paleolithic to the Axial Age*. Cambridge: Belknap Press of Harvard University Press, 2011, pp. 117-209; Pierre Clastres, *A sociedade contra o Estado*. Trad. de Theo Santiago. São Paulo: Ubu, 2017.

17. Michael L. Ross, *A maldição do petróleo: Como a riqueza petrolífera molda o desenvolvimento das nações*. São Paulo: Citadel, 2015; Leif Wenar, *Blood Oil: Tyrants, Violence, and the Rules That Run the World*. Oxford: Oxford University Press, 2015; Karen Dawisha, *Putin's Kleptocracy: Who Owns Russia?*. Nova York: Simon & Schuster, 2014.

18. David Graeber e David Wengrow, *The Dawn of Everything: A New History of Humanity*. Nova York: Farrar, Straus and Giroux, 2021, caps. 3-5; Eric Alden Smith e Brian F. Codding, "Ecological Variation and Institutionalized Inequality in Hunter-Gatherer Societies". *Proceedings of the National Academy of Sciences*, v. 118, n. 13, 2021.

19. James Woodburn, "Egalitarian Societies". *Man*, v. 17, n. 3, pp. 431-51, 1982.

20. David Graeber e David Wengrow, *The Dawn of Everything: A New History of Humanity*. Nova York: Farrar, Straus and Giroux, 2021, caps. 3-5; Robert Bellah, *Religion in Human Evolution: From the Paleolithic to the Axial Age*. Cambridge: Belknap Press of Harvard University

Press, 2011, caps. 3-5. Para uma discussão de fluxos de informação entre os kopes — uma tribo de Papua-Nova Guiné de cerca de 5 mil pessoas subsistindo em parte da caça e da forragem, e em parte da agricultura, ver Andrew D. Madden, Jared Bryson e Joe Palimi, "Information Behavior in Pre-literate Societies", em Amanda Spink e Charles Cole (Orgs.), *New Directions in Human Information Behavior.* Dordrecht: Springer, 2006.

21. Para a alegação de que cidades-Estado da Mesopotâmia, como Uruk, eram por vezes democráticas, ver David Graeber e David Wengrow, *The Dawn of Everything: A New History of Humanity* (Nova York: Farrar, Straus and Giroux, 2021).

22. John Thorley, *Athenian Democracy.* Londres: Routledge, 2005, p. 74; Nancy Evans, *Civic Rites: Democracy and Religion in Ancient Athens.* Berkeley: University of California Press, 2010, p. 16.

23. John Thorley, *Athenian Democracy.* Londres: Routledge, 2005; Nancy Evans, *Civic Rites: Democracy and Religion in Ancient Athens.* Berkeley: University of California Press, 2010, p. 79.

24. Fergus Millar, *Emperor in the Roman World, 31 BC-AD 337.* Ithaca: Cornell University Press, 1977; Richard J. A. Talbert, *The Senate of Imperial Rome.* Princeton: Princeton University Press, 2022.

25. Kyle Harper, *The Fate of Rome: Climate, Disease, and the End of an Empire.* Princeton: Princeton University Press, 2017, pp. 30-1; Walter Scheidel, "Demography". In: Ian Morris, Richard P. Saller e Walter Scheidel (Orgs.), *The Cambridge Economic History of the Greco-Roman World.* Cambridge: Cambridge University Press, 2007, pp. 38-86.

26. Vladimir G. Lukonin, "Political, Social, and Administrative Institutions, Taxes, and Trade". In: Ehsan Yarshater (Org.), *The Cambridge History of Iran: Seleucid Parthian*, v. 3: *The Seleucid, Parthian, and Sasanid Periods.* Cambridge: Cambridge University Press, 1983, pp. 681-746; Gene R. Garthwaite, *The Persians.* Malden: Wiley-Blackwell, 2005.

27. Foi em 390 AEC de acordo com a cronologia varroniana tradicional, mas 387 ou 386 AEC é mais provável. Ver Tim Cornell, *The Beginnings of Rome: Italy and Rome from the Bronze Age to the Punic Wars* (*c. 1000-264 B.C.*) (Londres: Routledge, 1995), pp. 313-4. Os detalhes desse episódio estão em Lívio, *History of Rome*, pp. 5:34-6:1, e Plutarco, *Camillus*, pp. 17-31. Para uma discussão do papel do ditador, ver Andrew Lintott, *The Constitution of the Roman Republic* (Oxford: Oxford University Press, 2003); e Hannah J. Swithinbank, "Dictator", em Roger S. Bagnall et al., *The Encyclopedia of Ancient History* (Malden: John Wiley & Sons, 2012).

28. Kyle Harper, *The Fate of Rome: Climate, Disease, and the End of an Empire.* Princeton: Princeton University Press, 2017, pp. 30-1; Walter Scheidel, "Demography". In: Ian Morris, Richard P. Saller e Walter Scheidel (Orgs.), *The Cambridge Economic History of the Greco-Roman World.* Cambridge: Cambridge University Press, 2007.

29. Rein Taagepera, "Size and Duration of Empires: Growth-Decline Curves, 600 B.C. to 600 A.D.". *Social Science History*, v. 3, n. 3/4, pp. 115-38, 1979.

30. William V. Harris, *Ancient Literacy.* Cambridge: Harvard University Press, 1989, pp. 141, 267.

31. Theodore P. Lianos, "Aristotle on Population Size". *History of Economic Ideas*, v. 24, n. 2, pp. 11-26, 2016; Plato B. Jowett, "Plato on Population and the State". *Population and Development Review*, v. 12, n. 4, pp. 781-98, 1986; Theodore Lianos, "Population and Steady-State Economy in Plato and Aristotle". *Journal of Population and Sustainability*, v. 7, n. 1, pp. 123-38, 2023.

32. Ver Gregory S. Aldrete e Alicia Aldrete, "Power to the People: Systems of Government" (In: Id. *The Long Shadow of Antiquity: What Have the Greeks and Romans Done for Us?*. Londres: Continuum, 2012). Ver também Eeva-Maria Viitanen e Laura Nissin, "Campaigning for Votes in Ancient Pompeii: Contextualizing Electoral Programmata" (In: Irene Berti et al. [Orgs.], *Writing Matters: Presenting and Perceiving Monumental Inscriptions in Antiquity and the Middle Ages*. Berlim: De Gruyter, 2017), pp. 117-44; Willem Jongman, *The Economy and Society of Pompeii*. Leiden: Brill, 2023.

33. Gregory S. Aldrete e Alicia Aldrete, *The Long Shadow of Antiquity: What Have the Greeks and Romans Done for Us?*. Londres: Continuum, 2012, pp. 129-66.

34. Roger Bartlett, *A History of Russia*. Houndsmills: Palgrave, 2005, pp. 98-9; David Moon, "Peasants and Agriculture". In: Dominic Lieven (Org.), *The Cambridge History of Russia*. Cambridge: Cambridge University Press, 2006, pp. 369-93; Richard Pipes, *Russia under the Old Regime*. 2. ed. Londres: Penguin, 1995, p. 18; Peter Toumanoff, "The Development of the Peasant Commune in Russia". *Journal of Economic History*, v. 41, n. 1, pp. 179-84, 1981; William G. Rosenberg, "Review of *Understanding Peasant Russia*". *Comparative Studies in Society and History*, v. 35, n. 4, pp. 840-9, 1993. Mas, sobre os perigos de idealizar essas comunas como modelos de democracia, ver T. K. Dennison e A. W. Carus, "The Invention of the Russian Rural Commune: Haxthausen and the Evidence" (*Historical Journal*, v. 46, n. 3, pp. 561-82, 2003).

35. Andrew Wilson, "City Sizes and Urbanization in the Roman Empire". In: Alan Bowman e Andrew Wilson (Orgs.), *Settlement, Urbanization, and Population*. Nova York: Oxford University Press, pp. 171-2.

36. É uma estimativa muito aproximada. Os especialistas não dispõem de dados populacionais minuciosos sobre os primórdios da Polônia moderna e trabalham supondo que cerca de metade da população polonesa era de adultos e metade dos adultos era do sexo masculino. Com relação à população da *schlachta*, Urszula Augustyniak calcula que correspondesse de 8% a 10% da população total na segunda metade do século XVIII. Ver Jacek Jedruch, *Constitutions, Elections, and Legislatures of Poland, 1493-1977: A Guide to Their History* (Washington: University Press of America, 1982), pp. 448-9; Urszula Augustyniak, *Historia Polski, 1572-1795* (Varsóvia: Wydawnictwo Naukowe PWN, 2008), pp. 253, 256; Norman Davies, *God's Playground: A History of Poland*, v. 1: *The Origins to 1795* (Nova York: Columbia University Press, 1981), pp. 214-5; Aleksander Gella, *Development of Class Structure in Eastern Europe: Poland and Her Southern Neighbors* (Albany: State University of New York Press, 1989), p. 13; Felicia Roşu, *Elective Monarchy in Transylvania and Poland-Lithuania, 1569-1587* (Nova York: Oxford University Press, 2017), p. 20.

37. Urszula Augustyniak, *Historia Polski, 1572-1795*. Varsóvia: Wydawnictwo Naukowe PWN, 2008, pp. 537-8; Felicia Roşu, *Elective Monarchy in Transylvania and Poland-Lithuania, 1569-1587* (Nova York: Oxford University Press, 2017), p. 149n29; Robert Bideleux e Ian Jeffries, *A History of Eastern Europe: Crisis and Change*. Nova York: Routledge, 2007, p. 177; W. F. Reddaway et al. (Orgs.), *Cambridge History of Poland: From the Origins to Sobieski*. Cambridge: Cambridge University Press, 1971, p. 371.

38. Norman Davies, *God's Playground: A History of Poland*, v. 1: *The Origins to 1795*. Nova York: Columbia University Press, 1981; Felicia Roşu, *Elective Monarchy in Transylvania and Poland-Lithuania, 1569-1587*. Nova York: Oxford University Press, 2017; Jacek Jedruch, *Constitu-*

tions, Elections, and Legislatures of Poland, 1493-1977: A Guide to Their History. Washington: University Press of America, 1982.

39. Norman Davies, *God's Playground: A History of Poland*, v. 1: *The Origins to 1795.* Nova York: Columbia University Press, 1981, p. 190.

40. Peter J. Taylor, "Ten Years That Shook the World? The United Provinces as First Hegemonic State". *Sociological Perspectives*, v. 37, n. 1, pp. 25-46, 1994; Jonathan Israel, *The Dutch Republic: Its Rise, Greatness, and Fall, 1477-1806.* Oxford: Clarendon Press, 1995.

41. Para discussões sobre as características democráticas dos primeiros tempos da Holanda moderna, ver Maarten Prak, *The Dutch Republic in the Seventeenth Century* (Trad. de Diane Webb. Cambridge: Cambridge University Press, 2023); J. L. Price, *Holland and the Dutch Republic in the Seventeenth Century: The Politics of Particularism* (Oxford: Clarendon Press, 1994); Catherine Secretan, "'True Freedom' and the Dutch Tradition of Republicanism" (*Republics of Letters: A Journal for the Study of Knowledge, Politics, and the Arts*, v. 2, n. 1, pp. 82-92, 2010); Henk te Velde, "The Emergence of the Netherlands as a 'Democratic' Country" (*Journal of Modern European History*, v. 17, n. 2, pp. 161-70, 2019); Maarten F. Van Dijck, "Democracy and Civil Society in the Early Modern Period: The Rise of Three Types of Civil Societies in the Spanish Netherlands and the Dutch Republic" (*Social Science History*, v. 41, n. 1, pp. 59-81, 2017); Remieg Aerts, "Civil Society or Democracy? A Dutch Paradox" (*BMGN: Low Countries Historical Review*, v. 125, pp. 209-36, 2010).

42. Michiel van Groesen, "Reading Newspapers in the Dutch Golden Age". *Media History*, v. 22, n. 3/4, pp. 181-259, 2016; Arthur der Weduwen, *Dutch and Flemish Newspapers of the Seventeenth Century, 1618-1700.* Leiden: Brill, 2017, pp. 443-6; Gemeente Amsterdam Stadsarchief, "Courante", 23 abr. 2019. Disponível em: <amsterdam.nl/stadsarchief/stukken/historie/courante/>. Acesso em: 2 maio 2024.

43. Michiel van Groesen, "Reading Newspapers in the Dutch Golden Age". *Media History*, v. 22, n. 3/4, pp. 334-52, 2016. Jornais apareceram mais ou menos na mesma época também em Estrasburgo, Basileia, Frankfurt, Hamburgo e várias outras cidades europeias.

44. Jürgen Habermas, *The Structural Transformation of the Public Sphere: An Inquiry into a Category of Bourgeois Society.* Trad. de Thomas Burger. Cambridge, Reino Unido: Polity Press, 1989; Benedict Anderson, *Imagined Communities: Reflections on the Origin and Spread of Nationalism.* Londres: Verso, 2006, pp. 24-5 [Ed. bras.: *Comunidades imaginadas*. Trad. de Denise Bottmann. São Paulo: Companhia das Letras, 2008]; Andrew Pettegree, *The Invention of News: How the World Came to Know About Itself.* New Haven: Yale University Press, 2014.

45. Em 1828, havia 863 jornais publicando 68 milhões de exemplares por ano. Ver William A. Dill, *Growth of Newspapers in the United States* (Lawrence: University of Kansas Department of Journalism, 1928), pp. 11-5. Ver também Paul E. Ried, "The First and Fifth Boylston Professors: A View of Two Worlds" (*Quarterly Journal of Speech*, v. 74, n. 2, pp. 229-40, 1988); Lynn Hudson Parsons, *The Birth of Modern Politics: Andrew Jackson, John Quincy Adams, and the Election of 1828* (Nova York: Oxford University Press, 2009), pp. 134-5.

46. Lynn Hudson Parsons, *The Birth of Modern Politics: Andrew Jackson, John Quincy Adams, and the Election of 1828.* Nova York: Oxford University Press, 2009, pp. 90-107; H. G. Good, "To the Future Biographers of John Quincy Adams". *Scientific Monthly*, v. 39, n. 3, pp. 247-51, 1934; Robert V. Remini, *Martin Van Buren and the Making of the Democratic Party.* Nova

York: Columbia University Press, 1959; Charles N. Edel, *Nation Builder: John Quincy Adams and the Grand Strategy of the Republic.* Cambridge: Harvard University Press, 2014.

47. Alexander Saxton, "Problems of Class and Race in the Origins of the Mass Circulation Press". *American Quarterly*, v. 36, n. 2, pp. 211-34, 1984.

48. Library of Congress, "Presidential Election of 1824: A Resource Guide", [s.d.]. Disponível em: <guides.loc.gov/presidential-election-1824/>. Acesso em: 1 jan. 2024; United States Census Bureau, "Bicentennial Edition: Historical Statistics of the United States, Colonial Times to 1970", set. 1975. Disponível em: <census.gov/library/publications/1975/compendia/hist_stats_colonial-1970.html>. Acesso em: 20 dez. 2023; Charles Tilly, *Democracy.* Cambridge: Cambridge University Press, 2007, pp. 97-8. Para informações sobre o número de eleitores qualificados para votar em 1824, ver Jerry L. Mashaw, *Creating the Administrative Constitution: The Lost One Hundred Years of American Administrative Law* (New Haven: Yale University Press, 2012), p. 148; Ronald P. Formisano, *For the People: American Populist Movements from the Revolution to the 1850s* (Chapel Hill: University of North Carolina Press, 2008), p. 142. Note-se que as porcentagens representam estimativas, dependendo de como, exatamente, se defina idade adulta.

49. Colin Rallings e Michael Thrasher, *British Electoral Facts, 1832-2012.* Hull: Biteback, 2012, p. 87; John A. Phillips, *The Great Reform Bill in the Boroughs.* Oxford: Clarendon Press, 1992, pp. 29-30; Edward Hicks, "Uncontested Elections: Where and Why Do They Take Place?". House of Commons Library, 30 abr. 2019. Disponível em: <commonslibrary.parliament.uk/uncontested-elections-where-and-why-do-they-take-place/>. Acesso em: 2 maio 2024. As informações do censo do Reino Unido vêm de *Abstract of the Answers and Returns Made Pursuant to an Act: Passed in the Eleventh Year of the Reign of His Majesty King George IV* (Londres: House of Commons, 1833), p. xii. Disponível para leitura aqui: <google.co.uk/books/edition/_/zQFDAAAAcAAJ?hl=en&gbpv=0>. Informações de censo pré-1841 estão disponíveis em: <1841census.co.uk/pre-1841-census-information/>.

50. United States Census Bureau, "Census for 1820", 1821. Disponível em: <census.gov/library/publications/1821/dec/1820a.html>. Acesso em: 30 dez. 2023.

51. Para várias opiniões sobre a natureza democrática dos Estados Unidos nos primeiros tempos, ver Danielle Allen, "Democracy vs. Republic" (In: Berton Emerson e Gregory Laski [Orgs.], *Democracies in America.* Nova York: Oxford University Press, 2022), pp. 17-23; Daniel Walker Howe, *What Hath God Wrought: The Transformation of America, 1815-1848* (Nova York: Oxford University Press, 2007).

52. "The Heroes of July". *The New York Times*, 20 nov. 1863. Disponível em: <nytimes.com/1863/11/20/archives/the-heroes-of-july-a-solemn-and-imposing-event-dedication-of-the.html>. Acesso em: 2 maio 2024.

53. Abraham Lincoln e William H. Lambert, "The Gettysburg Address. When Written, How Received, Its True Form". *Pennsylvania Magazine of History and Biography*, v. 33, n. 4, pp. 385-408, 1909; Ronald F. Reid, "Newspaper Response to the Gettysburg Addresses". *Quarterly Journal of Speech*, v. 53, n. 1, pp. 50-60, 1967.

54. William Hanchett, "Abraham Lincoln and Father Abraham". *North American Review*, v. 251, n. 2, pp. 10-3, 1966; Benjamin P. Thomas, *Abraham Lincoln: A Biography.* Carbondale: Southern Illinois University Press, 2008, p. 403.

55. Martin Pengelly, "Pennsylvania Newspaper Retracts 1863 Criticism of Gettysburg Address". *The Guardian*, 16 nov. 2013. Disponível em: <theguardian.com/world/2013/nov/16/gettysburg-address-retraction-newspaper-lincoln>. Acesso em: 2 maio 2024.

56. "Poll Shows 4th Debate Had Largest Audience". *The New York Times*, 22 out. 1960. Disponível em: <nytimes.com/1960/10/22/archives/poll-shows-4th-debate-had-largest-audience.html>. Acesso em: 2 maio 2024; Lionel C. Barrow Jr., "Factors Related to Attention to the First Kennedy-Nixon Debate". *Journal of Broadcasting*, v. 5, n. 3, pp. 229-38, 1961; Vito N. Silvestri, "Television's Interface with Kennedy, Nixon, and Trump: Two Politicians and One TV Celebrity". *American Behavioral Scientist*, v. 63, n. 7, pp. 971-1001, 2019. A população americana no censo de 1960 era de 179 323 175. Ver United States Census Bureau, "1960 Census of Population: Advance Reports, Final Population Counts" (15 nov. 1960. Disponível em: <census.gov/library/publications/1960/dec/population-pc-a1.html>. Acesso em: 2 maio 2024).

57. U.S. Elections Projetc, "National Turnout Rates, 1789-Present", [s.d.]. Disponível em: <electproject.org/national-1789-present>. Acesso em: 2 jan. 2024; Renalia DuBose, "Voter Suppression: A Recent Phenomenon or an American Legacy?". *University of Baltimore Law Review*, v. 50, n. 2, 2021.

58. Grande parte dessa discussão do totalitarismo se baseia em estudos clássicos do fenômeno: Hannah Arendt, *The Origins of Totalitarianism* (Nova York: Harcourt, 1973) [Ed. bras.: *Origens do totalitarismo: Antissemitismo, imperialismo, totalitarismo*. Trad. de Roberto Raposo. São Paulo: Companhia de Bolso, 2013]; Carl Joachim Friedrich e Zbigniew Brzezinski, *Totalitarian Dictatorship and Autocracy* (Cambridge: Harvard University Press, 1965); Karl R. Popper, *The Open Society and Its Enemies* (Princeton: Princeton University Press, 1945); Juan José Linz, *Totalitarian and Authoritarian Regimes* (Boulder: Lynne Rienner, 1975). Também recorri a interpretações mais recentes, notadamente Masha Gessen, *The Future Is History: How Totalitarianism Reclaimed Russia* (Nova York: Riverhead Books, 2017); e Marlies Glasius, "What Authoritarianism Is… and Is Not: A Practice Perspective" (*International Affairs*, v. 94, n. 3, pp. 515--33, 2018).

59. Vasily Rudich, *Political Dissidence Under Nero.* Londres: Routledge, 1993, p. xxx.

60. Ver, por exemplo, Tácito, *Annals*, 14.60. Ver também John F. Drinkwater, *Nero: Emperor and Court* (Cambridge: Cambridge University Press, 2019); T. E. J. Wiedemann, "Tiberius to Nero" (In: Alan K. Bowman, Andrew Lintott e Edward Champlin [Orgs.], *The Cambridge Ancient History*, v. 10: *The Augustan Empire, 43 BC-AD 69*. Cambridge: Cambridge University Press, 1996), pp. 198-255.

61. Carlos F. Noreña, "Nero's Imperial Administration". In: Shadi Bartsch, Kirk Freudenburg e Cedric Littlewood (Orgs.), *The Cambridge Companion to the Age of Nero*. Cambridge: Cambridge University Press, 2017, pp. 48-62.

62. As cifras incluem tanto legionários quanto auxiliares. Ver Nigel Pollard, "The Roman Army" (In: David Potter [Org.], *A Companion to the Roman Empire*. Malden: Blackwell, 2010), pp. 206-27; Carlos F. Noreña, "Nero's Imperial Administration" (In: Shadi Bartsch, Kirk Freudenburg e Cedric Littlewood [Orgs.], *The Cambridge Companion to the Age of Nero*. Cambridge: Cambridge University Press, 2017), p. 51.

63. Fik Meijer, *Emperors Don't Die in Bed.* Londres: Routledge, 2004; Joseph Homer Saleh, "Statistical Reliability Analysis for a Most Dangerous Occupation: Roman Emperor". *Palgrave*

Communications, v. 5, n. 155, 2019; Francois Retief e Louise Cilliers, "Causes of Death Among the Caesars (27 BC-AD 476)". *Acta Theologica*, v. 26, n. 2, 2010.

64. Fergus Millar, *The Emperor in the Roman World, 31 BC-AD 337*. Ithaca: Cornell University Press, 1977. Ver também Peter Eich, "Center and Periphery: Administrative Communication in Roman Imperial Times" (In: Stéphane Benoist [Org.], *Rome, a City and Its Empire in Perspective: The Impact of the Roman World Through Fergus Millar's Research*. Leiden: Brill, 2012), pp. 85-108; Benjamin Kelly, *Petitions, Litigation, and Social Control in Roman Egypt* (Nova York: Oxford University Press, 2011); Harry Sidebottom, *The Mad Emperor: Heliogabalus and the Decadence of Rome* (Londres: Oneworld, 2023).

65. Paul Cartledge, *The Spartans: The World of the Warrior-Heroes of Ancient Greece, from Utopia to Crisis and Collapse*. Nova York: Vintage Books, 2004; Stephen Hodkinson, "Sparta: An Exceptional Domination of State over Society?". In: Anton Powell (Org.), *A Companion to Sparta*. Hoboken: Wiley-Blackwell, 2017, pp. 29-57; id., "Sparta: Reconstructing History from Secrecy, Lies, and Myth". In: Id. *A Companion to Sparta*. Hoboken: Wiley-Blackwell, 2017, pp. 1-28; Michael Whitby, "Two Shadows: Images of Spartans and Helots". In: Anton Powell e Stephen Hodkinson (Orgs.), *The Shadow of Sparta*. Londres: Routledge, 2002, pp. 87-126; M. G. L. Cooley (Org.), *Sparta*. 2. ed. Cambridge: Cambridge University Press, 2023, pp. 146-225; Sean R. Jensen e Thomas J. Figueira, "Peloponnesian League". In: Roger S. Bagnall et al., *The Encyclopedia of Ancient History*. Malden: John Wiley & Sons, 2012; D. M. Lewis, "Sparta as Victor". In: D. M. Lewis et al. (Orgs.), *The Cambridge Ancient History*. Cambridge: Cambridge University Press, 1994, pp. 24-44.

66. Mark Edward Lewis, *The Early Chinese Empires: Qin and Han*. Cambridge: Harvard University Press, 2010, p. 109.

67. Zhengyuan Fu, *China's Legalists: The Earliest Totalitarians and Their Art of Ruling*. Nova York: Routledge, 2015, pp. 6, 12, 23, 28.

68. Xinzhong Yao, *An Introduction to Confucianism*. Cambridge: Cambridge University Press, 2000, pp. 55, 187-213; Chad Hansen, "Daoism". In: Edward N. Zalta e Uri Nodelman (Orgs.), *The Stanford Encyclopedia of Philosophy*. Disponível em: <plato.stanford.edu/cgi-bin/encyclopedia/archinfo.cgi?entry=Daoism>. Acesso em: 5 jan. 2024.

69. Sima Qian, Raymond Dawson e K. E. Brashier, *The First Emperor: Selections from the Historical Records*. Oxford: Oxford University Press, 2007, pp. 74-5; Mark Edward Lewis, *The Early Chinese Empires: Qin and Han*. Cambridge: Harvard University Press, 2010; Frances Wood, *China's First Emperor and His Terra-Cotta Warriors*. Nova York: St. Martin's Press, 2008, pp. 81-2; Sarah Allan, *Buried Ideas: Legends of Abdication and Ideal Government in Early Chinese Bamboo-Slip Manuscripts*. Albany: State University of New York Press, 2015, p. 22; Anthony J. Barbieri-Low, *The Many Lives of the First Emperor of China*. Seattle: University of Washington Press, 2022.

70. Para este relato dos impérios Qin e Han, ver Mark Edward Lewis, *The Early Chinese Empires: Qin and Han* (Cambridge: Harvard University Press, 2010) caps. 1-3; Julie M. Segraves, "China: Han Empire" (In: Neil Asher Silberman [Org.], *The Oxford Companion to Archeology*. v. 1. Nova York: Oxford University Press, 2012); Robin D. S. Yates, "Social Status in the Ch'in: Evidence from the Yun-Men Legal Documents. Part One: Commoners" (*Harvard Journal of Asiatic Studies*, v. 47, n. 1, pp. 197-237, 1987); Robin D. S. Yates, "State Control of Bureaucrats

Under the Qin: Techniques and Procedures" (*Early China*, v. 20, pp. 331-65, 1995); Ernest Caldwell, *Writing Chinese Laws: The Form and Function of Legal Statutes Found in the Qin Shuihudi Corpus* (Londres: Routledge, 2018); Anthony François Paulus Hulsewe, *Remnants of Ch'in Law: An Annotated Translation of the Ch'in Legal and Administrative Rules of the 3rd century BC Discovered in Yün-meng Prefecture, Hu-pei Province, in 1975* (Leiden: Brill, 1975); Sima Qian, *Records of the Grand Historian* (Trad. de Burton Watson. Nova York: Columbia University Press, 1993); Shang Yang, *The Book of Lord Shang: Apologetics of State Power in Early China* (Trad. de Yuri Pines. Nova York: Columbia University Press, 2017); Yuri Pines, "China, Imperial: 1. Qin Dynasty, 221-207 BCE" (In: N. Dalziel e John M. MacKenzie [Orgs.], *The Encyclopedia of Empire.* Hoboken: Wiley, 2016); Hsing I-tien, "Qin-Han Census and Tax and Corvée Administration: Notes on Newly Discovered Materials" (In: Yuri Pines et al. [Orgs.], *Birth of an Empire: The State of Qin Revisited.* Berkeley: University of California Press, 2014), pp. 155-86; Charles Sanft, *Communication and Cooperation in Early Imperial China: Publicizing the Qin Dynasty* (Albany: State University of New York Press, 2014).

71. Stephen Kotkin, *Stalin: Waiting for Hitler, 1929-1941.* Nova York: Penguin Press, 2017, p. 604.

72. Sean McMeekin, *Stalin's War: A New History of World War II.* Nova York: Basic Books, 2021, p. 220.

73. Thomas Henry Rigby, *Communist Party Membership in the U.S.S.R.* Princeton: Princeton University Press, 1968, p. 52.

74. Iu. A. Poliakov (Org.), *Vsesoiuznaia perepis naseleniia, 1937 G.* Institut istorii SSSR, 1991, p. 250. Sobre o número de informantes, 10 milhões são estimados para 1951 em Jonathan Brent e Victor Naumov, *Stalin's Last Crime: The Plot against the Jewish Doctors, 1948-1953* (Nova York: HarperCollins, 2003), p. 106.

75. Stephen Kotkin, *Stalin: Waiting for Hitler, 1929-1941.* Nova York: Penguin Press, 2017, p. 888.

76. Stephan Wolf, *Hauptabteilung I: NVA und Grenztruppen.* Berlim: Bundesbeauftragte für die Stasi-Unterlagen, 2005; Dennis Deletant, "The Securitate Legacy in Romania". In: Kieran Williams (Org.), *Security Intelligence Services in New Democracies: The Czech Republic, Slovakia, and Romania.* Londres: Palgrave, 2001, p. 163.

77. Stephen Kotkin, *Stalin: Waiting for Hitler, 1929-1941.* Nova York: Penguin Press, 2017, p. 378.

78. Ibid., p. 481.

79. Robert Conquest, *The Great Terror: Stalin's Purges of the Thirties.* Nova York: Collier, 1973, p. 632.

80. Levantamento de biografias em N. V. Petrov e K. V. Skorkin, *Kto rukovodil NKVD 1934-1941: Spravochnik* (Moscou: Zvenia, 1999), pp. 80-464.

81. Julia Boyd, *A Village in the Third Reich: How Ordinary Lives Were Transformed by the Rise of Fascism.* Nova York: Pegasus Books, 2023, pp. 75-84.

82. David Shearer, *Policing Stalin's Socialism: Repression and Social Order in the Soviet Union, 1924-1953.* New Haven: Yale University Press, 2009, p. 133; Stephen Kotkin, *Magnetic Mountain: Stalinism as a Civilization.* Berkeley: University of California Press, 1995.

83. Robert William Davies, Mark Harrison e S. G. Wheatcroft (Orgs.), *The Economic*

Transformation of the Soviet Union, 1913-1945. Cambridge: Cambridge University Press, 1993, pp. 63-91; Orlando Figes, *The Whisperers: Private Life in Stalin's Russia*. Nova York: Picador, 2007, p. 50 [Ed. bras.: *Sussurros: A vida privada na Rússia de Stálin*. Rio de Janeiro: Record, 2019].

84. Stephen Kotkin, *Stalin: Waiting for Hitler, 1929-1941*. Nova York: Penguin Press, 2017, pp. 16, 75; R. W. Davies e Stephen G. Wheatcroft, *The Years of Hunger: Soviet Agriculture, 1931--1933*. Nova York: Palgrave Macmillan, 2004, p. 447.

85. R. W. Davies e Stephen G. Wheatcroft, *The Years of Hunger: Soviet Agriculture, 1931--1933*. Nova York: Palgrave Macmillan, 2004, pp. 446-8.

86. Stephen Kotkin, *Stalin: Waiting for Hitler, 1929-1941*. Nova York: Penguin Press, 2017, p. 129; Orlando Figes, *The Whisperers: Private Life in Stalin's Russia*. Nova York: Picador, 2007, p. 98.

87. Orlando Figes, *The Whisperers: Private Life in Stalin's Russia*. Nova York: Picador, 2007, p. 85.

88. Stephen Kotkin, *Stalin: Waiting for Hitler, 1929-1941*. Nova York: Penguin Press, 2017, pp. 29, 42; Lynne Viola, *Unknown Gulag: The Lost World of Stalin's Peasant Settlements*. Nova York: Oxford University Press, 2007, p. 30.

89. Sobre o contexto e o significado históricos do discurso de Stálin, ver Lynne Viola, "The Role of the OGPU in Dekulakization, Mass Deportations, and Special Resettlement in 1930" (*Carl Beck Papers*, v. 1406, pp. 2-7, 2000); Stephen Kotkin, *Stalin: Waiting for Hitler, 1929-1941* (Nova York: Penguin Press, 2017), pp. 34-6.

90. Em janeiro de 1930, as autoridades soviéticas estabeleceram como meta concluir a coletivização (e, com isso, a desculaquização) nas principais regiões produtoras de grãos, no mais tardar na primavera de 1931, e nas regiões menos importantes, no máximo até a primavera de 1932. Ver Lynne Viola, *Unknown Gulag: The Lost World of Stalin's Peasant Settlements* (Nova York: Oxford University Press, 2007), p. 21.

91. Ibid., p. 2 (descrição da comissão); V. P. Danilov (Org.), *Tragediia sovetskoi derevni: Kollektivizatsiia i raskulachivanie: Dokumenty i materialy, 1927-1939*. Moscou: Rosspen, 1999, pp. 2:123-6 (projeto de resolução da comissão declarando a meta de 3% a 5%); para estimativas anteriores de cúlaques, ver Moshe Lewin, *Russian Peasants and Soviet Power: A Study of Collectivization* (Nova York: Norton, 1975), pp. 71-8; Nikolai Shmelev e Vladimir Popov, *The Turning Point: Revitalizing the Soviet Economy* (Nova York: Doubleday, 1989), pp. 48-9.

92. Este decreto está disponível em inglês em Lynne Viola et al. (Orgs.), *The War against the Peasantry, 1927-1930: The Tragedy of the Soviet Countryside* (New Haven: Yale University Press, 2005), pp. 228-34.

93. Lynne Viola, *Unknown Gulag: The Lost World of Stalin's Peasant Settlements*, pp. 22-4; James Hughes, *Stalinism in a Russian Province: Collectivization and Dekulakization in Siberia*. Nova York: Palgrave, 1996, pp. 145-6, 239-40, notas 32 e 38, 151-3; Robert Conquest, *The Harvest of Sorrow: Soviet Collectivization and the Terror-Famine*. Oxford: Oxford University Press, 1986, p. 129; Orlando Figes, *The Whisperers: Private Life in Stalin's Russia*. Nova York: Picador, 2007, pp. 87-8. Sobre a inflação de número, ver Orlando Figes, *The Whisperers: Private Life in Stalin's Russia* (Nova York: Picador, 2007), p. 87, e James Hughes, *Stalinism in a Russian Province: Collectivization and Dekulakization in Siberia* (Nova York: Palgrave, 1996), p. 153.

94. Robert Conquest, *The Harvest of Sorrow: Soviet Collectivization and the Terror-Famine*. Oxford: Oxford University Press, 1986, pp. 129-31; Stephen Kotkin, *Stalin: Waiting for Hitler, 1929-1941*. Nova York: Penguin Press, 2017, pp. 74-5; Lynne Viola et al. (Orgs.), *The War against the Peasantry, 1927-1930: The Tragedy of the Soviet Countryside*, New Haven: Yale University Press, 2005, pp. 220-1; Lynne Viola, "The Second Coming: Class Enemies in the Soviet Countryside, 1927-1935". In: John Arch Getty e Roberta Thompson Manning (Orgs.), *Stalinist Terror: New Perspectives*. Cambridge: Cambridge University Press, 1993, pp. 65-98; Orlando Figes, *The Whisperers: Private Life in Stalin's Russia*. Nova York: Picador, 2007, pp. 86-7; Sheila Fitzpatrick, *Stalin's Peasants: Resistance and Survival in the Russian Village After Collectivization*. Nova York: Oxford University Press, 1994, p. 55; James Hughes, *Stalinism in a Russian Province: Collectivization and Dekulakization in Siberia*. Nova York: Palgrave, 1996, pp. 145-57, 239-40; Lynne Viola et al. (Orgs.), *The War against the Peasantry, 1927-1930: The Tragedy of the Soviet Countryside*, New Haven: Yale University Press, 2005, pp. 230-1, 240.

95. Orlando Figes, *The Whisperers: Private Life in Stalin's Russia*. Nova York: Picador, 2007, p. 88. Duzentas e oitenta e oito famílias estavam sob jurisdição desse soviete rural. Ver *Naselennye punkty Ural'skoi oblasti* (v. 7, *Kurganskii okrug*. Sverdlovsk, 1928), p. 70. Disponível em: <elib.uraic.ru/bitstream/123456789/12391/1/0016895.pdf>. Acesso em: 2 maio 2024. Uma cota de dezessete famílias desse soviete rural corresponderia a 5,9% de suas famílias.

96. Stephen Kotkin, *Stalin: Waiting for Hitler, 1929-1941*. Nova York: Penguin Press, 2017, p. 75. Alguns autores sugerem números tão altos como 10 milhões de camponeses expulsos de casa. Ver, por exemplo, Norman M. Naimark, *Genocide: A World History* (Nova York: Oxford University Press, 2016), p. 87; Orlando Figes, *The Whisperers: Private Life in Stalin's Russia* (Nova York: Picador, 2007), p. 33.

97. Robert Conquest, *The Harvest of Sorrow: Soviet Collectivization and the Terror-Famine*. Oxford: Oxford University Press, 1986, pp. 124-41; Sheila Fitzpatrick, *Stalin's Peasants: Resistance and Survival in the Russian Village After Collectivization*. Nova York: Oxford University Press, 1994, p. 123.

98. Orlando Figes, *The Whisperers: Private Life in Stalin's Russia*. Nova York: Picador, 2007, p. 142; Robert Conquest, *The Harvest of Sorrow: Soviet Collectivization and the Terror-Famine*. Oxford: Oxford University Press, 1986, pp. 283-4; Lynne Viola, *Unknown Gulag: The Lost World of Stalin's Peasant Settlements*. Nova York: Oxford University Press, 2007, pp. 170-8.

99. Orlando Figes, *The Whisperers: Private Life in Stalin's Russia*. Nova York: Picador, 2007, pp. 145-7.

100. Ibid., pp. 122-9; Sheila Fitzpatrick, *Stalin's Peasants: Resistance and Survival in the Russian Village After Collectivization*. Nova York: Oxford University Press, 1994, pp. 255-6.

101. Robert Conquest, *The Harvest of Sorrow: Soviet Collectivization and the Terror-Famine*. Oxford: Oxford University Press, 1986, p. 295. A reportagem da Reuters de 21 de maio de 1934, citada por Conquest, está disponível em: <archive.org/stream/NewsUK1996UKEnglish/May%2022%201996%2C%20The%20Times%2C%20%2365586%2C%20UK%20%28en%29_djvu.txt>. Acesso em: 5 maio 2024.

102. Robert W. Thurston, "Social Dimensions of Stalinist Rule: Humor and Terror in the USSR, 1935-1941". *Journal of Social History*, v. 24, n. 3, p. 544, 1991.

103. Orlando Figes, *The Whisperers: Private Life in Stalin's Russia*. Nova York: Picador, 2007, p. xxxi.

104. I. S. Robinson, *Henry IV of Germany, 1056-1106*. Cambridge: Cambridge University Press, 2009, pp. 143-70; Uta-Renate Blumenthal, "Canossa and Royal Ideology in 1077: Two Unknown Manuscripts of *De penitentia regis Salomonis*". *Manuscripta*, v. 22, n. 2, pp. 91-6, 1978.

105. Thomas F. X. Noble, "Iconoclasm, Images, and the West". In: Mike Humphreys (Org.), *A Companion to Byzantine Iconoclasm*. Leiden: Brill, 2021, pp. 538-70; Marie-France Auzépy, "State of Emergency (700-850)". In: Jonathan Shepard (Org.), *The Cambridge History of the Byzantine Empire, c. 500-1492*. Cambridge: Cambridge University Press, 2010, pp. 249-91; Mike Humphreys, "Introduction". In: Id. *A Companion to Byzantine Iconoclasm*. Leiden: Brill, 2021, pp. 1-106.

106. Teófanes, *Chronographia*, AM 6211, apud Roman Cholij, *Theodore the Stoudite: The Ordering of Holiness*. Nova York: Oxford University Press, 2002, p. 12.

107. Peter Brown, "Introduction: Christendom, *c*. 600". In: Thomas F. X. Noble e Julia M. H. Smith (Orgs.), *The Cambridge History of Christianity*, v. 3: *Early Medieval Christianities, c. 600-c.1100*. (Cambridge: Cambridge University Press, 2008), pp. 1-20; Miri Rubin e Walter Simons, "Introduction". In: Id. *The Cambridge History of Christianity*, v. 4: *Christianity in Western Europe, c. 1100-c. 1500*. Cambridge: Cambridge University Press, 2009; Kevin Madigan, *Medieval Christianity: A New History*. New Haven: Yale University Press, 2015, pp. 80-94.

108. Ver, por exemplo, Piotr Górecki, "Parishes, Tithes, and Society in Earlier Medieval Poland, *c*. 1100-*c*. 1250" (*Transactions of the American Philosophical Society*, v. 83, n. 2, pp. i-146, 1993).

109. Marilyn J. Matelski, *Vatican Radio: Propagation by the Airwaves*. Westport: Praeger, 1995; Raffaella Perin, *The Popes on Air: The History of Vatican Radio from Its Origins to World War II*. Nova York: Fordham University Press, 2024.

110. Jaroslav Hašek, *The Good Soldier Švejk*. Trad. de Cecil Parrott. Londres: Penguin, 1973, pp. 258-62, 280 [Ed. bras.: *As aventuras do bom soldado Švejk*. Trad. de Luís Carlos Cabral. Rio de Janeiro: Alfaguara, 2014].

111. Serhii Plokhy, *Atoms and Ashes: A Global History of Nuclear Disaster*. Nova York: W. W. Norton, 2022; Olga Bertelsen, "Secrecy and the Disinformation Campaign Surrounding Chernobyl". *International Journal of Intelligence and CounterIntelligence*, v. 35, n. 2, pp. 292-317, 2022; Edward Geist, "Political Fallout: The Failure of Emergency Management at Chernobyl". *Slavic Review*, v. 74, n. 1, pp. 104-26, 2015; "Das Reaktorunglück in Tschernobyl wird bekannt". *SWR Kultur*, 28 abr. 1986. Disponível em: <swr.de/swr2/wissen/archivradio/das-reaktorunglueck-in-tschernobyl-wird-bekannt-100.html>. Acesso em: 2 maio 2024.

112. J. Samuel Walker, *Three Mile Island: A Nuclear Crisis in Historical Perspective*. Berkeley: University of California Press, 2004, pp. 78-84; Serhii Plokhy, *Atoms and Ashes: A Global History of Nuclear Disaster*. Nova York: W. W. Norton, 2022; Edward J. Walsh, "Three Mile Island: Meltdown of Democracy?". *Bulletin of the Atomic Scientists*, v. 39, n. 3, pp. 57-60, 1983; Natasha Zaretsky, *Radiation Nation: Three Mile Island and the Political Transformation of the 1970s*. Nova York: Columbia University Press, 2018; U.S. President's Commission on the Accident at Three Mile, *Report of the President's Commission on the Accident at Three Mile Island: The Need for Change, the Legacy of TMI*. Washington: U.S. Government Printing Office, 1979.

113. Christopher Carothers, "Taking Authoritarian Anti-corruption Reform Seriously". *Perspectives on Politics*, v. 20, n. 1, pp. 69-85, 2022; Kaunain Rahman, "An Overview of Corruption and Anti-corruption in Saudi Arabia". Transparency International, 23 jan. 2020. Disponível em: <knowledgehub.transparency.org/assets/uploads/helpdesk/Country-profile-Saudi-Arabia-2020__PR.pdf>. Acesso em: 2 maio 2024; Andrew Wedeman, "Xi Jinping's Tiger Hunt: Anti--corruption Campaign or Factional Purge?". *Modern China Studies*, v. 24, n. 2, pp. 35-94, 2017; Jiangnan Zhu e Dong Zhang, "Weapons of the Powerful: Authoritarian Elite Competition and Politicized Anticorruption in China". *Comparative Political Studies*, v. 50, n. 9, pp. 1186-220, 2017.

114. Valerii Soifer, *Lysenko and the Tragedy of Soviet Science*. New Brunswick: Rutgers University Press, 1994, p. 294; Jan Sapp, *Genesis: The Evolution of Biology*. Nova York: Oxford University Press, 2002, p. 173; John Maynard Smith, "Molecules Are Not Enough". *London Review of Books*, 6 fev. 1986. Disponível em: <lrb.co.uk/the-paper/v08/n02/john-maynard-smith/molecules-are-not-enough>. Acesso em: 2 maio 2024; Jenny Leigh Smith, *Works in Progress: Plans and Realities on Soviet Farms, 1930-1963*. New Haven: Yale University Press, 2014, p. 215; Robert L. Paarlberg, *Food Trade and Foreign Policy: India, the Soviet Union, and the United States*. Ithaca, Nova York: Cornell University Press, 1985, pp. 66-88; Eugene Keefe e Raymond Zickel (Orgs.), *The Soviet Union: A Country Study*. Washington: Library of Congress Federal Research Division, 1991, p. 532; Alec Nove, *An Economic History of the USSR, 1917-1991*. Londres: Penguin, 1992, p. 412; Sam Kean, "The Soviet Era's Deadliest Scientist Is Regaining Popularity in Russia". *Atlantic*, 19 dez. 2017. Disponível em: <heatlantic.com/science/archive/2017/12/trofim-lysenko-soviet-union-russia/548786/>. Acesso em: 2 maio 2024.

115. David E. Murphy, *What Stalin Knew: The Enigma of Barbarossa*. New Haven: Yale University Press, 2005, pp. 194-260; S. V. Stepashin (Org.), *Organy gosudarstvennoi bezopasnosti SSSR v Velikoi Otvechestvennoi voine: Sbornik dokumentov*, v. 2, livro 2. Moscou: Rus', 2000, p. 219; A. Artizov et al. (Orgs.), *Reabilitatsiia: Kak eto bylo. Dokumenty Prezidiuma TsK KPSS i drugie materialy*. Moscou: Mezhdunarodnyi Fond "Demokratiia", 2000, pp. 1:164-6; K. Simonov, *Glazami cheloveka moego pokolennia. Razmyshleniia o I. V. Staline*. Moscou: Kniga, 1990, pp. 378-9; Simon Sebag Montefiore, *Stalin: The Court of the Red Tsar*. Londres: Weidenfeld & Nicolson, 2003, pp. 305-6; David M. Glantz, *Colossus Reborn: The Red Army at War, 1941-1943*. Lawrence: University Press of Kansas, 2005, p. 715n133.

116. Sean McMeekin, *Stalin's War: A New History of World War II*. Nova York: Basic Books, 2021, p. 295.

117. Ibid., pp. 302-16.

118. Ibid., p. 319.

119. Orlando Figes, *The Whisperers: Private Life in Stalin's Russia*. Nova York: Picador, 2007, p. 383; Sean McMeekin, *Stalin's War: A New History of World War II*. Nova York: Basic Books, 2021, pp. 96, 451; Catherine Merridale, *Ivan's War: Life and Death in the Red Army, 1939--1945*. Nova York: Metropolitan, 2006; Roger Reese, *Why Stalin's Soldiers Fought: The Red Army's Military Effectiveness in World War II*. Lawrence: University Press of Kansas, 2011; David M. Glantz, *Stumbling Colossus: The Red Army on the Eve of World War*. Lawrence: University Press of Kansas, 1998; id., *Colossus Reborn: The Red Army at War, 1941-1943*. Lawrence: University Press of Kansas, 2005; Alexander Hill, *The Red Army and the Second World War*. Cambridge:

Cambridge University Press, 2017; Ben Shepherd, *Hitler's Soldiers: The German Army in the Third Reich*. New Haven: Yale University Press, 2016, pp. 114-5.

120. Evan Mawdsley, *Thunder in the East: The Nazi-Soviet War, 1941-1945*. 2. ed. Londres: Bloomsbury, 2016, pp. 208-9; Geoffrey Roberts, *Stalin's Wars: From World War to Cold War, 1939-1953*. New Haven: Yale University Press, 2006, pp. 133-4; Catherine Merridale, *Ivan's War: Life and Death in the Red Army, 1939-1945*. Nova York: Metropolitan, 2006, pp. 140-59; David M. Glantz, *Stumbling Colossus: The Red Army on the Eve of World War*. Lawrence: University Press of Kansas, 1998, p. 33.

121. Simon Sebag Montefiore, *Stalin: The Court of the Red Tsar*. Londres: Weidenfeld & Nicolson, 2003, pp. 486-8; Roy Medvedev, *Let History Judge: The Origins and Consequences of Stalinism*. Nova York: Knopf, 1972, p. 469.

122. Joshua Rubenstein, *The Last Days of Stalin*. New Haven: Yale University Press, 2016; Jonathan Brent e Naumov, *Stalin's Last Crime: The Plot against the Jewish Doctors, 1948-1953*. Nova York: HarperCollins, 2003; Elena Zubkova, *Russia After the War: Hopes, Illusions, and Disappointments, 1945-1957*. Armonk: M. E. Sharpe, 1998, pp. 137-8, 223n21-5; Orlando Figes, *The Whisperers: Private Life in Stalin's Russia*. Nova York: Picador, 2007, p. 521.

123. Robert Service, *Stalin: A Biography*. Cambridge: Harvard University Press, 2005, pp. 571-80 [Ed. bras.: *Stálin: Uma biografia*. Rio de Janeiro: Record, 2022]; Simon Sebag Montefiore, *Stalin: The Court of the Red Tsar*. Londres: Weidenfeld & Nicolson, 2003, pp. 566-7, 640; Oleg V. Khlevniuk, *Stalin: New Biography of a Dictator*. New Haven: Yale University Press, 2015, pp. 1-6, 33, 36, 92, 142-4, 189-90, 196-7, 250, 309-14 [Ed. bras.: *Stálin: Nova biografia de um ditador*. Trad. de Marcia Men. Santana de Parnaíba: Amarilys, 2017]; Roy Medvedev e Zhores Medvedev, *Unknown Stalin: His Life, Death, and Legacy*. Nova York: Overlook Press, 2005, pp. 19-35.

124. Arthur Marwick, *The Sixties: Cultural Revolution in Britain, France, Italy, and the United States, c. 1958-c. 1974*. Londres: Bloomsbury Reader, 1998; Peter B. Levy, *The Great Uprising: Race Riots in Urban America During the 1960s*. Cambridge: Cambridge University Press, 2018.

125. Para um estudo fascinante e perspicaz dessa e de "guerras de chips" anteriores, ver Chris Miller, *Chip War: The Fight for the World's Most Critical Technology* (Nova York: Scribner, 2022), p. 43 [Ed. bras.: A *Guerra dos chips: A batalha pela tecnologia que move o mundo*. Trad. de Roberto W. Nóbrega. Rio de Janeiro: Globo, 2023].

126. Victor Yasmann, "Grappling with the Computer Revolution". In: Vojtech Mastny (Org.), *Soviet/East European Survey, 1984-1985: Selected Research and Analysis from Radio Free Europe/Radio Liberty*. Durham: Duke University Press, 1986, pp. 266-72.

6. OS NOVOS MEMBROS: AS DIFERENÇAS ENTRE OS COMPUTADORES E OS PRELOS [pp. 205-38]

1. Alan Turing, "Intelligent Machinery". In: B. Jack Copeland (Org.), *The Essential Turing*. Nova York: Oxford University Press, 2004, pp. 395-432.

2. Id., "Computing Machinery and Intelligence". *Mind*, v. 59, n. 236, pp. 433-60, 1950.

3. Alexis Madrigal, "How Checkers Was Solved". *The Atlantic*, 19 jul. 2017. Disponível em:

<theatlantic.com/technology/archive/2017/07/marion-tinsley-checkers/534111/>. Acesso em: 4 maio 2024.

4. Richard Rhodes, *The Making of the Atomic Bomb.* Nova York: Simon & Schuster, 1986, p. 711.

5. Levin Brinkmann et al., "Machine Culture". *Nature Human Behavior*, v. 7, pp. 1855-68, 2023.

6. Max Fisher, *The Chaos Machine: The Inside Story of How Social Media Rewired Our Minds and Our World.* Nova York: Little, Brown, 2022 [Ed. bras.: *A máquina do caos: Como as redes sociais reprogramaram nossa mente e nosso mundo*. Trad. de Érico Assis. São Paulo: Todavia, 2023].

7. Esta discussão se baseia em Thant Myint-U, *The Hidden History of Burma: Race, Capitalism, and the Crisis of Democracy in the 21st Century* (Nova York: W. W. Norton, 2020); Habiburahman e Sophie Ansel, *First, They Erased Our Name: A Rohingya Speaks* (Londres: Scribe, 2019); Anistia Internacional, *The Social Atrocity: Meta and the Right to Remedy for the Rohingya* (Londres: Anistia Internacional, 2022. Disponível em: <amnesty.org/en/documents/asa16/5933/2022/en/>. Acesso em: 4 maio 2024); Christina Fink, "Dangerous Speech, Anti-Muslim Violence, and Facebook in Myanmar". *Journal of International Affairs*, v. 71, n. 1.5, pp. 43-52, 2018; Naved Bakali, "Islamophobia in Myanmar: The Rohingya Genocide and the 'War on Terror'". *Race and Class*, v. 62, n. 4, pp. 1-19, 2021; Ali Siddiquee, "The Portrayal of the Rohingya Genocide and Refugee Crisis in the Age of Post-truth Politics". *Asian Journal of Comparative Politics*, v. 5, n. 2, pp. 89-103, 2019; Neriah Yue, "The 'Weaponization' of Facebook in Myanmar: A Case for Corporate Criminal Liability". *Hastings Law Journal*, v. 71, n. 3, pp. 813-44, 2020; Jennifer Whitten-Woodring et al., "Poison if You Don't Know How to Use It: Facebook, Democracy, and Human Rights in Myanmar". *International Journal of Press/Politics*, v. 25, n. 3, pp. 1-19, 2020.

8. Ver Thant Myint-U, "Unfinished Nation". In: Id. *The Hidden History of Burma: Race, Capitalism, and the Crisis of Democracy in the 21st Century* (Nova York: W. W. Norton, 2020). Ver também Anistia Internacional, "Briefing: Attacks by the Arakan Rohingya Salvation Army (ARSA) on Hindus in Northern Rakhine State" (22 maio 2018. Disponível em: <amnesty.org/en/documents/asa16/8454/2018/en/>. Acesso em: 4 maio 2024); id., "'We Will Destroy Everything': Military Responsibility for Crimes against Humanity in Rakhine State" (27 jun. 2018. Disponível em: <amnesty.org/en/documents/asa16/8630/2018/en/>. Acesso em: 4 maio 2024); Anthony Ware e Costas Laoutides, *Myanmar's "Rohingya" Conflict* (Nova York: Oxford University Press, 2018), pp. 14-53.

9. Thant Myint-U, *The Hidden History of Burma: Race, Capitalism, and the Crisis of Democracy in the 21st Century.* Nova York: W. W. Norton, 2020; Anthony Ware e Costas Laoutides, *Myanmar's "Rohingya" Conflict.* Nova York: Oxford University Press, 2018, p. 6; id., "Myanmar's 'Rohingya' Conflict: Misconceptions and Complexity". *Asian Affairs*, v. 50, n. 1, pp. 60-79, 2019; UNHCR, "Bangladesh Rohingya Emergency", [s.d.]. Disponível em: <unhcr.org/ph/campaigns/rohingya-emergency>. Acesso em: 13 fev. 2024; Mohshin Habib et al., *Forced Migration of Rohingya: The Untold Experience.* Ontário: Ontario International Development Agency, 2018, p. 69; Annekathryn Goodman e Iftkher Mahmood, "The Rohingya Refugee Crisis of Bangladesh: Gender Based Violence and the Humanitarian Response". *Open Journal of Political Science*, v. 9, n. 3, pp. 490-501, 2019.

10. Thant Myint-U, *The Hidden History of Burma: Race, Capitalism, and the Crisis of Democracy in the 21st Century.* Nova York: W. W. Norton, 2020, p. 165.

11. Anistia Internacional, *The Social Atrocity: Meta and the Right to Remedy for the Rohingya.* Londres: Amnesty International, 2022, p. 45. Disponível em: <amnesty.org/en/documents/asa16/5933/2022/en/>. Acesso em: 4 maio 2024.

12. Thant Myint-U, *The Hidden History of Burma: Race, Capitalism, and the Crisis of Democracy in the 21st Century.* Nova York: W. W. Norton, 2020, p. 166.

13. Kumar Ramakrishna, "Understanding Myanmar's Buddhist Extremists: Some Preliminary Musings". *The New England Journal of Public Policy*, v. 32, n. 2, 2020; Ronan Lee, *Myanmar's Rohingya Genocide: Identity, History, and Hate Speech.* Londres: Bloomsbury, 2021, p. 89; Sheera Frenkel, "This Is What Happens When Millions of People Suddenly Get the Internet". *BuzzFeed News*, 20 nov. 2016. Disponível em: <buzzfeednews.com/article/sheerafrenkel/fake-news-spreads-trump-around-the-world>. Acesso em: 4 maio 2024; Megan Specia e Paul Mozur, "A War of Words Puts Facebook at the Center of Myanmar's Rohingya Crisis". *The New York Times*, 27 out. 2017.

14. Anistia Internacional, *The Social Atrocity: Meta and the Right to Remedy for the Rohingya.* Londres: Amnesty International, 2022, p. 7. Disponível em: <amnesty.org/en/documents/asa16/5933/2022/en/>. Acesso em: 4 maio 2024.

15. Tom Miles, "U.N. Investigators Cite Facebook Role in Myanmar Crisis". *Reuters*, 13 mar. 2018. Disponível em: <reuters.com/article/idUSKCN1GO2Q4/>. Acesso em: 4 maio 2024.

16. Anistia Internacional, *The Social Atrocity: Meta and the Right to Remedy for the Rohingya.* Londres: Anistia Internacional, 2022, p. 8. Disponível em: <amnesty.org/en/documents/asa16/5933/2022/en/>. Acesso em: 4 maio 2024.

17. John Clifford Holt, *Myanmar's Buddhist-Muslim Crisis: Rohingya, Arakanese, and Burmese Narratives of Siege and Fear.* Honolulu: University of Hawaii Press, 2019, pp. 241-3; Kyaw Phone Kyaw, "The Healing of Meiktila". *Frontier Myanmar*, 21 abr. 2016. Disponível em: <frontiermyanmar.net/en/the-healing-of-meiktila/>. Acesso em: 4 maio 2024.

18. Sobre o poder cultural dos algoritmos de recomendação, ver também Levin Brinkmann et al., "Machine Culture" (*Nature Human Behavior*, v. 7, pp. 1855-68, 2023); Jessica Su, Aneesh Sharma e Sharad Goel, "The Effect of Recommendations on Network Structure" (In: *Proceedings of the 25th International Conference on World Wide Web.* Genebra: International World Wide Web Conferences Steering Committee, 2016), pp. 1157-67; Zhepeng Li, Xiao Fang e Olivia R. Liu Sheng, "A Survey of Link Recommendation for Social Networks: Methods, Theoretical Foundations, and Future Research Directions" (*ACM Transactions on Management Information Systems*, v. 9, n. 1, pp. 1-26, 2018).

19. Anistia Internacional, *The Social Atrocity: Meta and the Right to Remedy for the Rohingya.* Londres: Amnesty International, 2022, p. 47. Disponível em: <amnesty.org/en/documents/asa16/5933/2022/en/>. Acesso em: 4 maio 2024.

20. Ibid., p. 46.

21. Ibid., pp. 38-49. Ver também Zeynep Tufekci, "Algorithmic Harms Beyond Facebook and Google: Emergent Challenges of Computational Agency" (*Colorado Technology Law Journal*, v. 13, pp. 203-18, 2015); Janna Anderson e Lee Rainie, "The Future of Truth and Misinformation Online" (Pew Research Center, 19 out. 2017. Disponível em: <pewresearch.org/internet/2017/10/19/the-future-of-truth-and-misinformation-online/>. Acesso em: 4 maio 2024);

Ro'ee Levy, "Social Media, News Consumption, and Polarization: Evidence from a Field Experiment" (*American Economic Review*, v. 111, n. 3, pp. 831-70, 2021); William J. Brady, Ana P. Gantman e Jay J. Van Bavel, "Attentional Capture Helps Explain Why Moral and Emotional Content Go Viral" (*Journal of Experimental Psychology: General*, v. 149, n. 4, pp. 746-56, 2020).

22. Yue Zhang et al., "Siren's Song in the AI Ocean: A Survey on Hallucination in Large Language Models". Pré-impressão, submetido em 2023. Disponível em: <arxiv.org/abs/2309.01219>. Acesso em: 4 maio 2024; Jordan Pearson, "Researchers Demonstrate AI 'Supply Chain' Disinfo Attack with 'PoisonGPT'". *Vice*, 13 jul. 2023. Disponível em: <vice.com/en/article/xgwgn4/researchers-demonstrate-ai-supply-chain-disinfo-attack-with-poisongpt>. Acesso em: 4 maio 2024.

23. František Baluška e Michael Levin, "On Having No Head: Cognition Throughout Biological Systems". *Frontiers in Psychology*, v. 7, 2016.

24. Para uma discussão bem mais aprofundada de consciência e tomada de decisões em humanos, ver Mark Solms, *The Hidden Spring: A Journey to the Source of Consciousness* (Londres: Profile Books, 2021).

25. Para uma discussão em profundidade de consciência e inteligência em humanos e IA, ver Yuval Noah Harari, *Homo Deus* (Nova York: Harper, 2017), caps. 3, 10 [Ed. bras.: *Homo Deus: Uma breve história do amanhã*. Trad. de Paulo Geiger. São Paulo: Companhia das Letras, 2016]; id., *21 Lessons for the 21st Century* (Nova York: Spiegel & Grau, 2018), cap. 3 [Ed. bras.: *21 lições para o século 21*. Trad. de Paulo Geiger. São Paulo: Companhia das Letras, 2018]; id., "The Politics of Consciousness" (In: Aviva Berkovich-Ohana et al. (Org.), *Perspectives On Consciousness: Highlighting Subjective Experience*, cap. 7 (Cambridge: MIT Press, 2025 [em breve]); Patrick Butlin et al., "Consciousness in Artificial Intelligence: Insights from the Science of Consciousness" (Pré-impressão, submetido em 2023. Disponível em: <arxiv.org/abs/2308.08708>. Acesso em: 4 maio 2024).

26. OpenAI, "GPT-4 System Card", p. 14, 23 mar. 2023. Disponível em: <cdn.openai.com/papers/gpt-4-system-card.pdf>. Acesso em: 4 maio 2024.

27. Ibid., pp. 15-6.

28. Ver Yuval Noah Harari, *Homo Deus* (Nova York: Harper, 2017), caps. 3, 10; id., "The Politics of Consciousness".

29. Para exemplos da vida real, ver Jamie Condliffe, "Algorithms Probably Caused a Flash Crash of the British Pound" (*MIT Technology Review*, 7 out. 2016. Disponível em: <technologyreview.com/2016/10/07/244656/algorithms-probably-caused-a-flash-crash-of-the-british-pound/>. Acesso em: 4 maio 2024); Bruce Lee, "Fake Eli Lilly Twitter Account Claims Insulin Is Free, Stock Falls 4.37%" (*Forbes*, 12 nov. 2022. Disponível em: <forbes.com/sites/brucelee/2022/11/12/fake-eli-lilly-twitter-account-claims-insulin-is-free-stock-falls-43/?sh=61308fb 541a3>. Acesso em: 4 maio 2024).

30. Jenna Greene, "Will ChatGPT Make Lawyers Obsolete? (Hint: Be Afraid)". *Reuters*, 10 dez. 2022. Disponível em: <reuters.com/legal/transactional/will-chatgpt-make-lawyers-obsolete-hint-be-afraid-2022-12-09/>. Acesso em: 4 maio 2024; Chloe Xiang, "ChatGPT Can Do a Corporate Lobbyist's Job, Study Determines". *Vice*, 5 jan. 2023. Disponível em: <vice.com/en/article/3admm8/chatgpt-can-do-a-corporate-lobbyists-job-study-determines>. Acesso em:

4 maio 2024; Jules Ioannidis et al., "Gracenote.ai: Legal Generative AI for Regulatory Compliance". *SSRN*, 19 jun. 2023; Damien Charlotin, "Large Language Models and the Future of Law". *SSRN*, 22 ago. 2023; Daniel Martin Katz et al., "GPT-4 Passes the Bar Exam". *SSRN*, 15 mar. 2023. Mas ver também Eric Martínez, "Re-evaluating GPT-4's Bar Exam Performance" (*SSRN*, 8 maio 2023).

31. Levin Brinkmann et al., "Machine Culture". *Nature Human Behavior*, v. 7, pp. 1855-68, 2023.

32. Julia Carrie Wong, "Facebook Restricts More Than 10,000 QAnon and US Militia Groups". *The Guardian*, 19 ago. 2020. Disponível em: <theguardian.com/us-news/2020/aug/19/facebook-qanon-us-militia-groups-restrictions>. Acesso em: 4 maio 2024.

33. "FBI Chief Says Five QAnon Conspiracy Advocates Arrested for Jan 6 U.S. Capitol Attack". *Reuters*, 15 abr. 2021. Disponível em: <reuters.com/world/us/fbi-chief-says-five-qanon-conspiracy-advocates-arrested-jan-6-us-capitol-attack-2021-04-14/>. Acesso em: 4 maio 2024.

34. "Canadian Man Faces Weapons Charges in Attack on PM Trudeau's Home". *Al Jazeera*, 7 jul. 2020. Disponível em: <aljazeera.com/news/2020/7/7/canadian-man-faces-weapons-charges-in-attack-on-pm-trudeaus-home>. Acesso em: 4 maio 2024. Ver também Mack Lamoureux, "A Fringe Far-Right Group Keeps Trying to Citizen Arrest Justin Trudeau" (*Vice*, 28 jul. 2020. Disponível em: <vice.com/en/article/dyzwpy/a-fringe-far-right-group-keeps-trying-to-citizen-arrest-justin-trudeau>. Acesso em: 4 maio 2024).

35. "Rémy Daillet: Conspiracist Charged over Alleged French Coup Plot". *BBC*, 28 out. 2021. Disponível em: <bbc.com/news/world-europe-59075902>. Acesso em: 4 maio 2024; Charles Bremner, "Rémy Daillet: Far-Right 'Coup Plot' in France Enlisted Army Officers". *The Times*, 28 out. 2021. Disponível em: <thetimes.co.uk/article/remy-daillet-far-right-coup-plot france-army-officers-qanon-ds22j6g05>. Acesso em: 4 maio 2024.

36. Mia Bloom e Sophia Moskalenko, *Pastels and Pedophiles: Inside the Mind of QAnon*. Stanford: Stanford University Press, 2021, p. 2.

37. John Bowden, "QAnon-Promoter Marjorie Taylor Greene Endorses Kelly Loeffler in Georgia Senate Bid". *The Hill*, 15 out. 2020. Disponível em: <thehill.com/homenews/campaign/521196-qanon-promoter-marjorie-taylor-greene-endorses-kelly-loeffler-in-ga-senate/>. Acesso em: 4 maio 2024.

38. Camila Domonoske, "QAnon Supporter Who Made Bigoted Videos Wins Ga. Primary, Likely Heading to Congress". *NPR*, 12 ago. 2020. Disponível em: <npr.org/2020/08/12/901628541/qanon-supporter-who-made-bigoted-videos-wins-ga-primary-likely-heading-to-congre>. Acesso em: 4 maio 2024.

39. Nitasha Tiku, "The Google Engineer Who Thinks the Company's AI Has Come to Life". *The Washington Post*, 11 jun. 2022.

40. Matthew Weaver, "AI Chatbot 'Encouraged' Man Who Planned to Kill Queen, Court Told". *The Guardian*, 6 jul. 2023. Disponível em: <theguardian.com/uk-news/2023/jul/06/ai chatbot-encouraged-man-who-planned-to-kill-queen-court-told>. Acesso em: 4 maio 2024; PA Media, Rachel Hall e Nadeem Badshah, "Man Who Broke into Windsor Castle with Crossbow to Kill Queen Jailed for Nine Years". *The Guardian*, 5 out. 2023. Disponível em: <theguardian.com/uk-news/2023/oct/05/man-who-broke-into-windsor-castle-with-crossbow-to-killqueen-jailed-for-nine-years>. Acesso em: 4 maio 2024; William Hague, "The Real Threat of AI Is Fostering Extremism". *The Times*, 30 out. 2023.

41. Marcus du Sautoy, *The Creativity Code: Art and Innovation in the Age of AI.* Cambridge: Belknap Press of Harvard University Press, 2019; Levin Brinkmann et al., "Machine Culture". *Nature Human Behavior*, v. 7, pp. 1855-68, 2023.

42. Martín Abadi e David G. Andersen, "Learning to Protect Communications with Adversarial Neural Cryptography". *arXiv*, 21 out. 2016. Disponível em: <arxiv.org/abs/1610.06918>. Acesso em: 4 maio 2024.

43. Robert Kissell, *Algorithmic Trading Methods: Applications Using Advanced Statistics, Optimization, and Machine Learning Technique.* Londres: Academic Press, 2021; Anna-Louise Jackson, "A Basic Guide to Forex Trading". *Forbes*, 17 mar. 2023. Disponível em: <forbes.com/advisor/investing/what-is-forex-trading/>. Acesso em: 4 maio 2024; Bank of International Settlements, "Triennial Central Bank Survey: OTC Foreign Exchange Turnover in April 2022", 27 out. 2022. Disponível em: <bis.org/statistics/rpfx22_fx.pdf>. Acesso em: 4 maio 2024.

44. Jaime Sevilla et al., "Compute Trends Across Three Eras of Machine Learning". *2022 International Joint Conference on Neural Networks* (*IJCNN*), IEEE, 30 set. 2022; Yoshua Bengio et al., "Managing Extreme AI Risks Amid Rapid Progress". *Science* (maio 2024).

45. Kwang W. Jeon, *The Biology of Amoeba.* Londres: Academic Press, 1973.

46. International Energy Agency (IEA), "Data Centres and Data Transmission Networks", 11 jul. 2023 (última atualização). Disponível em: <iea.org/energy-system/buildings/data-centres-and-data-transmission-networks>. Acesso em: 27 dez. 2023; Jacob Roundy, "Assess the Environmental Impact of Data Centers". *TechTarget*, 12 jul. 2023. Disponível em: <techtarget.com/searchdatacenter/feature/Assess-the-environmental-impact-of-data-centers>. Acesso em: 4 maio 2024; Alex de Vries, "The Growing Energy Footprint of Artificial Intelligence". *Joule*, v. 7, n. 10, pp. 2191-4, 2023; Javier Felipe Andreu, Alicia Valero Delgado e Jorge Torrubia Torralba, "Big Data on a Dead Planet: The Digital Transition's Neglected Environmental Impacts". *The Left in the European Parliament*, 15 nov. 2022. Disponível em: <left.eu/issues/publications/big-data-on-a-dead-planet-the-digital-transitions-neglected-environmental-impacts/>. Acesso em: 4 maio 2024. Sobre os requisitos de água, ver Shannon Osaka, "A New Front in the Water Wars: Your Internet Use" (*The Washington Post*, 25 abr. 2023).

47. Shoshana Zuboff, *The Age of Surveillance Capitalism: The Fight for a Human Future at the New Frontier of Power.* Nova York: PublicAffairs, 2018 [Ed. bras.: *A era do capitalismo de vigilância: A luta por um futuro humano na nova fronteira do poder*. Trad. de George Schlesinger. Rio de Janeiro: Intrínseca, 2021]; Ulises A. Mejias e Nick Couldry, *Data Grab: The New Colonialism of Big Tech and How to Fight Back.* Londres: Ebury, 2024; Brian Huseman (vice-presidente da Amazon), carta para Chris Coons (senador americano) (Coons.senate.gov, 28 jun. 2019. Disponível em: <coons.senate.gov/imo/media/doc/Amazon%20Senator%20Coons__Response%20Letter__6.28.19%5B3%5D.pdf>. Acesso em: 4 maio 2024).

48. "Tech Companies Spend More Than €100 Million a Year on EU Digital Lobbying". *Euronews*, 11 set. 2023. Disponível em: <euronews.com/my-europe/2023/09/11/tech-companies spend-more-than-100-million-a-year-on-eu-digital-lobbying>. Acesso em: 4 maio 2024; Emily Birnbaum, "Tech Giants Broke Their Spending Records on Lobbying Last Year". *Bloomberg*, 1 fev. 2023.

49. Marko Köthenbürger, "Taxation of Digital Platforms". In: Sijbren Cnossen e Bas Jacobs (Orgs.), *Tax by Design for the Netherlands*. Nova York: Oxford University Press, 2022, p. 178.

50. Omri Marian, "Taxing Data". *BYU Law Review*, v. 47, 2021; Viktor Mayer-Schönberger e Thomas Ramge, *Reinventing Capitalism in the Age of Big Data.* Nova York: Basic Books, 2018; Jathan Sadowski, *Too Smart: How Digital Capitalism Is Extracting Data, Controlling Our Lives, and Taking Over the World.* Cambridge: MIT Press, 2020; Douglas Laney, "Unlock Tangible Benefits by Valuing Intangible Data Assets". *Forbes,* 9 mar. 2023. Disponível em: <forbes.com/sites/douglaslaney/2023/03/09/unlock-tangible-benefits-by-valuing-intangible-data-assets/?sh=47f6750b1152>. Acesso em: 4 maio 2024; Ziva Rubinstein, "Taxing Big Data: A Proposal to Benefit Society for the Use of Private Information". *Fordham Intellectual Property, Media, and Entertainment Law*, v. 31, n. 4, p. 1199, 2021; Mike Fleckenstein, Ali Obaid e Nektaria Tryfona, "A Review of Data Valuation Approaches and Building and Scoring a Data Valuation Model". *Harvard Data Science Review*, v. 5, n. 1, 2023.

51. Andrew Leonard, "How Taiwan's Unlikely Digital Minister Hacked the Pandemic". *Wired,* 23 jul. 2020. Disponível em: <wired.com/story/how-taiwans-unlikely-digital-minister hacked-the-pandemic/>. Acesso em: 4 maio 2024.

52. Victor Yasmann, "Grappling with the Computer Revolution". In: Vojtech Mastny (Org.), *Soviet/East European Survey, 1984-1985: Selected Research and Analysis from Radio Free Europe/Radio Liberty.* Durham: Duke University Press, 1986; James L. Hoot, "Computing in the Soviet Union". *Computing Teacher*, maio 1987; William H. Luers, "The U.S. and Eastern Europe". *Foreign Affairs*, v. 65, n. 5, pp. 989-90, 1987; Slava Gerovitch, "How the Computer Got Its Revenge on the Soviet Union". *Nautilus*, 2 abr. 2015. Disponível em: <nautil.us/how-the-computer-got-its-revenge-on-the-soviet-union-235368/>. Acesso em: 4 maio 2024; Benjamin Peters, "The Soviet InterNyet". *Eon*, 17 out. 2016; Benjamin Peters, *How Not to Network a Nation: The Uneasy History of the Soviet Internet.* Cambridge: MIT Press, 2016.

53. Fred Turner, *From Counterculture to Cyberculture: Stewart Brand, the Whole Earth Network, and the Rise of Digital Utopianism.* Chicago: University of Chicago Press, 2010.

54. Paul Freiberger e Michael Swaine, *Fire in the Valley: The Making of the Personal Computer*. 2. ed. Nova York: McGraw Hill, 2000, pp. 263-5; Laine Nooney, *The Apple II Age: How the Computer Became Personal.* Chicago: University of Chicago Press, 2023, p. 57.

55. Nicholas J. Schlosser, *Cold War on the Airwaves: The Radio Propaganda War against East Germany* (Champaign: University of Illinois Press, 2015), em especial o cap. 5, "The East German Campaign Against RIAS", pp. 107-34; Alfredo Thiermann, "Radio Activities" (*Thresholds, v.* 45, pp. 194-210, 2017).

7. INCESSANTE: A REDE ESTÁ SEMPRE LIGADA [pp. 239-62]

1. Paul Kenyon, *Children of the Night: The Strange and Epic Story of Modern Romania.* Londres: Apollo, 2021, pp. 353-4.

2. Ibid., p. 356.

3. Ibid., pp. 373-4.

4. Ibid., p. 357.

5. Ibid.

6. Ibid.

7. Dennis Deletant, “Securitate Legacy in Romania”. In: Kieran Williams (Org.), *Security Intelligence Services in New Democracies: The Czech Republic, Slovakia, and Romania*. Londres: Palgrave, 2001, p. 198.

8. Marc Brysbaert, “How Many Words Do We Read per Minute? A Review and Meta-analysis of Reading Rate”. *Journal of Memory and Language*, v. 109, dez. 2019.

9. Alex Hughes, “ChatGPT: Everything You Need to Know about OpenAI’s GPT-4 Tool”. *BBC Science Focus*, 26 set. 2023. Disponível em: <sciencefocus.com/future-technology/gpt-3>. Acesso em: 7 maio 2024; Stephen McAleese, “Retrospective on ‘GPT-4 Predictions’ After the Release of GPT-4”. *LessWrong*, 18 mar. 2023. Disponível em: <lesswrong.com/posts/iQx2eeHKLwgBYdWPZ/retrospective-on-gpt-4-predictions-after-the-release-of-gpt>. Acesso em: 7 maio 2024; Jonathan Vanian and Kif Leswing, “ChatGPT and Generative AI Are Booming, but the Costs Can Be Extraordinary”. *CNBC*, 13 mar. 2023. Disponível em: <cnbc.com/2023/03/13/chatgpt-and-generative-ai-are-booming-but-at-a-very-expensive-price.html>. Acesso em: 7 maio 2024.

10. Christian Grothoff e Jens Purup, “The NSA’s SKYNET Program May Be Killing Thousands of Innocent People”. *Ars Technica*, 16 fev. 2016. Disponível em: <arstechnica.co.uk/security/2016/02/the-nsas-skynet-program-may-be-killing-thousands-of-innocent-people/>. Acesso em: 7 maio 2024.

11. Jennifer Gibson, “Death by Data: Drones, Kill Lists, and Algorithms”. In: Alasdair McKay, Abigail Watson e Megan Karlshøj-Pedersen (Orgs.), *Remote Warfare: Interdisciplinary Perspectives*. Bristol: E-International Relations, 2021. Disponível em: <e-ir.info/publication/remote-warfare-interdisciplinary-perspectives/>. Acesso em: 7 maio 2024; Vasja Badalič, “The Metadata-Driven Killing Apparatus: Big Data Analytics, the Target Selection Process, and the Threat to International Humanitarian Law”. *Critical Military Studies*, v. 9, n. 4, pp. 619-39, 2023.

12. Catherine E. Richards et al., “Rewards, Risks, and Responsible Deployment of Artificial Intelligence in Water Systems”. *Nature Water*, v. 1, pp. 422-32, 2023.

13. John S. Brownstein et al., “Advances in Artificial Intelligence for Infectious-Disease Surveillance”. *The New England Journal of Medicine*, v. 388, n. 17, pp. 1597-607, 2023; Vignesh A. Arasu et al., “Comparison of Mammography AI Algorithms with a Clinical Risk Model for 5-Year Breast Cancer Risk Prediction: An Observational Study”. *Radiology*, v. 307, n. 5, 2023; Alexander V. Eriksen, Sören Möller e Jesper Ryg, “Use of GPT-4 to Diagnose Complex Clinical Cases”. *NEJM AI*, v. 1, n. 1, 2023.

14. Ashley Belanger, “AI Tool Used to Spot Child Abuse Allegedly Targets Parents with Disabilities”. *Ars Technica*, 1 fev. 2023. Disponível em: <arstechnica.com/tech-policy/2023/01/doj-probes-ai-tool-thats-allegedly-biased-against-families-with-disabilities/>. Acesso em: 7 maio 2024.

15. Yegor Tkachenko e Kamel Jedidi, “A Megastudy on the Predictability of Personal Information from Facial Images: Disentangling Demographic and Non-demographic Signals”. *Scientific Reports*, v. 13, 2023; Jacob Leon Kröger, Otto Hans-Martin Lutz e Florian Müller, “What Does Your Gaze Reveal About You? On the Privacy Implications of Eye Tracking”. In: Michael Friedewald et al. (Orgs.), *Privacy and Identity Management. Data for Better Living: AI and Privacy*. Cham: Springer International, 2020, pp. 226-41; N. Arun, P. Maheswaravenkatesh e T. Jayasankar, “Facial Micro Emotion Detection and Classification Using Swarm Intelligence Based Modified Convolutional Network”. *Expert Systems with Applications*, v. 233, 2023; Vasi-

leios Skaramagkas et al., "Review of Eye Tracking Metrics Involved in Emotional and Cognitive Processes". *IEEE Reviews in Biomedical Engineering*, v. 16, pp. 260-77, 2023.

16. Walter Isaacson, *Elon Musk*. Londres: Simon & Schuster, 2023, cap. 65, "Neuralink, 2017-2020", e cap. 89, "Miracles: Neuralink, November 2021"; Rachel Levy, "Musk's Neuralink Faces Federal Probe, Employee Backlash over Animal Tests". *Reuters*, 6 dez. 2022; Elon Musk e Neuralink, "An Integrated Brain-Machine Interface Platform with Thousands of Channels". *Journal of Medical Research*, v. 21, n. 10, 2019; Emily Waltz, "Neuralink Barrels into Human Tests Despite Fraud Claims". *IEEE Spectrum*, 6 dez. 2023. Disponível em: <spectrum.ieee.org/neuralink-human-trials>. Acesso em: 7 maio 2024; Aswin Chari et al., "Brain-Machine Interfaces: The Role of the Neurosurgeon". *World Neurosurgery*, v. 146, pp. 140-7, fev. 2021; Kenny Torrella, "Neuralink Shows What Happens When You Bring 'Move Fast and Break Things' to Animal Research". *Vox*, 11 dez. 2023. Disponível em: <vox.com/future-perfect/2022/12/11/ 23500157/neuralink-animal-testing-elon-musk-usda-probe>. Acesso em: 7 maio 2024.

17. Jerry Tang et al., "Semantic Reconstruction of Continuous Language from Non-invasive Brain Recordings". *Nature Neuroscience*, v. 26, pp. 858-66, 2023.

18. Anne Manning, "Human Brain Seems Impossible to Map. What If We Started with Mice?". *Harvard Gazette*, 26 set. 2023. Disponível em: <news.harvard.edu/gazette/story/2023/09/human-brain-too-big-to-map-so-theyre-starting-with-mice/>. Acesso em: 7 maio 2024; Michał Januszewski, "Google Research Embarks on Effort to Map a Mouse Brain". *Google Research Blog*, 26 set. 2023. Disponível em: <blog.research.google/2023/09/google-research-embarks-on-effort-to.html?utm_source=substack&utm_medium=email>. Acesso em: 7 maio 2024; Tim Blakely e Michał Januszewski, "A Browsable Petascale Reconstruction of the Human Cortex". *Google Research Blog*, 1 jun. 2021. Disponível em: <blog.research.google/2021/06/a-browsable-petascale-reconstruction-of.html>. Acesso em: 7 maio 2024.

19. Isso pode mudar com o desenvolvimento da tecnologia. Um relatório de pesquisa da Universidade Estadual de Ohio, publicado em 2 de junho de 2022, afirma que neuroimagens podem prever com precisão se as pessoas são politicamente conservadoras ou liberais (Seo Eun Yang et al., "Functional Connectivity Signatures of Political Ideology". *PNAS Nexus*, v. 1, n. 3, pp. 1-11, jul. 2022). Ver também Petter Törnberg, "ChatGPT-4 Outperforms Experts and Crowd Workers in Annotating Political Twitter Messages with Zero-Shot Learning" (*arXiv*, abr. 2023); Michal Kosinski, "Facial Recognition Technology Can Expose Political Orientation from Naturalistic Facial Images" (*Scientific Reports*, v. 11, 2021); Jerry Tang et al., "Semantic Reconstruction of Continuous Language from Non-invasive Brain Recordings" (*Nature Neuroscience*, v. 26, pp. 858-66, 2023).

20. Algoritmos já são capazes de identificar e prever emoções humanas sem vigilância biométrica. Ver, por exemplo, Sam Machkovech, "Report: Facebook Helped Advertisers Target Teens Who Feel 'Worthless'" (*Ars Technica*, 1 maio 2017. Disponível em: <arstechnica.com/information-technology/2017/05/facebook-helped-advertisers-target-teens-who-feel-worthless/>. Acesso em: 7 maio 2024); Alexander Spangher, "How Does This Article Make You Feel?" (*Medium*, 1 nov. 2018. Disponível em: <open.nytimes.com/how-does-this-article-make-you-feel-4684e5e9c47>. Acesso em: 7 maio 2024).

21. Anistia Internacional, "Automated Apartheid: How Facial Recognition Fragments, Segregates, and Controls Palestinians in the OPT", pp. 42-3, 2 maio 2023. Disponível em: <amnes-

ty.org/en/documents/mde15/6701/2023/en/>. Acesso em: 10 maio 2024; Tal Shef, "Re'ayon im Sasi Elya, rosh ma'arach ha-cyber bashabak". *Yediot Ahronot*, 27 nov. 2020 [Entrevista com Sasi Elya, chefe da divisão de cibernética do Shin Bet's]. Disponível em: <yediot.co.il/articles/0,7340,L-5851340,00.html>. Acesso em: 10 maio 2024; Human Rights Watch, *China's Algorithms of Repression: Reverse Engineering a Xinjiang Police Mass Surveillance App*. Nova York: Human Rights Watch, 2019, p. 9. Disponível em: <hrw.org/sites/default/files/report_pdf/china0519_web5.pdf>. Acesso em: 10 maio 2024; OHCHR, "OHCHR Assessment of Human Rights Concerns in the Xinjiang Uyghur Autonomous Region", 31 ago. 2022. Disponível em: <ohchr.org/sites/default/files/documents/countries/2022-08-31/22-08-31-final-assesment.pdf>. Acesso em: 10 maio 2024; Geoffrey Cain, *The Perfect Police State: An Undercover Odyssey into China's Terrifying Surveillance Dystopia of the Future*. Nova York: Public Affairs, 2021; Michael Quinn, "Realities of Life in Kashmir". *Amnesty International Blog*, 12 jul. 2023. Disponível em: <amnesty.org.uk/blogs/country-specialists/realities-life-kashmir>. Acesso em: 10 maio 2024; PTI, "AI-based Facial Recognition System Inaugurated in J-K's Kishtwar". *The Print*, 9 dez. 2023. Disponível em: <theprint.in/india/ai-based-facial-recognition-system-inaugurated-in-j-ks-kishtwar/1879576/>. Acesso em: 10 maio 2024; Max Koshelev, "How Crimea Became a Testing Ground for Russia's Surveillance Technology". *Hromadske*, 15 set. 2017. Disponível em: <hromadske.ua/en/posts/how-crimea-became-a-testing-ground-for-russias-surveillance technology>. Acesso em: 10 maio 2024; Council of Europe, "Human Rights Situation in the Autonomous Republic of Crimea and the City of Sevastopol, Ukraine", pp. 10-8, 31 ago. 2023. Disponível em: <rm.coe.int/CoERMPublicCommonSearchServices/DisplayDCTMContent?documentId=0900001680ac6e10>. Acesso em: 10 maio 2024; Shaun Walker e Pjotr Sauer, "'The Fight Is Continuing': A Decade of Russian Rule Has Not Silenced Ukrainian Voices in Crimea". *The Guardian*, 12 mar. 2024. Disponível em: <theguardian.com/world/2024/mar/14/crimea-annexation-10-years-russia-ukraine>. Acesso em: 10 maio 2024; Melissa Villa-Nicholas, *Data Borders: How Silicon Valley Is Building an Industry around Immigrants*. Oakland: University of California Press, 2023; Petra Molnar, *The Walls Have Eyes: Surviving Migration in the Age of Artificial Intelligence*. Nova York: The New Press, 2024; Asfandyar Mir e Dylan Moore, "Drones, Surveillance, and Violence: Theory and Evidence from a US Drone Program". *International Studies Quarterly*, v. 63, n. 4, pp. 846-62, 2019; Patrick Keenan, "Drones and Civilians: Emerging Evidence of the Terrorizing Effects of the U.S. Drone Programs". *Santa Clara Journal of International Law*, v. 20, n. 1, pp. 1-47, 2021; Trevor McCrisken, "Eyes and Ear in the Sky: Drones and Mass Surveillance". In: Johan Lidberg e Denis Muller (Orgs.), *In the Name of Security: Secrecy, Surveillance and Journalism*. Londres: Anthem Press, 2018, pp. 139-58.

22. Giorgio Agamben, *State of Exception*. Trad. de Kevin Attell. Chicago: University of Chicago Press, 2005 [Ed. bras.: *Estado de exceção*. 2. ed. Trad. de Iraci D. Poleti. São Paulo: Boitempo, 2004].

23. L. Shchyrakova e Y. Merkis, "Fear and Loathing in Belarus". *Index on Censorship*, v. 50, pp. 24-6, 2021; Anastasiya Astapova, "In Search for Truth: Surveillance Rumors and Vernacular Panopticon in Belarus". *Journal of American Folklore*, v. 130, n. 517, pp. 276-304, 2017; R. Hervouet, "A Political Ethnography of Rural Communities under an Authoritarian Regime: The Case of Belarus". *Bulletin of Sociological Methodology/Bulletin de Méthodologie Sociologique*, v. 141, n. 1, pp. 85-112, 2019; Allen Munoriyarwa, "When Watchdogs Fight Back: Resisting State Surveillance in Everyday Investigative Reporting Practices among Zimbabwean Journalists".

Journal of Eastern African Studies, v. 15, n. 3, pp. 421-41, 2021; Allen Munoriyarwa, "The Militarization of Digital Surveillance in Post-Coup Zimbabwe: 'Just Don't Tell Them What We Do'". *Security Dialogue*, v. 53, n. 5, pp. 456-74, 2022.

24. International Civil Aviation Organization, "ePassport Basics", [s.d.]. Disponível em: <icao.int/Security/FAL/PKD/Pages/ePassport-Basics.aspx>. Acesso em: 10 maio 2024.

25. Paul Bischoff, "Facial Recognition Technology (FRT): Which Countries Use It?". *Comparitech*, 24 jan. 2022. Disponível em: <comparitech.com/blog/vpn-privacy/facial-recognition-statistics/>. Acesso em: 10 maio 2024.

26. Bischoff, "Facial Recognition Technology (FRT): Which Countries Use It?" Comparitech; "Surveillance Cities: Who Has The Most CCTV Cameras In The World?", Surfshark. Disponível em: <https://surfshark.com/surveillance-cities>; Liza Lin e Newley Purnell, "A World With a Billion Cameras Watching You Is Just Around the Corner", *The Wall Street Journal*, 6 dez. 2019. Disponível em: <wsj.com/articles/a-billion-surveillance-cameras-forecast-to-be-watching-within-two-years-11575565402>. Acesso em: 24 maio 2024.

27. Drew Harwell e Craig Timberg, "How America's Surveillance Networks Helped the FBI Catch the Capitol Mob". *The Washington Post*, 2 abr. 2021; "Retired NYPD Officer Thomas Webster, Republican Committeeman Philip Grillo Arrested For Alleged Roles In Capitol Riot". *CBS News*, 23 fev. 2021. Disponível em: <cbsnews.com/newyork/news/retired-nypd-officer-thomas-webster-queens-republican-group-leader-philip-grillo-arrested-for-alleged-roles-in-capitol-riot/>. Acesso em: 10 maio 2024.

28. Zhang Yang, "Police Using AI to Trace Long-Missing Children. *China Daily*, 4 jun. 2019. Disponível em: <chinadaily.com.cn/a/201906/04/WS5cf5c8a8a310519142700e2f.html>. Acesso em: 10 maio 2024; Zhongkai Zhang, "AI Reunites Families! Four Children Missing for 10 Years Found at Once". *Xinhua Daily Telegraph*, 14 jun. 2019. Disponível em: <xinhuanet.com/politics/2019-06/14/c_1124620736.htm>. Acesso em: 10 maio 2024; Chang Qu, "Hunan Man Reunites with Son Abducted 22 Years Ago". *QQ*, 25 jun. 2023. Disponível em: <new.qq.com/rain/a/20230625A005UX00>. Acesso em: 10 maio 2024; Phoebe Zhang, "AI Reunites Son with Family but Raises Questions in China about Ethics, Privacy". *South China Morning Post*, 10 dez. 2023. Disponível em: <scmp.com/news/china/article/3244377/ai-reunites-son-family-raises-questions-china-about-ethics-privacy>. Acesso em: 10 maio 2024; Ding Rui, "In Hebei, AI Tech Reunites Abducted Son with Family After 25 Years". *Sixth Tone*, 4 dez. 2023. Disponível em: <sixthtone.com/news/1014206>. Acesso em: 10 maio 2024; Ding-Chau Wang et al., "Development of a Face Prediction System for Missing Children in a Smart City Safety Network". *Electronics*, v. 11, n. 9, 2022; M. R. Sowmya et al., "AI-Assisted Search for Missing Children". *2022 IEEE 2nd Mysore Sub Section International Conference*, Mysuru, pp. 1-6, 2022.

29. Jesper Lund, "Danish DPA Approves Automated Facial Recognition". EDRi, 19 jun. 2019. Disponível em: <edri.org/our-work/danish-dpa-approves-automated-facial-recognition>. Acesso em: 10 maio 2024; Sidsel Overgaard, "A Soccer Team in Denmark is Using Facial Recognition to Stop Unruly Fans". *NPR*, 21 out. 2019. Disponível em: <npr.org/2019/10/21/770280447/a-soccer-team-in-denmark-is-using-facial-recognition-to-stop-unruly-fans>. Acesso em: 10 maio 2024; Yan Luo e Rui Guo, "Facial Recognition in China: Current Status, Comparative Approach and the Road Ahead". *Journal of Law and Social Change*, v. 25, n. 2, pp. 153-79, 2021.

30. Rachel George, "The AI Assault on Women: What Iran's Tech Enabled Morality Laws Indicate for Women's Rights Movements". Council on Foreign Relations, 7 dez. 2023. Disponível em: <cfr.org/blog/ai-assault-women-what-irans-tech-enabled-morality-laws-indicate-womens-rights-movements>. Acesso em: 10 mar. 2024; Khari Johnson, "Iran Says Face Recognition Will ID Women Breaking Hijab Laws". *Wired*, 10 jan. 2023. Disponível em: <wired.com/story/iran-says-face-recognition-will-id-women-breaking-hijab-laws/>. Acesso em: 10 maio 2024.

31. Khari Johnson, "Iran Says Face Recognition Will ID Women Breaking Hijab Laws". *Wired*, 10 jan. 2023. Disponível em: <wired.com/story/iran-says-face-recognition-will-id-women-breaking-hijab-laws/>. Acesso em: 10 maio 2024.

32. Farnaz Fassihi, "An Innocent and Ordinary Young Woman". *The New York Times*, 16 set. 2023. Disponível em: <nytimes.com/2023/09/16/world/middleeast/mahsa-amini-iran-protests-hijab-profile.html>. Acesso em: 10 maio 2024; Weronika Strzyżyńska, "Iranian Woman Dies 'After Being Beaten by Morality Police' over Hijab Law". *The Guardian*, 16 set. 2022. Disponível em: <theguardian.com/global-development/2022/sep/16/iranian-woman-dies-afterbeing-beaten-by-morality-police-over-hijab-law>. Acesso em: 10 maio 2024.

33. Anistia Internacional, "Iran: Doubling Down on Punishments against Women and Girls Defying Discriminatory Veiling Laws", 26 jul. 2023. Disponível em: <amnesty.org/en/documents/mde13/7041/2023/en/>. Acesso em: 10 maio 2024; Iran Human Rights, "One Year Protest Report: At Least 551 Killed and 22 Suspicious Deaths", 15 set. 2023. Disponível em: <iranhr.net/en/articles/6200/>. Acesso em: 10 maio 2024; Jon Gambrell, "Iran Says 22,000 Arrested in Protests Pardoned by Top Leader". *AP News*, 13 mar. 2023. Disponível em: <apnews.com/article/iran-protests-arrested-pardons-mahsa-amini-ae3c45c6bcc883900ff1b1e83f85df95>. Acesso em: 10 maio 2024.

34. Anistia Internacional, "Iran: Doubling Down on Punishments against Women and Girls Defying Discriminatory Veiling Laws", 26 jul. 2023. Disponível em: <amnesty.org/en/documents/mde13/7041/2023/en/>. Acesso em: 10 maio 2024.

35. Ibid.

36. Ibid.

37. Anistia Internacional, "Iran: International Community Must Stand with Women and Girls Suffering Intensifying Oppression", 26 jul. 2023. Disponível em: <amnesty.org/en/latest/news/2023/07/iran-international-community-must-stand-with-women-and-girls-suffering-intensifying-oppression/>. Acesso em: 10 maio 2024; id., "Iran: Doubling Down on Punishments against Women and Girls Defying Discriminatory Veiling Laws", 26 jul. 2023. Disponível em: <amnesty.org/en/documents/mde13/7041/2023/en/>. Acesso em: 10 maio 2024.

38. Khari Johnson, "Iran Says Face Recognition Will ID Women Breaking Hijab Laws". *Wired*, 10 jan. 2023. Disponível em: <wired.com/story/iran-says-face-recognition-will-id-women-breaking-hijab-laws/>. Acesso em: 10 maio 2024.

39. Anistia Internacional, "Iran: Doubling Down on Punishments against Women and Girls Defying Discriminatory Veiling Laws", 26 jul. 2023. Disponível em: <amnesty.org/en/documents/mde13/7041/2023/en/>. Acesso em: 10 maio 2024.

40. Ibid.; Shadi Sadr, "Iran's Hijab and Chastity Bill Underscores the Need to Codify Gender Apartheid". Just Security, 11 abr. 2024. Disponível em: <justsecurity.org/94504/iran-hijab-bill-gender-apartheid/>. Acesso em: 10 maio 2024; Tara Subramaniam, Adam Pourahmadi e

Mostafa Salem, "Iranian Women Face 10 Years in Jail for Inappropriate Dress After 'Hijab Bill' Approved". *CNN*, 21 set. 2023. Disponível em: <https://edition.cnn.com/2023/09/21/middleeast/iran-hijab-law-parliament-jail-intl-hnk/index.html>. Acesso em: 10 maio 2024; "Iran's Parliament Passes a Stricter Headscarf Law Days after Protest Anniversary". *AP News*, 21 set. 2023. Disponível em: <apnews.com/article/iran-hijab-women-politics-protests-6e07fae990369a58cb162eb6c5a7ab2a?utm_source=copy&utm_medium=share>. Acesso em: 10 maio 2024.

41. Christopher Parsons et al., "The Predator in Your Pocket: A Multidisciplinary Assessment of the Stalkerware Application Industry". *Citizen Lab*, Relatório de pesquisa n. 119, jun. 2019. Disponível em: <citizenlab.ca/docs/stalkerware-holistic.pdf>. Acesso em: 7 maio 2024; Lorenzo Franceschi-Bicchierai e Joseph Cox, "Inside the 'Stalkerware' Surveillance Market, Where Ordinary People Tap Each Other's Phones". *Vice*, 18 abr. 2017. Disponível em: <vice.com/en/article/53vm7n/inside-stalkerware-surveillance-market-flexispy-retina-x>. Acesso em: 7 maio 2024.

42. Ulises A. Mejias e Nick Couldry, *Data Grab: The New Colonialism of Big Tech and How to Fight Back*. Londres: Ebury, 2024, pp. 90-4.

43. Ibid., pp. 156-8.

44. Shoshana Zuboff, *The Age of Surveillance Capitalism: The Fight for a Human Future at the New Frontier of Power*. Nova York: PublicAffairs, 2018.

45. Rafael Bravo, Sara Catalán e José M. Pina, "Gamification in Tourism and Hospitality Review Platforms: How to R.A.M.P. Up Users' Motivation to Create Content". *International Journal of Hospitality Management*, v. 99, 2021; Davide Proserpio e Giorgos Zervas, "Study: Replying to Customer Reviews Results in Better Ratings". *Harvard Business Review*, 14 fev. 2018. Disponível em: <hbr.org/2018/02/study-replying-to-customer-reviews-results-in-better-ratings>. Acesso em: 7 maio 2024.

46. Linda Kinstler, "How Tripadvisor Changed Travel". *The Guardian*, 17 ago. 2018. Disponível em: <theguardian.com/news/2018/aug/17/how-tripadvisor-changed-travel>. Acesso em: 7 maio 2024.

47. Alex J. Wood e Vili Lehdonvirta, "Platforms Disrupting Reputation: Precarity and Recognition Struggles in the Remote Gig Economy". *Sociology*, v. 57, n. 5, pp. 999-1016, 2023.

48. Michael J. Sandel, *What Money Can't Buy: The Moral Limits of Markets*. Londres: Penguin Books, 2013 [Ed. bras.: *O que o dinheiro não compra: Os limites morais do mercado*. Trad. de Clóvis Marques. Rio de Janeiro: Civilização Brasileira, 2012].

49. Sobre o "mercado de reputação" medieval, ver Maurice Hugh Keen, *Chivalry* (Londres: Folio Society, 2010), e Georges Duby, *William Marshal: The Flower of Chivalry* (Nova York: Pantheon Books, 1985).

50. Zeyi Yang, "China Just Announced a New Social Credit Law. Here's What It Means". *MIT Technology Review*, 22 nov. 2022. Disponível em: <technologyreview.com/2022/11/22/1063605/china-announced-a-new-social-credit-law-what-does-it-mean/>. Acesso em: 7 maio 2024.

51. Will Storr, *The Status Game: On Human Life and How to Play It*. Londres: HarperCollins, 2021; Jason Manning, *Suicide: The Social Causes of Self-Destruction*. Charlottesville: University of Virginia Press, 2020.

52. Frans B. M. de Waal, *Chimpanzee Politics: Power and Sex Among Apes*. Baltimore:

Johns Hopkins University Press, 1998; id., *Our Inner Ape: A Leading Primatologist Explains Why We Are Who We Are*. Nova York: Riverhead Books, 2006; Robert M. Sapolsky, *Behave: The Biology of Humans at Our Best and Worst*. Nova York: Penguin Press, 2017; Victoria Wobber et al., "Differential Changes in Steroid Hormones Before Competition in Bonobos and Chimpanzees". *Proceedings of the National Academy of Sciences*, v. 107, n. 28, pp. 12457-62, 2010; Sonia A. Cavigelli e Michael J. Caruso, "Sex, Social Status, and Physiological Stress in Primates: The Importance of Social and Glucocorticoid Dynamics". *Philosophical Transactions of the Royal Society B: Biological Sciences*, v. 370, n. 1669, pp. 1-13, 2015.

8. FALÍVEL: A REDE MUITAS VEZES ERRA [pp. 263-305]

1. Nathan Larson, *Aleksandr Solzhenitsyn and the Modern Russo-Jewish Question*. Stuttgart: Ibidem Press, 2005, p. 16.

2. Aleksandr Solzhenitsyn, *The Gulag Archipelago, 1918-1956: An Experiment in Literary Investigation, I-II*. Nova York: Harper & Row, 1973, pp. 69-70 [Ed. bras.: *Arquipélago Gulag: Um experimento de investigação artística, 1918-1956*. Trad. de Lucas Simone et al. São Paulo: Carambaia, 2019].

3. Masha Gessen, *The Future Is History: How Totalitarianism Reclaimed Russia*. Nova York: Riverhead Books, 2017, cap. 4 ("Homo Sovieticus"); Gulnaz Sharafutdinova, *The Afterlife of the "Soviet Man": Rethinking Homo Sovieticus*. Londres: Bloomsbury Academic, 2023, p. 37.

4. Max Fisher, *The Chaos Machine: The Inside Story of How Social Media Rewired Our Minds and Our World*. Nova York: Little, Brown, 2022, pp. 110-1.

5. Jack Nicas, "YouTube Tops 1 Billion Hours of Video a Day, on Pace to Eclipse TV". *The Wall Street Journal*, 27 fev. 2017.

6. Max Fisher, *Chaos Machine: The Inside Story of How Social Media Rewired Our Minds and Our World*. Nova York: Little, Brown, 2022; Dan Ariely, *Misbelief: What Makes Rational People Believe Irrational Things*. Nova York: Harper, 2023, pp. 262-3.

7. Max Fisher, *Chaos Machine: The Inside Story of How Social Media Rewired Our Minds and Our World*. Nova York: Little, Brown, 2022, pp. 266-77.

8. Ibid., pp. 276-7.

9. Ibid., p. 270.

10. Emine Saner, "YouTube's Susan Wojcicki: 'Where's the Line of Free Speech — Are You Removing Voices That Should Be Heard?'". *The Guardian*, 10 ago. 2019. Disponível em: <theguardian.com/technology/2019/aug/10/youtube-susan-wojcicki-ceo-where-line-removing-voices-heard>. Acesso em: 8 maio 2024.

11. Dan Milmo, "Frances Haugen: 'I Never Wanted to Be a Whistleblower. But Lives Were in Danger'". *The Guardian*, 24 out. 2021. Disponível em: <theguardian.com/technology/2021/oct/24/frances-haugen-i-never-wanted-to-be-a-whistleblower-but-lives-were-in-danger>. Acesso em: 8 maio 2024.

12. Anistia Internacional, *The Social Atrocity: Meta and the Right to Remedy for the Rohingya*. Londres: Anistia Internacional, 2022, p. 44. Disponível em: <amnesty.org/en/documents/asa16/5933/2022/en/>. Acesso em: 8 maio 2024.

13. Ibid., p. 38.

14. Ibid., p. 42.

15. Ibid., p. 34.

16. "Facebook Ban of Racial Slur Sparks Debate in Burma". *Irrawaddy*, 31 maio 2017. Disponível em: <irrawaddy.com/news/burma/facebook-ban-of-racial-slur-sparks-debate-in-burma.html>. Acesso em: 8 maio 2024.

17. Anistia Internacional, *The Social Atrocity: Meta and the Right to Remedy for the Rohingya*. Londres: Anistia Internacional, 2022, p. 34. Disponível em: <amnesty.org/en/documents/asa16/5933/2022/en/>. Acesso em: 8 maio 2024.

18. Karen Hao, "How Facebook and Google Fund Global Misinformation". *MIT Technology Review*, 20 nov. 2021. Disponível em: <technologyreview.com/2021/11/20/1039076/facebook-google-disinformation-clickbait/>. Acesso em: 8 maio 2024.

19. Hayley Tsukayama, "Facebook's Changing Its News Feed. How Will It Affect What You See?". *The Washington Post*, 12 jan. 2018; Jonah Bromwich e Matthew Haag, "Facebook Is Changing. What Does That Mean to Your News Feed?". *The New York Times*, 12 jan. 2018; Jason A. Gallo e Clare Y. Cho, "Social Media: Misinformation and Content Moderation Issues for Congress". *Congressional Research Service Report*, n. R46662, p. 11n67, 27 jan. 2021. Disponível em: <crsreports.congress.gov/product/pdf/R/R46662>. Acesso em: 8 maio 2024; Keach Hagey e Jeff Horwitz, "Facebook Tried to Make Its Platform a Healthier Place. It Got Angrier Instead". *The Wall Street Journal*, 15 set. 2021; Louise Matsakis, "YouTube Doesn't Know Where Its Own Line Is". *Wired*, 2 mar. 2010. Disponível em: <wired.com/story/youtube-content-moderation-inconsistent/>. Acesso em: 8 maio 2024; Ben Popken, "As Algorithms Take Over, YouTube's Recommendations Highlight a Human Problem". *NBC News*, 19 abr. 2018. Disponível em: <nbcnews.com/tech/social-media/algorithms-take-over-youtube-s-recommendations-highlight-human-problem-n867596>. Acesso em: 8 maio 2024; Paul Lewis, "'Fiction Is Outperforming Reality': How YouTube's Algorithm Distorts Truth". *The Guardian*, 2 fev. 2018. Disponível em: <theguardian.com/technology/2018/feb/02/how-youtubes-algorithm-distorts-truth>. Acesso em: 8 maio 2024.

20. M. A. Thomas, "Machine Learning Applications for Cybersecurity". *Cyber Defense Review*, v. 8, n. 1, pp. 87-102, 2023.

21. Allan House e Cathy Brennan (Orgs.), *Social Media and Mental Health*. Cambridge: Cambridge University Press, 2023; Gohar Feroz Khan, Bobby Swar e Sang Kon Lee, "Social Media Risks and Benefits: A Public Sector Perspective". *Social Science Computer Review*, v. 32, n. 5, pp. 606-27, 2014.

22. Vanya Eftimova Bellinger, *Marie von Clausewitz: The Woman Behind the Making of "On War"*. Oxford: Oxford University Press, 2016; Donald J. Stoker, *Clausewitz: His Life and Work*. Oxford: Oxford University Press, 2014, pp. 1-2, 256.

23. Donald J. Stoker, *Clausewitz: His Life and Work*. Oxford: Oxford University Press, 2014, p. 35.

24. John G. Gagliardo, *Reich and Nation: The Holy Roman Empire as Idea and Reality, 1763-1806*. Bloomington: Indiana University Press, 1980, pp. 4-5.

25. Todd Smith, "Army's Long-Awaited Iraq War Study Finds Iran Was the Only Winner in a Conflict That Holds Many Lessons for Future Wars". *Army Times*, 18 jan. 2019. Disponível em: <armytimes.com/news/your-army/2019/01/18/armys-long-awaited-iraq-war-study-finds-

iran-was-the-only-winner-in-a-conflict-that-holds-many-lessons-for-future-wars/>. Acesso em: 8 maio 2024. Um dos autores do estudo, assim como um colega, recentemente forneceu um resumo para a *Time*. Ver Frank Sobchak e Matthew Zais, "How Iran Won the Iraq War" (*Time*, 22 mar. 2023. Disponível em: <time.com/6265077/how-iran-won-the-iraq-war/>. Acesso em: 8 maio 2024).

26. Nick Bostrom, *Superintelligence: Paths, Dangers, Strategies*. Oxford: Oxford University Press, 2014, pp. 122-5 [Ed. bras.: *Superinteligência: Caminhos, perigos, estratégias*. Trad. de Clemente Gentil Penna e Patrícia Jeremias. São Paulo: Dark Side Books, 2018].

27. Brian Christian, *The Alignment Problem: Machine Learning and Human Values*. Nova York: W. W. Norton, 2022, pp. 9-10.

28. Anistia Internacional, *The Social Atrocity: Meta and the Right to Remedy for the Rohingya*. Londres: Anistia Internacional, 2022, pp. 34-7. Disponível em: <amnesty.org/en/documents/asa16/5933/2022/en/>. Acesso em: 8 maio 2024.

29. Andrew Roberts, *Napoleon the Great*. Londres: Allen Lane, 2014, p. 5.

30. Ibid., pp. 14-5.

31. Ibid., pp. 9, 14.

32. Ibid., pp. 29-40.

33. Philip Dwyer, *Napoleon: The Path to Power, 1769-1799*. Londres: Bloomsbury, 2014, p. 668; David G. Chandler, *The Campaigns of Napoleon*. Nova York: Macmillan, 1966, p. 1:3.

34. Maria E. Kronfeldner, *The Routledge Handbook of Dehumanization*. Londres: Routledge, 2021; David Livingstone Smith, *On Inhumanity: Dehumanization and How to Resist It*. Nova York: Oxford University Press, 2020; id., *Less Than Human: Why We Demean, Enslave, and Exterminate Others*. Nova York: St. Martin's Press, 2011.

35. David Livingstone Smith, *On Inhumanity: Dehumanization and How to Resist It*. Nova York: Oxford University Press, 2020, pp. 139-42.

36. International Crisis Group, "Myanmar's Rohingya Crisis Enters a Dangerous New Phase", 7 dez. 2017. Disponível em: <crisisgroup.org/asia/south-east-asia/myanmar/292-myanmars-rohingya-crisis-enters-dangerous-new-phase>. Acesso em: 8 maio 2024.

37. Bettina Stangneth, *Eichmann Before Jerusalem: The Unexamined Life of a Mass Murderer*. Nova York: Alfred A. Knopf, 2014, pp. 217-8.

38. Emily Washburn, "What to Know about Effective Altruism — Championed by Musk, Bankman-Fried, and Silicon Valley Giants". *Forbes*, 8 mar. 2023. Disponível em: <forbes.com/sites/emilywashburn/2023/03/08/what-to-know-about-effective-altruism-championed-by-musk-bankman-fried-and-silicon-valley-giants/>. Acesso em: 8 maio 2024; Alana Semuels, "How Silicon Valley Has Disrupted Philanthropy". *The Atlantic*, 25 jul. 2018; Timnit Gebru, "Effective Altruism Is Pushing a Dangerous Brand of 'AI Safety'". *Wired*, 30 nov. 2022. Disponível em: <wired.com/story/effective-altruism-artificial-intelligence-sam-bankman-fried/>. Acesso em: 8 maio 2024; Gideon Lewis-Kraus, "The Reluctant Prophet of Effective Altruism". *The New Yorker*, 8 ago. 2022. Disponível em: <newyorker.com/magazine/2022/08/15/the-reluctant-prophet-of-effective-altruism>. Acesso em: 8 maio 2024.

39. Alan Soble, "Kant and Sexual Perversion". *The Monist*, v. 86, n. 1, pp. 55-89, 2003. Ver também Matthew C. Altman, "Kant on Sex and Marriage: The Implications for the Same-Sex

Marriage Debate" (*Kant-Studien*, v. 101, n. 3, p. 332, 2010); Lara Denis, "Kant on the Wrongness of 'Unnatural' Sex" (*History of Philosophy Quarterly*, v. 16, n. 2, pp. 225-48, abr. 1999).

40. Geoffrey J. Giles, "The Persecution of Gay Men and Lesbians During the Third Reich". In: Jonathan C. Friedman (Org.), *The Routledge History of the Holocaust*. Londres: Routledge, 2010, pp. 385-96; Melanie Murphy, "Homosexuality and the Law in the Third Reich". In: John J. Michalczyk (Org.), *Nazi Law: From Nuremberg to Nuremberg*. Londres: Bloomsbury Academic, 2018, pp. 110-24; Michael Schwartz (Org.), *Homosexuelle im Nationalsozialismus: Neue Forschungsperspektiven zu Lebenssituationen von lesbischen, schwulen, bi-, trans- und intersexuellen Menschen 1933 bis 1945*. Munique: De Gruyter Oldenbourg, 2014.

41. Jeremy Bentham, "Offenses against One's Self". Org. de Louis Crompton, *Journal of Homosexuality*, v. 3, n. 4, pp. 389-406, 1978; id., "Jeremy Bentham's Essay on Paederasty". Org. de Louis Crompton, *Journal of Homosexuality*, v. 4, n. 1, pp. 91-107, 1978.

42. Olga Yakusheva et al., "Lives Saved and Lost in the First Six Months of the US Covid-19 Pandemic: A Retrospective Cost-Benefit Analysis". *PLOS ONE*, v. 17, n. 1, 2022.

43. Bitna Kim e Meghan Royle, "Domestic Violence in the Context of the Covid-19 Pandemic: A Synthesis of Systematic Reviews". *Trauma, Violence, and Abuse*, v. 25, n. 1, pp. 476-93, 2024; Lis Bates et al., "Domestic Homicides and Suspected Victim Suicides During the Covid-19 Pandemic 2020-2021". U.K. Home Office, 25 ago. 2021. Disponível em: <assets.publishing.service.gov.uk/media/6124ef66d3bf7f63a90687ac/Domestic_homicides_and_suspected_victim_suicides_during_the_Covid-19_Pandemic_2020-2021.pdf>. Acesso em: 8 maio 2024; Benedetta Barchielli et al., "When 'Stay at Home' Can Be Dangerous: Data on Domestic Violence in Italy During Covid-19 Lockdown". *International Journal of Environmental Research and Public Health*, v. 18, n. 17, 2021.

44. Jingxuan Zhao et al., "Changes in Cancer-Related Mortality During the Covid-19 Pandemic in the United States". *Journal of Clinical Oncology*, v. 40, n. 16, p. 6581, 2022; Abdul Rahman Jazieh et al., "Impact of the Covid-19 Pandemic on Cancer Care: A Global Collaborative Study". *JCO Global Oncology*, v. 6, pp. 1428-38, 2020; Camille Maringe et al., "The Impact of the Covid-19 Pandemic on Cancer Deaths due to Delays in Diagnosis in England, UK: A National, Population-Based, Modelling Study". *The Lancet Oncology*, v. 21, n. 8, pp. 1023-34, 2020; Allini Mafra da Costa et al., "Impact of Covid-19 Pandemic on Cancer-Related Hospitalizations in Brazil". *Cancer Control*, v. 28, 2021; Talía Malagón et al., "Predicted Long-Term Impact of Covid-19 Pandemic-Related Care Delays on Cancer Mortality in Canada". *International Journal of Cancer*, v. 150, n. 8, pp. 1244-54, 2022.

45. David J. Chalmers, *Reality+: Virtual Worlds and the Problems of Philosophy*. Nova York: W.W. Norton, 2022.

46. Pokémon GO, "Heads Up!", 7 set. 2016. Disponível em: <pokemongolive.com/en/post/headsup/>. Acesso em: 8 maio 2024.

47. Brian Fung, "Here's What We Know about Google's Mysterious Search Engine". *The Washington Post*, 28 ago. 2018; Geoffrey A. Fowler, "AI Is Changing Google Search: What the I/O Announcement Means for You". *The Washington Post*, 10 maio 2023; Jillian D'Onfro, "Google Is Making a Giant Change This Week That Could Crush Millions of Small Businesses". *Business Insider*, 20 abr. 2015. Disponível em: <businessinsider.com/google-mobilegeddon-2015-4>. Acesso em: 8 maio 2024.

48. SearchSEO, "Can I Improve My Search Ranking with a Traffic Bot", [s.d.]. Disponível em: <searchseo.io/blog/improve-ranking-with-traffic-bot>. Acesso em: 11 jan. 2024; Daniel E. Rose, "Why Is Web Search So Hard… to Evaluate?". *Journal of Web Engineering*, v. 3, n. 3/4, pp. 171-81, 2004.

49. Javier Pastor-Galindo, Felix Gomez Marmol e Gregorio Martínez Pérez, "Profiling Users and Bots in Twitter Through Social Media Analysis". *Information Sciences*, v. 613, pp. 161-83, 2022; Timothy Graham e Katherine M. FitzGerald, "Bots, Fake News, and Election Conspiracies: Disinformation During the Republican Primary Debate and the Trump Interview". Digital Media Research Center, Queensland University of Technology, 2023. Disponível em: <eprints.qut.edu.au/242533/>. Acesso em: 8 maio 2024; Josh Taylor, "Bots on X Worse Than Ever According to Analysis of 1M Tweets During First Republican Primary Debate". *The Guardian*, 9 set. 2023. Disponível em: <theguardian.com/technology/2023/sep/09/x-twitter-bots-republican-primary-debate-tweets-increase>. Acesso em: 8 maio 2024; Stefan Wojcik et al., "Bots in the Twittersphere". Pew Research Center, 9 abr. 2018. Disponível em: <pewresearch.org/internet/ 2018/04/09/bots-in-the-twittersphere/>. Acesso em: 8 maio 2024; Jack Nicas, "Why Can't the Social Networks Stop Fake Accounts?". *The New York Times*, 8 dez. 2020. Disponível em: <nytimes.com/2020/12/08/technology/why-cant-the-social-networks-stop-fake-accounts.html>. Acesso em: 8 maio 2024.

50. Sari Nusseibeh, *What Is a Palestinian State Worth?*. Cambridge: Harvard University Press, 2011, p. 48.

51. Michael Lewis, *The Big Short: Inside the Doomsday Machine*. Nova York: W. W. Norton, 2010; Marcin Wojtowicz, "CDOs and the Financial Crisis: Credit Ratings and Fair Premia". *Journal of Banking and Finance*, v. 39, pp. 1-13, 2014; Robert A. Jarrow, "The Role of ABS, CDS, and CDOs in the Credit Crisis and the Economy". *Rethinking the Financial Crisis*, v. 202, pp. 210--35, 2011; Bilal Aziz Poswal, "Financial Innovations: Role of CDOs, CDS, and Securitization During the US Financial Crisis 2007-2009". *Ecorfan Journal*, v. 3, n. 6, pp. 125-39, 2012.

52. Justia U. S. Supreme Court, "Citizens United v. FEC, 558 U.S. 310 (2010)", 2010. Disponível em: <supreme.justia.com/cases/federal/us/558/310/>. Acesso em: 8 maio 2024; Amy B. Wang, "Senate Republicans Block Bill to Require Disclosure of 'Dark Money' Donors". *The Washington Post*, 22 set. 2022.

53. Vincent Bakpetu Thompson, *The Making of the African Diaspora in the Americas, 1441-1900*. Londres: Longman, 1987; Mark M. Smith e Robert L. Paquette (Orgs.), *The Oxford Handbook of Slavery in the Americas*. Nova York: Oxford University Press, 2010; John H. Moore (Org.), *The Encyclopedia of Race and Racism*. Nova York: Macmillan Reference USA, 2008; Jack D. Forbes, "The Evolution of the Term Mulatto: A Chapter in Black-Native American Relations". *Journal of Ethnic Studies*, v. 10, n. 2, pp. 45-66, 1982; April J. Mayes, *The Mulatto Republic: Class, Race, and Dominican National Identity*. Gainesville: University Press of Florida, 2014; Irene Diggs, "Color in Colonial Spanish America". *Journal of Negro History*, v. 38, n. 4, pp. 403-27, 1953.

54. Sasha Costanza-Chock, *Design Justice: Community-Led Practices to Build the Worlds We Need*. Cambridge: MIT Press, 2020; Catherine D'Ignazio e Lauren F. Klein, *Data Feminism*. Cambridge: MIT Press, 2020; Ruha Benjamin, *Race After Technology: Abolitionist Tools for the New Jim Code*. Cambridge: Polity Press, 2019; Virginia Eubanks, *Automating Inequality: How*

High-Tech Tools Profile, Police, and Punish the Poor. Nova York: St. Martin's Press, 2018; Wendy Hui Kyong Chun, *Discriminating Data: Correlation, Neighborhoods, and the New Politics of Recognition*. Cambridge: MIT Press, 2021.

55. Peter Lee, "Learning from Tay's Introduction". *Microsoft Official Blog*, 25 mar. 2016. Disponível em: <blogs.microsoft.com/blog/2016/03/25/learning-tays-introduction/>. Acesso em: 8 maio 2024; Alex Hern, "Microsoft Scrambles to Limit PR Damage over Abusive AI Bot Tay". *The Guardian*, 24 mar. 2016. Disponível em: <theguardian.com/technology/2016/mar/24/microsoft-scrambles-limit-pr-damage-over-abusive-ai-bot-tay>. Acesso em: 8 maio 2024; "Microsoft Pulls Robot After It Tweets 'Hitler Was Right I Hate the Jews'". *Haaretz*, 24 mar. 2016. Disponível em: <haaretz.com/science-and-health/2016-03-24/ty-article/microsoft-pulls-robot-after-it-tweets-hitler-was-right-i-hate-the-jews/0000017f-dede-d856-a37f-ffde9a9c0000>. Acesso em: 8 maio 2024; Elle Hunt, "Tay, Microsoft's AI Chatbot, Gets a Crash Course in Racism from Twitter". *The Guardian*, 24 mar. 2016. Disponível em: <theguardian.com/technology/2016/mar/24/tay-microsofts-ai-chatbot-gets-a-crash-course-in-racism-from-twitter>. Acesso em: 8 maio 2024.

56. Morgan Klaus Scheuerman, Madeleine Pape e Alex Hanna, "Auto-essentialization: Gender in Automated Facial Analysis as Extended Colonial Project". *Big Data and Society*, v. 8, n. 2, 2021.

57. Catherine D'Ignazio e Lauren F. Klein, *Data Feminism*. Cambridge: MIT Press, 2020, pp. 29-30.

58. Yoni Wilkenfeld, "Can Chess Survive Artificial Intelligence?". *The New Atlantis*, v. 58, p. 37, 2019.

59. Ibid.

60. Matthew Hutson, "How Researchers Are Teaching AI to Learn Like a Child". *Science*, 24 maio 2018. Disponível em: <science.org/content/article/how-researchers-are-teaching-ai-learn-child>. Acesso em: 8 maio 2024; Oliwia Koteluk et al., "How Do Machines Learn? Artificial Intelligence as a New Era in Medicine". *Journal of Personalized Medicine*, v. 11, n. 1, 2021; Mohsen Soori, Behrooz Arezoo e Roza Dastres, "Artificial Intelligence, Machine Learning, and Deep Learning in Advanced Robotics: A Review". *Cognitive Robotics*, v. 3, pp. 54-70, 2023.

61. Brian Christian, *Alignment Problem: Machine Learning and Human Values*. Nova York: W. W. Norton, 2022, p. 31; Catherine D'Ignazio e Lauren F. Klein, *Data Feminism*. Cambridge: MIT Press, 2020, pp. 29-30.

62. Brian Christian, *Alignment Problem: Machine Learning and Human Values*. Nova York: W. W. Norton, 2022, p. 32; Joy Buolamwini e Timnit Gebru, "Gender Shades: Intersectional Accuracy Disparities in Commercial Gender Classification". *Proceedings of the 1st Conference on Fairness, Accountability, and Transparency*, PMLR, v. 81, pp. 77-91, 2018.

63. Peter Lee, "Learning from Tay's Introduction". *Microsoft Official Blog*, 25 mar. 2016. Disponível em: <blogs.microsoft.com/blog/2016/03/25/learning-tays-introduction/>. Acesso em: 8 maio 2024.

64. Catherine D'Ignazio e Lauren F. Klein, *Data Feminism*. Cambridge: MIT Press, 2020, p. 28; Jeffrey Dastin, "Insight: Amazon Scraps Secret AI Recruiting Tool That Showed Bias against Women". *Reuters*, 11 out. 2018.

65. Christianne Corbett e Catherine Hill, *Solving the Equation: The Variables for Women's*

Success in Engineering and Computing. Washington: American Association of University Women, 2015, pp. 47-54.

66. Catherine D'Ignazio e Lauren F. Klein, *Data Feminism*. Cambridge: MIT Press, 2020.

67. Meghan O'Gieblyn, *God, Human, Animal, Machine: Technology, Metaphor, and the Search for Meaning*. Nova York: Anchor, 2022, pp. 197-216.

68. Levin Brinkmann et al., "Machine Culture". *Nature Human Behavior*, v. 7, pp. 1855-68, 2023.

69. Mustafa Suleyman e Michael Bhaskar, *The Coming Wave: Technology, Power, and the Twenty-First Century's Greatest Dilemma.* Nova York: Crown, 2023, p. 164.

70. Levin Brinkmann et al., "Machine Culture". *Nature Human Behavior*, v. 7, pp. 1855-68, 2023; Yoshua Bengio et al., "Managing Extreme AI Risks Amid Rapid Progress". *Science* (maio 2024).

9. DEMOCRACIAS: AINDA CONSEGUIMOS MANTER UMA CONVERSA? [pp. 309-48]

1. Marc Andreessen, "Why AI Will Save the World". *Andreessen Horowitz*, 6 jun. 2023. Disponível em: <a16z.com/ai-will-save-the-world/>. Acesso em: 15 maio 2024; Ray Kurzweil, *The Singularity Is Nearer: When We Merge with AI.* Londres: The Bodley Head, 2024.

2. Laurie Laybourn-Langton, Lesley Rankin e Darren Baxter, *This Is a Crisis: Facing Up to the Age of Environmental Breakdown.* Institute for Public Policy Research, p. 12, 1 fev. 2019.

3. Kenneth L. Hacker e Jan van Dijk (Orgs.), *Digital Democracy: Issues of Theory and Practice.* Nova York: Sage, 2000; Anthony G. Wilhelm, *Democracy in the Digital Age: Challenges to Political Life in Cyberspace.* Londres: Routledge, 2002; Elaine C. Kamarck e Joseph S. Nye (Orgs.), *Governance.com: Democracy in the Information Age.* Londres: Rowman & Littlefield, 2004; Zizi Papacharissi, *A Private Sphere: Democracy in a Digital Age.* Cambridge: Polity, 2010; Costa Vayenas, *Democracy in the Digital Age.* Cambridge: Arena Books, 2017; Giancarlo Vilella, *E-democracy: On Participation in the Digital Age.* Baden-Baden: Nomos, 2019; Volker Boehme-Nessler, *Digitising Democracy: On Reinventing Democracy in the Digital Era — A Legal, Political, and Psychological Perspective.* Berlim: Springer Nature, 2020; Sokratis Katsikas e Vasilios Zorkadis, *E-democracy: Safeguarding Democracy and Human Rights in the Digital Age.* Berlim: Springer International, 2020.

4. Thomson Reuters Practical Law, "Psychotherapist-Patient Privilege", [s.d.]. Disponível em: <uk.practicallaw.thomsonreuters.com/6-522-3158>. Acesso em: 15 maio 2024; U. S. Department of Health and Human Services, "Minimum Necessary Requirement", 3 dez. 2002. Disponível em: <hhs.gov/hipaa/for-professionals/privacy/guidance/minimum-necessary-requirement/index.html>. Acesso em: 15 maio 2024; European Association for Psychotherapy, "EAP Statement on the Legal Position of Psychotherapy in Europe", jan. 2021. Disponível em: <europsyche.org/app/uploads/2021/04/Legal-Position-of-Psychotherapy-in-Europe-2021-Final.pdf>. Acesso em: 15 maio 2024.

5. Marshall Allen, "Health Insurers Are Vacuuming Up Details about You — and It Could Raise Your Rates". *ProPublica*, 17 jul. 2018. Disponível em: <propublica.org/article/health-insur-

ers-are-vacuuming-up-details-about-you-and-it-could-raise-your-rates>. Acesso em: 15 maio 2024.

6. Jannik Luboeinski e Christian Tetzlaff, "Organization and Priming of Long-Term Memory Representations with Two-Phase Plasticity". *Cognitive Computation*, v. 15, n. 4, pp. 1211-30, 2023.

7. Muhammad Imran Razzak, Muhammad Imran e Guandong Xu, "Big Data Analytics for Preventive Medicine". *Neural Computing and Applications*, v. 32, pp. 4417-51, 2020; Gaurav Laroia et al., "A Unified Health Algorithm That Teaches Itself to Improve Health Outcomes for Every Individual: How Far into the Future Is It?". *Digital Health*, v. 8, 2022.

8. Nicholas H. Dimsdale, Nicholas Horsewood e Arthur Van Riel, "Unemployment in Interwar Germany: An Analysis of the Labor Market, 1927-1936". *Journal of Economic History*, v. 66, n. 3, pp. 778-808, 2006.

9. Hubert Dreyfus, *O que os computadores não podem fazer: Uma crítica da razão artificial*. Rio de Janeiro: Eldorado, 1975. Ver também Brett Karlan, "Human Achievement and Artificial Intelligence" (*Ethics and Information Technology*, v. 25, n. 40, 2023); Francis Mechner, "Chess as a Behavioral Model for Cognitive Skill Research: Review of Blindfold Chess by Eliot Hearst and John Knott" (*Journal of Experimental Analysis Behavior*, v. 94, n. 3, pp. 373-86, nov. 2010); Gerd Gigerenzer, *How to Stay Smart in a Smart World: Why Human Intelligence Still Beats Algorithms* (Cambridge: MIT Press, 2022), p. 21.

10. Eda Ergin et al., "Can Artificial Intelligence and Robotic Nurses Replace Operating Room Nurses? The Quasi-experimental Research". *Journal of Robotic Surgery*, v. 17, n. 4, pp. 1847-55, 2023; Nancy Robert, "How Artificial Intelligence Is Changing Nursing". *Nursing Management*, v. 50, n. 9, pp. 30-9, 2019; Aprianto Daniel Pailaha, "The Impact and Issues of Artificial Intelligence in Nursing Science and Healthcare Settings". *SAGE Open Nursing*, v. 9, 2023.

11. Erik Cambria et al., "Seven Pillars for the Future of Artificial Intelligence". *IEEE Intelligent Systems*, v. 38, pp. 62-9, nov./dez. 2023; Marcus du Sautoy, *The Creativity Code: Art and Innovation in the Age of AI*. Cambridge: Belknap Press of Harvard University Press, 2019; Levin Brinkmann et al., "Machine Culture". *Nature Human Behavior*, v. 7, pp. 1855-68, 2023.

12. Sobre o reconhecimento humano das emoções, ver Tony W. Buchanan, David Bibas e Ralph Adolphs, "Associations Between Feeling and Judging the Emotions of Happiness and Fear: Findings from a Large-Scale Field Experiment" (*PLOS ONE*, v. 5, n. 5, 2010); Ralph Adolphs, "Neural Systems for Recognizing Emotion" (*Current Opinion in Neurobiology*, v. 12, n. 2, pp. 169--77, 2002); Albert Newen, Anna Welpinghus e Georg Juckel, "Emotion Recognition as Pattern Recognition: The Relevance of Perception" (*Mind and Language*, v. 30, n. 2, pp. 187-208, 2015); Joel Aronoff, "How We Recognize Angry and Happy Emotion in People, Places, and Things" (*Cross-Cultural Research*, v. 40, n. 1, pp. 83-105, 2006). Sobre a IA e o reconhecimento de emoções, ver Smith K. Khare et al., "Emotion Recognition and Artificial Intelligence: A Systematic Review (2014-2023) and Research Recommendations" (*Information Fusion*, v. 102, 2024).

13. Zohar Elyoseph et al., "ChatGPT Outperforms Humans in Emotional Awareness Evaluations". *Frontiers in Psychology*, v. 14, 2023.

14. John W. Ayers et al., "Comparing Physician and Artificial Intelligence Chatbot Responses to Patient Questions Posted to a Public Social Media Forum". *JAMA Internal Medicine*, v. 183, n. 6, pp. 589-96, 2023.

15. Seung Hwan Lee et al., "Forgiving Sports Celebrities with Ethical Transgressions: The Role of Parasocial Relationships, Ethical Intent, and Regulatory Focus Mindset". *Journal of Global Sport Management*, v. 3, n. 2, pp. 124-45, 2018.

16. Brett Karlan, "Human Achievement and Artificial Intelligence". *Ethics and Information Technology*, v. 25, n. 40, 2023.

17. Yuval Noah Harari, *Homo Deus*. Nova York: Harper, 2017, cap. 3.

18. Edmund Burke, *Reflexões sobre a Revolução na França*. Campinas: Vide, 2017; F. A. Hayek, *O caminho da servidão*. 4. ed. Trad. de Leonel Vallandro. Rio de Janeiro: Expressão e Cultura, 1987; id., *A constituição da liberdade*. Trad. de Pedro Elói Duarte. Barueri: Avis Rara/Faro, 2022; Jonathan Haidt, *A mente moralista: Por que as pessoas boas se separam por causa da política e da religião?*. Trad. de Antonio Kuntz. Ed. independente, 2018; Yoram Hazony, *Conservatism: A Rediscovery*. Nova York: Simon & Schuster, 2022; Peter Whitewood, *The Red Army and the Great Terror: Stalin's Purge of the Soviet Military*. Lawrence: University Press of Kansas, 2015.

19. Yoram Hazony, *Conservatism: A Rediscovery*. Nova York: Simon & Schuster, 2022, p. 3.

20. Bureau of Labor Statistics, "Historical Statistics of the United States, Colonial Times to 1970, Part I". *Series D 85-86 Unemployment: 1890-1970*, p. 135, 1975; Curtis J. Simon, "The Supply Price of Labor During the Great Depression". *Journal of Economic History*, v. 61, n. 4, pp. 877-903, 2001; Vernon T. Clover, "Employees' Share of National Income, 1929-1941". *Fort Hays Kansas State College Studies: Economics Series*, v. 1, p. 194, 1943; Stanley Lebergott, "Labor Force, Employment, and Unemployment, 1929-39: Estimating Methods". *Monthly Labor Review*, v. 67, n. 1, p. 51, 1948; Robert Roy Nathan, *National Income, 1929-36, of the United States*. Washington: U.S. Government Printing Office, 1939, p. 15 (tabela 3).

21. David M. Kennedy, "What the New Deal Did". *Political Science Quarterly*, v. 124, n. 2, pp. 251-68, 2009.

22. William E. Leuchtenburg, *In the Shadow of FDR: From Harry Truman to Barack Obama*. Ithaca: Cornell University Press, 2011, pp. 48-9.

23. Mustafa Suleyman e Michael Bhaskar, *The Coming Wave: Technology, Power, and the Twenty-First Century's Greatest Dilemma*. Nova York: Crown, 2023.

24. Michael L. Birzer e Richard B. Ellis, "Debunking the Myth That All Is Well in the Home of *Brown v. Topeka Board of Education*: A Study of Perceived Discrimination". *Journal of Black Studies*, v. 36, n. 6, pp. 793-814, 2006.

25. United States Supreme Court, *Brown v. Board of Education*, 17 maio 1954. Disponível em: <archives.gov/milestone-documents/brown-v-board-of-education#transcript>. Acesso em: 15 maio 2024.

26. "*State v. Loomis*: Wisconsin Supreme Court Requires Warning Before Use of Algorithmic Risk Assessments in Sentencing". *Harvard Law Review*, v. 130, pp. 1530-7, 2017.

27. Rebecca Wexler, "When a Computer Program Keeps You in Jail". *The New York Times*, 13 jun. 2017. Disponível em: <nytimes.com/2017/06/13/opinion/how-computers-are-harming-criminal-justice.html>. Acesso em: 15 maio 2024; Ed Yong, "A Popular Algorithm Is No Better at Predicting Crimes Than Random People". *The Atlantic*, 17 jan. 2018. Disponível em: <theatlantic.com/technology/archive/2018/01/equivant-compas-algorithm/550646/>. Acesso em: 15 maio 2024.

28. Mitch Smith, "In Wisconsin, a Backlash against Using Data to Foretell Defendants' Fu-

tures". *The New York Times*, 22 jun. 2016. Disponível em: <nytimes.com/2016/06/23/us/backlash-in-wisconsin-against-using-data-to-foretell-defendants-futures.html>. Acesso em: 15 maio 2024.

29. Eric Holder, "Speech Presented at the National Association of Criminal Defense Lawyers 57th Annual Meeting and 13th State Criminal Justice Network Conference, Philadelphia, PA". *Federal Sentencing Reporter*, v. 27, n. 4, pp. 252-5, 2015; Sonja B. Starr, "Evidence-Based Sentencing and the Scientific Rationalization of Discrimination". *Stanford Law Review*, v. 66, n. 4, pp. 803-72, 2014; Cecelia Klingele, "The Promises and Perils of Evidence-Based Corrections". *Notre Dame Law Review*, v. 91, n. 2, pp. 537-84, 2015; Jennifer L. Skeem e Jennifer Eno Louden, "Assessment of Evidence on the Quality of the Correctional Offender Management Profiling for Alternative Sanctions (COMPAS)". Center for Public Policy Research (CPPR), 26 dez. 2007. Disponível em: <cpb-us-e2.wpmucdn.com/sites.uci.edu/dist/0/1149/files/2013/06/CDCR-Skeem-EnoLouden-COMPASeval-SECONDREVISION-final-Dec-28-07.pdf>. Acesso em: 15 maio 2024; Julia Dressel e Hany Farid, "The Accuracy, Fairness, and Limits of Predicting Recidivism". *Science Advances*, v. 4, n. 1, 2018; Julia Angwin et al., "Machine Bias". *ProPublica*, 23 maio 2016. Disponível em: <propublica.org/article/machine-bias-risk-assessments-in-criminal-sentencing>. Acesso em: 15 maio 2024. Mas ver também Sam Corbett-Davies et al., "A Computer Program Used for Bail and Sentencing Decisions Was Labeled Biased against Blacks: It's Actually Not That Clear" (*The Washington Post*, 17 out. 2016).

30. "*State v. Loomis*: Wisconsin Supreme Court Requires Warning Before Use of Algorithmic Risk Assessments in Sentencing". *Harvard Law Review*, v. 130, pp. 1530-7, 2017.

31. Seena Fazel et al., "The Predictive Performance of Criminal Risk Assessment Tools Used at Sentencing: Systematic Review of Validation Studies". *Journal of Criminal Justice*, v. 81, 2022; Jay Singh et al., "International Perspectives on the Practical Application of Violence Risk Assessment: A Global Survey of 44 Countries". *International Journal of Forensic Mental Health*, v. 13, n. 3, pp. 193-206, 2014; Melissa Hamilton e Pamela Ugwudike, "A 'Black Box' AI System Has Been Influencing Criminal Justice Decisions for Over Two Decades: It's Time to Open It Up". *The Conversation*, 26 jul. 2023. Disponível em: <theconversation.com/a-black-box-ai-system- has-been-influencing-criminal-justice-decisions-for-over-two-decades-its-time-to-open-it-up-200594>. Acesso em: 15 maio 2024; Federal Bureau of Prisons, "PATTERN Risk Assessment", [s.d.]. Disponível em: <bop.gov/inmates/fsa/pattern.jsp>. Acesso em: 11 jan. 2024.

32. Manish Raghavan et al., "Mitigating Bias in Algorithmic Hiring: Evaluating Claims and Practices". *Proceedings of the 2020 Conference on Fairness, Accountability, and Transparency*, pp. 469-81, 2020; Nicol Turner Lee e Samantha Lai, "Why New York City Is Cracking Down on AI in Hiring". Brookings Institution, 20 dez. 2021. Disponível em: <brookings.edu/articles/why-new-york-city-is-cracking-down-on-ai-in-hiring/>. Acesso em: 15 maio 2024; Sian Townson, "AI Can Make Bank Loans More Fair". *Harvard Business Review*, 6 nov. 2020. Disponível em: <hbr.org/2020/11/ai-can-make-bank-loans-more-fair>. Acesso em: 15 maio 2024; Robert Bartlett et al., "Consumer-Lending Discrimination in the FinTech Era". *Journal of Financial Economics*, v. 143, n. 1, pp. 30-56, 2022; Mugahed A. Al-Antari, "Artificial Intelligence for Medical Diagnostics: Existing and Future AI Technology!". *Diagnostics*, v. 13, n. 4, 2023; Thomas Davenport e Ravi Kalakota, "The Potential for Artificial Intelligence in Healthcare". *Future Healthcare Journal*, v. 6, n. 2, pp. 94-8, 2019.

33. European Comission, "Can I Be Subject to Automated Individual Decision-Making, Including Profiling?", [s.d.]. Disponível em: <commission.europa.eu/law/law-topic/data-protection/reform/rights-citizens/my-rights/can-i-be-subject-automated-individual-decision-making-including-profiling_en>. Acesso em: 11 jan. 2024.

34. Mustafa Suleyman e Michael Bhaskar, *The Coming Wave: Technology, Power, and the Twenty-First Greatest Dilemma.* Nova York: Crown, 2023, p. 54.

35. Levin Brinkmann et al., "Machine Culture". *Nature Human Behavior*, v. 7, pp. 1855-68, 2023.

36. Mustafa Suleyman e Michael Bhaskar, *The Coming Wave: Technology, Power, and the Twenty-First Greatest Dilemma.* Nova York: Crown, 2023, p. 80. Ver também Tilman Räuker et al., "Toward Transparent AI: A Survey on Interpreting the Inner Structures of Deep Neural Networks" (*2023 IEEE Conference on Secure and Trustworthy Machine Learning* [*SaTML*], pp. 464--83, fev. 2023).

37. Adele Atkinson, Chiara Monticone e Flore-Anne Messi, *OECD/INFE International Survey of Adult Financial Literacy Competencies.* Paris: OECD, 2016. Disponível em: <web-archive.oecd.org/2018-12-10/417183-OECD-INFE-International-Survey-of-Adult-Financial-Literacy-Competencies.pdf>. Acesso em: 15 maio 2024.

38. DODS, "Parliamentary Perceptions of the Banking System", jul. 2014. Disponível em: <positivemoney.org/wp-content/uploads/2014/08/Positive-Money-Dods-Monitoring-Poll-of-MPs.pdf>. Acesso em: 15 maio 2024.

39. Jacob Feldman, "The Simplicity Principle in Human Concept Learning". *Current Directions in Psychological Science*, v. 12, n. 6, pp. 227-32, 2003; Bethany Kilcrease, *Falsehood and Fallacy: How to Think, Read, and Write in the Twenty-First Century.* Toronto: University of Toronto Press, 2021, p. 115; Christina N. Lessov-Schlaggar, Joshua B. Rubin e Bradley L. Schlaggar, "The Fallacy of Univariate Solutions to Complex Systems Problems". *Frontiers in Neuroscience*, v. 10, 2016.

40. Catherine D'Ignazio e Lauren F. Klein, *Data Feminism.* Cambridge: MIT Press, 2020, p. 54.

41. Tobias Berg et al., "On the Rise of FinTechs: Credit Scoring Using Digital Footprints". *Review of Financial Studies*, v. 33, n. 7, pp. 2845-97, 2020.

42. Ibid.; Lin Ma et al., "A New Aspect on P2P Online Lending Default Prediction Using Meta-level Phone Usage Data in China". *Decision Support Systems*, v. 111, pp. 60-71, 2018; Li Yuan, "Want a Loan in China? Keep Your Phone Charged". *The Wall Street Journal*, 6 abr. 2017.

43. Levin Brinkmann et al., "Machine Culture". *Nature Human Behavior*, v. 7, pp. 1855--68, 2023.

44. Jesse S. Summers, "*Post Hoc Ergo Propter Hoc*: Some Benefits of Rationalization". *Philosophical Explorations*, v. 20, n. 1, pp. 21-36, 2017; Richard E. Nisbett e Timothy D. Wilson, "Telling More Than We Can Know: Verbal Reports on Mental Processes". *Psychological Review*, v. 84, n. 3, p. 231, 1977; Daniel M. Wegner e Thalia Wheatley, "Apparent Mental Causation: Sources of the Experience of Will". *American Psychologist*, v. 54, n. 7, pp. 480-92, 1999; Benjamin Libet, "Do We Have Free Will?". *Journal of Consciousness Studies*, v. 6, n. 8/9, pp. 47-57, 1999; Jonathan Haidt, "The Emotional Dog and Its Rational Tail: A Social Intuitionist Approach to Moral Judgment". *Psychological Review*, v. 108, n. 4, pp. 814-34, 2001; Joshua D. Greene, "The Secret Joke of Kant's Soul". *Moral Psychology*, v. 3, pp. 35-79, 2008; William Hirstein (Org.), *Con-*

fabulation: Views from Neuroscience, Psychiatry, Psychology, and Philosophy. Nova York: Oxford University Press, 2009; Michael Gazzaniga, *Who's in Charge? Free Will and the Science of the Brain.* Londres: Robinson, 2012; Fiery Cushman e Joshua Greene, "The Philosopher in the Theater". In: Mario Mikulincer e Phillip R. Shaver (Orgs.), *The Social Psychology of Morality: Exploring the Causes of Good and Evil.* Washington: APA Press, 2011, pp. 33-50.

45. Shai Danziger, Jonathan Levav e Liora Avnaim-Pesso, "Extraneous Factors in Judicial Decisions". *Proceedings of the National Academy of Sciences*, v. 108, n. 17, pp. 6889-92, 2011; Keren Weinshall-Margel e John Shapard, "Overlooked Factors in the Analysis of Parole Decisions". *Proceedings of the National Academy of Sciences*, v. 108, n. 42, 2011.

46. Julia Dressel e Hany Farid, "The Accuracy, Fairness, and Limits of Predicting Recidivism". *Science Advances*, v. 4, n. 1, 2018; Cecelia Klingele, "The Promises and Perils of Evidence-Based Corrections". *Notre Dame Law Review*, v. 91, n. 2, pp. 537-84, 2015; Alexander M. Holsinger et al., "A Rejoinder to Dressel and Farid: New Study Finds Computer Algorithm Is More Accurate Than Humans at Predicting Arrest and as Good as a Group of 20 Lay Experts". *Federal Probation*, v. 82, pp. 50-5, 2018; Catherine D'Ignazio e Lauren F. Klein, *Data Feminism.* Cambridge: MIT Press, 2020, pp. 53-4.

47. The EU Artificial Intelligence Act, European Commission, 21 abr. 2021. Disponível em: <artificialintelligenceact.eu/the-act/>. Acesso em: 15 maio 2024. A lei diz: "Estarão proibidas as seguintes práticas de inteligência artificial [...] (c) a colocação de sistemas de IA no mercado, em serviço ou em uso por autoridades públicas ou em nome delas para avaliação ou classificação da confiabilidade de pessoas naturais durante certo período de tempo baseada em seu comportamento pessoal ou em suas características pessoais ou de personalidade conhecidas ou previstas, com o escore social levando a um dos seguintes ou a ambos: (i) tratamento prejudicial ou desfavorável de certas pessoas naturais ou de grupos naturais inteiros em contextos sociais que não guardam relação com os contextos em que os dados foram originalmente gerados ou coletados; (ii) tratamento prejudicial ou desfavorável de certas pessoas naturais ou de grupos naturais inteiros em contextos sociais que é injustificado ou desproporcional a seu comportamento social ou à gravidade dele" (43).

48. Alessandro Bessi e Emilio Ferrara, "Social Bots Distort the 2016 U.S. Presidential Election Online Discussion". *First Monday*, v. 21, n. 11, pp. 1-14, 2016.

49. Luca Luceri, Felipe Cardoso e Silvia Giordano, "Down the Bot Hole: Actionable Insights from a One-Year Analysis of Bot Activity on Twitter". *First Monday*, v. 26, n. 3, 2021.

50. David F. Carr, "Bots Likely Not a Big Part of Twitter's Audience — But Tweet a Lot". *Similarweb Blog*, 8 set. 2022. Disponível em: <similarweb.com/blog/insights/social-media-news/twitter-bot-research-news/>. Acesso em: 15 maio 2024; "Estimating Twitter's Bot-Free Monetizable Daily Active Users (MDAU)". *Similarweb Blog*, 8 set. 2022. Disponível em: <similarweb.com/blog/insights/social-media-news/twitter-bot-research/>. Acesso em: 15 maio 2024.

51. Giovanni Spitale, Nikola Biller-Andorno e Federico Germani, "AI Model GPT-3 (Dis)informs Us Better Than Humans". *Science Advances*, v. 9, n. 26, 2023.

52. Daniel C. Dennett, "The Problem with Counterfeit People". *The Atlantic*, 16 maio 2023. Disponível em: <theatlantic.com/technology/archive/2023/05/problem-counterfeit-people/674075/>. Acesso em: 15 maio 2024.

53. Ver, por exemplo, Hannes Kleineke, "The Prosecution of Counterfeiting in Lancastri-

an England" (In: Martin Allen e Matthew Davies [Orgs.], *Medieval Merchants and Money: Essays in Honor of James L. Bolton*. Londres: University of London Press, 2016), pp. 213-26; Susan L'Engle, "Justice in the Margins: Punishment in Medieval Toulouse" (*Viator*, v. 33, pp. 133-65, 2002); Trevor Dean, *Crime in Medieval Europe, 1200-1550* (Londres: Routledge, 2014).

54. Daniel C. Dennett, "The Problem with Counterfeit People". *The Atlantic*, 16 maio 2023. Disponível em: <theatlantic.com/technology/archive/2023/05/problem-counterfeit-people/674075/>. Acesso em: 15 maio 2024.

55. Mariam Orabi et al., "Detection of Bots in Social Media: A Systematic Review". *Information Processing and Management*, v. 57, n. 4, 2020; Aaron J. Moss et al., "Bots or Inattentive Humans? Identifying Sources of Low-Quality Data in Online Platforms". Pré-impressão, submetido em 2021; Max Weiss, "Deepfake Bot Submissions to Federal Public Comment Websites Cannot Be Distinguished from Human Submissions". *Technology Science*, 17 dez. 2019; Adrian Rauchfleisch e Jonas Kaiser, "The False Positive Problem of Automatic Bot Detection in Social Science Research". *PLOS ONE*, v. 15, n. 10, 2020; Giovanni C. Santia, Munif Ishad Mujib e Jake Ryland Williams, "Detecting Social Bots on Facebook in an Information Veracity Context". *Proceedings of the International AAAI Conference on Web and Social Media*, v. 13, pp. 463-72, 2019.

56. Drew DeSilver, "The Polarization in Today's Congress Has Roots That Go Back Decades". Pew Research Center, 10 mar. 2022. Disponível em: <pewresearch.org/short-reads/2022/03/10/the-polarization-in-todays-congress-has-roots-that-go-back-decades/>. Acesso em: 15 maio 2024; Lee Drutman, "Why Bipartisanship in the Senate Is Dying". *FiveThirtyEight*, 27 set. 2021. Disponível em: <fivethirtyeight.com/features/why-bipartisanship-in-the-senate-is-dying/>. Acesso em: 15 maio 2024.

57. Gregory A. Caldeira, "Neither the Purse nor the Sword: Dynamics of Public Confidence in the Supreme Court". *American Political Science Review*, v. 80, n. 4, pp. 1209-26, 1986.

10. TOTALITARISMO: TODO O PODER AOS ALGORITMOS? [pp. 349-60]

1. Ver, por exemplo, o livro, sob outros aspectos excelente e muito percuciente, de Shoshana Zuboff, *The Age of Surveillance Capitalism: The Fight for a Human Future at the New Frontier of Power* (Nova York: PublicAffairs, 2018); Max Fisher, *The Chaos Machine: The Inside Story of How Social Media Rewired Our Mindsand Our World* (Nova York: Little Brown, 2022); Brian Christian, *The Alignment Problem: Machine Learning and Human Values* (Nova York: W. W. Norton, 2022); Catherine D'Ignazio e Lauren F. Klein, *Data Feminism* (Cambridge: MIT Press, 2020); Sasha Costanza-Chock, *Design Justice: Community-Led Practices to Build the Worlds We Need* (Cambridge: MIT Press, 2020). Kai-Fu Lee, *AI Superpowers: China, Silicon Valley, and the New World Order* (Nova York: Houghton Mifflin, 2018), é um ótimo contraexemplo. Ver também Mark Coeckelbergh, *Ética na inteligência artificial*. Trad. de Clarisse de Souza et al. São Paulo: Ubu, 2024.

2. O Instituto Variedades da Democracia, na Universidade de Gottenburg, calculou que, em 2022, 72% da população mundial (5,7 bilhões de pessoas) vivia sob regimes autoritários ou totalitários. Ver Evie Papada e Staffan I. Lindberg (Orgs.), *Defiance in the Face of Autocratization*

(Gotemburgo: V-Dem Institute, 2023. Disponível em: <v-dem.net/documents/29/V-dem_democracyreport2023_lowres.pdf>. Acesso em: 15 maio 2024).

3. "McDonald's: 60 Years, Billions Served". *Chicago Tribune*, 15 abr. 2015.

4. Alphabet, "2022 Alphabet Annual Report", 2023. Disponível em: <abc.xyz/assets/d4/4f/a48b94d548d0b2fdc029a95e8c63/2022-alphabet-annual-report.pdf>. Acesso em: 15 maio 2024; Statcounter, "Search Engine Market Share Worldwide — December 2023", [s.d.]. Disponível em: <gs.statcounter.com/search-engine-market-share>. Acesso em: 12 jan. 2024; Jason Wise, "How Many People Use Search Engines in 2024?". *Earthweb*, 16 nov. 2023. Disponível em: <earthweb.com/search-engine-users/>. Acesso em: 15 maio 2024.

5. Google Search, "How Google Search Organizes Information", [s.d.]. Disponível em: <google.com/search/howsearchworks/how-search-works/organizing-information/>. Acesso em: 12 jan. 2024; Statcounter, "Browser Market Share Worldwide", [s.d.]. Disponível em: <gs.statcounter.com/search-engine-market-share>. Acesso em: 12 jan. 2024.

6. Parliamentary Counsel Office of New Zealand, "Privacy Act 2020", 6 dez. 2023. Disponível em: <legislation.govt.nz/act/public/2020/0031/latest/LMS23223.html>. Acesso em: 15 maio 2024; Jessie Yeung, "China's Sitting on a Goldmine of Genetic Data — and It Doesn't Want to Share". *CNN*, 12 ago. 2023. Disponível em: <edition.cnn.com/2023/08/11/china/china-human-genetic-resources-regulations-intl-hnk-dst/index.html>. Acesso em: 15 maio 2024.

7. Dionysis Zindros, "The Illusion of Blockchain Democracy: One Coin Equals One Vote". Nesta Foundation, 14 set. 2020. Disponível em: <nesta.org.uk/report/illusion-blockchain-democracy-one-coin-equals-one-vote/>. Acesso em: 15 maio 2024; Lukas Schädler, Michael Lustenberger e Florian Spychiger, "Analyzing Decision-Making in Blockchain Governance". *Frontiers in Blockchain*, v. 23, n. 6, 2023; PricewaterhouseCoopers, "Estonia: The Digital Republic Secured by Blockchain", 2019. Disponível em: <pwc.com/gx/en/services/legal/tech/assets/estonia-the-digital-republic-secured-by-blockchain.pdf>. Acesso em: 15 maio 2024; Bryan Daugherty, "Why Governments Need to Embrace Blockchain Technology". *The Standard*, 31 maio 2023. Disponível em: <standard.co.uk/business/government-blockchain-technology-business-b1080774.html>. Acesso em: 15 maio 2024.

8. Dião Cássio, *História romana*, livro 78.

9. Adrastos Omissi, "*Damnatio Memoriae* or *Creatio Memoriae*? Memory Sanctions as Creative Processes in the Fourth Century AD". *Cambridge Classical Journal*, v. 62, pp. 170-99, 2016.

10. David King, *The Commissar Vanishes: The Falsification of Photographs and Art in Stalin's Russia*. Nova York: Henry Holt, 1997; Herman Ermolaev, *Censorship in Soviet Literature, 1917-1991*. Lanham: Rowman & Littlefield, 1997, pp. 56, 59, 62, 67-8; Denis Skopin, *Photography and Political Repressions in Stalin's Russia: Defacing the Enemy*. Nova York: Routledge, 2022; Orlando Figes, *The Whisperers: Private Life in Stalin's Russia*. Nova York: Picador, 2007, p. 298.

11. Anistia Internacional Public Statement, EUR 46/7017/2023, "Russia: Under the 'Eye of Sauron': Persecution of Critics of the Aggression against Ukraine". p. 2, 20 jul. 2023. Disponível em: <amnesty.org/en/documents/eur46/7017/2023/en/>. Acesso em: 15 maio 2024.

12. Sandra Bingham, *The Praetorian Guard: A History of Rome's Elite Special Forces*. Londres: I. B. Tauris, 2013.

13. Tácito, *Anais*, livro 4.41.

14. Ibid., livro 6.50.

15. Albert Einstein et al., "The Russell-Einstein Manifesto [1955]". *Impact of Science on Society — Unesco*, v. 26, n. 12, pp. 15-6, 1976.

11. A CORTINA DE SILÍCIO: IMPÉRIO GLOBAL OU CISÃO GLOBAL? [pp. 361-91]

1. Mustafa Suleyman e Michael Bhaskar, *The Coming Wave: Technology, Power, and the Twenty-First Century's Greatest Dilemma*. Nova York: Crown, 2023, pp. 12-3, 173-7, 207-13; Emily H. Soice et al., "Can Large Language Models Democratize Access to Dual-Use Biotechnology?". Pré-impressão, submetido em 2023; Sepideh Jahangiri et al., "Viral and Non-viral Gene Therapy Using 3D (Bio) Printing". *Journal of Gene Medicine*, v. 24, n. 12, 2022; Tommaso Zandrini et al., "Breaking the Resolution Limits of 3D Bioprinting: Future Opportunities and Present Challenges". *Trends in Biotechnology*, v. 41, n. 5, pp. 604-14, 2023.

2. "China's Foreign Minister Visits Tonga After Pacific Islands Delay Regional Pact". *Reuters*, 31 maio 2022; David Wroe, "China Eyes Vanuatu Military Base in Plan with Global Ramifications". *Sydney Morning Herald*, 9 abr. 2018. Disponível em: <smh.com.au/politics/federal/china-eyes-vanuatu-military-base-in-plan-with-global-ramifications-20180409-p4z8j9.html>. Acesso em: 15 maio 2024; Kirsty Needham, "China Seeks Pacific Islands Policing, Security Cooperation — Document". *Reuters*, 25 maio 2022; Australian Department of Foreign Affairs and Trade, "Australia-Tuvalu Falepili Union", [s.d.]. Disponível em: <dfat.gov.au/geo/tuvalu/australia-tuvalu-falepili-union>. Acesso em: 12 jan. 2024; Joel Atkinson, "Why Tuvalu Still Chooses Taiwan". *East Asia Forum*, 24 out. 2022. Disponível em: <eastasiaforum.org/2022/10/24/why-tuvalu-still-chooses-taiwan/>. Acesso em: 15 maio 2024.

3. Thomas G. Otte e Keith Neilson (Orgs.), *Railways and International Politics: Paths of Empire, 1848-1945*. Londres: Routledge, 2012; Matthew Alexander Scott, *Transcontinentalism: Technology, Geopolitics, and the Baghdad and Cape-Cairo Railway Projects, c. 1880-1930*. Newcastle: Newcastle University, 2018. Tese (Doutorado em Filosofia).

4. Kevin Kelly, "The Three Breakthroughs That Have Finally Unleashed AI on the World". *Wired*, 27 out. 2014. Disponível em: <wired.com/2014/10/future-of-artificial-intelligence/>. Acesso em: 15 maio 2024.

5. "From Not Working to Neural Networking". *The Economist*, 23 jun. 2016.

6. Liat Clark, "Google's Artificial Brain Learns to Find Cat Videos". *Wired*, 26 jun. 2012. Disponível em: <wired.com/2012/06/google-x-neural-network/>. Acesso em: 15 maio 2024; Jason Johnson, "This Deep Learning AI Generated Thousands of Creepy Cat Pictures". *Vice*, 14 jul. 2017. Disponível em: <vice.com/en/article/a3dn9j/this-deep-learning-ai-generated-thousands-of-creepy-cat-pictures>. Acesso em: 15 maio 2024.

7. Anistia Internacional, *Automated Apartheid: How Facial Recognition Fragments, Segregates, and Controls Palestinians in the OPT*. Londres: Anistia Internacional, 2023, pp. 42-3. Disponível em: <amnesty.org/en/documents/mde15/6701/2023/en/>. Acesso em: 15 maio 2024.

8. O artigo que descrevia o desenvolvimento e a arquitetura da AlexNet tinha sido citado,

até 2023, mais de 120 mil vezes, o que o torna um dos artigos acadêmicos de maior influência na história moderna (Alex Krizhevsky, Ilya Sutskever e Geoffrey E. Hinton, "Imagenet Classification with Deep Convolutional Neural Networks". *Advances in Neural Information Processing Systems*, v. 25, 2012). Ver também Mohammed Zahangir Alom et al., "The History Began from AlexNet: A Comprehensive Survey on Deep Learning Approaches" (Pré-impressão, submetido em 2018).

9. David Lai, *Learning from the Stones: A Go Approach to Mastering China's Strategic Concept, Shi*. Carlisle: U.S. Army War College, Strategic Studies Institute, 2004; Zhongqi Pan, "*Guanxi, Weiqi*, and Chinese Strategic Thinking". *Chinese Political Science Review*, v. 1, pp. 303--21, 2016; Timothy J. Demy, James Giordano e Gina Granados Palmer, "Chess vs Go: Strategic Strength, Gamecraft, and China". *National Defense*, 8 jul. 2021. Disponível em: <nationaldefensemagazine.org/articles/2021/7/8/chess-vs-go---strategic-strength-gamecraft-and-china>. Acesso em: 15 maio 2024; David Vergun, "Ancient Game Used to Understand U.S.-China Strategy". U.S. Army, 25 maio 2016. Disponível em: <army.mil/article/168505/ancient_game_used_to_understand_u_s_china_strategy>. Acesso em: 15 maio 2024; "No Go". *The Economist*, 19 maio 2011.

10. Mustafa Suleyman e Michael Bhaskar, *The Coming Wave: Technology, Power, and the Twenty-First Century's Greatest Dilemma*. Nova York: Crown, 2023, p. 84.

11. Ibid.; Kai-Fu Lee, *AI Superpowers: China, Silicon Valley, and the New World Order*. Nova York: Houghton Mifflin, 2018; Shyi-Min Lu, "The CCP's Development of Artificial Intelligence: Impact on Future Operations". *Journal of Social and Political Sciences*, v. 4, n. 1, pp. 93--105, 2021; Daitian Li, Tony W. Tong e Yangao Xiao, "Is China Emerging as the Global Leader in AI?". *Harvard Business Review*, 18 fev. 2021. Disponível em: <hbr.org/2021/02/is-china-emerging-as-the-global-leader-in-ai>. Acesso em: 15 maio 2024; Robyn Mak, "Chinese AI Arrives by Stealth, Not with a Bang". *Reuters*, 28 jul. 2023.

12. "'Whoever Leads in AI Will Rule the World': Putin to Russian Children on Knowledge Day". *Russia Today*, 1 set. 2017. Disponível em: <rt.com/news/401731-ai-rule-world-putin/>. Acesso em: 15 maio 2024; Ministry of External Affairs, "Prime Minister's Statement on the Subject 'Creating a Shared Future in a Fractured World' in the World Economic Forum (Jan. 23, 2018)", 23 jan. 2018. Disponível em: <mea.gov.in/Speeches-Statements.htm?dtl/29378/Prime+Ministers+Keynote+Speech+at+Plenary+Session+of+World+Economic+Forum+Davos+January+23+2018>. Acesso em: 15 maio 2024.

13. Trump White House, "Executive Order on Maintaining American Leadership in AI", 11 fev. 2019. Disponível em: <trumpwhitehouse.archives.gov/ai/>. Acesso em: 15 maio 2024; Cade Metz, "Trump Signs Executive Order Promoting Artificial Intelligence". *The New York Times*, 11 fev. 2019.

14. Para uma discussão geral do colonialismo de dados, ver também Ulises A. Mejias e Nick Couldry, *Data Grab: The New Colonialism of Big Tech and How to Fight Back* (Londres: Ebury, 2024).

15. Conor Murray, "Here's What Happened When This Massive Country Banned TikTok". *Forbes*, 23 mar. 2023; "India Bans TikTok, WeChat, and Dozens More Chinese Apps". *BBC*, 29 jun. 2020. Disponível em: <bbc.com/news/technology-53225720>. Acesso em: 15 maio 2024.

16. Seung Min Kim, "White House: No More TikTok on Gov't Devices Within 30 Days".

Associated Press, 28 fev. 2023. Disponível em: <apnews.com/article/technology-politics-united-states-government-ap-top-news-business-95491774cf8f0fe3e2b9634658a22e56>. Acesso em: 15 maio 2024; Stacy Liberatore, "Leaked Audio of More Than 80 TikTok Meetings Reveal China-Based Employees Are Accessing US User Data, New Report Claims". *Daily Mail*, 17 jun. 2022. Disponível em: <dailymail.co.uk/sciencetech/article-10928485/Leaked-audio-80-TikTok-meetings-reveal-China-based-employees-accessing-user-data.html>. Acesso em: 15 maio 2024; Dan Milmo, "TikTok's Ties to China: Why Concerns Over Your Data Are Here to Stay". *The Guardian*, 7 nov. 2022. Disponível em: <theguardian.com/technology/2022/nov/07/tiktoks-china-bytedance-data-concerns>. Acesso em: 15 maio 2024; James Clayton, "TikTok: Chinese App May Be Banned in US, Says Pompeo". *BBC*, 7 jul. 2020. Disponível em: <bbc.com/news/technology-53319955>. Acesso em: 15 maio 2024.

17. Tess McClure, "New Zealand MPs Warned Not to Use TikTok over Fears China Could Access Data". *The Guardian*, 2 ago. 2022. Disponível em: <theguardian.com/world/2022/aug/02/new-zealand-mps-warned-not-to-use-tiktok-over-fears-china-could-access-data>. Acesso em: 15 maio 2024; Dan Milmo, "TikTok's Ties to China: Why Concerns Over Your Data Are Here to Stay". *The Guardian*, 7 nov. 2022. Disponível em: <theguardian.com/technology/2022/nov/07/tiktoks-china-bytedance-data-concerns>. Acesso em: 15 maio 2024.

18. Akram Beniamin, *Cotton, Finance, and Business Networks in a Globalized World: The Case of Egypt During the First Half of the Twentieth Century*. Reading: University of Reading, 2019. Tese (Doutorado em Filosofia); Lars Sandberg, "Movements in the Quality of British Cotton Textile Exports, 1815-1913". *Journal of Economic History*, v. 28, n. 1, pp. 1-27, 1968; James Hagan e Andrew Wells, "The British and Rubber in Malaya, *c.* 1890-1940". In: *The Past Is Before Us: Proceedings of the Ninth National Labor History Conference*. Sydney: University of Sydney, 2005, pp. 143-50; John H. Drabble, "The Plantation Rubber Industry in Malaya up to 1922". *Journal of the Malaysian Branch of the Royal Asiatic Society*, v. 40, n. 1, pp. 52-77, 1967.

19. Paul Erdkamp, *The Grain Market in the Roman Empire: A Social, Political, and Economic Study*. Cambridge: Cambridge University Press, 2005; Eli J. S. Weaverdyck, "Institutions and Economic Relations in the Roman Empire: Consumption, Supply, and Coordination". In: Sitta von Reden (Org.), *Handbook of Ancient Afro-Eurasian Economies*, v. 2: *Local, Regional, and Imperial Economies*. Berlim: De Gruyter, 2022, pp. 647-94; Colin Adams, *Land Transport in Roman Egypt: A Study of Economics and Administration in a Roman Province*. Nova York: Oxford University Press, 2007.

20. Palash Ghosh, "Amazon Is Now America's Biggest Apparel Retailer, Here's Why Walmart Can't Keep Up". *Forbes*, 7 mar. 2021; Don-Alvin Adegeest, "Amazon's U.S. Marketshare of Clothing Soars to 14.6 Percent". *Fashion United*, 15 mar. 2022. Disponível em: <fashionunited.com/news/retail/amazon-s-u-s-marketshare-of-clothing-soars-to-14-6-percent/2022031546520>. Acesso em: 15 maio 2024.

21. Invest Pakistan, "Textile Sector Brief". Disponível em: <invest.gov.pk/textile>. Acesso em: 12 jan. 2024; Morder Intelligence, "Bangladesh Textile Manufacturing Industry Size & Share Analysis: Growth Trends & Forecasts (2023-2028)", [s.d.]. Disponível em: <mordorintelligence.com/industry-reports/bangladesh-textile-manufacturing-industry-study-market>. Acesso em: 12 jan. 2024.

22. Daron Acemoglu e Simon Johnson, *Poder e progresso: Uma luta de mil anos entre a tecnologia e a prosperidade*. Trad. de Cássio Arantes Leite. Rio de Janeiro: Objetiva, 2024.

23. PricewaterhouseCoopers, "Global Artificial Intelligence Study: Sizing the Prize", 2017. Disponível em: <pwc.com/gx/en/issues/data-and-analytics/publications/artificial-intelligence-study.html>. Acesso em: 15 maio 2024.

24. Matt Sheehan, "China's AI Regulations and How They Get Made". Carnegie Endowment for International Peace, 10 jul. 2023. Disponível em: <carnegieendowment.org/2023/07/10/china-s-ai-regulations-and-how-they-get-made-pub-90117>. Acesso em: 15 maio 2024; Daria Impiombato, Yvonne Lau e Luisa Gyhn, "Examining Chinese Citizens' Views on State Surveillance". *The Strategist*, 12 out. 2023. Disponível em: <aspistrategist.org.au/examining-chinese-citizens-views-on-state-surveillance/>. Acesso em: 15 maio 2024; Kai Strittmatter, *We Have Been Harmonized: Life in China's Suveillance State*. Nova York: Custom House, 2020; Geoffrey Cain, *The Perfect Police State: An Undercover Odyssey into China's Terrifying Surveillance Dystopia of the Future*. Nova York: PublicAffairs, *2021*.

25. Shoshana Zuboff, *The Age of Surveillance Capitalism: The Fight for a Human Future at the New Frontier of Power*. Nova York: PublicAffairs, 2018; PHQ Team, "Survey: Americans Divided on Social Credit System". *PrivacyHQ*, 2022. Disponível em: <privacyhq.com/news/social-credit-how-do-i-stack-up/>. Acesso em: 15 maio 2024.

26. Kai-Fu Lee, *AI Superpowers: China, Silicon Valley, and the New World Order*. Nova York: Houghton Mifflin, 2018.

27. Chris Miller, *Chip War: The Fight for the World's Most Critical Technology*. Nova York: Scribner, 2022; Robin Emmott, "U.S. Renews Pressure on Europe to Ditch Huawei in New Networks". Reuters, 29 set. 2020.

28. "President Trump Halts Broadcom Takeover of Qualcomm". *Reuters*, 13 mar. 2018; Trump White House, "Presidential Order Regarding the Proposed Takeover of Qualcomm Incorporated by Broadcom Limited", 12 mar. 2018. Disponível em: <trumpwhitehouse.archives.gov/presidential-actions/presidential-order-regarding-proposed-takeover-qualcomm-incorporated-broadcom-limited/>. Acesso em: 15 maio 2024; David McLaughlin e Saleha Mohsin, "Trump's Message in Blocking Broadcom Deal: U.S. Tech Not for Sale". *Bloomberg*, 13 mar. 2018.

29. Mustafa Suleyman e Michael Bhaskar, *The Coming Wave: Technology, Power, and the Twenty-First Century's Greatest Dilemma*. Nova York: Crown, 2023, p. 168; Stephen Nellis, Karen Freifeld e Alexandra Alper, "U.S. Aims to Hobble China's Chip Industry with Sweeping New Export Rules". *Reuters*, 10 out. 2022; Alexandra Alper, Karen Freifeld e Stephen Nellis, "Biden Cuts China Off from More Nvidia Chips, Expands Curbs to Other Countries", 18 out. 2023; Ann Cao, "US Citizens at Chinese Chip Firms Caught in the Middle of Tech War After New Export Restrictions". *South China Morning Post*, 11 out. 2022.

30. Chris Miller, *Chip War: The Fight for the World's Most Critical Technology*. Nova York: Scribner, 2022.

31. Mark A. Lemley, "The Splinternet". *Duke Law Journal*, v. 70, pp. 1397-427, 2020.

32. Simcha Paull Raphael, *Jewish Views of the Afterlife*. 2. ed. Plymouth: Rowman & Littlefield, 2019; Claudia Seltzer, *Resurrection of the Body in Early Judaism and Early Christianity: Doctrine, Community, and Self-Definition*. Leiden: Brill, 2021.

33. Tertuliano é citado em Gerald O'Collins e Mario Farrugia, *Catholicism: The Story of*

Catholic Christianity (Nova York: Oxford University Press, 2015), p. 272. Para as citações do catecismo, ver *Catechism of the Catholic Church* (2. ed. Cidade do Vaticano: Libreria Editrice Vaticana, 1997), p. 265.

34. Bart D. Ehrman, *Heaven and Hell: A History of the Afterlife*. Nova York: Simon & Schuster, 2021; Dale B. Martin, *The Corinthian Body*. New Haven: Yale University Press, 1999; Claudia Seltzer, *Resurrection of the Body in Early Judaism and Early Christianity: Doctrine, Community, and Self-Definition*. Leiden: Brill, 2021.

35. Thomas McDermott, *Antony's Life of St. Simeon Stylites: A Translation of and Commentary on an Early Latin Version of the Greek Text*. Omaha: Creighton University, 1969. Dissertação (Mestrado em Artes); Robert Doran, *The Lives of Simeon Stylites*. Kalamazoo: Cistercian Publications, 1992.

36. Martinho Lutero, "An Introduction to St. Paul's Letter to the Romans". Trad. do reverendo Robert E. Smith. In: Johann K. Irmischer (Org.), *Vermischte Deutsche Schriften*. Erlangen: Heyder and Zimmer, 1854, pp. 124-5. Disponível em: <projectwittenberg.org/pub/resources/text/wittenberg/luther/luther-faith.txt>. Acesso em: 15 maio 2024 [Ed. bras.: "Prefácio à carta de são Paulo aos romanos". Trad. de Márcio Santos de Souza. *Solascriptura*, [s.d.]. Disponível em: <solascriptura-tt.org/Diversos/Romanos-PrefacioPorLutero.htm>. Acesso em: 15 maio 2024].

37. Mark A. Lemley, "The Splinternet". *Duke Law Journal*, v. 70, pp. 1397-427, 2020.

38. Ronen Bergman, Aaron Krolik e Paul Mozur, "In Cyberattacks, Iran Shows Signs of Improved Hacking Capabilities". *The New York Times*, 31 out. 2023. Disponível em: <nytimes.com/2023/10/31/world/middleeast/iran-israel-cyberattacks.html>. Acesso em: 15 maio 2024.

39. Para uma exploração ficcional dessa ideia pelo almirante James Stavridis, comandante-chefe aliado da Otan para a Europa de 2009 a 2013, ver Elliot Ackerman e James Stavridis, *2034: A Novel of the Next World War* (Nova York: Penguin Press, 2022).

40. James D. Morrow, "A Twist of Truth: A Reexamination of the Effects of Arms Races on the Occurrence of War". *Journal of Conflict Resolution*, v. 33, n. 3, pp. 500-29, 1989.

41. Ver, por exemplo, Kremlin, "Meeting with State Duma Leaders and Party Faction Heads" (7 jul. 2022. Disponível em: <en.kremlin.ru/events/president/news/68836>. Acesso em: 15 maio 2024); id., "Valdai International Discussion Club Meeting" (5 out. 2023. Disponível em: <en.kremlin.ru/events/president/news/72444>. Acesso em: 15 maio 2024); Donald J. Trump, "Remarks by President Trump to the 74th Session of the United Nations General Assembly" (24 set. 2019. Disponível em: <trumpwhitehouse.archives.gov/briefings-statements/remarks-president-trump-74th-session-united-nations-general-assembly/>. Acesso em: 15 maio 2024); Jair Bolsonaro, "Discurso do presidente Jair Bolsonaro na abertura da 74ª Assembleia Geral das Nações Unidas — Nova York, 24 de setembro de 2019" (Ministério das Relações Exteriores, 24 set. 2019. Disponível em: <www.gov.br/mre/pt-br/centrais-de-conteudo/publicacoes/discursos-artigos-e-entrevistas/presidente-da-republica/presidente-da-republica-federativa-do-brasil-discursos/discurso-do-presidente-jair-bolsonaro-na-abertura-da-74-assembleia-geral-das-nacoes-unidas-nova-york-24-de-setembro-de-2019>. Acesso em: 15 maio 2024); Cabinet Office of the Prime Minister, "Speech by Prime Minister Viktor Orbán at the Opening of CPAC Texas" (4 ago. 2022. Disponível em: <2015-2022.miniszterelnok.hu/speech-by-prime-minister-viktor-orban-at-the-opening-of-cpac-texas/>. Acesso em: 15 maio 2024); Geert Wilders, "Speech by Geert Wilders at the 'Europe of Nations and Freedom' Conference" (Gatestone Institute, 22 jan.

2017. Disponível em: <gatestoneinstitute.org/9812/geert-wilders-koblenz-enf>. Acesso em: 15 maio 2024).

42. Marine Le Pen, "Discours de Marine Le Pen (Front National), après le 2e tour des Régionales". Hénin-Beaumont, 6 dez. 2015 (vídeo). Reproduzido em FRANCE 24 (canal), YouTube, 5min21, 13 dez. 2015. Disponível em: <youtube.com/watch?v=Dv7Us46gL8c>. Acesso em: 15 maio 2024.

43. Trump White House, "President Trump: 'We Have Rejected Globalism and Embraced Patriotism'", 7 ago. 2020. Disponível em: <trumpwhitehouse.archives.gov/articles/president-trump-we-have-rejected-globalism-and-embraced-patriotism/>. Acesso em: 15 maio 2024.

44. Yoshua Bengio et al., "Managing Extreme AI Risks Amid Rapid Progress". *Science* (maio 2024).

45. John Mearsheimer, *The Tragedy of Great Power Politics*. Nova York: W.W. Norton, 2001, p. 21. Ver também Hans J. Morgenthau, *A política entre as nações: A luta pelo poder e pela paz*. São Paulo: Imprensa Oficial do Estado de São Paulo, 2003.

46. Frans B. de Waal, *Our Inner Ape: A Leading Primatologist Explains Why We Are Who We Are*. Nova York: Riverhead Books, 2006.

47. Douglas Zook, "Tropical Rainforests as Dynamic Symbiospheres of Life". *Symbiosis*, v. 51, pp. 27-36, 2010; Aparajita Das e Ajit Varma, "Symbiosis: The Art of Living". In: Ajit Varma e Amit C. Kharkwal (Orgs.), *Symbiotic Fungi: Principles and Practice*. Heidelberg: Springer, 2009, pp. 1-28. Ver também Frans B. de Waal, *Our Inner Ape: A Leading Primatologist Explains Why We Are Who We Are* (Nova York: Riverhead Books, 2006); Frans B. de Waal et al., *Primates and Philosophers: How Morality Evolved* (Princeton: Princeton University Press, 2009); Frans B. de Waal, "Putting the Altruism Back into Altruism: The Evolution of Empathy" (*Annual Review of Psychology*, v. 59, pp. 279-300, 2008).

48. Isabelle Crevecour et al., "New Insights on Interpersonal Violence in the Late Pleistocene Based on the Nile Valley Cemetery of Jebel Sahaba". *Nature Scientific Reports*, v. 11, 2021; Marc Kissel e Nam C. Kim, "The Emergence of Human Warfare: Current Perspectives". *Yearbook of Physical Anthropology*, v. 168, n. S67, pp. 141-63, 2019; Luke Glowacki, "Myths about the Evolution of War: Apes, Foragers, and the Stories We Tell". Pré-impressão, submetido em 2023.

49. Steven Pinker, *Os anjos bons da nossa natureza: Por que a violência diminuiu*. Trad. de Bernardo Joffily e Laura Teixeira Motta. São Paulo: Companhia das Letras, 2017; Azar Gat, *War in Human Civilization*. Oxford: Oxford University Press, 2008, pp. 130-1; Joshua S. Goldstein, *Winning the War on War: The Decline of Armed Conflict Worldwide*. Nova York: Dutton, 2011; Yuval Noah Harari, *21 Lessons for the 21st Century*. Nova York: Spiegel & Grau, 2018, cap. 11; Azar Gat, "Is War Declining — and Why?". *Journal of Peace Research*, v. 50, n. 2, pp. 149-57, 2012; Michael Spagat e Stijn van Weezel, "The Decline of War since 1950: New Evidence". In: Nils Petter Gleditsch (Org.), *Lewis Fry Richardson: His Intellectual Legacy and Influence in the Social Sciences*. Cham: Springer, 2020, pp. 129-42; Michael Mann, "Have Wars and Violence Declined?". *Theory and Society*, v. 47, pp. 37-60, 2018.

50. As citações chinesas originais podem ser vistas em Chen Xiang, *Guling xiansheng wenji* ([s.d.]. Disponível em: <read.nlc.cn/OutOpenBook/OpenObjectBook?aid=892&bid=41448.0>. Acesso em: 15 fev. 2024); Cai Xiang, *Caizhonghuigong wenji* ([s.d.]. Disponível em:

<ctext.org/library.pl?if=gb&file=127799&page=185&remap=gb>. Acesso em: 15 fev. 2024); Li Tao, *Xu zizhi tongjian changbian* (Beijing: Zhonghua Shuju, 1985), p. 9:2928.

51. Emma Dench, *Empire and Political Cultures in the Roman World*. Cambridge: Cambridge University Press, 2018, pp. 79-80; Keith Hopkins, "The Political Economy of the Roman Empire". In: Ian Morris e Walter Scheidel (Orgs.), *The Dynamics of Ancient Empires: State Power from Assyria to Byzantium*. Nova York: Oxford University Press, 2009, p. 194; Walter Scheidel, "State Revenue and Expenditure in the Han and Roman Empires". In: Walter Scheidel (Org.), *State Power in Ancient China and Rome*. Nova York: Oxford University Press, 2015, p. 159; Paul Erdkamp, "Introduction". In: id. *A Companion to the Roman Army*. Hoboken: Blackwell, 2007, p. 2.

52. Suraiya Faroqhi, "Part II: Crisis and Change, 1590-1699". In: Halil Inalcik e Donalt Quataert (Orgs.), *An Economic and Social History of the Ottoman Empire*, v. 2: *1600-1914*. Cambridge: Cambridge University Press, 1994, p. 542.

53. Jari Eloranta, "National Defense". In: Joel Mokyr (Org.), *The Oxford Encyclopedia of Economic History*. Oxford: Oxford University Press, 2003, pp. 30-1.

54. Id., "Cliometric Approaches to War". In: Claude Diebolt e Michael Haupert (Orgs.), *Handbook of Cliometrics*. Heidelberg: Springer, 2014, pp. 1-22.

55. Ibid.

56. Id., "The World Wars". In: Matthias Blum e Christopher L. Colvin (Orgs.), *An Economist's Guide to Economic History*. Cham: Palgrave, 2018, p. 263.

57. James H. Noren, "The Controversy Over Western Measures of Soviet Defense Expenditures". *Post-Soviet Affairs*, v. 11, n. 3, pp. 238-76, 1995.

58. Para as estatísticas sobre as despesas militares como porcentagem das despesas do governo, ver SIPRI, "SIPRI Military Expenditure Database" (2023. Disponível em: <sipri.org/databases/milex>. Acesso em: 14 fev. 2024). Para dados sobre as despesas militares como porcentagem das despesas do governo, ver também USA Spending.gov, "Department of Defense" (2024. Disponível em: <usaspending.gov/agency/department-of-defense?fy=2024>. Acesso em: 14 fev. 2024).

59. Organização Mundial da Saúde (OMS), "Domestic General Government Health Expenditure (GGHE-D) as Percentage of General Government Expenditure (GGE) (%)". WHO Data, 5 dez. 2023. Disponível em: <data.who.int/indicators/i/B9C6C79>. Acesso em: 15 fev. 2024; Banco Mundial, "Domestic General Government Health Expenditure (% of General Government Expenditure)", 7 abr. 2023. Disponível em: <data.worldbank.org/indicator/SH.XPD.GHED.GE.ZS>. Acesso em: 15 maio 2024.

60. Para dados sobre as tendências de conflito recentes, ver ACLED, "ACLED Conflict Index" (jan. 2024. Disponível em: <acleddata.com/conflict-index/>. Acesso em: 15 maio 2024). Ver também Anna Marie Obermeier e Siri Aas Rustad, "Conflict Trends: A Global Overview, 1946-2022" (PRIO, 2023. Disponível em: <prio.org/publications/13513>. Acesso em: 15 maio 2024).

61. SIPRI Fact Sheet, "Trends in World Military Expenditure, 2022", abr. 2023. Disponível em: <sipri.org/sites/default/files/2023-04/2304_fs_milex_2022.pdf>. Acesso em: 15 maio 2024. "As despesas militares mundiais aumentaram 3,7% em termos reais em 2022, atingindo um máximo recorde de 2240 bilhões de dólares. Os gastos globais cresceram 19% durante as décadas de 2013 a 2022 e têm aumentado anualmente desde 2015." Nan Tian et al., "Trends in World Military Expenditure, 2022". SIPRI, abr. 2023. Disponível em: <sipri.org/publications/2023/sipri-fact-sheets/trends-world-military-expenditure-2022>. Acesso em: 15 maio 2024; Dan Sabbagh,

"Global Defense Spending Rises 9% to Record $2.2Tn". *The Guardian*, 13 fev. 2024. Disponivel em: <theguardian.com/world/2024/feb/13/global-defence-spending-rises-9-per-cent-to-record-22tn-dollars>. Acesso em: 15 maio 2024.

62. Sobre as dificuldades de calcular o número exato, ver Erik Andermo e Martin Kragh, "Secrecy and Military Expenditures in the Russian Budget" (*Post-Soviet Affairs*, v. 36, n. 4, pp. 1-26, 2020); "Russia's Secret Spending Hides Over $110 Billion in 2023 Budget" (*Bloomberg*, 29 set. 2022). Para outras estimativas das despesas militares da Rússia, ver Julian Cooper, "Another Budget for a Country at War: Military Expenditure in Russia's Federal Budget for 2024 and Beyond" (SIPRI, dez. 2023. Disponível em: <sipri.org/sites/default/files/2023-12/sipriinsights_2312_11_russian_milex_for_2024_0.pdf>. Acesso em: 15 maio 2024); Alexander Marrow, "Putin Approves Big Military Spending Hike for Russia's Budget" (*Reuters*, 28 nov. 2023).

63. Dan Sabbagh, "Global Defense Spending Rises 9% to Record $2.2Tn". *The Guardian*, 13 fev. 2024. Disponível em: <theguardian.com/world/2024/feb/13/global-defence-spending-rises-9-per-cent-to-record-22tn-dollars>. Acesso em: 15 maio 2024.

64. Sobre as várias incursões de Putin no campo da história, ver Björn Alexander Düben, "Revising History and 'Gathering the Russian Lands': Vladimir Putin and Ukrainian Nationhood" (*LSE Public Policy Review*, v. 3, n. 1, 2023); Vladimir Putin, "Article by Vladimir Putin 'On the Historical Unity of Russians and Ukrainians'" (Kremlin, 12 jul. 2021. Disponível em: <en.kremlin.ru/events/president/news/66181>. Acesso em: 15 maio 2024). As opiniões ocidentais sobre o artigo de Putin são apresentadas em Peter Dickinson, "Putin's New Ukraine Essay Reveals Imperial Ambitions" (*Atlantic Council*, 15 jul. 2021. Disponível em: <www.atlanticcouncil.org/blogs/ukrainealert/putins-new-ukraine-essay-reflects-imperial-ambitions/>. Acesso em: 15 maio 2021); Timothy D. Snyder, "How to Think about War in Ukraine" (*Thinking About...*, 18 jan. 2022. Disponível em: <snyder.substack.com/p/how-to-think-about-war-in-ukraine>. Acesso em: 15 maio 2024). Para exemplos de especialistas que pensam que Putin realmente acredita nessa narrativa histórica, ver Ivan Krastev, "Putin Lives in Historic Analogies and Metaphors" (*Spiegel International*, 17 mar. 2022. Disponível em: <spiegel.de/international/world/ivan-krastev-on-russia-s-invasion-of-ukraine-putin-lives-in-historic-analogies-and-metaphors-a-1d043090-1111-4829-be90-c20fd5786288>. Acesso em: 15 maio 2024); Serhii Plokhii, "Interview with Serhii Plokhy: 'Russia's War against Ukraine: Empires Don't Die Overnight'" (*Forum for Ukrainian Studies*, 26 set. 2022. Disponível em: <ukrainian-studies.ca/2022/09/26/interview-with-serhii-plokhy-russias-war-against-ukraine-empires-dont-die-overnight/>. Acesso em: 15 maio 2024).

65. Adam Gabbatt e Andrew Roth, "Putin Tells Tucker Carlson the US 'Needs to Stop Supplying Weapons' to Ukraine". *The Guardian*, 9 fev. 2024. Disponível em: <theguardian.com/world/2024/feb/08/vladimir-putin-tucker-carlson-interview>. Acesso em: 15 maio 2024.

EPÍLOGO [pp. 393-401]

1. Yuval Noah Harari, "Strategy and Supply in Fourteenth-Century Western European Invasion Campaigns". *Journal of Military History*, v. 64, n. 2, pp. 297-334, abr. 2000; id., *The Ulti-*

mate Experience: Battlefield Revelations and the Making of Modern War Culture, 1450-2000. Houndmills: Palgrave Macmillan, 2008.

2. Thant Myint-U, *The Hidden History of Burma: Race, Capitalism, and the Crisis of Democracy in the 21st Century*. Nova York: W. W. Norton, 2020, p. 74.

3. Ben Caspit, *The Netanyahu Years*. Trad. de Ora Cummings. Nova York: St. Martin's Press, 2017, pp. 323-4; Ruth Eglash, "Netanyahu Once Gave Obama a Lecture. Now He's Using It to Boost His Election Campaign". *The Washington Post*, 28 mar. 2019.

4. Jennifer Larson, *Understanding Greek Religion*. Londres: Routledge, 2016, p. 194; Harvey Whitehouse, *Inheritance: The Evolutionary Origins of the Modern World*. Londres: Hutchinson, 2024, p. 113.

Índice remissivo

Números de páginas em *itálico* referem-se a imagens

1ª EDIÇÃO [2024] 2 reimpressões

ESTA OBRA FOI COMPOSTA PELO ESTÚDIO O.L.M./ FLAVIO PERALTA EM MINION
E IMPRESSA EM OFSETE PELA GRÁFICA SANTA MARTA SOBRE PAPEL PÓLEN
DA SUZANO S.A. PARA A EDITORA SCHWARCZ EM JANEIRO DE 2025

FSC
www.fsc.org
MISTO
Papel | Apoiando o manejo florestal responsável
FSC® C005648

A marca FSC® é a garantia de que a madeira utilizada na fabricação do papel deste livro provém de florestas que foram gerenciadas de maneira ambientalmente correta, socialmente justa e economicamente viável, além de outras fontes de origem controlada.